襄阳汉江三桥建造关键技术

主　编　王洪涛
副主编　戴小松　朱海军　冯　浩

中国建筑工业出版社

图书在版编目（CIP）数据

襄阳汉江三桥建造关键技术/王洪涛主编. —北京：中国建筑工业出版社，2019.3
ISBN 978-7-112-23287-1

Ⅰ.①襄… Ⅱ.①王… Ⅲ.①预应力混凝土桥-斜拉桥-桥梁施工-襄阳 Ⅳ.①U448.27

中国版本图书馆 CIP 数据核字（2019）第 028629 号

本书共分为11章，针对襄阳汉江三桥项目的结构特点和施工重难点，按照各工序施工顺序，从辅助工程施工关键技术、工程测量施工关键技术、混凝土配合比设计与试验研究、桩基工程施工关键技术、承台施工关键技术、墩柱施工关键技术、塔柱施工关键技术、箱梁施工关键技术、桥面铺装及附属工程施工关键技术九个方面全面、具体地阐述了跨江预应力混凝土斜拉桥的关键施工技术与创新，既是对襄阳汉江三桥项目关键施工技术的总结和科技成果的提炼，也希望通过本书，为日后预应力混凝土斜拉桥建设项目提供参考和借鉴。

责任编辑：刘瑞霞　武晓涛
责任校对：李欣慰

襄阳汉江三桥建造关键技术
主　编　王洪涛
副主编　戴小松　朱海军　冯　浩
*
中国建筑工业出版社出版、发行（北京海淀三里河路9号）
各地新华书店、建筑书店经销
霸州市顺浩图文科技发展有限公司制版
北京建筑工业印刷厂印刷
*
开本：787×1092毫米　1/16　印张：28　字数：659千字
2019年4月第一版　2019年4月第一次印刷
定价：**88.00**元
ISBN 978-7-112-23287-1
（33597）

编委会名单

主　　编： 王洪涛

副 主 编： 戴小松　朱海军　冯　浩

编　　委： 钟启凯　刘中涛　刘开扬

编写人员： 钱金成　任　毅　龚　杰　王　健

段久旭　何凯罡　刘灿光

前　言

中华人民共和国成立后，交通行业迎来了高速发展期。桥梁作为道路的咽喉，也兴起了建造潮，一座座桥梁贯穿南北，跨越江河，让天堑变通途，不仅极大方便人们的出行，也为城市增添了亮丽的风景。桥梁数量增多的同时，跨度也随之不断增大，结构形式越发复杂多样，这给施工也带来了一系列的难度与挑战。汉江三桥作为襄阳首座斜拉桥，也是汉江上跨度最大的斜拉桥，斜拉索与塔冠组合成“羽扇”的景观造型，是襄阳一道新的风景。

襄阳汉江三桥工程南起营盘，横跨汉江，北止于月亮湾公园，全长4581m，由檀溪路立交、跨南大堤桥、南滩桥、主桥、北滩桥、月亮湾互通组成。主桥为无上横梁双肢直立塔半漂浮体系PC梁斜拉桥，该双塔斜拉桥结构体系中，索塔的两根塔柱直立，仅设置一道下横梁，无上横梁；桥型方案构思独特，其结构体系在国内双塔混凝土斜拉桥上首次采用，突出了襄阳汉江三桥整体景观效果、保证桥面的全通透性，增强了行车舒适感；桥跨布置为（128.5＋310＋128.5）m，索塔为预应力钢筋混凝土直立塔柱，南塔高122.5m，北塔高120.3m，共设4×26对高强度平行钢丝斜拉索。其他五座桥梁为预应力混凝土连续箱梁桥，其中檀溪路立交和北滩桥局部为钢箱梁。

襄阳汉江三桥长距离的水上跨径、复杂的地质情况、巨大的工程体量、众多的施工工艺、较高的社会关注度，都给我们带来了全新的技术和管理挑战。主线桥梁跨水面距离超过1200m，水中桥墩数量多；承台设计面标高均位于河床以下，水中基础施工难度大，施工组织困难；地层中存在超40m厚的卵石层，地质情况复杂，大直径超长桩基及围堰施工风险高；混凝土总量达30万m^3，工程体量大，施工工期紧；涉及多种类型桥梁结构，上部结构形式多样，施工工艺多；主跨310m的双塔斜拉主桥，技术含量高，施工难度大。此外，工程地处襄阳市中心城区，受关注度高，对工程的内在品质和外观质量以及文明施工、环境保护等方面均提出了很高的要求。

本书共分为11章，针对襄阳汉江三桥项目的结构特点和施工重难点，按照各工序施工顺序，从辅助工程施工关键技术、工程测量施工关键技术、混凝土配合比设计与试验研究、桩基工程施工关键技术、承台施工关键技术、墩柱施工关键技术、塔柱施工关键技术、箱梁施工关键技术、桥面铺装及附属工程施工关键技术九个方面全面、具体地阐述了跨江预应力混凝土斜拉桥的关键施工技术与创新，既是对襄阳汉江三桥项目关键施工技术的总结和科技成果的提炼，也希望通过本书，为日后预应力混凝土斜拉桥建设项目提供参考和借鉴。

至本书完稿时止，襄阳汉江三桥关键技术中的多项创新中，共获得国家专利9项，其中发明专利5项，实用新型专利4项；形成了国家级工法1项，省部级工法8项，获省级科技进步奖6项；经过对双直立塔PC跨江斜拉桥设计与施工技术的研究总结，3项子成果《超厚砂卵石地层桥梁深水基础施工技术》《双直立塔PC梁斜拉桥塔梁施工技术研究与应用》《大跨径双直立塔PC梁跨江斜拉桥建造关键技术研究》经湖北省住房和城乡建设厅组织科学技术成果鉴定，1项达到国内领先，2项达到国际先进水平；项目先后公开发表相关论文32篇；获得了中施协科技创新成果二等奖、中国公路学会三等奖等5项科学技术奖项；此外，项目还荣获2018—2019年度国家优质工程奖、全国市政金杯示范工程、全国建设工程优秀项目管理成果一等奖等荣誉。

襄阳汉江三桥关键施工技术的攻关研究和实施应用，不仅凝聚了项目部全体工作人员的智慧和汗水，也得到了企业内各单位领导和行业内众多专家学者的指导与帮助，在此对他们无私的奉献和勤勉的工作表示衷心的感谢。

本书中若有不当之处，敬请各位读者和专家指正。

目　录

第1章　工程概况

1.1　项目概况

1.1.1　工程简介

襄阳市内环线起自316国道航空学校东侧，向南跨越汉丹铁路、航空路、唐白河、省道襄钟路到东津，西跨汉江（五桥）、焦柳铁路、207国道，沿环山路或穿南部山区至檀营盘，向北跨越檀溪路，再次跨越汉江（三桥），过人民路、沿云锦路北上至卞家营接邓城大道（316国道）向东至航空学校，形成闭合环。汉江三桥是襄阳市内环线的重要组成部分，南起营盘，横跨汉江，北止于月亮湾，包含檀溪路立交、跨南大堤桥、南滩桥、斜拉索主桥、北滩桥、月亮湾互通等工程，主线全长4.581km，其中桥梁总长4.3435km。工程区位图如图1.1-1所示。

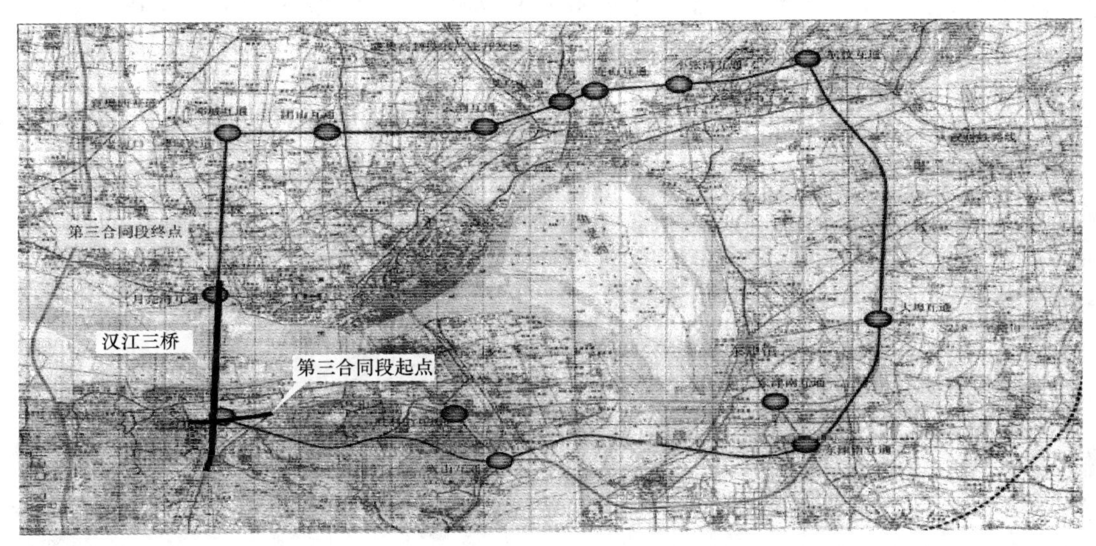

图1.1-1　工程区位图

1. 主桥

汉江三桥主桥为双塔双索面半漂浮体系预应力混凝土斜拉桥，采用三跨一联128.5m+310m+128.5m连续结构，全长567m。索塔为直立塔柱，由下塔柱、上塔柱、塔冠和横梁组成，除上下塔柱连接段及根部为实心段外，其余截面为空心箱形结构，南塔高 122.5m，北塔高 120.3m。拉索按扇形布置，每个索面由 26 对高强度平行钢丝斜拉索组成，全桥共 4×26 对斜拉索。主梁采用预应力混凝土箱梁，宽 35m，中心高度 2.8m，基础采用承台＋桩基础形式，承台平面尺寸为 19m×19m×5m，桩基为直径 2m 长 75m 的钻孔灌注桩。主桥效果图如图 1.1-2 所示。

2. 跨南大堤桥

跨南大堤桥桥型布置为 63＋100＋100＋63＝326m 分离式单箱双室预应力变截面连续梁桥，下部结构为钢筋混凝土实体花瓶墩，基础采用低桩承台＋混凝土灌注桩的形式。跨南大堤桥效果图如图 1.1-3 所示。

图 1.1-2　主桥效果图

图 1.1-3　跨南大提桥效果图

3. 南滩桥

南滩桥上部结构为 4 联 23 跨 5×50＋6×50＋6×50＋6×50＝1150m 分离式、单箱双室预应力混凝土等截面连续箱梁；下部结构采用墩柱式桥墩，矩形承台；基础为群桩基础。南滩桥效果图如图 1.1-4 所示。

4. 北滩桥

北滩桥上部结构为 4 联 25 跨连续箱梁（6×50m 两联混凝土连续梁＋5×50m 两联混凝土连续梁＋3×50m 一联钢箱连续梁，全长 250m。混凝土连续梁桥面有效宽度 31.5～41.75m，设计为分离式双幅桥；钢箱梁为单箱多室断面。下部结构采用墩柱式桥墩，矩形承台；基础为群桩基础。北滩桥效果图如图 1.1-5 所示。

图 1.1-4　南滩桥效果图

图 1.1-5　北滩桥效果图

5. 檀溪路立交

檀溪路立交主线桥上部结构为单箱多室等高度 6 联 24 跨 5×30＋4×30＋5×30＋(33＋55＋33)＋4×30＋(30＋33＋27)＝751m，分离式双幅桥，其中一联 3 跨 33＋55＋

33＝121m 为钢箱梁，其余 5 联为预应力钢筋混凝土连续箱梁，桥面宽 29.5～41.75m。M 匝道桥为 4 联 20 跨 5×20＋5×20＋5×20＋4×20＋14.6＝394.6m 预应力钢筋混凝土连续箱梁，整体式桥面宽 8.5m；J 匝道桥为 4 联 20 跨 14.6＋5×20＋5×20＋5×20＋4×20＝394.6m 预应力钢筋混凝土连续箱梁，整体式桥面宽 8.5m。下部结构为桩柱式桥墩＋钻孔灌注桩基础。桥头路基工程包括改线总长 6916m。檀溪路立交桥效果图如图 1.1-6 所示。

6. 月亮湾立交

主线桥上部结构为 2 联 10 跨（25m＋3×34.5m＋21m）＋5×30m 分离式、单箱多室等高度预应力连续箱梁，桥面宽 28.5～38.5m；A 匝道桥为单箱单室 2 联 13 跨（15m＋6×20m)＋6×20m 整体式普通钢筋混凝土连续箱梁，桥面宽 8.5m；B 匝道桥为单箱单室 2 联 12 跨 6×20m＋(5×20m＋15m) 整体式普通钢筋混凝土连续箱梁，桥面宽 8.5m；C 匝道桥为单箱单室 1 联 7 跨 7×20m 整体式普通钢筋混凝土连续箱梁，桥面宽 8.5m；D 匝道桥为单箱单室一联 6 跨 6×20m 整体式普通钢筋混凝土连续箱梁，桥面宽 8.5m；下部结构为桩基础，单排桩柱式桥墩。桥头路基长 2939m。月亮湾立交桥效果图如图 1.1-7 所示。

图 1.1-6 檀溪路立交效果图

图 1.1-7 月亮湾立交效果图

1.1.2 技术标准

1. 道路工程

道路等级：城市主干道/城市快速路。

计算车速：主线桥 60km/h；互通匝道 30～40km/h。

路基宽度：W 线（起点至檀溪路立交）标准宽度为 39.5m；W 线（月亮湾互通至终点）标准宽度为 60m。

净空高度：机动车道≥5m，非机动车道≥3.5m，人行道≥2.5m，汉江大提≥4.5m。

道路路面计算荷载：BZZ-100 标准车。

2. 桥梁工程

1）设计汽车荷载：汉江三桥：公路Ⅰ级，其他桥梁：城 A 级。

2）设计人群荷载：3.5kPa。

3）设计洪水频率：特大桥：1/300，设计水位 71.302m；其他桥梁 1/100。

4）桥面宽度：滩桥 31.5m，主桥 35m，跨南大堤桥 41.76m，月亮湾互通主线桥 28.5m 和 39.5m，檀溪路立交主线 29.5m，匝道桥 8.5m。

5）桥面横坡：2%。

6）抗震设计：地震动峰值加速度为 0.1g，按 7 度地震烈度设防。

7）通航标准：汉江航道：Ⅲ（2）级，双向通航孔 256m×10m（净宽×净高），单向通航孔 128m×10m（净宽×净高）。

1.2 地质、水文、气象条件

1.2.1 气象条件

襄阳汉江三桥地处我国长江中游，属北亚热带季风气候，冬寒夏热，雨热同期，四季分明。全市平均气温除高山以外，一般均在 15～16℃之间，无霜期在 228～249d 之间。全市年降水量 820～1100mm，其中夏季占 400～450mm，全年降水 107～135d。日照时间长，年平均总日照时效为 1800～2100h。江汉流域年平均风速在 1.5～3.3m/s，大风日数在 2～13d 不等，平均最大风速 17～24m/s 之间。

1.2.2 水文地质条件

1. 水文特征

襄阳汉江三桥所处的汉江流域，集水面积达 103261km^2，其洪水主要由暴雨组成，与降雨的年内分配一致。洪水具有明显的季节性，有夏汛和秋汛之别，夏汛期 6 月 21 日至 8 月 20 日，秋汛期 8 月 21 日至 10 月 15 日。在桥址下游约 5.5km 的襄阳水文站实测最大洪峰流量为 27000m^3/s，最大流速 4.74m/s（1974 年 10 月 4 日）。

1）设计流量及设计水位

根据襄阳汉江三桥水文分析报告，100 年一遇和 300 年一遇的设计洪峰流量分别为 18700m^3/s 和 25700m^3/s，100 年一遇和 300 年一遇的设计水位分别为 68.922m 和 71.302m。

2）桥前最大壅水高度

因为桥址位于崔家营库区内，桥位水位高，流速缓，所以工程所在位置局部水位壅高值相对不大，在 50 年一遇（P=2%）洪水条件下，工程引起的水位壅高值为 0.59cm，影响其上游 25m 范围。

2. 桥区地质情况

襄阳汉江三桥（WK24+600～WK26+900）处于襄南低山丘陵和南襄盆地过渡地带，地貌上属汉江Ⅰ级阶地。地势开阔，地形略有起伏，地面标高在 65.0～78.5m 之间，南高北低。连接线区域主要为鱼塘、水田和菜地区，沟渠、鱼塘密布，地表水丰富，道路纵横，交通便利。

桥址区普遍为第四系人工填土及冲击层覆盖，下伏上第三系泥灰岩和泥岩。根据钻孔揭露，本次勘探 91.8m 深度范围内地层从上到下可分为：

①-1 素填土（Q^{me}）：杂色，稍湿，松散，成分主要为黏性土，含有砂质、少量的铁锈斑点及有机质。分布于居民生活区，一般厚度 3.6～10.0m。

①-2 粉质黏土（Q_4^{al}）：黄褐色，稍湿，可塑，局部夹有薄层粉细砂，含有少量的铁锰氧化物。分布于汉江南岸阶地及江心洲浅表，揭露厚度 4.0m。

①-3 淤泥质土（Q_4^{al}）：灰褐色，湿，流塑-软塑状态，含有机质，有臭味。分布于汉江南岸阶地，水稻田和鱼塘等低洼地带，厚度 2～7.5m。

①-4 粉砂（Q_4^{al}）：黄褐色，青灰色，饱和，松散～稍密，主要矿物成分为石英、云母及少量的暗色矿物等，局部夹有少量的砾石，主要分布于靠近汉江一侧黏性土层以下，最大揭露厚度 5.0m 左右。

①-6 卵石（Q_4^{al}）：杂色，稍密～密实，主要成分为石英岩、灰岩、燧石等，分选性一般，磨圆度较好，呈亚圆状，粒径 4～8cm，最大 15cm，泥砂质充填。粒径大的卵石层漏浆严重。由南向北厚度逐渐变大，揭露厚度 5.0～42m。

②-1 强风化泥灰岩（Nd）：该地层分布于本合同段全线，乳白色，微晶结构，层状构造，主要矿物成分为白云石、方解石及少量的黏土矿物，裂隙较发育。多见充填泥砂、角砾的蜂窝状溶孔，表明该岩石层早期岩溶发育。岩芯呈块状、短柱状。平均天然抗压强度 7MPa，相对密度 2.4。最大揭露厚度 32m。

②-2 半胶结状泥岩夹砂砾岩（Nd）：该地层分布于本合同段全线，主要为水平层理半胶结浅灰绿色、黄色含钙质团块黏土岩夹薄层砂砾岩，岩芯类似硬塑状老黏性土，刀可切，晒干后成坚硬状。平均天然抗压强度 3.6MPa，压缩模量 16MPa，相对密度 2.2。最大揭露厚度 38m（该层未揭穿）。

1.3 工程的特点及难点

1. 主线桥梁跨水面距离超过 1200m。水中桥墩数量多，一共有 17 个（3 号、4 号、27 号～41 号），水上施工组织困难，措施费用投入高。

2. 水中基础施工难度大，本工程承台设计面标高均位于河床以下，需要采取有效措施方能保证基础施工顺利进行。

3. 地质情况复杂，根据地质勘测报告，地层中存在超厚的卵石层，最厚处超 30m，且下部岩层中可能存在溶洞，对大直径超长桩基及围堰施工均带来较高风险。

4. 工程体量大，混凝土总量达 30 万 m^3，施工工期紧。

5. 本工程涉及多种类型桥梁结构，施工工艺多；其中主跨 310m 的双塔斜拉主桥，技术含量高，施工难度大。

6. 本工程位于襄阳市中心城区，受到市领导和当地群众的高度关注，对工程的内在品质和外观质量以及文明施工、环境保护等方面均提出了很高的要求。

第2章 施工部署

2.1 工程目标及方针

2.1.1 管理方针

本着以诚信守法为准则，以科学的管理、先进的技术、精良的设备，精心组织施工，建造精品工程，以人为本、预防为主、注重环境、职业安全健康管理，提高员工素质，不断改善员工和外来人员的工作环境及职业安全健康状况并持续改进，超越自我，提供优质服务以达业主及相关方的要求。

2.1.2 项目管理目标、指标

公司根据GB/T 19001—2000标准、GB/T 24001—2004标准、《职业安全健康管理体系审核规范》建立质量、环境、职业安全健康的一体化管理体系，充分体现了以工程为关注焦点、领导作用、全员参与、过程控制。本工程按项目法管理进行施工，为使本工程达到“安全、优质、高效”的预期目标，成立襄阳市汉江三桥工程项目经理部，全权负责本工程项目的组织、实施及管理。

1. 质量管理目标

1）工程施工质量达到合格标准，并确保省部优，争创国优。满足业主针对本工程制定的有关规定和要求，建立并保持一个健全的工程质量保证体系，完善质量管理制度，建立质量控制流程，合同履约率100%，工程（产品）合格率100%，单位工程合格率100%，分项工程合格率100%。

2）质量控制活动符合ISO 9001—2000质量体系文件的规定。

3）遵守合同并按照相关标准进行组织施工。

4）各分部分项工程质量验收按公路工程质量检验评定标准及相关规范执行。

2. 职业安全健康和环境目标

职业安全健康目标和指标如表2.1-1所示，环境目标和指标如表2.1-2所示。

职业安全健康目标和指标 **表2.1-1**

序号	目　标	指　标
1	无因工死亡事故，不发生重大机损、水上交通责任事故	①因工死亡责任事故为:0 ②重大机损责任事故为:0 ③重大水上交通责任事故为:0

续表

序号	目　　标	指　　标
2	不发生重大火灾责任事故	重大火灾次数为:0
3	1级和2级危害源得到控制和消除	1级和2级危害源整改合格率100%
4	工作环境符合国家规定	①照明、通风、止水、噪声符合标准规定 ②目测无较浓扬尘,矽肺得病率为0 ③劳动防护用品利用率达90%以上
5	特种设备运行和操作人员符合国家规定	①特种设备国家运行许可证获证率:100% ②特种工作人员持证上岗持证率:100%

环境目标和指标　　**表2.1-2**

序号	目　　标	指　　标
1	生活、生产污水排放符合襄阳市环保部门的规定	污水排放符合国家标准及相关部门的规定 减少污水排放量
2	减少污染气体排放及扬尘污染	废气排放符合标准规定;达标率90%以上 有害毒烟经当地环保部门批准后排放 目测施工场地无浓扬尘 相关方投诉为零
3	生活、生产垃圾分类处理	生活垃圾,统一收集处理 建筑垃圾、废弃材料统一集中处理
4	噪声排放符合要求	噪声排放符合标准规定 按规定时间施工,相关方投诉为零
5	危险废弃物处理符合法规要求	分类管理,合理处置,处理率100%
6	节约水、电能源	按规定使用,按时计量

2.2 各类管理人员配备

2.2.1 项目经理部组织机构

1. 组织机构

施工现场设立襄阳市汉江三桥工程项目领导小组，下设项目经理部。成立以项目经理为核心的施工生产组织指挥系统，公司专家组不定期到现场指导施工，对重大技术方案、关键工序进行把关，公司总部通过网络、传真、电话与指挥部保持联系，确保对襄阳汉江三桥工程实施动态控制，施工组织机构如图2.2-1所示。

2. 管理体系

项目经理部以“谁管理谁负责，谁操作谁保证”的管理原则，建立以项目经理为第一责任人的质量、环境、职业安全健康三位一体管理体系，并由项目总工程师具体负责执行。将管理职能分解到每一个部门、每一个岗位，实现“施工前周密策划、施工中严格控制、施工后认真总结”的施工全过程管控，最终达到业主及相关方要求。

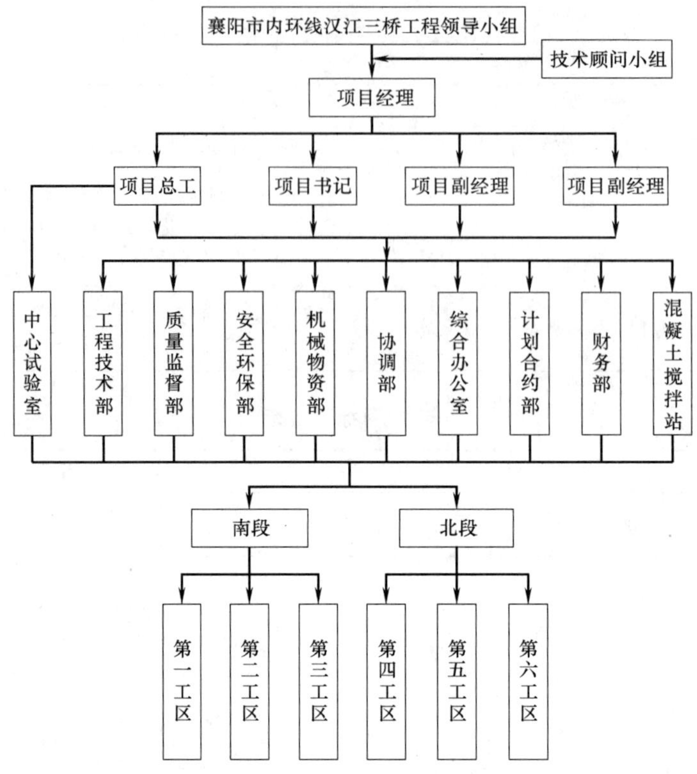

图 2.2-1　施工组织机构图

2.2.2　项目部管理人员配备

项目部管理人员配备如表 2.2-1 所示。

主要管理人员配备表　　**表 2.2-1**

序号	担任本工程职务	单位	数量
1	项目经理	人	1
2	项目总工程师	人	1
3	项目书记	人	1
4	项目副经理	人	2
5	项目商务经理	人	1
6	财务负责人	人	1
7	合约计划负责人	人	1
8	桥梁工程师	人	6
9	路基工程师	人	1
10	测量工程师	人	2
11	质检工程师	人	2
12	机械工程师	人	1
13	试验、检测工程师	人	2

续表

序号	担任本工程职务	单位	数量
14	计量工程师	人	1
15	材料工程师	人	2
16	环境工程师	人	1
17	专职安全员	人	8
18	地质工程师	人	1
合计		人	35

2.2.3 管理责任人及部门职责

1. 项目经理

全面负责项目经理部施工范围内所有工程的实施，完成与缺陷修复的相关事务。对本工程安全、质量、工期、环境保护、水土保持、劳动卫生等工作全面负责。

2. 项目书记

贯彻执行党和国家的路线、方针、政策和上级党委的指示、决议，围绕施工生产开展工作。负责项目党建工作、职工思想政治工作和精神文明建设，为建精品工程提供思想和组织保证。负责项目部领导班子建设和干部的思想政治教育，合理选拔、使用干部，重视人才培养，积极培养年轻干部。

参与项目部生产与管理中各类重大问题的研究和决策，支持和维护项目经理行使项目负责人的职权。负责项目部宣传教育工作，发挥宣传报道和舆论监督作用，充分调动各方面的积极因素，为建精品工程加油鼓劲。

领导工会、共青团工作，不断改善职工的物质文化生活。接受项目经理委托，分管项目部综合办公室和警务室工作。

3. 项目总工程师

对本工程质量、施工技术、计量检测等工作负直接技术责任，带领并指导所有技术人员开展技术管理工作；提出并执行改进工程质量的技术措施。

负责组织工程的图纸会审，重大技术方案的审查，施工组织设计的审查及批准，质量计划的编制，检测标准方案的制定。对施工中可能出现的质量通病及其纠正、预防措施进行审核。

负责新技术、新工艺、新设备、新材料及先进科技成果的推广和应用。组织科研攻关项目，解决工程施工中的关键施工技术和重大技术难题。

对本工程的环境保护、劳动保护和安全生产的技术工作负责，结合本工程的作业环境和施工特点，科学周密地制定并下达安全生产的技术方案、劳动保护措施和环境保护的具体措施，并认真贯彻落实。

4. 工程技术部

解决施工中的关键、难点技术问题，为工程的顺利开展提供技术保障。

针对本工程进行技术攻关，对重点工艺进行研究、试验，制订稳妥的施工方案，确保工程建设的顺利进行。

负责本工程施工技术工作；编制实施性施工组织设计和施工方案；负责本工程的精测工作，并服从指挥部对精测工作的统一协调。组织落实路基、桥梁沉降观测和数据处理。负责对设计图纸进行核对、技术交底、过程监控，解决施工技术疑难问题；负责编制竣工资料和技术总结，组织实施工程竣工后保修及后期服务；组织推广应用“四新”技术，开发新成果。按照合同规定，与业主协作配合，协调各工程队做好与其他各承包单位、前后专业工序之间的联系与配合。

5. 质量监督部

依据质量方针和质量目标，制定质量管理规划，负责全面质量管理，行使质量监督职能。按照质量检验评定标准，指导工程的实施质量、QC 小组活动及试验技术工作。

6. 安全环保部

依据安全目标制定本项目的安全管理规划，负责安全综合管理，编制和呈报安全计划、安全方案等具体安全措施，并认真贯彻落实。组织定期安全检查和安全抽查，发现事故隐患，及时督促整改。负责安全检查督促，对危险源提出预防措施，制定救险预案。定期组织对所有参建员工进行安全教育。

负责本项目的工程文明施工和环境保护工作，建立健全环境保护责任体系。依据国家和当地环保部门的有关规定，针对环境特点，制定具体详细的环保、水保规划与措施，并督促各工程队贯彻落实，确保施工不对当地环境造成损害。

7. 机械物资部

贯彻执行公司设备管理制度，保障本项目部设备系统科学运行。制订设备的购置、租赁、使用、保养、维修及核算等规章制度，按程序报批并组织实施与考核。建立机械设备的台账，掌握各台套设备的使用状态和技术状况，保证设备安全可靠、技术先进、经济配置、合理使用。

进行设备市场调查，编制机械设备的购置、租赁、维修、保养、配件和油料的计划，报项目部审批后监督实施。按时核查设备的备品、备件的库存量，避免重复采购，减少积压。

新设备到场后，按有关规定验收，并将设备性能、操作及保养规程等对操作和检修人员技术交底，组织技术培训和安全教育；管好设备的技术档案（包括使用说明书、配件目录、维修手册等）。

定期检查设备的使用保养维修情况，制定改进方案，控制成本费用，按规定督导设备成本核算。建立机械设备的使用、保养、维修技术档案，做好原始记录，按规定向上级有关部门报送各类报表。做好各种设备的清点、验收、调拨及报废等工作，做好工程竣工后设备的维修、保养及退场工作。

负责采购合同落实，采购资料的收集，采购产品的验证以及对采购活动的现场控制。负责根据施工生产计划，确保符合质量、环境、职业安全健康物资产品的及时供应，满足施工需要。负责采购、进货标识和可追溯性的归口管理。

负责制定材料验收和领用制度。负责物资采购、储存、运输过程的环境因素、危险源识别，确定相关重要环境因素和重大危害源，制定措施并组织实施。

8. 协调部

负责项目经理部的征地拆迁工作。完成本标段内的征地拆迁、临时用地，并配合指挥部和业主完成永久征地拆迁工作，确保本工程的顺利进行。

9. 财务部

负责本工程的财务管理、承包合同、成本控制、成本核算工作。参与合同评审，组织开展成本预算、计划、核算、分析、控制、考核工作。按照《会计法》负责本工程资金管理，确保项目建设资金专款专用。

10. 计划合约部

负责本项目经理部合同的谈判管理，依照合同法负责与各施工队进行劳务合同、内部承包合同的制定、签订和管理。负责本项目经理部工程进度目标的分析和论证、编制进度计划、定期跟踪进度计划的执行情况、采取纠偏措施，并根据施工进度计划和工期要求，适时提出计划修正意见报项目经理批准执行。负责验工计价工作，指导各工程队开展责任成本核算工作。负责按时向指挥部报送有关报表和资料。对工程各工序进行定额测定及分析，适时算出各工序定额并分析各项目定额单价。

11. 综合办公室

负责处理项目经理部一切日常工作，负责党政、文秘、接待及对外关系协调等工作。下设治安室配合当地公安部门做好本标段内工程的安全保卫工作；负责工地的消毒、员工医疗、事故救治及流行病预防。

12. 中心试验室

中心试验室负责本项目经理部工程项目的检验、试验、交验，按检验评定标准对施工过程实施监督并对检验结果负责。

指导做好现场各种原材料试件和混凝土试件的样品采集。审批各种混和料的施工配合比等试验数据。负责现场各种原材料试件和混凝土试件的测试、检验及质量记录。根据现场试验资料，提出各种混合料的施工配合比等试验数据，并在施工过程中提出修正意见报批准执行。配合完成各科研项目试验工作，作好资料整理及分析。

2.3 施工准备

施工准备阶段施工顺序流程如图 2.3 1 所示。

1. 项目准备

1）认真学习和掌握合同条款及国家的各种法律、法规，响应招标文件的要求，积极办理各种手续，并建立健全项目经理部内部各种规章制度。

2）组织高效精干、系统化、规范化的项目经理部，选配强有力的项目部领导班子、技术业务人员和施工力量，强化施工队伍的技术培训。

3）对全体人员进行项目教育和动员，宣贯工程情况、重难点以及施工安排，让每个参加施工的人员明确工程的质量、工期、安全目标，明确自己所担负工作的内容和要求。

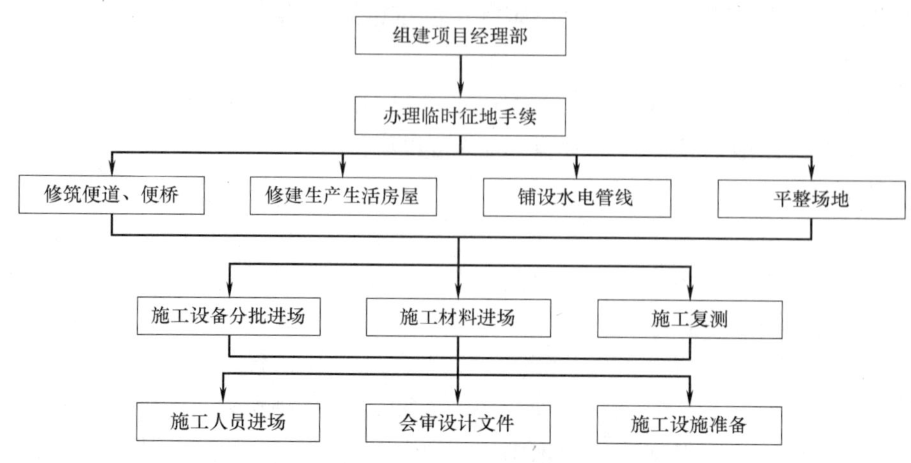

图 2.3-1　施工准备阶段施工顺序流程图

2. 技术准备

1）认真做好合同交底和图纸会审工作，在全面熟悉设计文件、设计交底和技术规范的基础上，进行现场踏勘和施工调查，对各种料场及施工便道进行调查，以便更好地为施工生产服务，发现问题根据程序提出变更意见，申报有关部门申请变更。

2）根据现场收集到的情况，核实工程数量，按工期要求，施工难易程序以及人员、设备、材料准备情况，编制实施性施工组织设计、形象进度图，按合同要求及时报监理工程师、业主批准。

3）做好接桩后的复测，根据设计文件及规范要求的精度，恢复线路中线并加密坐标点、水准点控制网，埋好保护桩。施工中严格执行复测、复核制度，确保放线精确。

3. 施工材料准备

工程开工前编制材料供应计划，超前准备充足合格的各种施工用料。

由项目经理统一组织各种材料的采购和供应工作，地材就近选购，施工时充分利用当地的运输力量进行材料的运输工作。钢材、水泥按业主要求选用国家大型企业生产的商品，各种材料经试验复检合格后报监理工程师审批后方可使用。

4. 临时工程准备

根据工程需要，本着因地制宜、精打细算的原则，布置临时设施，做好“四通一平”工作，重点抓好搅拌站、供电、供水、便道、便桥设施建设。

5. 施工机械准备

根据施工进度安排，合理配置各种机具的进场计划，使用前进行调试工作，确保机械性能良好。

为加快施工速度，保证工程工期，所有进场施工机械设备均由设备物资部从公司和其他分公司统一调配，部分租赁；同时做出机械保养、调试工作计划，保证机械提前进场并随时能投入使用。

6. 主要检测设备准备

根据本工程的需要，在办公区建立一个具有母体试验室的、临时资质的工地试验室，配备满足施工需要的试验检测仪器和设备，并送具有相应资质的部门进行标定或检测。

配足、配齐试验人员，按监理工程师要求，建立施工技术档案，专人负责。服从业主指定的本工程施工监理、中心试验室的管理和指导，做好施工中的试验检测工作：进场材料或结构构件的验证试验，标准试验，骨料级配试验，混合料的配合比试验，构件结构强度试验，按设计及规范要求的项目及检测频率进行施工现场的抽样试验。并由政府质检部门、业主、监理工程师认可。

7. 编制开工报告

在项目部生产、生活设施齐全、安全、文明布置达标、有关人员进场到位并经技术交底、设备到位且调试完毕、材料试验合格、测量复核等各项准备工作全面完成的情况下，编制开工报告，申请正式开工。

2.3.1 施工场地布置

1. 驻地建设

本着合理使用场地、方便施工组织、体现文明施工的原则进行平面布置。襄阳市内环线汉江三桥工程项目部驻地设在月亮湾互通立交北侧。主要为项目部管理人员的办公区、生活区。在檀溪路及月亮湾公园附近靠近施工现场地方设置两个项目施工段驻地，并在K27+200、K28+500、K30+200、K30+700处置施工区驻地及钢筋加工场、材料堆场，主要是施工队伍的住宿及钢筋加工车间、周转架料的堆放场地。第一施工段布置如图 2.3-2所示，第二施工段布置如图 2.3-3 所示。

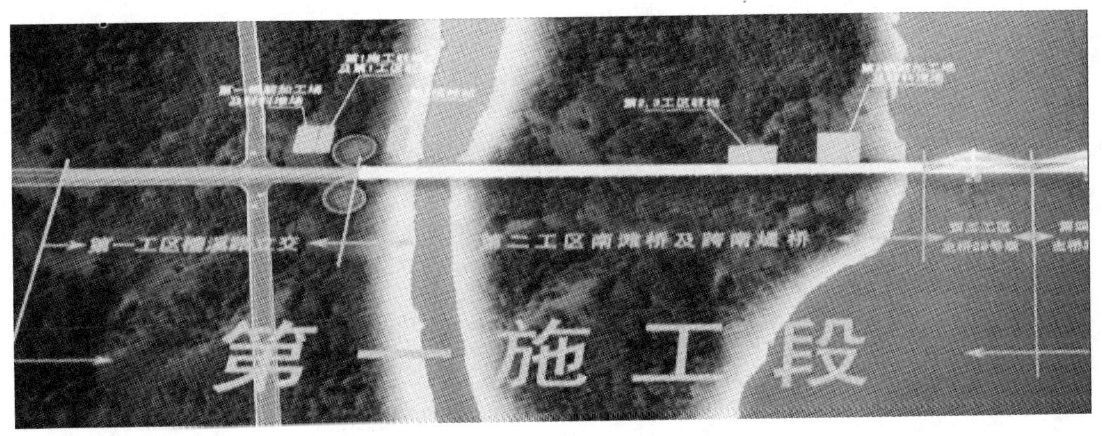

图 2.3-2 第一施工段布置图

2. 生活和办公

生活和办公用房采用租借地方整栋房屋。按照安全、实用、经济、美观，并与环境相协调的原则，在项目部驻地内设置办公用房、食堂、浴厕、配电、球场等。利用空地建立花坛、花园，建筑物周围种植常年绿树，以美化驻地。项目经理部平面布置如图 2.3-4 所示，项目经理部驻地建设如图 2.3-5 所示。

第六工区
月亮湾立交

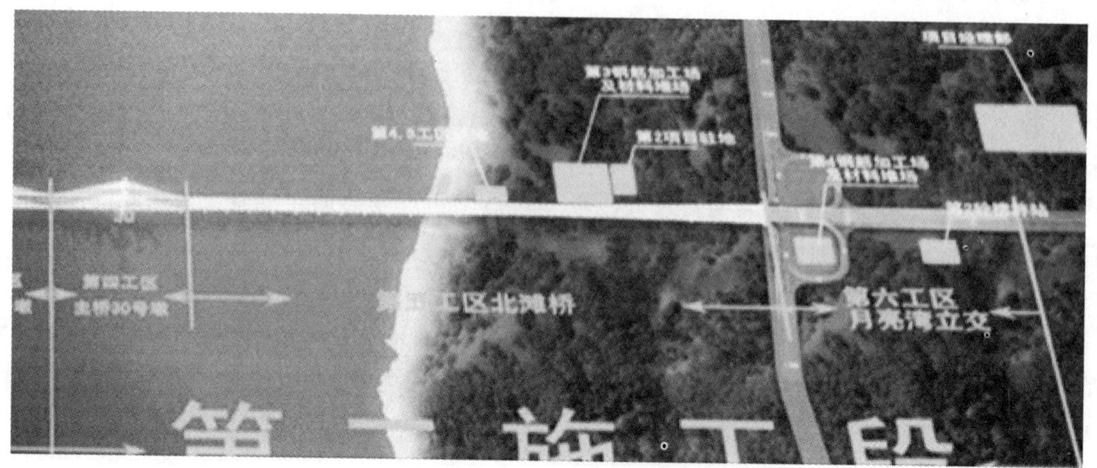

图 2.3-3　第二施工段布置图

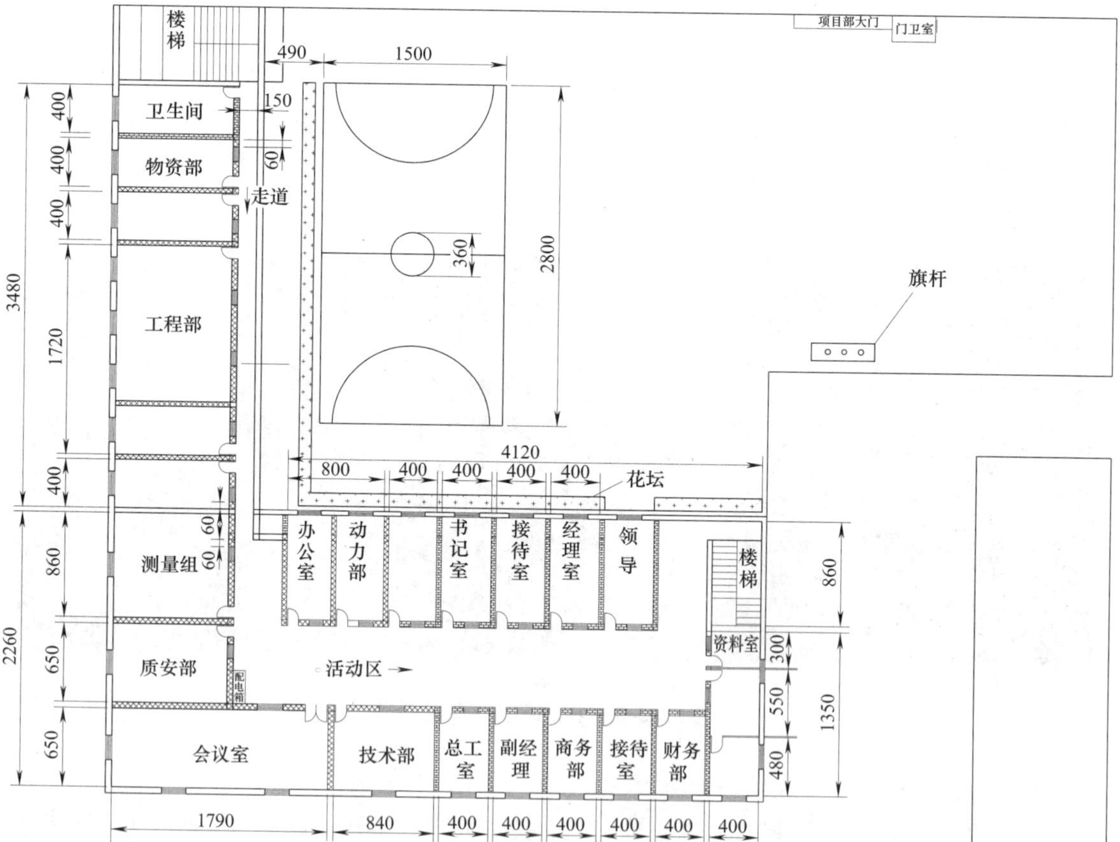

楼梯
项目部大门
门卫室
490
1500
150
卫生间
物资部
60
走道
400
400
400
1720
400
3480
360
2800
工程部
旗杆
4120
800
400
400
400
400
花坛
60
60
测量组
办公室
动力部
书记室
接待室
经理室
领导
楼梯
860
860
2260
650
650
质安部
配电箱
活动区
资料室
300
550
1350
480
会议室
技术部
总工室
副经理
商务部
接待室
财务部
1790
840
400
400
400
400
400
400
5310

图 2.3-4　项目经理部平面布置图

图 2.3-5　项目经理部驻地建设图

3. 生产房屋

配电房、工具间采用砖砌结构，水泥瓦屋面。水泥库采用棚式结构，水泥瓦屋面，石棉瓦围护。

2.3.2　施工用电

工程用电直接由沿线高压输电线路引入，接至施工营地及桥位工点配电房。配电房内设置变压器和发电机等设施，现场所有用电均由配电房供给。并在施工点配备临时发电机，以防临时停电之用。

全线共设置变压器 6 台。一号变压器设置在汉江桥南主塔，选择型号为 1000kVA；二号变压器设置在桃花岛，选择型号为 800kVA；三号变压器设置在南匝道桥，选择型号为 630kVA；四号变压器设置在汉江桥北主塔，选择型号为 1000kVA；五号变压器设置在月亮湾公园，选择型号为 630kVA；六号变压器设置在北匝道桥，选择型号为 630kVA。施工现场变压器布置如图 2.3-6 所示。

图 2.3-6　施工现场变压器布置图

2.3.3　施工通信

项目经理部和施工营地安装程控电话，桥位、工点使用对讲机，另配备手机作为辅助通信设备。

2.3.4　施工、生活给水排水

施工、生活供水与襄阳市自来水供水管网连接。搅拌站用水采用市政用水或地表水。

生产、生活排水经过沉淀处理后排入城市管网。厕所的排污经过 3 级降解处理后排入城市管网。

2.3.5　搅拌站设置

由于跨汉江施工作业，故在两侧江岸分别设施混凝土搅拌站。

第一搅拌站设置在汉江南岸 K27+400，主要供应檀溪路立交、跨南大堤桥、南滩桥、斜拉索主桥南塔及 1/2 主梁的混凝土。根据对混凝土工程量的统计，檀溪路立交桥混凝土总方量约为 3.3 万 m^3，跨南大堤桥及北滩桥混凝土总方量约为 8.3 万 m^3，斜拉索主桥南塔及 1/2 主梁混凝土方量约为 3.25 万 m^3，配置 HZS120 搅拌站。第一搅拌站建设如图 2.3-7所示。

图 2.3-7　第一搅拌站建设图

第二搅拌站设置在汉江北岸 K30+900，主要供应北滩桥及月亮湾互通立交、斜拉索主桥北塔及 1/2 主梁混凝土。根据对混凝土工程量的统计，北滩桥混凝土总方量约为 7.4 万 m^3，月亮湾互通混凝土总方量约为 1.9 万 m^3，斜拉索主桥北塔及 1/2 主梁混凝土方量约为 3.25 万 m^3，配置 HZS120 型搅拌站。第二搅拌站建设如图 2.3-8 所示。

HZS120 型搅拌站生产能力，能够满足最大直径桩基在 4h 内灌注完成，完全能够保证在首盘混凝土初凝前完成桩基混凝土灌注。

图 2.3-8 第二搅拌站建设图

2.3.6 码头及钢结构加工场设置

因部分施工材料需从水上运输，故在汉江的两岸各设置一座码头。码头采用钢管桩基础，钢结构平台，为防江水冲刷，在岸边打设钢板桩围护。

零星钢结构加工场靠近码头设置，以便起运吊装。现场钢筋加工场布置如图 2.3-9 所示。

图 2.3-9 现场钢筋加工场布置

2.4 施工任务布置及队伍安排

2.4.1 施工任务划分

根据工程特点和工程量，以主桥跨中作为分界线，将整个工程分为两个施工段，下设六个施工区。

第一施工段负责南主桥和南引桥。包括檀溪路互通立交、跨南大堤桥及南滩桥、斜拉索主桥南塔及1/2斜拉桥主梁；下设三个工区：

第一工区为檀溪路互通立交，桩号K26＋589～K27＋340。

第二工区为跨南大堤桥、南滩桥，桩号K27＋340～K28＋816。

第三工区为斜拉索主桥南塔及1/2斜拉桥主梁，桩号为K28＋816～K29＋099.5。

第二施工段负责北主桥和北引桥。包括斜拉索主桥北塔及1/2斜拉桥主梁、北滩桥、月亮湾互通立交，下设三个工区：

第四工区为斜拉索主桥北塔及1/2斜拉桥主梁，桩号K29＋099.5～K29＋383。

第五工区为北滩桥，桩号K29＋383～K30＋633。

第六工区为月亮湾互通立交，桩号K30＋633～K31＋170。

2.4.2　施工队伍安排

1. 根据施工区段的划分，结合现场实际情况，每个工区设1个桥梁施工队，下设桩基、钢筋、混凝土、模板、预应力等多个专业班组，并设普工班组进行相应的辅助施工。总计全线设有6个桥梁施工队。

第一桥梁施工队主要任务为檀溪路互通立交的所有结构工程，桩号K26＋589～K27＋340。

第二桥梁施工队主要任务为跨南大堤桥、南滩桥的所有结构工程，桩号K27＋340～K28＋816。

第三桥梁施工队主要任务为斜拉索主桥南塔及1/2斜拉桥主梁的所有结构工程，桩号为K28＋816～K29＋099.5。

第四桥梁施工队主要任务为斜拉索主桥北塔及1/2斜拉桥主梁的所有结构工程，桩号K29＋099.5～K29＋383。

第五桥梁施工队主要任务为北滩桥的所有结构工程，桩号K29＋383～K30＋633。

第六桥梁施工队主要任务为月亮湾互通立交的所有结构工程，桩号K30＋633～K31＋170。

2. 虽然路基工程量较少，但被汉江分隔2段，设2个专业施工队，配置挖掘机、自卸汽车、推土机、压路机等设备。主要施工任务为桥梁基坑土方工程及互通立交相应路段内的土石方开挖、土方粒料回填工作。

3. 路面工程设1个专业施工队，主要负责全线的路面基层及沥青混凝土面层施工。

4. 管网排水设1个专业施工队，主要负责全线市政管网施工。

2.4.3　施工顺序安排

先临建后主体；先桥梁后道路；先岸上后水上；便道、栈桥同时开工，以南北两岸钢栈桥为突破口，前期抓紧便道、栈桥施工，继而进行全线桥梁开工。

钢栈桥搭设的同时进行钢平台的施工，南滩桥先进行2号→5号墩钢栈桥的搭设，再进行26号→29号墩位栈桥的施工。北滩桥钢栈桥的施工按照从42号→30号墩的顺序进行施工。

钻孔桩平台的施工在钢栈桥搭设完毕后进行，先进行北滩桥 41 号→34 号墩位钢平台的施工，在该部位桩基础施工完成后再进行 33 号→31 号墩位钢平台的施工。29 号、30 号墩位钢平台在钢栈桥施工完毕后立即投入使用，主塔两个墩位钢平台一次性投入施工。南滩桥 3 号、4 号墩位钢平台在主塔桩基施工完成后进行施工，27 号、28 号墩位钢平台在北滩桥水中墩桩基施工完毕后进行搭设。

主体工程施工以每座独立的桥梁为单位，分别按基础、下部结构、上部结构、桥面及附属结构的顺序进行。优先安排在枯水季节施工水中结构。

路基土方主要集中在 2 处互通区，土方数量较少。待匝道桥下部结构完成后进行施工。

路面工程：主要为沥青混凝土路面和水泥稳定基层，施工安排待桥面混凝土铺装层全部完成后，再进行路面沥青混凝土施工。

第3章　辅助工程施工技术

3.1　便道工程规划与施工

3.1.1　便道规划概况

1. 便道布置原则

施工主便道主要分为四部分，沿工程走向布置：

第一部分：K29+920～K31+170段起点月亮湾公园汉江边，跨人民路至月亮湾立交为终点；

第二部分：K27+600～K28+740段地处老龙洲，便道沿施工线路横穿岛内；

第三部分：K26+589～K27+450（包括J、M匝道）南江堤经檀溪路立交至工程起点；

第四部分：桩基施工过程中保证混凝土运输到指定桩位，需要沿线桩位处修建便道。

2. 便道结构形式

施工便道设计厚度为95cm，自下由上分别为60cm厚砖渣基层，10cm厚砂砾层，25cm厚C25混凝土面层。

便道基层设计宽度为10m，面层设计宽度为7m，采用双向横坡，单边坡度为0.5%。便道的长度以实际为准。便道横断面如图3.1-1所示。

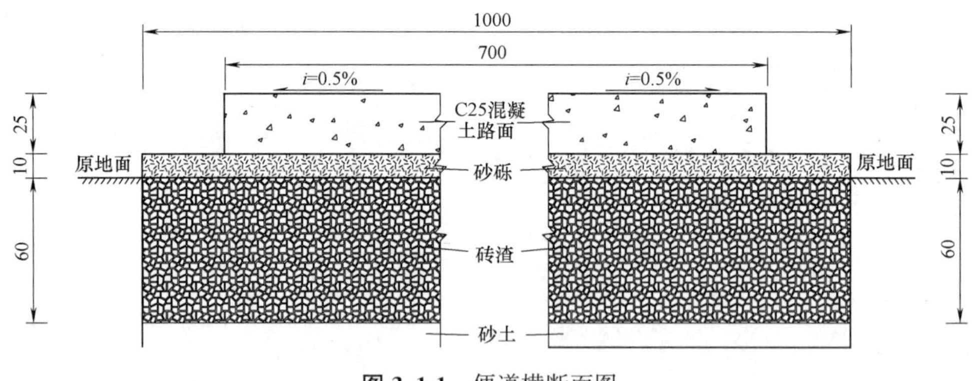

图3.1-1　便道横断面图

3.1.2　便道施工

1. 测量放线

施工前对现场修建便道进行测量放线，并用双飞粉明确基层开挖位置，确保施工便道修筑不影响施工。在施工后对机械开挖厚度进行跟踪测量，避免多挖、少挖，如超挖采用碎石填筑至设计标高。

2. 清表处理

采用挖掘机和推土机进行原地面清表，清表厚度 20cm。清除原地面杂草和腐殖土。清除完后用挖机装车运至业主指定的场地进行堆放。

3. 基层开挖

因汉江三桥施工机械进出场多，机械吨位大且施工时间长，为确保便道正常使用，对修建的便道从原地面标高开挖至 60cm 后，压路机碾压密实。

便道开挖坡度为 1∶1，开挖后多余土方运至指挥部指定场地。

4. 基层施工

便道沟槽开挖完成，请监理验收合格后，分层铺筑砖渣或砂砾，原材料进场后应对原材料进行检验，如发现级配不均匀的坚决予以退场。

铺筑一层后进行压实度抽检，如发现压实度达不到设计要求时应对基层重压直至压实度达到设计要求为止。

基层完成后由指挥部相关部门验收合格后方可进行下道工序施工。

5. 混凝土面层施工

放出便道中线及路边线，在路中心线上每隔 10m 设一根中心桩，相应在路边各设一对边桩，并把设计标高标在桩上。

模板采用钢模，模板的接头，模板与基层的接触处，用塑料薄膜封住，以防漏浆产生蜂窝麻面现象，在每次浇筑混凝土前，应将模板清理干净，涂刷隔离剂。

便道面层采用 C25 混凝土，在浇筑前施工员应及时核实本次浇筑混凝土方量，及时与搅拌站联系。

摊铺采用人工摊铺，摊铺应均匀连续地在整个宽度上进行。严禁抛掷和搂耙，以防离析。中途因故停工，应设施工缝。由于该混凝土路面厚 25cm，按规范要求一次摊铺成型。

采用插入式振动棒和振动梁配合振捣，每一位置的持续时间，应以混合料停止下沉，不再冒气泡并泛出砂浆为准，不宜过振，振捣时应辅以人工找平并应随时检查模板有无下沉、变形或松动。

振捣完毕，先用 4m 长、25cm 高的槽钢进行粗平，再用专用滚筒精平。低洼处用新制细石混凝土找平，严禁以纯水泥砂浆找平，严禁在振捣后的混凝土上洒干灰修平。

抹光分三次进行：先用抹光机提浆，然后人工收光，等混凝土表面无泌水时，再作第三次精平。混凝土面层在终凝前应对面层进行压纹处理，完成后立即采用覆盖旧麻袋、草袋等洒水养护方式。每天一般洒水 4～6 次，但必须保证在任何气温条件下，覆盖物底部在养护期间始终处于潮湿状态，以此确定每天洒水遍数。养护时间根据混凝土强度增长情况而定，一般为 14～21d。

根据经验，当混凝土强度达 6.0～12.0MPa 时是切缝的最佳时机，但气温突变时，可适当提早切缝时间，以防止混凝土路面产生不规则裂缝。

6. 便道日常养护与修复

便道在使用过程中，要加强对便道的日常养护与修复。每天安排 16 名清扫工对便道全线进行清扫，并配备 4 台洒水车和 8 名洒水工对全线进行洒水作业，减少施工扬尘。对路面出现积水、坑槽、路基缺口、冲刷、冲毁等破损现象，采取在原路面上填补修复等措施。

3.1.3　特殊地段处理

1. 月亮湾河道处理

便道位于月亮湾公园内需要跨越 2 处污水河道，河底土体因长年被水浸泡，为淤泥质土体。河道地处公园内，河底淤泥外运不便，因此采用抛石挤淤方式处理河底，挤淤厚度为 2m，然后在上面分层回填砂砾并碾压密实，每 30cm 为一层。回填砂砾压实度不小于 95%。因工程需要施工便道路基宽度 10m，以 1∶1.5 的坡度放坡。在月亮湾门口河道处放置 2 排直径为 1.5m 的混凝土管涵。在小树林南侧河道处放置 4 排直径为 1.5m 的混凝土管涵。管涵定位高度如图 3.1-2、图 3.1-3 所示。

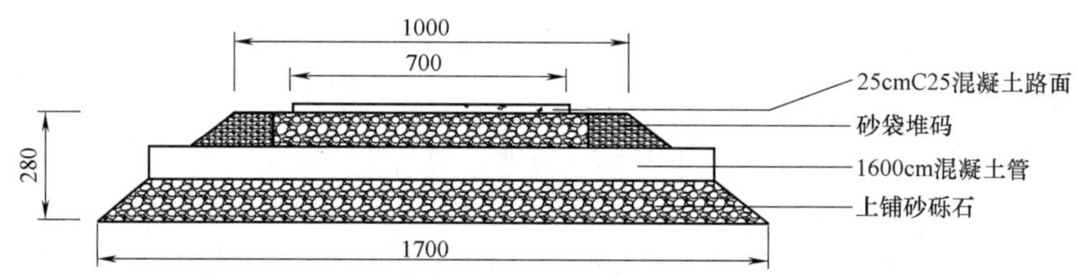

图 3.1-2　便道横断面图（月亮湾门口河道）

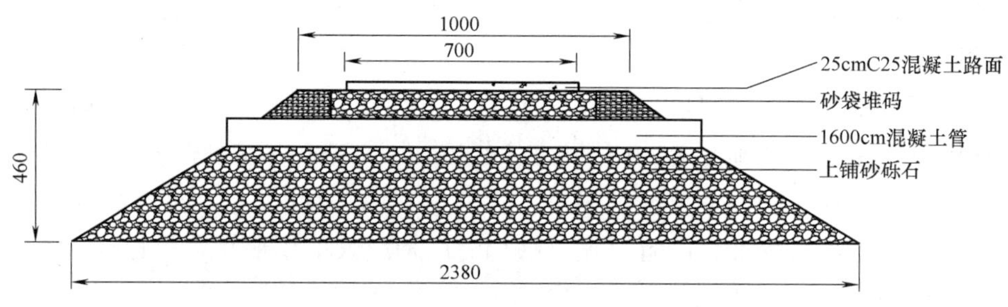

图 3.1-3　便道横断面图（小树林南侧河道）

2. 跨南大堤坡道

原则上不能破坏大堤采用修筑坡道，南大堤现实测标高 74m，故采用填土的方式进行处理跨南堤段。南大堤南侧江堤较陡标高约 64m 左右，属高填方段。其具体处理方式为：沿南堤外侧贴堤填筑长度约 120m 接匝道处便道，大堤内侧与钢栈桥相接。跨南大堤坡道立面如图 3.1-4 所示。

3. 桩基施工便道

为了保证材料及施工机械顺利运输到指定桩位，需在沿线每个墩位桩基处修筑 10m 宽横桥向便道。便道路基根据现场地质条件选择抛石挤淤或挖除换填的方式进行地基处

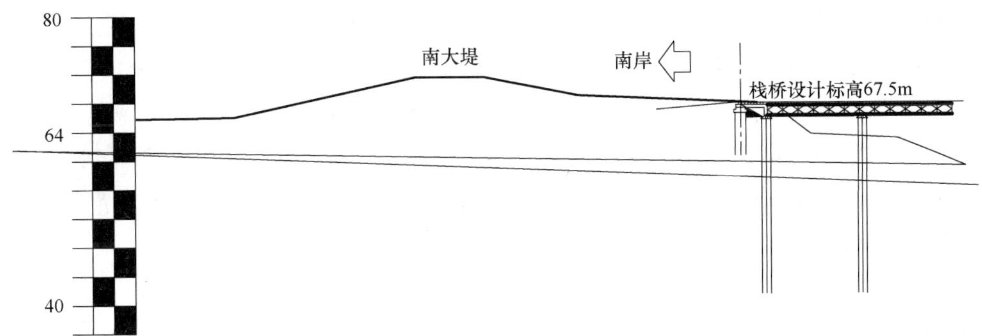

图 3.1-4　跨南大堤坡道立面图

理，以满足承载力的需求。桩基施工便道布置如图 3.1-5 所示。

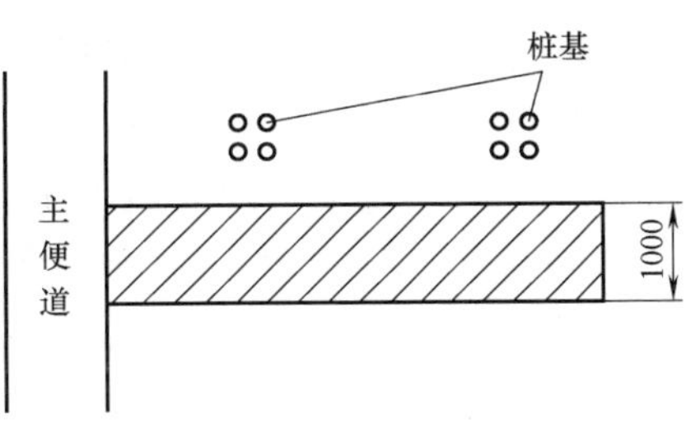

图 3.1-5　桩基施工便道布置示意图

3.1.4　便道恢复

工程施工完毕后，临时道路需全部破除拆除。混凝土路面采用啄木鸟破除，再利用混凝土破碎机粉碎处理，路基采用挖掘机挖除。废料运送至指定弃土场，并用填土恢复。

3.2　钢栈桥设计与施工

3.2.1　钢栈桥设计概况

1. 钢栈桥布置

钢栈桥分三段施工，其分段范围如下：

南堤栈桥：从跨南堤桥 3 号墩南侧起跨越汉江至老龙洲（K27＋471.23～K27＋645.27），长 174.04m；

南塔栈桥：从南滩桥 26 号墩进入主航道至 29 号斜拉桥主墩（K28＋925.52～K28＋724.45），长 201.04m；

北塔栈桥：从北滩桥 43 号墩延伸至 30 号主墩（K29＋273.5～K29＋960.74），长 687.24m。

钢栈桥总长：1062.32m。

2. 栈桥设计指标

满足 50t 履带吊在桥面行走及起吊 20t 重物、混凝土罐车满载 8m^3 混凝土双向通行、人员通行要求。在主梁施工过程中，汽车泵混凝土浇筑及停放。

3. 钢栈桥设计

1）钢栈桥结构形式

栈桥标准桥面宽 8m，跨径 12m，每墩横向布 4 根 ϕ630mm 壁厚 8mm 的钢管桩。

钢管桩入土深度根据现场地质情况经过计算确定入土深度不小于 21m。桩间横桥联接结构水平联杆采用［16 的槽钢，斜向支撑为∟ 100×80×8 角钢。钢栈桥纵向连接结构：桩头处纵向设置一道水平拉杆，并在纵向设置水平斜撑，拉杆与斜撑采用［10 槽钢焊接。钢管桩设置 60cm 宽的桩靴，采用 10mm 厚的钢板沿钢管的外边包裹焊接，钢管的下部作成斜向刃角。另外钢管桩接长时严格控制对接平焊的质量。

桩顶焊接 10mm 封头钢板，下设四块加劲板。

钢管桩顶安装双拼工 25b 垫梁，作为承受贝雷的横向垫梁。垫梁与钢管桩头之间用 ϕ20 螺纹钢筋焊接，每边焊缝长度不小 10cm。

纵向主梁采用“321”贝雷片，纵向共布置 8 片/4 组，贝雷与横向垫梁采用 U 形螺栓固定。贝雷片之间采用宽 45cm 的花窗连接，组与组之间用∟ 75×50×8 角钢支撑架连接形成整体。为增强水平刚度，在贝雷的下弦杆每隔 3m 设置一道工 12.6 型钢水平拉杆，水平拉杆与贝雷采用 U 形螺栓固定。

贝雷梁上放工 25b 间距 75cm 作横向分配梁，纵向主梁与横梁采用 U 形螺栓固定，每道横梁上设置 4 个。由于 30 号墩设置 1 台变压器，高压电缆沿栈桥左侧布设，位置在栈桥横梁上，则每间隔 1.5m，横梁的长度增加 0.5m，以利于承托电缆。

横向工 25b 型钢上铺设间距 30cm 工 12.6 纵向分配梁，纵向分配梁与横梁采用间隔点焊连接。桥面采用 10mm 厚的花纹钢板或平面钢板。平面钢板上点焊 ϕ16 螺纹防滑钢筋，长度 100cm，间距 20cm，防滑钢筋布置在车辆轮胎行驶区域。

为了行人安全在桥的两侧采用直径 48mm 的钢管作防护栏杆，高度为 1.2m，立杆间距为 75cm，横杆为 3 道。栈桥横断面标准图如图 3.2-1 所示。

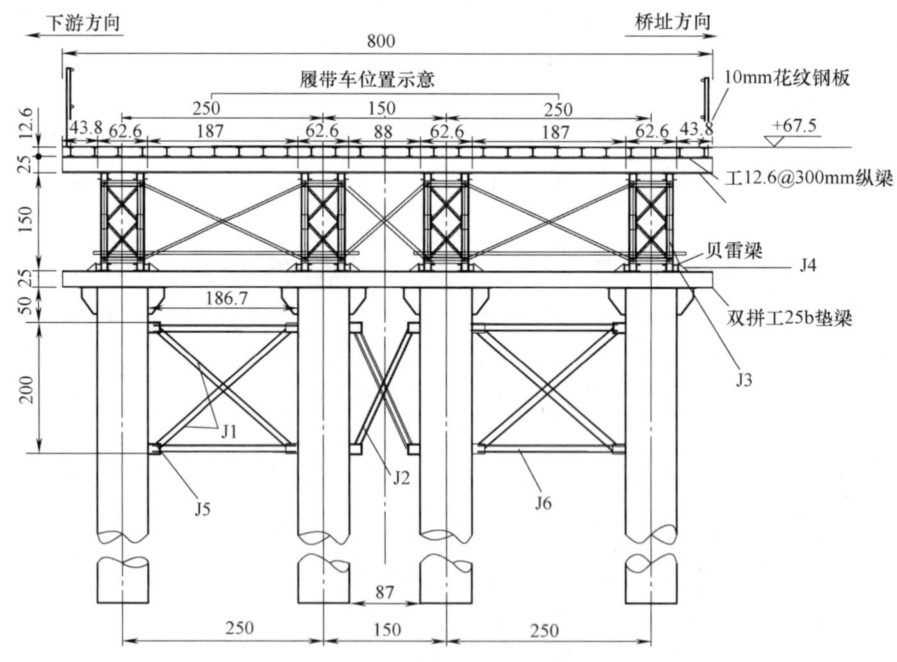

图 3.2-1　钢栈桥标准断面布置图

根据下游 17km 处水库的蓄水位高程 62.73m 和 20 年一遇的水位高程 67.4m 进行综合考虑，钢栈桥统一标高定为 67.5m，全桥不设纵横坡。

2）制动墩、伸缩缝设计

为防止桥面上车辆刹车造成摆动，栈桥每隔 60m 设置一个制动墩。桩纵向间距 2.5m，桩顶纵梁上为双拼工 45b 横梁，在纵梁上设双拼工 25b 垫梁。贝雷梁与 25b 工字钢用 U 形螺栓固定。考虑昼夜温差，在制动墩处纵梁断开设置伸缩缝，缝宽 4cm。上部结构与按钢栈桥结构设计。钢栈桥制动墩、伸缩缝断面设计如图 3.2-2、图 3.2-3 所示。

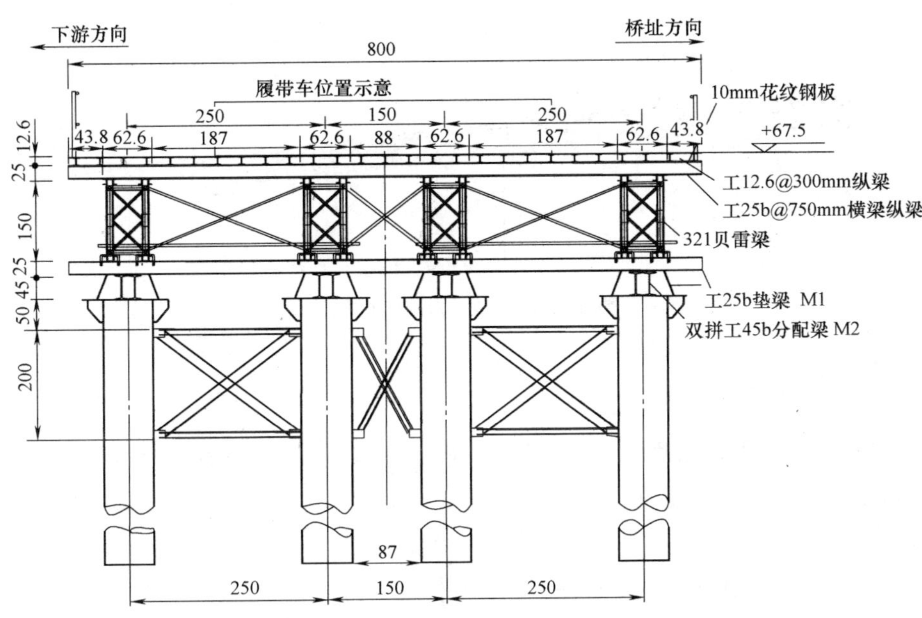

图 3.2-2 钢栈桥制动墩断面布置图

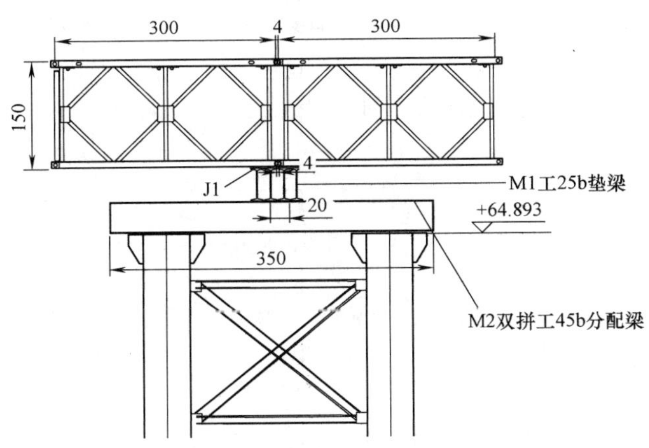

图 3.2-3 钢栈桥伸缩缝布置图

3）错车平台设计

南塔栈桥和北塔栈桥在主塔处考虑施工车辆调头及材料方便卸车，在主塔处沿栈桥方向增加错车平台。错车平台长度为 24m，宽度 8m。

4）栈桥桥台设置

由于桥面与陆地面高差较大约为5m，北塔栈桥和南堤栈桥大桩号桥头设置27m长的调坡栈桥，坡度为5%。桥台采用堆码砂袋。砂袋底部宽度为8m，上部宽度为2m，长度为10m。砂袋上部安放1m宽10mm厚的钢板，钢板上安放［30槽钢，并在槽钢上贝雷梁的端部安装木板或木方。台背采用砂砾回填，路面坡度为5%。为了防止洪水冲刷，台背两侧采用砂袋堆码护坡，长度为100m，范围从坡底到坡顶。由于北岸月亮湾处河岸较陡，为了防止河岸坍塌，河岸采用抛填片石防护。钢栈桥桥台布置如图3.2-4所示。

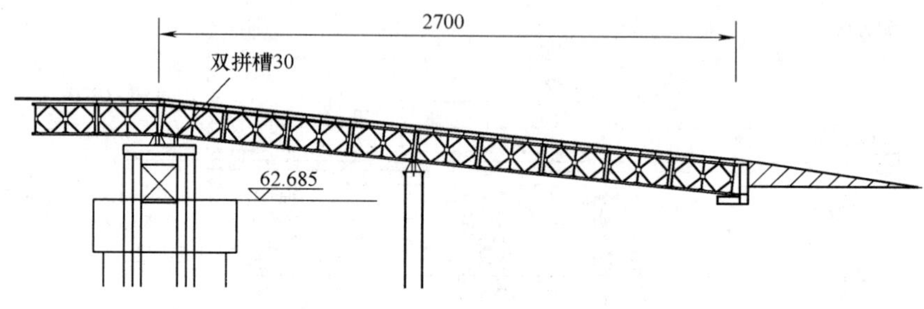

图3.2-4 钢栈桥桥台布置图

3.2.2 钢栈桥施工

1. 钢栈桥基础施工工艺流程

钢栈桥基础施工工艺流程如图3.2-5所示。

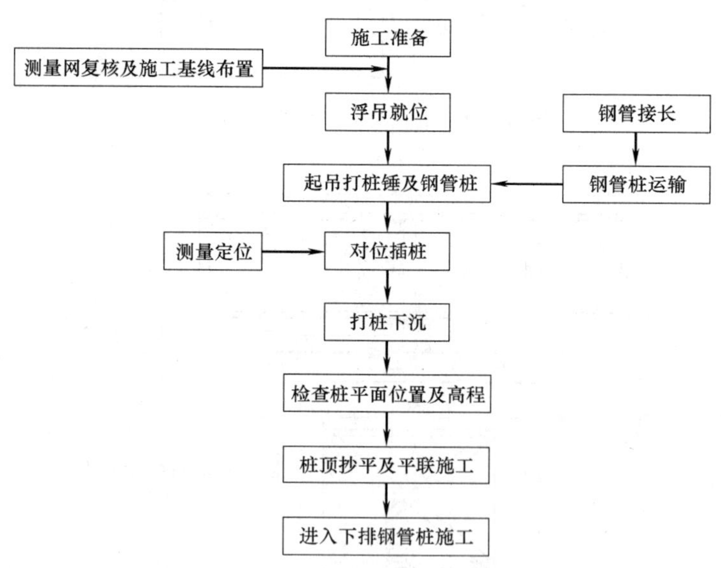

图3.2-5 钢栈桥基础施工工艺流程图

2. 测量放样

测量人员根据栈桥设计图纸，计算出每根钢管桩的坐标和标高，根据计算结果在河岸边的控制点上设监测站，在钢管桩施工时进行实时监控测量，确保每根钢管桩定位准确。并做好施工测量记录。

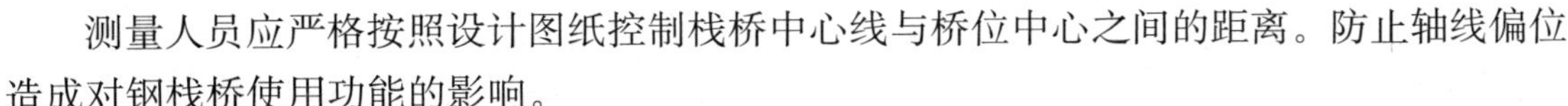

测量人员应严格按照设计图纸控制栈桥中心线与桥位中心之间的距离。防止轴线偏位造成对钢栈桥使用功能的影响。

3. 钢管桩接长、运输及起吊

1）钢管桩接长

钢管桩接长采用对接满焊，焊缝要求饱满。钢管桩接长时，履带吊起吊待接钢管桩就位，施工人员乘小船进行焊接施工。

在施工过程中接长时按照以下工艺进行：

（1）接口清理：钢管桩对接前接口两侧 30mm 内的铁锈、氧化铁皮、油污清除干净，并显露出钢材的金属光泽。

（2）焊接：两钢管接头采用对接平焊，焊接为手工焊，按焊接工艺要求，焊接应控制走向顺序、焊接电流、焊缝尺寸。接头处设 4 道 500mm×100mm×10mm 加劲板，加劲板必须保证焊缝密贴；每一焊道熔敷金属的深度或熔敷的最大宽度不应超过焊道表面的宽度，同一焊缝应连续施焊，一次完成。

（3）焊缝清理及处理：焊缝焊接完成后，清理焊缝表面的熔碴和金属飞溅物，焊工自行检查焊缝的外观质量，如不符合要求，应补焊或打磨，修补后的焊缝应光滑圆顺，不影响原焊缝的外观质量要求。

（4）焊接环境：湿度不高于 80%，温度不得低于 0℃。

相邻管节对接允许偏差应符合表 3.2-1 规定。

相邻管节对接允许偏差应　　表 3.2-1

项目	允许偏差(mm)	说　明
管径	≤3	用管节周长之差来表示，次差≤3π(mm)
对口板边高差	<1	

焊缝外观允许偏差应符合表 3.2-2 规定。

焊缝外观允许偏差　　表 3.2-2

项　目	允许偏差
咬边	深度不超过 0.5mm，累计长度不超过焊缝长度的 10%
超高	3mm
表面裂缝、未熔合、未焊透	不允许
弧坑、表面气孔、夹渣	不允许

2）钢管桩运输（图 3.2-6）

钢管桩在加工场加工好后，用 200t 驳船运输到施工地点。驳船两侧设置栏杆或其他障碍物保护钢管桩，同时利用缆绳紧固，防止坠落；驳船装桩应采用多支垫堆放，垫木均匀放置，垫木顶面在同一平面上；钢管桩堆放形式应使驳船在装桩、运输和起吊时保持平稳，避免钢管桩变形。

3）钢管桩起吊

图 3.2-6　钢管桩运输

驳船将桩运至浮吊旁，用浮吊吊钩将桩吊起，然后放入打桩架并抱紧，利用专用夹具起吊钢管桩。

4. 钢管桩打设及施工措施

1）钢管桩打设（图 3.2-7）

根据施工前计算好的钢管桩中心平面坐标，进行定位。使用浮吊配合 DZ-90 振动锤进行施工。

钢管桩沉桩总体按照先下游后上游，先岸侧后江中的施工顺序进行。

首节钢管桩长度要保证在桩进行河床后，露出水面的高度不小于 1.5m。根据河床标高第一节钢管桩长度为 12m。

施工过程中，因江水流动冲击造成平面位置会发生变化，根据水流情况可向上游预偏 3～4cm。并在钢管桩上拉好缆风绳进行定位，防止振动锤摆动。

钢管桩在自身和振动锤重力下进入河床后，重新测设钢管桩的平面位置，满足要求后启动振动锤将钢管桩振入河床。振动过程中管理人员通过全站仪和锤球对管桩纵横向的垂直度进行观测，并通过对讲机指挥履带吊前后、左右摆动以调整钢管桩的垂直度。当钢管桩进入河床 2～3m，其平面位置及垂直度基本不会发生变化后，可松开吊钩，让钢管桩在振动锤的作用下继续振入。钢管桩的垂直度主要是靠打桩船的夹具及架子来控制，夹具及架子对钢管桩起到导向的作用。垂直度控制以预防为主，纠偏为辅。观测密度适当加大，

图 3.2-7　钢管桩打设

随时了解沉桩状况。如发现钢管桩下沉时有倾斜趋势，及时采取相应措施调整垂直度。

当首节钢管桩顶露出水面约 1.5m 时，停止振入，移开振动锤进行钢管桩接长。

钢管桩打设好后，测量放点后按照设计标高抄平。抄平完成后在桩顶焊接 20mm 封头钢板。封头板顶面必须水平，且封头板轴线与栈桥轴线平行。

2）打入困难的施工措施

由于钢管桩需要打入到卵石层内较深，在打入的过程中，存在打不到设计深度或遇到孤石情况，采用掏渣筒内部进行掏渣处理。

5. 上部结构施工

1）联杆施工

横联采用［16 槽钢进行连接。斜撑采用∟100×80×8 角钢 X 形状双根桩进行连接，电弧焊进行施焊。施工前对根据联杆设计尺寸对称焊接横、斜联。在桥梁纵向上，焊接纵向水平［10 槽钢拉杆，再安装纵向水平斜撑［10 槽钢拉杆。

2）垫梁施工

施工方法如下：首先在 20mm 厚封头钢板上放出垫梁轴线及下边线位置，使横梁轴线和钢管桩排架轴线重合，以保证钢管桩轴心受压。在加工场内将 2 根垫梁用缀板焊接成整体，采用 50t 履带吊进行安装，并与封头板点焊进行固定。

3）“321”架设贝雷梁安装

贝雷梁在架设前先根据图纸提前在加工场地拼接成长 12m 模数的单层双排架体，在架设前测量员用全站仪根据设计图纸恢复桩轴线，并标示在封头顶板上。安装人员根据测量放出的轴线进行安装贝雷架，贝雷纵向中心轴线与钢管桩轴线重合。

在垫梁上设横向挡块，防止贝雷梁横向移位。用 50t 履带吊将拼好的每组贝雷梁进行逐跨架设；在架设贝雷梁时，要先将安装的钢管桩在纵向采用［8 槽钢或∟100×80×8 角钢进行斜向十字临时拉结。两组贝雷梁之间上、下弦杆每 3m 设置一道水平横联，横联采用 I12.6 工字钢，横联与贝雷之间用 U 形螺栓连接固定。并且在每 2 组贝雷梁间隔 3m 设置一道斜向支撑，支撑采用∟75×50×8 角钢。

4）纵、横向分配梁安装

贝雷梁安装每完成一跨后随即铺设 I25b@750mm 工字钢横向分配梁安装。

I25b 横向分配梁安装完成一跨后，铺设 I12.6@300mm 工字钢梁。纵梁与横梁采用点焊固定。纵向分配梁的接头必须设置在横梁的顶部，防止形成探头板。必要时可适当调整横梁的位置。

横向、纵向分配梁安装前应在按照设计图纸上的横、纵向间距尺寸先进行量测，并在贝雷架和横向分配梁上做好标示。现场施工管理人员应对测量出来的间距进行逐个检查。

5）桥面板钢板，安装防护栏

I12.6 工字钢安装完成后，铺放 6000mm×1250mm×10mm 面钢板，钢板焊接在 I12.6 工字钢上。横桥方向铺钢板纵向分幅铺设，焊接采用间断焊，焊缝长度 3cm，间距 30cm，防止重车行驶引起钢板反卷。

完成面板铺设后及时进行两边安全护栏焊接，栈桥两侧设置高 1.2m 栏杆。横、竖杆

均采用 ϕ48mm×3mm 钢管，横杆设置三道。每 1.5m 设置一道竖杆焊接在桥面系横梁上。栈桥栏杆刷红白相间油漆警示，以达到简洁美观的效果。并为了行车安全在栏杆的内侧沿纵桥向设置一道 I25b 工字钢与横梁焊接。

6）电缆线施工及安全防护

栏杆施工完成后进行施工电力管线的铺设，电力管线设置在栈桥最左侧加长 0.5m 横梁上。

为了保证钢栈桥安全：在栈桥上间距 15m 设置一个航道警示灯，并在桥上隔 15m 交替布置路灯。并在汉江河道上游距栈桥中轴线 30m 的位置每间隔 30m 设置一组防撞墩，由 4 根 ϕ630×8mm 钢管桩及［10 槽钢平联组成，总计 33 个防撞墩。并在距栈桥中线 80m 主航道内设置 2 处锚桩，由 4 根 ϕ630×8mm 钢管桩及［10 槽钢的平联组成。为了施工人员安全在钢栈桥的两侧每 15m 设置 1 个救生圈。救生圈悬挂在护栏外侧托架上。

钢栈桥如图 3.2-8 所示。

图 3.2-8 钢栈桥成桥图

6. 钢栈桥使用注意事项及维护

1）为确保钢栈桥稳定性，在钢栈桥施工完成后不得立即使用。主要因为打桩时振动锤对桩身周围土在振捣导致土液化，减少了对桩身的摩阻力。钢栈桥施工完工后停放 3d 后开始方可投入使用。

2）车辆行驶速度限制不允许超 5km/h，车辆行驶间距不小于 12m。

3）为了更好地增加栈桥管理，在南堤栈桥及北滩栈桥的桥头设置岗亭，并派专人值班。

4）由于钢栈桥需使用 3.5 年时间，合理使用和必要的维护是维持栈桥使用寿命的有力保障。项目安排专门人员定期对钢栈桥进行全方位的检查和保养，确保钢栈桥的使用安全。

7. 钢栈桥拆除

1）拆除时间

当水中桥梁工程工程完毕后，对栈桥进行拆除工作。拆除时应避开汛期，避免桥下部分净空不足而影响进行拆除作业。

2）拆除施工工艺流程

钢栈桥拆除施工工艺流程如图 3.2-9 所示。

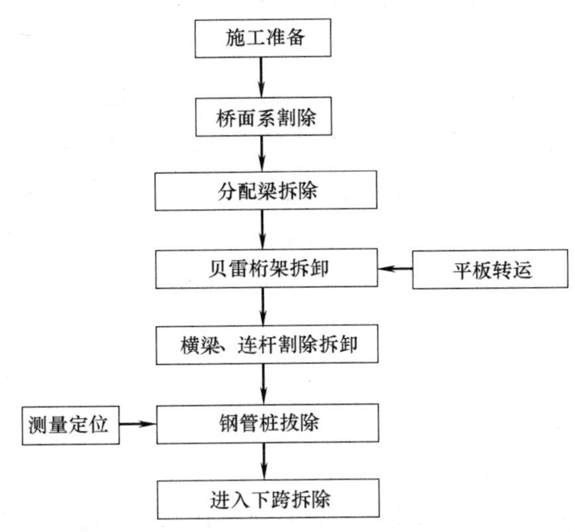

图 3.2-9　钢栈桥拆除施工工艺流程图

拆除方向由江中心向岸侧逐跨拆除，栈桥拆除顺序由上至下进行，起重设备用 50t 履带吊，基础钢管桩拆除采用 DZ-90 振动锤。

3）桥面系割除

栏杆、面板采用人工割除后，吊装上平板车转运到岸上材料堆放场地。

4）贝雷桁架梁拆卸

工字钢纵、横方向分布梁拆除后，进行贝雷桁架拆卸。纵向按跨径断开拆除，贝雷梁在后端栈桥分解成单片贝雷用平板车运走存放。

5）钢管桩拔除

单跨贝雷桁架拆除后，割除钢管桩顶面工字钢联系及联杆。振动锤用平板车转运到栈桥端头，安装 DZ-90 振动锤到钢管桩顶，待振动锤液压钳夹紧钢管桩后，启动振动锤，钢管桩周边土质在振动力作用下开始液化，土质对钢管桩的摩阻力将大大减少，此时履带吊可缓慢将振动锤及钢管桩向上提动，逐渐将整根钢管桩拔除，并利用平板车通过栈桥转运到岸上。

6）拆除注意事项

（1）栈桥拆除施工期间，确保做好水上通航水域施工安全标志，特别在夜间施工时，要按规定设置水上交通指示灯。

（2）入土钢管桩必须整根拔除，防止剩余桩头阻碍船只通航。

（3）栈桥上部钢材在拆卸过程中，避免掉入江底影响船只通航。

（4）施工人员须严格遵照水上施工安全规定进行施工。

3.2.3 钢栈桥设计计算

1. 荷载布置

1）上部结构（按桥面宽8m，12m跨径计算）

（1）δ10钢板：0.01×7.85×10＝0.785kN/m^2

（2）I12.6纵向次梁：14.21×27/8＝48kg/m^2＝0.48kN/m^2

（3）I25a横向分配梁：38.1×10/1000/0.75＝0.254kN/m^2

（4）贝雷梁：每片贝雷重287kg（含支撑架、销子），则8片贝雷梁平均到每平方米荷载为：287×10/1000/3×8片/8m＝0.957kN/m^2

（5）双拼下横梁：38.1×8×2×10/1000＝6.1kN

2）活荷载

（1）30t混凝土运输车；

（2）履带吊：50t自重＋20t吊重；

（3）施工荷载及人群荷载：4kN/m^2；

考虑栈桥实际情况，考虑满载混凝土罐车和满载混凝土罐车错车为最不利工况，双后轴轴重按14t考虑，偏安全。

2. I12.6纵向次梁内力（间距30cm）

1）工况1：30t混凝土车后轴压在跨中

单边车轮作用在跨中时，纵向分配梁的弯矩最大，轮压力为简化计算可作为集中力。

荷载分析（计算宽度取0.3m）：

自重均布荷载：忽略不计

施工及人群荷载：不考虑与混凝土车同时作用

30t混凝土车后轴轮压：

$$q=\frac{14\times10}{4}=35\text{kN}$$

单边车轮布置在跨中时弯矩最大：

$$M=\frac{1.4ql}{4}=\frac{1.4\times35\times0.75}{4}=9.2\text{kN}\cdot\text{m}$$

I12.6则$W=77.4\text{cm}^3$

$$\sigma=\frac{M}{W}=\frac{9.2\times10^3}{77.4}=119\text{MPa}\leqslant[\sigma]=210\text{MPa}$$

符合要求。

2）工况2：50t履带沿桥向

履带轮宽0.7m，计算宽度取单边履带压力，简化为2根工字钢共同受力，偏于安全：

自重均布荷载：忽略不计

施工及人群荷载：不考虑同时作用

单边履带吊线荷载：

$$q=\frac{1.4\times700}{2\times4.5}=108.9\text{kN/m}$$

$$M=\frac{ql^2}{8}=\frac{108.9\times0.75^2}{8}=7.7\text{kN}\cdot\text{m}$$

$$\sigma=\frac{M}{W}=\frac{7.7\times10^3}{77.4\times2}=49.7\text{MPa}\leqslant[\sigma]=210\text{MPa}$$

满足要求。

3）工况 3：50t 履带横桥向

履带长 4.5m，横桥向至少有 4.5/0.3=15 根受力，履带集中在跨中最不利。

每根 I12.6 集中荷载为：

$$q=\frac{1.4\times0.9\times700}{2\times15}=29.4\text{kN}$$

$$M=\frac{ql}{4}=\frac{29.4\times0.75}{4}=5.5\text{kN}\cdot\text{m}$$

$$\sigma=\frac{M}{W}=\frac{5.5\times10^3}{77.4}=71\text{MPa}\leqslant[\sigma]=210\text{MPa}$$

满足要求。

4）工况 4：30t 混凝土车横桥向

最不利情况为后轴一边轮胎压在跨中。

集中荷载为：

$$q=1.4\times0.9\times70=88.2\text{kN}$$

$$M=\frac{ql}{4}=\frac{88.2\times0.75}{4}=16.5\text{kN}\cdot\text{m}$$

$$\sigma=\frac{M}{W}=\frac{16.5\times10^3}{77.4}=213\text{MPa}\geqslant[\sigma]=210\text{MPa}$$

稍微偏大。

因此，生产过程中应严格避免混凝土车在满载情况下调头。

3. I25a 横向分配梁内力计算（沿纵桥向间距 0.75m）

1）工况 1：30t 混凝土车错车

结构建模和内力图如图 3.2-10～图 3.2-13 所示。

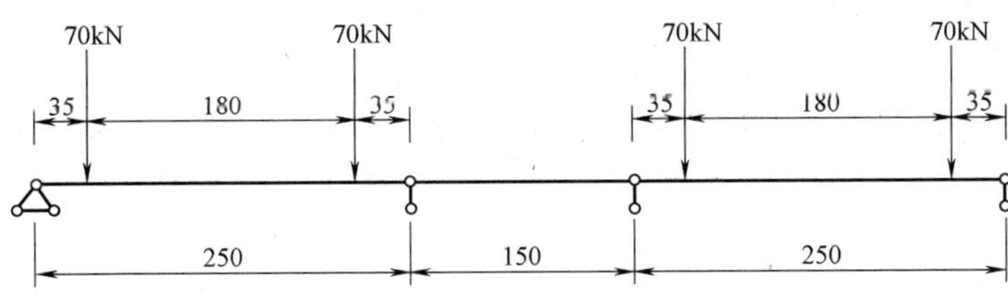

图 3.2-10 结构建模图

用 MADIS 软件求得 I25a 最大弯矩为 $M_{\max}=22.2\text{kN}\cdot\text{m}$，最大剪力为 76.6kN。

2）工况 2：单车行驶时，整车在 2.5m 跨中，按简支计算，受力简图如图 3.2-14 所示。

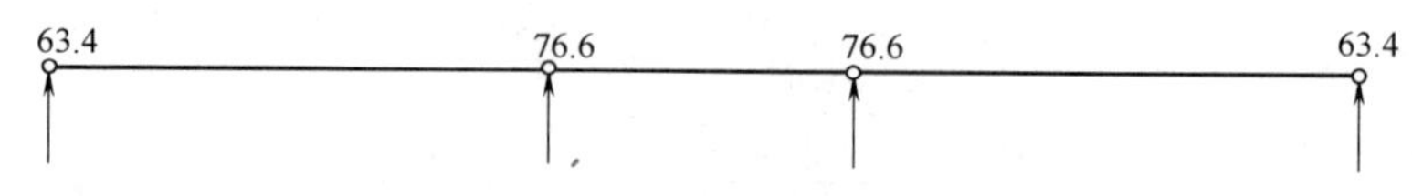

图 3.2-11　支座反力图

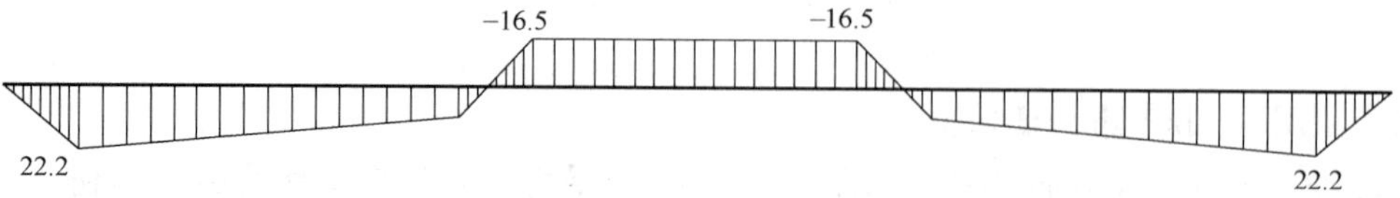

图 3.2-12　弯矩图

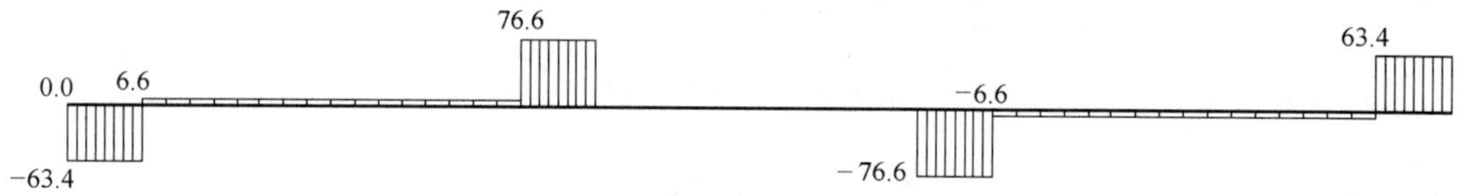

图 3.2-13　剪力图

最大弯矩为：70×0.35=24.5kN·m

考虑 1.4 的活载系数和 0.9 的重要性系数，计算最大弯矩：

$$M_{max}=24.5\times1.4\times0.9=30.87\text{kN}\cdot\text{m}$$

最大剪力：1.4×0.9×70=88.2kN

3）工况 3：单车行使，其中一边轮子正好落在 2.5m 跨中。

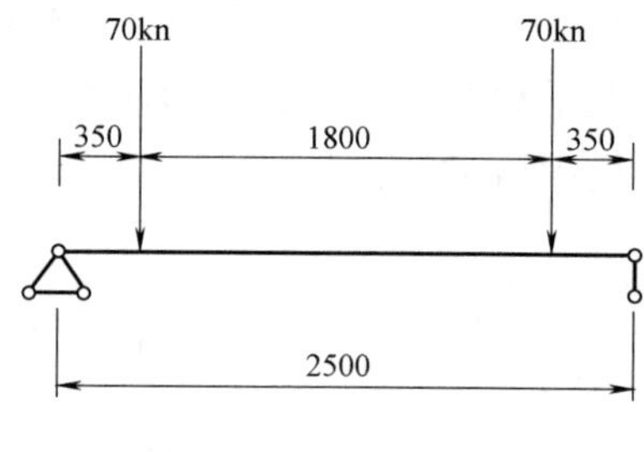

图 3.2-14　受力简图

$$Q=70\times1.4\times0.9=88.2\text{kN}$$

$$M=QL/4=1/4\times88.2\times1.5=33.1\text{kN}\cdot\text{m}$$

最大剪力：88.2/2=44.1kN

4）工况 4：履带吊位于栈桥中间（两履带中心距 3.7m）

履带吊的履带长 4.5m，I25a 工字钢间距 0.75m，最不利情况为 6 根工字钢承受整根履带吊的集中荷载。则每根工字钢承受的集中荷载为：

$$1.4\times0.9\times700/2/6=73.5\text{kN}$$

履带吊位于栈桥中间则受力模型和内力图如图 3.2-15～图 3.2-18 所示。

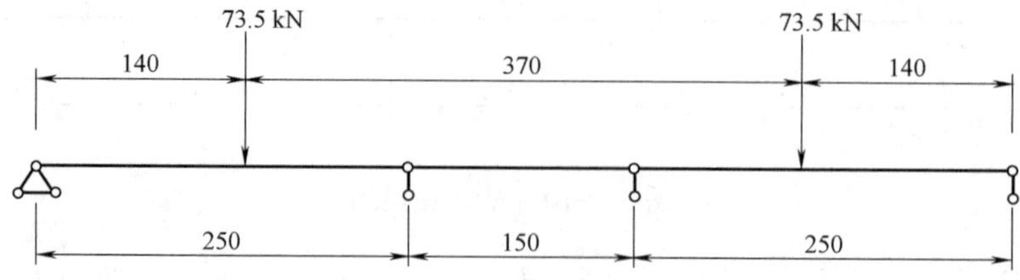

图 3.2-15　结构建模图

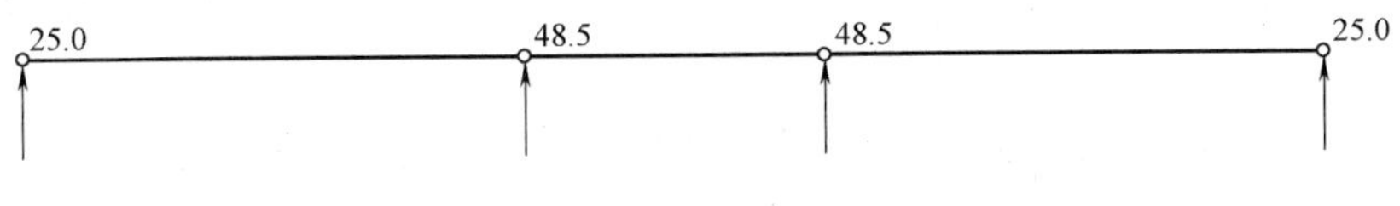

图 3.2-16 支座反力图

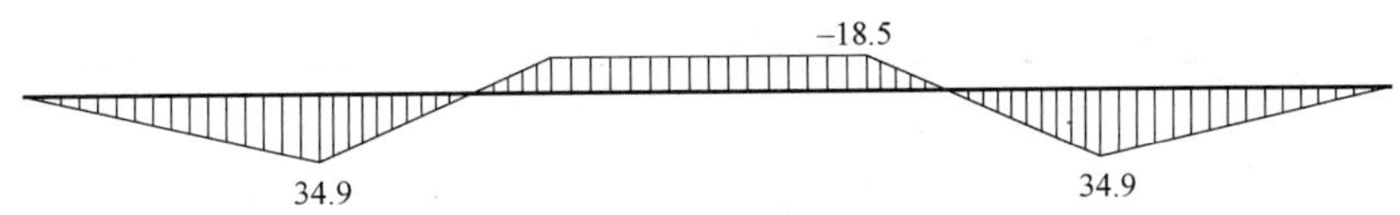

图 3.2-17 弯矩图

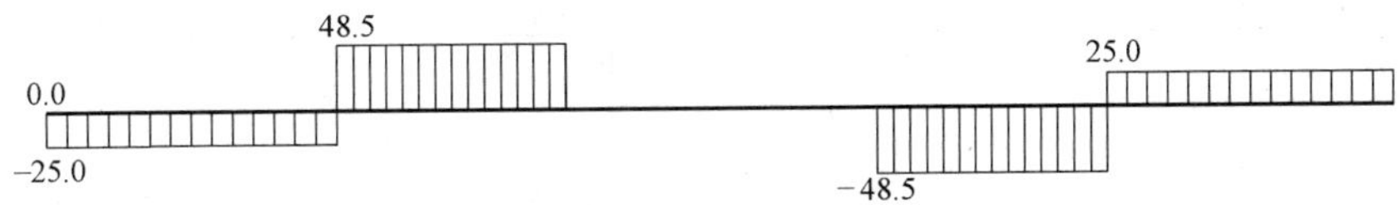

图 3.2-18 剪力图

用 MADIS 软件求得 I25a 最大弯矩为负弯矩 $M_{max}=34.9\text{kN}\cdot\text{m}$，最大剪力为 48.5kN。

5）工况 5：履带吊其中一边履带位于 I25a 边跨中间。结构建模图如图 3.2-19 所示。

此工况最大弯矩 $M_{max}=QL/4=73.5\times2.5/4=46\text{kN}\cdot\text{m}$

剪力为：73.5/2=36.75kN

经比较最不利弯矩均为工况 5，即：$M_{max}=46\text{kN}\cdot\text{m}$

$\sigma=M/W=46\times10^3/402=114.4\text{MPa}<[\sigma]=210\text{MPa}$

最不利剪力为工况 2：$V=88.2\text{kN}$

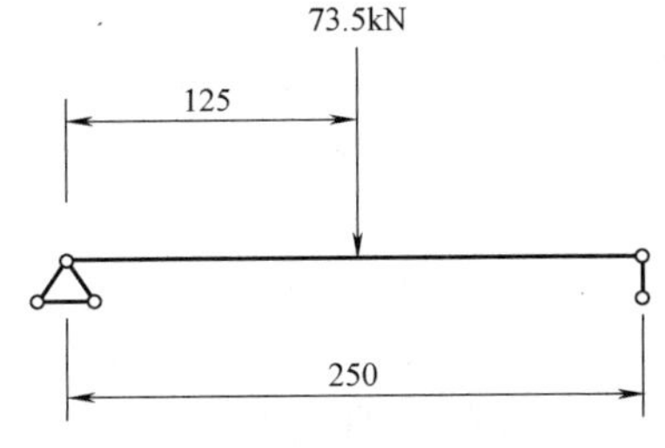

图 3.2-19 结构建模图

剪应力计算：

$$\tau=\frac{V\cdot S}{I\cdot\delta}=\frac{88.2\times10^3\times203.7}{5017\times0.8}=50.7\text{MPa}\leqslant120\text{MPa}$$

均符合要求。(因恒载较小，以上计算均忽略恒载)

4. 贝雷梁内力计算

计算跨径为 $L=12\text{m}$（按简支计算），4 组单层双片贝雷梁。

1）自重均布荷载：

$$q=1.2\times(0.785+0.48+0.254+0.718)\times8/4=5.36\text{kN/m}$$

自重造成弯矩：$M_1=\frac{ql^2}{8}=\frac{5.36\times12^2}{8}=96.48\text{kN}\cdot\text{m}$

2）工况 1：30t 混凝土车错车

混凝土车错车时，其中后轴的一边轮集中压在中间贝雷梁处，对贝雷梁传递的集中荷载最大。此时轮载＝70×1.4×0.9＝88.2kN。结构建模和支座反力如图3.2-20、图3.2-21所示。

先计算此工况下贝雷梁从I25a传来的集中力（即I25a的支座反力）：

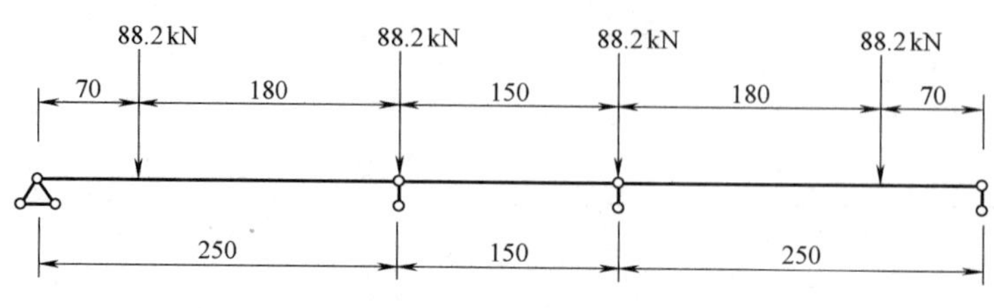

图3.2-20 结构建模

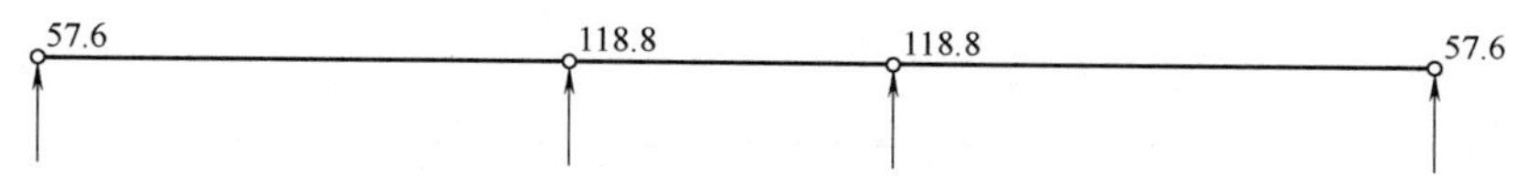

图3.2-21 支座反力

从图3.2-21可以看出中间贝雷梁承受I25a传来较大的集中力，为118.8kN。

则贝雷梁受力模型如图3.2-22所示。

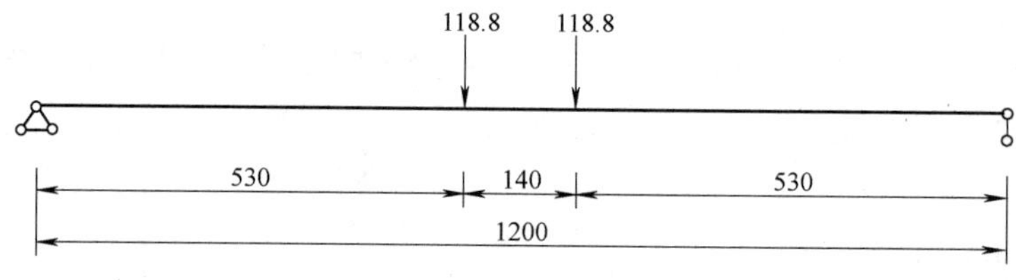

图3.2-22 贝雷梁受力模型

$$M=118.8\times5.3=629.64\text{kN}\cdot\text{m}$$

3）工况2：履带吊

履带吊在桥上时，考虑一边履带直接压在中间贝雷梁上时荷载最大，最不利工况为单边履带的荷载通过6根工字钢集中传递到贝雷梁的跨中。每根工字钢传来的集中力为前面所算的7.35kN。则贝雷梁受力计算简图如图3.2-23所示。

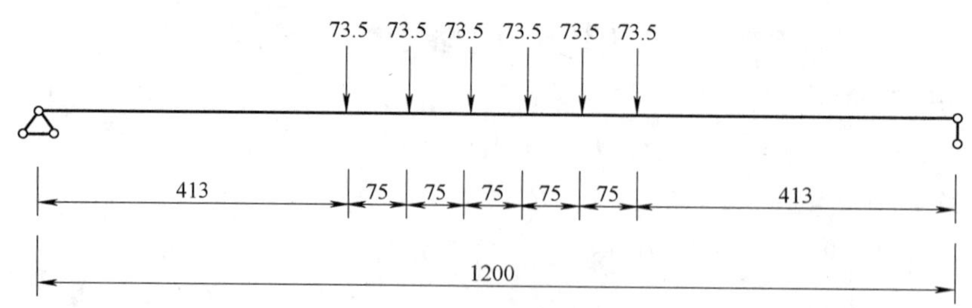

图3.2-23 贝雷梁受力计算简图

则贝雷梁支座反力为73.5×6/2＝220.5kN

$$M=220.5\times6-73.5\times1.875-73.5\times1.125-73.5\times0.375=1074.9\text{kN}\cdot\text{m}$$

经比较最不利工况为工况 2，加上恒载则最大弯矩为：

$$M_{\max}=1074.9+96.48=1171.38\text{kN}\cdot\text{m}$$

单层双排贝雷梁的 $W=7157.1\text{cm}^3$

$$\sigma=\frac{M}{W}=\frac{1171.38\times10^3}{7157.1}=163.7\text{MPa}\leqslant210\text{MPa}$$

符合要求。

5. 下横梁计算

由于贝雷架梁与下横梁和管桩为垂直受力，下横梁只受正压力不受弯矩，故不再计算受力，只根据贝雷摆放宽度的要求，取 2 根 25a 工字钢即可。

6. 钢管桩承载力计算

1）单桩所需最大承载力

最不利工况为履带吊半边正好压在桩顶部位，此时桩顶承受最大压力为：

$$700\times1.4\times0.9/2=441\text{kN}$$

上部恒载：$1.2\times(0.785+0.48+0.254+0.718)\times8\times12/2/4+1.2\times6.1/4=34.03\text{kN}$

20m 桩自身重：$122.716\times20\times10/1000=24.54\text{kN}$

故桩承受荷载总量为：$441+34.03+24.54=499.57\text{kN}$

2）钢管桩入土深度：（考虑冲刷层 4m）

根据《公路桥涵地基与基础设计规范》JTG D63—2007 第 5.3.3 条

$$[R_a]=\frac{1}{2}\left(u\sum_{i=1}^{n}\alpha_i q_{ik} l_i+\alpha_r A_p q_r\right)$$

式中 u——周长，$u=1.9795\text{m}$；

q_{ik}——极限侧阻力，根据地勘资料，最小值 30kPa；

A_p——桩端的截面积，$A_p=0.3117\text{m}^2$；

q_r——桩端处的承载力容许值；

l_i——承台底面或局部冲刷线以下各土层的厚度（m）；

α_i、α_r 分别为振动沉桩对各层桩侧摩阻力和桩端承载力的影响系数，锤击桩取 1.0。

查看地质资料可得，12m 跨栈桥下的桩，较差地质极限阻力为 30kPa，则有：

$$L=[R_a]/(u\times q_{ik}/2)=499.57/(1.9795\times30/2)=16.83\text{m}$$

取 $L=17\text{m}$。

加上 4m 冲刷层，则钢管桩至少需要进入河床 21m；

因钢管桩壁很薄，因此上面计算没有考虑桩端承载力。

如上计算，当桩打入河床 21m 深时，在较不利土层也满足桥梁荷载的承载力。

3.3　钢平台设计与施工

3.3.1　钢平台的设计

1. 施工平台的作用：

一是为钻机施工提供工作平台；二是为汽车吊提供起吊、行走及停靠平台；三是为承台、墩身施工时提供工作平台。

2. 平面设计尺寸

29 号、30 号墩施工平台面板外形尺寸为 68.5m×37.5m；28 号、31 号墩施工平台面板外形尺寸为 39.45m×23.63m；27 号、32 号～41 号墩施工平台面板外形尺寸为 33.39m×21.02m；3 号、4 号墩施工平台面板外形尺寸为 44.82m×25.21m。

3. 平台结构

方案对比：①主梁采用贝雷梁的桥跨度较大，可以减少钢管桩的数量，但贝雷梁之间水平连接需要很强，才能保证结构的稳定性。②主梁采用工字钢则钢管桩数量会略有增加，但水平之间的连接会减少，并且整体稳定性容易保证。经过结构方案比选，选定主要受力结构为工字钢结构。

钢平台桩基采用 ϕ630×8mm 的钢管桩，桩长入土深度不小于 8m，具体钢管桩的入土深度采用设计桩长与贯入度双指标控制，采用 DZJ-90 振动锤打设贯入度达到 1～3cm/min 时方可停止。桩顶放置双拼 I45b 工字钢主梁；主梁上设置 I36b 工字钢间距为 30cm 的分配梁；为了便于桩基及后期钢围堰的施工，分配梁的在钻孔平台与起吊平台处是全部断开的，分配梁的接长采用搭接方式。在桩基施工范围内分配梁也是采用短梁搭接设置，长度根据平台的位置进行调整。桥面板采用 10mm 厚钢板，在桩基护筒顶部采用多块小钢板搁置在分配梁上不焊接，便于桩基施工。

钢管桩桩头下 50cm 处设置 2 道⊏10 槽钢水平连接，水平连接间距为 2m，钢管桩间并设置⊏10 槽钢斜撑。钢管桩顶部内侧焊接 ϕ16 钢筋加劲箍，增大主梁与钢桩接触面积。

为了便于钢护筒的焊接方便，距平台顶面以下 4.5m 处设置一个焊接操作平台。焊接平台采用⊏10 槽钢焊接到钢管桩间，作为受力梁。钢平台结构断面如图 3.3-1 所示。

29 号、30 号墩每个钢平台上分别布置一台 30t 龙门吊，作为桩基以及钢围堰施工的起吊设备。龙门吊轨道下设双排桩基础，桩间距为 2.5m。主梁为一组 2 榀贝雷梁，标准跨距 12m。分配梁间距 30cm 的 I36b 工字钢。钢轨下设 1m 长的钢枕，间距为 30cm，与分配梁间隔布设，贝雷与钢枕及横梁之间用 ϕ20 钢筋制成的 U 形箍连接。

4. 平台顶标高

由于汉江三桥桥址处 20 年一遇水位为 67.28m，并且下游 17km 处为崔家营水库，现水库正准备蓄水，蓄水后本桥正在库区内，水库蓄水后水面标高为 62.73m；同时考虑与钢栈桥同高，最终确定钢平台顶高程按＋67.5m。

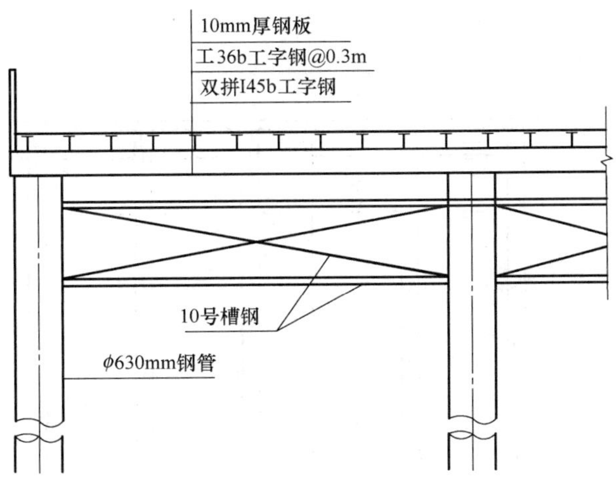

图 3.3-1 钢平台结构断面图

5. 钢平台设计图

小平台设计以 27 号和 29 号墩钢平台为例，27 号墩钢平台设计如图 3.3-2 所示，29 号墩钢平台设计如图 3.3-3 所示。

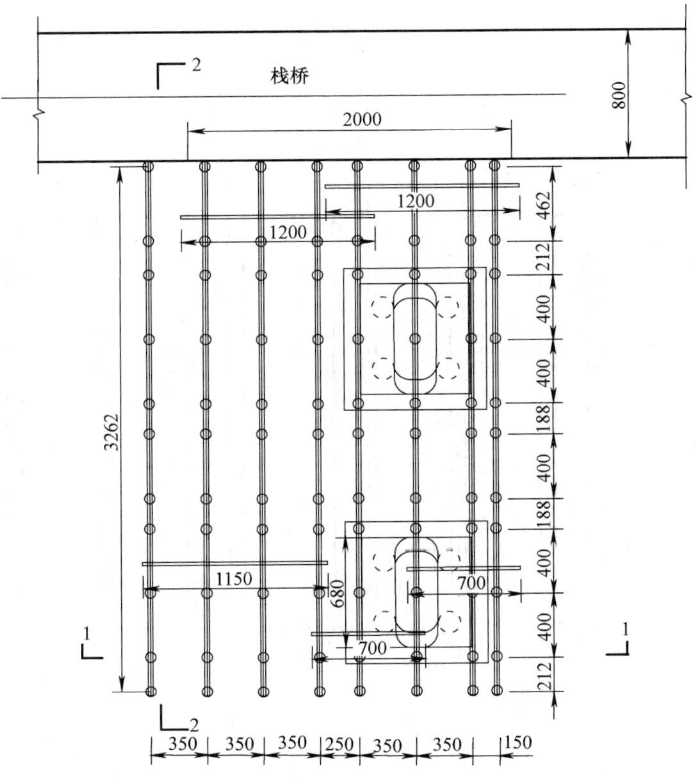

图 3.3-2 27 号墩钢平台设计图（一）

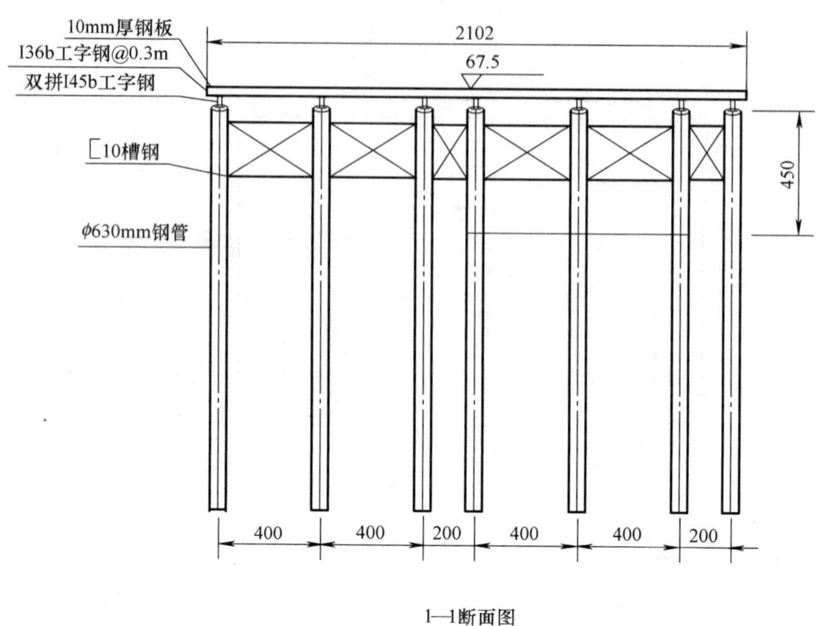

1—1断面图

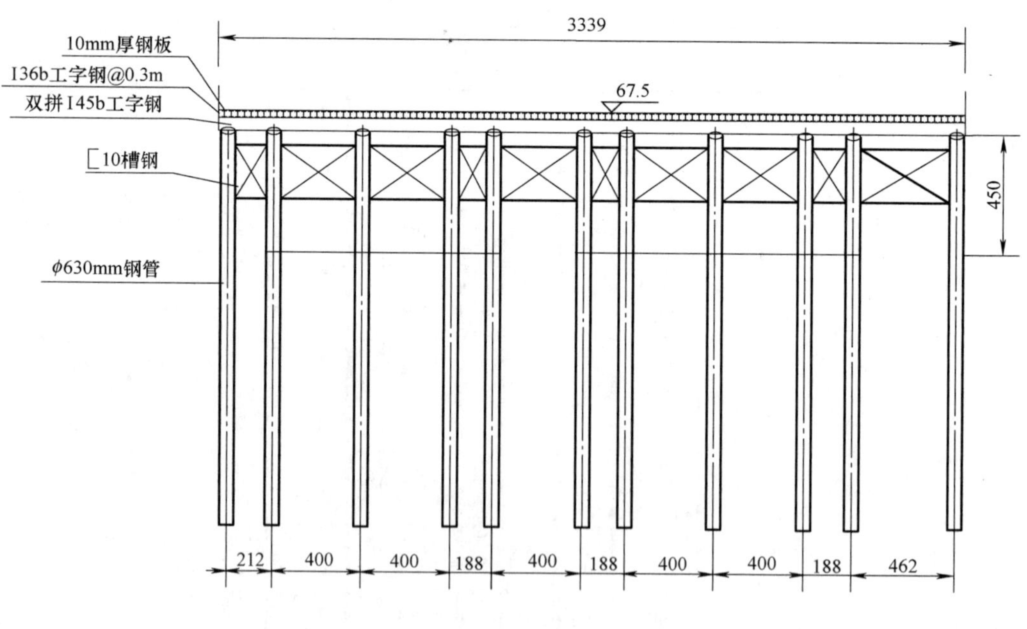

2—2断面图

图 3.3-2 27号墩钢平台设计图（二）

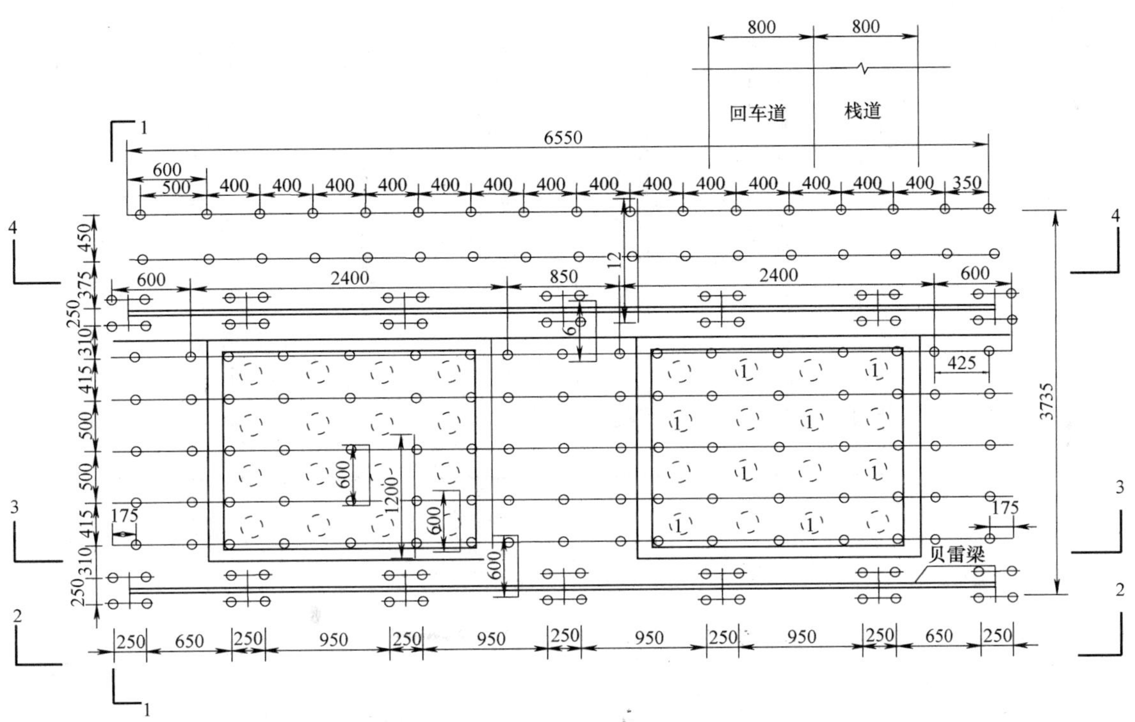

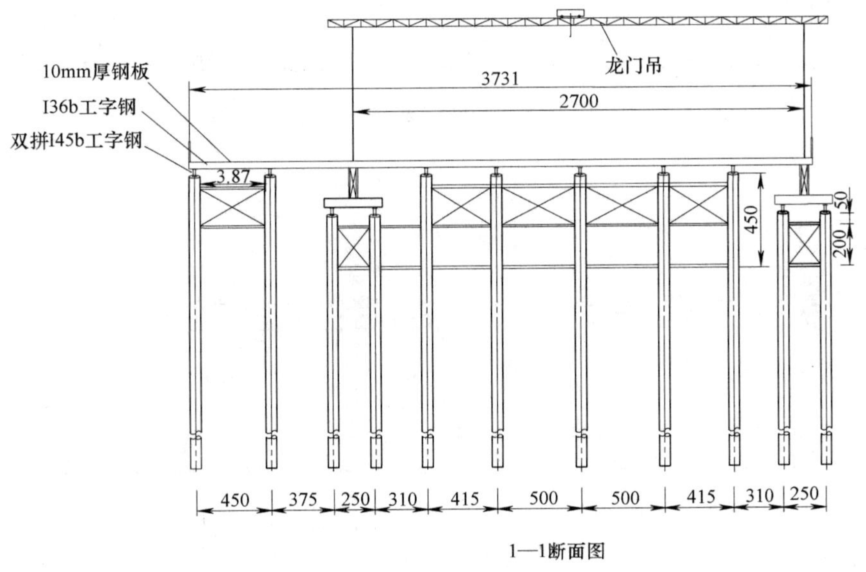

1—1断面图

图 3.3-3 29 号墩钢平台设计图（一）

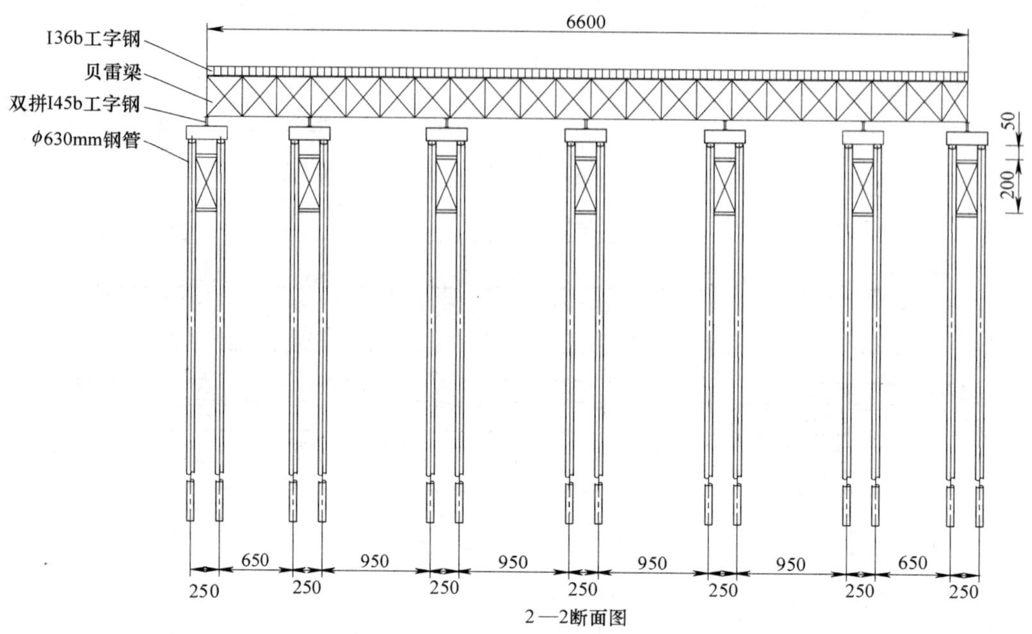

2—2断面图

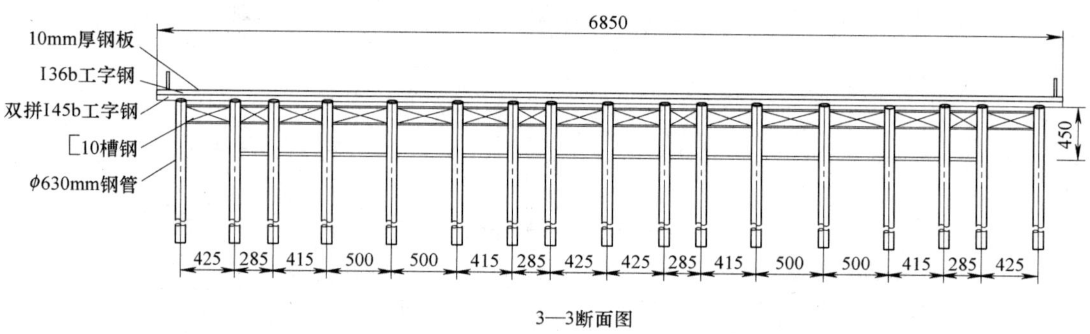

3—3断面图

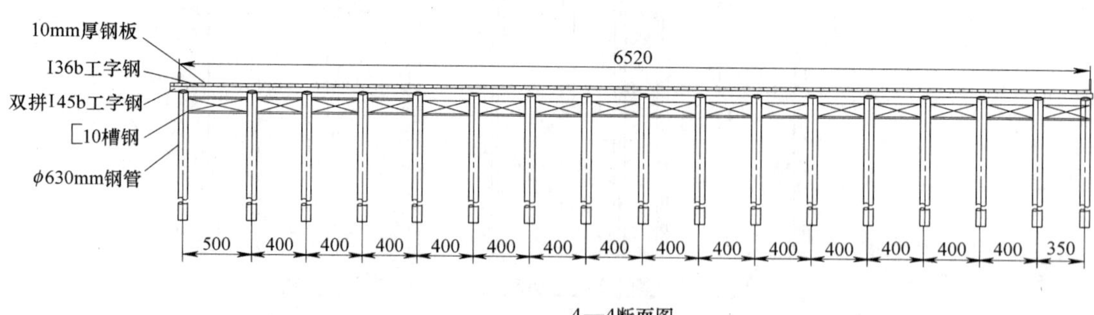

4—4断面图

图 3.3-3　29 号墩钢平台设计图（二）

3.3.2 钢平台的施工

钢平台施工工艺流程	
钢管桩测量定位及导向架就位	
钢管桩打设	
钢管桩顶部防倾斜挡板焊接	
钢管桩平联焊接	

续表

钢平台施工工艺流程	
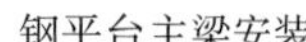 钢平台主梁安装	
次分配梁安装	
钢面板焊接安装	
龙门吊装配	

续表

钢平台施工工艺流程	
龙门吊安装就位	

3.3.3 钢平台设计计算（以29号墩为例）

综合考虑各钢平台的尺寸及主梁跨径、作业环境等因素，选用29号平台进行结构受力分析计算。29号主墩承台结构特性如表3.3-1所示。

29号主墩承台结构特性 **表3.3-1**

墩号	承台平面尺寸(m)	承台底标高(m)	承台顶标高(m)
29	19×19×5	53.958	58.958

1. 结构布置及形式说明

钢平台采用钢管桩+工字钢型钢结构。桩顶标高为+66.68m，钻孔护筒顶标高定位+67.0m。

2. 建模分析

钻孔平台是桩基施工的作业平台，承担了旋挖钻、气举反循环钻机桩基施工的荷载，汽车吊、履带吊和龙门吊等起吊设备的荷载，混凝土罐车和其他运输设备的荷载，以及水流冲击荷载的作用，并综合考虑承台围堰施工，采用有限元软件Ansys软件进行模拟分析，确保钻孔平台使用的安全性。分析结果见图3.3-4。

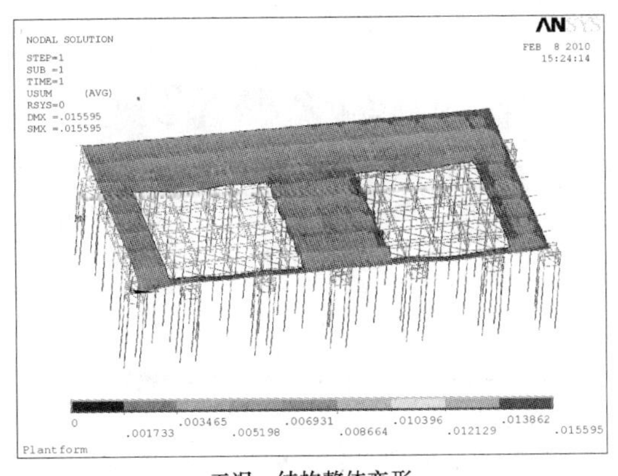

工况一结构整体变形

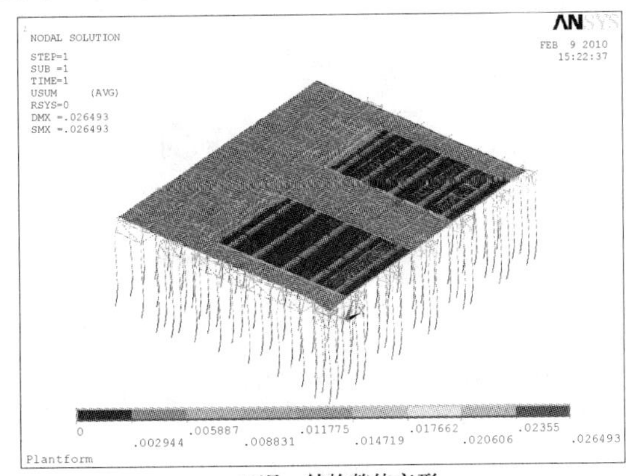

工况一结构整体变形

图3.3-4 29号主墩钻孔平台Ansys分析结果（一）

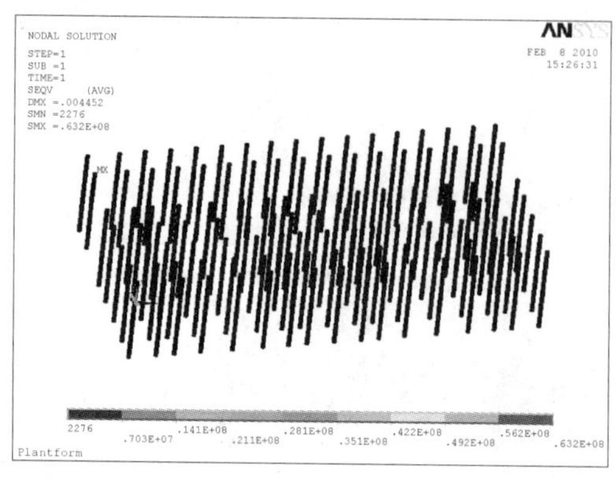

工况一平台钢管综合应力

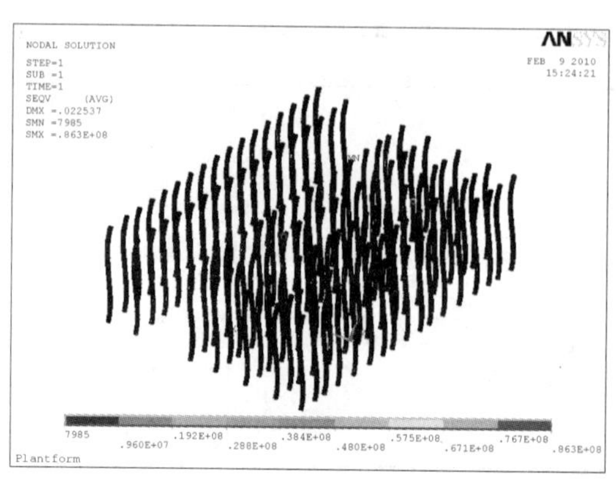

工况二平台钢管综合应力

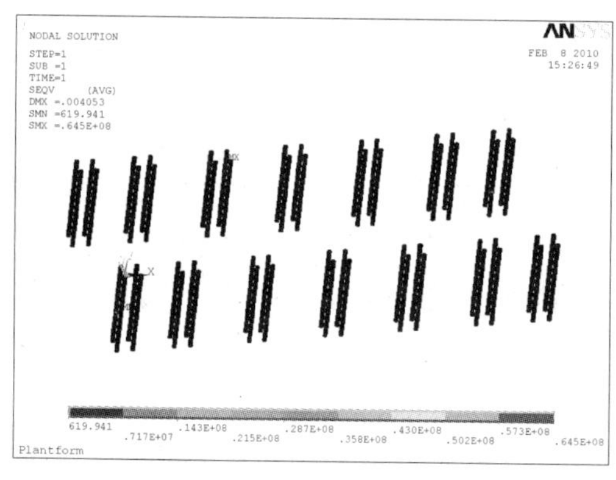

工况一龙门吊钢管综合应力

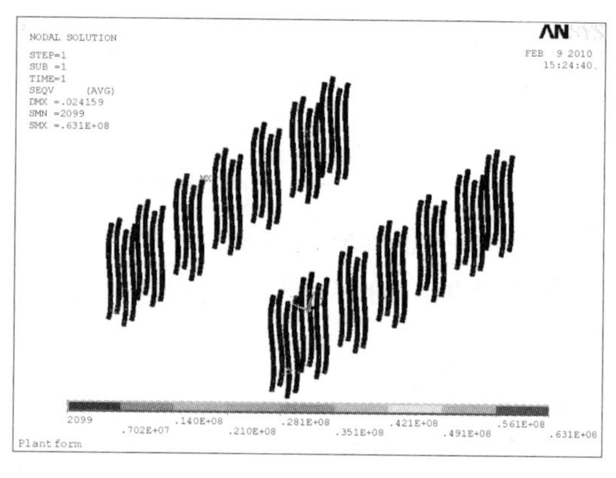

工况二龙门吊钢管综合应力

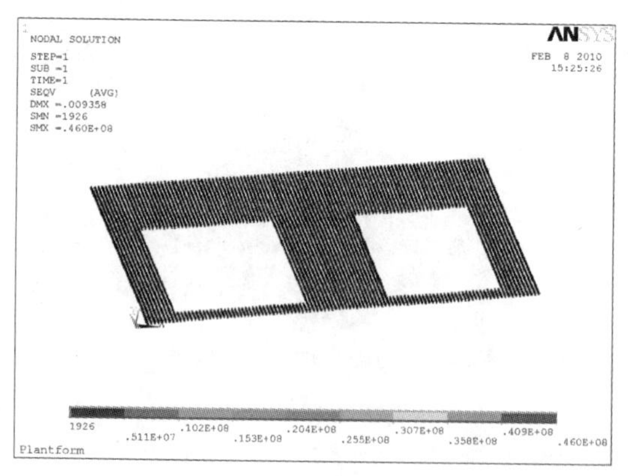

工况一/二I36b分配梁综合应力

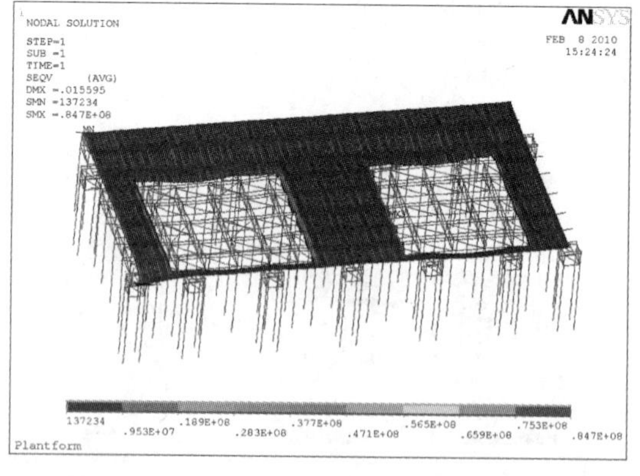

工况一/二面板综合应力

图3.3-4　29号主墩钻孔平台Ansys分析结果（二）

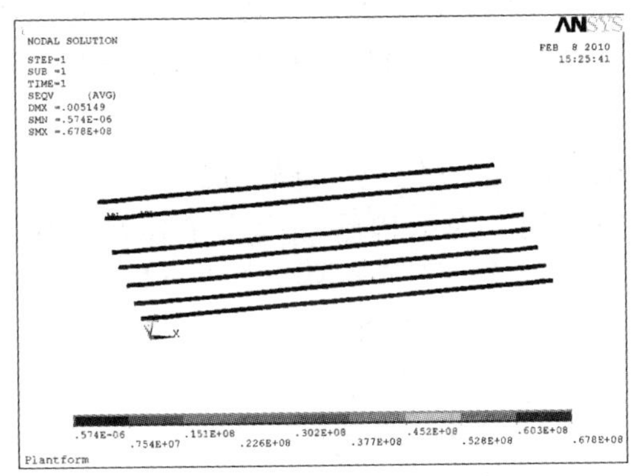

工况一/二 I45b主横梁综合应力

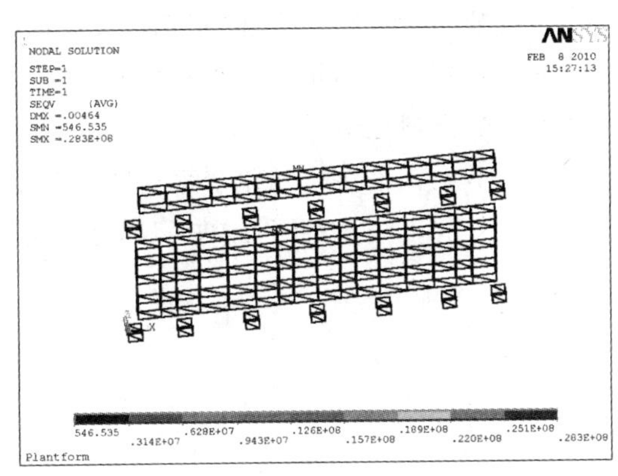

工况一/二 I45b平联综合应力

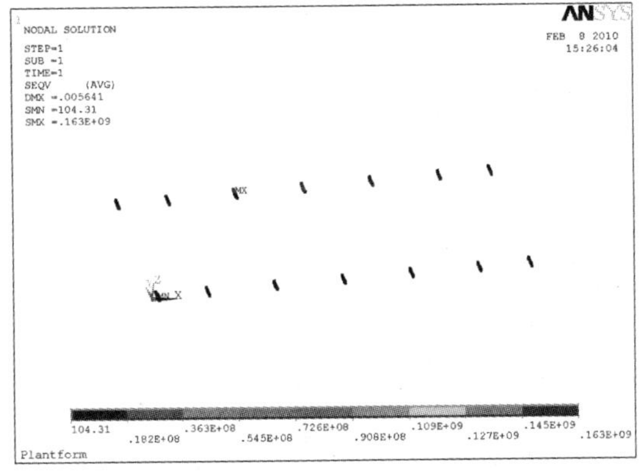

工况一/二 龙门吊主梁1综合应力

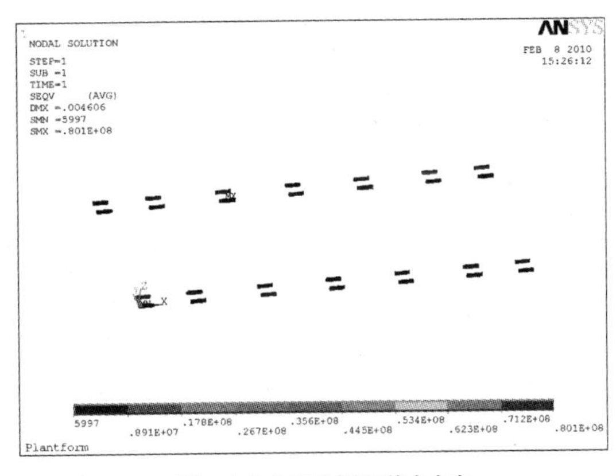

工况一/二 龙门吊主梁2综合应力

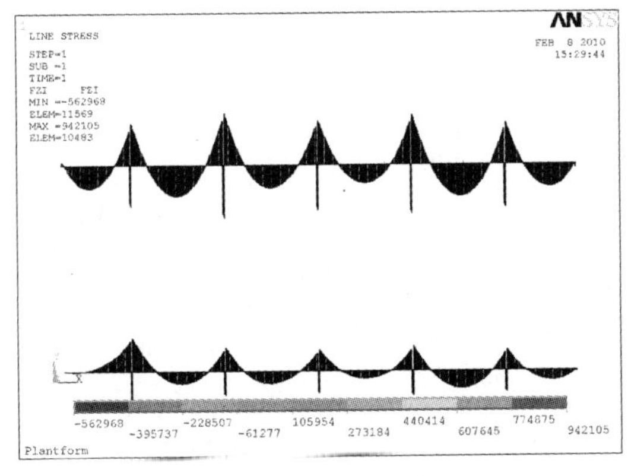

工况一/二龙门吊贝雷弯矩

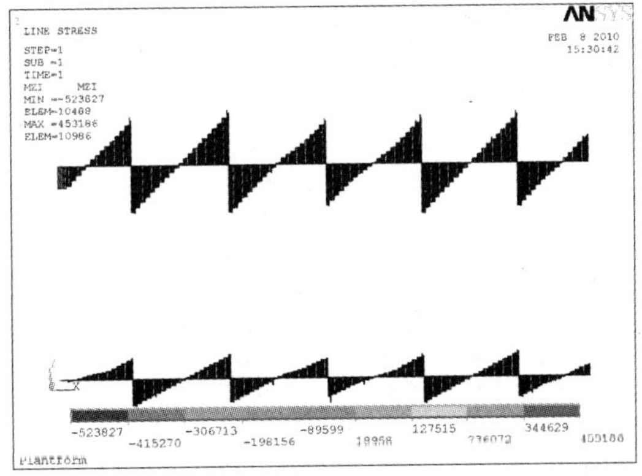

工况一/二龙门吊贝雷剪力

图 3.3-4 29 号主墩钻孔平台 Ansys 分析结果（三）

3.4 实施效果

（1）本工程所施工的钢栈桥自 2009 年 10 月建成通车以来，已使用 42 个月时间，并先后经过2010年及2011年两次洪水考验，特别是2011年洪水水位达到65.7m，已经超过贝雷梁下弦杆，但钢栈桥整体结构没产生影响，结构安全。同时钢栈桥的搭设很好地解决了水上墩材料运输。

（2）本工程钢栈桥及钢平台能够适应设计所确定的汽车吊、履带吊、混凝土罐车的正常、安全运行；主墩钢平台龙门吊也能够安全地使用，为工程施工提供了良好的作业环境。

第4章 工程测量

在工程建设中的所有测绘工作统称为工程测量。实际上它包括在工程建设勘测、设计、施工和管理阶段所进行的各种测量工作。它是直接为各项建设项目的勘测、设计、施工、安装、竣工、监测以及营运管理等一系列工程工序服务的。可以这样说，没有测量工作为工程建设提供数据和图纸，并及时与之配合和进行指挥，任何工程建设都无法进展和完成。

本文以襄阳汉江三桥测量工况作介绍工程测量技术，分为工程控制测量以及施工现场应用测量两大部分。

4.1 工程概况

工程进场后极收集现有测量相关资料，以及进行现场实地踏勘。襄阳内环线汉江三桥包括檀溪路立交、跨南大堤桥、南滩桥、主桥、北滩桥、月亮湾立交，主线桩号范围：WK26+589～WK31+170，主线全长4.581km，标准宽度31.5m。

襄阳市内环线工程平面坐标系统采用襄阳市城市独立坐标系统：1980西安国家大地坐标系，中央子午线112°30′，高程投影面0m。

汉江三桥工程平面坐标系采用桥梁独立坐标系统，平面起算点为GPS099，起始方向为GPS099～GPS089，高程系统为1956年黄海高程系，起算点为GPS099。

汉江三桥独立控制网采用二等GPS控制点，设计院交点12个（GPS088～GPS099），经进场后现场踏勘，GPS088、GPS095、GPS096、GPS097已破坏。另虽有GPS083～GPS086，但不是汉江三桥独立坐标控制网内的点，同三桥独立网不吻合，且距汉江三桥工程施工现场大于1km，不能用于施工应用测量。

现场GPS094位于北滩靠近水面的沙滩，GPS093在公园码头上，施工期间水位上涨近3m，长期徘徊在有水与无水之间，可靠性较差。GPS098位于月亮湾主线承台边，GPS099位于主线雨污水管线上方，相关施工一旦展开，这些点均无法使用。

综上所收集到的资料结合现场踏勘情况我部采用GPS测量主平面控制网，再用主控制网进行次平面控制网展开。水准测量采用二等水准测量，过江采用全站仪微倾法进行。

4.2 主要投入的仪器及软件

1. 平面控制测量投入苏州一光仪器有限公司生产的SGS828双频接收机4台套。其静态平面标称精度为：2.5mm+1ppm，高程标称精度为：5mm+2ppm。

2. GPS 控制网边长及角度检测投入索佳 SET1X 全站仪 2 台，标称精度测距中误差：1mm+1.5ppm，测角精度：±1.0″。

3. 高程复测投入蔡司 NI005A 自动安平数字水准仪 1 台，标称精度高程中误差 0.5mm/km。

4. 数据处理及平差计算投入笔记本电脑 3 台。

5. GPS 数据处理采用 FOIFGeomaticeOfffice 后处理软件进行基线解算及平差处理。

6. 水准网的平差采用清华山维 NASEW 智能图文网平差软件。

所有的仪器设备均经测绘仪器计量单位检定合格，并在有效期内。

4.3　测量控制网布设

4.3.1　控制网检测要求

以 GPS099、GPS089 两点作为固定点，建立汉江三桥工程独立平面控制网。

以 GPS099 为起算点，建立大桥的高程控制网，GPS099 的高程为 1956 年黄海高程系。

起算数据表如表 4.3-1 所示。

数据起算表　　**表 4.3-1**

点号	坐标		方位角	高程 H(m)	备注
	N 坐标 X(m)	E 坐标 Y(m)			
GPS099	3546940.9181	462564.4779	180°03′28.1″	67.8484	
GPS089	3542885.4104	462560.3858			

1. 平面控制

平面控制网检测的精度指标与基本技术要求按规范执行。具体的技术参数如表 4.3-2 和表 4.3-3 所示。

各级 GPS 测量作业的基本技术要求　　**表 4.3-2**

项目 \ 级别		二等	三等
静态测量	卫星高度角(°)	≥15	≥15
	时段长度(min)	30～90	20～60
	同时观测有效卫星数(个)	≥5	≥5
	数据采样间隔(s)	10～30	10～30
	点位几何图形强度因子 GDOP	≤6	≤6

GPS 测量的精度指标　　**表 4.3-3**

控制网级别	最弱边相对中误差
二等	≤1/120000
三等	≤1/70000

GPS观测的具体要求：

1）作业前对光学对点器进行了检验校正，统一设定了接收机参数。

2）作业时天线严格置平对中，对中精度小于1mm。

3）天线定向标志线指向正北。

4）天线高每个时段观测前（开机前）、观测后（关机后）各量天线高一次。每次在相同的位置，从天线三个不同方向（间隔120°）量取。两次量取误差不大于±2mm时，取平均值记入观测手簿。

5）测量手簿均在现场按作业顺序完成记录。

6）每天及时将当天观测结果录入计算机，并拷贝成一式两份。

7）数据文件均以观测日期为目录名进行存储和备份。

8）控制网中独立基线的观测总数，不小于必要观测基线的1.5倍。

2. 高程控制

高程控制网检测按规范执行，具体要求如表4.3-4～表4.3-6所示。

水准测量精度要求（mm） **表4.3-4**

水准测量等级	每千米水准测量偶然中误差 M_{Δ}	每千米水准测量全中误差 M_W	限差			
			检测已测段高差之差	往返测不符值	附合路线或环线闭合差	左右路线高差不符值
二等水准	≤1.0	≤2.0	$6\sqrt{L}$	$4\sqrt{L}$	$4\sqrt{L}$	—

水准测量的主要技术标准 **表4.3-5**

等级	每千米高差全中误差（mm）	路线长度（km）	水准仪等级	水准尺	观测次数		往返较差或闭合差（mm）
					与已知点联测	附合或环线	
二等	2	≤400	DS1	铟瓦尺	往返	往返	$4\sqrt{L}$

二等水准技术要求（水准尺为铟瓦尺） **表4.3-6**

项　目	技术要求
视线长度	≤50m
前后视距差	≤1m
前后视距累积差	≤3m
视线离地面最低高度	≥0.3m
基辅面(黑红)读数差	≤0.4mm
基辅面(黑红)高差较差	≤0.6mm

以上表中L为往返测段、附合或环线的水准路线长度，单位km。

观测具体要求

1）每一次进行水准测量之前，都对仪器进行了i角检测。

2）在进行水准观测时，均在标尺成像清晰而稳定时读数。

3）观测时，往返测奇数站照准标尺顺序为后→前→前→后，往返测偶数站照准标尺顺序为前→后→后→前。

4）每一测段的往测与返测，其测站数均为偶数。

4.3.2 控制网检测结果

1. 进场复测平面控制成果评价

汉江三桥工程控制网平差后所有基线边S（N）方向最大中误差4mm，最小中误差0.4mm，平均中误差1mm；S（E）方向最大中误差4.8mm，最小中误差0.3mm，平均中误差1mm。最优基线边相对中误差为1/2130000，最弱基线边相对中误差为1/128000优于1/120000。

约束平差后S(N）方向控制点中误差最大值2.1mm，最小值1.4mm，S(E）方向控制点中误差最大值1.9mm，最小值1.4mm。最弱点相对于起算点的点位中误差±2.9mm≤±10mm。

N坐标X较差最大值为−15.6mm，E坐标Y较差最大值为−7.4mm，点位误差最大值为12.6mm，即GPS094号点。

以规范规定中误差为±10mm计算，按2倍中误差作为极限误差，即点位误差≤±20mm，检测结果表明，所有点位误差均小于±20mm，符合规范要求。

平面控制检测结果显示，原有工程控制网精度状况良好，各项技术指标均符合规范规定，成果均满足规范要求。

2. 高程控制成果评价

汉江三桥工程控制网高程平差采用清华山维EPSW进行水准网平差计算。

经整体平差后，每公里高差中数偶然中误差为0.5mm<±1mm，每公里高差中数全中误差为1.0mm<±2mm，精度满足规范要求。

平差前观测值直接高差为3mm，平差后观测值直接高差为0.6mm；水准控制网内最大点位误差为1.6mm，最大点间误差1.2mm；最大高差中误差为1.2mm，存在于G094～G092段，最小高差中误差为0.2mm，存在于G098～G096段。

检测计算高程成果与原有控制点成果相比较，高程较差最大值相差5.5mm，较差最小值相差0.8mm。

高程控制检测结果显示，原有工程控制网精度状况良好，成果满足规范要求。

4.3.3 施工控制网测量

进场后对控制网复测完成之后，为满足施工过程对汉江三桥施工放样的需求，（因部分点遭破坏），同进也为满足施工需要，我部在原有二等控制网基础上，重新进行了骨干网布设测量，并进行了加密控制网的测量。

1. 平面控制测量

1）主骨干控制网布设方案

因先前布设诸多测量控制点遭破坏，且大部分点通视条件差，相对孤立，不能互相校核，项目部决定组织测量骨干重建控制网。襄阳汉江三桥跨越汉江，两岸大堤相距

3200m左右，大堤离汉江水面有一定距离，基础较为稳固，此次在两岸大堤及附近共选定7个点（南岸采用GPS090、GPS091、GPS092、JM33，北岸选用新增点JM19、JM22、JM24），再加上北大堤外GPS099（原控制网起算点），延伸点GPS000，南岸GPS089（原控制网起算点），组成主骨干控制网，其中JM19、JM33位于桥轴线上。网形如图4.3-1所示。

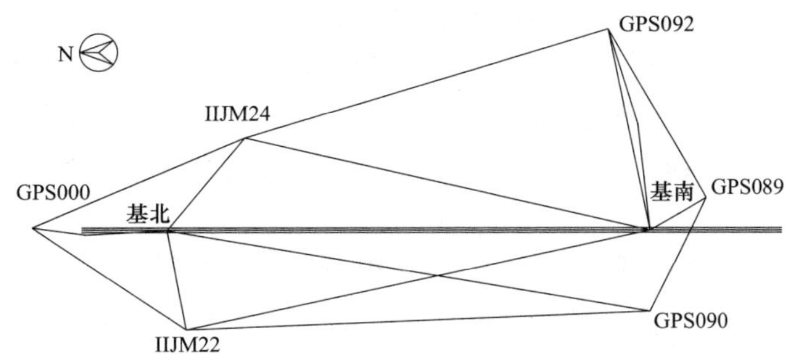

图4.3-1 骨干网网形图

在骨干网复测中首先对北岸5个点进行观测，再转站南岸，北岸按边连式进行导线网复测。由于GPS099点位于北岸施工区，开工后易被破坏，故将此点引测到GPS000点，作为以后复测的基准点。

2）加密控制网布设

在平面控制测量骨干网复测完成后，对加密控制网进行控制网布设，本项目共布设18个加密点。其中在河北岸埋设6个加密点另加上JM26（GPS094补点），在汉江中间搭设测量平台埋设JM27，江南岸埋设2个加密点（JM12，JM36即原X005），在桃花洲上埋设5个加密点（JM06、JM10、JM30、JM31、JM32）。加密网网形如图4.3-2所示。

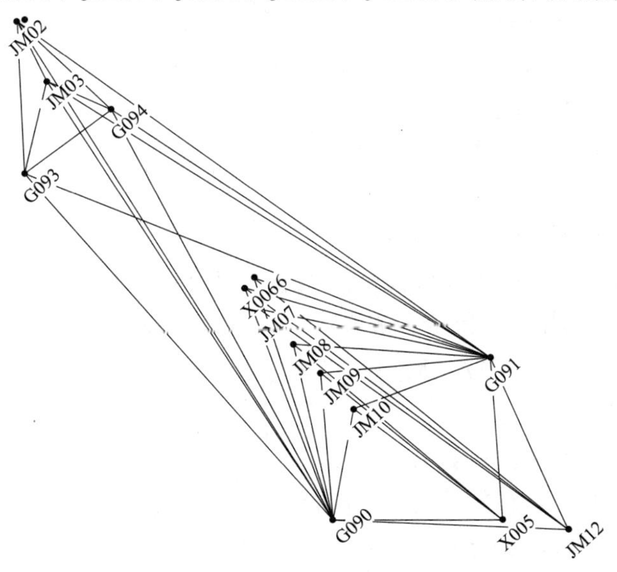

图4.3-2 加密网网形图

控制网布设完成后，按照布设方案在施工区域实地进行选点埋石工作。选点埋石工作与 GPS 首级控制外业观测同时进行，加密控制点的中心标志采用钢质标芯制作，标芯刻有清晰的直径为 1mm 的中心点。

在施工准备过程中采用归化法将主桥轴线归化出来。

3）控制点的保护

采用 2m×2m 的挡墙，较好地起到保护作用，防止人员车辆等的破坏；并在挡墙的一侧留有排水孔，避免点位积水。在对施工现场的控制点进行保护时，项目部严格给各个施工队伍人员交底，要求加强对控制点的保护，任何车辆人员不得随意靠近控制点。加强对测量控制点的巡查，及时制止不利于控制点安全的行为，及时排除隐患。

4）外业观测及平差

计划埋石完成后用 2d 时间先行对骨干控制网按二等控制网的技术要求进行了 GPS 观测。然后再用 3d 时间对加密控制网进行复测。每站观测两个时段，每时段满足 90min 观测时间。

2. 高程控制测量

1）水准网布设

加密控制网的高程控制测量采用三等水准进行观测，以满足施工需求。

高程系统采用与原有高程控制网一致的高程系统。

在进行首级控制网二等水准检测时，已将加密点 JM01、JM02、JM03、JM11 带入水准路线，经二等水准网平差，已计算出此 4 个点的高程；JM06、JM07、JM08、JM09、JM10 这 5 个加密点位于桃花洲，经由 JM11 出发，沿途联测 5 点回到 JM11，形成闭合圈；JM12 经由 GPS089 出发，带到 JM12，回到 GPS089 形成闭合圈；JM04、JM05 分别位于两个沙洲上，正值汉江下游蓄洪，水位上升，暂不考虑此两点的高程。

水准测量选用的仪器为蔡司 NI005A 自动安平数字水准仪配原装 3m 铟钢条码水准尺。在进行水准观测时，均在标尺成像清晰而稳定时读数。

首级高程控制网观测路线示意如图 4.3-3 所示。

水准测量的观测方法均按下列规定执行：

2）水准测量的观测

（1）水准测量进行单路线往返观测。

（2）水准观测应在标尺分划线成像清晰而稳定时进行，并避开日出后与日落前 30min 内，太阳中天前后各约 2h 内。每站观测顺序为后→前→前→后。

（3）由于使用的是自动安平数字水准仪，观测前圆水准器应精确校正，观测时应严格置平。

（4）每测段的测站数均为偶数。

观测中应遵守如下事项：观测前 30min，将仪器置于露天阴影下，使仪器与外界气温趋于一致，每一测站上仪器与前后视标尺应接近一条直线。

水准外业观测结束后，进行内业计算，内业平差软件采用清华山维 EPSW 进行水准网平差计算。

三等水准测量的主要技术要求如表 4.3-7 所示。

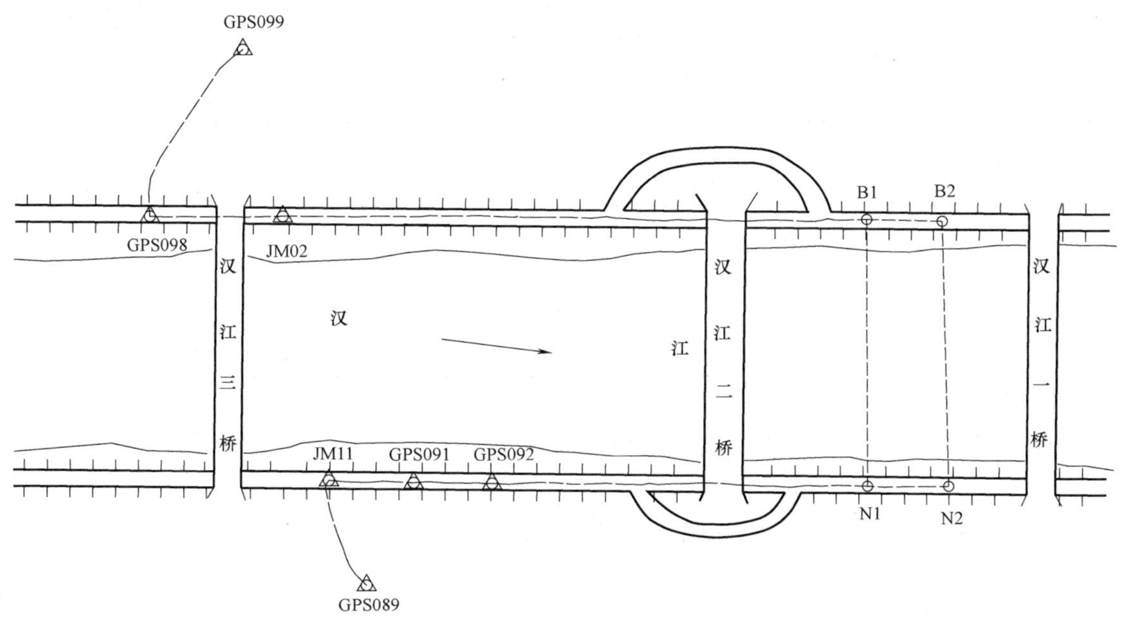

图 4.3-3 首级高程控制网观测路线示意图

表三等水准技术要求（水准尺为铟瓦尺） **表 4.3-7**

项　目	技术要求
视线长度	≤100m
前后视距差	≤3m
前后视距累积差	≤6m
视线离地面最低高度	≥0.3m
基辅面(黑红)读数差	≤1mm
基辅面(黑红)高差较差	≤1.5mm

水准外业观测结束后，进行内业计算，内业平差软件仍采用清华山维 EPSW 进行水准网平差计算。平差前观测值直接高差 2mm，平差后观测值直接高差 0.9mm；水准网中最大点位误差 0.8mm，最大点间误差 0.6mm，均满足三等水准测量规范要求。

3. 跨河水准

跨河水准测量采用测距三角高程法，即使用索佳 SET1130R、SET1X 两台全站仪采用中丝法同时对向观测垂直角，测定偏离水平视线的标志倾角，用测距仪量测距离，求出两岸高差。场地的选定与布设原则，如下：

1）应选于测线附近，利于布设工作场地与观测的较窄河段处；

2）跨河视线距水面的高度应不低于 $4\sqrt{S}$m（S 为跨河视线长度公里数）；

3）两岸仪器位置至水边的距离应大致相等，其地貌、土质、植被等也应相似。

4）跨河水准测量取用的全部测回数，上、下午应各占一半。

5）跨河水准测量的时间段数及测回数如表 4.3-8 所示。

跨河水准时间段及测回数　　表 4.3-8

跨河视线长度（m）	Ⅱ等	
	最少时间段数	双测回数
100～300	2	2
301～500	2	2
501～1000	4	8
1001～1500	6	12
1501～2000	8	16
2000 以上	$4S$	$8S$

注：表中 S 为跨河视线长度公里数，尾数凑整到 0.5 或 1。

各双测回的互差 d_H，应不大于按下式计算的限值：

$$d_{H限}=4\cdot M_{\Delta}\sqrt{N\cdot S}$$

式中　M_{Δ}——每公里水准测量的偶然中误差限值（mm）；

N——测回数；

S——跨河视线长度（km）。

6）跨河水准观测的一般规定，按《水准规范》《三角规范》执行。

7）跨河水准距离测量

（1）每条测距边观测 2 个时间段，选择最佳时间进行观测。一个时间段观测 6 测回，1 测回的定义为照准目标一次，测读三次，各项限差如表 4.3-9 所示。

二等跨河水准时间段及测回数限差　　表 4.3-9

跨河水准等级	测距仪精度等级	观测时间段		一个时间段测回数	一测回读数较差	测回中数较差	往返测(或时间段)测距中数的较差
		往	返				
二	Ⅱ	1	1	6	≤10	≤15	$\leqslant\sqrt{2}(a+b\times D\times 10-6)$

注：a、b 为测距仪标称参数值，D 为测距边长（km）。

测距时精确量取仪器高、镜站高至 0.1mm。

边长及垂直角外业观测数据采用手薄记录。

（2）观测要求：

跨河水准观测在风力微和、气温变化较小的阴天进行，当雨后初晴和大气折射变化较大时，均不宜观测。

观测前 30min，应先将仪器置于露天阴影下，使仪器与外界气温趋于一致，观测时应遮蔽阳光，晴天观测上午应在日出 1h 起至太阳中天前 2h 止；下午自太阳中天后 2h 起至日落前 1h 止。阴天只要成像清晰、稳定即可进行观测。

水准标尺用尺架撑稳，并经常注意使圆水准器的气泡居中。

一测回的观测中，采取谨慎措施确保上下两个半测回对远尺观测的视轴不变。

一测回的观测完成后，应间歇 15～20min，再进行下一测回的观测。

两台全站仪对向观测时，即时通信，使两岸同一测回的观测做到同时开始、同时结束。

跨河水准测量取用的全部测回数，上下午应各占一半。

跨河水准测量观测前，须对两岸的普通水准标石与标尺点间，进行一次往返测，作为检测标尺点有无变动的基准，每日工作前，均应按章程检测一次，检测已测段高差之差不超过 $6\sqrt{R}$mm（R 为检测测段长度，单位：km）。

（3）测回数：

依据实际跨河视线长度约为 0.31km，按表 4.3-10 所示选用。

规范要求测回数及限差 **表 4.3-10**

跨河视线长度(m)	二等		
	最少时间段数	双测回数	半测回中的组数
301～500	2	2	4

4.3.4 控制网复测

《公路桥涵施工技术规范》规定施工过程中，应对控制网（点）进行不定期的检测和定期复测，定期复测周期不应超过 6 个月，当发现制点的稳定性有问题时，应立即进行局部或全面复测。

襄阳汉江三桥自开工建设，项目部对导线组织多次定期及不定期复测。同时由于施工作业项转换及施工作业面调整，局部导线由于通视问题，对局部导线网进行调整，也多次进行局部导线网复测。

同样对于水准路线也结合地理环境采取不同方式进行复测，如附合水准往返测，闭合水准，吊钢尺与全站仪三角高程对比法、全站仪中点法，跨河水准等。每次复测均充分利用现场条件，路线不尽相同，方式多样。

4.4 施工现场应用测量

施工现场应用测量是根据控制网将图纸的设计要求放样到实地以及检查现场施工是否正确。这些一般均为常规全站仪测量及常规水准测量。

4.4.1 水准测量

水准测量形式如图 4.4-1 所示。

图 4.4-1（*a*）为用经过鉴定的钢尺将地面高程基准转至墩顶或箱梁面上，在墩顶（或梁面）用钢管搭设固定架，吊上钢尺，并在钢尺底面配上相应重量，待钢尺稳定，然后分别在地面及墩顶（梁面）架上水准仪，读取钢尺上的读数计算高差。此方法需同全站仪三角高程或其他方法进行校核。

图 4.4-1（*b*）为全站仪天顶距法转高程基准至主塔相关节段面，充分利用全站仪测距准确。测量这前全站仪 2C 要校正好。

以上两种方法较为常见，本文不作介绍，本文将重点介绍中点全站仪法测量。

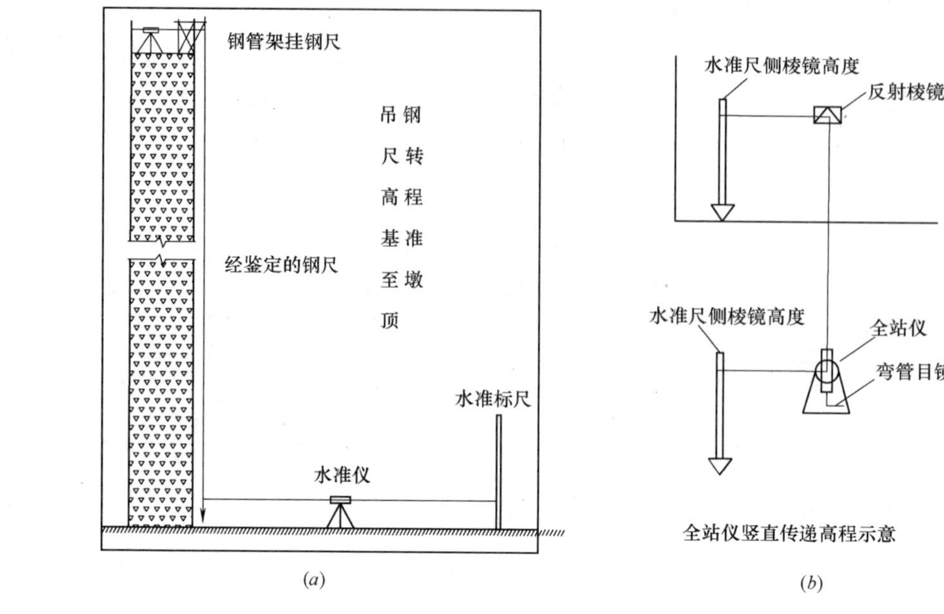

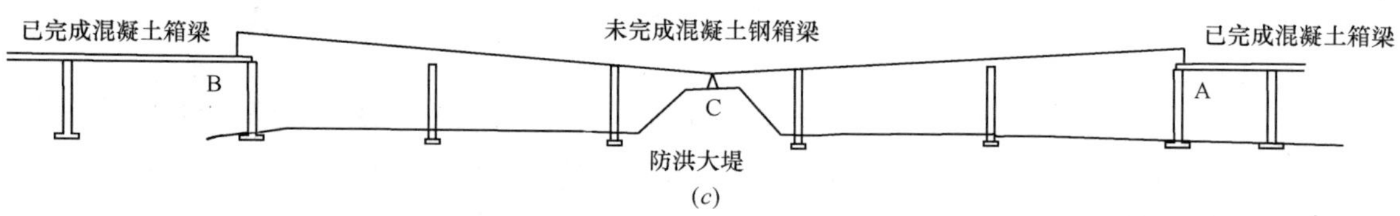

图 4.4-1 水准测量形式

图 4.4-1（*c*）为中点全站仪对两个箱梁面的高程基准进行联测。因三桥战线较长，上构采用不同施工工艺，局部并未联通，如北滩桥钢箱梁段最后吊装，梁面高程需要联测。采用此方法前同监理同相关人员进行沟通并在已完工箱梁顶面做对比测量——用水准仪往返测及中点全站仪法进行测量。测量距离要求“距中”成为真正的中点法。

采用中点全站仪法三角高程测量的原理，实际应用。如前后视距相等，觇标高相等，则不需要量取仪器高，可有效消除球气差和量取误差对高程的影响，一般情况下，可代替三四等水准测量。

1. 中点全站仪法高程测量的原理

用全站仪进行三角高程测量时，前后视距一般不等，测量时需要量取仪器高和觇标高，并将数据输入仪器以计算高差。这样降低了测量精度和测量速度。

如图 4.4-2 所示，将全站仪安置在 AB 两点的中点 C 点，仪器高为 i，观测 A 和 B 的觇标，得斜距 S_a 和 S_b，竖直角为 α_a 和 α_b，觇标高为 l_a 和 l_b，假设全站仪在 C 点高程为 H_c，则 A、B 点的高程为 H_a 和 H_b。

$$H_a = H_c + a + i - l_a$$
$$H_b = H_c + b + i - l_b$$

其中：后视垂距 $a = S_a \cdot \sin\alpha_a$；前视垂距 $b = S_b \cdot \sin\alpha_b$。

AB 两点的高差

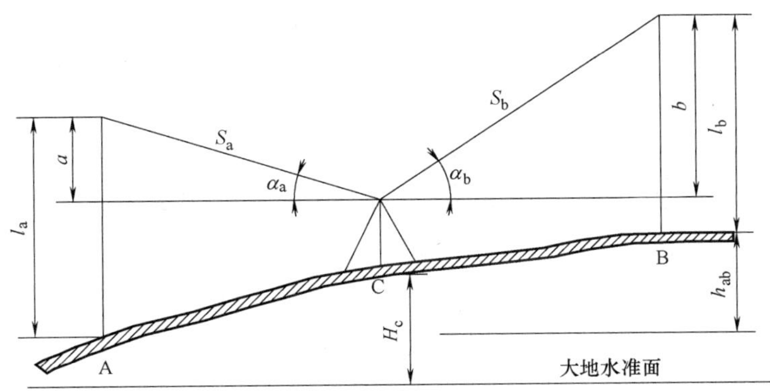

图 4.4-2　全站仪测量高程原理图

$$H_{ab}=(b-a)-(l_b-l_a)$$

如果采用同一觇标或两个觇标高相等分别观测 A 与 B 两点，即：高差＝前视垂距-后视垂距。

此式与水准仪测量高差公式相似。

1）觇标用圆水准气泡居中来调整觇标杆的垂直，因觇标杆的倾斜产生高差误差微小，其影响可以忽略不计。

2）采用中点全站仪法对称观测顺序

在两点中间选测站点，分别用“后→前→前→后”的顺序对称观测。

盘左：（先后视再前视）$h_{ab左}=b_{左}-a_{左}$；

盘右：（先前视再后视）$h_{ab右}=b_{右}-a_{右}$；

高差中数：$h=(h_{ab左}+h_{zb右})/2=b_{中}-a_{中}$

即高差中数＝前视垂距中数－后视垂距中数。

3）球气差对高差的影响

由于全站仪能观测较长的距离，因此要考虑地球曲率和大气折射对高差的影响，如图 4.4-3 所示。

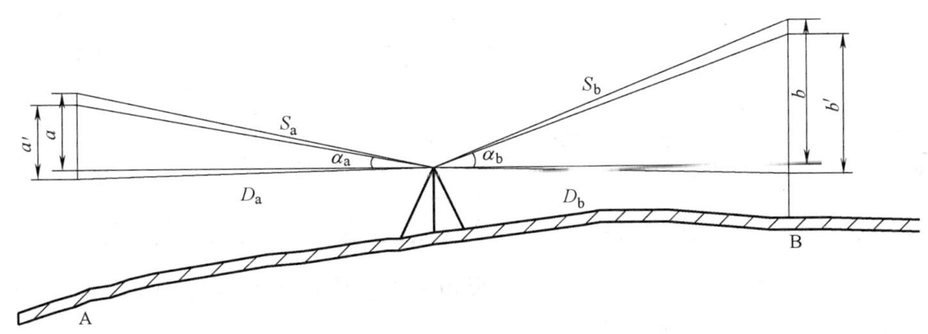

图 4.4-3　球气差对高差的影响

全站仪观测考虑球气差的高差公式为

$$h=S\sin\alpha+C(S\cos\alpha)^2$$

式中：球气差系数 $C=(1-K)/2R$，大气垂直折射系数 $K=0.14$（或 0.2）；地球半径 $R=6371\text{km}$。

由图中可知，对高差进行球气差的改正公式

$$h_{ab}=b'-a'=S_b\sin\alpha_b+C(S_b\cos\alpha_b)^2-[S_a\sin\alpha_a+C(S_a\cos\alpha_a)^2]$$
$$=S_b\sin\alpha_b-S_a\sin\alpha_a+C[(S_b\cos\alpha_b)^2-(S_a\cos\alpha_a)^2]$$

水平距离 $D_b=S_b\cos\alpha_b D_a=S_a\cos\alpha_a$。

$$h'_{ab}=h_{ab}+C(D_b+D_a)(D_b-D_a)$$

4）采用中点全站仪法，前后视水平距离相等，即 $D_b=D_a$，则 $C(D_b+D_a)(D_b-D_a)=0$

即 $h_{ab}=b-a'h_{ab中}'=b_中-a_中$。

所以前后视距相等时，可消除球气差对高差的影响。

在实际工程测量时，前后视距 D_b 与 D_a 很难做到完全相等，分析中点误差对球气差的影响 $C(D_b+D_a)(D_b-D_a)\approx 2D\times\Delta D$。

前后视距不完全相等时球气差的影响（mm） **表 4.4-1**

中点误差(m)	平均视距 D(m)							
	50	100	200	300	400	500	600	700
1	0.007	0.013	0.027	0.040	0.054	0.067	0.081	0.094
2	0.013	0.027	0.054	0.081	0.108	0.135	0.162	0.189
3	0.020	0.040	0.081	0.121	0.162	0.202	0.243	0.283
4	0.027	0.054	0.108	0.162	0.216	0.270	0.324	0.378
5	0.034	0.067	0.135	0.202	0.270	0.337	0.405	0.472
6	0.040	0.081	0.162	0.243	0.324	0.405	0.486	0.567
7	0.047	0.094	0.189	0.283	0.378	0.472	0.567	0.661
8	0.054	0.108	0.216	0.324	0.432	0.540	0.648	0.756
9	0.061	0.121	0.243	0.364	0.486	0.607	0.729	0.850
10	0.067	0.135	0.270	0.405	0.540	0.675	0.810	0.945
15	0.101	0.202	0.405	0.607	0.810	1.012	1.215	1.417
20	0.135	0.270	0.540	0.810	1.080	1.350	1.620	1.890
30	0.202	0.405	0.810	1.215	1.620	2.025	2.430	2.835
40	0.270	0.540	1.080	1.620	2.160	2.700	3.240	3.780
50	0.337	0.675	1.350	2.025	2.700	3.375	4.050	4.725

由表 4.4-1 可以看出，当视距与前后视距差在表中有横线部分内时，球气差对高差的影响在 1mm 以内，可以忽略不计。

5）采用往返测消除两个觇标不相等引起的高差值

$$往测\ h_{ab}=(b_往-l_b)-(a_往-l_b)，返测\ h_{ab}=(b_返-l_a)-(a_返-l_a)$$

两者相加得：

$$2h_{ab}=(b_{往}-l_b)-(a_{往}-l_b)+(b_{返}-l_a)-(a_{返}-l_a)=(b_{往}-a_{往})+(b_{返}-a_{返})$$

$$h_{ab}=[(b_{往}-a_{往})+(b_{返}-a_{返})]/2$$

即：两点高差等于往返测高差的平均值。

2. 中点全站仪法测高程的应用

襄阳汉江三桥项目，按桥型分六段进行施工，前期已进行二等水准导线测量，后期施工到上构箱梁。为了确保整座桥梁贯通误差在规范要求之内，要对箱梁顶面进行贯通高程测量。由于箱梁是分段施工，段落距离达 200～400m，段落高差超过 3m，箱梁顶面高程传递采用常规水准测量不可行，每段采用分段吊钢尺向上传递高程也不能保证贯通后高程一致。

在相关参建单位见证下项目部做了实测试验对比：在已连续施工 6×50m 一联箱梁面进行中点全站仪法与水准测量进行实测比对。

选取场地在已完成施工段 6×50m 一联（37 号～43 号）箱梁面，先按三等水准要求采用 DS3 水准仪配套双面板尺进行水准测量。为了避免梁面扰动对测量的影响，将水准仪测站点以及测量水准转点均设置在墩顶对应位置，按每站前后视距均为 50m 布设水准路线，并进行往返水准测量，全站仪中点法水准测量对比如图 4.4-4、图 4.4-5 所示。水准测量成果如表 4.4-2、表 4.4-3 所示。

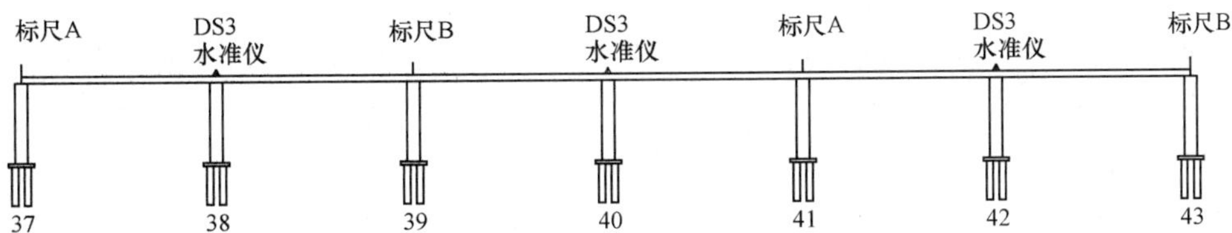

图 4.4-4 全站仪中点法水准测量对比图

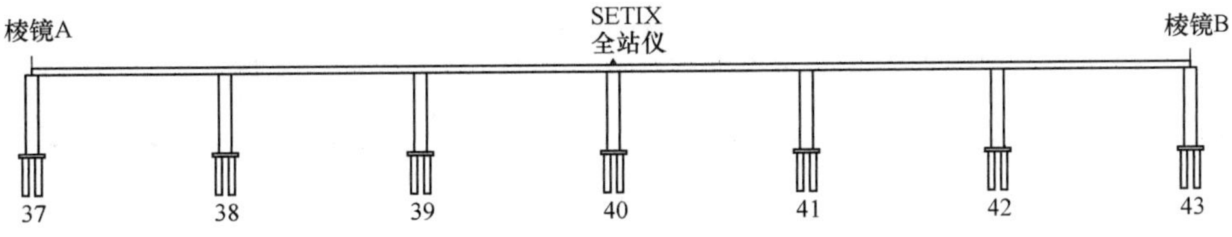

图 4.4-5 全站仪中点法水准测量对比图

水准测量成果表 表 4.4-2

	37～39	39～41	41～43	高差合	最终高差
往测	−0.756	−0.730	−0.709	2.195	−2.1945
返测	0.757	0.729	0.708	2.194	

全站仪中点发测量成果表 表 4.4-3

盘左/盘右	前后视	测点	视距(m)	相对高差(m)	前后视距差(mm)	测点高差(m)	平均高差(m)
盘左	后视	37	149.6805	3.4876	+104	2.195	2.195
盘左	前视	43	149.6701	1.2926			
盘右	前视	43	149.6703	1.2913	−95	−2.195	
盘右	后视	37	149.6798	3.4863			

通过实测对比中点全站仪法测高程完全满足施工需要。

再同相关参建单位商讨后决定箱梁面高程采用水准仪进行测量，箱梁段落间采用中点全站仪法测量。箱梁面高程测量如图 4.4-6 所示。

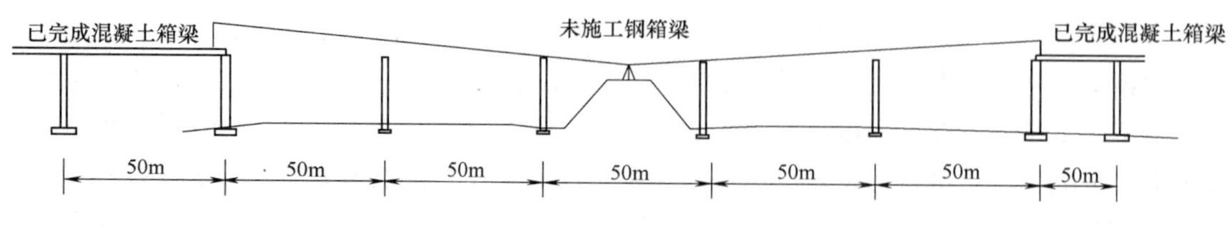

图 4.4-6　箱梁面高程测量图

如图所示 A 区已完成箱梁至端头，B 区从端头开始现浇箱梁，AB 区中间为钢箱梁，待 A 区与 B 区混凝土箱梁（浇筑混凝土及张拉压浆）完成后方可进行钢箱梁的施工。

A 区可以沿上匝道进行水准测量至箱梁顶面高程控制点，B 区箱梁顶面高程也采用水准测量进行。中间段钢箱梁未能施工，A 区与 B 区高程采用中点全站仪法高程测量。

在两块 3m 板尺（带水位气泡）顶端粘贴反射片，确保觇标高度一致。采用 1″级全站仪 SOKKIA（索佳）SET1X，测距精度 2mm＋2ppm（棱镜），3mm＋2ppm（反射片）。在现场找到 A 点与 B 点的等距点 C 点，架设全站仪（如距离不等可进行实时调整）。在 A 点与 B 点上分别竖立觇标（即 4687 板尺与 4787 板尺）并用支架予以支撑，确保在测量过程中板尺气泡居中。

按“后→前→前→后”进行观测，“盘左 A→盘左 B→盘右 B→盘右 A”进行往测，观测结果如表 4.4-4 所示。

观测结果　　　　**表 4.4-4**

盘左/盘右	前后视	测点	视距(m)	相对高差(m)	前后视距差(mm)	测点高差(m)	平均高差(m)
盘左	后视	BMA	188.5803	15.3870	−20	3.3761	3.37575
盘左	前视	BMB	188.6003	12.0109			
盘右	前视	BMB	188.6009	12.0100	22	3.3754	
盘右	后视	BMA	188.5790	15.3854			

随后交换 A 点与 B 点觇标进行返测，观测结果如表 4.4-5 所示。

观测结果　　　　**表 4.4-5**

盘左/盘右	前后视	测点	视距(m)	相对高差(m)	前后视距差(mm)	测点高差(m)	平均高差(m)
盘左	后视	BMB	188.6042	12.0110	27	−3.3774	−3.37650
盘左	前视	BMA	188.5773	15.3884			
盘右	前视	BMA	188.5809	15.3835	−25	−3.3756	
盘右	后视	BMB	188.6056	12.0079			

经过上述往返测量相比较，两者相差仅 0.75mm，远小于三等水准测量要求 $12\sqrt{L}$ 的

要求。取两者均值作为两点最终高差。

综上所述，全站仪高程导线采用中点全站仪法观测时，可以代替三、四等水准测量。

3. 结论

采用中点全站仪法测量高差的优点主要有：

全站仪为中间转点，不需要量取仪器高，消除了量取仪器高造成的误差对高程精度的影响；采用觇标高相等，不需要量取觇标高，消除了觇标高量取误差对高程精度的影响。

采用中点全站仪法，前视平距等于后视平距，分别用“后→前→前→后”对称观测程序，可以有效地消除球气差对高程精度的影响；采用往返测高差平均的方式消除觇标高对高程精度的影响。

采用中点全站仪法测量高差，可以完成高差起伏较大地形高程测量任务，消除挂尺钢尺长度修正高程精度的影响。

4.4.2 平面位置测量

平面控制测量，主要采用全站仪进行放样及测量。全桥战线长，除了主桥施工之外，基本上为常规全站仪测量。本项目除两段引桥外，其余桥梁轴线是同一直线，为了施工测量更加便利，本桥除引桥外的桥梁施工测量采用施工坐标系：以桥轴线为 X 轴，以横桥向右为 Y 轴，按桩号里程起点作为坐标原点。在施工测量中能够很直观的测量桥梁结构偏位，同时也可以将放线用坐标测量来代替提高测量效率。常规测量不作介绍，本文将重点介绍主桥（主塔及主梁）测量。

4.4.3 索塔测量控制

1. 索塔施工测量控制重点与难点

索塔施工测量重点是：保证塔柱、下横梁、索导管等各部分结构的倾斜度、外形几何尺寸、平面位置、高程满足规范及设计要求。

主要控制定位有：劲性骨架定位、钢筋定位、塔柱模板定位、下横梁定位、索导管安装定位校核、预埋件安装定位等。

索塔施工测量难点受以下主要因素影响：①索塔距北岸约 700m；②索塔高达 122.5m；③塔柱施工测量平面及高程精度要求高；④索塔在施工过程中受日照、温度及风力等环境因素的影响。

在施工测量过程中如何对索塔进行有效监控，放样过程中消除这些因素的影响亦是最重要的问题。

2. 测量控制主要技术要求

1）塔柱倾斜度误差不大于 $H/3000$（H 为塔高），且不大于 30mm；

2）塔柱轴线偏差±10mm，断面尺寸偏差±20mm；

3）塔顶高程偏差±10mm；

4）斜拉索锚固点高程偏差±10mm，斜拉索锚具轴线偏差±5mm；

5）下横梁顶面高程偏差±10mm。

3. 索塔中心点测设控制

第一节控制：用南北两岸桥轴线的控制点分别放样出塔柱轴线，交汇出中心点，进行相互校核，点位误差≤5mm。第二节及以上每节控制：在已施工的下节塔柱顶面上放出轴线，交汇中心点；同时在塔柱内实心段顶面埋设塔柱中心控制点，利用激光铅垂仪向上投影放出塔中心点，进行相互校核。

将全站仪建站在主塔中心点上，与对岸索塔及下横梁中心进行距离和方位角、坐标联测。

4. 索塔高程基准传递控制

1）高程传递

在承台上埋设高程基准点，以此点向上传递，分别至塔身、下横梁、桥面及塔顶，用全站仪天顶距法测量垂直距离，并以全站仪三角高程及钢尺量距法进行校核。塔柱高程传递从平台水准点出发，采用水准仪＋钢尺丈量及全站仪三角高程测量或复核。利用全站仪的测距功能进行高程传递。

2）全站仪三角高程法传递高程进行校核

该方法采用全站仪三角高程测量已知高程水准点至待定高程水准点之高差。要求在较短的时间内完成。仪器高及觇标高精确量至毫米，正倒镜观测，中线法照准观测，且位于竖丝两侧对称的位置上，以减弱横线不水平引起的误差影响，四测回测定高差，在仪器中设定两差（球差、气差）改正值 K，再取中数确定待定高程点与已知高程水准点高差，从而得出待定高程水准点高程。

全站仪三角高程校核测量的高差公式为：

$$h=D\sin\alpha+(1-K)D^2\cos^2\alpha/(2R)+i-v$$

式中　h——待定高程水准点高程；

D——待定高程水准点水平距离；

K——两差（球差、气差）改正值；

R——地球半径；

i——仪器高；

v——觇标高。

气象改正系数 K 值的求设：在江面与江滩之间约 1km 处各设置一点，对向观测高差，其高差不符值的 1/2 为单向改正值，即可求设 K 值。

每 2 个月测定一次，传递高程时设置在仪器内，由仪器自动改正。

5. 塔柱施工测量控制

主塔施工测量结合施工现场和施工工艺编制。

主塔施工测量重点是：保证塔柱、下横梁、索导管等各部分结构的倾斜度、外形几何尺寸、平面位置、高程满足规范及设计要求。

主塔施工测量难点是：在有风振、温差等情况下，确保高塔柱测量控制的精度。

其主要控制定位有：

劲性骨架定位、钢筋定位、模板定位、预埋件安装定位、下横梁定位、索导管定位等。

劲性骨架是用于定位钢筋，在塔柱施工中的辅助措施，其定位精度要求不高，偏差不影响塔柱钢筋混凝土保护层即可。由下而上，先期预埋于墩身中作为其他构件的定位依据。

塔柱采用液压爬模施工，精确定位定型模板可实现塔柱定位。首先在模板角点对应位置处的劲性骨架外缘临时焊接水平角钢，再用全站仪三维坐标法在角钢上放出该节模板顶口 4 个角点的设计位置。模板平面位置检查同样是校核模板的 4 个特征点的空间位置将实测塔柱角点三维坐标与设计三维坐标进行比较，若实测值与设计值不符，调整模板至设计位置。

塔柱预埋件安装定位：根据塔柱预埋件安装定位的精度要求，分别采用全站仪三维坐标法与轴线法放样定位。前者定位精度要求较高的预埋件，后者定位精度要求不高的预埋件。

塔柱变形实时调整：索塔施工过程中，按设计、监理及监控单位的要求，在索塔上埋设变形观测点，随时观测因基础沉降、混凝土收缩、弹性压缩、徐变、温度、风力等对索塔变形的影响。每次监测均详细记录观测时间、气象等资料。采用全站仪三维坐标法监测主塔变形，绘制主塔变形测量图，并按设计、监理及监控部门的要求进行相应实时调整，以保证塔柱几何形状及空间位置符合设计及规范要求。

6. 下横梁施工测量

下横梁支架体系由钢立柱、横梁、贝雷梁、分配梁、柱间平联等组成。逐段测量控制其平面位置、倾斜度和顶高程。根据设计及施工要求，设置下横梁施工预拱度，严格控制底模的高程及轴线位置。

底模调整完后，在底模板上放样出横梁特征点，并标示桥轴线与塔横轴线。待横梁侧模支立后，同样进行横梁顶面特征点及轴线点模板检查定位，调整横梁模板至设计位置，控制横梁模板倾斜度。

采用全站仪天顶距法多次测量取均值传递高程点在下横梁上，用 Ni005A 精密水准仪测量标示横梁顶面高程控制线及各预埋件的高程控制线。

在浇筑下横梁混凝土过程中，进行横梁位移及支架变形观测。下横梁混凝土浇筑完成后，进行两岸连测工作。并将箱梁中线标示在横梁顶部及侧面。侧面标示用于进行对向标注方向。

7. 索导管定位校核

根据斜拉索索导管、斜索各要素，并考虑挂篮变形、底模预抬，主梁线形预拱度、温度变化、斜拉索挠度等计算索导管上下管口坐标，以两台索佳 SET1X 全站仪三维坐标法放样为主。

1）高塔柱索导管的布置及定位精度要求

襄阳汉江三桥桥南北塔塔柱在标高 123～170m 间各布设 26 对索导管。索导管的定位精度包括两个方面：一是锚固点空间位置的三维坐标允许偏差±10mm；二是索导管轴线与斜拉索轴线的相对允许偏差±5mm。索导管的定位应优先保证其轴线精度，其次才是锚固点位置的三维精度。索导管轴线与斜拉索轴线的相对偏差主要由索导管两端口中心的相对定位精度决定。

2）索导管放样前期准备

（1）建立三维坐标系，以桥轴线方向建立桥梁独立坐标系，采用顺桥向为 X 轴，横桥向为 Y 轴，通过塔中心的铅垂方向作为三维坐标系的 Z 轴。

（2）确定索导管特征线的空间直线方程。由于主塔预偏值及主塔预抛高值的影响，索导管实际坐标应根据设计院及监控单位提供的预偏值和预抛高值计算出实际的锚固点及出口点中心坐标。

3）外界影响产生的误差

高塔柱在日照、温度和风力影响下会发生变形，同时混凝土由于热胀冷缩而影响高程，在塔柱施工过程中应进行观测，从中获取变形规律以指导施工。

4）从施工加固措施开始初定位，再精调。

（1）首先放样锚固钢套管的粗略位置于劲性骨架上，使之基本就位；

（2）索导管锚垫板中心的标定，利用一定厚度的钢板加工一个圆形中心标定器；

（3）由控制点上的全站仪直接测量锚固钢套管的锚垫板中心，并将锚垫板中心调整到设计位并检测；

（4）直接测量管口中心，并将管口中心调整到设计位并检测，然后计算实测点位至斜拉索轴线的垂距（偏差值）；

（5）由于调校管口时可能引起锚垫板移动，故应复测锚垫板中心并再次调校；

（6）重复（3）～（5），直至满足定位精度要求。

5）为了精确定位索导管，准备备用索导管定位方法

安装前，在索导管的外管壁上用墨线弹出索导管的特征线，用 2 条小钢片依据特征线将锚固中心点做出来。依据已放样出的搁置点坐标计算出与搁置点相对应的点在索导管特征线上距锚垫板的距离，用小钢尺从锚垫板处沿特征线量取尺寸，并做好标记。安装时一定要做到索导管外壁特征线上的标识与搁置点准确对点。

6）索导管测量中及劲性骨架安装过程中注意事项

① 要求不同测站必须进行公共点测量（X，Y，Z 校差小于 3mm），同时电梯始终处于底部（承台处），塔吊停止作业，后期测量人员同工人配合较前默契，后期索导管定位方法有所改进。

② 计算相邻索导管的底口高差及本节索导管底口与上一节索导管顶口高差；

③ 按高差用钢尺在劲性骨架上做出标高位置线，再用全站仪进行复核，定位索导管底口标高处一水平钢板作为索导管支撑点；

④ 在钢板上放样索导管出口位置，并根据索导管倾角计算定位出辅助角钢的位置；

⑤ 吊装索导管搁在辅助钢板及角钢上，初步检查是否吻合；

⑥ 全站仪三维坐标复测索导管底口及出口坐标是否合格。

8. 索塔倾斜度控制测量

激光铅垂仪投测轴线投测方法如下：

1）在主塔横梁面处设置轴线控制点，并预埋标志。

2）在轴线控制点上安置激光铅垂仪，利用激光器底端（全反射棱镜端）所发射的激光束进行对中，通过调节基座整平螺旋，使管水准气泡严格居中。

3）在所需塔高截面处放置接受靶。

4）接通激光电源，启辉激光器发射铅直激光束，通过发射望远镜调焦，使激光束会聚成红色耀目光斑，投射到接受靶上。

5）移动接受靶，使靶心与光斑重合，固定接受靶，并在所需塔高截面四周作出标记，此时靶心位置即为轴线控制点在该塔高截面处的投测点。

6）在塔高投测面采用米字法量距控制劲性骨架和模板定位作为校核。

4.4.4 主梁及索导管测量控制

主梁采用分离式双箱结构，主梁中心高 2.8m，横桥向箱梁底板水平，桥面板设 2% 的双向横坡，桥面横坡由箱梁顶板斜置而成。2 号～7 号梁段由双边箱变为单箱四室断面，11 号～26 号梁段为单箱四室断面。

主梁 2′号～0 号～2 号梁段在支架现浇，其余采用前支点挂篮现浇悬臂施工，主梁标准节段长 6m，3 号～7 号及 3′号～7′号节段长 5m，11′号～26′号节段长 4.2m。27′号节段采用支架或托架现浇，中跨合拢段长 2m，边跨合拢段长 1.5m。主箱梁断面如图 4.4-7 所示。

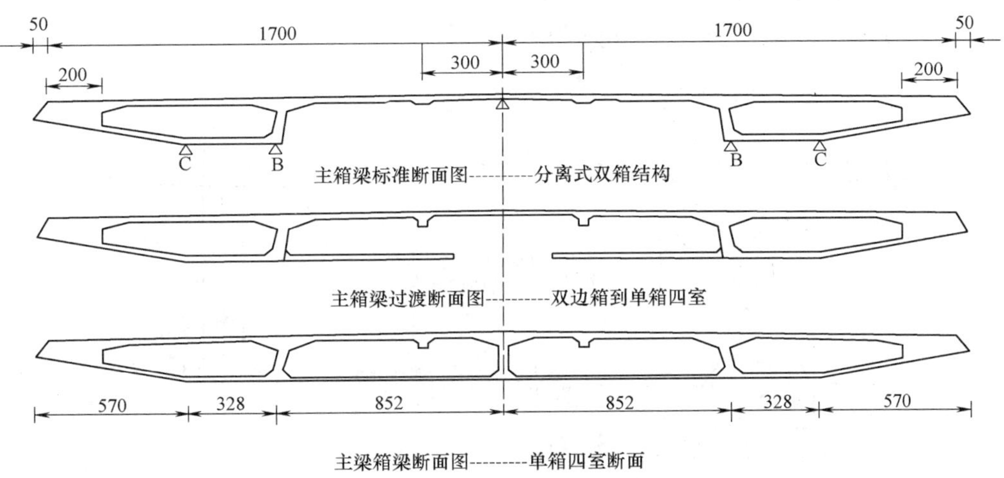

图 4.4-7 主箱梁断面图

随着滩桥箱梁施工，先前布设在墩顶的控制点被破坏，导线网要重新布设到箱梁顶面。同时主梁梁面点也升到梁面上 13m 的索塔上。

箱梁施工后最重要的就是梁面高程能否两岸一致，测量组多次采用跨河水准进行复测。在仅剩主梁施工时，南北两岸再次沿箱梁顶复测，在主梁段采用跨河水准对向观测两个时段 8 个测回。复测结果南北两岸高程统一，满足施工要求。

主梁施工测量重点及难点就在于索导管的定位，以及立模、一张、二张、三张的标高及塔偏监测。

索道定位分两个阶段，在前期 1 号～3 号节段，主梁施工是在支架上施工，先安装索道管再穿索称之为先管后索段；在后期 4 号～26 号节段，是先穿索再定安装索导管称之为先索后管段。两个阶段方法迥异，分别介绍如下。

先管后索段施工测量步骤：

1. 主梁底模安装就位后由测量人员放样出底模（索导管）开口位置，施工人员按开口开好；

2. 施工人员在开口下方搭一 100cm×100cm 水平钢平台，并调整好平台标高至索导管锚垫板底面标高处；

3. 测量人员放样出锚垫板底边上的两个角点，在角点处焊限位装置，施工人员用尺量出 L 对应另两个角点，并在量出点上焊两根高 H 的角钢；

4. 吊放索导管，使得锚垫板底边两角点与平台上放样点对齐，另一边底面放在高 H 的角钢上；

5. 测量人员测量锚垫板最高边中点及索导管出口中心两个点，调整直至达到设计及规范要求；

6. 定位完成后施工人员要对索导管进行加固，加固后再复测一次，检查。索导管加固如图 4.4-8 所示。

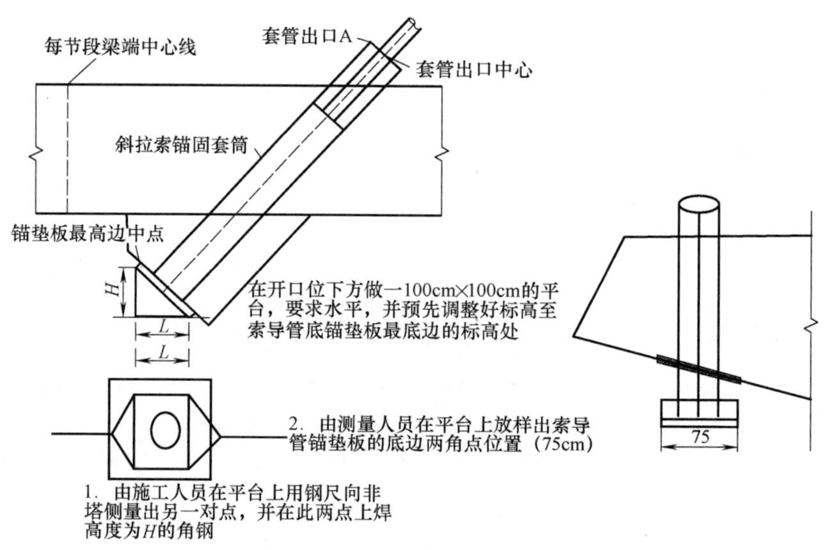

图 4.4-8　索导管加固图

先管后索段细分为两段，部分张前装索导管和部分张后装索导管两段。

在 4 号～6 号段，主索对索导管的压力在可控范围内，定位分配梁，放样张拉杆中心线与挂篮平台交点，复测分配梁中心点，直至满足要求，计算分配梁至底板斜拉面长 L，安装时测 L 长度再次进行校核。分配梁定位如图 4.4-9 所示。

当进行到 7 号节段以后，索的重力对索导管安装定位的影响需部分张拉方可抵消，其控制重点为准确定位张拉杆。

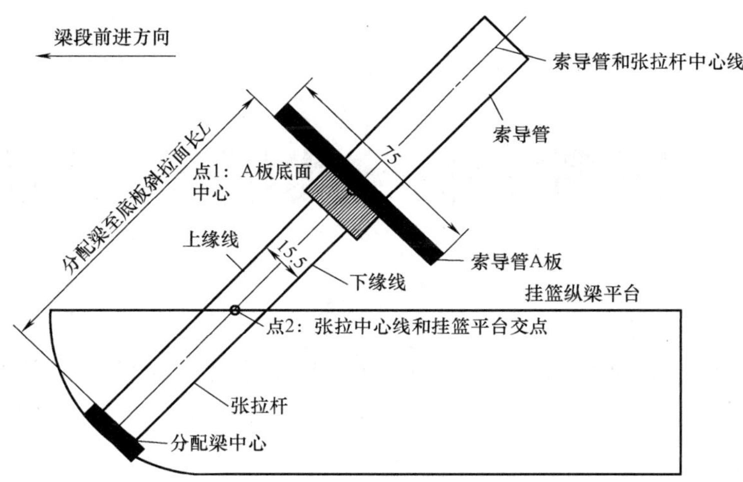

图 4.4-9 分配梁定位图

通过索的梁端倾角以及梁端锚固点 M 点计算张拉杆定位点，施工现场放样出张拉杆同挂篮交点以及分配梁中心点，计算出分配梁中心点至锚固点 M 的斜长，在张拉前复测分配梁中心点以及锚固点位置，正确后进行索部分张拉，复测索导管位置及张拉杆位置，满足要求后方可进行下步工序。索导管定位如图 4.4-10 所示。

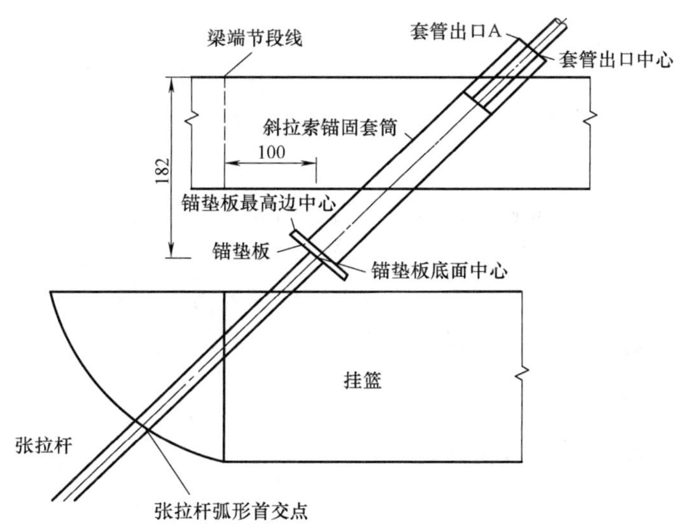

图 4.4-10 索导管定位图

第5章 混凝土配合比设计与试验研究

5.1 缓凝早强高性能混凝土配合比设计与试验

5.1.1 概况

襄阳汉江三桥主桥为双塔双索面半漂浮体系斜拉桥，主桥索塔混凝土设计强度等级为C50混凝土，主梁为C55混凝土，全部采用泵送施工，由于该桥的塔柱较高，南塔高度122.5m，北塔高度120.3m，箱梁跨度较大，主跨310m，因而混凝土除了要达到设计强度要求以外，其施工性能还要满足大高度、远距离泵送施工工艺的要求，同时该桥作为国家重点工程，百年大计，质量第一，对混凝土的耐久性能也有较高要求，因此襄阳汉江三桥所用的混凝土为高性能混凝土。

针对主梁和塔柱混凝土易出现裂缝的现象，本桥梁采用以高耐久性、高体积稳定性和高工作性为主要特征的高性能混凝土。高性能混凝土在国内外的应用实践表明，早期开裂问题已成为制约其在工程中应用的重要因素。因此，改善抗裂性是高性能混凝土研究中急需解决的问题。为解决这一问题，本课题组制备的高性能混凝土具有缓凝、早强、高保坍的性能，并在索塔实心段的混凝土中掺入聚丙烯纤维，以降低混凝土开裂的风险。从理论上来讲，缓凝与早强是一对相互矛盾的组合，要保证混凝土缓凝时间的延长势必要影响到混凝土的早期强度。通过该项目混凝土的研究分析，合理地选择和使用外加剂是解决矛盾的关键所在。

5.1.2 高性能混凝土配合比优化

1. 技术要求

由于主梁具有长大厚实、钢筋密集、混凝土一次性浇筑方量大的特点，浇筑时间长，一般一个节段浇筑时间达到14h。考虑到主梁为关键受力部位，因此，设计和施工对主梁混凝土工作性能有更高的要求。根据本工程设计参数及现行国家标准《普通混凝土配合比规程》，对索塔和主梁混凝土配合比设计要求如下：

1）混凝土强度等级为C55，要求早期强度高，采用5d抗压强度达到90%以上进行评定。

2）混凝土配合比设计时，必须同时考虑混凝土耐久性及降低水化热的要求，其中混凝土的耐久性根据桥梁所处环境进行相关耐久性试验。

3）单方混凝土中的碱含量不超过 1.8kg。

4）混凝土中的最大氯离子含量小于 0.06%。

5）混凝土出机坍落度 200±20mm，扩展度大于 500mm。

6）混凝土经时坍落度损失：2h 坍落度无损失。

2. 技术途径

1）外加剂复配技术：采取超缓凝剂复配减水剂，得到高保坍缓凝高性能减水剂，从而达到缓凝的效果。

2）为降低胶凝材料的水化热，首先采用较大掺量矿物掺合料技术，用优质粉煤灰等量取代水泥，控制混凝土的绝热温升；其次，需减小水泥在胶凝材料中的比例，基于水泥-粉煤灰二元体系粉体效应的试验结果，应用正交设计试验与平行试验对混凝土配合比进行优选。

3. 原材料选择

1）水泥

本项目选用的水泥品种是华新和葛洲坝 P. O42.5 水泥，技术指标符合《通用硅酸盐水泥》GB 175 的规定。水泥比表面积不大于 350m^2/kg；水泥的碱含量小于 0.6%；在对其进行安定性、凝结时间、强度、比表面积、烧失量、含碱量、三氧化硫和不溶物等全项目抽检后，其指标全部合格，部分检验结果如表 5.1-1 所示。

水泥基本性能 **表 5.1-1**

水泥品种	细度(m^2/kg)	标稠用水量(%)	抗压强度(MPa)		初凝时间(min)	终凝时间(min)
			3d	28d		
华新	320	26	24.2	50.1	176	259
葛洲坝	310	27	22.1	48.2	172	252

2）粉煤灰

选用低碳、需水量小的优质粉煤灰，其 Cl^- 的含量不超过 0.02%，SO_3 含量不超过 3%，游离 CaO 不超过 1.0%。经过多次试验比较分析，本工程选用襄阳电厂（天健公司）I 级粉煤灰。对粉煤灰进行现行国家标准《用于水泥和混凝土中的粉煤灰》检测，其检测指标如表 5.1-2 所示。

粉煤灰基本性能 **表 5.1-2**

厂家	品种	细度(%)	烧失量(%)	需水比(%)
襄阳电厂	I 级	7.5	2.2	91

3）高性能减水剂

外加剂采用聚羧酸高性能减水剂，碱含量、氯离子含量等指标需满足现行标准《混凝土外加剂》GB 8076 中的相关规定，减水剂的相关性能试验室检测如表 5.1-3 所示。

外加剂的性能指标 **表 5.1-3**

厂家	品种	固含量(%)	减水率(%)
格瑞林	聚羧酸	20.5	27.0

采用格瑞林生产的 P. C. A 型减水剂（缓凝型聚羧酸减水剂），与华新水泥、襄阳电厂粉煤灰适应性较好。该减水剂配制的混凝土初凝时间可控制在 14h 左右，满足本项目大部分结构施工对混凝土初凝时间的要求。混凝土凝结时间的延长，可延迟混凝土放热峰出现的时间，从而降低混凝土内部的最高温升。

4）聚丙烯纤维

针对实心段混凝土高强度等级、大体积的特点，为防止混凝土表面产生早期裂缝，在混凝土中加入一定量的高弹模聚丙烯纤维，弹性模量为 3.7GPa。利用聚丙烯纤维抗拉强度高、弹性模量大以及在混凝土中分布均匀的特点，约束混凝土早期原生裂缝及微观裂缝。

5）骨料

细骨料应采用级配合理、质地均匀坚固、吸水率低、空隙率小、细度适中、非活性的洁净天然中粗河砂。根据襄阳地区的实际情况，本工程采用唐白河天然河砂，该砂细度适中、含泥量、泥块含量低，有机物含量少，经试验验证，无碱活性。细骨料的相关性能检测如表 5.1-4 所示。

河砂的基本性能　　表 5.1-4

厂家	品种	级配	细度模数	含泥量(%)	泥块含量(%)
唐白河	河砂	Ⅱ	2.5～2.9	1.0	0.4

本工程采用的粗骨料为宜城泉水碎石，相关基本性能检测如表 5.1-5 所示。

碎石的基本性能　　表 5.1-5

厂家	品种	粒径(mm)	针片状(%)	含泥量(%)	压碎指标(%)	泥块含量(%)
宜城泉水	碎石	5～25	3.0	0.5	8.5	0.12

4. 基于粉料紧密堆积原理的配合比优化技术

采用 0%～40%粉煤灰等量取代水泥，水胶比为 0.3，减水剂掺量 0.8%，制备粉煤灰-水泥复合胶凝材料砂浆试件并测试强度，试验结果如图 5.1-1 和图 5.1-2 所示。

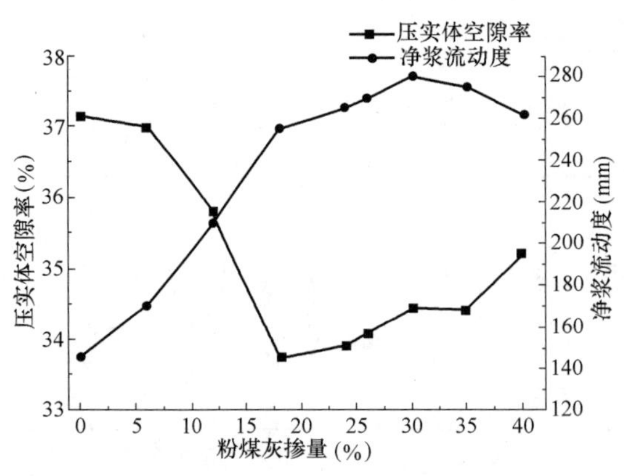

图 5.1-1　粉煤灰掺量对孔隙率和流动度的影响

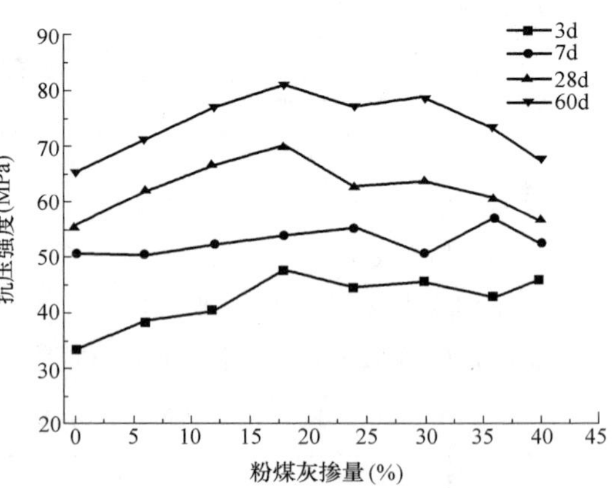

图 5.1-2　粉煤灰掺量对水泥抗压强度的影响

由图 5.1-1 及图 5.1-2 可看出，胶凝材料压实体的空隙率与净浆流动度具有较好的对应关系，在相同水灰比和减水剂掺量情况下，固体颗粒体系堆积密实度的提高，有利于新拌浆体的流动性能的改善。粉煤灰掺入水泥中，填充于粉体颗粒之间，增加了复合胶凝体系的堆积密实度，改善了粉体的二次颗粒级配，降低了胶凝材料的空隙率，从而置换出粉体浆体中颗粒之间的填充水分，进而提高浆体的流动性。而当粉煤灰掺量超过 30%时，固体颗粒体系的空隙率反而增加，因而较多的填充水被束缚于粉体颗粒之间，且较多粉煤灰颗粒表面需水量增加，从而降低了浆体的流动性。

粉煤灰-水泥复合胶凝材料的抗压强度由胶凝材料水化活性和粉体初始堆积密实度两方面因素决定。当粉煤灰掺量在 0%～15%时，复合胶凝材料粉体的堆积密度得到了大幅度提高，有利于浆体早期抗压强度的改善；随着水化龄期的延长，粉煤灰的二次火山灰效应有利于浆体后期强度的提高；同时，可以发现粉煤灰掺量 15%时，复合水泥浆体 28d 和 60d 抗压强度达到最高值。因此，粉煤灰掺量为 15%。

5. 高保坍超缓凝型减水剂复配技术

不同于其他结构使用的混凝土，主梁 C55 混凝土要求具有更好的保坍性能，更长的缓凝时间。而仅仅提高格瑞林减水剂中的缓凝成分—JM-P. C. A（Ⅰ）混凝土超塑化剂，已经难以使 C55 混凝土达到高保坍缓凝的工作性能要求。格瑞林 P. C. A 减水剂中 JM-P. C. A（Ⅰ）混凝土超塑化剂已经达到饱和掺量，仅增大某个缓凝组分掺量，可能会导致混凝土凝结异常，混凝土强度降低，甚至发生质量事故。因此，主梁混凝土配制需要引入超缓凝组分。

针对目前有机保塑缓凝剂所存在的缺陷，采用一种适应性优良的新型保塑超缓凝剂，其反应原理为：通过金属盐催化剂的催化作用，使亚磷酸、亚磷酸二酯中的一种和具有 4～8 个碳原子的环状酸酐按摩尔比为（1～2.5）：1，在 85～150℃的温度条件下反应，冷却后加入碱性溶液调节体系，得到新型保塑超缓凝剂。该缓凝剂缓凝时间长，初凝时间≥24h，并且可以通过掺量调控缓凝效果，对由其制备的混凝土强度具有后期增强效果。其制备方法简单，绿色无污染，易实现工业化生产。以琥珀酸酐为例，发生反应如下：

$$(\text{环状酸酐}) + H-P(=O)(OR)_2 \xrightarrow[\text{催化剂}]{\triangle} HO-\overset{O}{\overset{\|}{C}}-CH_2CH_2-C(OH)[P(=O)(OR)_2]_2 \xrightarrow[\text{水解}]{NaOH} HO-\overset{O}{\overset{\|}{C}}-CH_2CH_2-C(OH)[P(=O)(ONa)_2][P(=O)(OHa)(ONa)]$$

针对主梁 C55 的缓凝要求，高保塑超缓凝剂的掺量设为胶凝材料质量的 0.08%。将复配新型高保塑超缓凝剂的减水剂应用于混凝土中，测定该超缓凝剂的缓凝效果，具体的应用方法为：按如下计量配比混凝土：水泥 9.5kg，粉煤灰 2.15kg，干砂 17.0kg，石 28.4kg，水 4.0kg，格瑞林 P. C. A 聚羧酸减水剂 92.5g，其中减水剂中掺入胶凝材料 0.08%质量的超缓凝剂（即 9.32g），配制缓凝混凝土。缓凝混凝土试验结果如表 5.1-6 所示。

缓凝混凝土试验结果 表 5.1-6

编号	超缓凝剂掺量(%)	坍落度(mm)	扩展度(mm)	2h 坍落度(mm)	初凝时间(h)	抗压强度(MPa)	
						5d	28d
1	0	200	500	185	14.5	50.8	64.8
2	0.08	205	520	200	21.0	50.1	68.6

表 5.1-6 说明，和 P.C.A 减水剂相比，复配高保塑超缓凝剂后 P.C.A 减水剂（称为 P.C.AⅡ，下同）制备的混凝土，其初始工作性能，特别是 2h 工作性能，有所改善，28d 强度也有所提高。另外，由于前者缓凝作用更强，混凝土的 5d 强度和基准样相比略有降低。

由此可见，该 P.C.AⅡ减水剂所配制的混凝土能够满足主梁混凝土对工作性能和缓凝时间的要求。

6. 混凝土正交试验

正交试验的主要目的是考核水胶比、减水剂（正交试验中所指减水剂为 P.C.AⅡ减水剂）掺量、用水量、粉煤灰掺量四个因素对主梁 C55 缓凝早强混凝土的早期强度、初始坍落度、凝结时间的影响，从而找出最佳配合比，配制出 C55 缓凝早强高保坍混凝土。

影响 C55 早强缓凝混凝土强度、工作性的因素有许多方面，在施工工艺、养护条件一定的情况下，在试配中只考虑原材料的情况，而根据经验，选择 4 个主要影响因素：水胶比、用水量、外加剂掺量和粉煤灰掺量，并根据以往的试配经验和工程经验，对每个因素各指定 3 个水平，如表 5.1-7 所示。

因素水平表 表 5.1-7

水平	因素			
	A 水胶比	B 用水量(kg)	C 减水剂掺量(%)	D 粉煤灰掺量(%)
1	0.28	145	1.1%	5
2	0.30	150	1.2%	10
3	0.31	155	1.4%	15

利用正交表安排试配使用葛洲坝水泥和华新水泥，按照因素水平表，把具体的因素水平选出列于正交表上，并依据具体内容，计算出每一试验号的配合比，试配时混凝土假定密度为 2500kg/m^3，砂率选择为 39%，试配结果如表 5.1-8 和表 5.1-9 所示。

华新水泥试配方案与结果 表 5.1-8

试验编号	A	B	C	D	考核指标			
	1	2	3	4	坍落度(mm)	R_5(MPa)	R_{28}(MPa)	初凝时间(h)
1	1	1	1	1	175	58.5	78.5	17.1
2	1	2	2	2	190	56.9	78.0	17.5
3	1	3	3	3	215	56.6	76.7	18.7
4	2	1	2	3	175	54.3	73.5	17.7

续表

试验编号	A	B	C	D	考核指标			
	1	2	3	4	坍落度(mm)	R_5(MPa)	R_{28}(MPa)	初凝时间(h)
5	2	2	3	1	210	53.7	74.9	18.5
6	2	3	1	2	205	54.7	73.3	17.3
7	3	1	3	2	190	59.7	70.5	18.5
8	3	2	1	3	185	48.9	69.6	17.5
9	3	3	2	1	210	51.8	67.3	17.3

葛洲坝水泥试配方案与结果 **表 5.1-9**

试验编号	A	B	C	D	考核指标			
	1	2	3	4	坍落度(mm)	R_5(MPa)	R_{28}(MPa)	初凝时间(h)
1	1	1	1	1	185	56.5	76.5	18.1
2	1	2	2	2	210	56.0	76.0	18.5
3	1	3	3	3	215	55.8	75.7	19.5
4	2	1	2	3	195	51.3	71.5	18.7
5	2	2	3	1	210	52.7	71.9	19.7
6	2	3	1	2	215	53.9	73.3	18.3
7	3	1	3	2	210	47.7	66.5	19.9
8	3	2	1	3	205	49.9	68.6	18.5
9	3	3	2	1	220	46.8	65.3	18.9

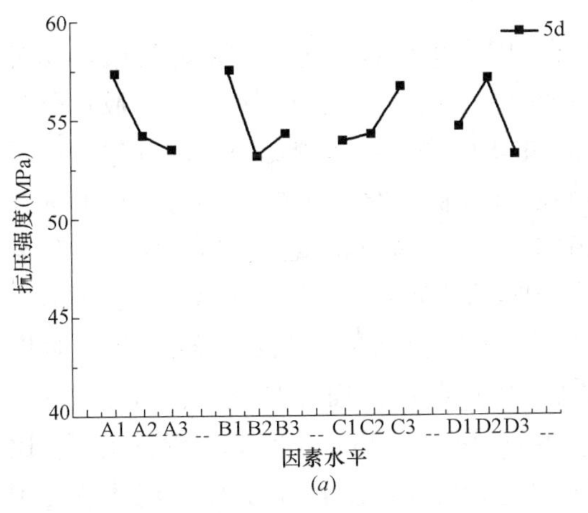

(a)

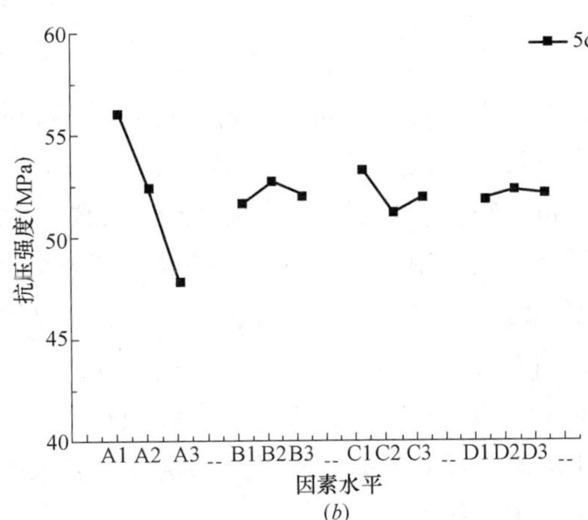

(b)

图 5.1-3 因素水平对抗压强度的影响

(a) 华新水泥；(b) 葛洲坝水泥

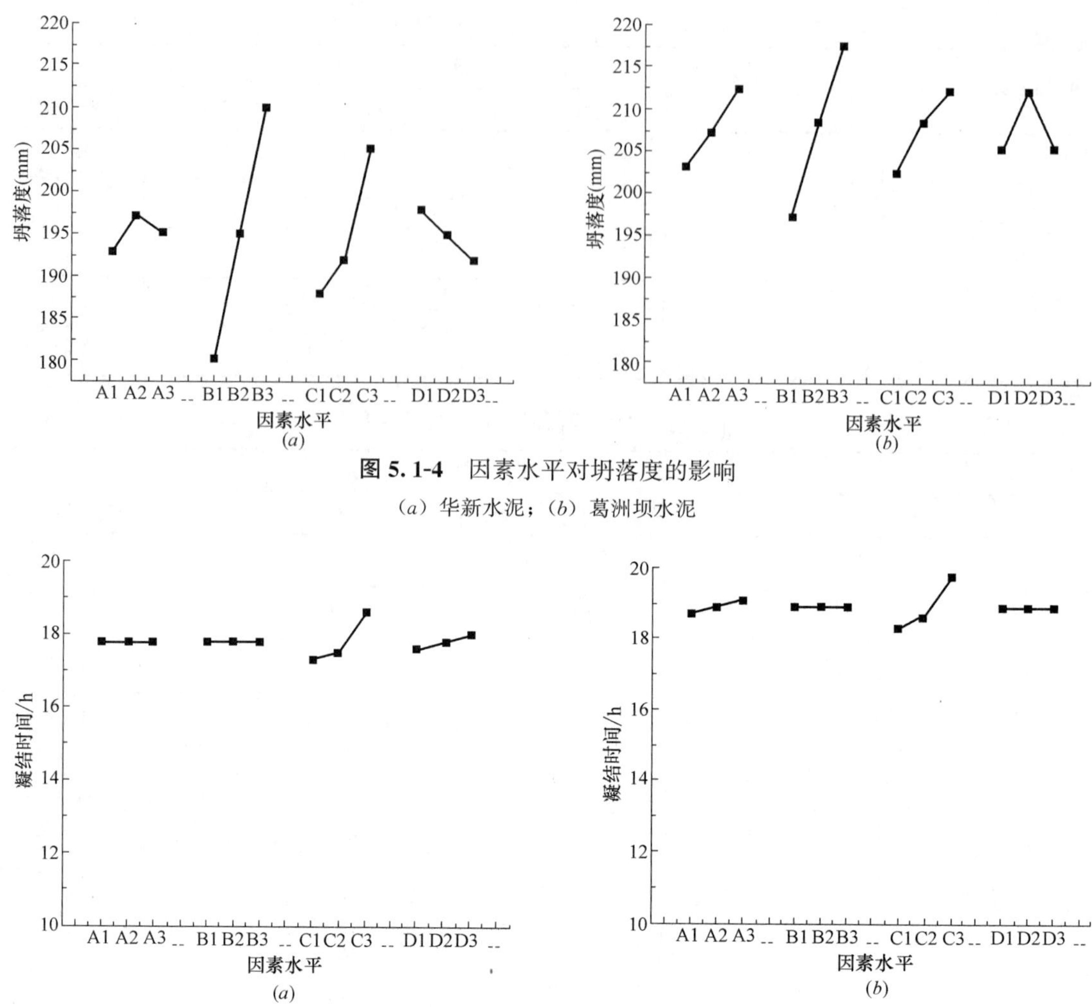

图 5.1-4 因素水平对坍落度的影响

（a）华新水泥；（b）葛洲坝水泥

图 5.1-5 因素水平对初凝时间的影响

（a）华新水泥；（b）葛洲坝水泥

从图 5.1-3～图 5.1-5 可以看出，对于两种水泥，因素水平对坍落度、混凝土 R_5、初凝时间的影响规律相同。影响混凝土坍落度的主次顺序为：用水量→外加剂掺量→水胶比→粉煤灰掺量，最佳组合为 A2B3C2D3；影响混凝土 R_5 主次顺序为：水胶比→外加剂掺量→用水量→粉煤灰掺量，最佳组合为 A2B2C2D2；影响混凝土初凝时间主次顺序为：外加剂掺量→水胶比用水量→粉煤灰掺量，最佳组合为 A2B2C3D3。为保证混凝土强度且满足工程需要 5d 强度达到 55MPa 的条件，尽量选取较小的水胶比，减少水泥用量，这对于减少混凝土收缩裂缝，抑制碱骨料反应都是有利的。从强度上看，水胶比 0.30，混凝土各组的 5d 强度的平均值分别为 52.6MPa（葛洲坝水泥）、54.2MPa（华新水泥），如果优化其他组分，混凝土配制强度和初凝时间是能满足施工要求的，综合各方面的考虑后，主梁 C55 混凝土配合比选定水胶比为 0.30，减水剂掺量为 1.2%，胶凝材料总量为 490kg/m^3，其中水泥建议使用华新 P.O42.5 水泥。缓凝早强高性能 C55 混凝土配合比如表 5.1-10 所示。

粉煤灰对于混凝土的坍落度、早期强度、初凝时间都有着不同程度的影响，而最重要的是，掺加一定量的粉煤灰对于混凝土的工作性、和易性、黏聚性有着很大的提高，对于大体积混凝土，可降低混凝土的水化温升。由于粉煤灰掺量不是主要的影响因素，在保证强度的情况下，可选择大掺量粉煤灰。本工程根据实际需要及试验数据，粉煤灰掺量选用15%。

综合平衡分析坍落度、初凝时间、5d强度、混凝土实际工作性，选定最佳组合条件为华新水泥A2B2C2D3，为保证所选定因素水平的可靠性，对制定的混凝土配合比进行复试，考核各种因素在工程中的实用性，试配结果如表5.1-11所示。

缓凝早强高性能C55混凝土配合比 **表5.1-10**

强度等级	每立方米混凝土中各项材料用量(kg/m³)						水胶比	密度(kg/m³)
	水泥	粉煤灰	碎石	砂	水	减水剂		
C55	410	73	1103	767	140	6.37	0.29	2510

混凝土试配结果 **表5.1-11**

坍落度(mm)	2h坍落度(mm)	扩展度(mm)	初凝时间(h)	R_5(MPa)	R_{28}(MPa)	5d弹性模量(GPa)	28d弹性模量(GPa)	28d劈裂抗拉强度(MPa)
215	210	500	19.8	55.8	68.7	40.1	43.2	4.28

由复配结果得出结论：该施工配合比满足设计要求，并能保证混凝土初凝时间在20h左右，混凝土出机坍落度保证在200±20mm，2h经时损失小于10mm，5d强度达到设计强度的90%以上，28d强度不超过70MPa。

5.1.3 缓凝早强混凝土耐久性能研究

1. 缓凝早强C55高性能混凝土自收缩测试

按照《普通混凝土长期性能和耐久性能试验方法标准》GB/T 50082—2009进行测试，28d龄期收缩采用非接触法，测试仪器选用CABR-NES型非接触式混凝土收缩变形测定仪，测试混凝土自收缩，混凝土自收缩测试设备如图5.1-6所示。试验中，为使得测试数据有较好的可比性，待缓凝早强高性能C55混凝土和普通C55混凝土出现初凝后进行测试。其中，普通C55混凝土加水搅拌后5h开始测试，缓凝早强C55混凝土加水搅拌后18h开始测试。

对缓凝早强C55混凝土进行自收缩测试，结果如图5.1-7所示。混凝土28d自收缩率

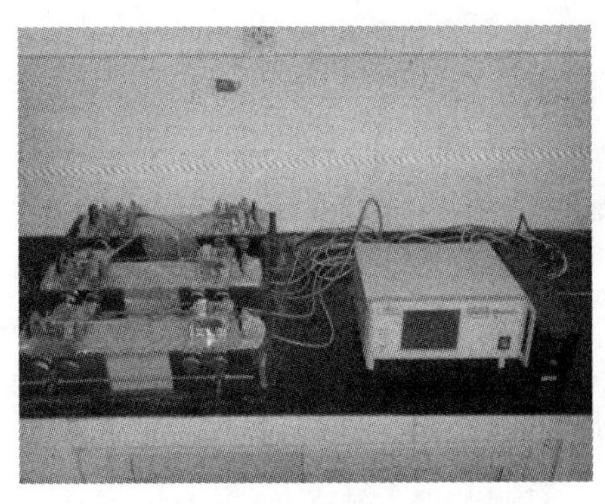

图5.1-6 凝土自收缩测试设备

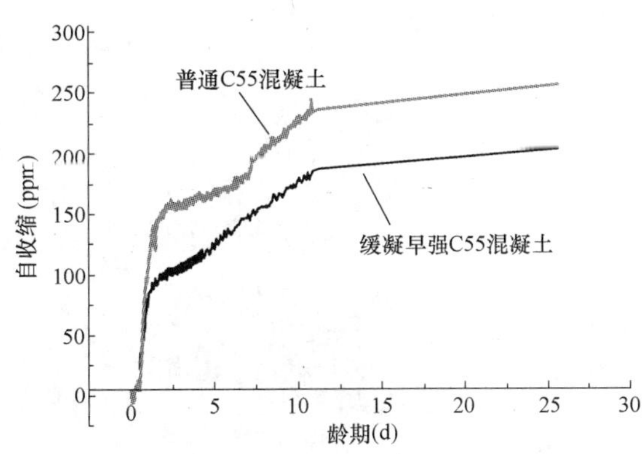

图5.1-7 缓凝早强高性能C55混凝土自收缩测试

为 190×10^{-6}，明显小于普通 C55 混凝土 28d 的 254.5×10^{-6} 自收缩率，且缓凝早强高性能 C55 混凝土的早期自收缩更小，有利于降低混凝土早期自收缩开裂的风险。

2. 缓凝早强高性能 C55 混凝土水化温升

采用中建商品混凝土有限公司自主知识产权的混凝土水化温升测试设备，设备如图 5.1-8 所示。

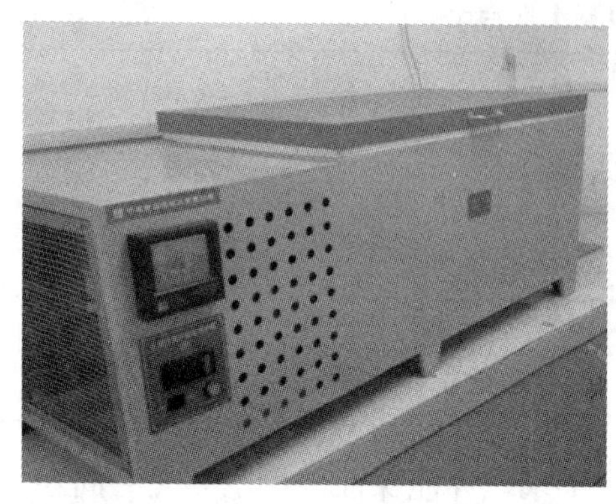

图 5.1-8　混凝土水化温升测试设备

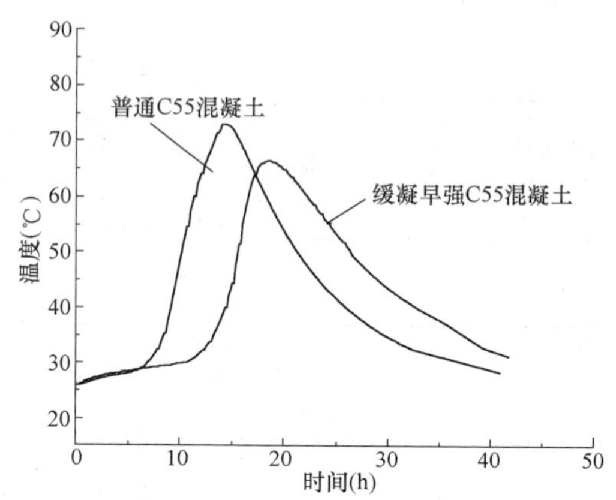

图 5.1-9　混凝土水化温升

由图 5.1-9 水化温升测试结果可知，与普通 C55 混凝土水化温升相比，缓凝早强 C55 混凝土温峰（66.5℃）明显低于前者（73.0℃），且后者峰宽大于前者。结果说明，缓凝早强 C55 混凝土配合比设计达到了降低水化温升，延迟温峰的目的。

3. 抗 Cl^- 渗透性能

氯离子进入混凝土中通常有两种途径：其一是“混入”，如采用含有氯离子的外加剂及使用海水、海砂等；其二是“渗入”，并通过扩散、毛细孔吸收和渗透三种方式向混凝土内部进行迁移。由于氯离子的离子半径很小，其在混凝土中的迁移能力较强，常穿过混凝土保护层并在钢筋表面积聚，当其质量分数超过一定的临界值时会导致混凝土内部钢筋锈蚀并使混凝土结构开裂，影响混凝土耐久性。电通量试验装置如图 5.1-10 所示。

图 5.1-10　电通量试验装置图

ASTMC1202 标准根据直径 D=95mm 标准试片的累计电量将混凝土的抗氯离子渗透性划分成不同的等级，其具体的评价标准如表 5.1-12 所示。电通量试验方法对选定配合比试样进行混凝土抗渗试验，来评定混凝土的抗 Cl^- 渗等级，通过对 C55 混凝土电通量的测试，28d 和 56d 电通量值分别为 372C、283C，其抗氯离子等级为 Q-Ⅳ。

抗氯离子渗透性能的等级划分 **表 5.1-12**

等级	导电量 Q(C)	氯离子渗透性
Q-Ⅰ	>4000	高
Q-Ⅱ	2000～4000	中等
Q-Ⅲ	1000～2000	低
Q-Ⅳ	100～1000	极低
Q-Ⅴ	<100	可忽略

4. 抗碱-骨料反应性能

碱-骨料反应是指混凝土原材料中的碱性物质与骨料中的活性二氧化硅在潮湿环境下发生的化学反应。这种化学反应生成碱-硅酸凝胶，碱-硅酸凝胶在吸水后体积不断膨胀，从而引起混凝土开裂。经测试，混凝土碱含量为 1.3kg/m^3，满足《公路桥涵施工技术规范》JTG/T F50—2011 抗碱-骨料反应要求。

5.1.4 实施效果

主梁具有长大厚实、钢筋密集、混凝土一次性浇筑方量大的特点，凝结时间较长，但同时要满足 5d 抗压强度达到设计强度的 90%以上。主梁结构在施工工程中的现场监测数据及试件权威检测结果如表 5.1-13 所示。

主梁结构 5d 回弹强度监测与标养试块 5d 抗压强度测试（例举） **表 5.1-13**

结构部位	5d 回弹强度(MPa)	5d 标养抗压强度(MPa)
30 号主梁 5 节段	51.2	54.2
30 号主梁 10 节段	55.1	52.6
30 号主梁 15 节段	49.9	56.6
30 号主梁 20 节段	51.0	58.4
30 号主梁 25 节段	52.4	55.2
29 号主梁 5 节段	49.6	53.3
29 号主梁 10 节段	54.0	56.4
29 号主梁 15 节段	52.9	59.1
29 号主梁 20 节段	50.0	57.8
29 号主梁 25 节段	54.6	54.3

5.2　塔梁冬季混凝土配合比研究、施工及养护

5.2.1　概况

混凝土是一种在工程中应用广泛的建筑材料，是构成建筑物主体的重要组成部分。由于其材料自身的特点，环境温度对混凝土工程施工质量的影响极大。

根据《公路桥涵施工技术规范》JTG/T F50—2011、《建筑工程冬期施工规程》JGJ/T 104—2011的规定，冬季室外日平均气温连续5d稳定低于5℃时即进入冬期施工；相反，当室外日平均气温连续5d稳定高于5℃时解除冬期施工。冬季施工期的起止日期一般都要用当地的历史气象资料确定。自然气温往往有一定的多变性，由于在新拌制混凝土中水的结冰温度在0～－2℃，当最低气温为0～－2℃时，可能会给未达到抗冻临界强度的混凝土造成冻害，损害其一系列物理力学性能。因此在日最低气温为0℃及其以下时，也应进入冬季施工。

襄阳地区属北亚热带季风气候，冬寒夏热，热雨同期，四季分明。其冬季施工一般从12月上旬开始到次年3月上旬结束，持续时间大约3个月。

襄阳汉江三桥项目是襄阳市内环线的重要组成部分，冬季汉江江面上高空塔柱及箱梁施工，风力大、温度低，对混凝土质量有着较大的影响，并同时制约着工程进度，因此对冬季混凝土配合比的研究具有重要意义。

5.2.2　襄阳地区冬季施工的特点

1. 混凝土是脆性材料，抗拉强度、拉伸变形能力小。

2. 大体积混凝土在浇筑后，由于水泥水化热作用，内部温度急剧上升，但随着龄期增长温度下降，混凝土表面下降更为明显。在一定的约束条件下会产生相当大的拉应力。

3. 若混凝土表面长期裸露，与空气或水接触，易产生拉应力。

4. 塔柱及主梁施工跨越冬季，冬季气温较低，混凝土浇筑温度容易受到影响，冬季昼夜温差大，空气、结构物表面温度变化较大。

5.2.3　混凝土冬期配合比优化

1. 混凝土冬季原材料调整

1）选择适当品种的水泥是提高混凝土抗冻的重要手段，如使用早强硅酸盐水泥。该水泥水化热较大，且在早期放热最高，一般3d抗压强度相当于普通硅水泥7d的强度，效果较明显。

2）尽量降低水灰比，稍增水泥用量，从而增加水化热量，缩短达到龄期强度的时间。

3）掺用引气剂。在保持混凝土配合比不变的情况下，加入引气剂后生成的气泡，相应增加了水泥浆的体积，提高拌合物的流动性，改善其黏聚性及保水性，缓冲混凝土内水结冰所产生的水压力，提高混凝土的抗冻性，但使用要以规范为准则，否则会影响混凝土强度。

4）掺加早强外加剂，缩短混凝土的凝结时间，提高早期强度。应用较普遍的有硫酸钠（水泥用量的 2%）和 MSF 复合早强试水剂（水泥用量的 5%）。

5）选择颗粒硬度高、级配良好、无片石、含泥量达标的骨料，使其热膨胀系数和周围砂浆膨胀系数相近。

2. 优化混凝土配合比

项目部按照规范、设计和施工环境特殊性要求，对冬季施工所用混凝土进行配合比调整，尽量降低水胶比，增加水泥用量，从而增加水化热量，缩短达到龄期强度的时间。根据 C55 早强缓凝混凝土的配合比进行正交试验，主要考察水胶比、外加剂掺量、粉煤灰掺量对主梁 C55 缓凝早强混凝土的早期强度的影响。在砂率不变的条件下，胶凝材料总量为 510kg/m^3，选择 3 个主要影响因素：水胶比、外加剂掺量和粉煤灰掺量，如表 5.2-1 所示。

因素水平表 **表 5.2-1**

水平	因素		
	A 水胶比	B 外加剂掺量(%)	C 粉煤灰掺量(%)
1	0.27	1.3%	0
2	0.29	1.5%	5
3	0.30	1.6%	10

华新水泥试配方案与结果 **表 5.2-2**

试验编号	A	B	C	考核指标		
	1	2	3	坍落度(mm)	R_5(MPa)	R_{28}(MPa)
1	1	1	1	190	63.2	77.2
2	1	2	2	195	61.4	76.0
3	1	3	3	215	59.5	75.7
4	2	1	2	210	57.3	72.5
5	2	2	3	220	53.7	71.9
6	2	3	1	215	60.1	73.3
7	3	1	3	195	53.9	69.8
8	3	2	1	190	54.9	70.1
9	3	3	2	220	55.8	71.2

试配结果的极差分析 **表 5.2-3**

编号	坍落度(mm)		
	A 水胶比	C 外加剂掺量(%)	D 粉煤灰掺量(%)
K1	200	198	198
K2	215	202	208
K3	202	217	210
R	15	19	12

续表

编号	R_5(MPa)		
	A 水胶比	B 外加剂掺量(%)	C 粉煤灰掺量(%)
K1	61.4	58.1	58.1
K2	57.0	56.7	58.2
K3	54.9	58.5	55.7
R	6.5	1.8	2.5

从表5.2-2、表5.2-3可以看出，影响混凝土坍落度的因素主次顺序为：外加剂掺量→水胶比→粉煤灰掺量，最佳组合为A2B3C3；影响混凝土R_5主次顺序为：水胶比→粉煤灰掺量→外加剂掺量，最佳组合为A1B3C2；为保证混凝土强度且满足工程需要5d强度达到90%以上的条件，尽量选取较小的水胶比，减少水泥用量，这对于减少混凝土收缩裂缝、抑制碱骨料反应都是有利的。综合平衡分析坍落度、5d强度、混凝土实际工作性以及生产成本，选定最佳组合条件为华新水泥A2B2C3，为保证所选定因素水平的可靠性，对制定的混凝土配合比进行复试，并适当调整外加剂组分，考核各种因素在工程中的实用性，其试配结果如表5.2-4所示。

通过对C55混凝土配合比的优化，不仅保证了施工性能，而且5d强度达到设计强度的100%，为每节段施工直接缩短工期2d，对主桥施工缩短工期45d。

C55 混凝土试配结果 **表 5.2-4**

序号	原材料							
	水泥C (kg)	粉煤灰FA (kg)	减水剂(%)	砂S (kg)	碎石G (kg)	水W (kg)	5d(MPa)	28d(MPa)
1	460	50	1.5%	638	1134	150	58.6	69.3

5.2.4 混凝土热工计算

浇筑温度计算的主要目的是在环境温度大幅度升降时，能够及时采取有效措施将混凝土浇筑温度控制在适当范围。

根据不同环境温度，对混凝土拌合物的温度进行计算。环境温度按−10℃和−5℃计算，砂石温度根据以往测量数据进行取值，水泥和粉煤灰温度分别按50℃和30℃取值。计算配合比选用C55混凝土，各原材料的质量及比热容值如表5.2-5所示。

计算采用的配合比及原材料比热取值 **表 5.2-5**

原材料	C	FA	S	G	W
质量(kg)	460	50	638	1134	150
比热/[kJ/(kg·K)]	0.92	0.92	0.92	0.92	4.20

混凝土拌合物温度计算：

$$T_0 = \sum T_i \cdot m \cdot C / \sum m \cdot C \quad (5.2\text{-}1)$$

式中 T_0——混凝土的拌合物温度（℃）；

m——混凝土组成材料的重量（kg）；

C——混凝土组成材料的比热［kJ/(kg·K)］；

T_i——混凝土组成材料温度（℃）。

混凝土拌合物出机温度计算：

$$T_1=T_0-0.16(T_0-T_p) \tag{5.2-2}$$

式中 T_1——混凝土的拌合物出机温度（℃）；

T_P——搅拌机棚内温度（℃）。

混凝土浇筑温度计算：

$$T_2=T_1-(T_1-T_a)(\partial t+0.032\times n) \tag{5.2-3}$$

式中 T_2——混凝土浇筑温度（℃）；

T_1——混凝土出机温度（℃）；

T_a——室外平均气温（℃）；

∂——温度损失系数（h^{-1}），采用混凝土搅拌车，$\partial=0.25$；

t——混凝土拌合物运输时间；

n——混凝土拌合物运转次数。

按式（5.2-1）、式（5.2-2）和式（5.2-3）拌合物计算温度和浇筑温度如表 5.2-6 所示。

不同环境温度的 T_1 和 T_2 值（℃） **表 5.2-6**

编号	原材料温度					T_a	T_0	T_1	T_2
	C	FA	S	G	W				
W-5	50	30	1	−3	65	−5	22.25	17.89	13.72
W-5	50	30	1	−3	40	−5	16.48	13.05	9.76
W-5	50	30	1	−3	12	−5	10.01	7.61	5.32
W-10	50	30	−1	−5	65	−10	22.25	17.09	12.16
W-10	50	30	−1	−5	40	−10	16.48	12.24	8.19
W-10	50	30	−1	−5	30	−10	14.17	10.31	6.61

以上为混凝土拌合物温度和浇筑温度的近似计算值，意义在于：①初步了解不同环境温度下混凝土拌合物温度和浇筑温度情况；②施工时，以实际测量温度为准，与计算值相比较，及时预判并对原材料采取有效的控温措施。

5.2.5 混凝土养护

1. 索塔养护措施

1～25 节采取带模养护混凝土方案。由于 25 节以上索塔风力大、气温低，故采取蒸汽养护，以蒸汽作为载体，将热量传至混凝土，并安排专人负责控制养护时的温度和湿度。采用蒸汽养护，平均 4.5d 混凝土强度就能达到张拉要求，缩短工期 2.5d/节。

2. 主梁养护措施

挂篮前端及侧面设置挡风油布，挡风油布固定于挡风支架上，混凝土养护时，挡风支架上的挡风油布翻向箱梁一侧进行封闭。挂篮底部采用在挂篮横梁及纵梁上铺设木板封闭，并在木板表面钉薄铁皮，薄铁皮相互搭接。挂篮防风措施如图 5.2-1～图 5.2-3 所示。

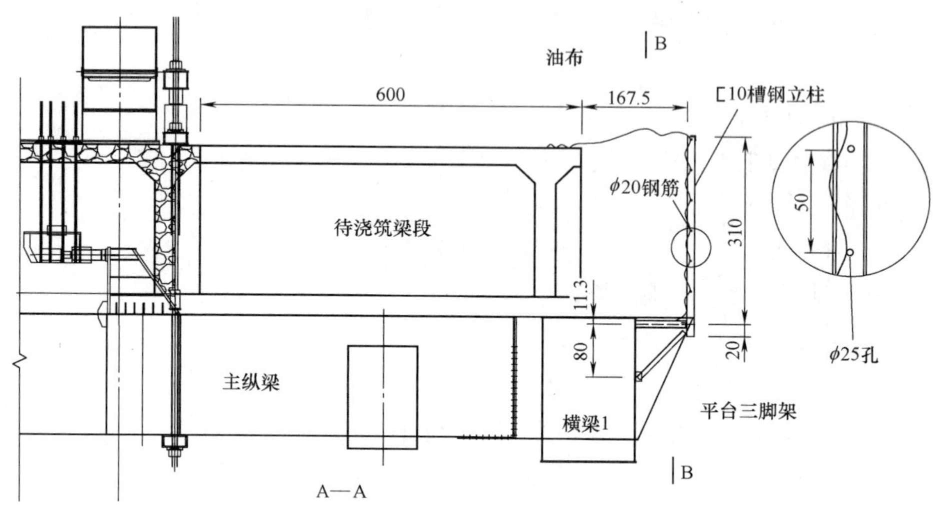

图 5.2-1　主梁端部防风措施图

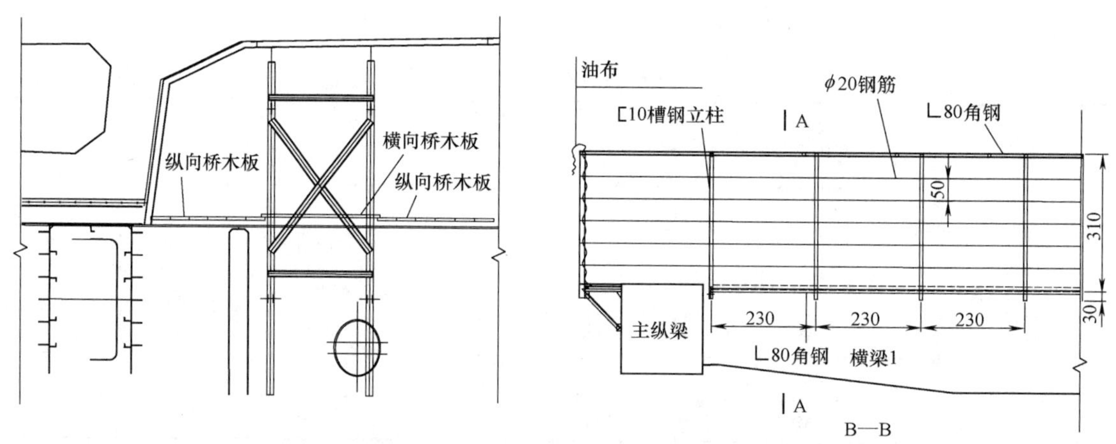

图 5.2-2　岸侧主梁底模防风措施图

混凝土浇筑完成后，在初凝前，人工压实抹平。压抹后顶面立即覆盖清洁的塑料膜，并加盖一层棉被，上层覆盖油布。箱梁侧面及底部采用带模养护，箱梁内腔采用煤炉烧热水进行蒸汽养护，每个空箱内设一个煤炉。

5.2.6　实施效果

塔梁冬季混凝土施工通过改进和创新施工方法，优化混凝土配合比，加强混凝土施工管理和养护保温措施，混凝土各龄期强度满足要求，同时为塔梁施工直接缩短工期 60d。冬期施工主塔结构 5d 及 56d 回弹强度与标养试块抗压强度对比（列举）如表 5.2-7 所示。

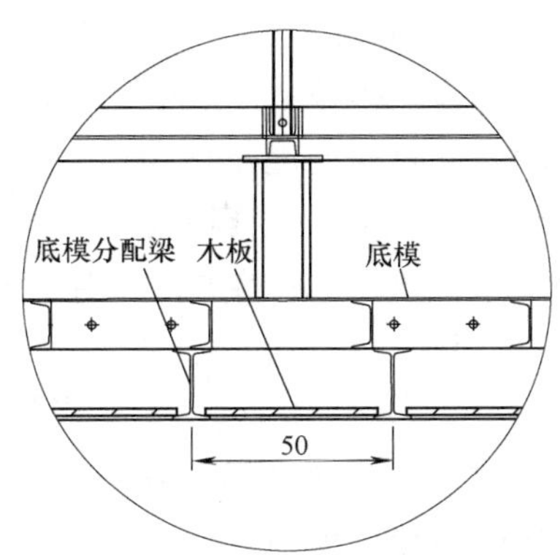

图 5.2-3 江侧主梁底模防风措施图

冬期施工主塔结构 5d 及 56d 回弹强度与标养试块抗压强度对比（列举） 表 5.2-7

结构部位	5d 回弹强度(MPa)	5d 标养抗压强度(MPa)	56d 回弹强度(MPa)	56d 标养抗压强度(MPa)
35～36 左	48.5	58.2	58.3	70.5
34～35 左	49.9	54.4	58.9	65.3
43～44 左	49.0	59.6	56.4	69.7
44～45 左	50.4	51.2	60.7	65.4
51～52 左	49.6	59.1	55.6	67.7
21～32 右	48.6	60.8	56.0	71.6
32～33 右	50.7	51.0	64.2	63.3
40～41 右	47.9	52.2	56.0	59.5
50～51 右	49.1	52.8	60.8	63.4
52～53 右	51.9	50.4	63.7	64.7

5.3 斜拉桥塔梁防裂关键技术

5.3.1 概况

襄阳汉江三桥斜拉桥索塔采用双直立塔柱形索塔，塔柱根部 4m 高的节段设计为实心段，其余断面均为空心箱形断面，实心段平面尺寸为（900～862）cm×（650～615）cm。索塔采用 C50 混凝土，主梁采用 C55 混凝土。下塔柱实心段根部构造及受力复杂，容易出现裂缝，同时实心段为高强度等级大体积混凝土，比普通大体积混凝土更易产生有害裂缝，为此须采取一系列综合性的措施。按设计和施工要求，混凝土初凝时间控制在 20h 左右，以达到延长及推迟混凝土内部的热峰出现、降低混凝土内部的最高温升的目的。

5.3.2 索塔防裂关键技术

1. 纤维增强防裂混凝土配合比设计

混凝土自身的物理、热学性能是影响大体积混凝土温度裂缝控制效果最基本、最重要的影响因素，优化混凝土配合比是温控方案设计的首要任务。大体积混凝土配合比设计原则是配制出绝热温升小、热强比小、线胀系数小、抗拉强度大、极限拉伸变形能力大、自身体积变形最好是微膨胀、至少是低收缩的混凝土。

为提高混凝土索塔根部混凝土防裂能力，保证桥梁工程质量，在该桥梁 C50、混凝土配合比的基础上，根据索塔根部大体积混凝土的结构特点，采用以下技术手段进行配合比调整：

1）提高掺合料比例，降低水泥在胶凝材料中的比例，以达到进一步降低水化热的目的，防止温度应力产生裂纹。

2）针对实心段混凝土高强度等级、大体积的特点，为防止混凝土表面产生早期裂缝，在混凝土试配过程中加入一定量的高弹模聚丙烯纤维。调整后配合比如表 5.3-1 所示，掺合料比例提高到 20%，聚丙烯纤维体积掺量达到 0.1%。

3）为保障混凝土各龄期强度达到设计要求，配合比中提高了胶凝材料用量。

为对比聚丙烯纤维增强混凝土防裂性能，设计与普通生产用的混凝土防裂性能进行对比试验，具体配合比如表 5.3-1 所示。混凝土力学性能（MPa）如表 5.3-2 所示，28d 水化热检测结果如表 5.3-3 所示，混凝土绝热温升如表 5.3-4 所示。

C50-1 与 C50-2 混凝土配合比（kg/m³）　　表 5.3-1

编号	水泥	粉煤灰	外加剂	砂	纤维	碎石		水
						10～25mm	5～16mm	
C50-1	415	85	6.5	605	0	505	661	145
C50-2	400	100	6.9	605	1.2	505	661	145

混凝土力学性能（MPa）　　表 5.3-2

编号	5d 抗压强度	28d 抗压强度	5d 劈裂抗拉	28d 劈裂抗拉	5d 弹性模量	28d 弹性模量
C50-1	50.2	58.3	3.41	4.15	2.67×10^4	3.43×10^4
C50-2	53.6	60.2	3.74	4.35	2.78×10^4	3.53×10^4

28d 水化热检测结果　　表 5.3-3

编号	纤维掺量(kg)	样品组成	检测结果(J/g)
C50-1	0	100%水泥	357.64
C50-2	1.2	80%水泥+20%粉煤灰	329.53

混凝土绝热温升　　表 5.3-4

编号	纤维掺量(kg)	热胀系数(1/℃)	比热容[kJ/(kg·℃)]	混凝土绝热温升(℃)
C50-1	0	9.1×10^{-6}	0.87	73.5
C50-2	1.2	9.0×10^{-6}	0.97	69.9

其中，混凝土绝热温升按下列公式计算为：

$$T_a=\frac{WQ}{\rho C}$$

式中　T_a——混凝土最终绝热温升（℃）；

W——每 m^3 混凝土胶凝材料用量（kg/m^3），C50-1 取 $500kg/m^3$，C50-2 取 $500kg/m^3$；

Q——胶凝材料水化热总量（kJ/kg），C50-1 可取 357.11kJ/kg，C50-2 可取 $329.53kg/m^3$；

ρ——混凝土质量密度（kg/m^3），C50-1 和 C50-2 均可取 $2450kg/m^3$；

C——混凝土比热容［kJ/(kg・℃)］，C50-1 可取 0.87，C50-2 可取 0.95kJ/(kg・℃)。

由对比试验结果可知，通过提高粉煤灰掺量比例和掺入高弹模聚丙烯纤维，混凝土的早期抗劈裂强度和弹性模量明显提高，而水化放热及绝热温升有一定下降。以上提高配合比调整技术手段，符合索塔根部 C50 混凝土设计和施工要求。

2. 平板裂缝试验

平板法具有简单易操作的特点，能够形象地反映出混凝土裂缝随龄期的发展变化，平板约束模具在一定程度上能放大塑性收缩裂缝，较好地模拟实际工程中混凝土板的塑性收缩开裂，便于测量和比较，能迅速有效地研究混凝土的塑性干缩性能。

1）模具准备

试验采用《混凝土结构耐久性设计与施工指南》中推荐的混凝土（砂浆）早期抗裂性试验设计和评价方法，同时也参考了日本笠井芳夫教授提出的方法。试件采用 600mm×600mm×63mm 的平面钢制模具，模具四边由 100/63 不等边角钢制成，每个边的外侧焊有 4 条加筋肋，模具四周和底板通过螺栓固定在一起，以提高模具的刚度。在模具每个边上同时焊接（或用双螺帽固定）2 排共 14 个 ϕ10mm×100mm 螺栓（螺纹通长）伸向锚具内侧。2 排螺栓相互交错，便于浇筑的混凝土填充密实。当浇筑后的混凝土平板试件发生收缩时，四周受螺栓的约束。在模具底板的表面铺有低摩擦阻力的聚四氟乙烯片材。

2）试验原材料及配合比

平板裂缝试验配合比如表 5.3-1 所示。

3）试验步骤

（1）将混凝土浇筑到平面钢制模具内，振捣，直到混凝土被捣实且与模具顶部齐平。振捣后用抹刀把表面收平，使骨料不外露且表面平实。

（2）将试件置于地面温度为 50℃，风速 3m/s 的恶劣环境中。从浇筑混凝土后每隔 1h 观察一次，直至出现裂缝，然后记录初始裂缝出现的时间、长度和宽度。裂缝以肉眼可见为准，用钢尺测量其长度，近似取裂缝两端直线距离；当裂缝出现明显弯折时，以折线长度之和代表裂缝长度。裂缝宽度用读数显微镜测量。平板抗裂试验装置如图 5.3-1

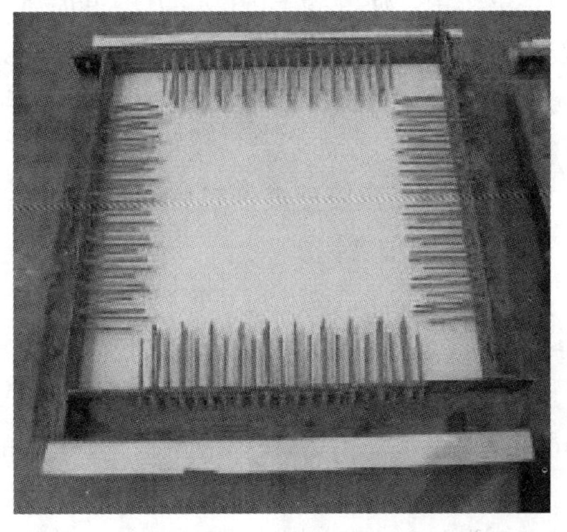

图 5.3-1 平板抗裂试验装置

所示。

4）试验结果讨论

平板抗裂试验结果如表5.3-5所示，其中单位面积开裂裂缝数目为N/A（根/m²），N为总裂缝数目（根），A为试验板的面积（0.36m²）。

混凝土早期平板开裂结果　　表5.3-5

编号	初裂时间(h)	初裂宽度(mm)	24h最大裂缝宽度(mm)	24h裂缝总长度(mm)	24h裂缝数量(根)	单位面积裂缝数目(根/m²)
C50-1	1.5	0.20	0.76	332	23	64
C50-2	2.0	0.08	0.40	56	2	12

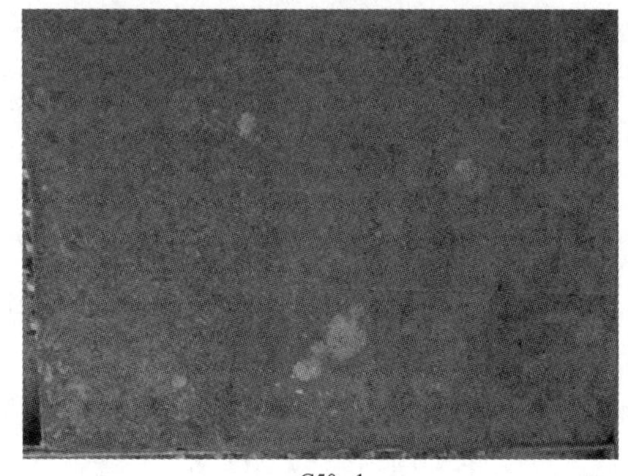
C50-1

C50-2

图5.3-2 凝土养护效果图

由表5.3-5可以看出，C50-1混凝土首条裂缝的出现时间为浇筑后1.5h，掺加纤维的混凝土试件首条裂缝的出现时间为2.0h。在同样的试验条件下，聚丙烯纤维的掺入能延迟裂缝的出现，并有效抑制裂缝的扩展，从而显著改善混凝土的抗裂性能，如图5.3-2所示。其原因如下：一是当微裂缝的长度大于纤维的间距时，纤维将跨越裂缝起到传递荷载的桥梁作用，使混凝土内的应力场更加连续和均匀，使微裂缝尖端的应力集中得以钝化，裂缝的进一步扩展受到约束；二是当微裂缝的长度小于纤维间距时，纤维将迫使其改变方向或跨越纤维形成更微细的裂缝场，不仅细化了裂缝，而且显著增大了微裂缝扩展的能量消耗。

3. 大体积混凝土温度现场控制方法

1）入模温度控制

索塔实心段混凝土施工时间处于1、2月份，其日平均气温分别为2℃、4℃，此气温条件对混凝土的浇筑温度控制在5～30℃以内比较有利，同时还采取了以下措施：

（1）砂石料、水泥和外加剂罐子外围采用彩板房封闭以避免夹雨雪冰块及温度过低，同时搅拌用水采用地下水，控制拌合用水的温度。

（2）严格控制粉料入罐温度，确保粉料进罐温度在60℃以内。

（3）控制出机温度不低于10℃，入模温度不低于5℃。

（4）将混凝土开盘时间安排在白天进行。

（5）加强现场协调，加快混凝土浇筑进度，减少或避免了混凝土罐车长时间等待的现象。

2）冷却水循环降温

根据混凝土内部温度分布特征及控制最高温度的要求，实心段埋设三层冷却水管，水管水平间距为 1.5m，垂直间距为 1m，冷却水管为外径 42mm 的铁管，冷却管布置如图 5.3-3～图 5.3-6 所示。冷却水管采用橡胶管套接，确保不漏水，连接时两根冷却水管在橡胶套管内应对碰，避免橡胶管弯折阻水，用多重铁丝扎紧。冷却水管使用及其控制：

（1）冷却水管使用前进行压水试验，防止管道漏水、阻水，通水时间在 1h 左右，保证在 0.5MPa 下不渗漏。对于管道漏水、阻水的部位立即进行修复。

（2）混凝土浇筑到各层冷却水管标高后开始通水，各层混凝土峰值过后尽快减缓或停止通水，冷却水流量控制应委派专人管理。

（3）冷却水采用江水。

（4）冷却水温度 8℃左右，升温时段通水流量应使流速达到 0.6m/s 以上，流量应大于 45L/min，形成紊流，降温时段，可通过水阀控制减缓通水，使流速减半，水流平缓，保证混凝土内部温度整体均匀降低。

（5）供水泵采用离心式水泵，水泵功率大小根据水管套数和通水流量选取。

（6）待冷却水管通水结束并养生完成后，应采用同强度等级水泥砂浆封堵冷却水管。

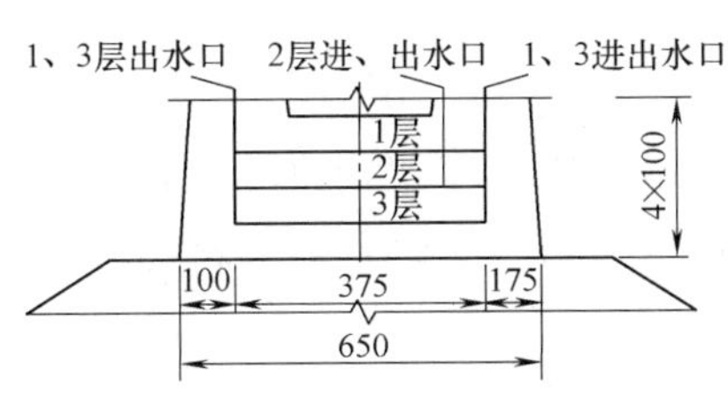

图 5.3-3 冷却管立面图 1

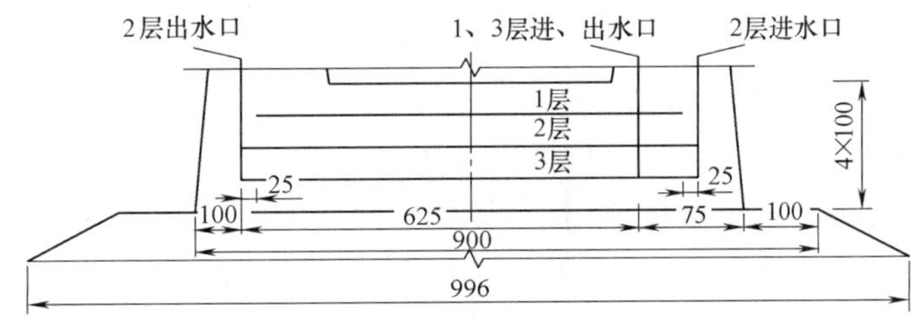

图 5.3-4 冷却管立面图 2

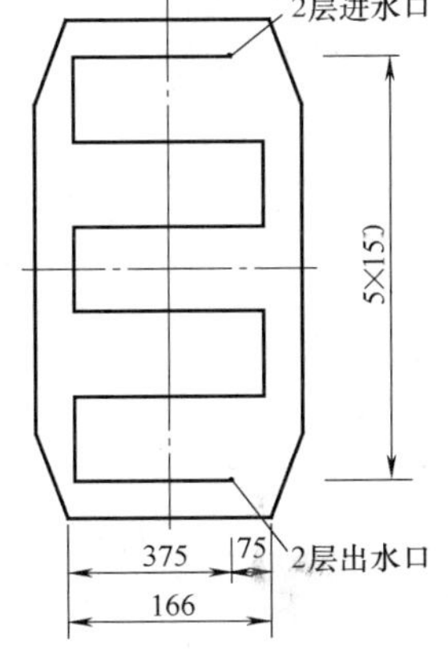

图 5.3-5 第 2 层冷却管平面布置图

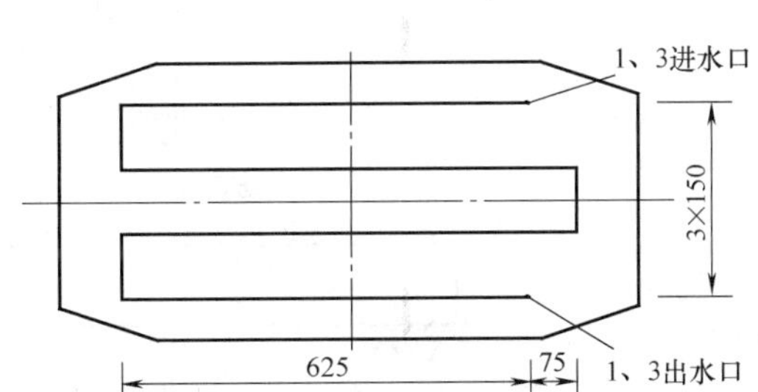

图 5.3-6 第 1、3 层冷却管平面布置图

3）混凝土养护

混凝土达到温峰前采用带模养护，由于在冬季施工，模板外包裹一层保温棉和一层帆布，同时还预备一层棉被，防止内外温差超标；在混凝土达到温峰后拆除模板并进行薄膜及保温棉包裹养护；混凝土浇筑完成后保温蓄热养护14d以上。

4. 大体积混凝土温度现场监测

1）测温仪器

本工程测温监测采用TM6902D型袖珍式数字温度表。测温系统由主机、测温探头、测温线连接构成，可根据现场需要和测温点数量灵活配置。预埋式测温线由插头、导线和温度传感器制成，适宜测量混凝土内部温度，每支测温线可测一点温度，在施工中可任意布置测温点。留在外面的导线长度大于100cm。测温时，按下主机电源开关，将各测温点插头依次插入主机插座中，主机屏幕上即可显示相应测温点的温度。

2）测温要求

由于混凝土体积较大、强度等级高，聚集在内部的水泥水化热不易散发，导致混凝土内部迅速升温，而其表面则散热较快，形成了较大的温度差，使混凝土内部产生压应力，表面产生拉应力，而混凝土在养护期间抗拉强度较低，当温差产生的抗拉应力超出混凝土极限抗拉强度时，在混凝土内部和表面产生裂缝。其相关控制指标如下：

（1）混凝土浇筑温度：5℃$\leqslant T \leqslant$30℃。

（2）混凝土内部最高温度：$T_{max} \leqslant$70℃。

（3）混凝土内表温差：$\Delta T \leqslant$25.0℃。

（4）混凝土降温速率：$\Delta u \leqslant$2.0℃/d。

混凝土表面与内部温差报警值为25℃，绝对温度不超过70℃。接近报警值则及时调整循环水的速度或增大保温层的厚度。监测中混凝土降温速率过快，可以减缓或停止冷却水管通水，增厚保温层，减少降温阶段散热量。

3）测温点布置

实心段内布设测温点15个，分3层布置，布置如图5.3-7、图5.3-8所示。

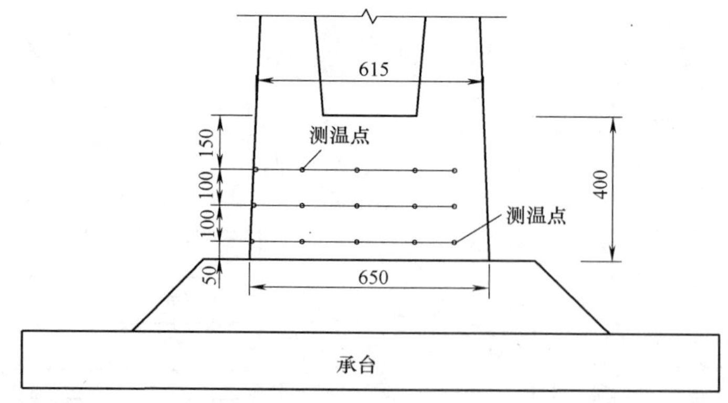

图5.3-7 测温点立面布置图

4）测温数据分析

混凝土浇筑完成后即开始测温，峰值以前每 2h 监测一次，峰值出现后每 4h 监测一次，持续 5d，然后转入每天测 2 次，直到温度变化基本稳定，每次观测完成后及时填写记录表。

经过对测温数据的整理，得出本工程实心段温度变化如图 5.3-9 所示。

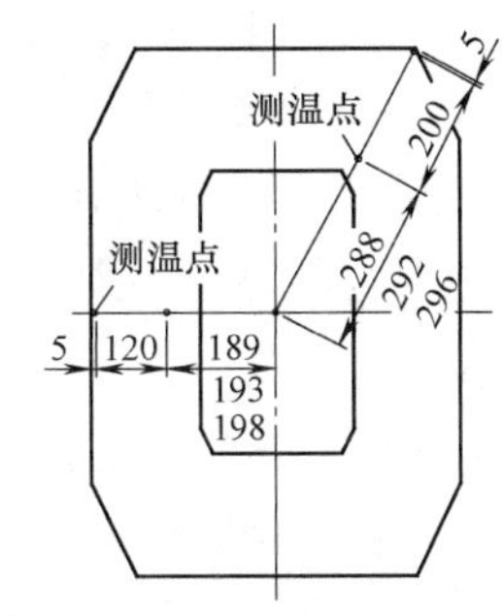

图 5.3-8　测温点平面布置图

图中横轴为时间，竖轴为温度值，总共测温持续时间 196h。混凝土入模温度在 11℃左右，混凝土全部浇筑完成后开始测温，从温度变化曲线可以看出，混凝土升温及降温均较缓慢，在混凝土浇筑完成后 68h 达到温峰 67℃，与理论计算基本相符，随后温度开始缓慢下降，全过程中混凝土内外温差最大为 23℃（现场因施工原因冷却水循环 5d 后停止，停止循环水后内外温差有小幅上升），且处于降温后期冷却水停止循环后出现，相关指标均符合大体积混凝土温度控制要求。

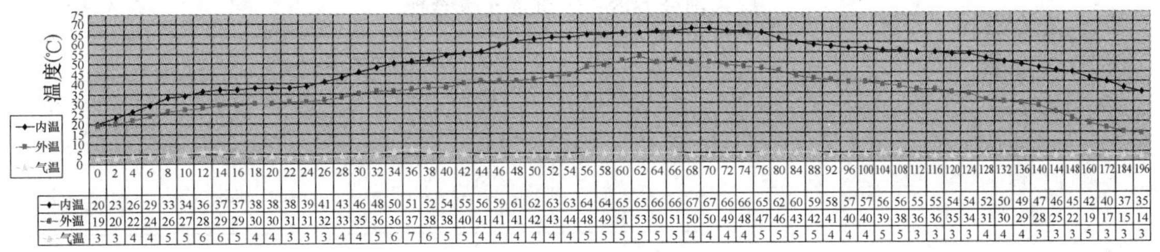

	0	2	4	6	8	10	12	14	16	18	20	22	24	26	28	30	32	34	36	38	40
内温	20	23	26	29	33	34	36	37	37	38	38	38	39	41	43	46	48	50	51	52	54
外温	19	20	22	24	26	27	28	29	29	30	30	31	31	32	33	35	36	36	37	38	38
气温	3	3	4	4	5	5	6	6	5	4	4	3	3	3	4	4	5	6	7	6	5

	42	44	46	48	50	52	54	56	58	60	62	64	66	68	70	72	74	76	80	84
内温	55	56	59	61	62	63	63	64	64	65	65	66	66	67	67	66	66	65	62	60
外温	40	41	41	41	42	43	44	48	49	51	53	50	51	50	50	49	48	47	46	43
气温	5	4	4	4	4	4	4	5	5	5	5	5	5	4	4	4	4	5	5	5

	88	92	96	100	104	108	112	116	120	124	128	132	136	140	144	148	160	172	184	196
内温	59	58	57	57	56	56	55	55	54	54	52	50	49	47	46	45	42	40	37	35
外温	42	41	40	40	39	38	36	36	35	34	31	30	29	28	25	22	19	17	15	14
气温	5	4	4	4	5	5	3	3	3	3	4	4	4	3	3	3	5	3	3	3

图 5.3-9　C50 大体积混凝土测温曲线图

同时对冷却水管进出口温度进行了监测，出水口温度增加了约 2～3℃，表明冷却水管对混凝土内部散热降温有较好的效果。

从施工效果及测温情况可以看出，混凝土原材料选用及配合比设计合理，混凝土浇筑过程及温控措施控制到位。

5.3.3　主梁防裂关键技术

斜拉桥的施工是一个体系不断变化的过程，在整个过程中，桥梁结构的索力和线形都在不断地变化。襄阳汉江三桥主梁采用前支点挂篮悬臂浇筑混凝土施工，施工程序如下：挂篮走行就位→提升锚杆组紧固→模板标高调整→挂索及第一次张拉→钢筋绑扎及预应力穿束→浇筑梁段混凝土（1/2）→索第二次张拉挂→浇筑剩余混凝土→节段混凝土养护→预应力张拉→体系转换→第三次索力张拉。

从整个索力调整过程，混凝土结构经历了两次较大变形，第一次是在浇筑完 1/2 梁段混凝土进行二张过程中，梁段的竖向位移变形达到 3～4cm，使得最开始浇筑的混凝土受到干扰，容易出现塑性裂缝。二张完成后，梁段混凝土受自重作用恢复变形，过程中对混凝土内部结构仍然存在着较大的影响，整个变形均发生在混凝土初凝与终凝的过程中，但是施工进度的控制存在着一定的不确定性。为防止突发情况，混凝土必须在二张之前保持一定的工作性，也是主梁早期防裂的关键点之一。此外在三张过程中，虽然混凝土已达到一定的强度，但仍要严格控制混凝土的5d劈裂抗拉强度和5d弹性模量，这是主梁混凝土的防裂的关键技术。

针对主梁的特殊施工工艺，避免施工过程中混凝土裂缝的产生，从混凝土性能优化、混凝土温控技术、挂篮模板顶紧防裂技术以及防裂设计加强措施等几个方面讲述主梁防裂关键技术。

1. 主梁C55高性能混凝土性能优化

1）混凝土配合比优化

汉江三桥主桥混凝土箱梁宽达35m，在温变和混凝土收缩影响下，主梁易产生裂缝，主梁采用C55混凝土，且横梁、外腹板体积较大。主梁混凝土要求具有特殊的施工性能和物理力学性能。目前国内同类桥梁混凝土配合比如表5.3-6所示。借鉴国内同类桥梁C55混凝土的经验，其初凝时间在14～20h，早期强度能达到设计强度的90%以上。对比国内部分桥梁混凝土配合比，在保证工作性能和力学性能的条件下，通过降低水胶比，减少水泥用量，进行配合比优化，从而满足施工工艺的要求，其C55高性能混凝土配合比如表5.3-7所示。

国内部分桥梁C55混凝土配合比 **表5.3-6**

大桥名称	混凝土配合比/(kg/m³)					
	水泥	粉煤灰	碎石	砂	水	外加剂
滨州黄河大桥	498	0	1044	726	162	10.0
钱江七桥	458	81	1087	666	151	5.38
北江特大桥	497	0	1158	651	144	5.47

C55高性能混凝土配合比 **表5.3-7**

强度等级	水泥	粉煤灰	碎石	砂	水	外加剂
C55	410	73	1103	767	140	6.17

2）主梁混凝土凝结时间控制

为满足施工过程张拉的要求，控制混凝土凝结时间在25h左右，课题组采用外加剂复配技术，研究了超缓凝剂对水泥浆体凝结时间的影响，测定该超缓凝剂的缓凝效果。按以下条件配制水泥浆体：华新P.O42.5水泥，格瑞林P.C.A（缓凝型聚羧酸系减水剂）的固体掺量为水泥质量的0.2%，水灰比为0.29，实验室温度26℃，湿度47%；根据表5.3-8中的用量相应添加缓凝剂，以不添加缓凝剂做空白试验（组A）。另外，测定组A、组B、组C、组D中水泥水化温升的影响，如图5.3-10所示。

水泥净浆凝结时间测试结果 **表5.3-8**

实验组	减水剂	超缓凝剂掺量(%)	净浆凝结时间(h)	
			初凝时间	终凝时间
1	组A	0.0%	13.5	14.8
2	组B	0.1%	27.0	29.5
3	组C	0.2%	61.5	65.5
4	组D	0.3%	100.0	103.3

注：缓凝剂的掺量是以水泥为基准计量。

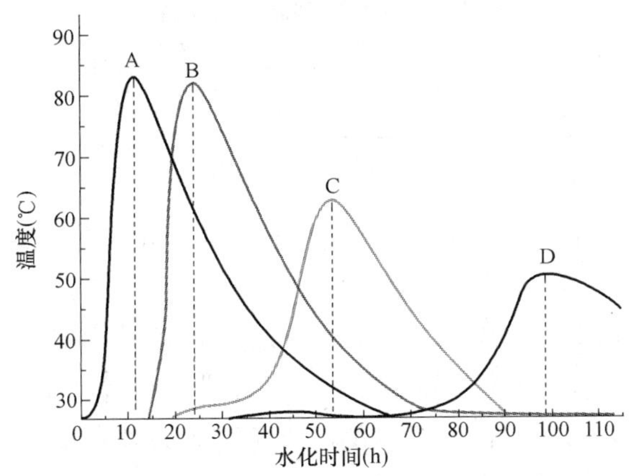

图 5.3-10 新型高保塑超缓凝剂对水泥水化温升影响曲线

表 5.3-8 说明：掺入新型高保塑超缓凝剂缓凝效果明显优于 P. C. A（组 A），能显著延长水泥浆体的凝结时间。当其掺量为水泥的 0.1%（组 B），初凝时间达 27h，随着掺量的增大，凝结时间逐渐延长。由图 5.3-10 可知，不含超缓凝剂的水泥浆体（组 A）的最大水化放热峰出现在 13h，当掺入 0.1%的新型高保塑超缓凝剂（组 B）时，最大放热峰延缓至 24h，随着掺量增大，放热峰不仅明显延迟，而且最高温升显著降低。当新型高保塑超缓凝剂掺量为 0.3%（组 C）时，水化放热峰出现在 98h，和空白试验相比推迟了近 85h，说明制备的新型高保塑超缓凝剂能够显著抑制水泥的水化，起到较强的超缓凝效果，并通过调控超缓凝剂的掺量还可调控缓凝效果。

针对主梁 C55 的缓凝要求，高保塑超缓凝剂的掺量设为胶凝材料质量的 0.1%。将复配新型高保塑超缓凝剂的减水剂应用于混凝土中，测定该超缓凝剂的缓凝效果，其混凝土工作性能如表 5.3-9 所示。

主梁 C55 高性能混凝土工作性能 **表 5.3-9**

编号	超缓凝剂掺量(%)	坍落度(mm)	扩展度(mm)	6h 坍落度(mm)	6h 扩展度(mm)	初凝时间(h)
1	0	200	500	—	—	14.5
2	0.1	210	550	120	340	26.0

由表 5.3-9 可知，混凝土初凝时间在 26h，混凝土出机坍落度保证在 210mm，6h 后坍落度 120mm，说明 6h 后混凝土在二张之前仍具有一定的可塑性，有利于混凝土的二次振捣，能满足施工工艺对工作性能的要求。

3）主梁混凝土物理力学性能

为确保在三张过程中，混凝土具有一定的抗压强度和劈裂抗拉强度，研究了掺超缓凝剂混凝土的力学性能，其试验结果和检测报告分别如表 5.3-10 和图 5.3-11 所示。从试验结果和检测报告可以看出，主梁混凝土 5d 抗压强度为 58.6MPa，已超过混凝土的设计强度，且劈裂抗拉强度和弹性模量均达到 28d 的 90%以上，能满足特殊施工工艺对力学性能的要求。

主梁 C55 高性能混凝土力学性能　　表 5.3-10

5d 抗压强度(MPa)	5d 劈裂抗拉强度(MPa)	5d 弹性模量(GPa)	5d 收缩值(10^{-4})	28d 收缩值(10^{-4})
58.6	4.1	36.8	0.76	1.85

4）混凝土养护

在混凝土整平后初凝前，用竹扫帚对混凝土面进行拉毛处理，初凝后覆盖一层塑料薄膜。

根据天气情况做好如下养护工作：夏季，初凝后覆盖一层塑料薄膜，在薄膜上加盖一层土工布做保湿处理；冬季，初凝后覆盖一塑料薄膜，在薄膜上加盖一层棉被做保温处理，棉被上方再覆盖彩条布，并做好棉被的防火工作。另外在箱室内布置电热水桶对混凝土进行蒸汽养护，派专门人员对电热桶定期加水。

主梁的实心段属于大体积混凝土，由于水化放热会使混凝土内部温度持续升高，故在实心段布置相应的冷却水管来加强内部散热，浇筑完混凝土后 3d 内需要不间断通冷却水来散热。

2. C55 高性能混凝土温控技术

主梁混凝土强度等级为 C55，0～7 号节段的边箱实心段平均高度约 234cm，平面尺寸为 500cm×490cm，主梁一般断面图如图 5.3-11 所示，边箱实心段为高强度等级大体积混凝土，先后施工的节段存在龄期差，新旧混凝土的收缩不一致，须采取温控措施，防止混凝土体产生裂缝。

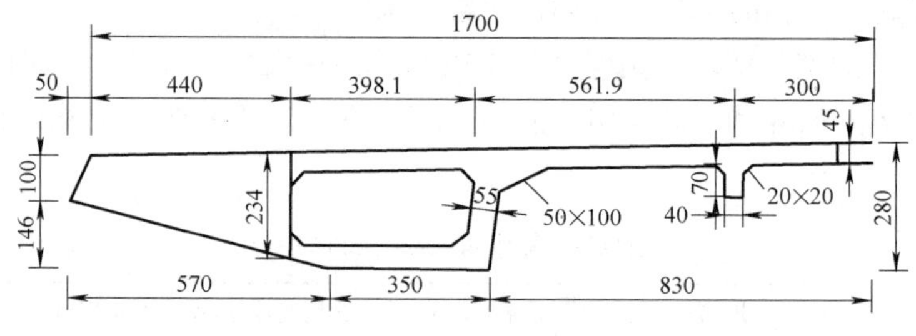

图 5.3-11　主桥主梁断面图

1）混凝土浇筑温度控制

降低混凝土的浇筑温度对控制混凝土裂缝非常重要。相同混凝土，入模温度高的水化温升值要比入模温度低的大。混凝土的入模温度应视气温而调整。现场为达到浇筑温度低于 28℃的要求，应控制原材料温度和生产运输过程中的保温。

2）冷却水管的埋设

边箱实心部分埋设三层冷却水管，水管水平间距为 0.8m，冷却水管为内径 40mm 的铁管。水管布置如图 5.3-12～图 5.3-16 所示。

注：图中 A、A′为出水口，B、B′为进水口，第二层与第三层通过 C 与 C′相连，第一层水管长 960cm，第二层水管长 2380cm，第三层水管长 960cm，进出水口共长 300cm。

3）冷却水管控制

（1）冷却水采用江水，冷却水管进水口处设置分水器，每个挂篮可共用一个分水器，分水器设置控制阀门，每套水管设置单独的阀门；

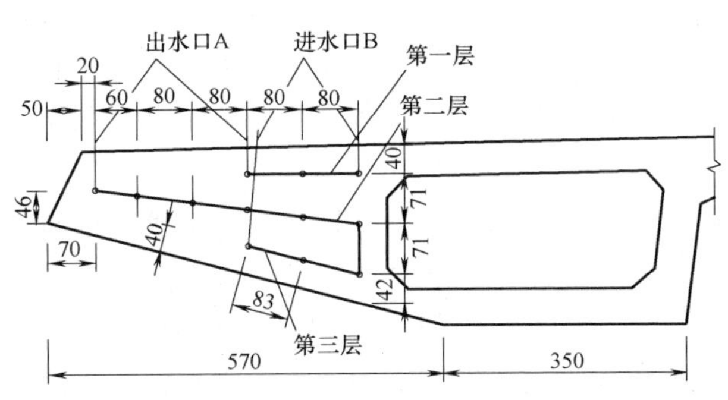

图 5.3-12 冷却水管立面图

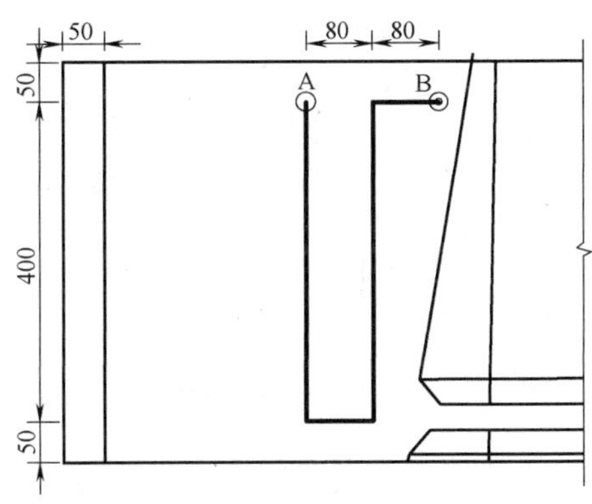

图 5.3-13 第一层冷却水管平面布置图

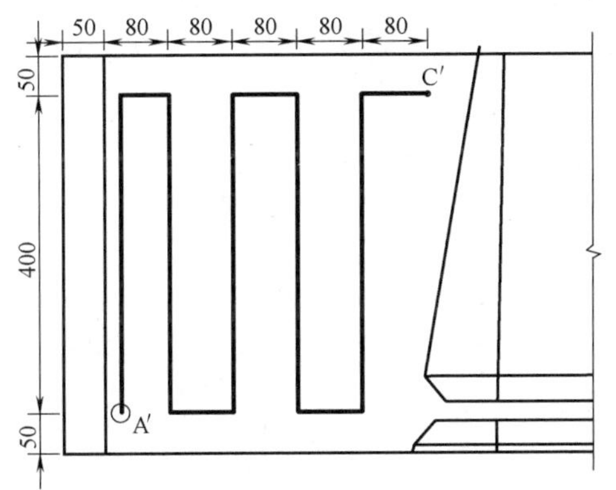

图 5.3-14 第二层冷却水管平面布置图

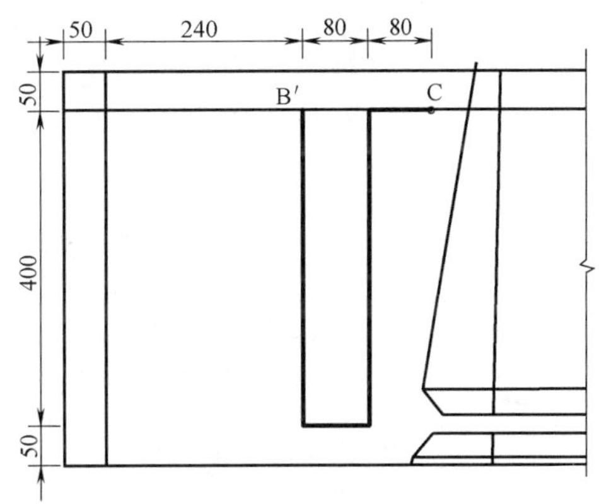

图 5.3-15 第三层冷却水管平面布置图

(2) 混凝土浇筑到各层冷却水管标高后开始通水，水量开到最大；

(3) 待冷却水管通水全部结束并养生完成后，采用水泥浆封堵冷却水管。

4) 挂篮模板预紧防裂技术

主梁边箱模板与梁底紧贴不足，在混凝土浇筑过程中随着荷载的增加，模板与混凝土体间产生缝隙，导致错台的产生，也可能会导致裂缝产生。若采用加大锚固的预紧力的方式使模板后端于已浇梁端贴紧，反而会导致挂篮模板严重变形，因此需采取有效的顶紧防错台措施。

图 5.3-16 主梁实心段布置冷却水管

(1) 模板加固

为了保证节段间不产生错台，在节段上预留 ϕ5cm 孔眼，孔眼距梁端 25cm，将模板后端通过 ϕ32mm 精轧螺纹钢锚固于混凝土梁面。每组双拼 I18、双拼 I12.6 需焊接成一组，但每组工字钢分配梁均为活动式，以方便吊杆安装。内模拉杆详图如图 5.3-17、图

5.3-18 所示。

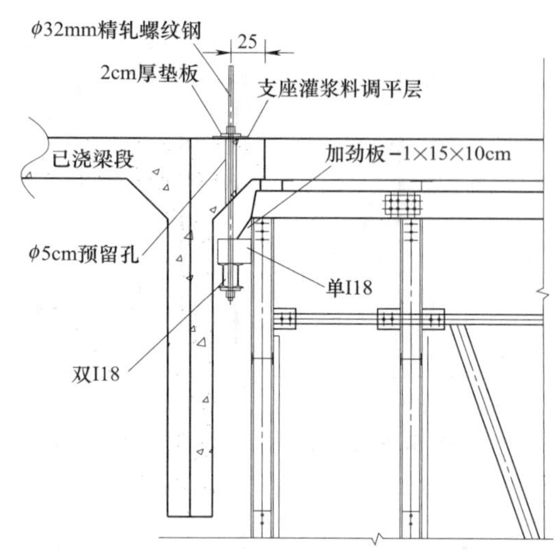

图 5.3-17 内模拉杆详图（一）

（2）止推件及钢管支墩顶紧

为了保证前后锚杆预紧时，挂篮模板能够与已浇筑节段梁面顶紧，采取将前锚杆止推件上钢楔子与后锚杆处钢管支墩均与梁面顶紧的措施。钢管支墩采用 ϕ630×8mm 钢管，封头板厚 1cm，封头板与钢管外壁设置 8 个 50mm×100mm 三角形加劲板。钢管支墩置于吊杆之间，紧靠导管锚固块，利用导管锚固块抵消水平力，封头板与混凝土之间加垫一层水泥袋，防止混凝土损伤。钢管支墩在吊杆施加预紧力前安装到位。止推件顶紧如图 5.3-19 所示，钢管支墩顶紧如图 5.3-20所示。

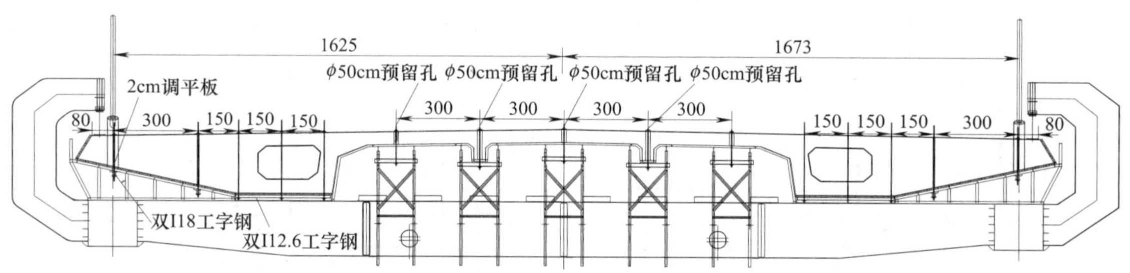

图 5.3-18 内模拉杆详图（二）

图 5.3-19 止推件顶紧图

图 5.3-20 钢管支墩顶紧图

（3）防裂设计加强措施

为增加斜拉桥主梁防裂安全储备，对极易产生裂缝的主梁风嘴实心混凝土区域处增加 ϕ12 纵向普通钢筋和一定数量的纵向预应力钢筋；并对主梁 C、D、E 三类齿块锚固位置进行局部调整，减小主梁横隔板处应力集中程度。防裂设计加强措施如图 5.3-21 和图

5.3-22 所示。

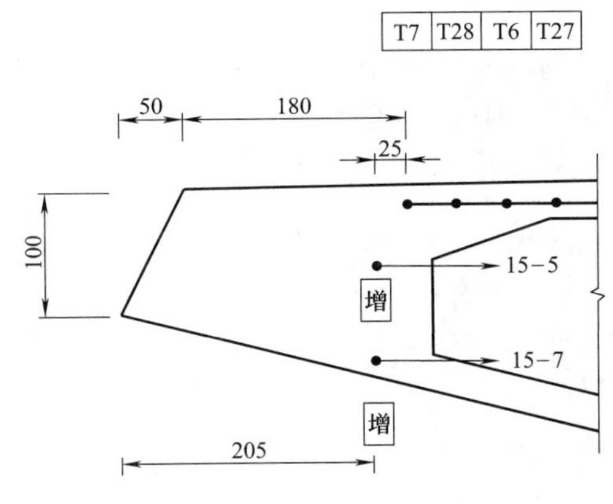

图 5.3-21 增加预应力情况

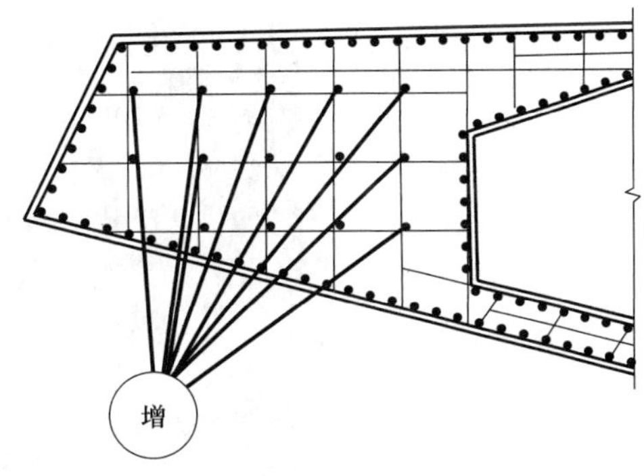

图 5.3-22 增加钢筋情况

提前对斜拉索采取临时减振措施，在拉索与导管之间紧塞木方，避免斜拉索振动对梁体产生裂缝。

对斜拉索锚下的钢筋网进行优化设计，将斜拉索锚下靠上方钢筋 N1、N2 长度加大，如图所示，以 45°角向外扩散。斜拉索锚固套筒锚下钢筋布置如图 5.3-23 所示。

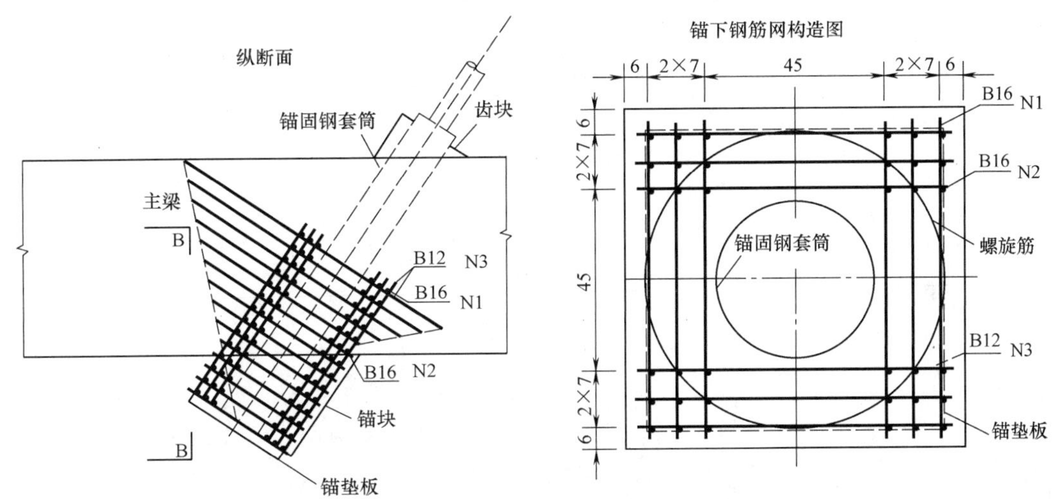

图 5.3-23 斜拉索锚固套筒锚下钢筋布置图

5.3.4 实施效果

对斜拉桥主梁常见裂缝病害及出现的部位进行研究分析，通过对混凝土配合比的优化，并增加易出现裂缝处的抗裂安全储备，同时改善混凝土施工工艺，规范桥面堆载，加强施工现场质量管控，确保了主梁混凝土的质量，较好地控制了预应力混凝土的裂缝。而对于索塔实心段上部结构的支撑点，受力集中，质量要求高。施工结果表明，采取纤维增强混凝土、温差与温度应力双控、混凝土养护的综合措施，减小了大体积混凝土水化热和环境降温的影响，避免了高强度等级大体积混凝土表面有害裂缝的产生。施工完成的实心段混凝土结构经建设单位验收，工程质量符合设计及规范要求。下塔柱实心段施工后效果如图 5.3-24 所示。

图 5.3-24 下塔柱实心段施工后效果图

第6章　桩基工程施工

6.1　桩基概况

襄阳市内环线工程汉江三桥里程桩号为 WK26＋589～WK31＋170，主线全长 4.581km，其中主线桥梁总长 4.3435km。汉江三桥从南到北依次由檀溪立交桥、跨南大堤桥、南滩桥、主桥、北滩桥、月亮湾互通桥六大部分组成，桩基均按摩擦桩设计。

檀溪立交桥桩基工程共有 186 根钻孔灌注桩，均位于南防洪大堤之外，桩长 12～35m，主线桥基础桩径 ϕ1500mm，共计 96 根，匝道桥基础桩径 ϕ1200mm，共计 84 根，人行旋转踏步立柱桩 6 根，桩径 ϕ1000mm。

跨南大堤桥及南滩桥墩柱号为 1 号～28 号，其中 1 号、28 号为交界墩，3 号～4 号、27 号～28 号处于河槽，水位较深。5 号～26 号处于江心老龙洲，枯水季节，水深较浅或局部露出水面，1 号～2 号位于南防洪大堤外。共有 46 根 ϕ2000mm 和 204 根 ϕ1500mm 钻孔灌注桩，桩长 40～70m。

主桥索塔（29 号、30 号）桩基础设计为 75m 长 ϕ2000mm 钻孔灌注桩，共计 64 根，均位于汉江深水区域，水深约 8m。

北滩桥墩柱号为 31 号～56 号，其中 31 号、56 号为交界墩，31 号～41 号处于河槽，水位较深。42 号～54 号处于北漫滩，枯水季节，水深较浅或局部露出水面，55 号～56 号位于北防洪大堤内外堤脚。共有 10 根 ϕ2000mm 和 208 根 ϕ1500mm 钻孔灌注桩，桩长 40～52m。

月亮湾互通桥桩基工程共有 133 根钻孔灌注桩，均位于北防洪大堤之外，桩长 15～46m，主线桥基础桩径 ϕ1500mm，共计 47 根，匝道桥基础桩径 ϕ1200mm，共计 84 根，人行旋转钢踏步立柱桩 2 根，桩径 ϕ1000mm。

6.2　工程试桩

根据勘探资料，桥址区第四系覆盖层厚度较大，厚度在 35～50m 之间，属超厚砂卵石层，层位分布较稳定，分布连续，物理力学性质较好；基岩为上第三系泥灰岩和半胶结状泥岩，属软质岩，强度相对稳定，层位较稳定。水上桩基施工是本工程重大施工风险源之一。本工程桩基施工难度和特点主要基于以下几点：

1. 水上施工作业多，相对陆上施工操作难度大，设备配置及物资供应复杂。

2. 地层复杂，河床覆盖层为松散粉细砂及松散卵石层，方案考虑不周，易发生漏浆、塌孔等事故。超厚卵石层施工的防塌防斜也是需做专项准备和考虑的施工难点。泥灰岩裂隙较发育，是否存在较大溶蚀空洞，预防控制亦是前期方案推演的重点。泥岩层常发生粘钻影响施工进度，孔底易沉积“死泥”将是清孔施工控制的重点。

3. 主桥施工为本工程关键作业路线，桩基施工工期必须严格满足总体施工进度计划的要求。避免出现安全、质量事故，先进的施工工艺和稳妥的施工方案才是本工程的首选。

为验证现场地质条件是否与工程地质勘查成果吻合，检测所选成孔工艺条件下桩基承载力是否满足设计要求，同时确定施工设备、工艺、施工顺序等，项目进行了试桩试验。

6.2.1 施工工艺对比分析

在超厚砂卵层及其他类似的地质情况下进行桩基施工，施工工艺选择的核心是桩基施工工艺对桩侧摩阻力、成孔工效及环境的影响。国内常见的桩基施工工艺有正循环冲击钻法、反循环回旋钻法、旋挖钻机法三种桩基施工工艺。

1. 冲击钻

优点：耗电小，设备普及，工艺简单。缺点：单根桩施工周期长、泥皮厚对承载力有影响、排渣清孔困难。易发生掉钻、卡钻等施工风险。

2. 旋挖钻机

优点：成桩速度快、柴油驱动自行、辅助设备少。缺点：泥浆静态护壁体系薄弱遇软弱层易塌孔、钻进速度及钻压不易控制，易发生孔斜、埋钻等事故。沉渣较难彻底清理。

3. 大功率工程回旋钻机

优点：采用气举反循环的先进施工工艺、成桩质量稳定、有集控操作平台随时控制钻压及钻进速度、沉渣控制好。缺点：自重大移动需拆卸和大型吊装设备、耗电量大、辅助设备多空间不易布置。

6.2.2 工艺试验情况

通过对以上三种施工工艺的对比，结合该项目桥址区超厚砂卵石层的水文地质特点、工期要求、桩基质量要求等，试桩选择南、北滩桥各 2 根桩，根据现场勘查，5 根试桩所在的地质情况从上往下依次为：6～7m 粉砂层；35～40m 卵石层；5～10m 泥岩层。桩径 150cm；长度为 55m；水上试桩长 62m。桩基承载力检测采用自平衡测试法和堆载测试法。试桩具体情况如表 6.2-1 所示。

试桩情况表 **表 6.2-1**

序号	桩号	桩长	桩径	施工时间	钻孔方式	检测方法
1	4 号	55m	1.5m	历时 13d	正冲，孔内造浆	自平衡
2	1 号	55m	1.5m	历时 13d	正冲，孔外造浆	自平衡
3	4-1 号	55m	1.5m	历时 11d	正冲，孔外造浆	锚桩堆载
4	1-2 号	55m	1.5m	历时 3d	旋挖钻，静态泥浆护壁	自平衡
5	2 号	62m	1.5m	历时 10d	气举反循环	自平衡

桩基施工所用泥浆制备采用优质膨润土和纯碱，制浆方式采用有孔内造浆和孔外造浆，泥浆检测实行双控，即造浆与钻进过程。造浆过程中严格按照实验室的配合比进行造浆。钻进过程中适时检验泥浆的指标，及时调整。泥浆的性能指标应满足表 6.2-2 中要求。

泥浆性能指标要求 **表 6.2-2**

工况	相对密度	含砂率	黏度(s)	失水率(%)	泥皮厚(mm/30min)	胶体率(%)	pH 值
钻进过程	1.08～1.15	≤4	20～35	≤20	≤2	≥96	8～10
二清后	1.03～1.1	<2	17～20	≤20	≤2	>98	8～10

在工艺试验过程中，严格控制泥浆的各项指标，在实施中进行测量，测量结果如表 6.2-3所示，泥浆指标均满足规范要求。

实测泥浆指标 **表 6.2-3**

项目	相对密度	黏度(s)	胶体率(%)	失水率(%)	泥皮厚(mm/30min)	pH 值
1	1.25	25	6	18	1.2	8
2	1.3	25	5	16	1.4	9
3	1.3	24	5.5	16	1.4	8
规范要求	1.2～1.4	19～28	4～8	≤20	≤2	8～10

工艺试验结果对比详见表 6.2-4。

工艺试验结果对比 **表 6.2-4**

施工工艺	成孔时间(d)	清孔时间(d)	泥皮厚度	泥浆消耗量	桩侧摩阻力(kN)
正循环冲击钻法	10	2	≥3mm	1∶2	22600
反循环回旋钻法	6	1	≤3mm	1∶1	32700
旋挖钻机法	1	0.5	1～3mm	1∶0.5	33000

注：1. 该表为该项目试桩数据，选择三根 ϕ1.5m、桩长 50m 的试桩进行对比，采用自平衡法与堆载法进行桩基承载力检测；
2. 泥浆消耗量是桩孔体积与泥浆体积之比，其中泥浆考虑周转使用。

6.2.3 工艺试验结论

根据工艺试验情况得出：

正循环冲击钻施工工艺施工成本较低，但在成孔过程中钻锤冲击对桩周土扰动较大，孔壁应力释放，在桩-土界面处形成泥夹层，同时，由于冲击钻成孔时间较长（现场试桩成孔约 10d 一根桩），孔底沉渣较厚，泥皮过厚，不利于摩擦桩承载力的发挥，从而导致桩侧摩阻力降低较大，桩基承载力达不到设计要求，试桩的结果也说明了正循环冲击钻法不适用于超厚砂卵层类地质情况下的桩基施工。

反循环回旋钻施工工艺成孔速度较冲击钻快，孔壁泥皮薄，易于桩侧摩阻力的发挥，但在超厚砂卵石层中，回旋钻钻头磨损较大，钻进速度较慢；清孔时利用大功率砂石泵抽取钻渣，若遇到漂石、孤石易产生卡泵、爆管事件，作业安全风险高；由于采用泥浆自循环清除孔底沉渣，清孔用水量与泥浆量较大，污染环境，同时回旋钻机耗电量大，若停电对施工造成较大影响。

旋挖钻机法适用于各种复杂地况，成孔速度较快，质量较高；旋挖钻成孔过程中在孔壁形成较明显的螺旋线，有利于桩侧摩阻力的发挥；旋挖钻通过钻筒将钻渣提出孔外，泥浆循环的主要作用为静态护壁，用水量及泥浆消耗量较少，对环境的污染较少；旋挖钻自带机油作业，用电量少，对施工用电依存性较小，若停电对施工影响小。

在地质交界层处，降低旋挖钻施工的进尺速度，同时降低钻压，能保证交界层处孔斜率满足设计要求。

加大泥浆检测频率。在钻进前期，每2h对泥浆进行一次检测，待钻进砂卵层后，每4h对泥浆检测一次，确保整个作业过程泥浆性能均符合规范及方案要求，且二清后立即组织严密的浇筑准备工作，对减少孔底沉渣厚度有一定效果，并能避免塌孔。

根据工艺试验结论，基于稳定的成桩质量及较小的事故发生率，主桥主墩ϕ2000mm桩基选用大功率工程回旋钻机、气举反循环排渣的施工工艺。并基于施工工期和施工条件的考虑，引桥桩基工程采用静态泥浆护壁旋挖钻机钻进施工工艺。

6.3　主桥桩基工程施工技术

6.3.1　施工工艺流程

主桥索塔（29号、30号）桩基础设计为75m长ϕ2000mm钻孔灌注桩，共计64根，均位于汉江深水区域，水深约8m，下伏地层为粉细砂层（0～4m）、超厚卵石层（30～40m）、裂隙较发育的泥灰岩层（2～12m）、桩端进入强风化泥岩层（地勘未揭穿）。采用大功率工程回旋钻机、气举反循环排渣的施工工艺，其主要流程如图6.3-1所示。

6.3.2　长大桩基钢护筒制作与施工

钢护筒采用后场加工，用平板车或驳船运输至施工平台。钢护筒打设采用履带吊和DZ-120振动锤振沉。

1. 桩基钢护筒结构

护筒内径为ϕ2300m，壁厚为18mm，钢护筒插入稳定卵石层2m考虑，钢护筒长度18～20m。为了避免钢护筒打设时，钢护筒顶、底口应力集中而导致局部弯曲，在其顶、底口各增设1.0m长、12mm厚的加劲箍。另外为方便钢护筒的打设，将护筒刃脚部分加工成刃形，加劲箍的下端加工成流线形，减少护筒与地层间的摩阻力。

2. 桩基钢护筒制作、运输

钢护筒采用Q235A钢板加工，钢护筒在现场加工厂分节加工制作，驳船或平板车运输至施工现场，为了避免钢护筒在起吊运输过程中变形，在钢护筒设置加强箍，并设置型钢“+”字形内撑，每2m一道均匀布置。

划线和号料根据工艺要求预留制作和电焊收缩的余量以及切割、开坡口等加工余量。

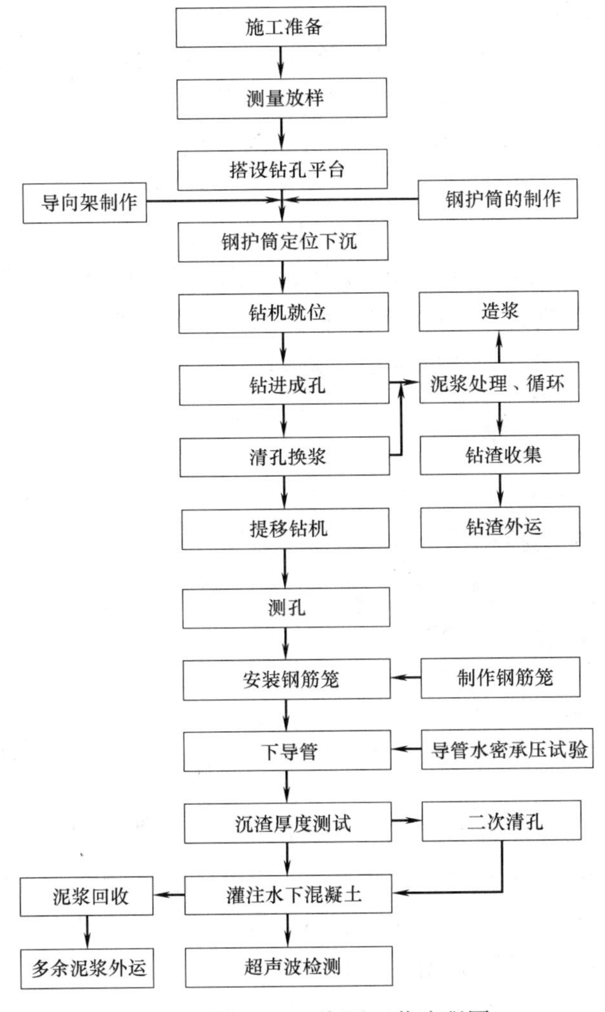

图 6.3-1 主要工艺流程图

号料前验明材料规格，钢材型号。合理排料，提高材料利用率。气割前将钢材切割区域表面的铁锈、污物等清除干净，气割后清除熔渣和飞溅物。号料时划出检查线及中心线、弯曲线，并注明接头处的字母及焊缝代号等。

在环境温度低于12℃时不能进行冷矫正和冷弯曲。矫正时的加热温度控制在700～800℃，矫正后必须缓慢冷却。矫正后的钢材表面，不应有明显的凹面或损伤。划线痕深度不得大于0.5mm。

钢板边缘的切削量不小于2mm，采用数控切割机进行下料、开坡口，边缘加工允许偏差直线度为1/3000且不大于2mm。对接接头安装错边量允许偏差为$t/10$（t为材料厚度），且不大于3mm，对接接头间隙允许偏差为±1mm。焊缝坡口的尺寸应按工艺要求进行，坡口角度允许偏差为±5°，留根允许偏差为±1mm，间隙允许偏差为±1mm。

单件组装前应对部件的尺寸检查合格；连接接触面和沿焊缝边缘每边30～50mm范围内的铁锈、毛刺、污垢等应清除干净。钢护筒壳板纵向接缝的装配：采用在筒身的纵向接缝的两边对应处，分别焊上几对角钢，用螺栓调节。螺栓调节器见图6.3-2。纵向板边错位的装配：采用在筒身纵向接缝的一边焊上厂形铁扣紧调控另一边，直径对齐。纵缝调平见图 6.3-3。在钢护筒内壁径向布置一组或多组单向推撑器，具体位置视钢护筒局部椭圆度而定，采用调节螺栓控制钢护筒的椭圆度。各吊装段均应在旋转胎架上安装，定位焊接前，应按图纸及工艺要求检查焊件的几何尺寸、坡口尺寸、根部间隙、焊接部位的清理情况等，如不符合要求，不得进行定位焊。定位焊不得有裂缝、夹渣、焊瘤、焊偏、弧坑未填满等缺陷。如遇定位焊开裂，必须查明原因，清除开裂焊缝，并在保证构件尺寸的条件下作补充定位焊。定位焊所用焊条的型号应与正式焊接所用的型号相同，焊接高度不超过设计焊接高度的 2/3，长度为 40mm，间隔不大于 400mm，并应由具有焊接合格证的工人操作。螺栓调节器示意图如图 6.3-2 所示，纵缝调节示意图如图 6.3-3 所示。

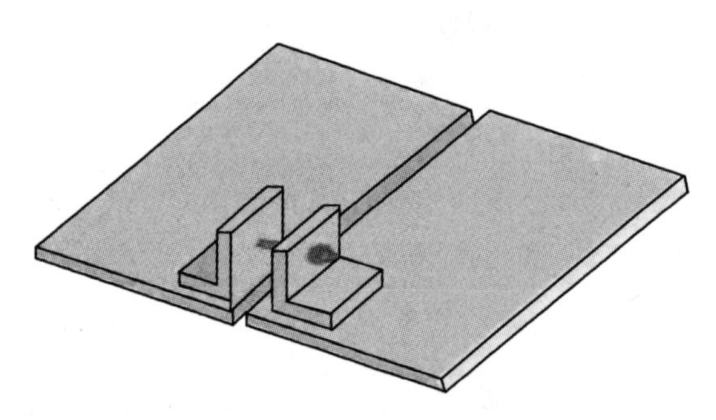

图 6.3-2　螺栓调节器示意图

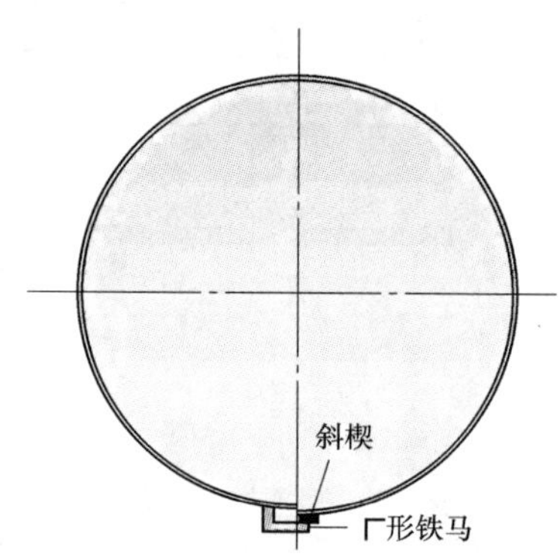

图 6.3-3　纵缝调节示意图

将各拼装好的钢板钢护筒吊至总装胎架上进行总装。总装胎架采用滚轮式，各钢护筒件可在上面转动，每个胎架设四个轮子为一组。小合拢时可用二组胎架进行，当大合拢时要有三组进行。钢护筒节段总装配如图 6.3-4 所示。

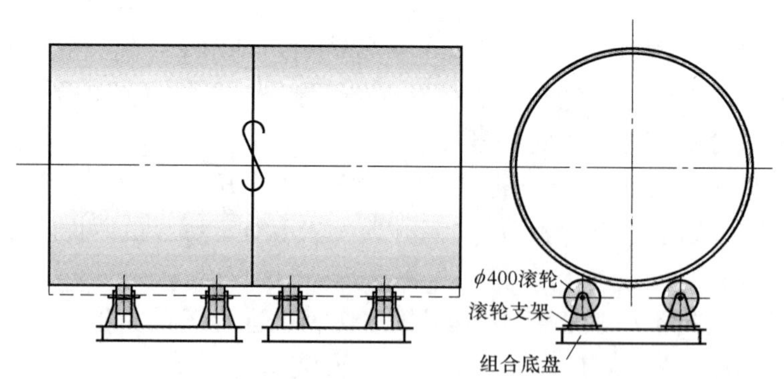

图 6.3-4　钢护筒节段总装配图

钢护筒定位先用马板 12 块沿大接缝圆周相互间隔 300cm 进行马板定位。马板的尺度采用厚 30mm，长 600mm，宽 250mm，马板采用双面角焊缝焊在钢护筒内侧。然后进行定位焊，最后进行环缝的焊接。环缝马板定位示意图如图 6.3-5 所示。

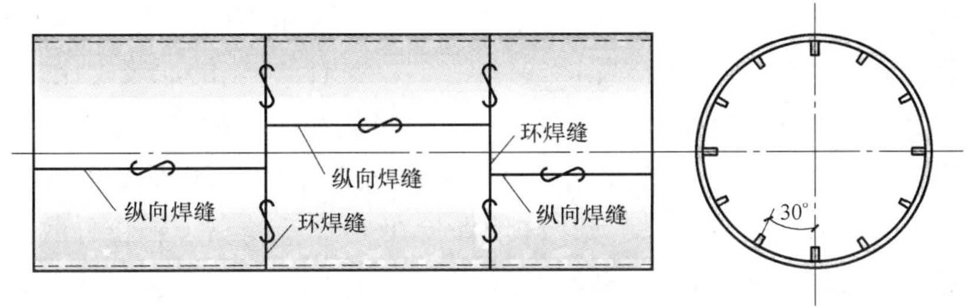

图 6.3-5 环缝“马”板定位示意图

钢板在焊接时，不仅要考虑外界的温度，而且还应考虑焊件的厚度，在施焊前焊条应按要求进行烘焙。焊丝应除净锈蚀和油污。焊工必须持有合格证后方可施焊，合格证中应注明焊工的技术水平及所能担任的焊接工作，如停焊时间超过半年以上应重新考核。施焊前焊工应复查组装质量和焊缝坡口区两侧的清理情况，如不符合要求，应清理合格后方可施焊。施焊完后应清除熔渣及金属飞溅物。多层焊接应连续施焊，其中每一层焊道焊完后应及时清理焊渣，如发现有影响焊接质量的缺陷，必须清除后再焊。钢护筒上口与端头处接口，以及部分厚板采用 V 形坡口，如图 6.3-6 所示。

3. 桩基钢护筒打设施工

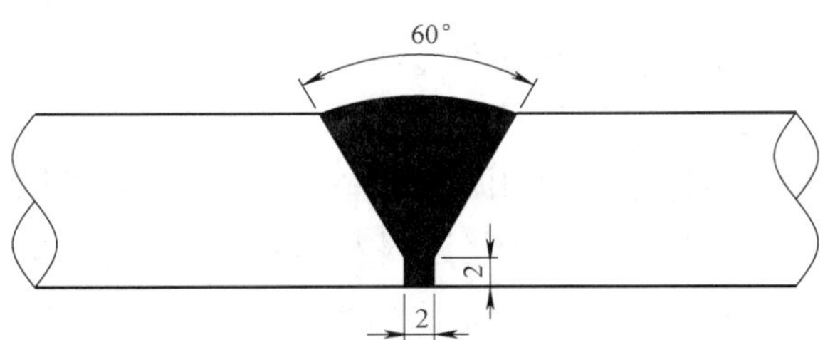

图 6.3-6 钢板 V 形坡口详图（单位 cm）

钢护筒打设采用 DZ-120 型振动锤并联进行打设。钢护筒施工利用 50t 汽车吊将钢护筒节段起吊放入导向架内并依靠自重下沉，汽车吊主、副钩水平起吊钢护筒，水平吊起后，一钩起一钩落，逐渐使钢护筒垂直，缓慢进入导向架内，直至入床稳定（若流速较大，护筒下部带下拉缆以克服水流力），待钢护筒下沉稳定后脱钩。当钢护筒下沉着河床后，用 50t 汽车吊将振动锤安装在钢护筒顶端，启动打桩锤将钢护筒打入河床；吊装次节钢护筒，焊接接长，安装振动锤继续冲打钢护筒至卵石层下 2～3m。当钢护筒下沉较困难时采用高压冲水、泥浆泵吸渣等辅助措施引导钢护筒下沉。

定位钢护筒的倾斜不大于 1/150，其余钢护筒的倾斜不大于 1/200。单个钢护筒的上口中心偏差不大于±100mm。为此设置导向架引导钢护筒下沉。在导向架安装前利用全站仪准确放出钢护筒的中心，利用相邻钢管桩及平台分配梁安装导向架，要求钢护筒中心与导向架中心一致。导向架上部设置挂臂直接架设在平台分配梁上，挂臂与分配梁焊接定位。导向架下部四角通过手拉葫芦与钢管桩固定限位。设置上下导向环完成，钢护筒下沉过程中钢护筒沉设其平面位置及垂直度通过焊接限位卡板进行控制。

6.3.3 水中桩基施工泥浆制备与循环使用

1. 泥浆的制备

本项目泥浆采用优质膨润土造浆，掺入一定比例纯碱作为分散剂。为保证钻孔桩成孔施工的顺利进行，在正式开钻之前进行泥浆配比试验，选用不同产地的膨润土和不同比例的水、膨润土、碱、CMC 等进行试配，选择泥浆各项指标最优的泥浆配比。

针对这种超大厚度的流砂层和卵砾石层，对泥浆的黏度指标提出了较高的要求，规范要求在 22s 以上，而泥浆密度不宜调制太高，以降低泥浆中无用固相含量，一般控制在 1.1～1.2，同时掺入适量 Na_2CO_3，使 pH 值保持在 7～8，使黏土颗粒分散和黏粒表面负电荷增加，为黏土吸收外界的正离子颗粒提供条件，这样可增加水化膜厚度，保证泥浆的胶体率和稳定性，降低失水量。

泥浆的制备在选定钢护筒内进行，钻孔施工前首先在钢护筒内直接投入膨润土，用空气管反复冲击造浆。钻进过程中，泥浆通过净化器使颗粒筛分到储渣筒内，处理后的泥浆通过钢护筒之间的连通管流入钻孔孔内。钻渣通过运渣船运至指定地点处理。

为了保证施工中泥浆性能指标，在钻孔施工过程中对泥浆性能指标定期进行检测。开钻施工期间每 1h 检测一次，等泥浆性能稳定后每 4h 检测一次，并根据钻进过程中地层变化情况增加检测频率。

对回收利用的泥浆要进行及时的调整，对性能指标不能满足要求的添加新拌制的泥浆、增黏剂、分散剂等材料，使其能够达到使用中性能指标。

2. 泥浆的循环使用

泥浆的制备在钢护筒内进行，钻进过程中，排出的泥浆通过净化器使颗粒筛分到储渣筒内，经过过滤后的泥浆通过串联起来的钢护筒多级沉渣后重新流入钻孔内循环使用，钻渣和泥浆的处理不能就近倒入江中，钻孔过程中的钻渣应装入专用吊渣筒内，通过运渣船转运到指定地点进行处理；浇筑混凝土过程中溢出的可回收使用的泥浆，用引流槽引流至正在钻孔作业的护筒内循环使用或未开钻的护筒内储备。溢出的质量较差的不能回收利用的泥浆引流至运渣船上泥浆储备箱，然后运输到指定地点处理后排放。图泥浆循环系统示意图如图 6.3-7 所示。

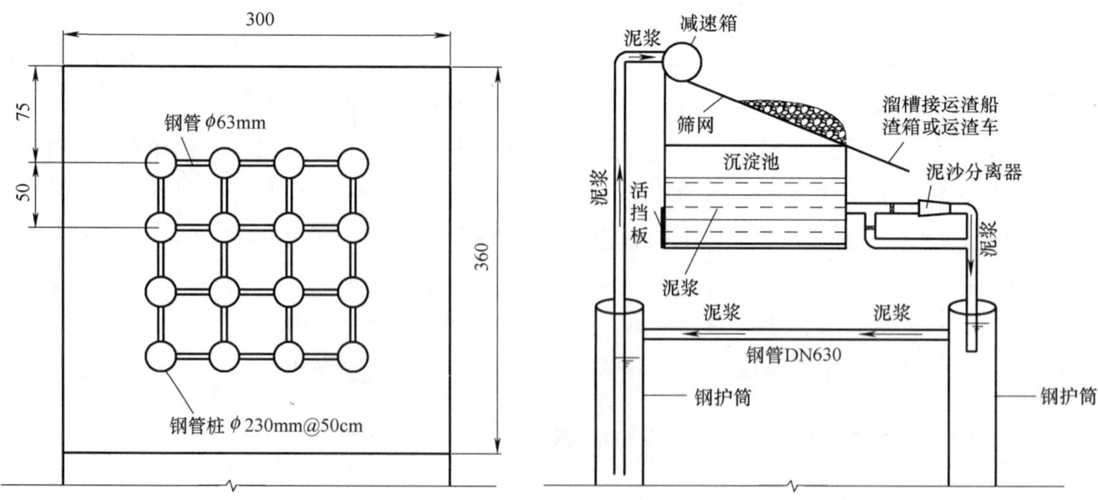

图 6.3-7　图泥浆循环系统示意图

6.3.4 超厚砂卵石层地质气举反循环回转钻机水下成孔技术

主墩 ϕ2000mm 桩基采用国内先进的大型回转钻机钻进，气举反循环排渣的施工技术。主要施工方法如下：

1. 初钻

先在钢护筒空孔内进行泥浆制备，泥浆性能满足施工规范要求后再开动钻机转盘机构，并低速开钻，直至整个钻头进入正常速度钻进。反循环排碴用一台 20m³/min 的空压机，压力在 0.7MPa 左右。气举反循环钻机施工如图 6.3-8 所示。

图 6.3-8 气举反循环钻机施工

2. 正常钻进

为了保证钻杆垂直，孔位准确，在钻杆上方加以配重块，使钻杆在钻进过程中始终受拉而保持钻杆垂直，以避免或减少弯孔、斜孔现象的发生。钻头配重如图 6.3-9 所示。

图 6.3-9 钻头配重

钻进时，空压机送风与钻锥回转同时进行，接钻杆时，将钻杆稍提升 30cm 左右，先停止钻锥回转，再送风数分钟，将孔底钻渣吸尽，再放下钻锥，进行拆装钻杆工作，以免钻渣沉淀而发生埋锥事故。另外，随时注意护筒口泥浆面标高，若发现泥浆面下降必须立即补充泥浆，以免发生坍孔事故。换钻杆时，先用水洗净钻杆端面，加上经检查完好的橡胶垫圈，最后对孔接杆，务必做到接头紧密，避免漏气、漏水和松脱。保证钻孔内水头，从泥浆池向孔口提供的泥浆量约等于从孔底通过钻杆排出的泥浆量，以避免孔壁坍塌现象发生。护筒内的泥浆面应比施工水位高出 2～4m，确保内外水头压差。钻进过程中，如发现钻杆有偏斜，应严格控制速度并采用扫孔方法纠正。钻进过程中，若钻杆卡死，溢流阀溢流时应立即提升钻杆，再缓慢下放改为轻钻压慢钻进，排除故障后正常钻进。因故中断钻进时立即将钻头提起至安全位置（一般 0.5～2m），并送气 10～15min，让砂石完全排出钻杆，再钻进时先送气 10～15min，让泥浆充分循环，直至泥浆正常之后慢慢放下钻具钻进，要特别注意停钻时先提钻，停主机泵组，等排出的泥浆中无渣时方可停风，否则将会造成埋钻事故。

3. 针对性钻进方案

1）在细砂层和卵石层中钻进

在细砂层及松散卵石层钻进时，选用梳齿钻头。钻进至护筒底口 2m 处停止钻进，注入预制好的泥浆。泥浆性能指标如表 6.3-1 所示。

泥浆性能指标　　**表 6.3-1**

相对密度	黏度(s)	含砂率(%)	胶体率(%)	失水率(mL/30min)	泥皮厚度(mm/30min)	酸碱度(pH)
1.05～1.15	20～35	≤4	≥95	≤20	≤3	8～10

钻头出护筒后，小气量、轻压、慢转钻进成孔，钻进过程中对变层部位要注意控制进尺速度，并且每钻进一根钻杆要注意扫孔，以保证钻孔直径和垂直度满足要求；要随时检测和控制泥浆性能指标，以确保孔壁安全。

进入密实卵石层后，如果进尺困难，可考虑换滚刀钻头，大气量、低压慢转钻进，并控制钻压及钻具转速，控制进尺速度，确保成孔安全。

2）泥灰岩及泥岩层钻进

利用梳齿钻头或滚刀钻头大气量、低压慢转钻进，控制钻压及钻具转速，控制进尺速度，确保成孔安全。由于孔洞较深，桩端嵌入的泥岩厚度较大，其岩质较软，在刀具破岩的过程中基岩主要呈撕裂和冲切复合破坏，在钻进中适当加大钻具转速，以提高钻机效率，减小钻头磨损。钻进至软硬不均地层部位时，要加大扫孔频度，重点防止斜孔、台阶孔，同时特别注意防止掉钻等孔内事故的发生。回转钻机气举反循环排渣钻进成孔，根据钻孔所揭露地层不同，需选用的钻进参数如表 6.3-2 所示。

不同地层钻进参数表　　**表 6.3-2**

地层	钻压(kN)	转速(r/min)	进尺速度(m/h)	采用钻头
护筒底口地层	<200	6～8	0.5～1.0	梳齿钻头
细砂	200～300	6～8	1～1.5	梳齿钻头
卵石层	300～400	4～8	0.5～0.8	滚刀钻头
泥灰岩～泥岩	500～600	6～12	0.1～0.3	梳齿钻头

4. 终孔、清孔

终孔前应有现场地质工程师和监理工程师的见证下，采用超声波检测仪对孔径、孔深、倾斜度、孔位进行测定，孔径、孔底沉渣、桩身垂直度允许最大偏差满足设计和规范要求。

在孔深达到设计标高取样检查合格后，采用气举反循环抽浆换浆法清孔，钻头提起离孔底 20～30cm，采用稍高的转速转动钻头，一边继续气举反循环，把孔底泥浆钻渣混合物排出孔外，一边向孔内补充储浆池内净化后的泥浆，测量出浆口的泥浆达到规范要求后拆除钻机，准备下钢筋笼。

清孔要注意以下事项：

1）清孔排渣时，注意保持孔内水头，孔内水位应保持在水位以上 1.5～2.0m，防止坍孔。

2）清孔过程中的泥浆均需运至符合环保要求的地点，尽量减少对周围环境的影响。运渣船及储浆箱如图 6.3-10 所示。

图 6.3-10 运渣船及储浆箱

3）禁用超深成孔的方法代替清孔。

4）用优质泥浆在足够的时间内，经多次循环，将孔内悬浮的钻渣置换并沉淀出，清孔时间不少于将孔内泥浆循环三次。

5）清孔后的孔底泥浆性能指标达到相对密度达到 1.03～1.10、含砂率＜2%、黏度 17～20s、胶体率＞98%的要求时，孔底沉淀物厚度满足设计规范要求。

6.3.5 水下桩基混凝土灌注技术

对于 75m 桩长 ϕ2000mm 桩基，单桩理论方量为 235.5m^3，根据实际成孔孔径，桩基混凝土充盈系数约为 1.1。选择合适的灌注指标并确保连续灌注等因素是成桩的关键。

1. 混凝土供应

混凝土由后场 2 座拌合站集中供应，2 座拌合站生产能力分别为 120m^3/h，采用混凝土搅拌车运输混凝土，导管法下注。保证基桩混凝土灌注连续、快速地进行，做到一气呵成。按 3 倍浇筑桩身混凝土体积备齐砂、石、水泥、外加剂等原材料，当钻孔灌注桩成孔时间较集中时加大储备量。现场混凝土搅拌站如图 6.3-11 所示。

图 6.3-11 现场混凝土搅拌站

2. 混凝土首批方量的确定

钻孔灌注桩施工时首批混凝土的数量应能满足导管初次埋置深度的需要。

3. 混凝土灌注

桩基混凝土灌注采用垂直提升导管法施工，灌注设备主要由导管、混凝土储料斗、溜槽、漏斗等组成。导管接头为丝口式，壁厚 δ=12mm，直径 ϕ=300mm 的刚性导管，分段长度 1～3m，最下一节长 5m。导管使用前要进行水密承压和接头抗拉试验、长度测量标码等工作，并经监理工程师检查合格后下放导管。

在浇筑桩基混凝土前，需对桩孔进行全面的检查，当孔深、沉淀厚度满足设计要求、泥浆相对密度达到 1.03～1.10、含砂率＜2%、黏度 17～20s、胶体率＞98%的要求时，可以进行混凝土浇筑。

混凝土具有良好的和易性，灌注时保持有足够的流动性，其坍落度控制在 18～22cm，首批混凝土的初凝时间不小于 15h。

开始灌注首批混凝土时，本工程首批混凝土储量应控制在 $9m^3$ 左右。导管下口至孔底的距离控制在 40cm 左右，且使导管埋入混凝土的深度不小于 1.4m。首批混凝土采用一个 $4m^3$ 小料斗和一个 $7m^3$ 骨料斗联合灌注。

混凝土灌注必须连续灌注并尽可能缩短拆除导管的间隔时间，灌注过程中每隔 20min 左右用测深锤探测孔内混凝土面标高，并测算混凝土上升高度和导管埋深，以便及时调整导管埋深，一般情况下导管埋深控制在 4～6m。混凝土导管不宜埋置过深，拆除导管应迅速及时，拆除后导管要检查密封圈好坏，及时更换密封圈，并保证导管有足够的安全埋管深度。测算混凝土上升高度和导管埋深要勤、要准。桩基混凝土灌注如图 6.3-12 所示。

图 6.3-12　桩基混凝土灌注

灌注混凝土过程中，严格控制混凝土质量，随时检测混凝土坍落度，并根据规范要求抽样制作混凝土试件，以检验桩基混凝土质量。

为确保成桩质量，在桩基混凝土灌注中必须超灌 0.5～1.0m。灌注过程中，指定专人负责填写水下混凝土灌注记录。

基桩施工完成且混凝土强度达到检测要求后，及时与检测单位联系进行检测。

4. 混凝土浇筑时泥浆处理

钻孔过程中的泥浆严禁向江中排放，由浇筑混凝土置换出来的孔内泥浆经连通管流入其它待钻钢护筒回收利用，对于混凝土浇至桩顶以上部分含有水泥浆的不能回收再利用，可用砂石泵抽至运渣船或运渣车内，运至指定地点，再用泥浆泵通过布设的输送管道，将废浆排放到泥浆处理场内进行处理。

6.4　引桥桩基施工技术

6.4.1　施工工艺简介

檀溪立交桥、跨南大堤桥、南滩桥、北滩桥及月亮湾互通桥桩基共有 ϕ1000mm、ϕ1200mm、ϕ1500mm、ϕ2000mm 四种桩径，桩长 12～70m，其中 28 号、31 号～41 号墩桩基均位于水中，其余均在陆地或漫滩区，采用静态泥浆护壁旋挖钻机施工，水上桩基施工时应对钢栈桥及钢平台进行复核验算，保证大型旋挖钻机的安全作业。

6.4.2　超厚砂卵石层地质旋挖钻机成孔施工技术

1. 钢护筒埋设

钢护筒主要采用比桩径大 20～30cm 由钢板卷制而成的钢管，水上桩基的钢护筒施工与主桥相同；陆上桩基的钢护筒需穿过细砂层，护筒节数为 2～4 节。若钻孔发现地基稳定性差，护壁能力不足，出现坍孔、缩孔时，应加深钢护筒埋深长度。

测定桩孔位置后，将护筒运至墩位处，用汽车起重机起吊就位，护筒顶端高出地下水位 1.5～2.0m，且应高出地面 0.3m，以防杂物和地面水落入或流入井孔内。经检查，护筒位置正确后，护筒与坑壁间用粘土分层夯填密实，防止漏浆。

在桩位处根据护筒埋深，用钻斗边刀挖出比护筒直径大 20cm 左右的平面圆坑，将护筒吊放入坑内，在顶部用十字线、垂球根据测放的桩位点进行吊线对位检测、调整护筒的圆心位置，移动护筒，使护筒顶面中心、底面中心位置与桩位中心位置重合。随后在护筒外侧周围对称，均匀回填最佳含水量的黏土，分层夯实，使其达到最佳密实度。

夯填时应防止护筒偏斜，护筒挖埋结束后应检测护筒平面误差、测量顶面标高。以便施工控制。护筒顶面中心和护筒底面中心位置与设计偏差应控制小于 5cm，护筒竖向的倾斜度不大于 1%。钻进过程中应随时检测护筒水平位置和竖直线，如发现偏移，应将护筒拔出或调整后再钻进。

2. 护壁泥浆

1）泥浆制备

根据试桩情况，采用孔外造浆。钻孔采用膨润土造浆，以提高泥浆性能指标；并在钻进过程中定期检测泥浆各项指标和地层变化，及时调整泥浆，保证泥浆的各项指标符合规范和施工要求。根据旋挖钻钻速快的特点泥浆原材料采用优质膨润土造浆。

制备泥浆采用优质黏土、膨润土及外加剂。其配比为水：膨润土：NaOH＝1000：100：1.5。泥浆可循环使用，必要时作净化处理。

膨润土泥浆采用圆筒式搅拌机拌制，机体安装坚实平稳。搅拌机应搭有防雨操作棚，各类离合器、制动器、钢丝绳、防护罩必须安全、可靠、有效。搅拌机必须有良好的单独接地。

钻进过程中泥浆制备参考的技术性能指标如表 6.4-1 所示。

泥浆性能指标　　　　**表 6.4-1**

相对密度	黏度(s)	含砂率(%)	胶体率(%)	失水率(mL/30min)	泥皮厚度(mm/30min)	酸碱度(pH)
1.06～1.12	18～28	≤4	≥95	≤20	≤3	8～10

2）泥浆循环、净化

根据施工情况在两桥墩中间位置制作泥浆池、沉淀池、储浆池，以便钻孔过程中泥浆循环净化。

泥浆净化处理，采用三次沉淀净化或机械净化。

三次沉淀净化时，在泥浆沉淀池与孔口之间的泥浆沟中设置两道小沉淀坑，使其流动的泥浆进入孔内前二次沉淀净化，并定期对泥浆池进行清挖，以减少沉渣和含砂率。

机械净化采用小型旋流分离器，现场循环净化泥浆，降低泥浆沉渣含量和含砂率，再循环使用。

3）钻渣、废浆处理

沉淀池的钻渣采用反铲挖装、翻斗车外运，循环使用后的浓泥浆抽至排污车外运，为保证施工期间钻机能正常生产，做好排污车辆计划安排，混凝土灌注前安排运浆车辆待用。

废弃的泥浆和钻渣根据业主要求和渣土管理规定运往指定地点弃渣。

3. 钻进成孔施工

1）钻进

钻进开始前先在护筒内加入适量的泥浆以保证孔内水头压力，即浆面最少高出地下水位 2m 以上，随着钻进深度的增加及时补充泥浆，保证孔内水头压力，防止坍孔。

在进行旋挖钻机的钻头直径选取时，可根据地质状况及旋挖钻扩孔率进行选取合适的钻头，一般旋挖钻机桩头可比设计桩径小 2～4cm。旋挖钻根据测量所确定的桩位就位后，对钻杆进行垂直度检测和调整。确保钻杆垂直度满足要求后，应将钻杆的调整系统锁住，防止钻杆在钻进过程中发生变化。在钻进过程中，可根据实际情况对钻杆进行竖直度检测，防止钻杆由于不可控制因素而变动。

在钻进过程中，要根据地质情况调整钻进速度。在砂土层中，为防坍孔，在旋挖钻机作业时，不但要控制进尺还要控制好钻杆的提升速度；以免由于钻杆提升速度过快而导致钻头的下方出现负压区，使护壁受到影响而造成塌孔。通过对现场实际调查与统计分析，旋挖钻下行速度控制为 0.7m/s，上提速度控制为 0.6m/s。旋挖钻机成孔参数如表 6.4-2 所示。

旋挖钻机成孔参数表　　　**表 6.4-2**

序号	地层	扭矩	转速(r/min)	主泵压力(bar)
1	砂层	45%	1400	130
2	卵石层	45%	1450	150
3	泥灰岩	50%	1500	170

在钻进过程中，为了复核地质状况，每进尺 1～2m 或当地层变化时应捞取渣样，并装袋存放、填写标签、进行地质描述记录。

2）终孔、清孔

终孔前应有现场地质工程师和监理工程师测定并确定钻孔深度和孔底标高，测量孔径、孔深、孔位，要求孔径不小于设计桩径，孔底沉渣、桩身垂直度允许最大偏差满足设计规范要求。

清孔过程中应观测孔底沉渣厚度和泥浆含渣量，当泥浆含渣量小于 2%，孔底沉渣厚度符合设计要求时即可停止清孔，并应保持孔内水头高度，防止坍孔事故。成孔超声波检测如图 6.4-1 所示。

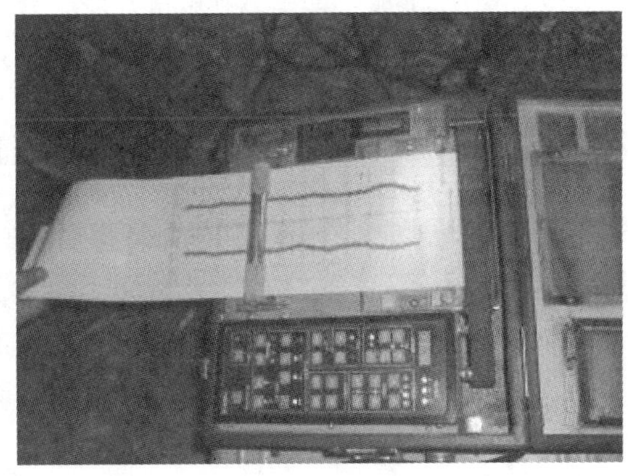

图 6.4-1 成孔超声波检测

（1）一次清孔

在终孔时停止钻具回转，将钻头提出孔口，维持泥浆循环，并向孔底注入含砂量小于4%的泥浆，利用相邻护筒循环泥浆。在相邻护筒内架设泥浆泵和泥渣分离器除砂，直到满足清孔条件。泥浆性能检测如图 6.4-2 所示。

图 6.4-2 泥浆性能检测

（2）二次清孔

二次清孔采用换浆法。用优质泥浆在足够的时间内，经多次循环，将孔内悬浮的钻渣置换并沉淀出，清孔时间不少于将孔内泥浆循环三次。清孔后的孔底泥浆性能指标达到相对密度达到 1.03～1.10、含砂率＜2%、黏度 17～20s、胶体率＞98%的要求，孔底沉淀物厚度满足设计规范要求。

6.4.3 水下桩基混凝土灌注技术

1. 混凝土供应

混凝土由后场 2 座拌合站集中供应，2 座拌合站生产能力分别为 120m³/h，采用混凝土搅拌车运输混凝土，导管法下注。保证基桩混凝土灌注连续、快速地进行，做到一气呵成。按 3 倍浇筑桩身混凝土体积备齐砂、石、水泥、外加剂等原材料，当钻孔灌注桩成孔时间较集中时加大储备量。

2. 混凝土首批方量的确定

钻孔灌注桩施工时首批混凝土的数量应能满足导管初次埋置深度的需要。

3. 混凝土灌注

桩基混凝土灌注采用垂直提升导管法施工，灌注设备主要由导管、混凝土储料斗、溜槽、漏斗等组成。导管接头为丝口式，壁厚 $\delta=12$mm，直径 $\phi=300$mm 的刚性导管，分段长度 1～3m，最下一节长 5m。导管使用前要进行水密承压和接头抗拉试验、长度测量标码等工作，并经监理工程师检查合格后下放导管。

在浇筑桩基混凝土前，需对桩孔进行全面的检查，当孔深、沉淀厚度满足设计要求、泥浆相对密度达到 1.03～1.10、含砂率＜2%、黏度 17～20s、胶体率＞98%的要求时，可以进行混凝土浇筑。

混凝土具有良好的和易性，灌注时保持有足够的流动性，其坍落度控制在 18～22cm，首批混凝土的初凝时间不小于 15h。

开始灌注首批混凝土时，本工程首批混凝土储量应控制在 $9m^3$ 左右。导管下口至孔底的距离控制在 40cm 左右，且使导管埋入混凝土的深度不小于 1.4m。首批混凝土采用一个 $4m^3$ 小料斗和一个 $7m^3$ 骨料斗联合灌注。

混凝土灌注必须连续灌注并尽可能缩短拆除导管的间隔时间，灌注过程中每隔 20min 左右用测深锤探测孔内混凝土面标高，并测算混凝土上升高度和导管埋深，以便及时调整导管埋深，一般情况下导管埋深控制在 4～6m。混凝土导管不宜埋置过深，拆除导管应迅速及时，拆除后导管要检查密封圈好坏，及时更换密封圈，并保证导管有足够的安全埋管深度。测算混凝土上升高度和导管埋深要勤、要准。

灌注混凝土过程中，严格控制混凝土质量，随时检测混凝土坍落度，并根据规范要求抽样制作混凝土试件，以检验桩基混凝土质量。

为确保成桩质量，在桩基混凝土灌注中必须超灌 0.5～1.0m。灌注过程中，指定专人负责填写水下混凝土灌注记录。

基桩施工完成且混凝土强度达到检测要求后，及时与检测单位联系进行检测。

4. 混凝土浇筑时泥浆处理

钻孔过程中的泥浆严禁向江中排放，由浇筑混凝土置换出来的孔内泥浆经连通管流入其他待钻钢护筒回收利用，对于混凝土浇至桩顶以上部分含有水泥浆的不能回收再利用，可用砂石泵抽至运渣船或运渣车内，运至指定地点，再用泥浆泵通过布设的输送管道，将废浆排放到泥浆处理场内进行处理。

6.5 实施效果

6.5.1 社会效益

1. 该技术中旋挖钻上平台施工水中桩基技术施工效率高，相比其他钻机优势明显。

创造了汉江流域旋挖钻机在水上平台施工的首例。

2. 泥浆循环使用技术有规划地形成了造浆池、储浆池、循环池。有效地节约了空间，并将有用的泥浆节约循环使用，避免了污染汉江，维护了企业形象，产生了良好的社会效益，并方便了工程的施工。

3. 襄阳汉江三桥作为襄阳市重点建设工程和地标工程，超厚砂卵石层深水基础施工关键技术保证了该工程的施工质量和施工进度，得到了社会各界的高度评价，各大媒体和网站纷纷进行了大篇幅的报道。

6.5.2 经济效益

1. 旋挖钻上平台进行水上桩基施工机施工效率高，原拟定采用10台冲击钻机或4台大型回转钻机进行1500mm水上桩基施工，后仅用一台钻机在提前一个月工期内完成80根桩基。且比原拟定方案少增设680kV变压器两座，具有显著的经济效益。

2. 泥浆循环使用技术利用了钢护筒在平台和河床间的空孔容量，将护筒两两或多个串接，形成了造浆池、储浆池、循环池，使有用的泥浆节约循环使用，产生了良好的经济效益，有利于环境友好型和资源节约型社会的建设。

6.5.3 技术成果

经过对新建襄阳汉江三桥桩基工程施工关键技术的研究总结，取得了以下创新技术成果。

1. 形成工法一项：《超厚砂卵石层深水桩基施工工法》。

2. 获国家QC成果一项：《提高水中桩基钢护筒制作一次合格率》。

本工程桩基工程施工已经全部完成，其工程施工质量得到了监理和设计单位的高度评价，同时获得了襄阳市市委领导、业主和广大市民的一致好评，为襄阳市汉江三桥工程的建设做出了贡献。

第7章 承台施工

7.1 承台工程概况

主墩承台位于汉江内，江内水流速度较急，桥位处卵石层较厚且卵石粒径较大，施工条件较为恶劣。目前国内外桥梁水中基础一般采用双壁钢围堰或沉井施工，但其下沉、定位等不确定因素的发生，需采用及时有效的技术措施，以确保钢围堰或沉井的下沉定位准确和平稳。

主墩 29 号～30 号墩位处，上覆盖 6.2～7.8m 厚为浅黄色或灰色细砂，其下为29.9～31.6m 厚为圆砾和卵石，主要成分为石英，硅质岩，粒径一般为 2～4cm，个别最大粒径大于 10cm，桩基施工时发现最大粒径达 30cm。主墩地质勘察见表 7.1-1。

主墩地质勘察表 **表 7.1-1**

墩号	土层名称	土层顶标高(m)	土层底标高(m)	重度(kN/m³)	内摩擦角(°)	黏聚力(kPa)
29 号	粉砂	+57.202	+51.1	19.0	20	0
	卵石	+51.1	+38.3	21.5	40	0
30 号	粉砂	+59.194	+55.9	19	20	0
	卵石	+55.9	+20.5	21.5	40	0

主墩、边墩以及滩桥的水中墩承台施工均采用拉森钢板桩围堰的施工方法，崔家营蓄水后汉江水位高，钢板桩围堰水头高，导致钢板桩围堰的施工难度和风险较大。为确保钢板桩围堰在施工过程中具有可靠的安全性，在桩围堰内侧设置 3 道围檩支撑，采用先檩后桩顺序和高压气水引孔成桩，承台为大体积混凝土，采用一次浇筑。钢板桩围堰如图 7.1-1所示。

7.1.1 水中平台

汉江三桥水中承台主要包括主桥交界墩 28 号、31 号承台，北滩桥 32 号～41 号承台，其中 28 号、31 号承台为整体式，32 号～41 号承台为分离式，共计 22 座承台。顶面标高

图 7.1-1 钢板桩围堰

最高为 38 号承台 61.058m，最低为 28 号承台 54.619m，底面标高最高为 38 号承台 58.558m，最低为 28 号承台 51.119m，承台截面尺寸为 24.4m×8.6m×3.5m 和 6.8m×6.8m×2.5m 两种。

7.1.2 南北滩桥岸滩承台

襄阳市内环线汉江三桥南北滩桥岸滩承台主要包括南引桥（跨南堤大桥和南滩桥）1 号、2 号、5 号～26 号承台，北滩桥 42 号～56 号承台；本工程所有承台均为四边形；承台采用 C35 混凝土，承台垫层均采用 30cm 厚的 C20 混凝土。跨南堤大桥陆上承台共有 6 座，南滩桥陆上承台共有 42 座，北滩桥陆上承台共有 30 座。

根据承台所处的地质情况及开挖深度的不同，基坑开挖支护及排降水采用不同的方案。1 号墩承台位于大堤外侧，承台底标高高于汉江常水位，该墩承台基坑采用放坡开挖；2 号、5 号～10 号墩承台基坑采用钢板桩围堰；11 号～26 号墩基坑采用放坡开挖，45 号～54 号墩承台基坑采用放坡开挖，42 号～44 号、55 号～56 号墩采用钢板桩围堰施工。

7.1.3 主墩承台

汉江三桥每个索塔下对应一个承台，总共有 4 座承台，其承台尺寸为 19m×19m×5m，承台上设有 2m 高塔座；承台采用 C35 混凝土，承台封底混凝土采用 C25 混凝土厚度分别为：29 号承台 3m、30 号承台 2.5m。钢筋均为 HRB335 级，其规格为 $\phi16$、$\phi28$，单个承台总共 177.3t。主桥立面如图 7.1-2 所示。主墩承台详图如图 7.1-3～图 7.1-6 所示。

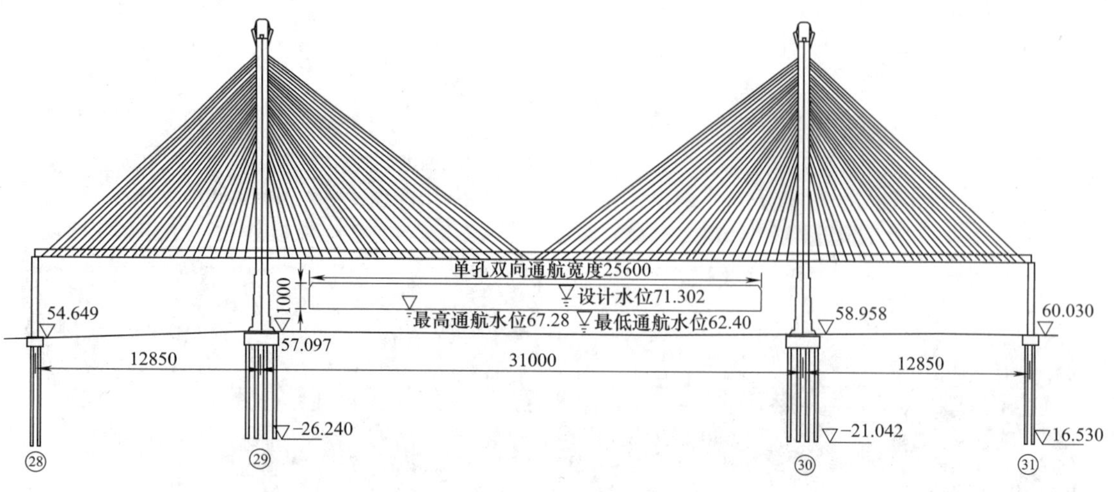

图 7.1-2　主桥立面图

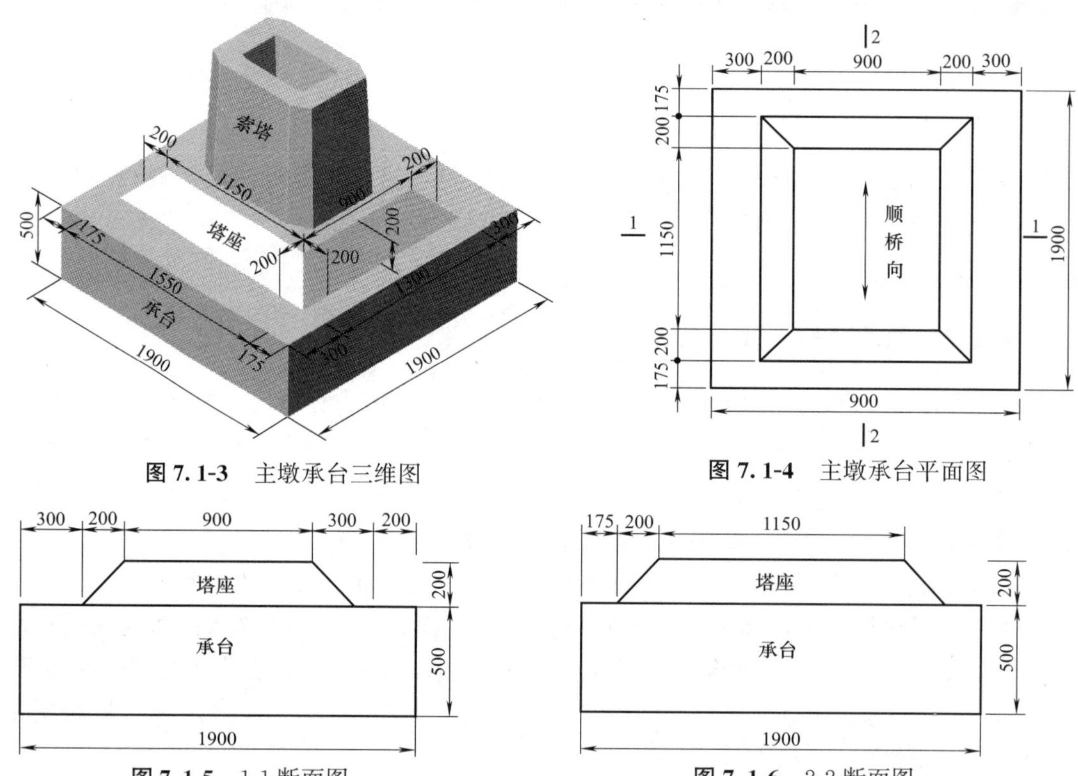

图 7.1-3　主墩承台三维图

图 7.1-4　主墩承台平面图

图 7.1-5　1-1 断面图

图 7.1-6　2-2 断面图

7.2　引桥岸上承台施工

7.2.1　施工工艺流程及施工方法

1. 承台施工工艺流程

承台施工工艺流程如图 7.2-1 所示。

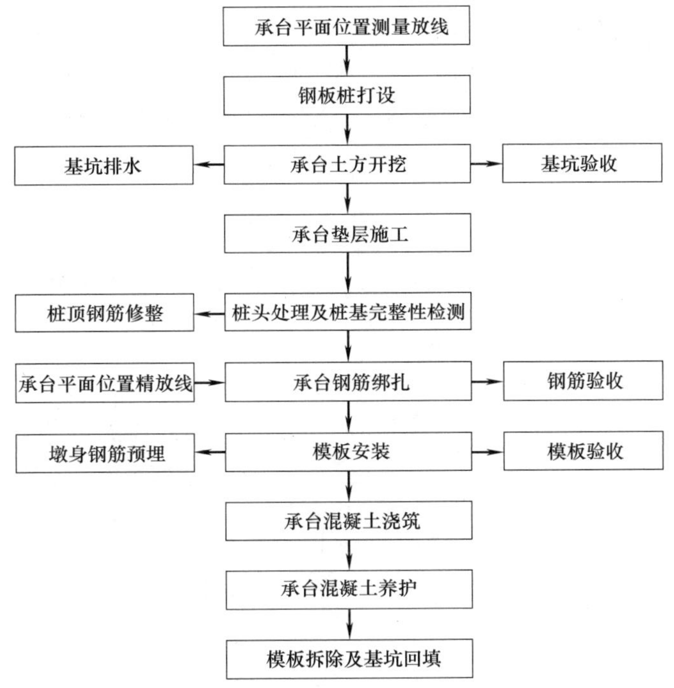

图 7.2-1 施工工艺流程图

2. 基坑开挖及支护设计

1）钢板桩围堰施工概述

因南北滩桥漫滩地表面为砂土层，水位较高且基坑开挖深度不深，平均开挖深度为3m左右，采用单层钢板桩围堰、内侧单导梁、内支撑采用钢管呈“#”形体系。围堰每边预留1m的操作空间，长度和宽度为钢板桩尺寸的整数倍。在基坑底部每个承台设置2个集水坑，采用水泵将坑中的水抽干。

2）钢板桩围堰施工流程

钢板桩围堰施工流程如图 7.2-2 所示。

3）钢板桩围堰设计与材料选型

（1）钢板桩设计

计算原则及部分假定

① 考虑下游水电站蓄水以及雨季等因素影响，水位按照 62.7m 标高进行计算。

② 砂层的内摩擦角取 $\varphi=30°$，黏聚力 $c=0$kPa。

③ 砂土重度按 23kN/m^3。

（2）钢板桩选型

由于南北滩桥陆上承台 21 号承台基坑开挖深度最深，因此，根据钢板桩相关计算选择 21 号承台进行钢板桩受力计算分析，21 号墩位底面标高为 65.522m，基坑开挖深度为 $H=3.4$m，摩擦角 $\varphi=30°$，坑沿活荷载取 34kPa。承台基坑开挖支护示意图如图 7.2-3 所示，钢板桩受力如图 7.2-4 所示，拉森Ⅰ型钢板桩详细参数如表 7.2-1 所示。

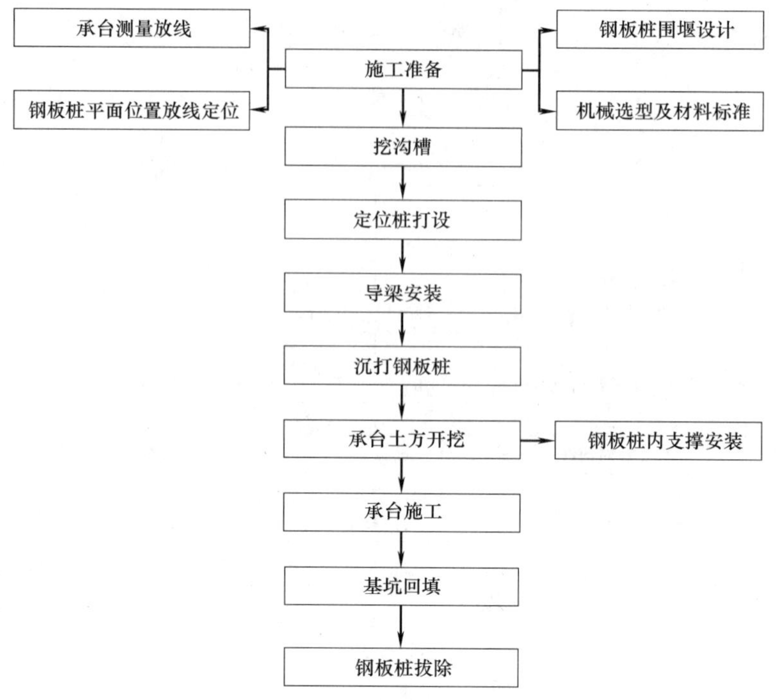

图 7.2-2 钢板桩围堰施工工艺流程框图

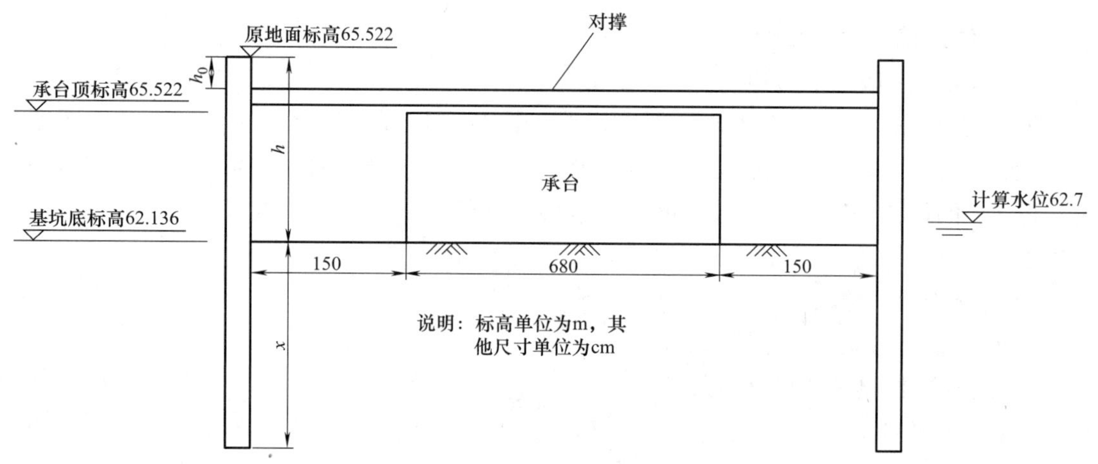

图 7.2-3 承台基坑开挖支护示意图

4）钢围檩设计

在距离地面以下 0.5m 位置设置钢围檩，钢围檩采用双拼槽钢。基坑开挖宽度为从承台边沿向四周扩展 1.5m，在横导梁中间均匀布置 2 道横向支撑杆件，基坑支护平面布置图如图 7.2-5 所示，横导梁受力示意如图 7.2-6 所示。

在钢围檩中间均布设置两道横向支撑杆件，支撑点位于 A、B 点，两端支撑在定位桩上，$l=L/3=980/3=326.67$cm

则钢围檩最大弯矩为：$M_{max}=0.08ql^2=0.08\times46.33\times3.32=40.36kN\cdot m$；

则钢围檩截面系数：$W=M_{max}/[\sigma]=40360/180=224.22cm^3$；

钢围檩采用 2 根拼排槽钢，则一根槽钢截面系数为 $178cm^2$。

选择型号为［20a 的槽钢作为钢围檩。

5）钢管内支撑选型

根据 Midas 软件建模计算得出钢管支撑承受的最大压力为 $F=166.6kN$。钢管内支撑受力如图 7.2-7 所示。

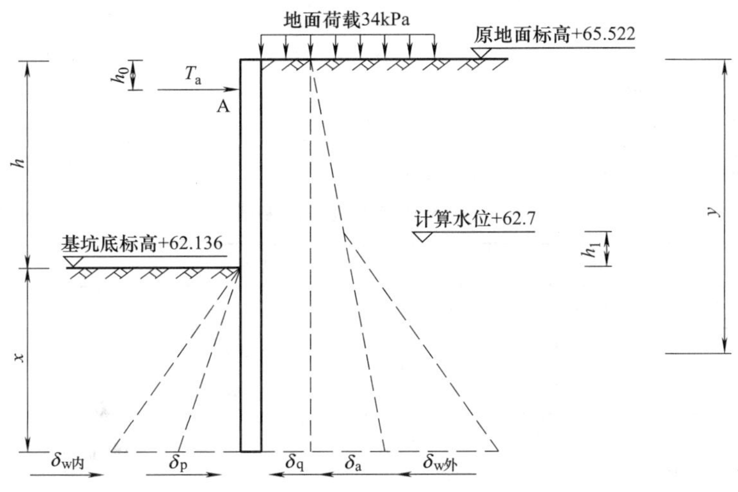

图 7.2-4 钢板桩受力图

拉森Ⅰ型钢板桩详细参数表 **表 7.2-1**

质量		断面模量（cm³）			钢板桩尺寸（mm）				每 100kg 面积（m²/100kg）
kg/m	g/m²	1 根	1m 宽		B	h	最大厚度（t_1）	最小厚度（t_2）	
		对 a 边	对 a 边	对 b 边					
38.0	6.0	89.6	224	500	400	75	8.0	7.0	10.417

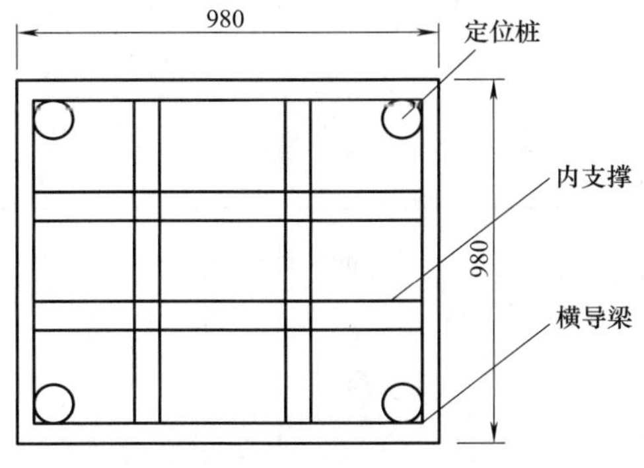

图 7.2-5 基坑支护平面布置图

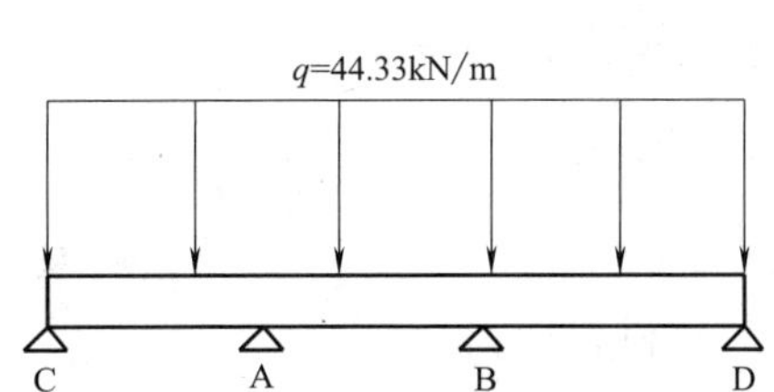

图 7.2-6 横导梁受力简图

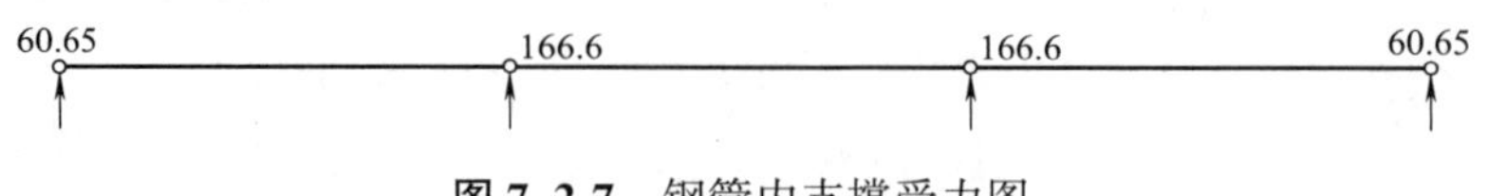

图 7.2-7 钢管内支撑受力图

内支撑选用钢管进行对撑，选用 Q235 钢。选用直径为 219mm、壁厚 6mm 的钢管。

钢管对撑稳定性计算：

$$\frac{N}{\varphi A}=\frac{258700}{0.396\times4015}=162.7\text{MPa}\leqslant205\text{MPa}$$

满足要求。

6）钢板桩施工准备

（1）机械配备

每座承台施工设备配备如表 7.2-2 所示。

每座承台施工设备配备表　　表 7.2-2

序号	名称	规格	数量
1	振动锤	VX-40	2 台
2	挖掘机	PC400-7	2 台
3	电焊机	WSM-400	4 台

（2）机械安置与检查

一方面检查动力性能是否符合要求，另一方面检查机械的安全性。特别是振动锤，它是拔打钢板桩的关键设备，在拔打前一定要进行专门检查，确保线路畅通，端电压达到要求，而且夹板尺寸不能有太多磨损。

检查完毕后，机械安置到合适地方。

（3）钢板桩施工材料准备

每座（6.8m×6.8m×2.5m）承台基坑支护所需材料如表 7.2-3 所示。

每座（6.8m×6.8m×2.5m）承台基坑支护所需材料表　　表 7.2-3

序号	名称	规格	数量	备注
1	拉森钢板桩	Ⅰ型	98 根	每根长 7m
2	钢管	直径为 219mm，壁厚 6mm	4 根	每根长 9.8m
3	围檩	18a 型工字钢	4 根	每根长 9.8m
4	定位桩	直径为 219mm，壁厚 6mm	4 根	每根长 8m
说明：南北滩桥陆上承台施工，分别准备 3 座承台施工所需材料。				

其他不同尺寸承台所需材料方面，唯有钢板桩用量不同，需要分别计算：数量=2×[(长+2×1.5)+(宽+2×1.5)]/0.4。

（4）材料检查

钢板桩运到工地后，先进行分类、编号登记和适当安置。安置地点要求有较大的场地面积，便于钢板桩的检查、休整和吊装，并靠近河岸，使装卸和吊运方便。

安置好后，进行锁口检查。检查方法为：用一块长 1m 符合规格的拉森Ⅰ型钢板桩作标准，将所有钢板桩做锁口通过检查。检查用绞车拉动标准钢板桩平车，从桩头至桩尾进行。

此外，如果钢板桩是租赁的周转使用的旧钢板，要仔细检查其他缺陷，主要有：

① 桩身不光，两端不整齐，有锈皮、油污、混凝土残迹或者桩身焊有钢板、角铁等，或者受到过锤击导致两端参差不齐、卷曲破裂等；

② 锁口开裂、扭曲、局部弯曲及焊瘤等；

③ 刚板桩宽度不一，互相之间宽度不一，同一块不同截面宽度不一；

④ 不同程度的扭曲现象。

（5）缺陷修复

对于有缺陷的钢板桩，要进行整修，具体方法如下：

① 在平整场地上设置钢板桩支承用的钢轨或方木，要求经水平测量调整后其高低偏差不得大于 2mm；

② 宽度调正用对拉螺栓及千斤顶进行；

③ 锁口扭曲及“死弯”，在死弯处电焊螺栓一根，螺栓两侧各设垫块，用 20mm 厚钢板作板梁，螺栓从板梁中央孔眼（略大于螺栓直径）穿出，拧紧螺帽即可将弯曲部分拉平，在拧紧螺帽前用乙炔先将弯曲部分烘烤；

④ 桩身扭曲及弯曲校正用千斤顶或弯轨器在钢板桩加热后进行（使用千斤顶时，须用型钢作顶架）；

⑤ 其余修正采用铆工冷作工艺来完成。钢板桩宽度修整示意如图 7.2-8 所示。

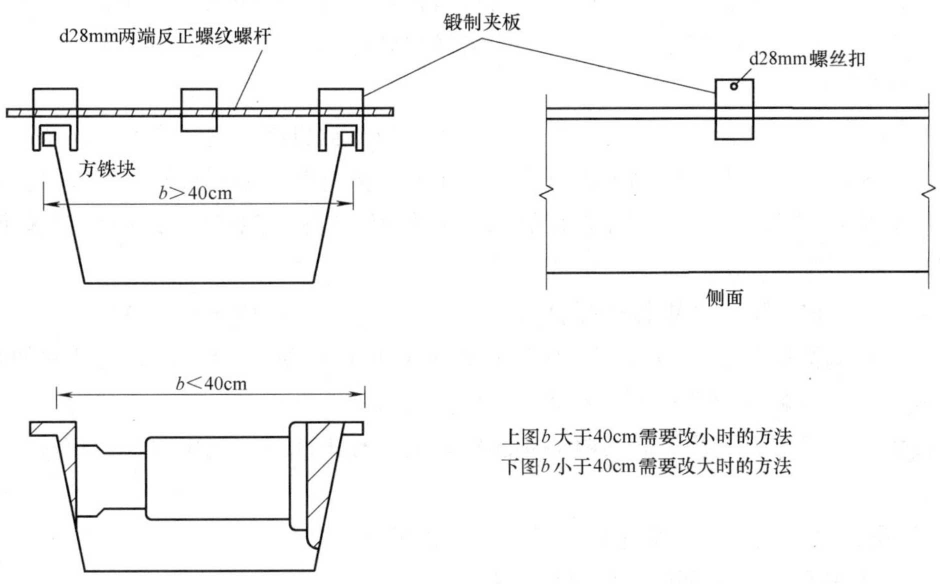

图 7.2-8 钢板桩宽度修整示意图

整修完成后，钢板桩要达到表 7.2-4 技术要求。

钢板桩技术要求表　　　　表 7.2-4

序号	检查项目	允许偏差或允许值
1	桩垂直度	＜1%
2	桩身弯曲度	＜2%L(L 为桩长)
3	锁口	通过车拉检验，内外光洁成直线，且没有破裂、缺损、扭曲或死弯
4	平直光滑度	无电焊渣或毛刺
5	桩长度	不小于设计长度
6	表面	不得有焊瘤、钢板、角钢或其他突出物

（6）其他准备工作

① 在钻孔桩施工完成后，拆除钻孔平台，并对场地进行清理，避免在钢板桩插打位置遇到障碍物。

② 对承台平面位置及拟打设钢板桩平面位置进行放线，并开挖沟槽。

③ 承台测量放线和钢板桩平面位置放线定位。

7）钢板桩施工

（1）钢板桩插打

① 定位桩的打设

沟槽开挖后，在打设钢板桩的 4 个角分别搭设定位钢管，钢管打设深度与钢板桩深度相同。

② 导梁的安装

在定位桩上焊接牛腿，安装导梁，作为钢板桩插打时的导向架，以控制钢板桩的平面尺寸和垂直度。在开始插打钢板桩后，逐步将导梁转挂到已打好的钢板桩上。

③ 钢板桩插打

插打第一片钢板桩很关键，是对后续每一片钢板桩插打准确的一个保证。插打前在导向架上设置限位装置，大小比钢板桩每边放大 1cm，插打时，钢板桩桩背紧靠导向架，边插边将吊钩缓慢下放，这时在相互垂直的两个方向用锤球进行观测，以确保钢板桩插正、插直。

通过检测，确定第一片钢板桩插打合格后，然后以第一根钢板桩为基准，再向两边对称插打每一根钢板桩到设计位置。每块钢板桩插打至设计标高后，立即与导向架进行焊接，形成整体。当剩下最后 5 片钢板桩时，先插后打。

钢板桩吊起后用人工扶持插入前一块的锁口后继续下插，下插困难时，再选用下列强迫插桩法：

A. 桩吊起插入锁口后，快速放松吊桩绳，借桩自重急速下插；

B. 用锤压桩下插，必要时加以低锤慢打；

C. 用倒链或滑车组绞拉。

使钢板桩插打正直、顺利合拢的措施是在插打过程中随时以导框和锤球为基准，控制每片桩的垂直度，并随时纠正偏斜，当偏斜过大不能用拉挤方法调正时，应拔起重插，还无效，可用特制楔形桩合拢。每块楔形桩的斜度不超过 2%；如果一块楔形桩不够合拢则用两块，两块应各有一个垂直边，其间至少应插入一块普通桩，插打顺序如图 7.2-9 所示。

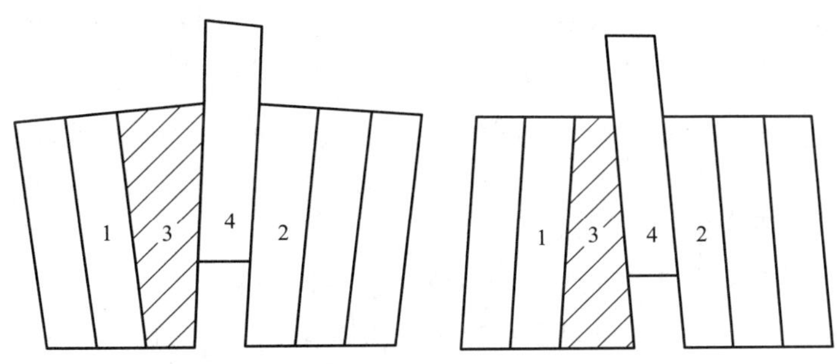

图 7.2-9 楔形钢板桩插打顺序示意图

总之，整个插打过程中，须遵守“插桩正直，分散即纠，调整合拢”的施工要点。

（2）内支撑施工

钢板桩插打完毕后，进行基坑开挖及抽水工作，当开挖至顶面以下 0.5m 时进行安装基坑顶部“#”形支撑架。“#”形支撑架安装完毕后，继续进行基坑开挖。

在挖坑抽水过程中，要随时注意渗漏情况。因为虽然钢板桩围堰的防渗能力较好，但遇有锁口不密、个别桩入土时桩尖开裂打卷等情况时，仍会导致渗漏。其中，锁口不密导致的漏水可以用板条、棉絮、麻绒等在板桩内侧嵌塞，或在漏缝外侧水中撒下大量炉渣与木屑或谷糠等随水夹带至漏缝处自行堵漏。漏缝处较深时，将炉渣等装袋，到水下适当深处倒出堵漏；而堰脚漏水时，则应观察打桩情况或由潜水工搜索找出漏水位置，采用混凝土封底防渗。

此外，在承台开挖过程中及承台施工中，还必须对钢板桩的变形情况进行观测，如有异常现象必须立即向项目技术部汇报，并采用有效措施进行加固。

（3）钢板桩拔除

钢板桩围堰拆除前，先在承台与钢板桩间填注砂、土混合物并夯实；然后拆除支撑；最后再进行钢板桩的拔除。

钢板桩拔除时，先用打拔桩机夹住钢板桩头部振动 1～2min，使钢板桩周围的土松动，减少土对桩的摩阻力，然后慢慢地往上振拔，拔桩时注意桩机的负荷情况，发现上拔困难或拔不上来时，停止拔桩，采取如下减小阻力的措施：

① 采用附有液压装置打拔桩机拔桩，必要时加高压射水减少摩阻力；

② 略加锤击使钢板桩与水下混凝土脱离粘结；

③ 向围堰内灌水，使堰内水位高出堰外 1～1.5m，利用内水压力抵消外挤压力使桩壁与水下混凝土脱离。

需要注意的是，有的钢板桩在插打过程中会出现桩尖卷口或锁口变形，导致拔除过程更加困难，这时可加大拔桩设备能力，将相邻桩一起拔出，必要时进行切割。

此外，还可以在插打前采取一些措施减小拔除阻力：

① 打入钢板桩前，对其与水下混凝土的接触段涂以隔离层，建议采用黄油混合物油膏。

② 灌注较厚水下混凝土第一层完毕后，将钢板桩拔起少许减少粘结力。

最后，拔出的钢板桩应清刷干净、修补整理、涂刷防锈油。在运输堆放时，防止碰撞以免造成弯曲变形，堆放场地应坚实平整，板桩基垫每隔 3～5m 安置一道砖石砌垛，每层板桩直接垫以方木，垫木与垛应在同一垂直面上，顶上一层板桩应设坡度，以利排雨水。

（4）钢板桩施工质量措施

质量保证首先要满足表 7.2-5 所示的特殊工艺关键控制。

钢特殊工艺关键点控制表 表 7.2-5

序号	关键控制点	控制措施
1	材料	桩源材料质量应满足设计和规范要求
2	标高	桩顶标高应满足设计标高的要求
3	嵌固	悬臂桩其嵌固长度必须满足设计要求

其次，在施工过程中，还要注意以下细节：

① 钢板桩装卸、运输、检查和安放过程中，尽量防止出现撞伤等人为因素造成的变形。

② 钢板桩下端系揽风绳两根，起吊中钢板桩接近垂直状态时，利用揽风绳控制正反方向。

③ 插打时，当钢板桩垂直度较好，一次将桩打到要求深度，垂直度差时，分两次施打，即先打到约一半深度，再打到要求的深度。

④ 为了便于合拢，合拢处的两片桩应一高一低。合拢点选择在角桩附近，为了防止合拢两片桩不在一个平面内，一定要调整好角桩方向，让其一面锁口与对面的钢板桩锁口尽量保持平行。

⑤ 围堰抽水完成后，及时进行封底。

（5）钢板桩施工安全措施

为确保施工中的安全，在进行钢板桩围堰施工时，必须将安全工作放在首位，预防为主，在施工过程中应注意如下几点：

① 对操作人员进行安全思想教育，提高操作人员安全意识，实行培训持证上岗制度，不经培训或无证者，不得进行上岗操作。

② 建立好钢板桩安全管理制度，完善好安全管理体制，编制好钢板桩安全施工应急方案。

③ 用吊车进行水平和垂直起吊时，对吊车起吊能力和吊起后是否稳定进行实测，保证在起吊时安全可靠，防止发生意外安全事故。

④ 在钢板桩插打过程中，要设专人指挥，避免人多乱指挥，出现意外安全事故。

⑤ 在钢板桩围堰开始挖土及抽水时，要派人定时进行观检，时刻注意并记录钢围堰

变化情况。

⑥ 钢板桩围堰内支撑一定要按设计进行施工，施工焊缝一定要牢固，断面尺寸和数量要符合设计要求。

⑦ 对所有滑轮和钢丝绳每天进行检查，特别是要注意滑轮的轴和钢丝绳磨损情况，危及安全的要及时维修、更换。

3. 放坡开挖

1）基坑底标高位于常水位以上时采用放坡开挖。在土层开挖基坑时，根据基坑四周地形，做好地面防、排水工作。按地质水文资料，结合现场情况，决定开挖坡度和支护方案，定出开挖范围。弃土堆距坑顶边缘的距离不应小于 5m，防止动载和静载对基坑边坡的扰动。

2）基坑开挖应连续施工，开挖时注意排水。基坑面应开挖集水井，采用潜水泵抽水。

3）基坑开挖边坡顶设置挡水圈，坡面视土质情况按 1∶0.75～1.0 放坡，确保边坡稳定。边坡采用 5cm 厚 C20 素混凝土的喷浆护坡。

4）基坑开挖前，依据设计图提供的勘探资料，先估算渗水量，选择施工方法和排水设备，必要时采用井点法降低地下水位。基坑开挖示意图如图 7.2-10 所示。

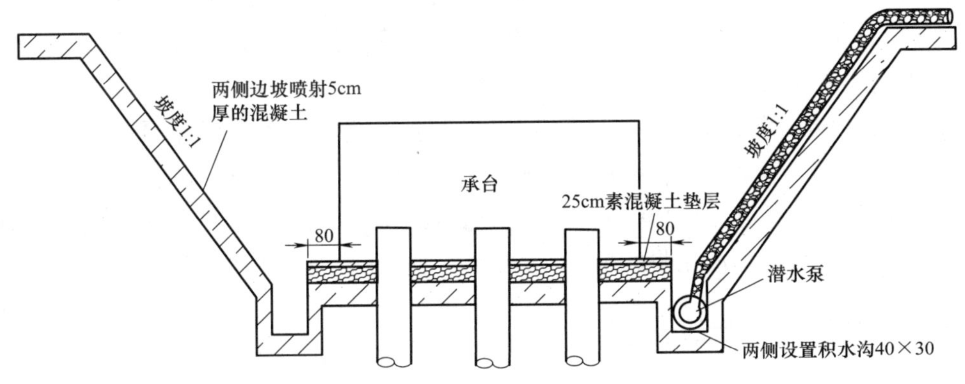

图 7.2-10 基坑开挖示意图（单位：cm）

4. 承台基坑开挖

1）基坑开挖：采用挖掘机开挖至承台底标高后，再采用人工清理的方式开挖至承台垫层底标高。

2）测量放样：根据设计资料及图纸，用全站仪复核基坑轴线控制网和高程基准点。测定承台纵、横中心线及底标高，为了便于承台模板的安装，承台混凝土垫层平面尺寸向四周拓展 80cm。

3）基坑内排水：基坑开挖过程中，在坑底基础范围之外沿坑底周围开挖 40cm×30cm 的排水沟，并在基坑的角落设置 1 个 50cm×50cm×50cm 的集水坑，集水通过排水沟汇入集水坑，再通过抽水设备排出坑外，排水设备的能力大于总渗水量的 2 倍。

5. 桩头处理

在桩基混凝土强度达到设计强度的 70%以上时，方可进行基坑开挖，并进行桩头钢筋的修整（桩基检测在桩头处理后进行）。桩头清理时不得破坏声测管，待超声波检测完毕后并报监理验收后，方可进行下道工序的施工。桩头处理示意图如图7.2-11所示。

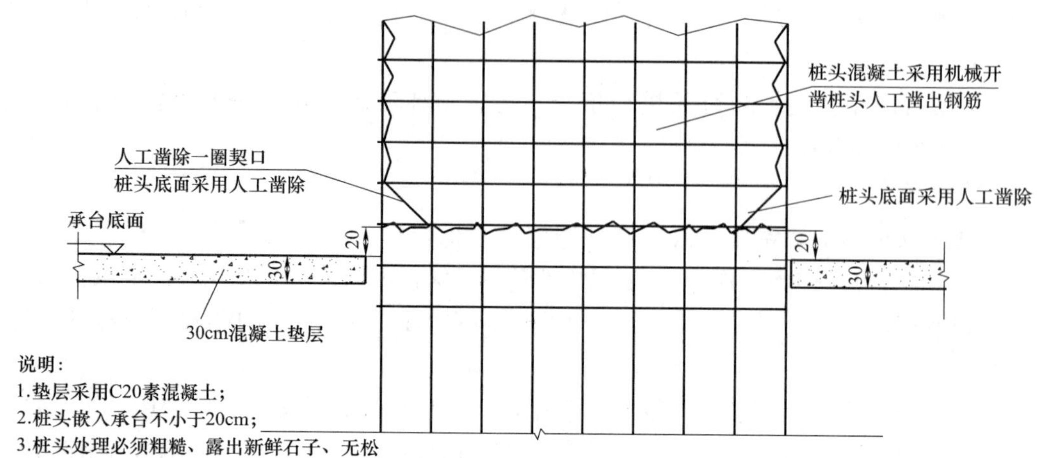

图7.2-11　桩头处理示意图

承台基坑采用机械开挖至承台底标高后，再采用人工清理至承台垫层底标高；在垫层混凝土终凝后再进行桩头的处理。破桩头前，在桩体侧面用红油漆标注高程线，以防桩头被多凿，造成桩顶伸入承台内高度不够。破除桩头时应采用空压机结合人工凿除，上部采用空压机凿除，下部留有10～20cm由人工进行凿除。凿除过程中保证不扰动设计桩顶以下的桩身混凝土。严禁用挖掘机或铲车将桩头强行拉断，以免破坏主筋。

桩头凿除预留部分后无残余松散层和薄弱混凝土层。在桩基成桩检测完成后，对其声测管进行压浆封实，压浆水泥浆的配合比设计必须通过监理工程师的审批。

7.2.2　垫层混凝土浇筑

承台垫层采用C20素混凝土进行浇筑，浇筑厚度为30cm。垫层的顶标高为承台底标高，桩基应嵌入承台20cm。在垫层浇筑之前，必须经过监理对基坑进行验槽，并形成书面记录与会签，再进行垫层的浇筑，并严格控制好垫层面标高。若不能及时浇筑混凝土垫层，应用塑料薄膜或彩条布覆盖，防止原状土雨水浸泡或扰动。

7.2.3　承台钢筋工程

1. 钢筋加工

承台钢筋采用现场集中加工，进场钢筋经验收及复检合格后方可加工。

1）钢筋加工工艺流程

钢筋调直→钢筋翻样→钢筋弯曲成型→挂牌堆放。

2）加工要点

钢筋班组根据现场工程师提供的配筋单加工，特殊部位钢筋由现场技术人员依据设计图纸将钢筋按部位放大样，抄写钢筋料牌，并经检查无误后由作业班组进行下料加工，钢筋加工现场建立严格的钢筋加工生产安全管理制度，以实际施工进度提前加工。钢筋原材和成型钢筋进行挂牌标识和分类堆放。钢筋工长对钢筋加工进行技术交底，在工作过程中进行指导抽查，成品在完成钢筋加工的检验后方可进行绑扎施工。

钢筋如有锈蚀采用钢丝刷或调直过程中除锈。带有颗粒状或片状老锈的钢筋不得使用。采用冷拉法调直钢筋时，HRB335 钢筋的冷拉率不大于 1%，钢筋拉直后应平直，且无局部曲折。在加工弯折时不得出现裂纹，钢筋不得反复弯曲。

钢筋切断时避免用短尺量长料，防止在量料中产生累计误差，为此在工作台上标出尺寸刻度，并设置控制断料尺寸用的挡板。在切断过程中，如有发现钢筋有劈裂、缩头或严重的弯头等必须切除。如发现钢筋硬度与该钢种有较大的出入，及时向工长反映，立即采取处理措施，钢筋的断口不得有马蹄形或起弯等现象。

2. 钢筋连接

承台钢筋连接方式包括普通搭接焊接、直螺纹套筒连接及绑扎搭接连接。

1）搭接焊接

（1）钢筋搭接连接时，单面焊接≥10d；双面焊接≥5d（d 为钢筋直径）。

（2）搭接焊接接头的焊缝厚度不小于主筋直径的 0.3 倍，焊缝宽度不小于主筋直径的 0.8 倍。

（3）搭接焊时，钢筋应预弯，使两条钢筋的轴线在同一条线上。

2）滚轧直螺纹连接

当钢筋直径大于或等于 25mm（包括 25mm）时，钢筋的连接采用滚扎直螺纹连接接头。钢筋的滚扎直螺纹套筒连接，连接标准采用《滚扎直螺纹钢筋连接接头》JG 163—2004 的要求，且同一截面内的主筋接头数量不得超过全部主筋数量的 50%。

（1）连接套筒

经检验确认符合要求的钢材。供货单位必须提供质量证明，并符合有关国家的标准规范及《钢筋机械连接通用技术规程》JGJ 107—2003 的有关规定。

（2）丝头加工

钢筋先调直再下料，加工丝头的牙形、螺距一致、有效丝扣的秃牙部分累计长度小于一扣，钢筋端头平整且与钢筋轴线垂直。

（3）滚轧钢筋直螺纹时，采用水溶性切削润滑液，气温低于 0℃时掺入 15%～20%的亚酸钠，不得用机油作切削润滑液或不加润滑液滚轧丝头。

（4）经自检合格的钢筋端头螺纹，对每种规格加工批量随机抽检 10%，且不小于 10 个，如有一个端头螺纹不合格，即对该加工批逐个检查，不合格的端头螺纹重新加工经再次检验方可使用。已检验合格的丝头加以保护，钢筋一端丝头戴上保护帽，另一端拧上连接套，并按规格分类堆放整齐待用。

（5）连接钢筋时，钢筋规格和连接套的规格保持一致，并确保钢筋和连接套的丝扣干净完好无损。

（6）连接钢筋时可用普通扳手拧紧。接头拧紧后检查外露丝扣不应多于一扣，并用油漆做好标志。

标准型和异径型接头：先用工作扳手将连接套与一端钢筋拧到位，再将另一端钢筋也拧到位。

活连接型接头：先对两端钢筋向连接套方向加力，使连接套与两端钢筋丝头挂上扣，然后旋转连接套，并到位拧紧。

3）钢筋绑扎搭接

承台钢筋直径小于16mm及部分特殊部位钢筋采用绑扎搭接。HPB300级钢筋绑扎搭接长度≥30d（受压区20d），HRB335级钢筋绑扎搭接长度≥35d（受压区25d）。

3. 承台钢筋施工工艺流程

钢筋翻样→钢筋加工→底板钢筋绑扎→钢筋固定→顶板钢筋绑扎→预埋钢筋绑扎。

1）施工翻样：根据设计图纸资料，复核承台轴线控制网和高程基准点。确定承台十字轴线，并用墨线弹在施工垫层底板上。经现场监理工程师核查、批准后绑扎。

2）钢筋加工：先清理钢筋表面油污、泥土、浮锈等，人工配合机械调直钢筋，钢筋下料先下长料后下短料，尽量减少和缩短钢筋短头，以节约钢材。

3）钢筋运输：将加工好的钢筋用运输车运往施工现场并分类堆放在指定的地方。在装车前做好钢筋的编号，并做好钢筋的运输管理，防止钢筋在运输过程中发生变形，被污染。

4）底板钢筋绑扎：按弹出的钢筋位置线，先铺下层钢筋。钢筋绑扎时，靠近外围两行的相交点每点都绑扎，中间部分的相交点相隔交错绑扎。摆放底板混凝土保护层用砂浆垫块，垫块厚度等于保护层厚度，钢筋的保护层厚度应按照设计图纸进行设置，垫块按每1m间距梅花形布置。

5）钢筋固定：先绑2～4根竖筋，并画好横筋分档标志，然后在下部及齐胸处绑两根横筋定位，并画好竖筋分档标志。横竖筋的间距及位置符合设计图纸要求。

6）顶板筋绑扎：在进行顶板钢筋绑扎前应该先对已经施工完成的钢筋绑扎进行检查，能确定基础的平面尺寸。顶板的绑扎工艺与底板的一致。

7）预埋钢筋的绑扎：在承台内预埋桥墩钢筋，要严格按照桥墩钢筋设计要求进行埋设，桥墩钢筋插入承台内的深度要符合设计要求，且必须固定牢固。

7.2.4 承台模板工程

承台模板采用12mm厚的木胶合板模板，吊车配合安装。模板安装在钢筋骨架绑扎完毕后进行。采用绷线法调直，吊垂球法控制其垂直度。通过钢管、方木与基坑四周坑壁挤密、撑实加固，确保模板稳定牢固、尺寸准确。根据施工进度计划安排，南北滩桥陆上承台施工分别配备3套模板及加固支撑体系，如需要加快施工进度可根据施工需要增加模板数量。

1. 模板及支撑体系选型

根据上述计算，模板采用18mm厚的木胶合板（平面尺寸1830mm×915mm），内楞采用50mm×100mm木方，间距为305mm，以便于模板搬移；模板外楞采用ϕ48×3.5钢管横向加固，间距为305mm；支撑系统采用ϕ48×3.5钢管脚手架斜撑，间距为610mm，木模板设计简图如图 7.2-12 所示。

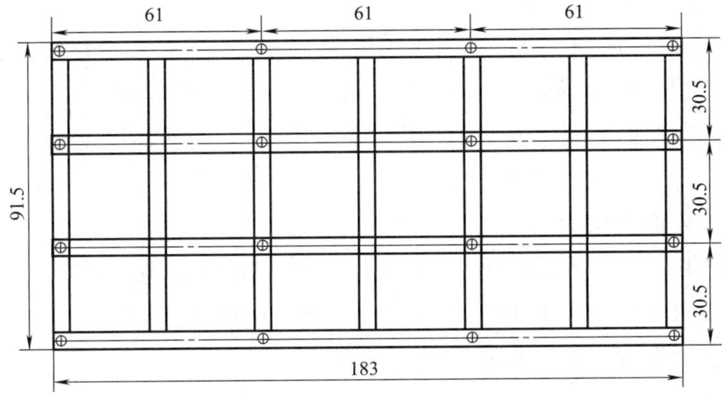

图 7.2-12 木模板设计简图

2. 模板安装及支架

1）模板安装准备

（1）钢筋绑扎前在承台垫层混凝土面上采用全站仪引测承台中心点，以中心点为基点，测出每条角点及边线，根据施工图用墨线弹出模板安装的内边线和中心线。

（2）用水准仪把承台水平标高引测到模板安装位置。

（3）采用混凝土预制块绑扎在承台钢筋网的外侧，以保证钢筋与模板位置的准确。

2）模板安装

（1）模板安装顺序

测量放线→模板与钢筋定位→模板就位组装→加设模板外侧支撑→支撑检查及加固→检校→模板验收。

（2）模板安装施工要点

承台模板均采用散装散拼。拼模时模板竖向拼缝采用硬拼，拼缝处压一道木方，以免拼缝不严或错台；模板水平拼缝中夹双面胶条。

模板背楞木方竖直布置，小面压模板，木方间距不大于 300mm。

模板平整度及垂直度应认真进行复检，确保准确无误。

（3）模板支架

模板支撑体系采用 ϕ48×3.5 钢管脚手架支撑，模板钢管支撑水平间距为 610mm，竖向间距为 305mm，直接支撑在钢板桩上，且支撑钢管顶部配备可调支托。

7.2.5 混凝土工程

1. 混凝土浇筑

1）混凝土在拌合站集中拌合，混凝土罐车运往工地，在运输过程中同时对混凝土搅拌，防止离析。

2）在承台边缘搭设溜槽，混凝土罐车直接对准溜槽放混凝土。溜槽底距混凝土浇筑面高差不允许大于 2m。当混凝土自由倾落高度超过 2m 时，采用串筒降低混凝土的降落速度，限制混凝土倾落范围，防止混凝土的离析。对混凝土罐车不能直接到达承台边沿采用溜槽浇筑混凝土的，采用混凝土泵车进行浇筑。

3）混凝土进行分层浇筑，每层厚度不超过30cm。为避免形成接缝，浇筑上层时插入式振捣器伸入到下层10cm，插入式振捣棒的移动间距不得大于振捣棒的作用直径。

4）振捣棒与侧模保持5～10cm的距离，防止侧模受振动器影响而发生变形或碰撞模板、钢筋、预埋件等。振捣时采取快插慢拔的方式，插入和拔出必须保持振捣棒的垂直。振捣时间以混凝土表面泛浆为好。

5）加强现场协调，加快混凝土施工速度，减少或避免混凝土罐车等待现象。使用泵送进行浇筑时，混凝土坍落度控制在140～180mm。在混凝土浇筑完毕后30min之内进行多道抹面，以减少由于混凝土收缩而产生的裂纹。

2. 混凝土养护

1）混凝土浇筑完成后，在收浆后尽快予以覆盖养护。覆盖时不得损伤或污染混凝土的表面。

2）当气温低于5℃时，应覆盖保温，不得向混凝土面上洒水。

3）混凝土的洒水养护时间为7d，每天洒水次数以能保持混凝土表面处于湿润状态为度。

4）混凝土强度达到2.5MPa前，不得使其承受行人、运输工具、模板、支架及脚手架等荷载。

3. 模板拆除

1）混凝土强度达到2.5MPa以上且承台表面没有损坏的，方可拆除模板。

2）承台在混凝土模板拆除后严禁行人在上面行走，避免设备以及人为损坏混凝土表面。在经过项目部组织承台质量验收后并经监理工程师同意方可回填承台基坑进行养护。

3）模板拆除后要立即清除模板表面的杂物，规范整理好模板，以便下次再用。

4. 基坑回填

在模板拆除后，经监理工程师同意，可进行承台基坑的回填。基坑分层回填、夯实，回填分层厚度20～30cm。

7.3　主墩承台围堰设计与施工

7.3.1　技术背景

钢板桩是一种连续紧密咬合组成的挡土或挡水结构，其边缘带有联动装置可以自由组合成一个整体。根据加工工艺的不同，钢板桩可分为热轧钢板桩与冷弯薄壁钢板桩。相对比较而言，实际工程更多的是使用热轧钢板桩，它是钢板桩应用的主导产品；冷弯薄壁钢板桩由于使用有一定局限性，因而应用较少，一般作为应用材料的补充。热轧钢板桩是通过焊接用热压延生产出来的钢板桩。热轧钢板桩锁扣咬合严密，具有优异的隔水性能。

拉森钢板桩有Ⅱ型、Ⅲ型、Ⅳ型、Ⅴ型、Ⅵ型五种，Ⅳ型拉森钢板桩最为常见。

钢板桩的优点是施工速度快、造价低、防水性能优异，并且绿色环保。具体表现在：

(1) 截面积大，力学性能好；
(2) 惯性矩高，刚度大，变形小；
(3) 断面形式可以选择，工程模数高；
(4) 配套使用，施工质量好；
(5) 耐久性好，寿命50年以上；
(6) 重复使用率高，重复使用次数可达5～8次；
(7) 强度高，重量轻，隔水性能优异；
(8) 施工方便，工期短；
(9) 成本低；
(10) 减少了土方和混凝土工程量，保护土地资源，保护环境；
(11) 施工中对工作面要求低；
(12) 由于材料的重复使用以及钢材本身的可靠性，降低了工程的风险；
(13) 施工速度快，能满足抗灾等特殊工程的要求。

针对本工程技术难题，通过施工工艺的论证优选、模拟计算与实践创新，形成了新型高效的超厚砂卵石层地质基础施工技术，包括超厚砂卵石层地质钢板桩围堰设计、高压气水引孔钢板桩施工、钢板桩围堰先檩后桩施工等方面内容。

7.3.2 钢板桩围堰设计

1. 围堰尺寸的确定

围堰的尺寸应综合考虑以下因素：

1) 承台尺寸

承台的尺寸是确定围堰尺寸的首要数据，汉江三桥每个索塔下对应一个承台，总共有4座承台，其承台尺寸为19m×19m×5m。

2) 操作和预留空间

钢板桩围堰的尺寸应综合考虑以下相关的操作和预留空间：

(1) 截水沟和集水坑尺寸，根据围堰渗水情况确定。

(2) 承台模板的类型和背肋的尺寸，承台模板采用钢模，考虑纵横向背肋，综合按30cm考虑。

(3) 操作人员活动空间按60cm考虑。

(4) 操作人员上下爬梯，按10cm～30cm考虑。

钢板桩尺寸，根据承台埋置深度和水深选择钢板桩型号，围堰一边长度按整数块钢板桩宽度考虑。

综上，钢板桩围堰尺寸按比承台大1.0～1.5m考虑。

2. 钢平台布置

为方便主墩基础的施工，前期在主墩处搭设钢平台，钢平台布置如图7.3-1所示。

3. 钢板桩选型和内支撑的布置

投入的钢板桩为SKSP-SX27型（即拉森Ⅵ型），钢板桩单根长为18m和20m两种，

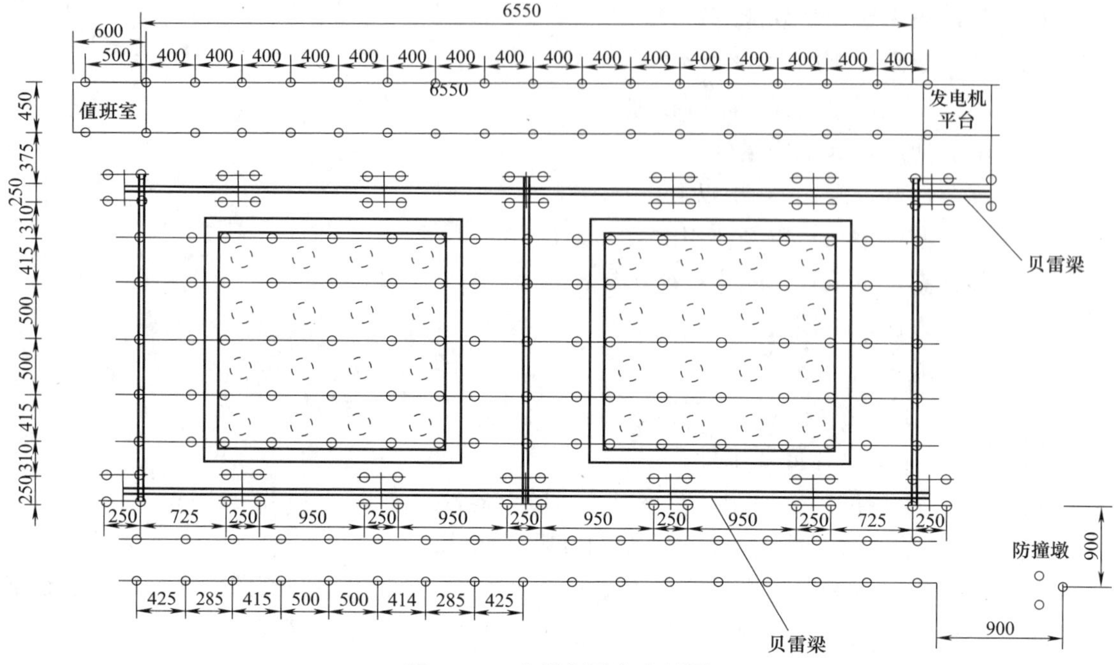

图 7.3-1　主墩钢平台布置图

钢板桩截面参数如表 7.3-1 所示，钢板桩结构示意图如图 7.3-2 所示。

钢板桩截面参数表　　**表 7.3-1**

截面型号	尺寸			截面特性			
	宽 B (mm)	高 h (mm)	厚 t (mm)	面积 A (cm^2/m)	惯性矩 I_x (cm^4/m)	截面模数 Z_x (cm^3/m)	重量 W (kg/m^2)
SKSP-SX27	600	210	18	225.5	56700	2700	177

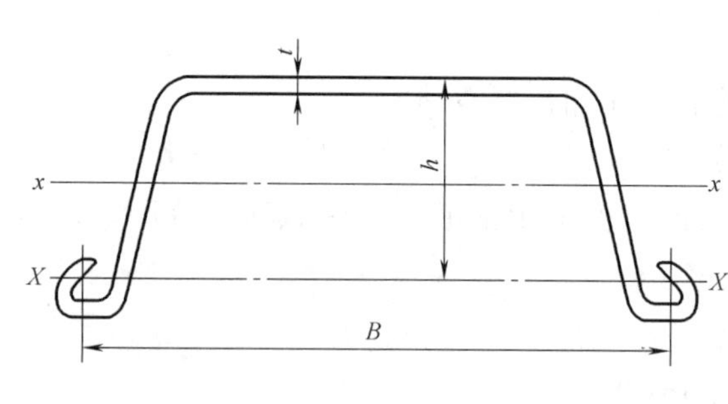

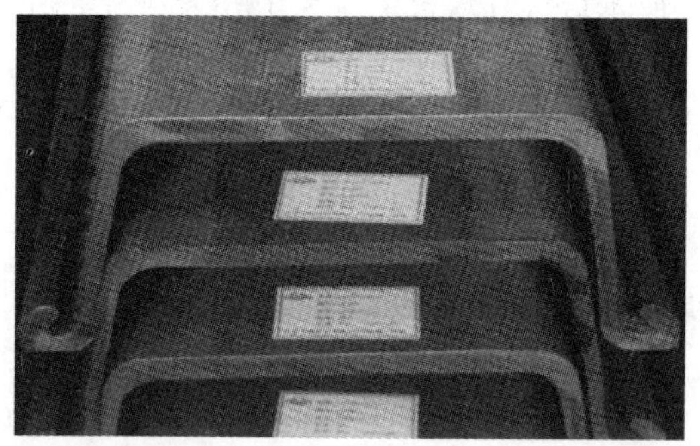

图 7.3-2　钢板桩结构示意图

内支撑布置综合考虑桩基护筒布置、桥墩（塔座）和塔柱施工在时间和空间的碰撞关系。

4. 钢板桩围堰设计

1）钢板桩围堰概况

29 号、30 号承台钢板桩外形尺寸 21.6m×21.6m×20m（18m），钢板桩采用拉森Ⅵ型（标号为 SKSP-SX27 型），29 号钢板桩围堰布置 3 层围檩和内撑，30 号钢板桩围堰布置 2 层围檩和内撑。第一围檩采用 H700×300 型钢，第二层围檩采用 2H700×300 型钢，

内撑均采用 ϕ609×16mm 钢管。第三层围檩采用 2H700×300 型钢，内撑选材为 ϕ609×16mm 钢管。

2）钢板桩围堰结构图

钢板桩围堰结构如图 7.3-3～图 7.3-6 所示。

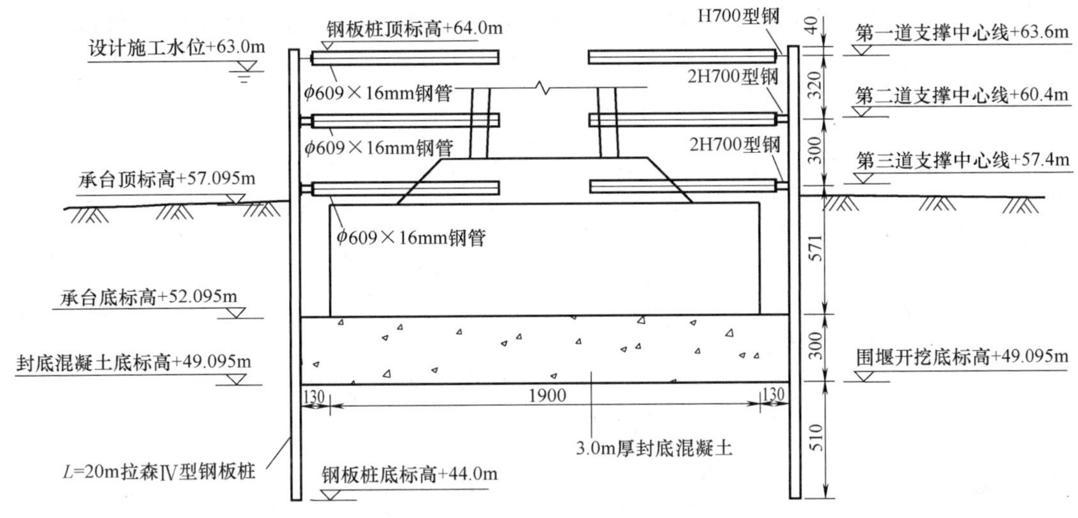

图 7.3-3 29 号钢板桩围堰立面图

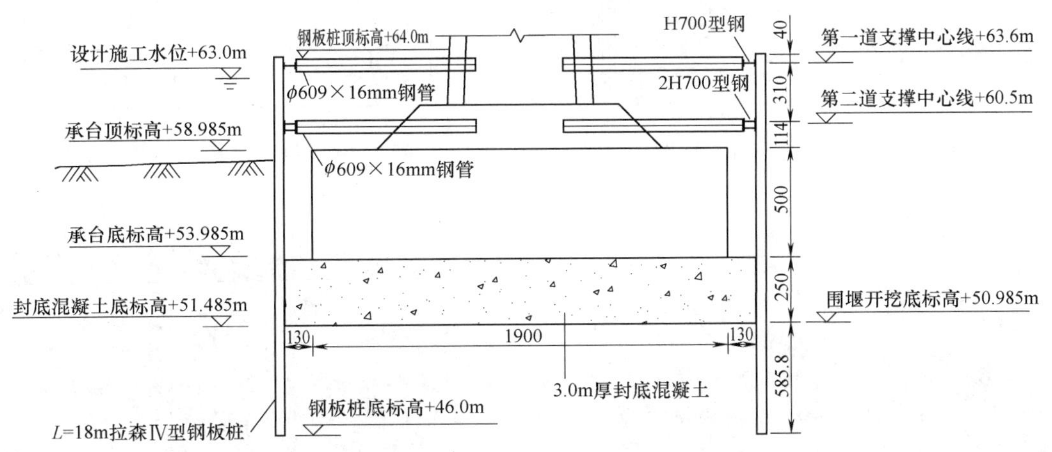

图 7.3-4 30 号钢板桩围堰立面图

7.3.3 钢板桩施工

1. 钢板桩插打设备

钢板桩插打设备采用美国 ICE 公司的 28C-350E 液压振动锤。该设备由振动锤和动力站两大部分组成，如图 7.3-7 所示。

振动锤包括齿轮箱、抑制器及液压夹桩器三部分。工作时，最大提供 116t 的激振力和 71t 的拔桩拉力。

动力站是振动锤的驱动来源，而动力站的动力来源于器内部的 CAT-9 型柴油发动机。

28C-350E 液压振动锤宽度仅为 30cm，在施工时无须送桩设备就可以插打任何一根钢板桩。这就为钢板桩的插打工作提供了极高的效率。

1）若前一根钢板桩无法插打到位，可以继续后续钢板桩的插打，避免了普通振动锤在前根钢板桩无法插打后，在插打后续钢板桩时，振动锤与未打入钢板桩相碰的现象。

2）按常规施工是将钢板桩逐一插打到位，但施工中也往往存在最后钢板桩难以合拢，再用倒链等调整时比较困难等问题。而在利用 28C-350E 液压振动锤施工时，可以先让钢板桩在自重及较小击振力下入土下沉后，继续插放下一根，即使最后存在合拢误差，也易于调整。待钢板桩全部合拢后再逐一插打至设计标高。

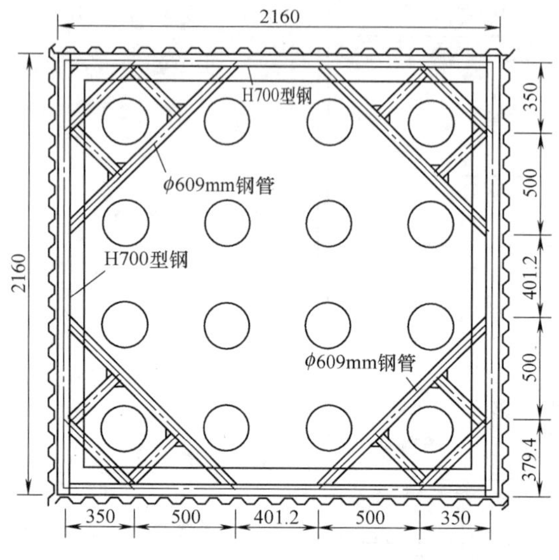

图 7.3-5　第一层支撑平面图

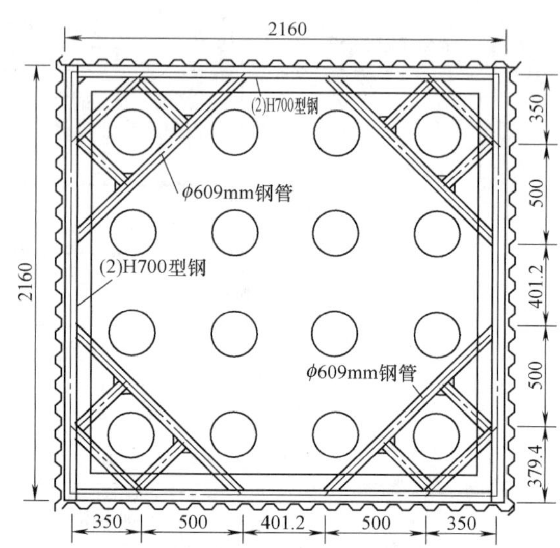

图 7.3-6　第二、三层支撑平面图

振动锤

动力站

图 7.3-7　振动锤示意图

2. 插打钢板桩前的准备工作

1）每个墩的钻孔桩完成后，拆除钻孔平台，保留辅助栈桥。

2）对河床进行清理：在桩基施工完成后，利用长臂挖机对围堰范围内进行清理，避免在钢板桩插打位置遇到障碍物。

3）钢板桩变形检查：因钢板桩在装卸、运输过程会出现撞伤、弯扭及锁口变形等现象，因此，钢板桩在插打前有必要对其进行变形检查。对变形严重的钢板桩进行校正并做锁口通过检查。锁口检查方法：用一块长约 2m 的同类型、同规格的钢板桩作标准，采用卷扬机拉动标准钢板桩平车，从桩头至桩尾作锁口通过检查，对于检查通过的投入使用，不合格的再进行校正或淘汰不用。钢板桩的其他检查：剔除钢板桩前期使用后表面因焊接钢板、钢筋留下的残渣瘤。

4）振动锤检查：振动锤是打拔钢板桩的关键设备，在打拔前一定要进行专门检查，确保线路畅通，功能正常，振动锤的端电压要达到 380～420V，而夹板牙齿不能有太多磨损。

5）涂刷黄油混合物油膏：为了减少插打时锁口间的摩擦和减少钢板桩围堰的渗漏，在钢板桩锁口内涂抹黄油混合物油膏。

3. 钢板桩围堰的插打

钢板桩施工顺序如图 7.3-8 所示。

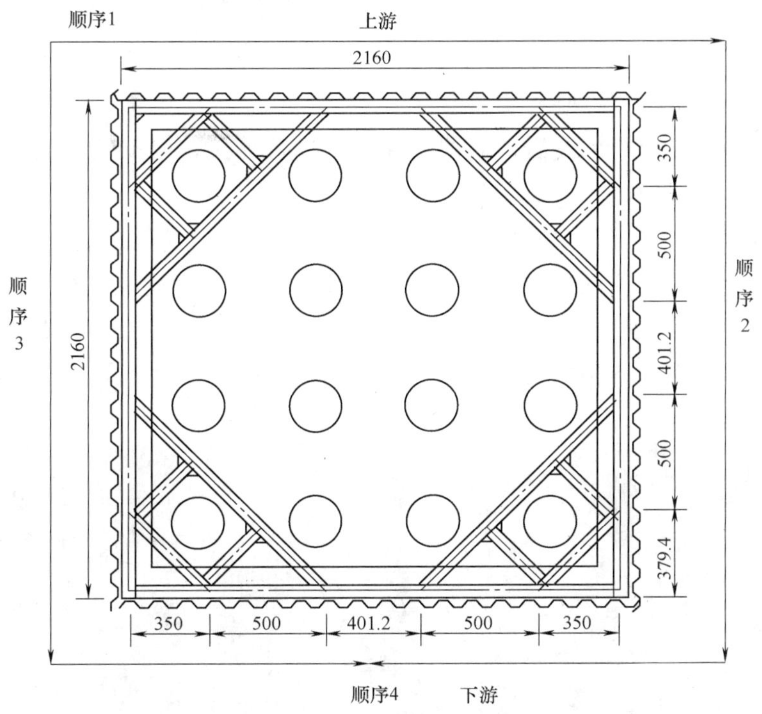

图 7.3-8 钢板桩施工顺序

钢板桩插打利用 50t 汽车吊在墩位处平台上作为起吊设备，配合 28C-350E 液压振动锤的施工方法逐片插打。钢板桩插打的次序从上游开始，在下游合拢，每边由一角插至另一角，插打时严格控制好桩的垂直度，尤其是第一根桩要从两个相互垂直的方向同时控制，确保垂直不偏。插打一块或几块桩稳定后即与导框进行联系，钢板桩与导框之间的间隙应用硬木块塞紧。

1）安装钢板桩插打导向：钢板桩插打之前，在钻孔桩外侧的钢护筒上焊接牛腿，安装第一道支撑围檩，作为钢板桩插打时的导向架，以控制钢板桩的平面尺寸和垂直度。

2）为了确保每一片钢板桩插打准确，第一片钢板桩是插打的关键，在插打前 5 根钢板桩时，先按钢板桩宽度在围檩上画出每根钢板桩的边线，然后在围檩上焊接长约 4m 的导向桁架（如下图），在导向架上、下边上设置限位装制，大小比钢板桩每边放大 1cm。插打时，钢板桩桩背紧靠导向架，边插边将吊钩缓慢下放，这时在相互垂直的两个方向用锤球进行观测，以确保钢板桩插正、插直。

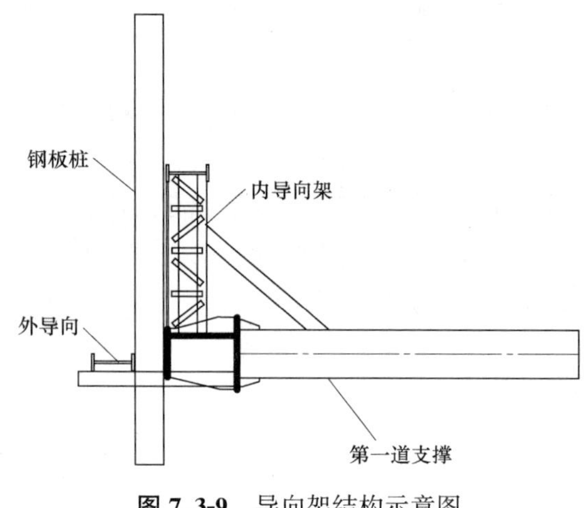

图 7.3-9　导向架结构示意图

3）通过检测，确定第一片钢板桩插打合格后，然后以第一根钢板桩为基准，再向两边对称插打每一根钢板桩到设计位置。整个施工过程中，要用锤球始终控制每片桩的垂直度，及时调整。

4）每一片钢板桩先利用自重下插，当自重不能下插时，才进行加压。

5）钢板桩插打至设计标高后，立即与导向架进行焊接，以抵抗水流冲击；导向架结构示意图如图 7.3-9 所示。

6）插打过程中，须遵守“插桩正直，分散即纠，调整合拢”的施工要点。

7）针对汉江三桥桥址处的地质情况，本项目部在 28 号墩附近进行了钢板桩试打，入土深度达到 15m 以上。为了能够应对大直径卵石的情况，采用 H 型钢引孔的方法或者采用坚硬地质 SC-100 型静压植桩机的方法，确保钢板桩的施打达到设计要求。钢板桩试打如图 7.3-10 所示。

图 7.3-10　钢板桩试打

4. 围堰内抽水、吸泥、安装内支撑

1）钢板桩插打完毕后，抽水、吸泥至待安装支撑下 1m 标高处，安装内支撑。

2）全部内支撑安装完成后，向围堰内加水至围堰外水位，水下吸泥、清淤至封底混凝土设计底标高。

7.3.4 水下封底混凝土的浇筑

29 号、30 号主桥承台封底混凝土厚 3.0m，采用 C25 水下混凝土，各 1399.68m^3，封底混凝土按照浇筑顺序依次浇筑。

钢板桩围堰封底混凝土的浇筑采用水下混凝土浇筑的方法进行封底，导管选用 300mm 的钢制导管，管底口距基底面 100～200mm；导管顶部装有一设导管阀门的管节与漏斗相接。灌注前，将漏斗装满混凝土。在一切准备工作就绪后，打开导管阀门（同时打开储仓的门）。此时导管内的空气和水在混凝土的重力下由导管底口排出，瞬间混凝土通过导管压向基底，在导管周围堆成一个平坦的混凝土圆锥体，将导管底口埋住使水不能从底口进入导管。继而再灌注的混凝土通过导管源源不断地灌入锥体内。随着导管的提升，混凝土在水下摊开和升高，直至达到设计标高。

1. 施工布置及主要设备

1）导管布置及灌注顺序

由于本工程钢板桩围堰底面积为 21.6m×21.6m，水下封底面积较大，需要多根导管同时按规定的顺序灌注混凝土，保质保量地灌注整个基底，达到预计的厚度。封底混凝土的导管间距按图 7.3-11 进行布置，混凝土的流动坡度不陡于 1∶3～1∶4。

在灌封底混凝土前，要派潜水人员对基底进行抚平，并在基底堆码一层厚度为 10cm 的碎石；同时，在灌注前要精确探明基底各部位的标高，封底应先灌注低洼处的封底混凝土，以免因高处导管内混凝土往低处流淌造成导管底口脱空或埋入的厚度过薄，致使导管底口进水，发生质量事故。

使用多根导管灌注封底混凝土时，由于混凝土生产量所限，各导管不可能一次同时灌注时，可分项逐根灌注。在倾斜的基底面上，其灌注顺序应从低至高逐个进行，并应从周边至中间，以免基底浮渣及封底顶面的浮浆集中在基础边缘。

2）混凝土生产量的选定

根据施工实践，钢板桩围堰内水下封底混凝土生产量，按下列原则确定：

（1）30min 内生产储存的混凝土量，自开阀灌注起保证埋置导管于混凝土中 1m 以上。

（2）灌注围堰水下封底混凝土的速度不小于 0.25m/h。

（3）每根导管的首批混凝土的坍落度控制在 180～200mm 范围内，不宜太大，以避免因落下的混凝土不能形成一定的坡率而埋不住导管底口。首批混凝土的需要量 V 可近似为：

$$V=\frac{1}{3}\times\pi\times R^2\times h=\frac{1}{3}\times 3.14\times 3^2\times 1=9.42\text{m}^3$$

式中　R——圆锥体坡率为 i 的扩散半径，从导管中心起，取 3.0m；

h——导管底口处混凝土埋高，取 1.0m。

因此，在灌注每根导管时，首批混凝土方量按 $10m^3$ 进行储备。

注：①水下封底混凝土采用直径 300mm 的导管进行封底，导管的扩散半径按 3m 计算；②导管编号由上游向下游进行编号，浇筑顺序为从上游向下游浇筑。封底混凝土导管布置如图 7.3-11 所示。

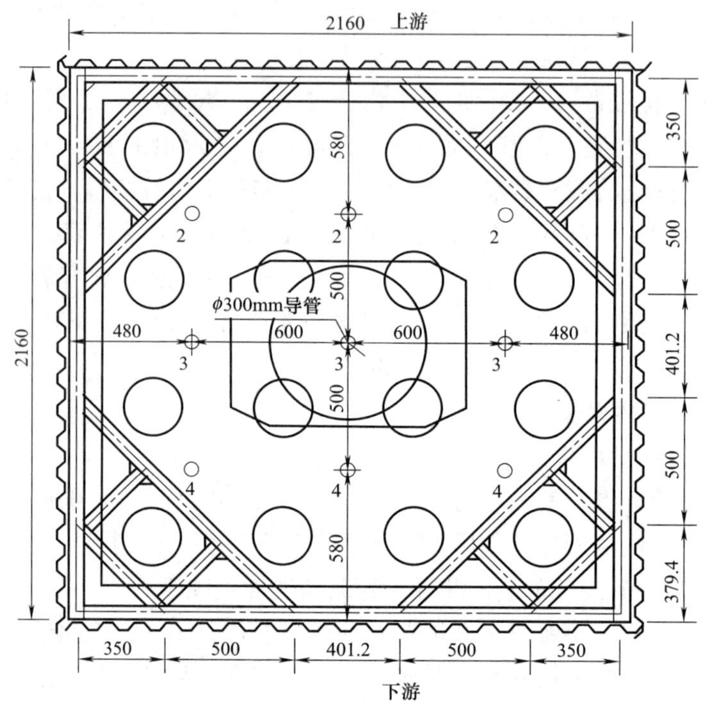

图 7.3-11　封底混凝土导管布置图

3）混凝土储料仓

混凝土储料斗安放在灌注平台上，设有开启门，采用溜槽与导管上口的漏斗相接。混凝土储料斗容量依据首批灌注时能把导管底口埋入混凝土堆高按 1.0m 而定。料仓底面有向开启活门方向的斜坡，便于混凝土流淌。

封底施工的总体工艺为：水下封底采用汽车泵配合龙门吊起吊骨料斗进行移动浇筑，按顺序进行导管水下封口，补料，直至混凝土面达到标高。

4）混凝土搅拌及运输设备

根据封底混凝土浇筑量，混凝土搅拌采用 2 座 $120m^3/h$ 的混凝土搅拌站，实际浇筑能力按 $160m^3/h$ 进行考虑。混凝土运输车按 8 台进行准备，每辆混凝土运输车运输方量不小于 $6m^3$。

5）测锤及振捣器

测锤采用钢板焊制成平底空心封闭的锥体，其相对密度为 1.5～2，或采用混凝土制作，使用尼龙绳悬吊。利用测锤实时进行封底混凝土浇筑标高的测量。

备用 1～2 台混凝土插入式振捣器，在漏斗颈混凝土卡住时，及时利用插入式振捣器进行疏通。

6）抽水设备

在进行封底混凝土灌注时，为了防止灌注水下混凝土时钢板桩围堰内水位上升对围堰受力不利，采用抽水措施保持钢板桩围堰内外水位平衡。在进行抽水时，抽水龙头必须与封底混凝土表面保持 2～3m 的安全距离，以防止水下混凝土面发生涡流，而影响封底混凝土的浇筑质量。在施工过程中，每座钢板桩围堰封底过程需备配 2 台每小时排量不小于 $30m^3/h$ 的抽水泵。

2. 封底混凝土施工工艺

1）封底前准备工作

在封底前，应派专业潜水人员对附着在钢护筒外壁、桩基外侧、钢板桩围堰内壁的泥浆及杂物清理干净，人工将钢板桩围堰底部进行平整。

2）封底混凝土浇筑

封底混凝土采用汽车泵配合龙门吊起吊骨料斗进行移动浇筑。

3）浇筑导管布置

封底混凝土导管采用内径 ϕ300mm 的无缝钢管制作，管节长度为 6m、3m、2m 及 1m 四种，管节之间采用快速螺纹接头连接。导管使用前做水压、水密试验，合格后使用。试验的水压按导管超压力的 1.5 倍取值。根据以往施工经验，导管的作用半径按照 3.0m 考虑。导管底口距离封底混凝土底标高 20cm 左右，每座承台共布置 13 根导管。

4）混凝土配合比

混凝土配合比的合理设计，是封底成功的重要因素之一，除采用双掺技术提高混凝土的和易性、流动性及稳定性外，还对封底混凝土其他性能指标进行了规定。在封底混凝土浇筑过程中，根据具体情况，对混凝土配合比不断地进行调整，严格控制混凝土的性能，使得混凝土的各项指标均满足封底混凝土的质量要求：

（1）混凝土强度不能小于设计强度；

（2）混凝土初始坍落度 20±2cm；

（3）5h 后，混凝土坍落度$\not<$15cm；

（4）混凝土初凝时间 30h（最大混凝土浇筑量按 $1166.4m^3$ 考虑）；

（5）混凝土满足泵送要求。

5）封底混凝土浇筑工艺

（1）混凝土采用龙门吊配合骨料斗布料，其设计储料容量为 $10m^3$，按导管封口阶段进行容量控制，即骨料斗的储料满足每根导管首封混凝土量的要求。

（2）首批混凝土灌注时，先由骨料斗贮料，然后打开导管出料口，同时汽车泵连续不断放料，完成导管封口。

（3）混凝土导管封口从按照导管编号依次浇筑，当某一根导管封口完成后移动料斗再进行其相邻导管封口时，先测量待封导管底口处的混凝土顶标高，根据测量结果重新调整导管底口的高度。

(4) 导管封口完成后，按规定的时间进行及时补料，同一导管两次灌入混凝土的时间间隔控制在45min以内。

(5) 因封底混凝土厚仅3.0m，为保证导管有一定埋深，混凝土灌注顺利时，一般不随便提升导管，即使需要提管，每次提升的高度都严格控制在20～30cm。提升导管采用龙门吊，由专人统一指挥，用慢钩完成。

(6) 灌注过程中，根据灌注量，每隔一定时间测一次标高，用以指导导管下料，使混凝土均匀上升。

(7) 混凝土浇筑临近结束时，全面测出混凝土面标高，根据测量结果，对混凝土面标高偏低的测点附近的导管增加灌注量，直至所测结果满足要求。

(8) 当所有测点的标高满足控制要求后，结束封底混凝土灌注。

6) 封底混凝土组织措施

混凝土施工组织的好坏直接影响封底成功与否，本工程设立强大的组织机构，配备足够的劳动力，配备保养好施工机械设备，确保机械设备在浇筑过程中正常运行。做好混凝土原材料准备及检验工作、水电等设备的正常供给、后勤保障工作等，确保混凝土浇筑万无一失。

7) 封底施工质量保证措施

(1) 严格做好混凝土的试配，尤其要控制好混凝土的初凝时间和坍落度。

(2) 认真落实质量责任制，加强人、机、物的预控措施。

(3) 混凝土开盘前严格检查各环节是否按拟定方案落实，否则不准开盘，待消除隐患后，方能开盘。

(4) 加强质量监测，及时测量混凝土标高，控制好导管的提升和拆卸及埋深，埋深控制在1～2m之间。

(5) 保证混凝土的浇筑能力。

(6) 勤检混凝土的坍落度。

(7) 每根导管的首批混凝土灌注时要求连续、不能间断地进行，并且保证导管底口有不少于1.0m的埋深，确保首批混凝土灌注成功。

(8) 封底混凝土的顶面高程要求30号承台控制在52.095m、29号承台控制在53.958m，这就要求测量人员加大测量的频率及测点的数量，尽量真实地反映混凝土顶面高程的情况，并及时地反馈给指挥中心。

(9) 封底混凝土必须严格按照水下混凝土的操作规程一次浇筑完成，在围壁处不得出现空洞，不得渗漏水。封底混凝土顶面应保持平整。

7.3.5 钢板桩围堰的拆除

1. 钢板桩围堰拆除时，先向钢板桩与承台间填筑砂土混合物，并在承台上部浇筑25cm高混凝土冠梁。

2. 待冠梁混凝土达到强度后，拆除承台上一道内支撑。

3. 向围堰内注水至上一道支撑下1m标高，拆除内支撑直至第一道。

4. 内支撑全部拆除后，依次拔出钢板桩。

钢板桩拔除方法：先用打拔桩机夹住钢板桩头部振动 1～2min，使钢板桩周围的土松动液化，减少土对桩的摩阻力，然后慢慢地往上振拔，拔桩时注意桩机的负荷情况，发现上拔困难或拔不上来时，停止拔桩，可先行往下施打少许，再往上拔，如此反复可将桩拔出来。

7.4 主墩承台施工技术

7.4.1 施工工艺流程

本工程主墩承台基础分二次施工，即先施工承台部分，再施工塔座部分。承台施工采用钢板桩围堰，水下混凝土封底，再进行钢筋、模板、混凝土等工序的施工。

施工工艺流程图如图 7.4-1 所示。

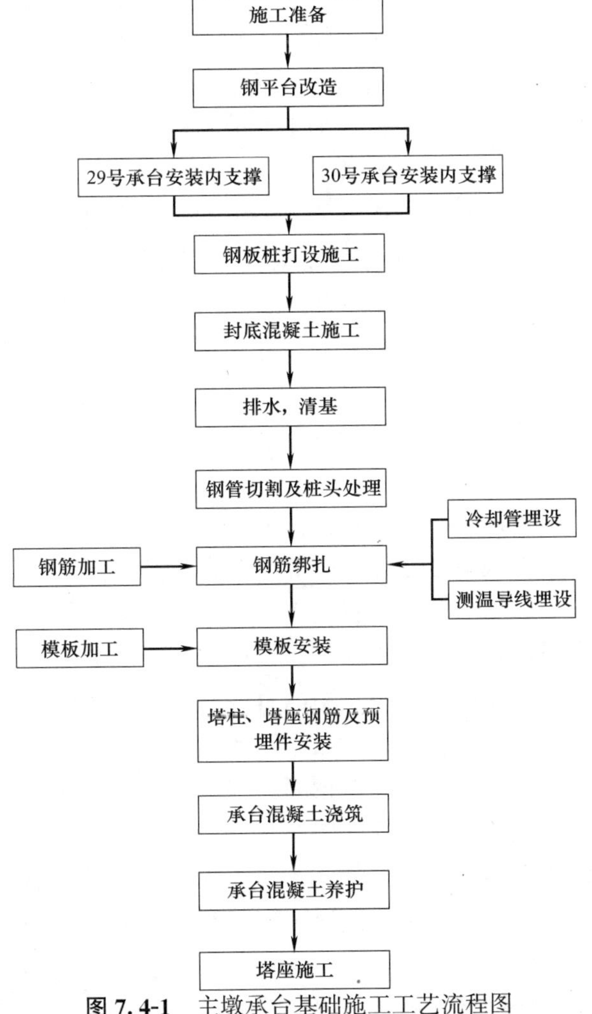

图 7.4-1 主墩承台基础施工工艺流程图

7.4.2　钢筋工程

1. 钢筋加工及运输

承台钢筋采用现场集中加工，进场钢筋经验收及复试合格后方可加工。

2. 钢筋加工工艺流程

钢筋翻样→钢筋断料→钢筋弯曲成型→挂牌堆放。

3. 加工要点

钢筋班组根据工长提供的配筋单加工，特殊部位钢筋由现场技术人员依据设计图纸将钢筋按部位放大样，抄写钢筋料牌，并经检查无误后由作业班组进行下料加工，钢筋加工现场建立严格的钢筋加工生产安全管理制度，以实际施工进度提前加工。钢筋原材和成型钢筋进行挂牌标识和分类堆放。钢筋工长对钢筋加工进行技术交底，在工作过程中进行指导抽查，成品在完成钢筋加工的检验后方可进行绑扎施工。

钢筋切断时避免用短尺量长料，防止在量料中产生累计误差，为此在工作台上标出尺寸刻度，并设置控制断料尺寸用的挡板。在切断过程中，如发现钢筋有劈裂、缩头或严重的弯头等必须切除。如发现钢筋硬度与该钢种有较大的出入，及时向工长反映，立即采取处理措施，钢筋的断口不得有马蹄形或起弯等现象。

钢筋配料、加工在钢筋加工场进行，加工好的半成品钢筋由平板车运至现场。

主筋按照50%错头和1.0m错头长度进行配料。水平箍筋按施工图纸所示钢筋大样图，在确保保护层厚度、绑扎搭接长度的要求下下达钢筋配料通知单，据此进行配料。

直径28mm的HRB335主筋采用等强度滚扎直螺纹接头连接，先用套丝机对钢筋两端头进行套丝，在一端套上螺纹套筒。钢筋的套丝及螺纹套筒的一端套接均在钢筋加工场完成。为保证钢筋连接的顺利进行，要对加工好的钢筋在运输及吊装过程中加强保护，尤其是钢筋的外露螺纹及套筒的内螺纹。

钢筋按要求加工成半成品，分类编号堆存。堆存时，其下放枕木以利排水，上面覆盖彩条布防雨。

4. 钢筋连接

本工程承台钢筋连接方式包括普通搭接焊接和直螺纹套筒连接。

1）搭接焊接

（1）钢筋搭接连接时，单面焊接≥10d；双面焊接≥5d。

（2）搭接焊接接头的焊缝厚度不小于主筋直径的0.3倍，焊缝宽度不小于主筋直径的0.8倍。

（3）搭接焊时，钢筋应预弯，使两条钢筋的轴线在同一条线上。

2）滚轧直螺纹连接

滚扎直螺纹连接接头应用于直径大于16mm（包括16mm）的钢筋接头。钢筋的滚扎直螺纹套筒连接，连接标准采用《滚扎直螺纹钢筋连接接头》JG 163—2004。

（1）连接套筒

经检验确认符合要求的钢材。供货单位必须提供质量证明，并符合有关国家的标准规范及《钢筋机械连接通用技术规程》JGJ 107—2003 的有关规定。

（2）丝头加工

加工丝头的牙形、螺距一致、有效丝扣的秃牙部分累计长度小于一扣，钢筋端头平整且与钢筋轴线垂直。

（3）滚轧钢筋直螺纹时，采用水溶性切削润滑液，气温低于 0℃时掺入 15%～20%的亚酸钠，不得用机油作切削润滑液或不加润滑液滚轧丝头。

（4）经自检合格的钢筋端头螺纹，对每种规格加工批量随机抽检 10%，且不小于 10 个，如有一个端头螺纹不合格，即对该批加工批逐个检查，不合格的端头螺纹重新加工经再次检验方可使用。已检验合格的丝头加以保护，钢筋一端丝头戴上保护帽，另一端拧上连接套，并按规格分类堆放整齐待用。

（5）连接钢筋时，钢筋规格和连接套的规格保持一致，并确保钢筋和连接套的丝扣干净完好无损。

（6）连接钢筋时可用普通扳手拧紧。接头拧紧后检查外露丝扣不应多于 2 丝，并用油漆做好标志。

（7）标准型和异径型接头：先将连接套与一端钢筋拧到位，再将另一端钢筋也拧到位。

（8）活连接型接头：先对两端钢筋向连接套方向加力，使连接套与两端钢筋丝头挂上扣，然后旋转连接套，并到位拧紧。

5. 钢筋洞口预留

承台面钢筋预留一个人孔以方便施工人员通行，洞口大小 80cm×80cm，如图 7.4-2 所示。

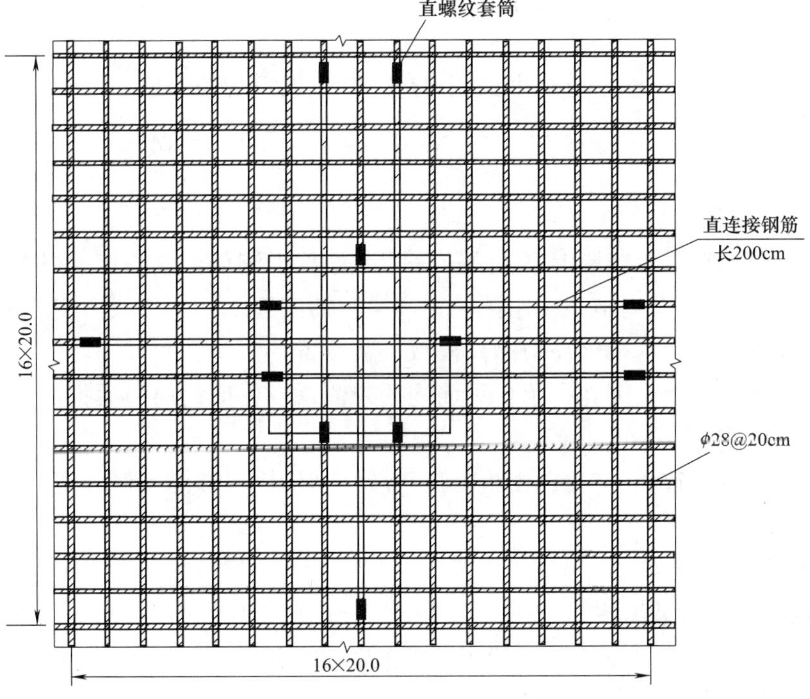

图 7.4-2 预留洞口示意图

钢筋断开位置接头错开1m，总共有6根钢筋需要断开，采用直螺纹套筒连接，施工时拧下洞口钢筋，当浇筑的混凝土面离承台面不大于2m时，承台内不需要人员进行操作，应立即将洞口按施工前的连接方式封闭。

6. 钢筋绑扎施工

1）承台钢筋绑扎流程

在混凝土面上画底层钢筋位置→摆放马凳→绑扎板底钢筋→承台外层钢筋→绑扎水平箍筋→绑扎中层主筋→绑扎架立钢筋→绑扎承台面主筋→绑扎塔座及塔柱预埋钢筋→验收。

2）施工要点

（1）在封底混凝土面上弹出钢筋的外围轮廓线，并用油漆标出每根钢筋的平面位置。承台钢筋集中加工，现场进行绑扎；搭设钢管架或临时支撑绑扎、固定好承台上层钢筋和预埋于承台内的钢筋；按线摆放钢筋，要求横平竖直。

（2）钢筋保护层的设置，采用混凝土垫块，其抗腐蚀能力和抗压强度高于承台混凝土。垫块按照钢筋直径制成十字形凹槽状，绑扎在钢筋十字交叉处以保证垫块绑扎后不会转动，保护层垫块的设置要求呈梅花形布置，侧面和底面至少为4个/m^2。承台底层钢筋净保护层厚度为178mm、侧面钢筋净保护层厚度设置61mm，顶层钢筋净保护层厚度为64mm。

（3）桩顶锚入承台内的钢筋长度为1900mm。在承台钢筋绑扎时，同时做好预埋件以及综合接地等钢筋的焊接工作。

（4）塔柱钢筋刚度大，为保证塔柱混凝土保护层符合设计要求，塔柱钢筋应精确预埋，定位牢固。

（5）注意施工中架立钢筋应与主钢筋点焊，防止钢筋骨架垮塌。

7.4.3 模板工程

1. 模板安装准备

1）钢筋绑扎前在承台垫层混凝土面上采用全站仪引测承台中心点，以中心点为基点，测出每条角点及边线，根据施工图用墨线弹出模板的内边线和中心线。

2）用水准仪把承台水平标高引测到模板安装位置。

3）采用混凝土预制块绑扎在承台钢筋网的外侧，以保证钢筋与模板位置的准确。

2. 模板安装顺序

测量放线→模板与钢筋定位→模板就位组装→加设模板外侧支撑→支撑检查及加固→检校→模板验收。

3. 模板安装施工要点

承台模板均采用散装散拼。

模板平整度及垂直度应认真进行复检，确保准确无误。

4. 模板支撑设计

钢管采用ϕ48×3.5mm钢管，水平钢管间距为500mm，两道分布一端顶托在竖向背楞上，一端顶托在钢板桩上。采用 ϕ20 对拉螺栓，横向间距为 500mm，纵向间距为 2450mm，对拉螺栓垫梁采用 2 [10 槽钢。模板支撑体系布置如图 7.4-3 所示，大样图如图 7.4-4 所示。

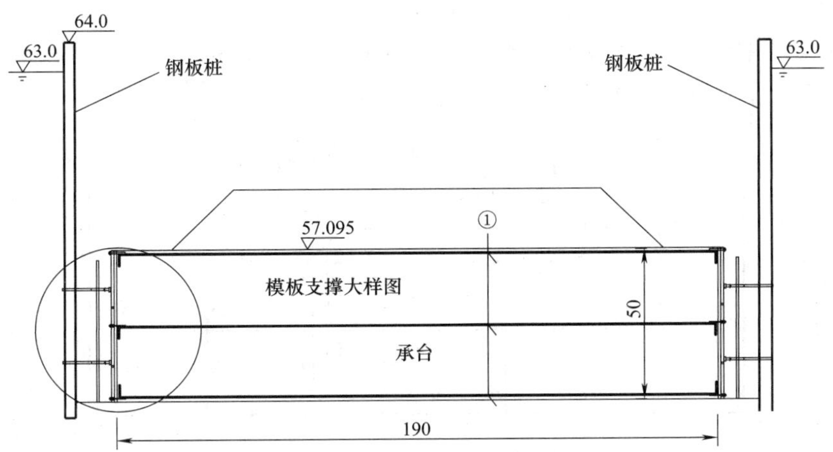

图 7.4-3 模板支撑体系布置图

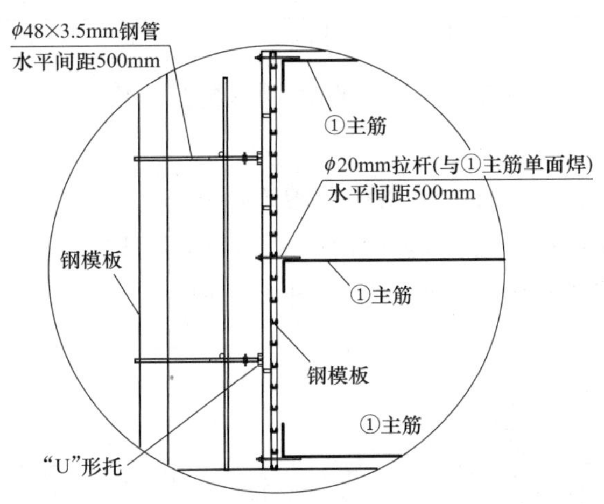

图 7.4-4 模板支撑体系大样图

对拉杆与主筋采用焊接连接，焊接为单面焊，焊接长度不小于 20cm。

7.4.4 预留预埋施工

主墩承台上设有塔座，用来支撑塔柱，同时也作为主梁及下横梁施工的支架基础，因此承台面上预埋有大量的预埋件及预留钢筋。

部分预留预埋说明如下：

1. 为保证各预留预埋的准确性，塔座及塔柱的预埋钢筋的绑扎在承台钢筋安装完成后进行，并在模板立设完毕并复测合格后再次进行检查，根据模板上口尺寸控制其准确性，并与承台钢筋焊接形成一个整体骨架以防移位。塔座及塔柱钢筋的预埋按照《襄阳市内环线工程两阶段施工图设计——索塔及基础》施行。

2. 塔吊与电梯井基础预埋件应在钢筋及模板安装过程中及完成以后预埋。预埋件为塔吊及电梯自带标准件，其中电梯基础位于塔座斜面上，为便于电梯基础预埋件埋设，将420cm×200cm范围内的基础加高至塔座面标高，加高部分与塔座同时施工，其混凝土强度等级同承台强度等级。(塔吊和电梯布置在桥梁外侧)

3. 下横梁及主梁0～2段支架基础预埋钢板采用钢板加锚筋的形式，在承台模板安装完成以后进行预埋。塔吊和电梯基础预埋件布置如图7.4-5所示。

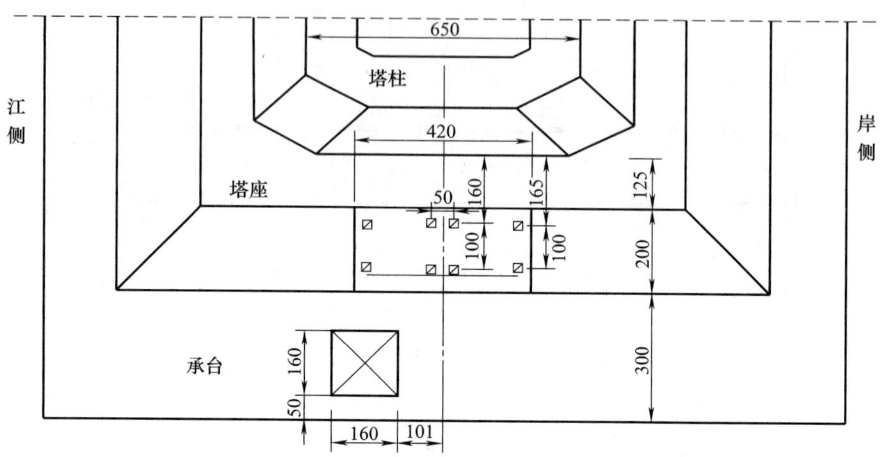

图7.4-5　塔吊和电梯基础预埋件布置图

4. 防雷接地预埋

主塔避雷针安装在金属桅杆，主塔的每根塔柱内用50mm×5mm镀锌扁钢从上至下敷设两根引下线，引下线与承台接地网焊接。承台内采用50mm×5mm镀锌扁钢进行基桩等电位焊接。主梁支架基础预埋件布置如图7.4-6所示。

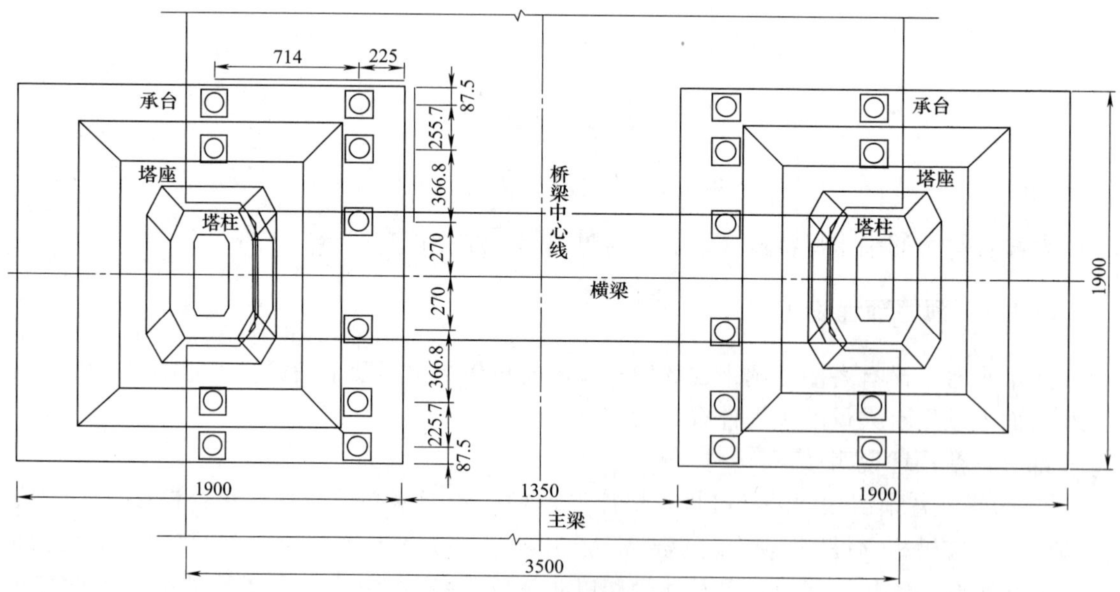

图7.4-6　主梁支架基础预埋件布置图

7.4.5 大体积混凝土施工

单个承台尺寸为19m×19m×5m，承台上设有2m高塔座，其中承台5m高一次浇筑，混凝土方量1805m^3，第二次浇筑塔座，混凝土方量305m^3。主桥南北两岸各设一座HZS120型拌合站，可确保每小时供应70m^{3}混凝土。混凝土采用2台SY5270THB-37混凝土汽车输送泵泵送混凝土施工。混凝土浇筑时呈水平分层（每层厚度30cm）、斜向分段的阶梯形，采用插入式振捣器振捣，混凝土下料高度大于2m时采用串筒下料。

由于混凝土用量较大、浇筑时间长，对混凝土的各项性能要求较高，为防止大体积混凝土在水化过程中结构内部产生过高的水化热温度，使结构产生有害裂缝，从混凝土原材料到混凝土浇筑施工中采取了一系列有效的技术控制措施。

低水化热混凝土配合比设计

1. 原材料优选

混凝土原材料如表7.4-1所示。

混凝土原材料 **表7.4-1**

名称	水泥	掺合料	减水剂	砂	碎石
产地	葛洲坝	襄阳电厂	江苏博特	唐白河	南漳吴家沟
品种	P.O42.5	Ⅰ级	PCA	中粗砂	5～31.5mm

2. 原材料选用说明

1）水泥

水泥用量越大、坍落度越大、单方混凝土含水越高，混凝土收缩越大。在设计混凝土配合比时，在满足强度等技术指标条件下，尽量降低水泥用量、单方用水量及采用较小坍落度控制水灰比。水泥采用葛洲坝P.O42.5水泥，此水泥水化热较低，适宜于大体积混凝土的施工，能有效降低早期混凝土内部的中心温度。28d强度50.1MPa。

2）粉煤灰

襄阳电厂（天健公司）Ⅰ级粉煤灰质量稳定，其细度、烧失量、需水比等主要指标均满足国家标准，并可以满足工程使用要求。在混凝土中掺加粉煤灰，有效地改善了混凝土的黏聚性和可泵性，还可节约水泥。

3）减水剂

采用江苏博特生产的PCA型减水剂，减水率基本在25%左右，且与葛洲坝水泥、襄阳电厂粉煤灰适应性较好。混凝土初凝时间一般控制在20h左右，混凝土凝结时间的延长推迟混凝土内部的热峰出现，降低混凝土内部的最高温升。

4）碎石

虽然骨料粒径越粗，砂率越低，收缩越少，但其与水泥浆的界面发生大的缺陷的几率也越大，反而不利于混凝土的质量。综合考虑多种情况及实践经验，选用粒径5～31.5mm连续粒径级配的南漳吴家沟碎石。含泥量严格控制在1%以内。

5）砂

细度模数 2.49。含泥量严格控制在 2%以内。

3. 混凝土配合比优化

混凝土自身的物理、热学性能是影响大体积混凝土温度裂缝控制效果最基本、最重要的影响因素，混凝土配合比优化是温控方案设计的首要任务。大体积混凝土配合比设计原则是配制出绝热温升小、抗拉强度较大、极限拉伸变形能力较大、热强比小、线胀系数小，自身体积变形最好是微膨胀，至少是低收缩的混凝土。为提高自身混凝土的抗裂性能，对混凝土配合比进行了优化。

4. 计算过程及结果

依据《大体积混凝土施工期温度场及仿真应力分析程序包》（由中交武汉港湾工程设计研究院有限公司和清华大学研制开发），采用德国有限元剖分程序 GID 进行前后处理计算。

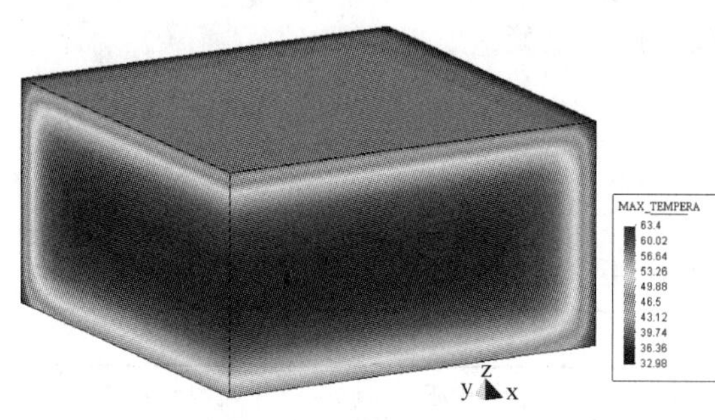

图 7.4-7　承台最高温度包络图

根据施工工期安排对应的气候情况，承台浇筑温度不超过 28℃，承台内部最高温度为 63.4℃，温峰出现时间为 3d，承台最高温度包络图如图 7.4-7 所示。承台温度应力场分布如图 7.4-8～图 7.4-11 所示（单位：0.01MPa）。

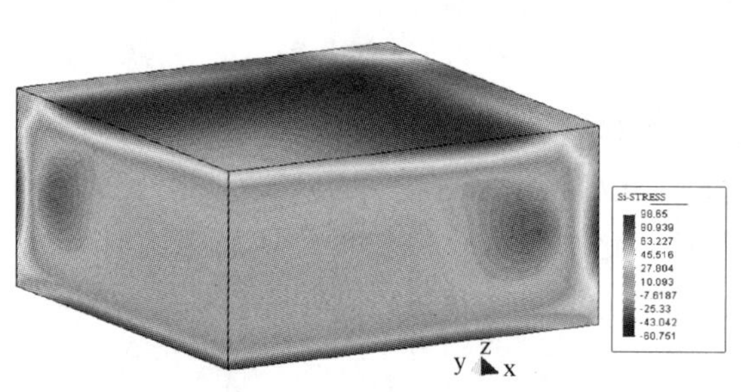

图 7.4-8　承台 3 天应力场图

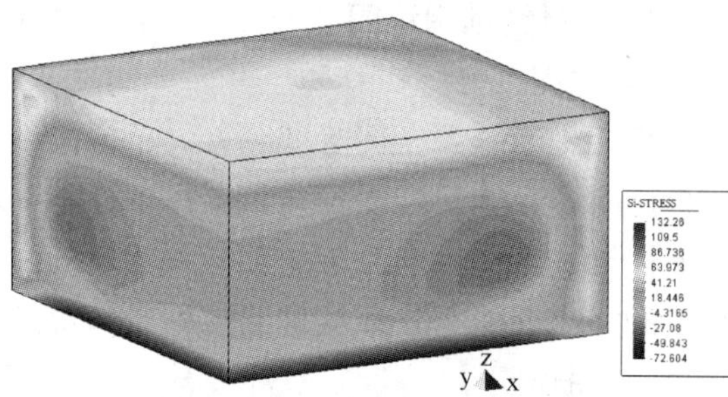

图 7.4-9　承台 7 天应力场

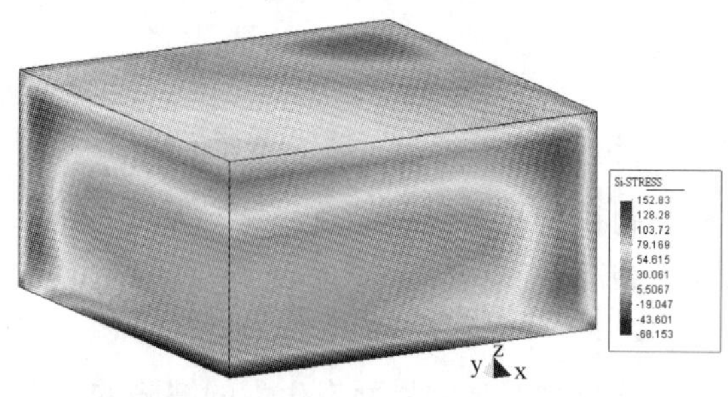

图 7.4-10　承台 28 天应力场图

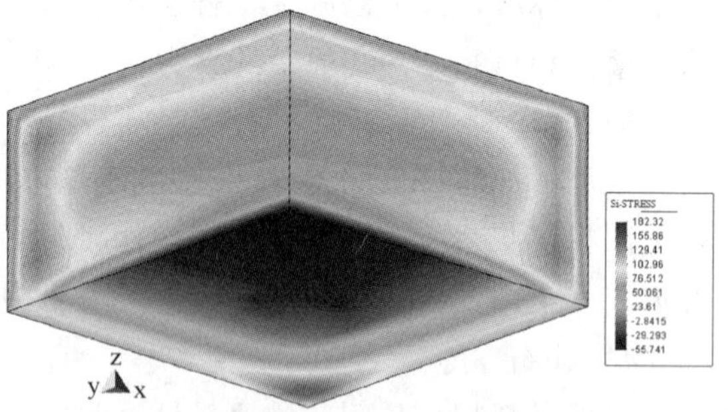

图 7.4-11　承台半年后的应力场

承台温度应力计算结果如表 7.4-2 所示。

承台温度应力场结果　　表 7.4-2

部位＼龄期	3d	7d	28d	半年
承台	0.99	1.32	1.53	1.82
最小安全系数	2.07	1.78	1.96	1.87

结合表 7.4-2 温度应力结果可知，承台温度各龄期的抗裂安全系数均在 1.4 以上，施工中满足以上计算设定的条件，就能保证承台不出现有害的温度裂缝。因此施工中温控的关键点是：①浇筑温度的控制（即入模温度）；②冷却水管通水的及时、稳定和持续；③早龄期内表温差的控制；④混凝土的持续养护。

5. 大体积混凝土温度现场控制措施

1）入模温度控制

主墩承台混凝土施工时间处于 10、11、12 月份，其日平均气温分别为 22.7℃、15.7℃、5.5℃，此气温条件对混凝土的浇筑温度控制在 28℃以内比较有利，同时还采取了以下措施：

（1）砂石料、水泥和外加剂罐子外围采用彩板房封闭以避免阳光直射，同时搅拌用水采用地下水，控制拌合用水的温度。

（2）对搅拌站内场进行不定期湿润处理以降低站内整体环境温度。

（3）严格控制粉料入罐温度，确保粉料进罐温度在 60℃以内。

（4）将混凝土开盘时间安排在夜晚开始。

（5）加强现场协调，加快混凝土浇筑进度，减少或避免了混凝土罐车长时间等待的现象。

2）冷却水循环降温

根据混凝土内部温度分布特征及控制最高温度的要求，承台埋设六层冷却水管，水管水平和垂直间距为 0.8m，冷却水管为外径 42mm 的铁管。冷却水管采用橡胶管套接，确保不漏水，连接时两根冷却水管在橡胶套管内应对碰，避免橡胶管弯折阻水，用多重铁丝扎紧。

每根冷却水管设置一个分水器，这样便于对该层的每套水管的流量进行控制。同时，对每套水管编号，便于根据不同部位温度不同可单独调节该水管的流量，并委派专人对冷却水管进行管理。冷却水管分水器如图 7.4-12 所示。

冷却水管使用及其控制：

（1）冷却水管使用前进行压水试验，防止管道漏水、阻水，通水时间在 1h 左右，保证在 0.5MPa 下不渗漏。对于管道漏水、阻水的部位立即进行修复；

（2）混凝土浇筑到各层冷却水管标高后开始通水，各层混凝土峰值过后尽快减缓或停止通水，冷却水流量控制应委派专人管理；

（3）冷却水采用江水；

（4）冷却水温度 20℃左右，升温时段通水流量应使流速达到 0.6m/s 以上，流量应大于 45L/min，形成紊流，降温时段，可通过水阀控制减缓通水，使流速减半，水流平缓，保证混凝土内部温度整体均匀降低；

图 7.4-12 分水器

(5) 供水泵采用离心式水泵，水泵功率大小根据水管套数和通水流量选取；

(6) 待冷却水管通水结束并养生完成后，应采用同强度等级水泥砂浆封堵冷却水管。

3) 混凝土浇筑过程控制

混凝土浇筑过程的质量控制对有害裂缝的产生也有一定的影响，例如混凝土的坍落度、混凝土的振捣及后期处理等。

主墩承台混凝土的设计配合比坍落度为150～180mm，混凝土拌合时取其下限控制；对混凝土下料高度不大于2m的情况，采用串筒下料；混凝土振捣过程中采用专人分区负责，防止漏振、过振；在承台浇筑完毕后，使用木杠刮除混凝土表面的浮浆并刮平混凝土面，在混凝土初凝前人工一次压实抹平。

4) 养护

承台混凝土温峰前采用带模养护，在承台混凝土达到温峰后拆除模板。

混凝土浇筑完成后，立即抹压并覆盖塑料薄膜及一层干麻袋或保温棉进行保湿蓄热养护。模板拆除后采用保温棉覆盖保温养护14d以上。根据测温情况调整覆盖层厚度。

6. 施工过程温度监测

1) 测温仪器

本工程测温监测采用TM6902D型袖珍式数字温度表。测温系统由主机与测温探头或测温线连接构成，可根据现场需要和测温点数量灵活配置。预埋式测温线由插头、导线和温度传感器制成，适宜测量混凝土内部温度，每支测温线可测一点温度，在施工中可任意布置测温点。

2) 测温要求

由于混凝土体积较大，聚集在内部的水泥水化热不易散发，导致混凝土内部迅速升温，而其表面则散热较快，形成了较大的温度差，使混凝土内部产生压应力，表面产生拉应力，而混凝土在养护期间抗拉强度较低，当温差产生的抗拉应力超出混凝土极限抗拉强度时则会在混凝土内部和表面产生裂缝。测温的要点就是控制混凝土浇筑体因水化热引起的温升、内外温差及降温速度等，防止混凝土出现有害的温度裂缝。其相关控制指标如下：

(1) 混凝土浇筑温度：承台 $T \leqslant 28.0$℃。

(2) 混凝土内部最高温度：承台 $T_{max} \leqslant 65.0$℃。

(3) 混凝土内表温差：承台 $\Delta T \leqslant 25.0℃$。

(4) 混凝土降温速率：$\Delta u \leqslant 2.0℃/d$。

混凝土表面与内部温差报警值为25℃，绝对温度不超过65℃。接近报警值则及时调整循环水的速度及增大蓄水层的厚度。监测中混凝土降温速率过快，可以减缓或停止冷却水管通水，增厚保温层，减少降温阶段散热量。

3) 测温点布置

承台内布设测温点36个，分4层布置，布置如图7.4-13、图7.4-14所示。

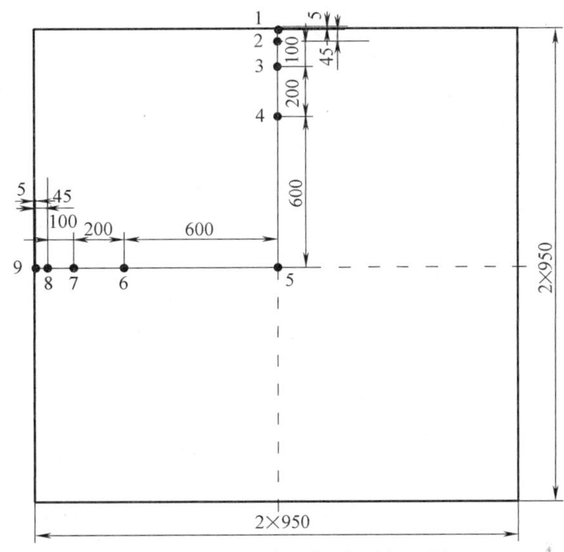

图7.4-13　测温点平面布置图

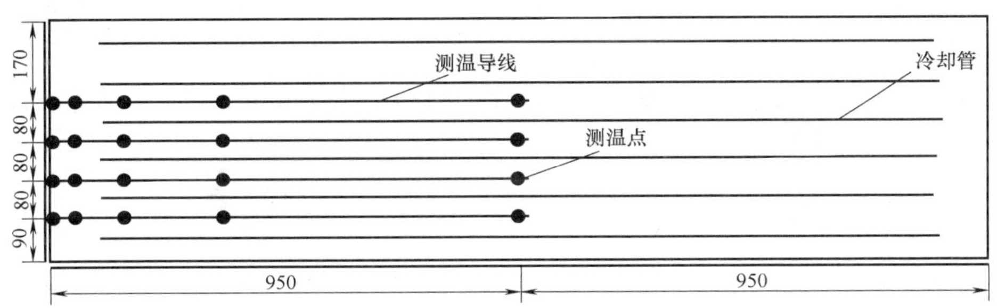

图7.4-14　测温点立面布置图

4) 测温数据分析

承台混凝土浇筑过程中即开始测温，峰值以前每2h监测一次，峰值出现后每4h监测一次，持续5d，然后转入每天测2次，直到温度变化基本稳定，每次观测完成后及时填写记录表。混凝土浇筑过程中温度监测如图7.4-15、图7.4-16所示。

图7.4-15　混凝土浇筑过程中温度监测图

图7.4-16　混凝土养护过程中温度监测

经过对测温数据的整理，得出本工程大体积承台温度变化如图 7.4-17 所示。

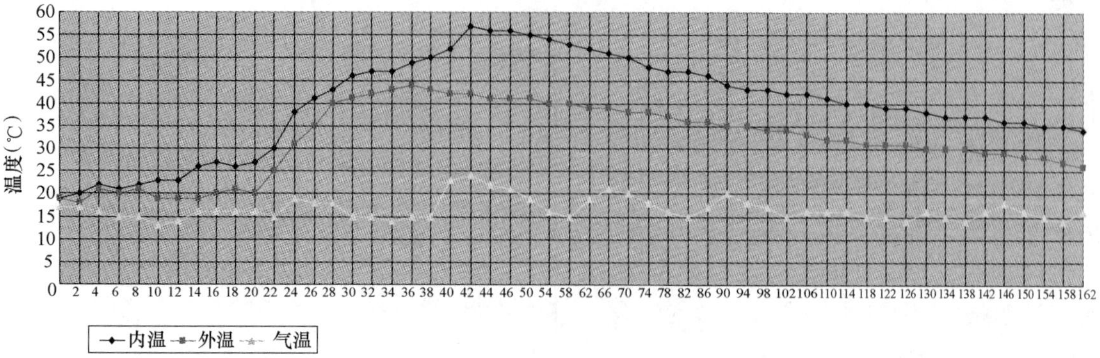

图 7.4-17　承台大体积混凝土测温曲线图

混凝土入模后，覆盖到测温点时开始测温，从温度变化曲线可以看出，混凝土入模温度在 15～20℃之间，在混凝土入模后 42h 达到温峰 57℃，随后温度开始缓慢下降，冷却管进出口水温最大相差 6℃，全过程中混凝土内外温差最大为 15℃，相关指标均符合大体积混凝土温度控制要求。

从施工效果及测温情况可以看出，混凝土原材料选用及配合比设计合理，混凝土浇筑过程及温控措施控制到位。

7.4.6　塔座施工

1. 钢筋安装

塔座钢筋的绑扎要求同前述承台钢筋施工的相关要求。③与⑤钢筋在承台施工时安装到位，②和④则部分预埋，施工塔座时连接完成，其钢筋分节如图 7.4-18、图 7.4-19 所示。

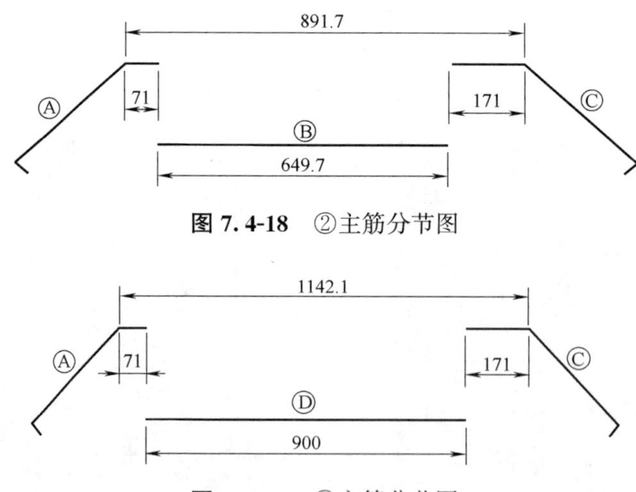

图 7.4-18　②主筋分节图

图 7.4-19　④主筋分节图

②和④中的 A、C 节与承台钢筋一起安装预埋，安装时接头相互错开 1m，B、D 节则

在承台施工完成后安装，均通过直螺纹套筒连接。

塔座顶面预留人孔方法同承台钢筋预留人孔。

因塔柱钢筋刚度大，为保证塔柱混凝土保护层符合设计要求，必须对承台施工时预埋的塔柱钢筋位置进行复测，对偏差较大的钢筋应在塔座顶部调整，直至符合设计要求。

2. 劲性骨架预埋

全塔均设有劲性骨架，为施工测量放样、定位、绑扎钢筋、立模、索道管定位和施工中承受偏心荷载提供依托。劲性骨架从塔座开始预埋，劲性骨架在加工车间预制，在加工平台上，利用∟80×50×8mm 角钢做竖向立柱，其他横向及斜向撑采用∟50×6mm 角钢。如图 7.4-20～图 7.4-22 所示。

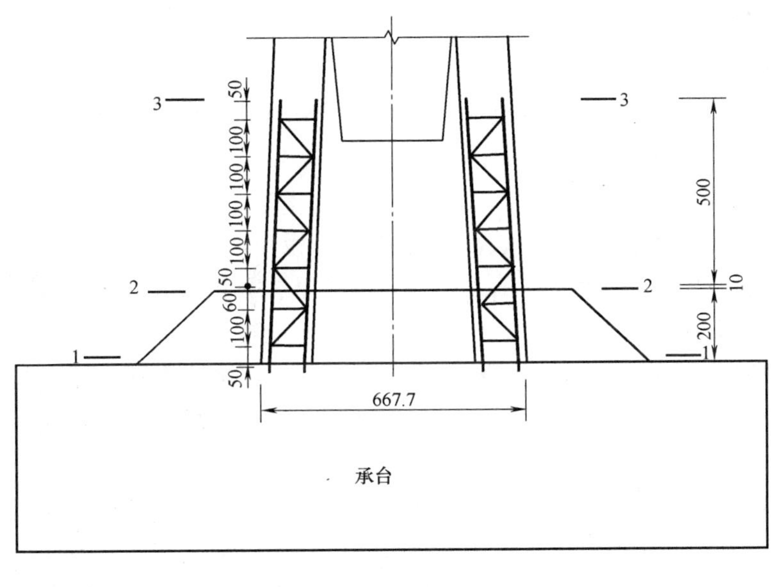

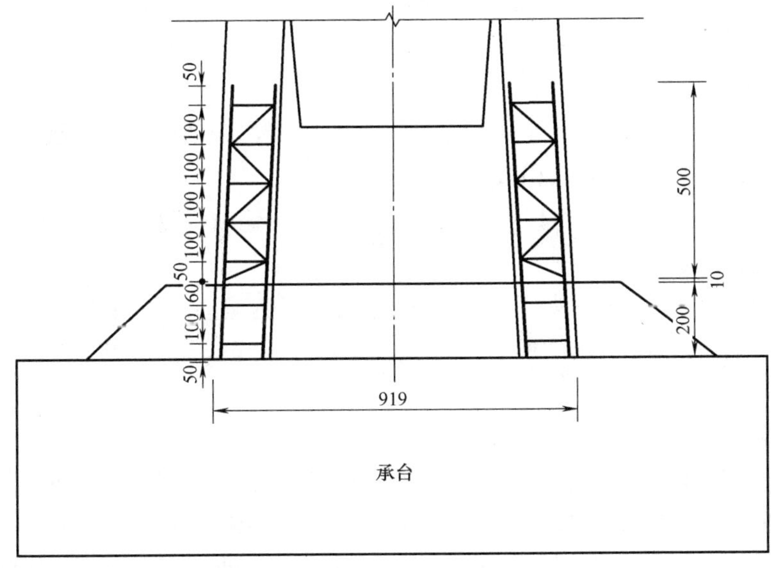

图 7.4-20 下塔柱劲性骨架立面图

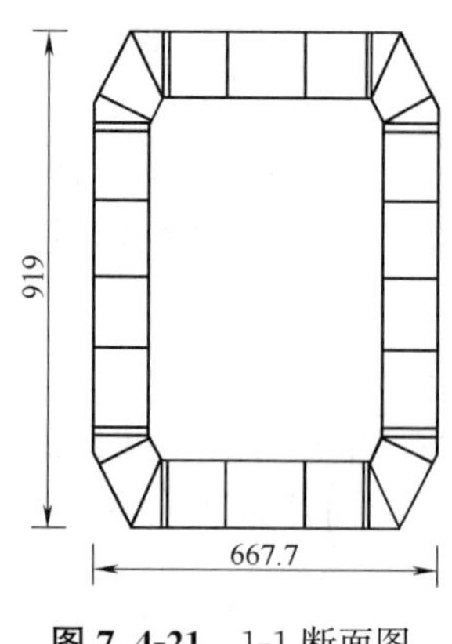

图 7.4-21　1-1 断面图

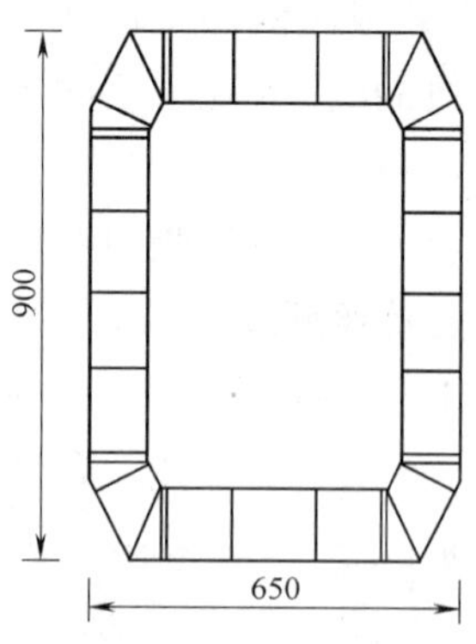

图 7.4-22　2-2 断面图

3. 模板安装

塔座模板安装质量要求同承台模板，在安装模板前应准确将塔座边线放样，并在承台上弹上墨线。

1）模板选材

塔座模板采用钢模板，并在内表面使用透水模板布，可以使混凝土表面的水灰比减小，提高混凝土强度，防止化学细菌的侵蚀；提高结构物的使用寿命；混凝土表面密实，不出现麻面。使用方法如下：

（1）在粘贴模板布时一定要把模板清理干净，放置水平，先把模板布裁成所需要的尺寸大小，然后采用固尔奇 899 万能气雾胶粘剂粘贴，把胶水均匀地喷在模板上，然后进行粘贴模板布。

（2）模板布接头部位一定要对齐，使两者之间的缝隙减小到最小，尤其在有弧线的部分一定要处理好，不要让模板布有折皱部分存在，这样会影响其外观效果。

（3）在粘贴时让底部和四周各露出模板 5cm，这正是它发挥排水效果的关键所在。

（4）粘贴好模板布后的模板不需再涂任何脱模剂，在未立模前用塑料布盖好，应保持其表面的清洁程度。

（5）在施工时，尽量选用有经验的振捣工进行振捣，振动棒尽量不要碰上模板，这样会碰坏模板布，降低其使用次数和效果。

（6）在施工结束后，拆除模板后要及时地养护，保证结构物的温度和湿度。

2）模板支撑结构

模板加固拉杆采用 ϕ22mm 带丝口的拉杆与预埋钢筋焊接（单面焊长度不小于 22cm），承台浇筑混凝土时按图 7.4-23 中所示预埋直径不小于 22mm 的 HRB335 级钢筋。塔座模板固定形式如图 7.4-23 所示。

4. 混凝土浇筑及养护

（1）为尽量缩短塔座与承台混凝土施工的龄期差，塔座混凝土施工在承台浇筑完成后 15d 内施工，混凝土浇筑要求基本同承台混凝土施工，浇筑设备采用一台汽车输送泵，混凝土分层振捣。为保证斜面混凝土的成型质量达到规范要求，混凝土分层厚度按 30cm 控制，同时减缓斜面处混凝土的浇筑速度，加强塔座斜面混凝土的振捣，混凝土振捣工应进

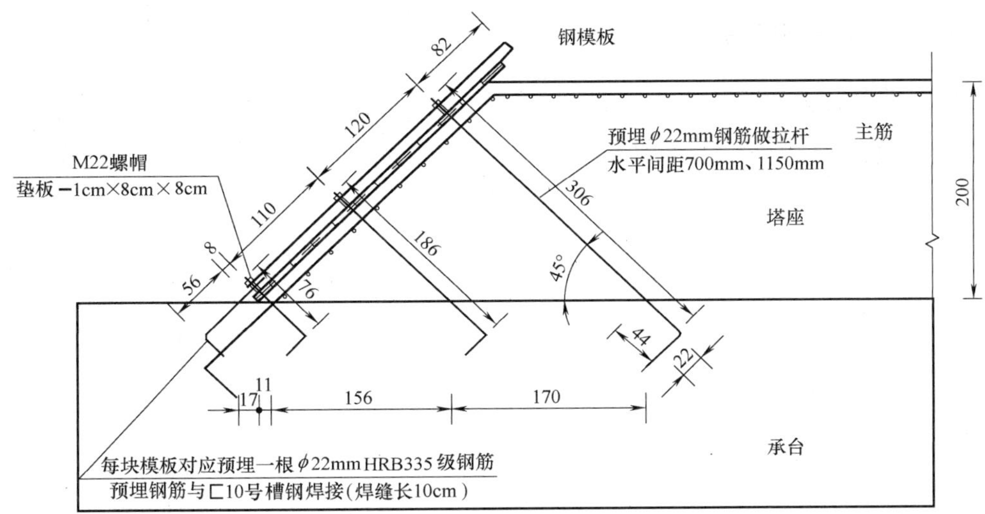

图 7.4-23 塔座模板支设详图

入斜面下方逐点振捣，不得出现漏振、过振。

（2）混凝土养护方式为覆膜保湿养护。混凝土收光时覆盖薄膜，根据环境气温情况决定是否铺设保温棉。

7.5 实施效果

7.5.1 围堰实施效果

（1）超厚砂卵石层地质水中钢板桩围堰设计从钢板桩、内支撑和封底混凝土方面进行设计计算，使钢板桩围堰在超厚砂卵石层应用得到了技术保障，实际工程应用表明，钢板桩围堰选择设计计算方法合理正确，并第一次考虑桩基钢护筒的约束作用对封底混凝土进行折减，并进行量化。工程实践证明折减系数是合理的，降低了围堰成本。

（2）针对超厚砂卵石层侧摩阻力大。个别大粒径卵石阻碍了钢板桩插打的情况，通过采用高压气水引孔桩预先成孔，使钢板桩顺利插到设计标高，且桩头整齐，效果明显。

（3）钢板桩围堰先檩后桩施工技术的采用，克服了砂卵石层强透水性导致的围堰抽水安装内支撑困难的问题，并保证了钢板桩的垂直度和围堰的顺利合拢，围堰吸泥设备简单实用、防漏水措施效果明显。汉江三桥总计钢板桩围堰 32 个，已经全部施工完成，整个工程中没有出现安全事故，实际工程证明上述技术科学合理，使得钢板桩围堰在超厚砂卵石地质水中承台施工时得以应用，拓宽了钢板桩围堰的应用范围。

（4）深水超厚砂卵石地质钢板桩围堰的设计与顺利实施，打破了汉江和长江流域主墩承台采用双壁钢围堰施工惯例的神话，节约了大量钢材，比原计划采用双壁钢围堰施工简单、方便，质量易于控制，缩短了工期，且具有良好的经济效益，仅主墩钢板桩围堰为工程节约费用 931.576 万元。

7.5.2　承台实施效果

大体积承台混凝土施工采用了有限元模拟和分层智能温控措施，避免了温度裂缝的出现，保证了结构构件的耐久性，使得大体积混凝土一次施工得以实现，减少了工序，缩短了工期，仅主墩四个大体积承台节约费用 20 多万元。

第8章 墩柱施工

8.1 桥墩工程概况

襄阳汉江三桥桥墩工程主要包括跨南堤及南滩桥1号～28号桥墩以及北滩桥31号～56号桥墩，其中跨南堤及南滩桥桥墩墩身56座（墩身用横梁连接在一起的按一座墩身考虑，下同），北滩桥桥墩墩身54座，共计桥墩墩身110座。跨南堤及南北滩桥墩身高度为7.95～31m，墩身厚度为2～4m，墩身混凝土强度等级为C40（除54号～56号钢箱梁桥墩外）、C30（54号～56号桥墩），墩身钢筋均采用HRB335级钢筋。

整个桥墩墩身立面形式主要有以下几种：①直线型（28号与31号桥墩）；②门式墩（1号墩、54号～56号墩）；③直线段加曲线段桥墩（除28号、31号、1号、54号～56号）。其中门式墩又分为两种：1号墩、54号～56号墩，直线段加曲线段根据弧线半径不同亦分为两种。具体立面形式如图8.1-1所示。

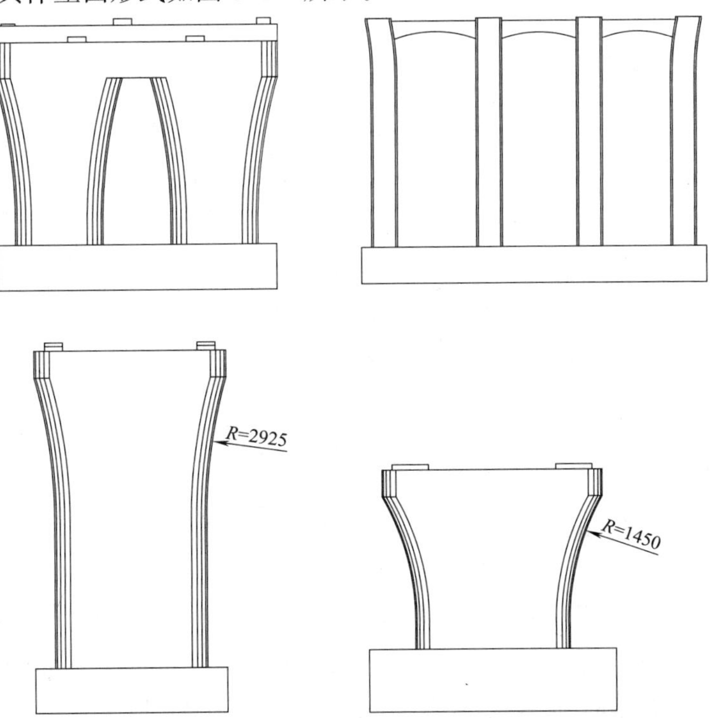

图8.1-1 跨南堤及南北滩桥桥墩立面示意图几种形式

跨南堤及南北滩桥主要工程量如表8.1-1所示。

跨南堤及南北滩桥主要工程量表 表8.1-1

位置	钢筋量(kg)				混凝土(m^3)			连接器 ϕ28(套)
	ϕ28	ϕ25	ϕ16	ϕ12	C40	C35	C30	
跨南提	267658.4	8231.2	0	0	4662.8	0	0	6152
南滩桥	901984.2	0	583078.8	0	9561.6	0	0	15528
北滩桥	1025620.8	59149.5	0	22276.4	11939	0	597.6	15673
28号、31号	229477.2	0	150193.2	0	2922.8	0	0	4100
合计	242741	67380.7	733272	22276.4	29086.2	0	597.6	41454

8.2 墩柱模板设计

本工程桥墩模板由专业厂家设计，设计要点如下：从结构特点出发，充分考虑了结构施工要求，在满足混凝土施工质量要求，并保证施工安全的前提下，做到了模板最大限度通用，尽可能地减少模板数量和规格，使模板设计制造更符合施工实际要求，达到适用、经济、合理、安全。

要求模板板面之间应平整，接缝严密，不漏浆，能够保证结构物外露面美观，线条流畅，结构简单，制作装卸方便。模板必须具有足够的强度、刚度及稳定性，确保施工过程安全可靠。

8.2.1 滩桥桥墩模板设计

模板面板采用6mm厚热轧钢板，纵肋采用单根[10号槽钢和12mm厚钢板，间距为300～400mm；筋板采用8mm厚扁钢，间距为400～500mm；背楞采用双[16号槽钢或[14号槽钢，侧面背楞活连接需要钩栓连接，体内对拉与背楞斜拉用直径25mm的圆钢。1号～15号、17号～21号、23号～26号墩身模板构造如图8.2-1所示。

所有模板采用平口对接的方式，为保证平口对接严密、不漏浆，边框与面板4cm处打ϕ6mm的漏焊孔，标准件连接特制橡胶海绵条加紧。模板连接处处理示意图如图8.2-2所示。

8.2.2 跨南大堤桥桥墩模板设计

桥墩模板面板厚6mm，边框12mm，纵肋[10号槽钢，间距350mm左右，筋板厚8mm，背楞双[16a号槽钢，间距1m左右。分模形式：四角对拉形式，圆弧带在侧面模板上。墩身部分：考虑通用，配H=3000mm、1500mm、1000mm、500mm及200mm五种规格，在此基础上调配不同墩高，特殊墩高在施工时处理；墩帽部分：高度方向分两节，整体组拼，一次浇筑。桥墩模板分节示意图如图8.2-3所示，墩身和墩帽模板如图8.2-4～图8.2-6所示。

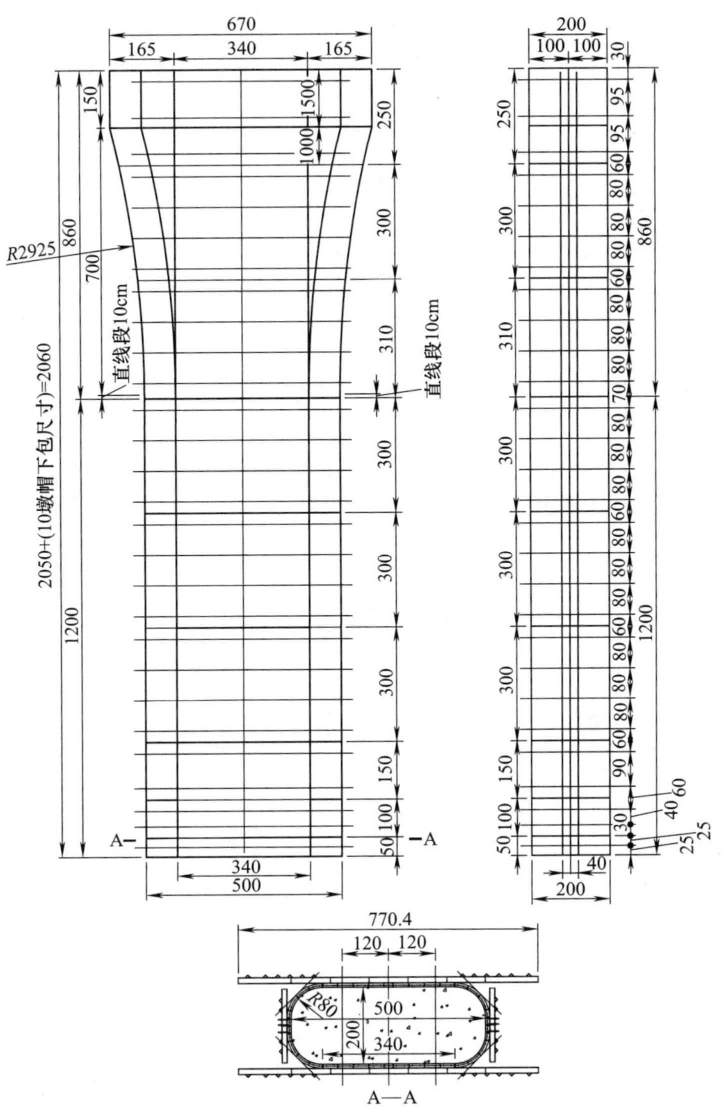

图 8.2-1　1 号～15 号、17 号～21 号、23 号～26 号墩身模板构造图

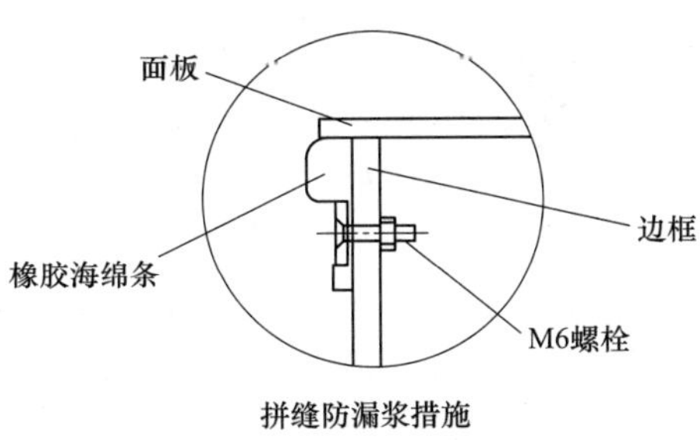

图 8.2-2　模板连接处处理示意图

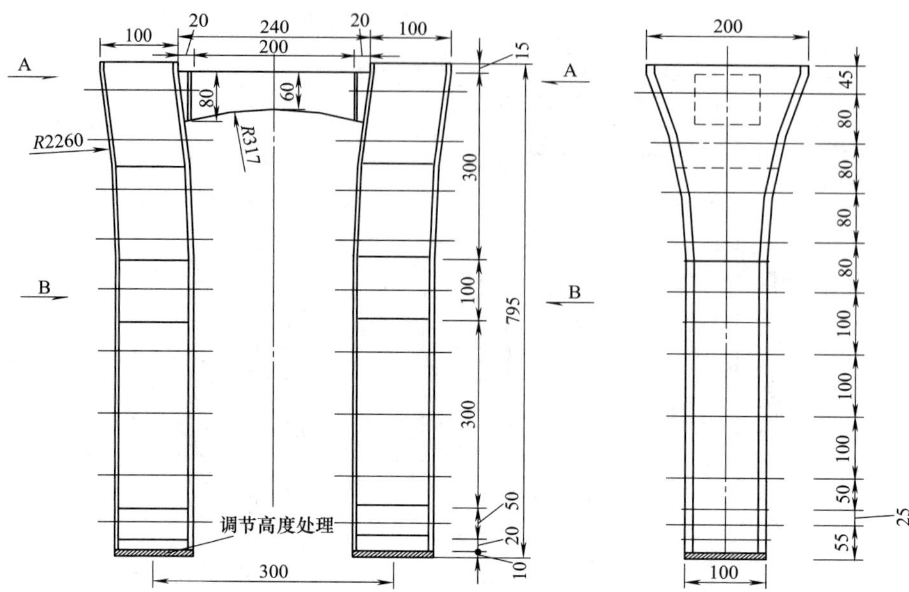

图 8.2-3　桥墩模板分节示意图

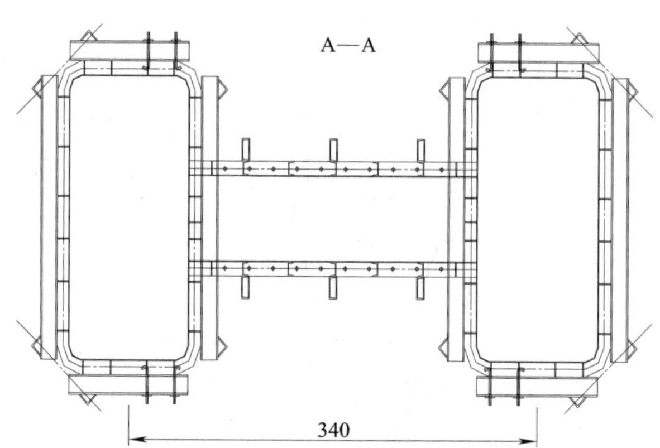

图 8.2-4　墩帽模板平面图

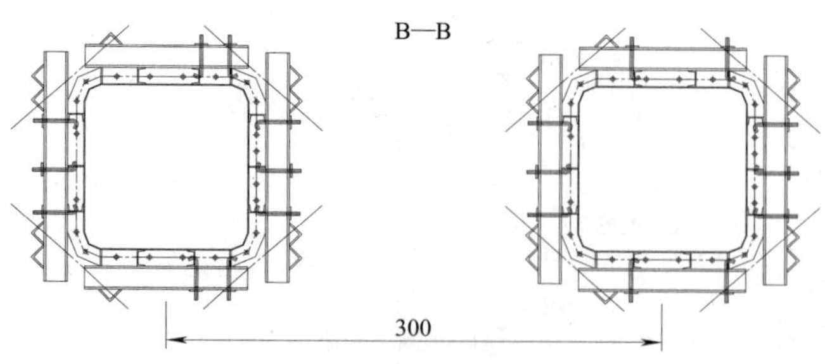

图 8.2-5　墩身模板平面图

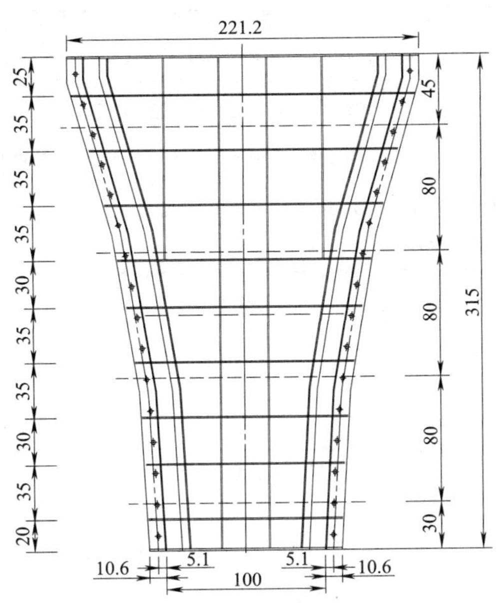

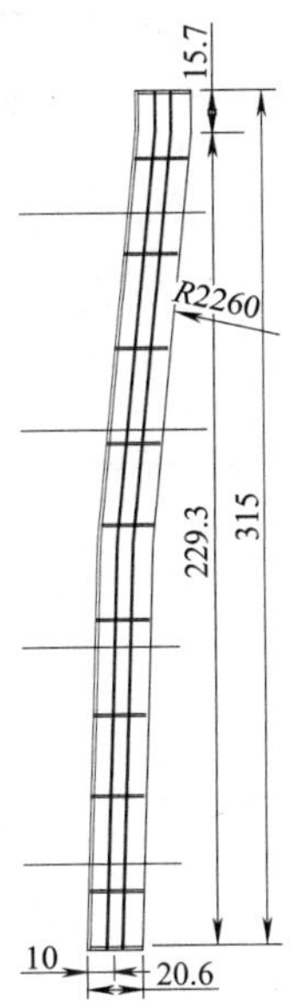

图 8.2-6 墩帽模板三视图

8.3 墩柱施工技术

8.3.1 施工总体部署

1. 具体施工安排

根据跨南堤及南北滩桥桥墩结构形式以及结合《襄阳汉江三桥总体施工组织设计》与工程进度安排，确定跨南堤及南滩桥桥墩施工段、北滩桥桥墩施工段各投入 2 套模板，墩身施工采用流水作业，左右两幅同时施工。具体施工安排如下所示。

1）跨南堤及南滩桥桥墩：10 号～28 号桥墩、8 号～1 号桥墩各投入一套模板左右幅同时施工，9 号墩施工时间安排在 10 号～28 号桥墩右幅箱梁施工完毕，待移动模架从右幅退回 10 号墩转入左幅后（因考虑移动模架后端长度达 58m，而 9 号墩距 10 号墩为 50m，若提前施工会影响移动模架施工）。

2）北滩桥桥墩：48 号～31 号桥墩、50 号～56 号桥墩各投入一套模板左右幅同时施工，49 号墩施工时间安排在 10 号～28 号桥墩右幅箱梁施工完毕，待移动模架从右幅退回 48 号墩转入左幅后（原因同 9 号墩）。

2. 施工进度安排

根据《襄阳汉江三桥总体施工进度安排》，跨南堤及南北滩桥施工进度安排如图 8.3-1 所示。

以跨南堤大桥 5 号墩施工为例，介绍桥墩施工作业流程，明确施工步骤。5 号墩墩身高度为 16.86m，分两次浇筑，施工缝留设在直线段向曲线段过渡的位置，具体示意图如

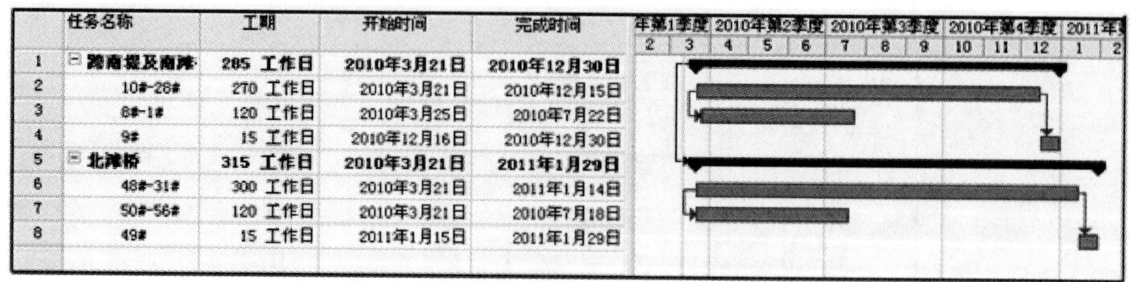

	任务名称	工期	开始时间	完成时间
1	⊟ 跨南堤及南滩	285 工作日	2010年3月21日	2010年12月30日
2	10#-28#	270 工作日	2010年3月21日	2010年12月15日
3	8#-1#	120 工作日	2010年3月25日	2010年7月22日
4	9#	15 工作日	2010年12月16日	2010年12月30日
5	⊟ 北滩桥	315 工作日	2010年3月21日	2011年1月29日
6	48#-31#	300 工作日	2010年3月21日	2011年1月14日
7	50#-56#	120 工作日	2010年3月21日	2010年7月18日
8	49#	15 工作日	2011年1月15日	2011年1月29日

图 8.3-1　跨南堤及南北滩桥施工进度安排

图 8.3-2 所示。

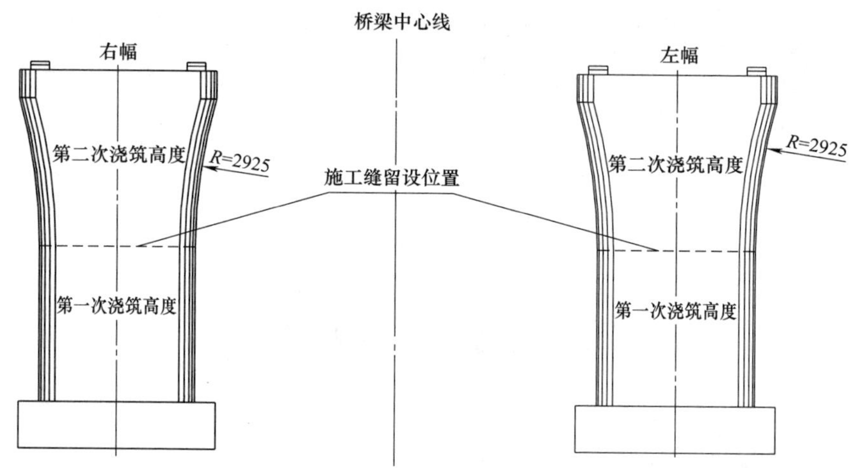

图 8.3-2　5 号墩墩身施工示意图

5 号墩具体施工部署如下：

1. 5 号墩分左右两幅，采用流水施工，即先安排一支钢筋作业队对右幅桥墩与承台接触面凿毛处理后进行墩身钢筋绑扎，待绑扎至指定标高位置后，转入桥墩左幅钢筋的安装绑扎，与此同时安排一支模板作业队对右幅墩身的模板支设，模板支设完成后，经验收合格开始混凝土的浇筑，待墩身混凝土达到一定强度后将直线段模板拆除转移至左幅直线段施工，进而第一个循环结束。墩身曲线段施工同上，为避免产生窝工现象，整个桥墩施工必须进行合理的安排布置，使整个桥墩作业面形成一个良好的流水作业，确保桥墩施工在指定工期内保质保量地完成。

2. 该桥墩施工进度安排如表 8.3-1 所示。

5 号墩施工进度安排　　　　**表 8.3-1**

序号	项目 \ 时间(d)	1	2	3	4	5	6	7	8	9	10	11	12	13	14	15
5 号墩右幅墩身																
1	墩身与承台接触面的凿毛处理及脚手架搭设															
2	钢筋绑扎及验收															

续表

序号	项目 \ 时间(d)	1	2	3	4	5	6	7	8	9	10	11	12	13	14	15
5号墩右幅墩身																
3	模板搭设及验收				—											
4	混凝土浇筑及养护					—										
5	施工缝凿毛及脚手架搭设						—									
6	钢筋绑扎及验收							—	—							
7	模板搭设及验收									—						
8	混凝土浇筑及养护										—					
9	垫石施工											—	—			
5号墩左幅墩身																
1	墩身与承台接触面的凿毛处理及脚手架搭设				—											
2	钢筋绑扎及验收					—	—									
3	模板搭设及验收							—								
4	混凝土浇筑及养护								—							
5	施工缝凿毛及脚手架搭设									—						
6	钢筋绑扎及验收										—	—				
7	模板搭设及验收												—			
8	混凝土浇筑及养护													—		
9	垫石施工														—	—

8.3.2 施工准备

1. 技术准备

1）做好前期的混凝土试配、模板设计等工作，为桥墩施工做好准备；

2）工程技术部对中心实验室、机械物资部、计划合约部、混凝土搅拌站等相关部门进行技术交底，交底内容主要包括：施工总体布置、钢筋绑扎、模板安装及拆卸、混凝土浇筑注意事项、桥墩中心坐标标高以及质量控制要点等事项；

3）对现场施工队伍进行技术交底，确保整个作业过程满足规范要求。

2. 现场准备

1）对现场施工完毕的承台进行验收，对验收合格的承台及时进行基坑回填；

2）安排测量人员对现场桥梁墩中心坐标、平面尺寸、标高等技术参数进行现场测设，并用墨线在承台顶面弹出桥墩平面位置，并做好防护；

3）组织好现场桥墩模板架料的准备工作。

3. 人员安排

根据施工总体部署，现场人员投入如表 8.3-2、表 8.3-3 所示。

现场管理人员投入　　表 8.3-2

序号	人　　员	数量	备　　注
1	施工员	8	施工现场管理
2	技术员	4	现场技术指导
3	质检员	4	质量检查
4	测量员	4	现场测量
5	安全员	4	现场安全管理
6	材料员	4	材料采购
7	机电员	6	机电维修与管理

现场操作工人投入　　表 8.3-3

序号	人　　员	数量	备　　注
1	钢筋工	50	钢筋加工及安装
2	混凝土工	20	浇筑混凝土
3	模板工	40	支设模板
4	电焊工	20	钢筋焊接
5	架子工	40	脚手架等辅助设施搭设

4. 材料准备

1）做好前期的钢材、混凝土原材料的准备。

2）依据施工进度安排，配置能够满足施工进度要求的模板架料以及辅助材料。主要施工物资需求如表 8.3-4 所示。

主要施工物资需求　　表 8.3-4

序号	设备名称	规格、型号	数量	备　　注
1	桥墩模板	定型钢模板	4 套	跨南堤及南滩桥 2 套、北滩桥 2 套
2	钢管	ϕ48×3.5	124t	按每套模板配置 4 套脚手架计算，桥墩高度按 18m，宽度按 3m 进行考虑

5. 机械设备投入

桥墩施工主要机械设备投入如表 8.3-5 所示。

桥墩施工主要机械设备投入　　表 8.3-5

序号	设备名称	型号	数量	备　　注
1	汽车吊	25t	4 台	调运钢筋、模板等
2	混凝土泵车	SY5270THB-37	2 台	浇筑混凝土
3	混凝土灌车	$8m^3$	6 辆	运送混凝土
4	插入式振捣器	HZ6P-70A	16 台	振捣混凝土

续表

序号	设备名称	型号	数量	备　注
5	钢筋弯曲机	GW-50	2台	钢筋弯曲
6	钢筋切割机	GQ-50	4台	钢筋切割
7	钢筋调直机	GT6/8	4台	钢筋调直
8	平板车	—	2辆	钢筋运送
9	钢筋直螺纹剥肋滚丝机	UGS-40B型	4台	滚扎直螺纹加工

8.3.3 桥墩施工工艺流程及主要分项施工方法

1. 桥墩施工缝划分

跨南堤及南北滩桥桥墩高度为7.95～31m，墩身高度为12m以内（跨南堤大桥1号与2号，北滩桥54号～56号墩）的桥墩采用一次支模，一次浇筑；墩身高度在12～20m的桥墩（跨南堤及南滩桥3号～26号墩，北滩桥42号～53号墩）分成二次浇筑，施工缝设置在直线段向曲线段过渡的标高位置，如图8.3-3所示。

墩身高度在20m以上的桥墩（南引桥27号、28号墩，北引桥31号～41号）分成三次浇筑，具体示意图如图8.3-4所示。

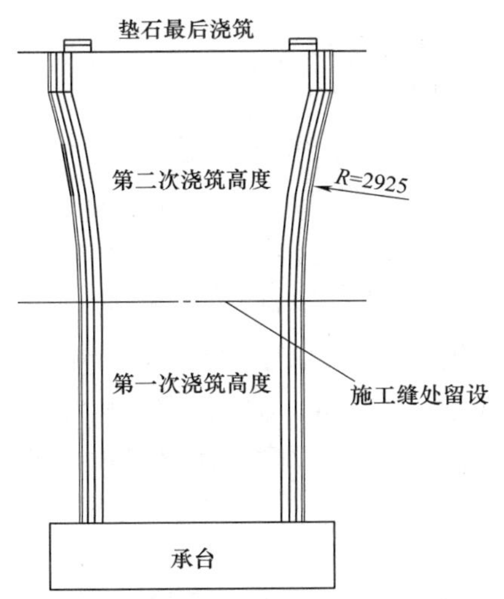

图8.3-3 两次浇筑施工缝留设示意图

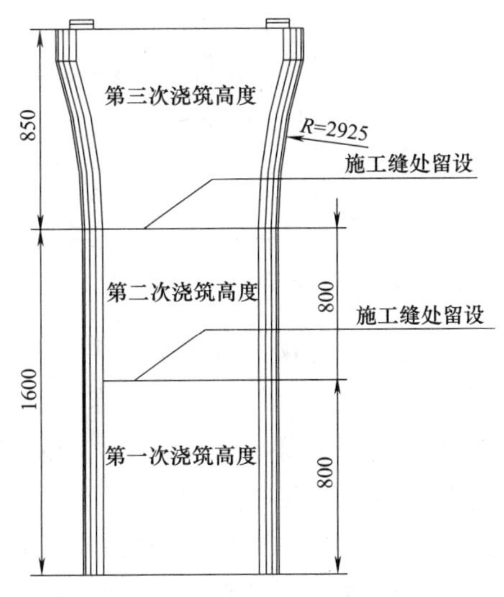

图8.3-4 三次浇筑施工缝留设示意图

2. 施工工艺流程

桥墩施工工艺流程如图8.3-5所示。

3. 桥墩底部接缝处理

1）在承台混凝土终凝后，对墩身的平面位置进行测量放样，在承台上确定出墩身的中心坐标及平面位置。

2）对承台顶面桥墩位置的混凝土面进行凿毛（露出混凝土新鲜石子）、冲洗干净以及对锚入承台内桥墩钢筋进行修正、除锈、调直，但不得损伤钢筋。墩身与承台接触面凿毛

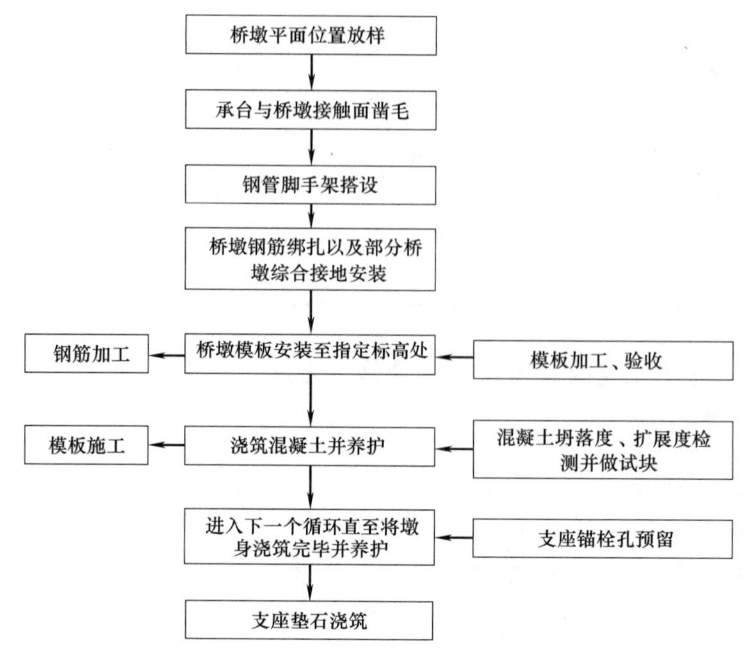

图 8.3-5 桥墩施工工艺流程

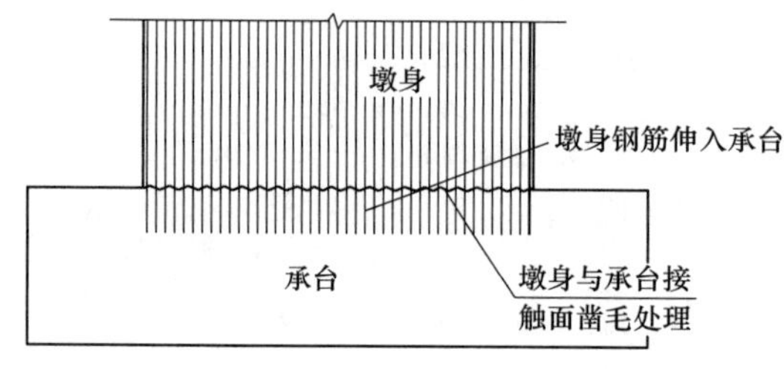

图 8.3-6 墩身与承台接触面凿毛处理

处理如图 8.3-6 所示。

4. 脚手架工程

1）脚手架的结构布置

本工程脚手架按照用途划分为两个部分：①为桥墩施工（如钢筋连接、绑扎，模板支设、混凝土浇筑等）提供一个可操作平台，方便施工与质检人员检查（仅承受施工作业人员荷载，因此脚手架的搭设符合《建筑施工扣件式钢管脚手架安全技术规范》规定的构造要求时便可满足施工条件）；②为门式墩（1 号墩、54 号～56 号墩横梁施工）提供受力支撑面，保证横梁下部底模不致因承重过大而变形（需考虑横梁重度及脚手架稳定性）。具体实施过程如下所示。

仅作为施工操作平台结构布置如图 8.3-7 所示。

该脚手架搭设主要涉及两个部分：①陆上桥墩脚手架的搭设；②水中桥墩脚手架的搭设。前者在承台验收合格后对承台进行回填，回填土必须进行分层夯实，脚手架可在其上进行搭设；对于水中桥墩，因承台面预留空间较小，可在钢平台上面进行搭设。脚手架的搭设结合墩身形式进行合理的布置，脚手架距离与墩身预留至少 30cm 的作业空间，和墩身呈“回”字形布置，四角之间必须进行加固处理，使墩身四周脚手架连接成一个整体，确保脚手架的稳定性。

为了保证脚手架的整体稳定性，在其搭设过程中必须及时地布设剪刀撑以及横向斜撑等整体拉结件。每道剪刀撑宽度不应小于 4 跨且不应小于 6m，斜撑与地面的倾角控制在 45°～60°之间。剪刀撑跨越立杆的最多根数如表 8.3-6 所示。

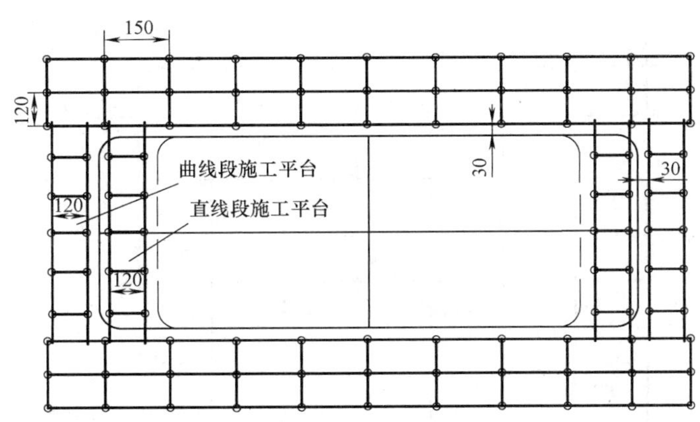

图 8.3-7 脚手架施工平台平面示意图

剪刀撑跨越立杆的最多根数 **表 8.3-6**

剪刀撑斜杆与地面的倾角 α	45°	50°	60°
剪刀撑跨越立杆的最多根数 n	7	6	5

对于高度在 24m 以下的单双排脚手架必须在外侧立面的两端各设置一道剪刀撑，并应由底至顶连续设置；中间各道剪刀撑之间的净距不应大于 15m，具体示意图如图 8.3-8 所示。

高度在 24m 以上的双排脚手架应在外侧立面整个长度和高度上连续设置剪刀撑。

剪刀撑斜杆的接长采用搭接，搭接长度不应小于 1m，应采用不少于 2 个旋转扣件固定，端部扣件盖板的边缘至杆端距离不应小于 100mm。在剪刀撑的两端同时设立横向斜撑，由底至顶呈“之”字形布置。

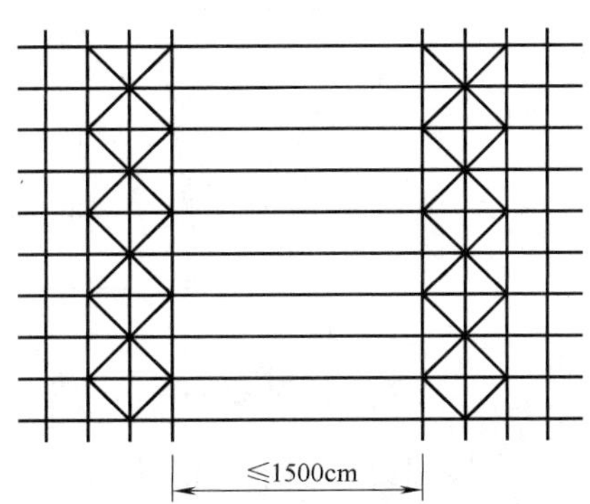

图 8.3-8 剪刀撑的布置示意图

对于立在地面上的脚手架，立杆底部应加设宽度≥20cm、厚度≥5cm 的垫木、垫板或其他刚性垫块，每根立杆的支垫面积不得小于 0.15cm^2。

脚手板或其他作业层铺板应铺平铺稳，必要时要绑扎固定。

对接平铺时在对接处，与其下两侧支撑横杆的距离应控制在 100～200mm 之间。

长脚手板采用纵向铺设时，其下支撑的横杆间距不得大于以下要求：竹串片脚手板为 0.75m，木脚手板为 1m。

纵铺脚手板应按以下规定部位与其下支撑横杆绑扎固定：脚手架的两端和拐角处、沿板长方向 15～20m、坡道的两端、其他可能发生滑动和翘起的部位。

为了方便施工人员上下以及质检人员检查，利用钢管在脚手架一侧搭接上人钢管梯，并在脚手梯上设置安全网，保证人员安全。具体示意图如图 8.3-9 所示。

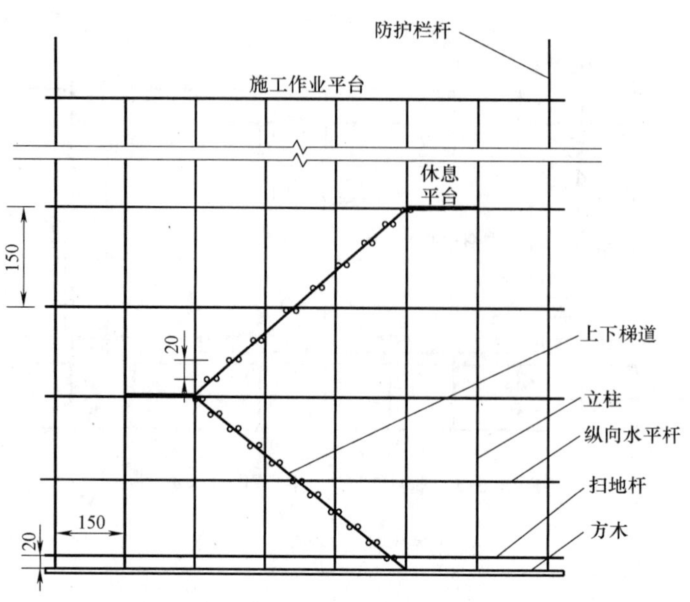

图 8.3-9 脚手架施工平台立面布置示意图

2）作为门式墩横梁施工脚手架支设布置

根据跨南堤以及南北滩桥下构设计图纸知：门式墩桥墩为跨南堤大桥的 1 号墩以及北滩桥 54 号～56 号墩。其结构立面形式主要如图 8.3-10 所示。

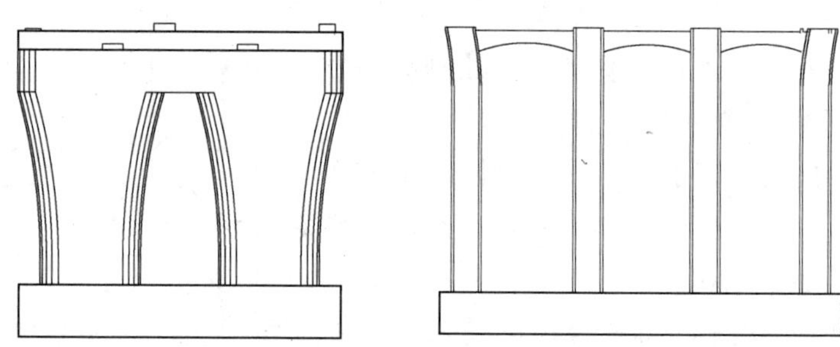

图 8.3-10 1 号墩（左）和 54 号～56 号墩（右）立面示意图

3）根据设计图纸提供的相关尺寸进行计算

$$G_1=3\times2\times2\times25=300\text{kN}$$

（1）1 号门式墩横梁重量：

根据 54 号～56 号墩设计尺寸知横梁最大尺寸如图 8.3-11 所示。

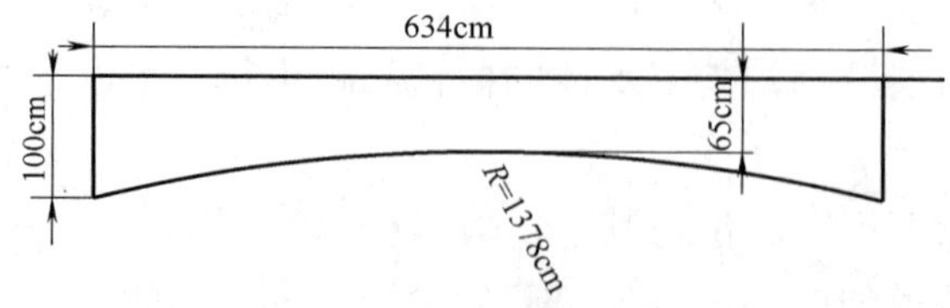

图 8.3-11 54 号～56 号桥墩最大横梁尺寸

简化计算示意图如图 8.3-12 所示。

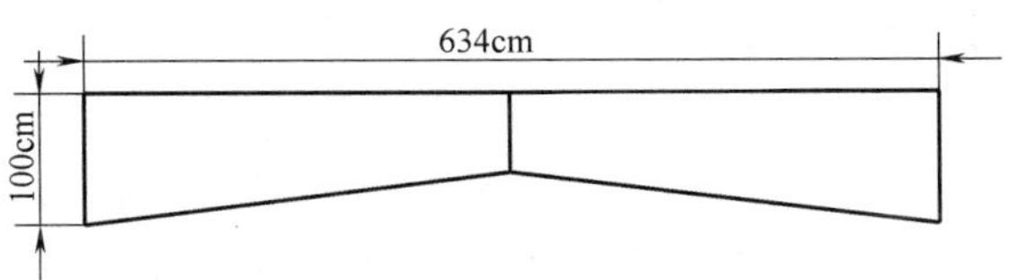

图 8.3-12 横梁体积简化计算示意图

则 54 号～56 号墩最大横梁重量：

$$G_2=\frac{1\times1+1\times0.65}{2}\times\frac{6.31}{2}\times2\times25=130.14\text{kN}$$

（2）经过分析计算横梁下布置支架施工承受横梁最大重量为 300kN，则 1 号门式墩横梁底模承受的荷载：

$$P=\frac{300}{2\times3}=50\text{kN/m}^2$$

根据公路施工手册《桥涵》上册知浇筑横梁时混凝土对底模产生的荷载为 2kN/m^2，施工荷载取 3kN/m^2，脚手架自重荷载忽略不计。

1 号门式墩横梁下支架立杆间距取 60cm，步距为 1.5m，门式墩横梁脚手架平面布置图如图 8.3-13所示。

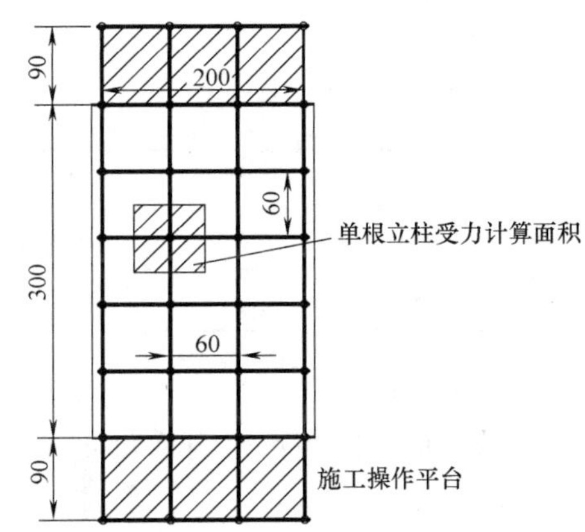

图 8.3-13 1 号门式墩横梁下脚手架平面布置示意图

（3）横梁下脚手架稳定性的验算

因支架高度仅为 8.26m，风荷载相对较小，忽略不计，主要考虑上部结构传递下来的竖向荷载，具体计算如下所示。

单根立柱承受的轴力 $N=[1.2\times(50+3)+1.4\times2]\times0.6\times0.6=23.9\text{kN}$

立柱的计算长度 $l_0=kul=1.0\times1.61\times1.5=2.42\text{m}$

立柱的长细比 $\lambda=l_0/i=242/1.58=153.2<[\lambda]=210$

根据《建筑施工扣件式钢管脚手架安全技术规范》查得稳定系数 $\varphi=0.298$；

则立柱所受的压力 $\sigma=N/\varphi A=23900/(0.298\times484)=165.7\text{MPa}<[\sigma]=205\text{MPa}$

经验算稳定性满足要求。

注：l_0——立柱的计算长度；

k——计算长度附加系数，这里取 1.00；

u——考虑脚手架整体稳定的单杆计算长度系数。

5. 钢筋工程

1）基本要求

钢筋必须具有出厂合格证；钢筋表面洁净、平直、无局部弯折，使用前将表面油腻、鳞锈等清除干净。

2）钢筋加工

（1）钢筋加工采用在钢筋加工厂集中加工，然后用平板车运至现场。

（2）钢筋班组根据钢筋工长提供的配筋单进行加工，钢筋原材和成型钢筋进行挂牌标识和分类堆放。钢筋工长对钢筋加工进行技术交底，在工作过程中进行指导抽查，钢筋加工成品在检验合格后方可进行绑扎。

（3）钢筋如有锈蚀采用钢丝刷或调直过程中除锈。带有颗粒状或片状老锈的钢筋不得使用，钢筋拉直后应平直，且无局部曲折。

（4）钢筋切断时避免用短尺量长料，防止在量料中产生累计误差，为此在工作台上标出尺寸刻度，并设置控制断料尺寸用的挡板。在切断过程中，如发现钢筋有劈裂、缩头或严重的弯头等必须切除。如发现钢筋硬度与该钢种有较大的出入，及时向工长反映，立即采取处理措施，钢筋的断口不得有马蹄形或起弯等现象。

钢筋加工允许偏差如表 8.3-7 所示。

钢筋加工允许偏差　　**表 8.3-7**

序　　号	名　　称	允许偏差(mm)
1	受力钢筋全长	±10
2	弯起钢筋各部分尺寸	±20
3	箍筋内净尺寸	±5

3）钢筋安装

桥墩竖向钢筋与承台内桥墩插筋采用等强度滚轧直螺纹接头连接，满足《滚轧直螺纹钢筋连接接头》JG 163—2004 要求，且同一截面内的主筋接头数量不得超过全部主筋数量的 50%。接头的技术标准应符合《钢筋机械连接通用技术规程》JGJ 107—2003 中Ⅰ级性能要求。桥墩其他钢筋的安装按照桥墩设计图纸中的要求进行绑扎或焊接连接。

4）钢筋安装要求

（1）墩身钢筋与承台内预埋钢筋连接接头按 50%接头错开配置。

（2）确保桥墩垫石附近的剪力钢筋以及支座预埋螺栓孔数量、位置必须满足设计图纸的要求或遵照监理工程师的要求施工。

（3）钢筋安装的允许偏差，按照《公路工程质量检验评定标准》与《公路桥涵施工技术规范》JT J041—2000 中规定要求。钢筋安装及钢筋保护层厚度允许偏差和检验方法如表 8.3-8 所示。

钢筋安装及钢筋保护层厚度允许偏差和检验方法　　**表 8.3-8**

<table>
<tr><th>序号</th><th colspan="2">名　　称</th><th>允许偏差</th><th>检验方法</th></tr>
<tr><td>1</td><td colspan="2">受力钢筋排距</td><td>±5mm</td><td rowspan="4">尺量，两端、中间 1 处</td></tr>
<tr><td>2</td><td colspan="2">同一排中受力钢筋间距</td><td>±20mm</td></tr>
<tr><td rowspan="2">3</td><td rowspan="2">箍筋间距</td><td>绑扎骨架</td><td>±20mm</td></tr>
<tr><td>焊接骨架</td><td>±10mm</td></tr>
<tr><td>4</td><td colspan="2">弯起点的偏差(加工偏差±20mm 包含在内)</td><td>±20mm</td><td>尺量</td></tr>
<tr><td>5</td><td>钢筋保护层厚度</td><td>50mm</td><td>±10mm</td><td>尺量，两端、中间 2 处</td></tr>
</table>

(4) 钢筋保护层设置

为保证钢筋保护层厚度，在钢筋与模板之间设置混凝土垫块（垫块根据模板平面形式合理预制）。混凝土垫块在钢筋绑扎时要安装牢靠，并互相错开布置。

(5) 预留预埋

在钢筋安装绑扎过程中需注意预埋爬梯、检修平台、橡胶护舷等附属工程的预埋件以及支座安装固定的地脚螺栓孔（预留孔需大于地脚螺栓直径），且考虑到下步箱梁施工将采用移动模架施工等方法，在混凝土浇筑前必须准确定出预埋孔位置，确保今后施工顺利进行。

(6) 综合接地

综合接地是桥墩结构的重要组成部分；施工过程中为保证施工工期及构件质量，综合接地在桥墩钢筋及预埋件安装过程中适时有序插入，显得非常重要。根据《襄阳汉江三桥防雷专项设计图》跨南堤及南北滩桥具有综合接地要求的桥墩为 28 号、31 号以及 22 号、37 号墩处。为此在施工过程中有综合接地要求的桥墩需在钢筋安装过程中注意安装综合接地引线，接地引线示意图如图 8.3-14 所示。

接地引下线墩身内各设两根，一直引上到桥面接地干线处，共计 4 根。墩身段每隔 10m 设置水平均压环，水平均压环除与接地引下线焊接外还应与墩垂直主钢筋焊接。接地引下线焊接重合长度要求为扁钢与扁钢焊接，焊边搭接长度不小于 2*d*（*d* 为扁钢宽度），三面焊接。

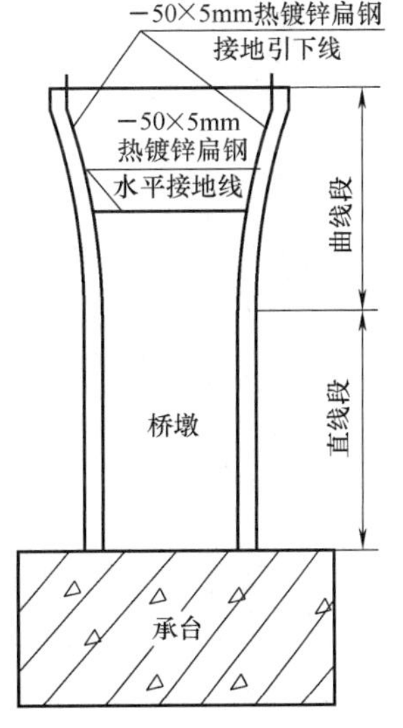

图 8.3-14 综合接地预埋位置示意图

6. 模板工程

1) 模板施工

(1) 附属材料、工具的准备：

施工现场备好扳手、铁锤、铲刀、角磨机等工具。根据要求备好海绵条、单面胶条、PVC 套管等。

(2) 场地的安排

根据施工现场总平面图，确定模板堆放区配件堆放区及模板周转用地等。

卸车场地的准备：场地应平整坚实、排水流畅，底层模板应垫离地面 10cm。模板卸车后重叠水平码放高度不超过 10 块，起吊时，要避免碰撞；相邻码放区域间要留出通道，便于模板配件的安装。

堆放场地的准备：配件安装后，模板吊离码放区，对于安装支撑的模板，可将模板吊至使用部位附近堆放，开始清理板面及刷脱模剂。

(3) 人员安排

现场设专职人员、专业施工班组负责模板的施工，要求熟悉模板平面图及模板设计方案以及模板的施工安全规定。

(4) 模板及配件的检验、入库

按模板数量表，清点运到现场的模板。配件及各种连接螺栓要入库保存，以防生锈；

斜支撑的调节丝杠、斜拉螺栓要涂抹润滑油。

（5）模板安装

安装吊钩使用M16×40的螺栓，用套筒扳手安装、紧固螺栓，螺栓沿板高度方向自上而下安装，避免混凝土掉在螺栓上造成拆卸困难；所有单块模板设有2个吊环，吊钩位置保证模板吊装时垂直。施工现场备好脱模剂，木方、护身栏杆及操作平台木跳板（木跳板厚不小于50mm）、护栏板等。在模板就位前认真涂刷脱模剂。在首次涂刷脱模剂时，必须对模板进行全面清理，清除模板板面的污垢和锈蚀，然后才能涂刷脱模剂，脱模剂要薄而均匀，不得漏刷。由结构引起的地面高差，可用刨平的木方承垫在模板的底部；由施工质量引起的地面不平，且高低差较小时，可在模板就位处的地面上用401胶粘海绵条，以减少漏浆；对于底部悬空的模板，继续安装模板前，要设置模板承垫条或带（如双排架，木方等），并校正其平直。若采用后堵砂浆的办法，必须在正常温度下，浇混凝土前半天按要求堵好砂浆，杜绝用水泥袋封堵板底，避免造成“烂根”现象。

模板安装示意图如图8.3-15所示。

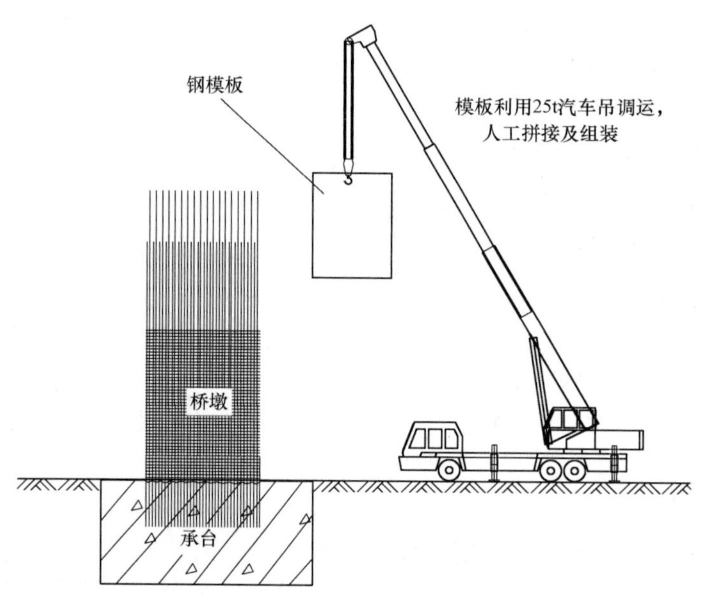

图8.3-15 模板安装示意图

（6）吊装注意事项

模板起吊时，要垂直起吊、稳起稳落、严禁大幅度摆，起吊前，应注意检查模板是否与周围有刮兜的现象；在模板起吊时，地面操作人员必须离开模板2m以外。

施工管理人员必须向作业班组进行质量、安全技术交底。

（7）模板安装注意事项

模板吊装前，必须检查固定钩的螺栓是否紧固。起吊前，应注意检查模板是否与周围有刮兜的现象，及时清理。在模板安装完成后在桥墩模板四个角位置拉设四根缆风绳，用以调节模板垂直度以及保证施工安全。

（8）涂刷脱模剂

首次涂刷前，必须对板面进行全面清理，清除板面的油污和锈蚀，脱模剂要薄而匀，不得积存脱模剂，涂刷时，要注意周围环境，防止散落在建筑物、机具和人身衣物上，更不得刷在钢筋上。涂刷脱模剂后的模板，不得长时间放置，以防雨淋或落上灰尘，影响拆模。

(9) 缆风设置

考虑到墩身宽度方向的模板相对刚度较小，若在支设过程中不及时设置缆风可能会导致安全问题，且考虑到高处模板垂直度调整问题，可以利用缆风进行微调，确保模板垂直度满足规范与设计要求。桥墩平面示意图如图 8.3-16 所示。

根据施工需要，每座桥墩设置四根缆风绳，具体布置如图 8.3-17 所示。

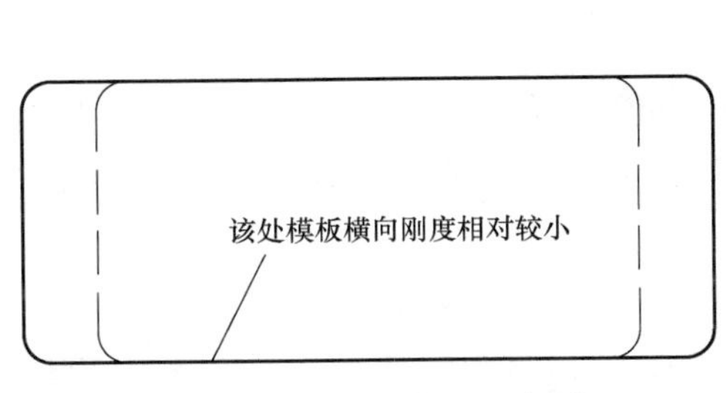

图 8.3-16 桥墩平面示意图

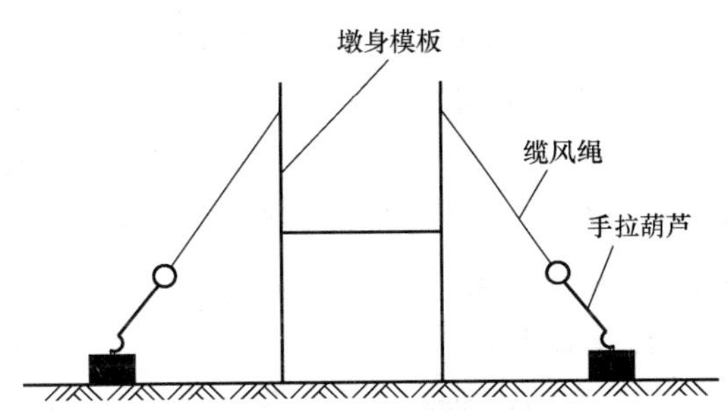

图 8.3-17 墩身模板安装过程缆风绳设置示意图

因砂卵层地层较厚，若直接将锚杆插入土中用来拉设缆风无法起到固定作用，故专门设计 1.5m×1.5m×1m 的素混凝土块作风锚固缆风绳的装置，具体示意图如图 8.3-18 所示。

模板安装完毕后对模板的标高、模板的组装质量进行复查，并检查配件的数量、位置和紧固情况。墩柱钢模板质量验收标准如表 8.3-9 所示。

墩柱钢模板质量验收标准　　表 8.3-9

序号	项　　目	允许偏差(mm)
1	模板标高	±10
2	模板内部尺寸	±20
3	轴线偏位	10
4	相邻两板表面高低差	2
5	模板表面平整	5

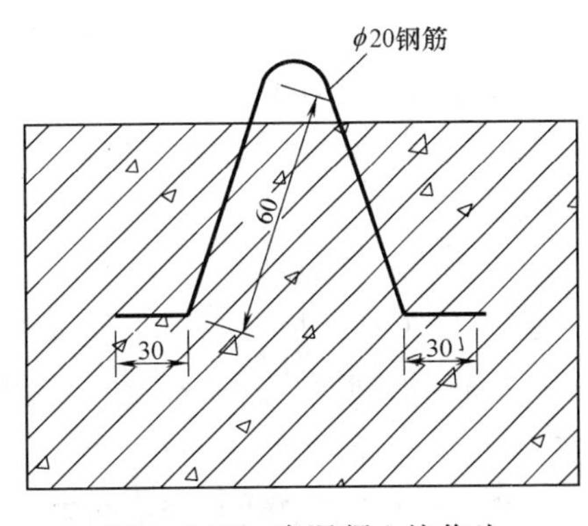

图 8.3-18 素混凝土块作为拉结缆风装置示意图

2) 模板拆除要求

(1) 模板应在混凝土强度能保证其表面及棱角不致因拆模而受损坏时方可拆除，根据规范要求，混凝土强度达到 2.5MPa 时可满足拆除侧模时所需各项强度。根据墩身混凝土强度、水泥强度及强度等级、硬化时昼夜平均温度墩身混凝土浇筑完毕 14h（昼夜平均温度+5℃）后进行拆模。若在硬化过程中气温较高可适当缩短拆模时间，反之则相应延长拆模时间。

（2）模板拆除采用 25t 汽车吊与人工配合的方式进行，拆除过程中严禁对模板进行猛烈敲打和强扭。

（3）模板拆除程序：正常温度下，混凝土浇筑后 8h，一般 10h 后，可吊走模板。模板拆除后，对于结构的棱角部位，要及时进行保护，以防止损伤。模板落地或周转至另一工作面时，必须一次安放稳固；倾斜度要符合 75°～80°自稳角的要求，然后及时进行板面清理工作。对于无法安装斜支撑的模板，则要放在模板堆放区的钢管架内。

（4）模板和配件拆除后及时清除粘结在模板表面的砂浆杂物，板面涂刷防锈油，对变形及损坏的模板及配件进行整形和修补。

（5）钢模板处理后采用塑料布遮盖，模板放置地面应平整、坚实，有排水措施，模板底面垫离地面 200mm 以上，两支点模板两端的距离不大于模板长度的 1/6。

7. 混凝土工程

本桥墩工程除 54 号～56 号桥墩墩身采用 C30 混凝土之外，其余桥墩墩身混凝土均采用 C40 混凝土。混凝土采用搅拌站集中搅拌，3 台 $8m^2$ 混凝土罐车运输，1 台混凝土汽车输送泵泵送混凝土施工，插入式振捣器振捣。

1）混凝土浇筑

（1）在混凝土浇筑前对支架、模板、钢筋和预埋件进行检查，做好记录，符合设计要求后方可浇筑。模板内的杂物、积水和钢筋上的污垢应清理干净。模板如有缝隙，应填塞严密，模板内面应涂刷脱模剂。浇筑混凝土前，应检查混凝土的均匀性和坍落度，以及试块的制作。

（2）对于桥墩高度 12m 以上的桥墩采用二次或三次浇筑，根据墩身高度合理地划分施工缝位置，在下次浇筑前需对已浇混凝土表面进行凿毛处理；若墩身高度在 12m 以内，则一次支模、一次浇筑。

（3）第一混凝土浇筑完毕后，在混凝土初凝之前必须将混凝土顶面外边沿与模板顶面抹压平齐。

（4）混凝土浇筑面的处理方式

在混凝土凝结后，必须采用人工对混凝土接缝处进行凿毛处理（凿出混凝土新鲜石子），并采用清水冲洗干净，在浇筑上部混凝土之前不得有积水以及浮渣等杂质。为了保证混凝土接缝处光滑、顺直、无缺陷，从混凝土外侧边沿向墩身内部 20mm 宽度范围不得凿毛。墩身二次混凝土浇筑面处理示意图如图 8.3-19 所示。

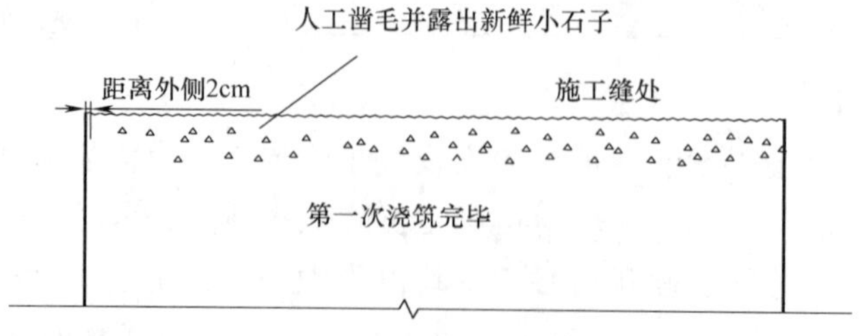

图 8.3-19　墩身二次混凝土浇筑面处理示意图

（5）因该桥墩墩身高度较高，为防止混凝土浇筑过程产生离析，采用串筒或溜槽辅助混凝土浇筑，串筒出料口下方混凝土堆积高度不超过1m。

（6）严格控制混凝土的浇筑速度，最大浇筑速度不大于2m/h。

（7）桥墩混凝土浇筑采用“分层浇筑，降低混凝土内外温差”，分层厚度控制在30cm之内，振捣采用插入式振动器，振捣时严禁碰撞钢筋和模板。振动器振动时要快插慢拔，不断上下移动振动棒，以便捣实均匀，减少混凝土表面气泡。振动棒插入下层混凝土中5～10cm，移动间距不应超过振动器作用半径的1.5倍，振动棒与模板保持5～10cm距离，对每一个振动部位，振动到该部位混凝土密实为止，即混凝土不再冒出气泡，表面出现平坦泛浆。每一处振动完毕后应徐徐提出振动棒。

（8）混凝土的浇筑应连续进行，如因故必须间断时，其间断时间应小于前层混凝土的初凝时间或能重塑的时间。

（9）在混凝土浇筑过程中，随时观察所设置的预埋螺栓、预留孔、预埋支座的位置是否移动，若发现移位时及时校正；在浇筑过程中注意模板、支架等支撑情况，设专人检查，如有变形、移位或沉陷立即校正并加固，处理后方可继续浇筑混凝土。

（10）在浇筑过程中或浇筑完成时，如混凝土表面泌水较多，须在不扰动已浇筑混凝土的条件下，采取措施将水排除。继续浇筑混凝土时应查明原因，采取措施，减少泌水。

2）混凝土养护

（1）混凝土浇筑振捣完毕，墩顶混凝土面以木杠刮平后覆盖塑料薄膜，在混凝土初凝前人工二次压实抹平，压抹后立即铺上塑料薄膜予以养护。

（2）混凝土强度达到2.5MPa前，不得使其承受行人、运输工具、模板、支架及脚手架等荷载。

8. 垫石施工与养护

垫石采用C50小石子混凝土，施工时模板采用组合钢模板或木模板，定位时采用与墩身连接牢固的方式。

垫石定位采取全桥联测和跟踪测量的方法，精确控制各墩支承垫石顶面相对和绝对标高满足设计要求。

垫石浇筑时应预留大于地脚螺栓直径的孔，安装支座之前，必须将地脚螺栓准确定位后再浇筑水泥砂浆将其固定。

垫石混凝土在浇筑之前对垫石位置处桥墩顶面的混凝土进行凿毛并清洗干净，不得存有浮浆和碎屑、不得有积水。垫石混凝土采用人工振捣密实确保垫石混凝土浇筑的质量；浇筑后覆盖薄膜养护，养护时间不少于14d。

9. 混凝土桥墩质量验收标准

混凝土表面色泽一致、结构尺寸准确，棱角分明，强度符合设计要求，且混凝土密实平整，表面光洁，接茬顺直，不得有露筋、蜂窝、孔洞、疏松、麻面和缺棱掉角等缺陷；混凝土表面严禁涂、刷、抹，保持自然质感。混凝土桥墩墩身及墩帽允许偏差和检验方法如表8.3-10、表8.3-11所示。

混凝土桥墩墩身允许偏差和检验方法 表 8.3-10

序号	项目	规定值或允许偏差(mm)	检验方法
1	混凝土强度	在合格标准内	28d后由试验室对试块试验确定
2	断面尺寸	±20	尺量:检查3个断面
3	竖直度或斜度	不大于 $H/1000$	吊垂线或经纬仪:测量两点
4	顶面高程	±10	水准仪:测量3处
5	轴线偏位	10	全站仪或经纬仪:纵横各测量两点
6	节段间错台	5	测量:每节检查4处
7	大面积平整度	5	2m直尺:检查竖直、水平两个方向,每 $20m^2$ 测一处
8	预埋件位置	10	尺量:每件

混凝土墩帽允许偏差及检验方法 表 8.3-11

序号	项目	规定值或允许偏差(mm)	检验方法
1	混凝土强度	在合格标准内	28d后由试验室对试块试验确定
2	断面尺寸	±20	尺量:检查3个断面
3	顶面高程	±10	水准仪:测量3～5处
4	轴线偏位	10	全站仪或经纬仪:纵横各测量两点
5	支座垫石预留位置	10	尺量:每个

8.4 实施效果

通过对桥墩施工技术方案的不断策划、优化，最终在最节省的资源投入下，在计划工期内保质保量地完成了所有的桥墩施工，其中南北滩桥各配备2套桥墩模板，最快能实现3d完成一座墩柱，为后续的上部结构施工及时地创造了工作面。桥墩施工实例如图8.4-1、图8.4-2所示。

图 8.4-1 滩桥桥墩施工实例图

图 8.4-2 互通立交桥墩施工实例

第9章 塔柱施工

9.1 塔柱工程概况

索塔采用无上横梁双直立塔柱形索塔，突出了塔柱直立挺拔的视觉效果，全桥显得纤巧、轻盈，富有蓬勃向上的朝气，也寓意着襄阳市人民力争向上营造花园式绿色生态城市的精神。索塔包括上塔柱，上、下塔柱连接段，下横梁和下塔柱。塔顶高程为181.595m（南塔）和181.258m（北塔），塔底高程（即塔座顶顶高程）为59.095m（南塔）和60.958m（北塔），索塔总高度为南塔122.5m和北塔120.3m；其中塔冠高7.0m，上塔柱高89.5m，下塔柱高20.0m（南塔）和17.8m（北塔）；索塔在桥面以上高度为92.04m，高跨比为0.297。上塔柱为竖直塔柱，桥面上无上横梁，下塔柱横桥向内、外侧斜率为1/22.6087（南塔）和1/20.6957（北塔），下塔柱纵桥向外侧斜率为1/20.8（南塔）和1/19.04（北塔）。索塔效果图如图9.1-1所示。

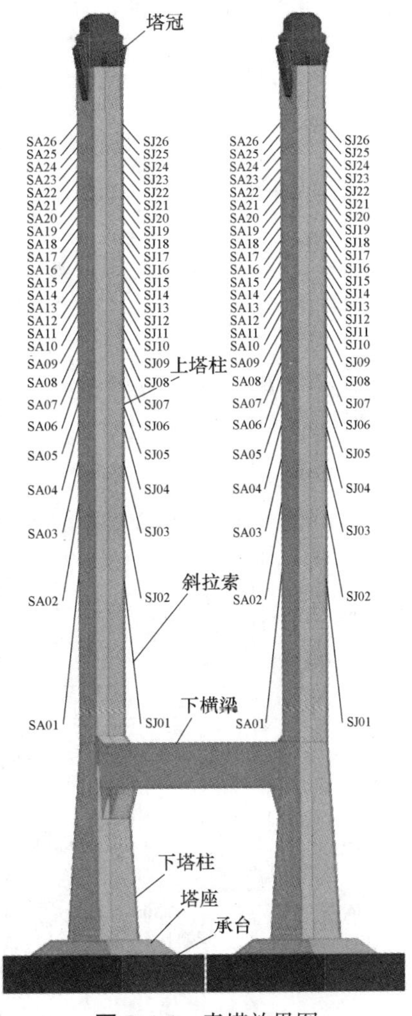

图9.1-1 索塔效果图

9.1.1 上、下塔柱结构

塔柱除上、下塔柱连接段及下塔柱根部设计为实心段外，其余断面均为空心箱形断面；根据塔柱的受力，在上、下塔柱连接段及塔底等受力较大的区段设置了加厚段。

上塔柱为对称单箱单室断面，尺寸为4.2m×6.5m，塔壁厚度沿顺桥向为1.2m（上塔柱上段56m），（上塔柱下段33.5m）由1.2m变化为2.5m，沿横桥向为1.2m，斜拉索锚固区段设井字形预应力钢绞线。上、下塔柱底部至标高63.095m（南塔）和64.958m（北塔）处设置4m实心段；塔壁厚度沿顺桥向为1.5m，沿横桥向为1.3m。为增加景观效果且有利于抗风，塔柱截面的4个角均设置0.75m×1.5m的倒角。

上塔柱拉索锚固区配置16ϕ^s15.2和12ϕ^s15.2钢

绞线，下塔柱下段（非锚固区段）根据已建成桥的一些实际情况，为了防止温度和收缩应力产生裂缝，沿塔内壁配置少量 $9\phi^{s}15.2$ 的井形预应力钢绞线，下塔柱起步段塔外壁纵向配置少量的 $4\phi^{s}15.2$ 的预应力钢绞线，锚下张拉控制应力为 $0.75f_{pk}=1395MPa$。预应力钢束采用深埋锚工艺，预应力管道采用塑料波纹管，管道压浆采用真空压浆工艺。

上塔柱斜拉索锚固区，锚固端局部构造采用锚固齿板式，表面以 1cm 厚钢板包裹，方便拉索定位，同时也代替部分模板。

塔柱内竖向配置 HRB335 级直径为 32mm 的束筋和单筋，水平配置 HRB335 级直径 16mm 的箍筋及拉筋，上、下塔柱外壁加设一层 ϕ6@10×10cm 的带肋钢筋网。为了便于钢筋及模板安装定位，塔内设置劲性骨架。上、下塔柱在横桥向沿高度每隔 5m 设置 ϕ160×6.2mm 的 PVC 管作为通风孔，所有通风管均由里朝外向下倾斜 3°设置。索塔如图 9.1-2～图 9.1-5 所示。

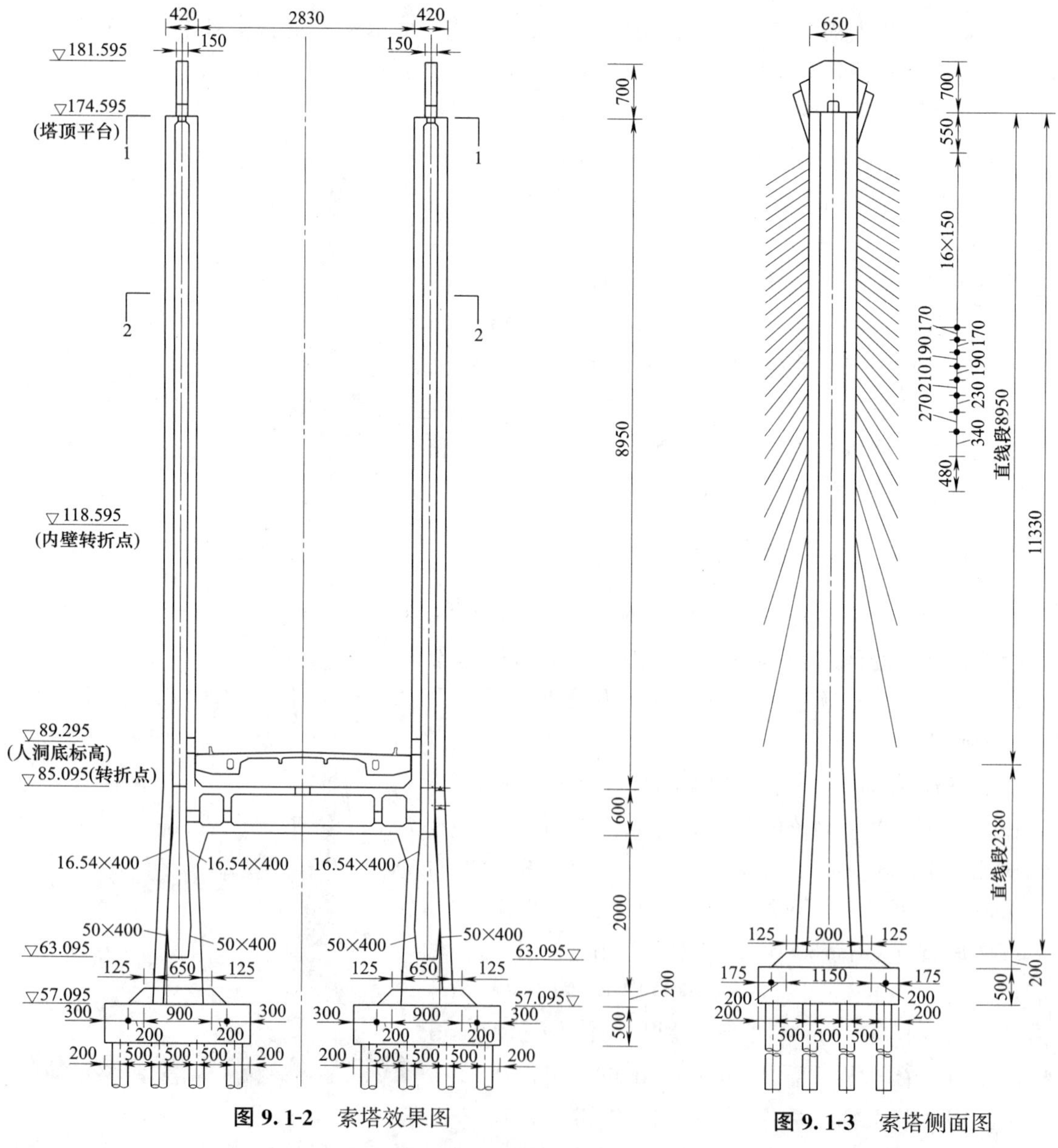

图 9.1-2　索塔效果图

图 9.1-3　索塔侧面图

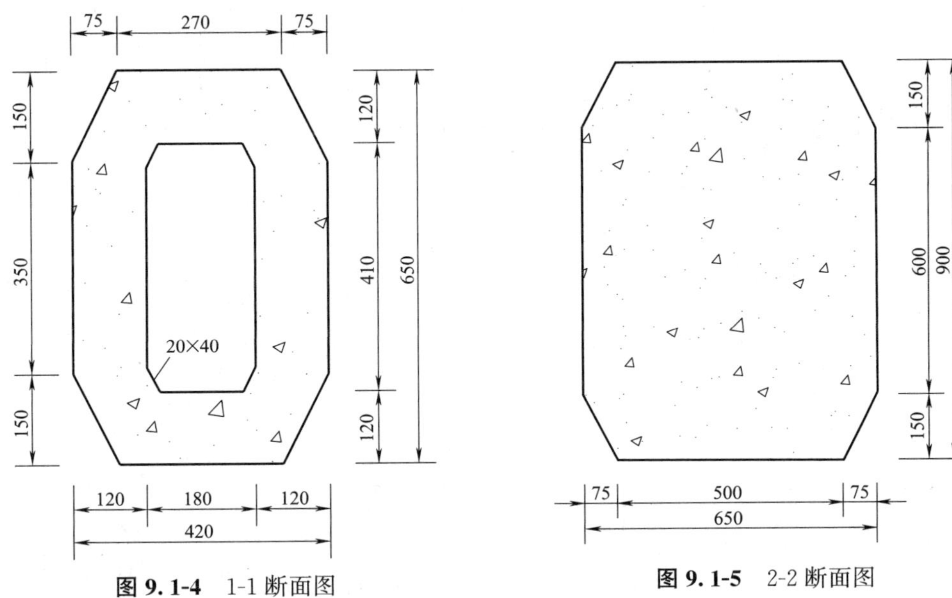

图 9.1-4 1-1 断面图

图 9.1-5 2-2 断面图

9.1.2 下横梁结构

下横梁位于下塔柱与上塔柱的转折处，南塔下横梁顶标高 85.095m，北塔下横梁顶标高 84.758m。下横梁断面为箱形结构，其内设两道竖向横隔板，横梁高 6.0m，宽 6.3m，上、下底板厚 1.0m，腹板厚为 0.9m，横隔板厚 1.0m。

下横梁采用预应力混凝土结构，单个下横梁混凝土总方量 600 余 m³；共布置 16ϕ^s15.2 预应力钢绞线 56 束，钢绞线锚下张拉控制应力采用 $0.75f_{pk}=1395$MPa，张拉时对控制张拉力和引伸量采用双控；预应力钢束锚固于塔柱的外侧，采用深埋锚工艺。

下横梁侧面每隔 4m 设置 ϕ160×6.2mm 的 PVC 管作为通风孔。横梁顶面设置 2.0% 的双向横坡，以便于排水。横梁外壁加设一层 ϕ6@10×10cm 的带肋钢筋网。下横梁采用两次浇筑混凝土，第一次浇筑 3m，张拉底部预应力束，第二次浇筑 3m，塔柱施工完毕后张拉余下的预应力束。横梁详图如图 9.1-6～图 9.1-9 所示。

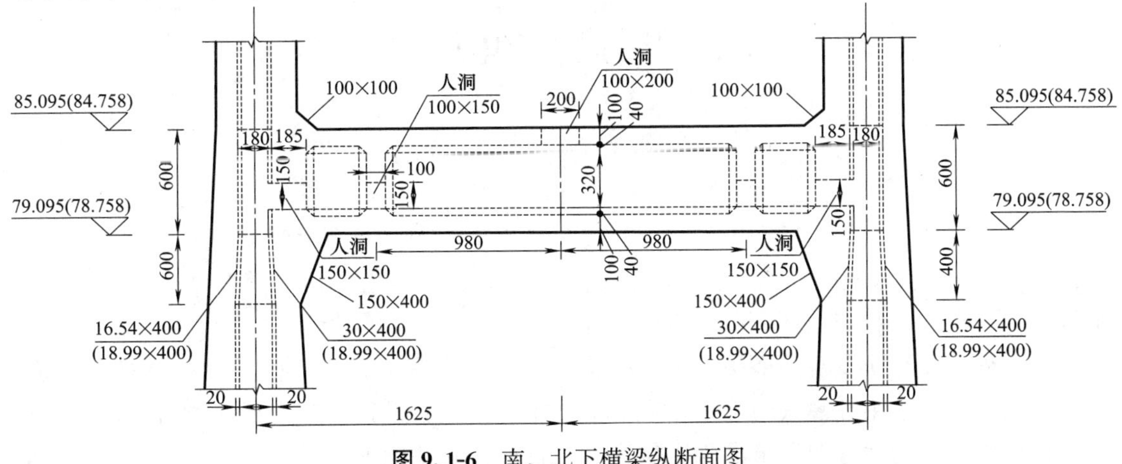

图 9.1-6 南、北下横梁纵断面图

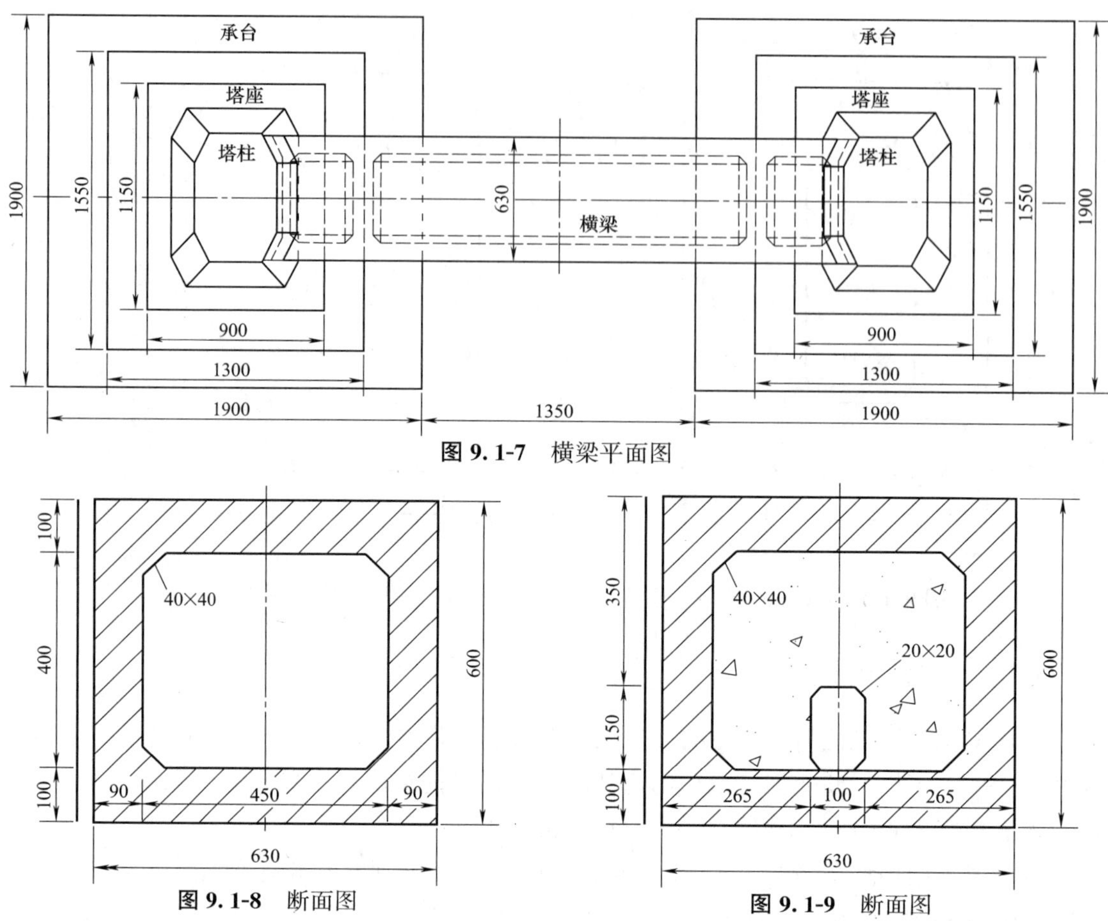

图 9.1-7　横梁平面图

图 9.1-8　断面图

图 9.1-9　断面图

9.1.3　塔冠结构

塔冠纵桥向设置为羽扇形状，与襄阳古城的人文景观协调一致，塔冠横桥向外形厚 1.5m，采用钢筋混凝土结构。塔顶平台作为工作平台，表面设置 2%双向横坡，以利于排水；平台四周设置钢栏杆。

9.2　塔柱施工组织设计

9.2.1　总体施工安排

根据工程特点，以主桥跨中作为分界线，将整个工程分为南北两个施工区。南北总共 4 个塔柱，各个塔柱同时施工。在塔柱正式施工前，先进行塔柱足尺模型试验，验证索塔结构设计的合理性和安全性，同时检验塔柱的施工工艺。

本工程垂直运输设备为塔吊，在塔柱施工前应搭设完成；上塔柱采用液压爬模系统，下塔柱及连接段采用翻模法施工；塔冠在塔柱施工完成后进行，其模板通过塔身预留孔设置对拉杆固定。劲性骨架用来准确定位模板、钢筋及相关预埋件；混凝土采用汽车泵或拖泵泵送；在施工下一节段塔柱时，进行上一节段塔柱的预应力张拉、压浆、封锚。

9.2.2 索塔施工节段划分

结合塔柱倾斜角度及下横梁位置等因素，将塔柱分为 27 个节段，标准节段为 4.5m，具体划分见塔柱施工节段划分图（以南塔为例）。下横梁在塔柱 11 号节段施工完成后进行，其下倒角与塔柱一起施工。节段划分立面如图 9.2-1 所示。

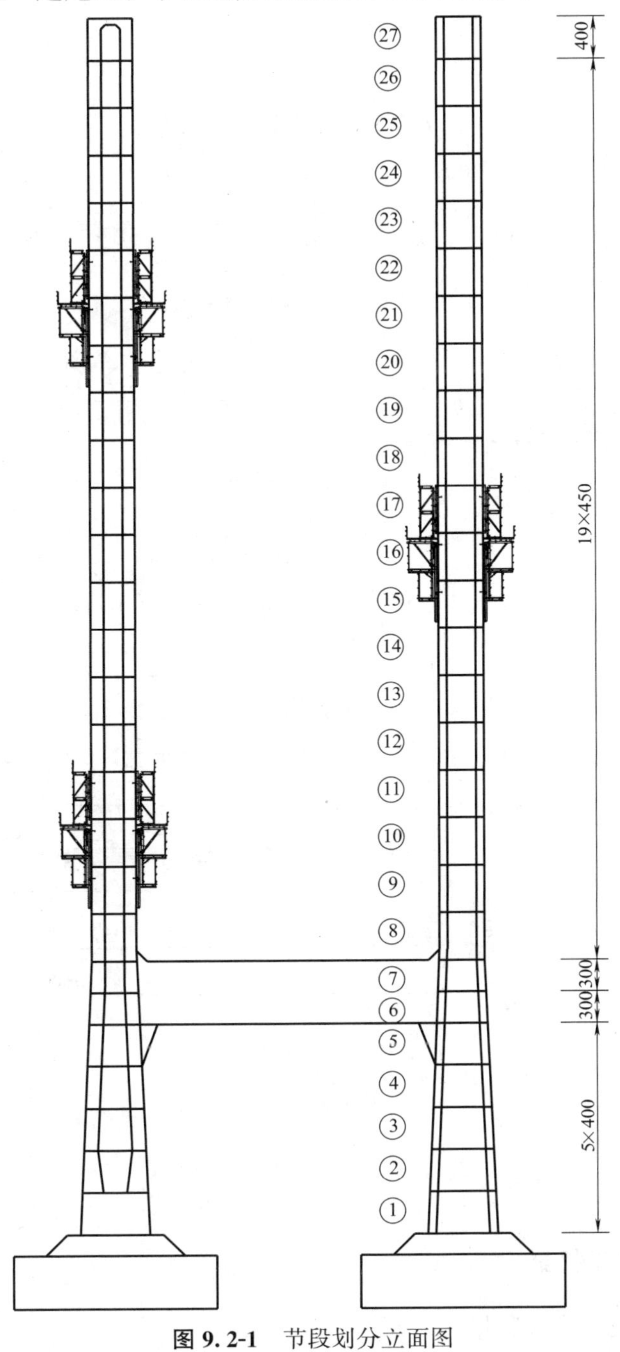

图 9.2-1 节段划分立面图

9.2.3　施工平面布置

塔柱施工平面布置主要考虑交通安排及主要的机械设备、施工分区、材料堆放等的布置情况，具体如图 9.2-2 所示。

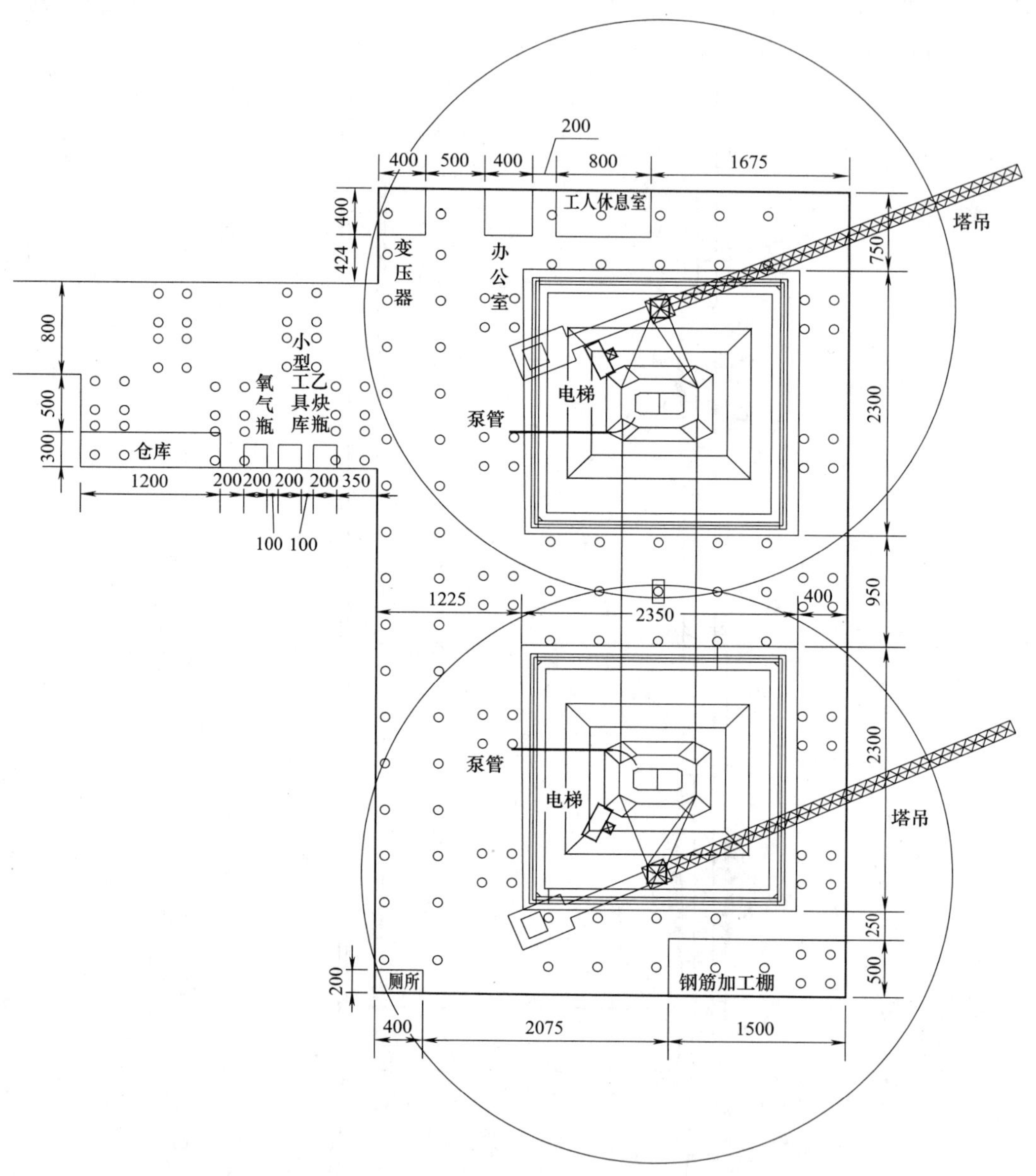

图 9.2-2　塔柱施工平面布置图

9.2.4　主要施工机具设备

主要施工机具设备投入数量如表 9.2-1 所示。

主要施工机具设备表 表 9.2-1

序号	物资设备名称	规格型号	单位	数量	备注
1	塔吊	FO/23C、SCJC6016	台	4	垂直运输
2	电梯	SC100	台	4	人员运输
3	外模板	QPMX-50	套	4	
4	内模板		套	4	
5	千斤顶	YCW500B	套	4	预应力张拉
6	混凝土泵管		m	480	混凝土输送
7	混凝土拖泵	HBT90	台	2	混凝土输送
8	混凝土罐车	$8m^3$	台	4	混凝土运输
9	水泵	15kW	台	2	支架预压
10	水袋	55×20m	个	1	支架预压

9.3 索塔足尺模型试验研究

斜拉桥索塔锚固区是将斜拉桥上部结构自重和所承受的外荷载传递到索塔的重要结构部位，而索塔本身又受索力的作用，确保斜拉桥索塔锚固区的安全至关重要，也是斜拉桥成败的关键之一。由于斜拉桥索塔锚固区承受强大的集中力作用，锚固区构造和受力状态均较为复杂，通常是控制设计的关键部位，结构可靠与否，将直接关系到整个大桥的安全。因此研究索塔锚固区的工作性能，进行索塔锚固区在拉索索力作用下的混凝土抗裂性能和结构的承载力安全性研究，确认其承载能力和安全储备是非常必要的。

试验研究从有限元计算分析和足尺模型试验两方面进行。有限元仿真分析从整体上把握结构的受力性能，计算出结构应力和变形，但对结构中的混凝土材料的不均匀性、施工工艺、结构和材料参数无法或难以精确计算等原因，需要通过足尺模型试验来弥补。足尺模型试验一方面可对有限元计算结果进行复核，另一方面可以获得诸如材料属性、孔道摩阻、裂缝发展等有限元难以模拟的重要参数和结果。

9.3.1 有限元计算分析

通过有限元计算可以对结构的应力、变形及其分布规律进行分析，初步把握结构的刚度、强度、安全储备及极限承载力，评估结构的总体受力性能。模型试验中，模型的选取、加载分级、测点布置等关键工作，也需要参考有限元计算结果来确定。

本桥索塔锚固区有限元计算主要建立索塔单、多节段模型计算对比分析，确定合理的单节段模型位置和高度，进行索塔锚固区试验模型设计。并根据拟定的单节段模型尺寸，进行预加载计算，在试验前作为试验的指导，试验后与试验结果进行对比，对索塔锚固区的安全性、可靠性进行评估，对试验与计算结果的差异进行分析，根据试验及计算结果提出结构优化建议或评估意见。还局部分析锚下混凝土及整个锚固齿块因应力集中现象，确定拉索锚下局部支承部位等的混凝土受力情况。

1. 节段选取及模型建立

本试验中，多节段模型以顶部第二个节段，即实桥索塔的 SA25（SJ25）拉索对应的节段（以下称 SA25 段），作为本次模型试验的研究对象。单节段仿真分析只建立 SA25 段的有限元模型。计算分为两个工况，工况 1 为预应力作用，工况 2 为预应力和最不利恒活载最大索力共同作用，即最不利工况。

多节段仿真分析顺桥向塔壁构造比较规则，用 ANSYS 中的 SOLID95 单元划分，而对于含有拉索锚孔的部分，采用 SOLID92 单元划分；内部预应力钢筋采用 LINK8 单元模拟，预应力通过初应变施加，预应力筋单元与混凝土单元共用节点，不考虑两者之间的摩擦和相对位移。因考虑到索塔的对称性，建立 1/2 模型，索塔多节段有限元模型见图 9.3-1。

单节段仿真分析只建立 SA25 段的有限元模型，计算其侧壁、端壁、索孔周围及其附近应力。本段以 SA25 拉索锚实际锚固点为基准，分别向上和向下截取长度为 490mm 和 1340mm，节段总高 1830mm，索塔单节段有限元模型如图 9.3-2 所示。

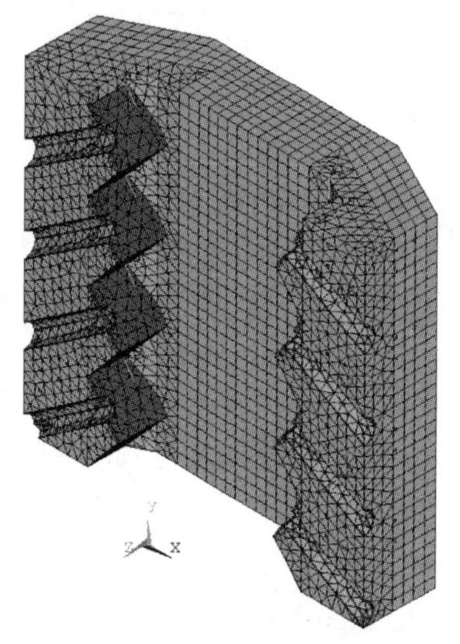

图 9.3-1　索塔多节段有限元模型

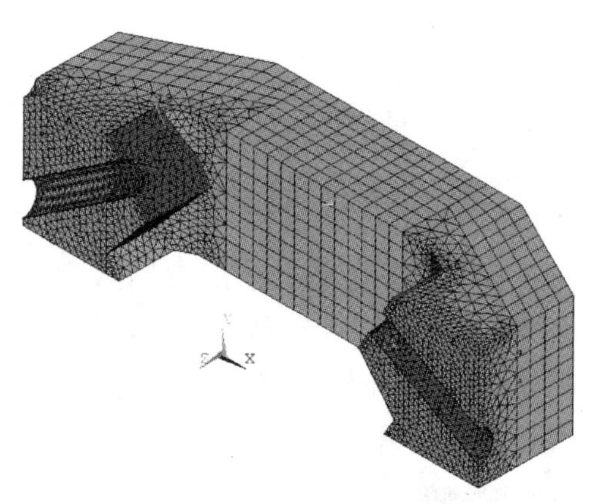

图 9.3-2　索塔单节段有限元模型

为了便于描述，将索塔节段顺桥向塔壁称为“侧壁”，横桥向塔壁称为“端壁”，其他各部位的名称如图 9.3-3 所示。

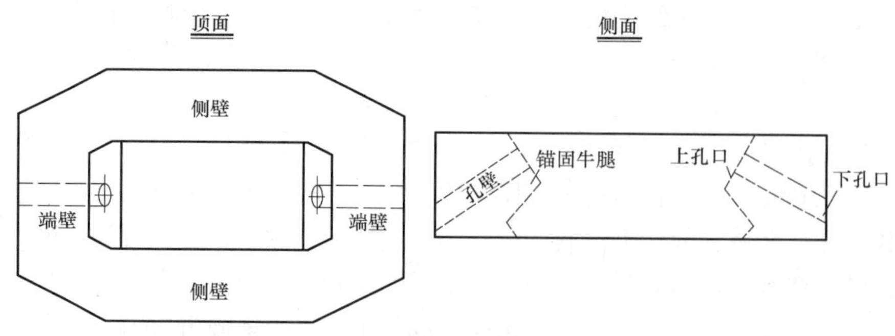

图 9.3-3　索塔节段各主要部位名称

2. 结果对比分析

由多节段和单节段的混凝土应力、塔身变形计算结果可知，除了少数应力集中区域外，塔柱内主拉应力一般很小。多节段模型结果对应的模型范围较大，而单节段模型仅反映多节段模型中局部位置的应力值，因而两个模型应力范围有一定差异，但两个模型中相同部位的应力值较为接近。

多节段模型中 SA25 段的应力值与 SA25 段单节段模型的应力值列表 9.3-1、表 9.3-2，则从表中可以看出，两种情况下索塔各部位应力无显著差异。

工况 1 作用下多节段模型和单节段模型应力值对比　　表 9.3-1

位置	主拉应力(MPa)		主压应力(MPa)	
	多节段	单节段	多节段	单节段
侧壁	0～0.69	−0.16～0.82	−1.86～−9.35	−2.20～−10.24
端壁	−2.52～0.81	−1.88～0.62	0.05～−17.33	0.04～−18.43
下出口	−0.21～1.66	−0.24～1.38	−2.01～−8.33	−1.83～−6.63

工况 2 作用下多节段模型和单节段模型应力值对比　　表 9.3-2

位置	主拉应力(MPa)		主压应力(MPa)	
	单节段	多节段	单节段	多节段
侧壁	−0.32～1.07	−0.68～0.34	−2.60～−8.06	−2.46～−7.76
端壁	−2.14～0.83	−0.38～1.22	−0.44～−24.28	−0.87～−23.32
下出口	−0.71～1.12	−0.60～1.73	−1.96～−9.17	−1.71～−7.23

在预应力和索力共同作用下，多节段模型和单节段模型中的索塔 SA25 段顺桥向位移分别如图 9.3-4 和图 9.3-5 所示。两图中变形极大值 1.11mm 为预应力锚固点处局部变形，实际意义不大。由两图比较可知，两者相同部位位移和变形规律基本一致。最大位移位于端壁处，两个端壁均向内部变形，最大变形量为 0.5～0.6mm，该数值不足索塔节段顺桥向尺寸的万分之一，锚固区具备足够的刚度。

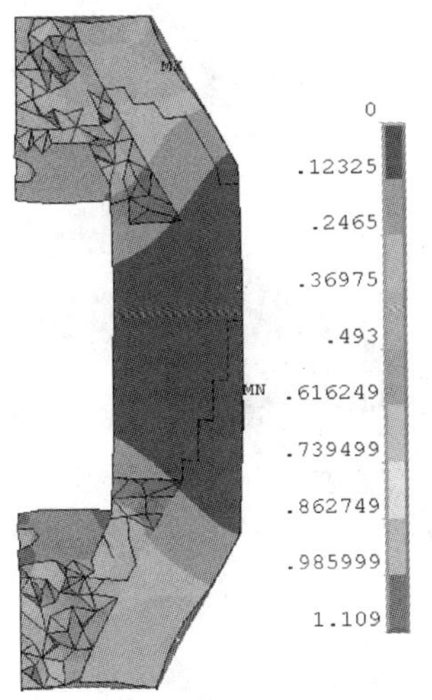

图 9.3-4　多节段模型顺桥向位移（mm）

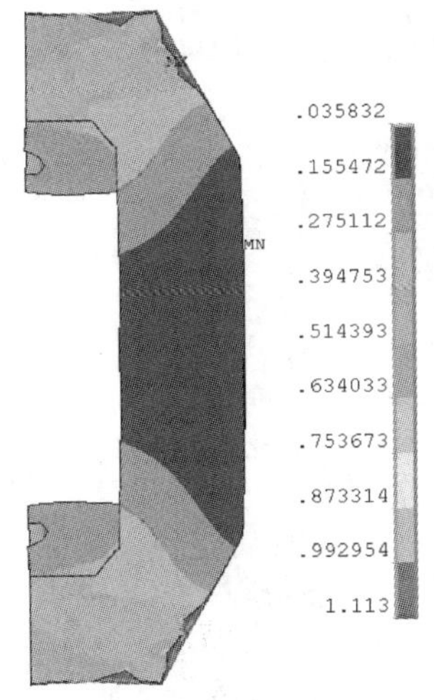

图 9.3-5　单节段模型顺桥向位移（mm）

综合以上对比，可以认为所选取的单节段模型与多节段模型受力和变形均具有一致性，用单个节段来模拟多节段进行研究是可行的。

3. 锚下局部应力分析

拉索锚固区垫板用实体单元 SOLID92 模拟，材质为 Q345 钢材，与混凝土单元的连接简化为共用节点的方式。将最大索力 6256kN 均匀施加在锚垫板的上表面，锚垫板采用直径为 90cm 的圆形钢板，厚度为 70mm。计算模型索孔设有钢导管，壁厚 11mm，A 型和 B 型钢板均在模型中加以考虑。

计算表明，主拉应力和主压应力分别如图 9.3-6 和图 9.3-7 所示。

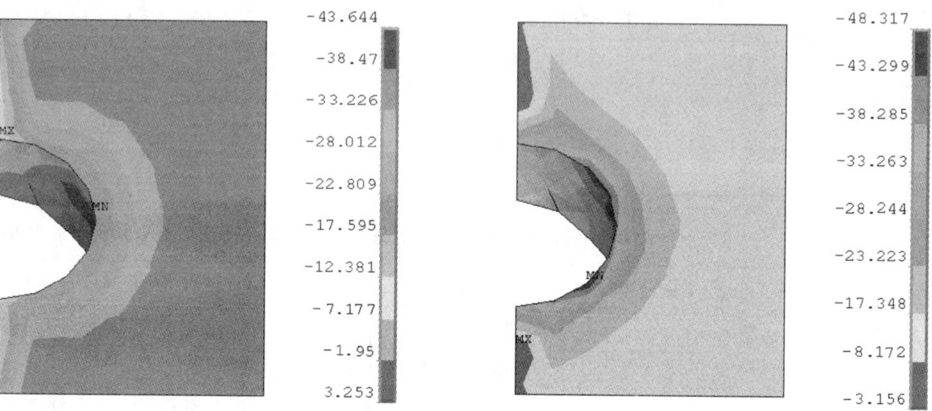

图 9.3-6 锚固位置主拉应力（MPa）　　**图 9.3-7** 锚固位置主压应力（MPa）

拉索锚下应力梯度较大，主拉应力极大值为 3.25MPa，主压应力极大值为 −48.32MPa。主拉应力分布范围较小，主要分布在索孔混凝土边缘，但范围很小且衰减很快，由于受到钢板的约束作用，不会导致混凝土大面积开裂。锚垫板正下方存在较大主压应力，最大值位于索孔边缘，可能造成极小部分区域混凝土开裂，但在该区域外，压应力迅速减小到 30MPa 以下。此外，局部承压时，混凝土强度大幅提高，这对锚下混凝土是偏安全的。

根据锚垫板和钢导管的 VonMises 应力分布图（图 9.3-8、图 9.3-9），两者应力分布

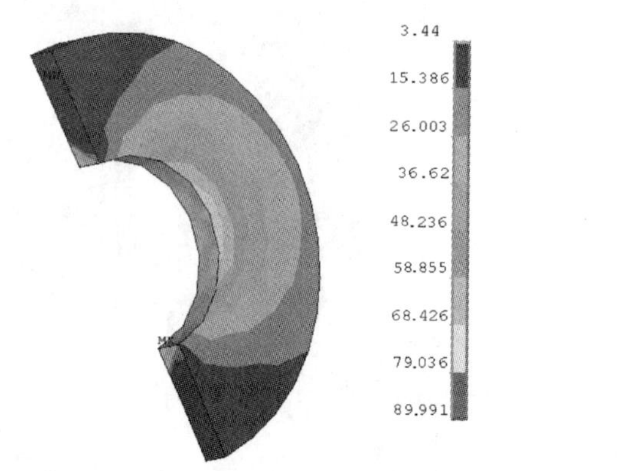

图 9.3-8 锚垫板 VonMises 应力（MPa）

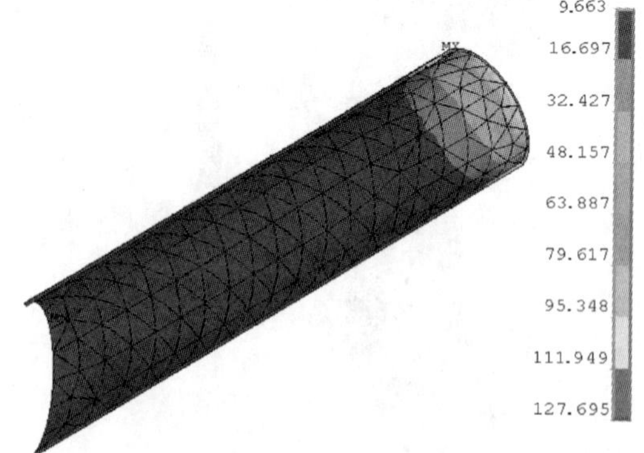

图 9.3-9 钢导管 VonMises 应力（MPa）

虽复杂但数值却不大，远低于钢材的屈服强度。虽然锚垫板和钢导管应力水平较低，但为了传递和分散该区域的巨大集中力，缓解混凝土的应力集中，锚垫板和钢导管是必须设置的。计算表明，锚下钢导管厚度及其平面尺寸是合适的。

9.3.2 模型试验研究

1. 索塔节段试验模型设计

试验模型取索塔顶部第二个节段，即 SA25（SJ25）拉索对应的节段，该节段斜拉索索力和水平分力较大，受力较其他节段不利。试验按足尺比例进行设计，严格按照设计结构和施工工艺进行。根据有限元计算结果，以 SA25 拉索实际锚固点为基准，分别向上和向下截取长度为 490mm 和 1340mm，节段总高 1830mm，忽略上下相邻节段的部分锚固牛腿，模型总体尺寸如图 9.3-10 所示。

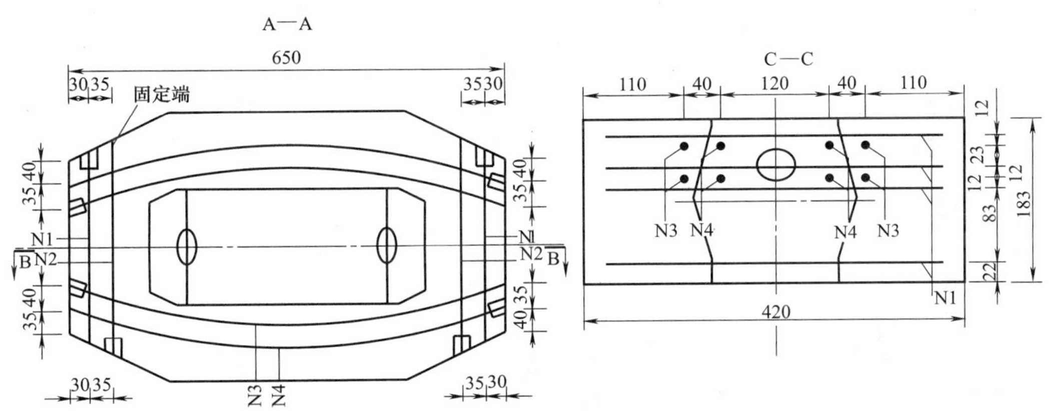

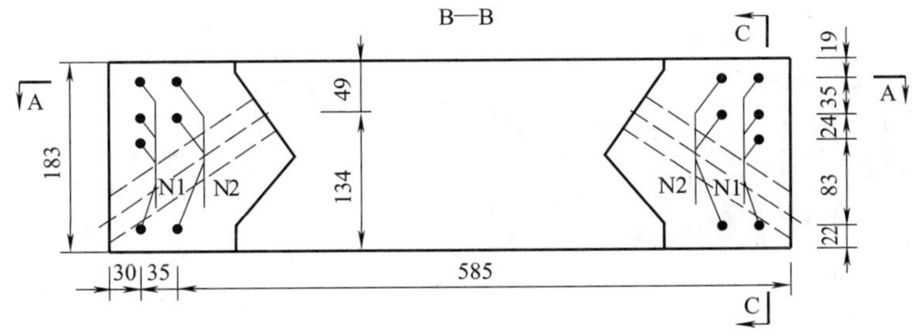

图 9.3-10 索塔 SA25 节段模型

试验模型索塔锚固区钢筋按实桥布置，将锚固牛腿处加强钢筋网以及预应力钢束管道定位钢筋均考虑在内。钢筋、混凝土、包裹钢板等采用与实桥一致的材料。

模型放置于特制的混凝土台座上，为了减小模型底面与台座间的摩擦，用 6mm 不锈钢板制作成底模板，在此之上铺设一层白铁皮，在底模钢板与白铁皮之间涂刷机油，以减小试验模型底面与试验台座之间的摩擦力。

2. 加载反力架设计

试验用两台 13500kN 的千斤顶对索塔模型的两个锚固位置施加顶推力，因加载吨位较大，设计了专门的反力架作为顶推时的反力装置。

反力架采用Q345钢板制作，结构如图9.3-11、图9.3-12所示。试验设计最大顶推荷载1.7P，对应顶推荷载达11200kN。为了确保反力架的安全可靠，用ANSYS对设计作了强度复核，得到反力架在满载下的VonMises应力分布，如图9.3-13所示。

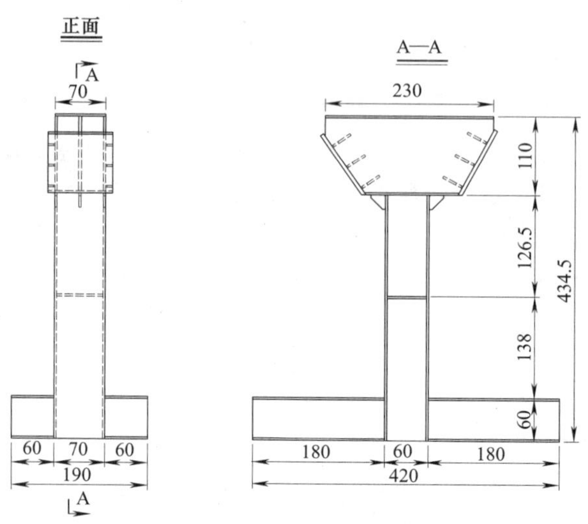

图9.3-11　加载反力架示意图

图9.3-12　试验反力架

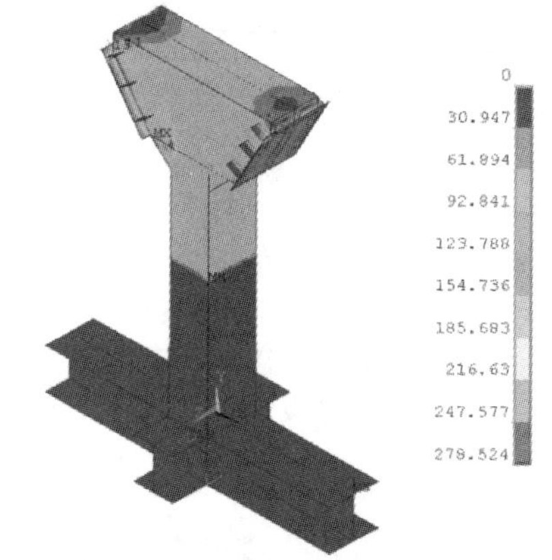

图9.3-13　反力架VonMises应力云图（MPa）

3. 模型制作工艺

试验模型制作按照实桥施工顺序进行。按相关规范、规程要求，保证质量。在混凝土浇筑过程中同时制作混凝土试件，对混凝土的弹性模量和强度进行实测，并提供符合国家规定的混凝土质量检验检测合格证明，经认可后才进入下一步工作。

模型制作流程：模型设计（含加载方案设计）→加载反力架预埋→反力台座钢筋布置→台座混凝土浇筑→模型钢筋布置→模型模板定位→模型混凝土浇筑（泵送）→设备安装及调试→预应力张拉→千斤顶顶推加载。每道工序通过业主验收后方可进入下一步工作。

在节段模型加工过程中和加工完成后，对钢筋的绑扎、结构尺寸、混凝土外观、混凝土强度进行了检查，检查结果显示钢筋绑扎规范，结构精度符合要求，混凝土外观质量符合要求，混凝土强度满足要求。

钢筋和模板安装完成并检验合格后，即进行模型节段混凝土的浇筑工作，索塔节段于2011年6月21日一次性浇筑完成，混凝土的养护基本按照实桥施工工艺进行。模型混凝土浇筑时，按照规范要求制作混凝土立方体抗压强度和弹性模量标准试件，放置在模型处，与模型同等条件养护，以使试件强度及弹模真实反映模型的实际情况。混凝土弹模试件实测7d弹性模量为4.66×10^4MPa，实测28d弹性模量为4.62×10^4MPa。模型钢筋绑扎如图9.3-14所示，索塔锚固区混凝土浇筑如图9.3-15所示。

图 9.3-14 模型钢筋绑扎

图 9.3-15 索塔锚固区混凝土浇筑

4. 试验模型测点布置

索塔锚固区混凝土的受力情况是本次模型试验重要测试和研究内容，主要对关键部位的应力集中处、传力途径上重要部位和结构薄弱位置进行针对性的布置测点。索塔锚固区顶面由于自由约束，容易出现裂缝，以布置应变花为主。考虑到结构对称性，应力测点布置如图9.3-16所示。

牛腿与侧壁之间连接部位是结构的薄弱位置，根据本模型结构特点和以往试验经常在该位置由于主拉应力集中而出现裂缝，因此在这些部位布置应变花。具体布置如图9.3-17所示。

计算表明，索孔下出口附近是应力较大的区域，也是容易出现裂缝的地方，因此在这个区域也布置一些应变花。具体如图9.3-18所示。

锚固区混凝土中剖面和其他剖面上布置测点，是研究斜拉索和预应力水平传力重要途径，以布置单向应变片为主，具体如图9.3-19所示。

斜拉索锚下是应力集中部位，在斜拉索锚垫板下方布置了钢弦式应变计测点测试内部应力，具体如图9.3-20所示，模型测点布置如图9.3-21所示。

为了解模型在顶推时的变形情况，在模型的两端和两侧中间安装百分表，测试其位移情况。对试验模型的受力行为除了对应力验证外，同时对变形进行验证。变形测点布置如图9.3-22所示。

在顶推过程中，试验模型整体在斜拉索的作用下将产生变形，在顺桥向布置2个位移测点，即表1和表2，安置于下孔口的高度。纵向变形的同时，索塔节段将发生横向变形，故安装表3和表4进行监测，对称布置于侧壁外侧。

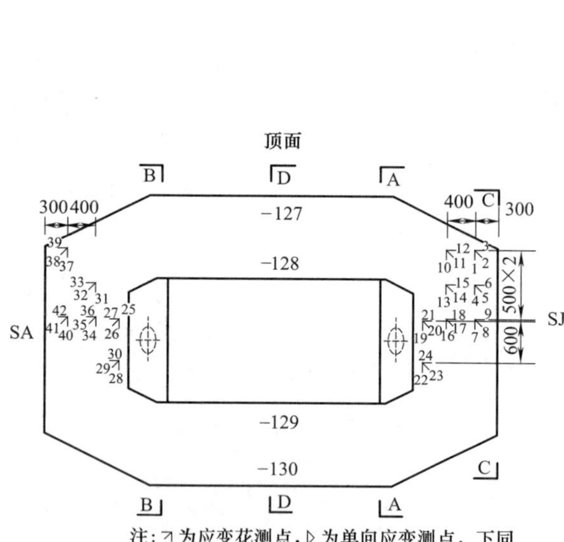

注：⌝为应变花测点，▷为单向应变测点，下同

图 9.3-16　试验模型顶面测点布置图

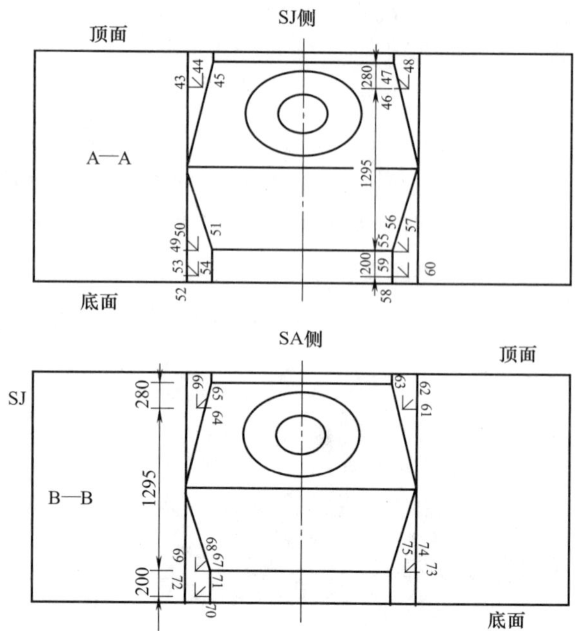

图 9.3-17　模型牛腿测点布置

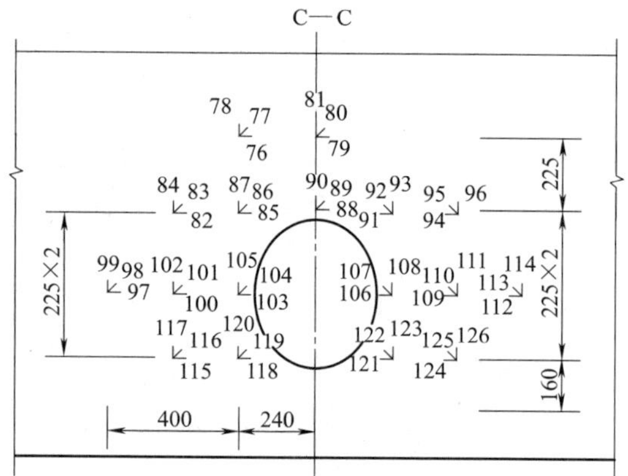

图 9.3-18　索孔下方出口处测点布置

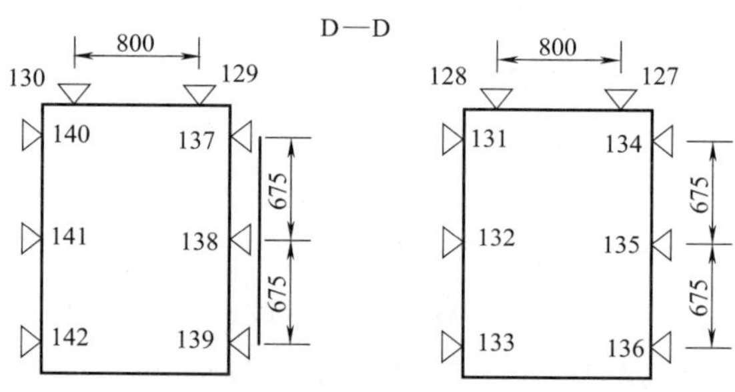

图 9.3-19　试验模型中剖面测点布置图

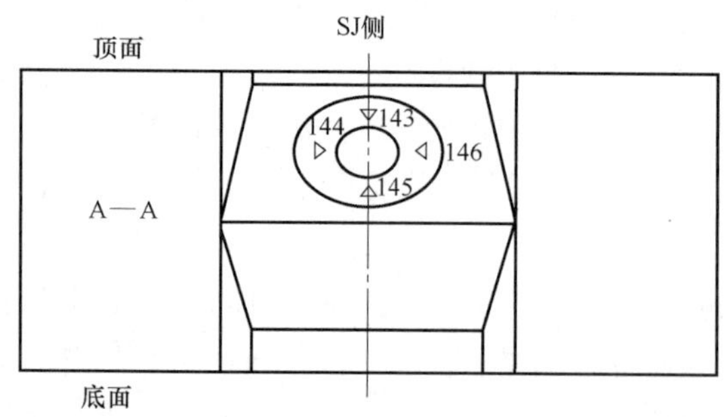

图 9.3-20　斜拉索锚下预埋测点布置图

图 9.3-21　模型测点布置

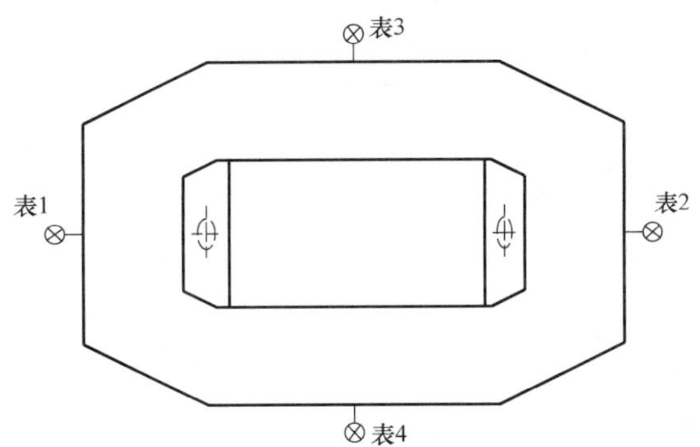

图 9.3-22 模型外端壁变形测点布置

5. 预应力钢束测试与分析

1）孔道摩阻试验

根据索塔节段预应力钢束的不同形式，各取一束进行预应力孔道摩阻试验，即 N1、N2、N3、N4 钢束各一束。由预应力钢束孔道摩阻测试数据得出：

预应力钢束与孔道壁的摩擦系数 $\mu=0.177$；

孔道每米局部偏差对摩擦的影响系数 $k=0.0017$。

《公路钢筋混凝土及预应力混凝土桥涵设计规范》中相应参数的参考值为：塑料波纹管孔道壁与预应力钢束的摩擦系数 $\mu=0.14\sim0.17$，孔道每米局部偏差对摩擦的影响系数 $k=0.0015$。本次试验结果 μ 值处于以前几次试验结果之间，且接近规范参考值上限，表明试验结果可用。孔道摩阻试验如图 9.3-23 所示。

图 9.3-23 孔道摩阻试验

2）锚固回缩损失测试

试验选取 N3 和 N4 预应力钢束进行锚固回缩损失试验，试验时，在预应力钢束两端的工作锚具与锚垫板之间安装一个压力传感器，张拉至设计吨位后，分别测量两端传感器锚固前和锚固后的数值，换算成对应的荷载，两端传感器各自锚固前、后测得的荷载差值即为两端的锚固回缩损失值。锚固回缩损失试验结果如表 9.3-3 所示。

锚固回缩损失试验结果　　　　**表 9.3-3**

钢束号	锚固前荷载(kN)	锚固后荷载(kN)	锚固损失	平均值
N3	2304.6	1831.0	−20.6%	−19.1%
N4	2435.2	2003.0	−17.7%	

3）预应力钢束的实测伸长量

预应力钢绞线张拉过程中，由于最初张拉时各束预应力钢材松紧、弯曲程度不一致，因此，初应力时的伸长值不宜采用量测方法，而采用推算的方法。根据《公路桥涵施工技术规范》的规定，预应力筋张拉时，应先张拉至初应力 σ_0，该初应力为张拉控制应力 σ_{con} 的 10%～15%，伸长值应从初应力时开始量测。本次预应力初张拉的控制应力 σ_{con} 的 10%。

预应力筋张拉的实际伸长值 $\Delta L_{总}$，除量测伸长值外，还应计入初应力的伸长值：

$$\Delta L_{总}=\Delta L_1+\Delta L_2$$

但由于张拉的预应力束极短，ΔL_2 很难进行精确测量，因此采用下式计算：

$$\Delta L_{总}=\Delta L_1/0.9$$

根据经验和现场实测，钢绞线在实际张拉过程中，锚固端的夹片和工具锚夹片在张拉前后（即初应力阶段和张拉完成阶段）有一个回缩值，这个回缩值包含在油缸的伸长量里面有一部分为夹片回缩值，在考虑实际伸长值时，对这个回缩值应予以扣除后，才是真正实际伸长量。

对于常规预应力张拉过程，回缩量 ΔH 一般为 5～6mm，根据以往经验和实测表明，回缩量与预应力长度有一定的关系，根据实测，N1、N2 预应力回缩量 ΔH 取 3mm，N3、N4 预应力回缩 ΔH 量取 5mm。预应力钢束的伸长量试验结果如表 9.3-4 所示。

预应力钢束的伸长量试验结果　　　　**表 9.3-4**

钢束号	常规计算伸长量(cm)	实测伸长量(cm)	差值(cm)	相对差值	修正后计算伸长量(cm)	修正后实测伸长量(cm)	修正后差值(cm)	修正后相对差值
N1	2.1	2.5	−0.4	−19.0%	2.87	2.78	0.1	3.2%
N2	2.5	3.0	−0.5	−20.0%	3.23	3.33	−0.1	−3.2%
N3	4.6	5.0	−0.4	−8.7%	5.53	5.56	0.0	−0.5%
N4	4.6	5.1	−0.5	−10.9%	5.53	5.67	−0.1	−2.5%

由表 9.3-4 可知，如果采用预应力长束的计算方法，得到伸长量偏差较大，很难满足规范要求的 6%要求。现预应力张拉短束效应非常明显，如修改计算方法，得到的相对偏差值均在 6%内。因此，在实桥预应力张拉过程中，实测伸长量的修正是采用 $\Delta L_1/0.9$ 计算伸长量，按规范要求进行伸长量偏差控制。

4）预应力张拉后应力测试与分析

在索塔锚固区预应力索张拉时，通过实测索塔锚固区混凝土应力变化和变形，分析计算索塔的应力分布及规律，确定控制应力的位置和数值，可以从强度和刚度方面检验张拉预应力索对索塔锚固区的效应及预应力索分布是否合理。在斜拉索还没有张拉时，分析预应力效应是否合适，避免索塔局部应力、变形过大。另外，为承受巨大斜拉索索力所需的预压应力是否足够。

预应力钢束全部张拉锚固后，分为 5 个断面进行测试，索塔锚固区结构各部位的实测应力与计算值对比如表 9.3-5 所示。

预应力工况实测结果与计算结果对比 **表 9.3-5**

截面位置	测点位置	应力项目	实测值(MPa)	计算值(MPa)
模型顶面	外侧	纵向应力	−6.4～−0.1	−8.1～−0.1
		横向应力	−9.0～−15.2	−7.2～−16.2
	中间	纵向应力	−6.0～−0.8	−6.2～−0.1
		横向应力	−14.5～−15.1	−10.5～−16.1
	内侧	纵向应力	−5.8～−0.2	−6.2～−0.1
		横向应力	−6.9～−9.7	−6.0～−11.4
A 截面	上方	纵向应力	−5.5～−6.0	−5.1～−6.7
		竖向应力	1.9～2.2	1.2～2.1
	下方	纵向应力	−1.4～−3.3	−1.0～−2.6
		竖向应力	−0.2～−0.9	−0.4～−1.5
B 截面	上方	纵向应力	−5.5～−6.7	−5.1～−7.7
		竖向应力	1.2～1.9	1.2～2.9
	下方	纵向应力	−1.9～−3.3	−1.9～−3.7
		竖向应力	−0.2～−0.5	−0.1～−0.7
C 侧面	孔上方	竖向应力	−2.2～2.9	−1.6～3.4
		横向应力	−5.9～−9.6	−5.2～−9.7
	孔侧	竖向应力	1.3～2.6	0.8～3.6
		横向应力	−0.8～−6.9	−0.5～−8.1
D 截面	内侧	纵向应力	−7.1～−8.3	−7.0～−8.6
	外侧	纵向应力	−0.2～−1.1	−0.4～−1.5

预应力张拉后，在试验模型的绝大部分位置均产生了一定的预压应力集中，由于泊松比效应，在极个别位置仍有一定的拉应力集中，主要位于预应力锚点附近、索孔周围和内侧牛腿上方倒角位置。预应力锚点附近拉应力主要是由预应力局部作用，索孔周围和内侧牛腿上方倒角是由于结构构造突变引起。

从测试结果来看，预应力束全部张拉锚固后，预压应力主要表现为水平方向的压应力，除在模型横桥向和纵桥向相交的内壁倒角处存在较小拉应力外，模型其他各截面均处于受压状态，最大实测主拉应力为 2.9MPa，稍大于桥规 C50 轴心抗拉强度标准值(2.65MPa)，最大实测压应力为−15.2MPa。且压应力：$\sigma_{cct}=15.2\text{MPa}<0.7f'_{ck}=0.7\times32.4=22.7\text{MPa}$；拉应力：$\sigma_{ctt}=2.9\text{MPa}<1.15f_{tk}=1.15\times2.65=3.1\text{MPa}$，满足短暂状况预应力混凝土应力验算要求。

通过以上分析表明，预应力张拉结束后，在模型各处产生了不同程度的预加应力，横桥向和纵桥向两个方向上的实测应力都与计算应力基本相符，说明设计预应力束布置是合理的，理论计算结果与试验实测结果之间达到了相互校验的目的，考虑到施工及测量误差，可以认为实际预压应力达到了设计水平。

5）顶推加载试验分析

为直接了解索塔锚固区混凝土在预应力和斜拉索共同作用下的应力分布，在预应力张拉完成后，模型试验通过模拟斜拉索索力的顶推加载试验方法来实现。顶推加载试验用千斤顶模拟斜拉索索力，对模型锚垫板施加压力，在顶推加载过程中，实测索塔混凝土应力变化和变形，分析计算索塔的应力分布及规律，确定控制应力的位置和数值；实测在设计索力作用下索塔锚固区关键部位混凝土的应力和变形，研究索塔锚固区的工作性能，判断结构内部和表面是否会开裂，确定开裂荷载和破坏荷载，为确定索塔锚固区承载能力和安全储备提供科学依据。

索塔锚固区试验SA25、SJ25顶推加载到由设计院提供最大设计索力分别为6526kN和5667kN。为保证顶推过程中水平方向受力平衡，对该索力值进行调整，1.0P对应SA和SJ两侧实际顶推荷载分别为6526kN和6174kN。

图9.3-24　索塔锚固区试验模型

试验采用分级加载方式进行，荷载分级为：0→0.2P→0.4P→每0.1P→开裂荷载→每0.2P→1.4P→1.5P→1.6P→1.7P，在开裂荷载（计算预计值）附近每0.1P加载。试验过程加载至1.7P，检查模型外表面，未发现混凝土表面出现肉眼可见裂缝。然后分级卸载，具体按1.7P→1.5P→1.0P→0.5P→0.0P进行卸载。索塔锚固区试验如图9.3-24～图9.3-26所示。

图9.3-25　试验模型加载图

图9.3-26　模型应力数据采集

(1) 应力测试结果分析

预应力钢束全部张拉锚固后，采用千斤顶进行顶推加载，测得的各测点实测应力如表9.3-6所示。

1.0P 工况实测结果与计算结果对比 **表 9.3-6**

截面位置	测点位置	应力项目	实测值(MPa)	计算值(MPa)
模型顶面	外侧	纵向应力	−2.3～−5.9	−4.6～1.5
		横向应力	−6.4～−15.0	−10.5～−19.1
	中间	纵向应力	−4.0～−9.2	−1.3～−6.2
		横向应力	−12.0～−13.7	−12.4～−18.4
	内侧	纵向应力	−7.1～−11.3	−3.1～−13.7
		横向应力	−6.5～−13.5	−6.0～−16.4
A 截面	上方	纵向应力	−4.0～−4.6	−4.1～−6.7
		竖向应力	−2.7～−4.0	−4.7～1.0
	下方	纵向应力	−2.6～−0.1	−1.0～−2.1
		竖向应力	−5.7～−8.1	−1.4～−5.5
B 截面	上方	纵向应力	−4.7～−5.8	−4.1～−6.1
		竖向应力	−3.0～−4.5	−5.2～1.2
	下方	纵向应力	−0.4～−1.8	−0.9～−1.7
		竖向应力	−3.6～−7.7	−2.1～−6.7
C 侧面	孔上方	竖向应力	−1.2～−3.6	−0.6～−3.5
		横向应力	−4.7～−8.7	−2.2～−8.7
	孔侧	竖向应力	−4.5～1.3	−4.2～1.7
		横向应力	−7.3～1.0	−8.1～2.1
D 截面	内侧	纵向应力	−4.3～−6.5	−3.5～−6.6
	外侧	纵向应力	−0.3～−1.4	−0.1～−1.2

在预应力和 1.0P 索力作用下，模型顶面纵桥方向的实测压应力在−2.3～−11.3MPa之间，有限元计算压应力在−13.7～1.5MPa 之间；横桥向方向的实测压应力在−6.4～−15.0MPa 之间，计算压应力在−6.0～−19.1MPa 之间，实测应力与计算应力比较接近。说明在预应力和 1.0P 索力作用下，结构顶面仍受压。

模型 A 和 B 截面纵桥向方向的实测应力在−0.1～−5.8MPa 之间，有限元计算纵桥向压应力在−0.9～−6.7MPa 之间；竖向实测应力在−2.7～−8.1MPa 之间，计算应力在−5.5～1.2MPa 之间，实测应力与计算应力比较接近。

在孔侧面索孔位置有一定拉应力集中，但总体不大，其余大部分仍以受压为主。实测横桥向压应力在−7.3～1.0MPa 之间，计算横桥向压应力为−8.7～2.1MPa，与实测值基本一致。竖向实测应力在−4.5～1.3MPa 之间，计算竖向压应力为−4.2～1.7MPa，该位置模型上未发现裂缝。

模型顺桥向塔壁拉索非中面锚固侧，在预应力和 1.0P 索力作用下，产生了较大的纵桥向方向水平压应力，实测中截面外侧压应力在－0.3～－1.4MPa 之间，内侧压应力在－4.3～－6.5MPa 之间，相应计算外侧压应力值在－0.1～－1.2MPa 之间，内侧压应力在－3.5～－6.6MPa 之间，实测应力与计算应力比较接近，而且内侧塔壁压应力储备比外侧大。

从测试结果来看，预应力束张拉和斜拉索作用后，索塔锚固区混凝土仍以受压为主，在索孔个别位置有较小的拉应力。结构最大实测拉应力为 1.3MPa，最大压应力为－15.0MPa。且压应力：$\sigma_{cct}=15.0\text{MPa}\leqslant 0.7f'_{ck}=0.7\times 32.4=22.7\text{MPa}$

拉应力：$\sigma_{ctt}=1.3\text{MPa}\leqslant 1.15f'_{tk}=1.15\times 2.65=3.1\text{MPa}$，满足规范要求。

在 1.0P 斜拉索索力作用下，锚下混凝土预埋测点的应力在－8.7～－11.5MPa，混凝土应力满足规范要求。

综上所述，在设计索力作用下，混凝土部分将产生一定的水平拉应力，大部分混凝土拉应力增量在 1.0～2.0MPa，但是之前的预应力产生的预压应力储备较大，因此总体上索塔锚固区混凝土仍以受压为主，在索孔个别位置有较小的拉应力。试验结果表明，在该荷载下混凝土表面未发现裂缝。

顶推加载至 1.7P 时，由测试结果可知，各截面上均有位置出现拉应力，其中在索孔附近出现较多拉应力集中，叠加预应力效应后，最大实测横桥向应力为 2.3MPa，最大实测竖向应力为 2.7MPa，最大主拉应力达到 3.0MPa。根据试验结果显示，该应力位置未发现混凝土开裂。根据混凝土试件劈裂强度测试结果为 3.21MPa，因此可推断混凝土开裂荷载可能为 1.8P 以上，结构安全储备足够。

（2）变形测试结果分析

顶推至设计索力时，模型两锚固边跨侧最大顺桥向位移为 0.104mm，中跨侧为 0.140mm，变形向外凸出；模型侧面横桥向最大位移为 0.064mm，变形向内凹进。测试结果与模型横桥向两锚固面呈现向外侧弯曲的特性，模型顺桥向两侧面受力呈现向内侧弯曲的特性也是相一致的。

为使模型变形测试结果看起来更加直观，将变形测试结果绘制成荷载-变形曲线图的形式。由荷载-变形曲线图 9.3-27 可以看出，随着顶推荷载的增大，模型各部位变形值随之近似线性增加。

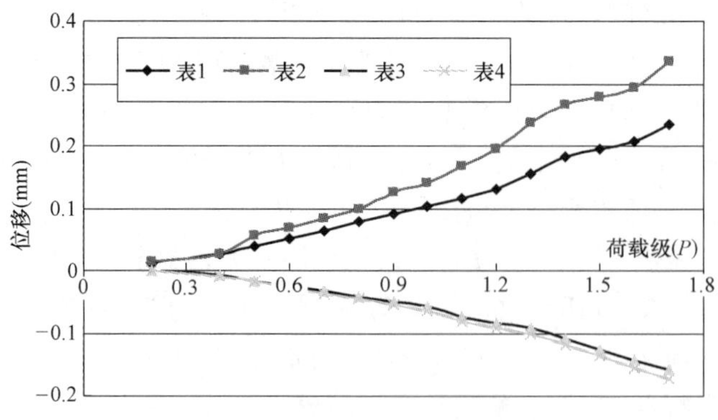

图 9.3-27　荷载-变形曲线

6）试验结论

模型关键部位应力实测结果与用有限元分析计算结果基本一致，试验结果表明，在1.7P（P设计索力）的顶推荷载作用下，模型结构仍然处于弹性工作状态下，加载过程中没有出现裂缝。预应力束全部张拉锚固后，模型表面实测最大拉应力为2.9MPa，实测最大压应力为−15.2MPa，应力满足规范要求，应力分布合理，说明预应力的设计和布置是合适的。在设计索力作用下，部分混凝土产生了1.0～2.0MPa的拉应力增量，但索塔锚固区绝大部分混凝土仍以受压为主，在索孔个别位置有较小的拉应力。最大实测拉应力为1.3MPa，最大压应力为−15.0MPa，应力满足规范要求。说明在预应力和斜拉索索力作用下，索塔锚固区结构的受力水平比较合理。试验模型加载至1.7P时，模型混凝土表面未发现可见裂缝。根据试验结果，结构开裂荷载大于1.7P，表明索塔锚固区设计具有足够的安全储备。

综上所述，汉江三桥索塔锚固区设计与实际试验数据吻合，具有足够的安全储备。

9.4 下横梁施工

下横梁采用预应力混凝土结构，混凝土强度等级为C50，上下各布置28束16ϕ^s15.2钢绞线（图9.4-1），预应力钢束锚固于塔柱的外侧。为了减少下横梁支架的荷载量，下横梁采用两次浇筑混凝土，第一次浇筑3m并达到强度要求后，张拉横梁下部3m范围内的预应力钢束，第二次浇筑3m，塔柱施工完毕后张拉余下的预应力束。

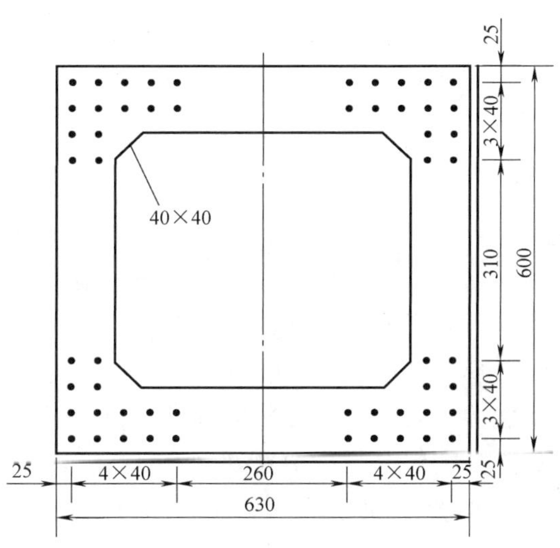

图9.4-1 横梁预应力钢束横断面布置图

9.4.1 施工工艺流程

下横梁施工工艺流程如图9.4-2所示。

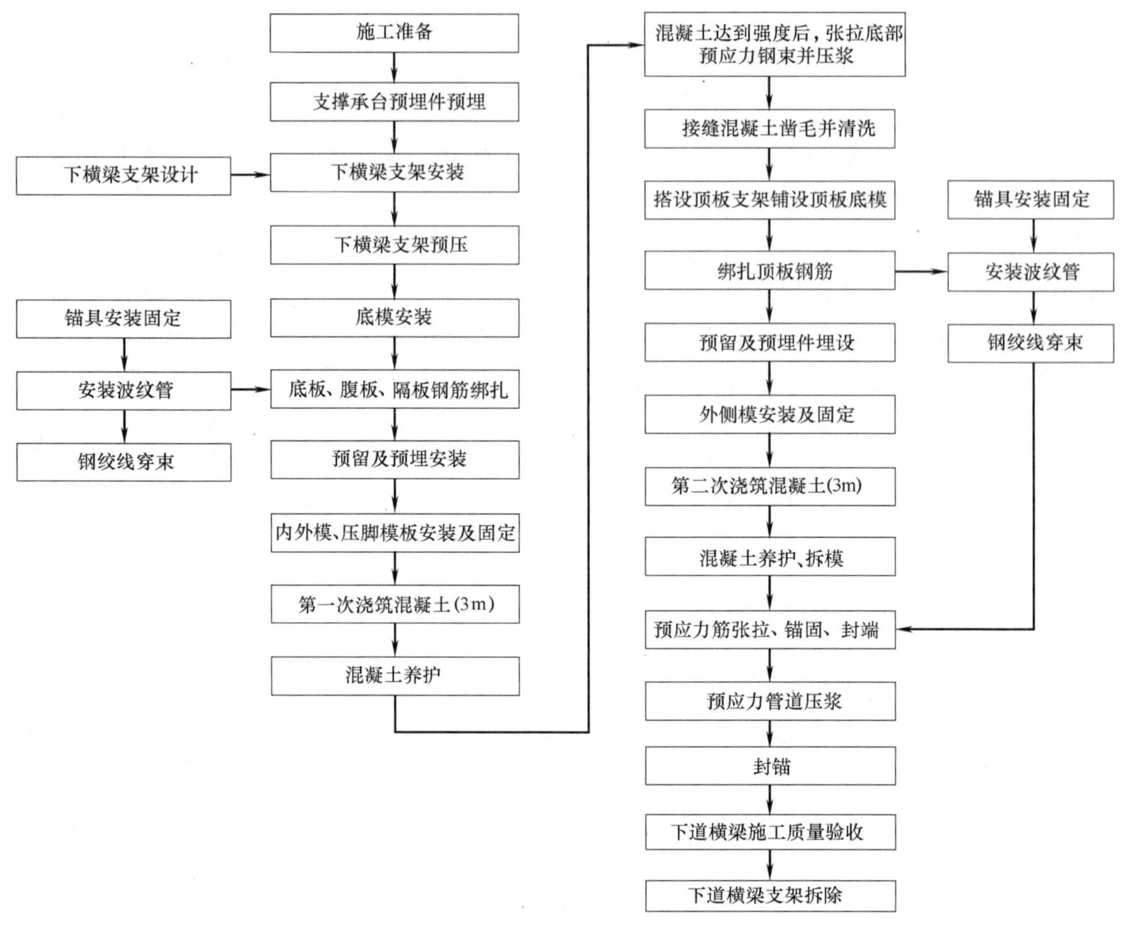

图 9.4-2　下横梁施工工艺流程图

9.4.2　下横梁支架施工

1. 下横梁支架构造

下横梁支架设计为钢管支架，支架基础利用主墩承台支承，采用 ϕ28mm 地脚螺栓与承台相连，架体与塔柱附着，为了方便卸载，钢管支架上部为碗扣式支架。支架立柱和斜柱均采用 ϕ1020×10mm 钢管，平联采用 ϕ630×8mm 的钢管。钢管顶部垫梁采用 3 拼 I45b 工字钢，横向布置贝雷片（1.5m×3m 规格），贝雷片采用（5+3+3+5）排的布置形式。贝雷上片采用纵横向分配梁，纵向分配梁采用 I25b 工字钢，间距 150cm，横向分配梁采用 I12.6 工字钢。横向分配梁上搭设碗扣式钢管脚手架。脚手架顶托上放纵向 I12.6 的托梁，托梁上设 10cm×10cm 木方，木方上铺设 12mm 厚的竹胶合板做底模。具体结构布置如图 9.4-3、图 9.4-4 所示。

2. 支架计算

1）荷载计算

①下横梁自重；②支架体系上部结构自重；③水平荷载（水流冲击荷载和风荷载）；④下横梁施工过程中产生的施工荷载（考虑侧模重量）。

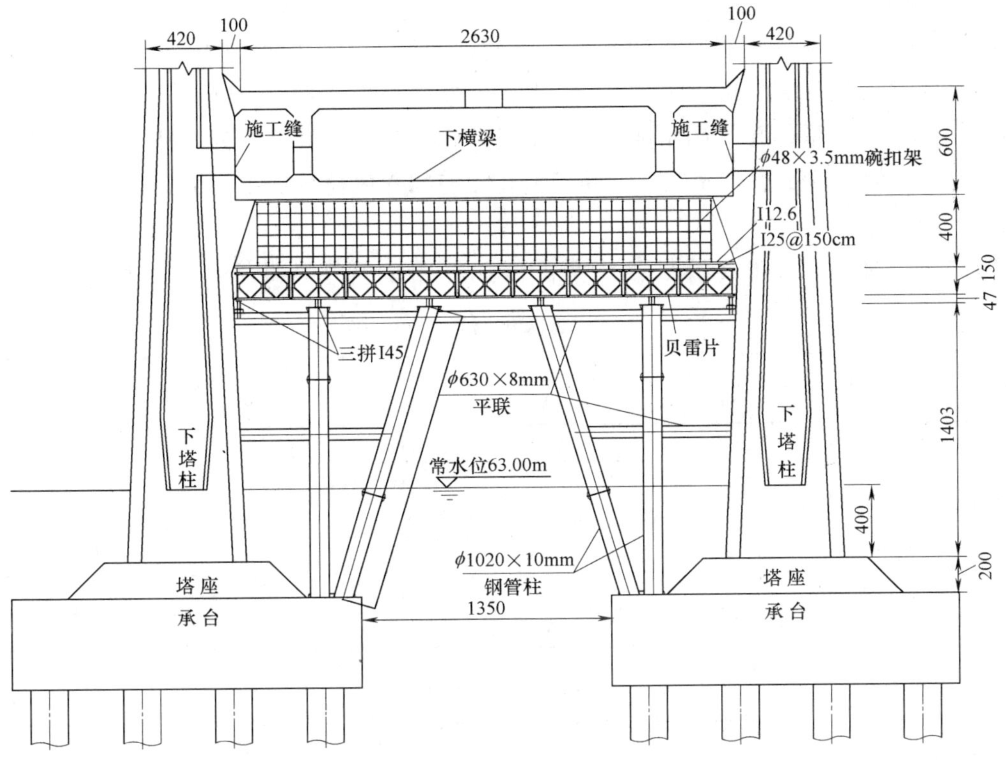

图 9.4-3 下横梁支架立面图

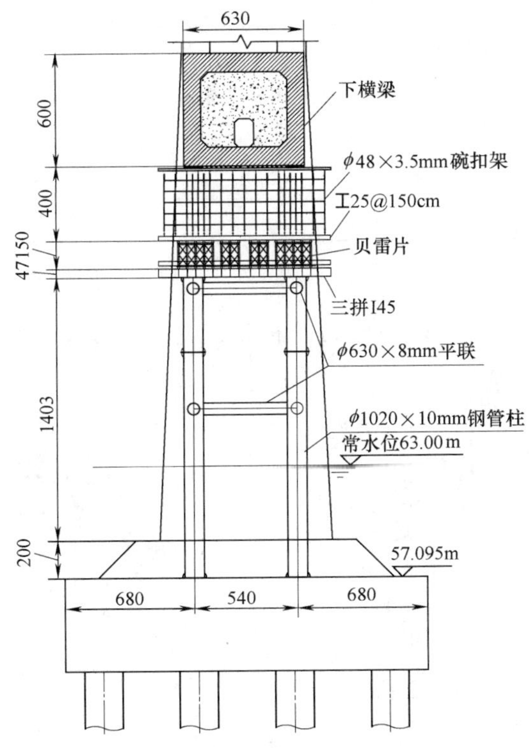

图 9.4-4 下横梁支架断面图

2）工况分析

由于下横梁分两次浇筑，每次浇筑 3m，每次浇筑完后张拉预应力钢束，为安全起见，在结构验算时仍取下横梁的全部自重，不考虑预压。模板、木方、碗扣架、纵横梁、贝雷和垫梁按下横梁全部浇筑完成时的最不利工况考虑。支架的计算分为两种工况，工况一为空载情况下即模板体系支设完成，钢筋未绑扎之前承受风荷载作用的情况；工况二为下横梁混凝土浇筑完成时的情况。

3）模板、木方、碗扣架、纵横梁、贝雷和垫梁等的计算结果如表 9.4-1～表 9.4-3 所示。

计算结果表　　**表 9.4-1**

序号	构件名称	最大应力（MPa）	最大变形（mm）	容许应力（MPa）	容许变形（mm）
1	竹胶合板模板（12mm 厚）	19.17	0.41	80.0	$l/250=0.6$
2	木方（10cm×10cm）	6.47	0.44	13	$l/400=1.5$
3	托梁（I12.6）	19.22	0.03	215	$l/400=1.5$
4	横向分配梁（I12.6）	27.79	0.04	215	$l/400=1.5$
5	纵向分配梁（I25b）	5.6	0.07	215	$l/400=1.5$
6	垫梁（I45b）	200.6	4.44	215	$l/400=12.08$

表碗扣架计算结果表　　**表 9.4-2**

计算项目	整体稳定性			立杆长细比		立杆稳定性	
	工况一	工况二	容许值	计算值	容许值	计算值	容许值
计算结果	3	2.52	1.3	75.95	210	126.77	215

注：工况一为当钢筋未绑扎，安全网等维护结构搭设完成；工况二为钢筋绑扎完成，下横梁模板支设完成。

贝雷计算结果　　**表 9.4-3**

构件名称	最大弯矩（kN·m）	最大剪力（kN）	最大挠度（mm）	容许弯矩（kN·m）	容许剪力（kN）	容许变形（mm）
贝雷	163.7	163.8	0.69	788.2	245.2	$l/400=15$

4）钢管支架计算

钢管支架采用 Midas/Civil 软件分为两种工况进行计算，计算模型及计算结果如图 9.4-5、图 9.4-6 及表 9.4-4 所示。

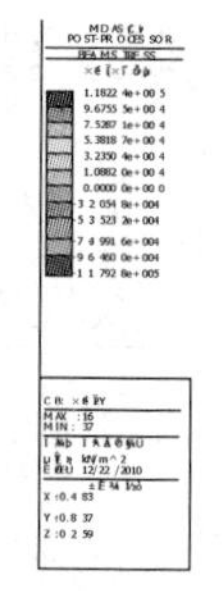

工况一

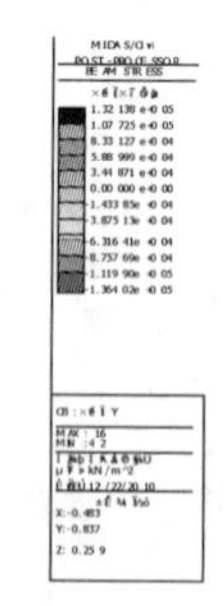

工况二

图 9.4-5　支架应力图（N/mm^2）

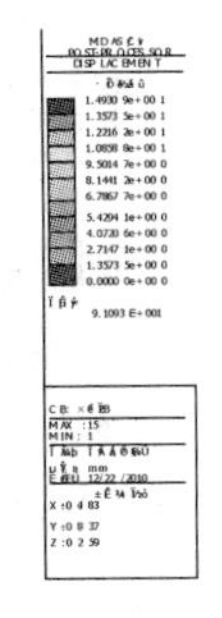

工况一

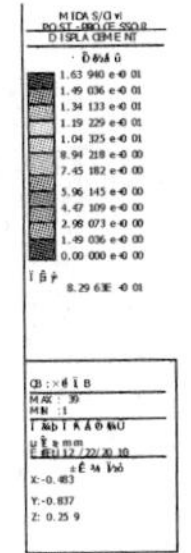

工况二

图 9.4-6 支架变形图（mm）

钢管支架计算结果表 **表 9.4-4**

工况	最大组合应力（MPa）	容许应力（MPa）	最大变形（mm）	容许变形（mm）
一	118.22	215	14.93	$h/1000=18$
二	136.40	215	16.39	$h/1000=18$

经计算，下横梁支架体系的强度、刚度、稳定性均满足要求。

5）节点验算

节点验算是验算主管和支管连接处的承载力以及焊缝是否满足要求。钢管节点验算结果如表 9.4-5 所示。

钢管节点验算结果 **表 9.4-5**

节点验算	最大压力（kN）	最大拉力（kN）	焊缝应力（MPa）	容许压力(kN)	容许拉力（kN）	容许应力（MPa）
	703.3	165.7	48.6	244.1	480.1	160

从表 9.4-5 可知钢管节点受压承载力不满足要求，需对顶层平联中间段与斜管连接处进行加强，采取在钢管顶部 1.25m 的范围内浇筑混凝土，如图 9.4-7 所示。

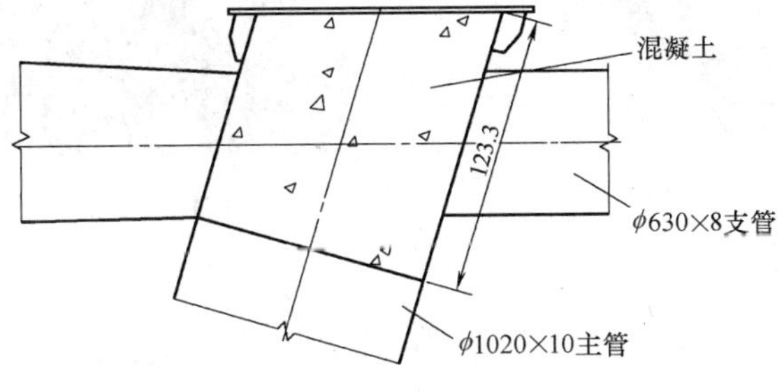

图 9.4-7 节点加强图

3. 下横梁支架安装

1）下横梁支架安装流程

下横梁支架安装流程如图 9.4-8 所示。

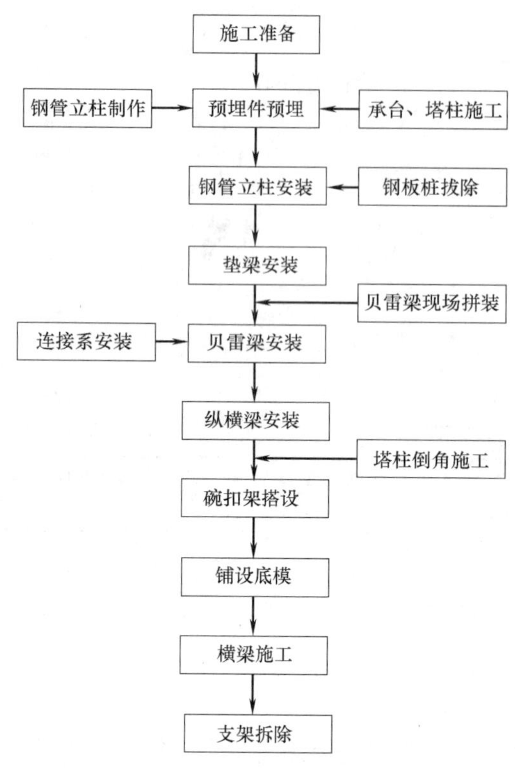

图 9.4-8 下横梁支架施工流程图

2）预埋件施工

承台和塔柱预埋件采用预埋钢板加锚筋的形式，锚筋的锚固长度不小于 15d，即锚固钢筋长度不小于 15 × 28mm = 420mm，施工控制锚固钢筋长度按 500mm 进行制作。钢管附承台上侧均匀焊 12 片加劲板，钢管内侧加焊长度 500mm 的十字撑板。钢管附塔柱面外侧均匀焊 12 片加劲板。

3）立柱安装

钢管型号为 ϕ1020×10mm，立柱安装流程为：预埋承台锚筋→安装底节钢管（带封头板）→立柱法兰对接→平联就位焊接→安装斜柱顶部混凝土钢管接头。

钢管立柱安装分两次，在钢管桩未拔出前用 25t 汽车吊安装水下部位的立柱，并安装部分平联和斜撑。第二次分节吊装立柱及斜柱，并用法兰螺栓对接，如图 9.4-9、图 9.4-10 所示，安装完所有立柱、平联和斜撑。

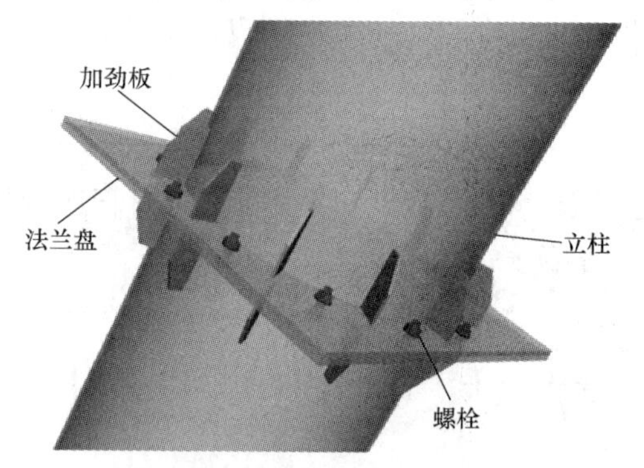

图 9.4-9 法兰连接接头

图 9.4-10 立柱及斜柱法兰盘接长图

4）平联安装

平联采用 ϕ630×8mm 的钢管，平联与立柱采用哈佛接头进行连接，斜立柱和顶层中间平联连接处受力较大，采用灌注混凝土的钢管进行加强。

“哈佛接头”采用两个半圆形结构形式，每根平联在其中一端设置一个“哈佛接头”。所有平联按照比实际长度缩短 20cm 左右的尺寸下料，一端加工成垂直断面，另一端加工成相贯线断面；“哈佛接头”的内径比钢管平联外径大 10mm，长度按照 45cm（最短处）进行下料，如图 9.4-11 所示。

平联的吊装具体施工方法如下：在待安装平联的一端套上“哈佛接头”，使用汽车吊起吊进行安装。为了方便调整平联位置，用两个 5t 的手拉葫芦吊挂在柱顶及平联的两端以便调整平联的位置，如图 9.4-11、图 9.4-12 所示。平联安装到位后，将平联一端的“哈佛接头”推到指定位置进行焊接。焊接时先焊接“哈佛接头”与钢管柱连接处，后焊接与平联连接处。所有的环向焊缝均要求满焊，严格控制焊缝质量。

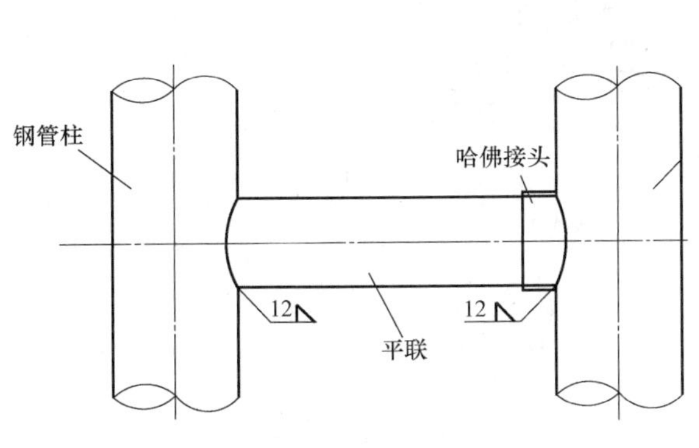

图 9.4-11 哈佛接头图

图 9.4-12 平联“哈佛接头”连接图

5）上部梁系结构施工

垫梁采用 9m 长 3I45b 制作，放置在钢管柱顶，并与钢管焊接固定。贝雷桁架在地面上分组分段拼装好，根据贝雷的组合形式，分为四组三段，分别为 5 片一组 9m，3 片一组 9m。最大重量为 4.05t。共然后用 30T 汽车吊吊装就位于安装好的 I45b 垫梁上，再将两段拼接。其他纵横梁分配梁、碗扣架、托梁、方木和模板的施工安装施工图纸的要求进行施工。

4. 下横梁支架预压

斜拉桥主塔下横梁混凝土总方量达 600 余 m^3，重量为 1560t，为大体积混凝土现浇施工。由于下横梁支架预压位于江面，水资源丰富，从利用方便的角度出发，采用水袋水泵加水预压的方法，并在支架上布设测点进行变形监测。

1）预压荷载

下横梁支架预压荷载按 50%梁重考虑（759t），采用分级加载：0→60%→80%→100%，每级加载后均进行变形观测。

2）预压流程

下横梁支架预压流程为：底模及侧模安装→水袋放置→量具设置、水源连接→沉降观测点设置→分级蓄水配载→变形观测→排水卸载→预拱度设置。

3）侧模支护

下横梁支架预压采用全断面水压法，最大蓄水高度为 4.86m。下横梁侧面采用下横梁 6m 高侧模作为挡水结构，塔柱下倒角上堆放砂袋防止下横梁预埋在塔柱内钢筋刮破水袋。水袋预压支护钢模采用［6.3 槽钢作内楞，间距 26cm；I36b 工字钢做次内楞，间距 120cm；顶部布置一道双拼［10 槽钢作外楞，每 120cm 设 2 根 ϕ20mm 的拉杆，分别布置在竖向 I36b 两边；竖向 I36b 在底部用 18mm 厚的挡板限位固定，挡板与钢管柱顶 I12.6 分配梁焊接，支护结构布置如图 9.4-13 所示，预压水袋支护如图 9.4-14 所示。

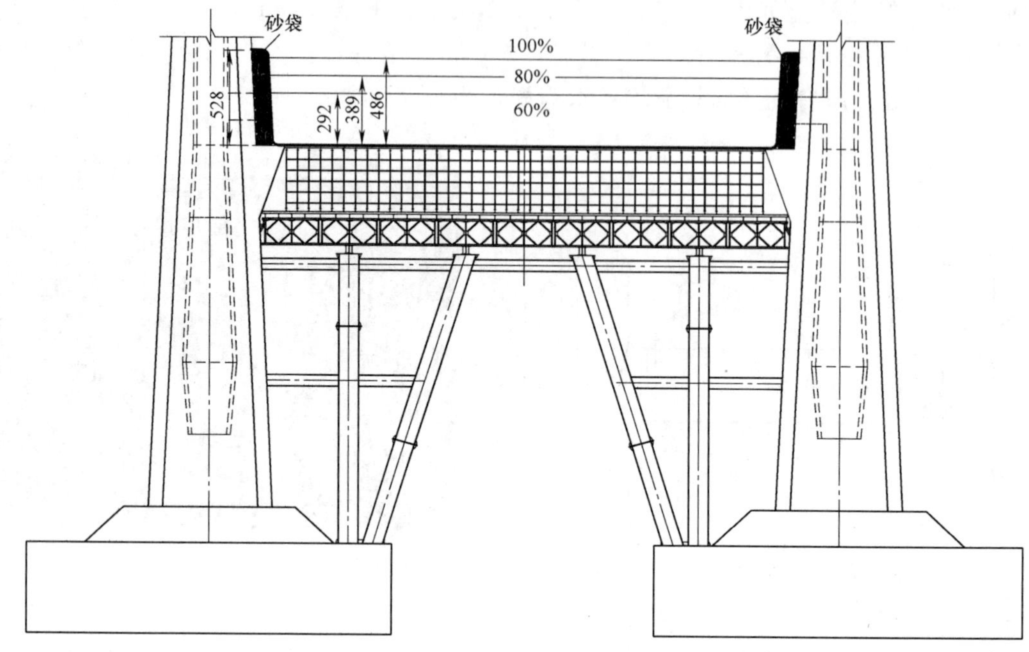

图 9.4-13 预压水袋布置图

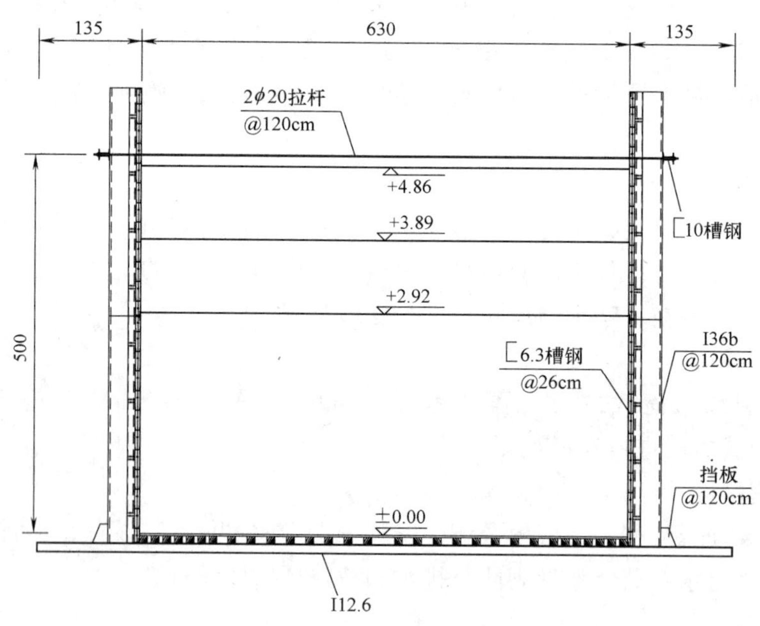

图 9.4-14 预压水袋支护图

4）加载方法及沉降监测

预压水袋采用一个 55m×20m 的水袋。水袋蓄水采用高扬程大功率水泵从江中抽取，水袋高度要达到最大蓄水标高要求，水袋上口悬挂不能过紧，在保障高度的情况下适当地放松，防止水袋拉裂。在蓄水过程中，要检查拉杆及底部碗口支架的受力情况。下横梁支架水袋预压如图 9.4-15 所示。

为了保证预压过程中支架的安全及确定底模标高调整值，在蓄水加载的过程中应进行支架的变形监测。蓄水加载到 3m 高梁重的 60%、80%、100%的时候各监测一次。每级加载完后停止下级加载，每隔 12h 对支架沉降量进行一次监测，并待加载后沉降稳定 24h 后，测读最终沉降值。变形监测点位布置如图 9.4-16 所示。待加载完毕直到不再产生沉降后，即可进行卸载，卸载按一次卸载，6h 后测监测点标高。

图 9.4-15 下横梁支架水袋预压

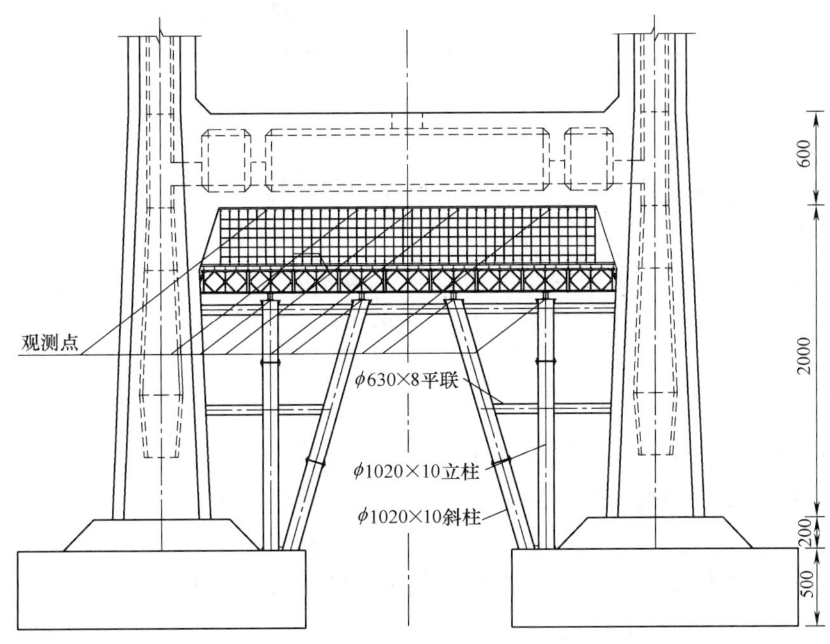

图 9.4-16 监测点位布置图

5）预压操作要点

（1）灌水试压前认真检查验收支架，对薄弱部位进行处理。

（2）加水前认真检查水袋是否有刮破和疑似漏水处，发现问题用局部水压试验密封性。

（3）测量前认真校验水准仪，测量时前后视距尽量相等，每次测量最好在同一位置架设仪器，一个测站测完。

（4）支架预压期间，测量组须专人对支架进行沉降观测，除观测支架高程及位移变化情况外，还需要对支架的杆件连接是否紧密、有无压弯及变形、方木有无压裂等进行全面的观察。

（5）如果在预压过程中，出现钢管柱沉降过大、支架局部失稳现象，立即停止加载，并开始卸载，因采用灌水预压，卸载一般较快；如情况危急，直接将水袋侧部割洞卸载，加快卸载速度。

（6）发生紧急情况时，支架上部、下部人员赶紧撤离支架，避免因支架失稳产生局部垮塌，造成人员伤亡。

9.4.3　钢筋施工

下横梁钢筋规格有 ϕ32mm、ϕ20mm 和 ϕ16mm 三种，钢筋等级均为 HRB335 级钢筋，一个下横梁所需钢筋共 145t。

1. 钢筋加工及运输

下横梁钢筋采用现场集中加工，进场钢筋经验收及复试合格后方可加工，加工好的半成品钢筋由平板车运至现场。

直径 32mm 的 HRB335 主筋采用等强度滚轧直螺纹接头连接，先用套丝机对钢筋两端头进行套丝，在一端套上螺纹套筒。钢筋的套丝及螺纹套筒的一端套接均在钢筋加工场完成。

钢筋按要求加工成半成品，分类编号堆存。堆存时，其下放枕木以利排水，上面覆盖彩条布防雨。

2. 钢筋连接

本工程下横梁钢筋连接方式包括普通搭接焊接和直螺纹套筒连接。

1）搭接焊接

（1）钢筋搭接连接时，单面焊接≥10d；双面焊接≥5d。

（2）搭接焊接接头的焊缝厚度不小于主筋直径的 0.3 倍，焊缝宽度不小于主筋直径的 0.8 倍。

2）滚轧直螺纹连接

滚轧直螺纹连接接头应用于直径大于 16mm（包括 16mm）的钢筋接头。钢筋的滚轧直螺纹套筒连接，连接标准采用《滚轧直螺纹钢筋连接接头》JG 163—2004。

（1）连接套筒

供货单位必须提供质量证明，并符合有关国家的标准规范及《钢筋机械连接通用技术规程》JGJ 107—2003 的有关规定。

（2）丝头加工

加工丝头的牙形、螺距一致，有效丝扣的秃牙部分累计长度小于一扣，钢筋端头平整且与钢筋轴线垂直。

（3）经自检合格的钢筋端头螺纹，对每种规格加工批量随机抽检 10%，且不小于 10 个，如有一个端头螺纹不合格，即对该批加工批逐个检查，不合格的端头螺纹重新加工经再次检验方可使用。已检验合格的丝头加以保护，钢筋一端丝头戴上保护帽，另一端拧上连接套，并按规格分类堆放整齐待用。

（4）连接钢筋时，钢筋规格和连接套的规格保持一致，并确保钢筋和连接套的丝扣干净完好无损。

(5) 连接钢筋时可用普通扳手拧紧。接头拧紧后检查外露丝扣不应多于 2 丝，并用油漆做好标志。

3. 钢筋的绑扎施工

横梁水平主筋在塔柱外模上开孔穿出（或采用梭子模作为塔柱外模）。倒角钢筋弯曲 90°后埋入塔柱内，在施工横梁时凿出调直。横梁波纹管在塔柱上预埋接头管，并用胶布封口，横梁施工时凿出接头面即可。

主塔下横梁高 6m，分两次浇筑成型，每次浇筑高度为 3m，第一次绑扎下横梁底板钢筋及腹板及横隔板钢筋，第二次绑扎腹板及横隔板余下钢筋和顶板钢筋。

1) 钢筋绑扎流程

下横梁钢筋绑扎流程如图 9.4-17 所示。

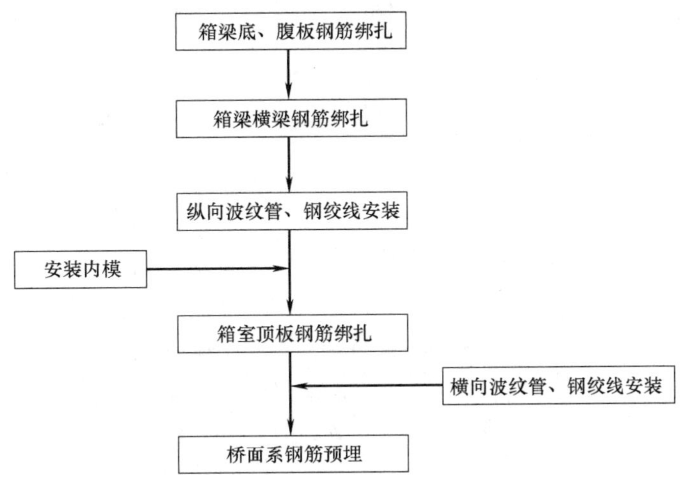

图 9.4-17 下横梁钢筋绑扎流程图

2) 施工要点

(1) 由于下横梁部分钢筋伸入塔柱内，因此将塔柱内预埋下横梁主筋直螺纹套筒，以便接长钢筋。同时也应将预埋的上倒角钢筋清理出来，并调直。

(2) 在下横梁底模上弹出钢筋的外围轮廓线，并用油漆标出每根钢筋的平面位置。下横梁钢筋集中加工，现场进行绑扎；搭设钢管架或临时支撑绑扎、固定好下横梁上层钢筋；按线摆放钢筋，要求横平竖直。

(3) 钢筋保护层的设置，采用混凝土垫块，其抗腐蚀能力和抗压强度高于横梁混凝土。垫块按照钢筋直径制成十字形凹槽状，绑扎在钢筋十字交叉处以保证垫块绑扎后不会转动，保护层垫块的设置要求呈梅花形布置，侧面和底面至少为 4 个/m^2。下横梁顶板、底板钢筋净保护层厚度为 54mm、腹板钢筋净保护层厚度设置为 58mm。

(4) 下横梁架立钢筋与主筋间需点焊，以防止骨架垮塌。

(5) 在桥梁底板及腹板钢筋绑扎完成后，及混凝土浇筑之前采用大功率的吸尘器或高压风清除残留在模板表面的杂物。在所有的操作作业过程中，必须保证操作人员鞋底不得带有泥土进入箱梁施工区域。

9.4.4　模板施工

1. 模板概况

1）下横梁底模

下横梁底模板采用 18mm 厚的竹胶板，下设 10cm×10cm 方木及 I12.6 工字钢作为分配梁。

2）下横梁外侧模

下横梁外侧模板采用 3.5mm 厚的组合钢模板，采用主塔承台模板，塔吊配合安装。外侧模与内模之间以 ϕ20mm 对拉螺杆连接，对拉螺杆沿横梁竖向间距为 750mm，沿横梁纵向间距为 750mm。

下横梁与塔柱结合处呈异结构，需根据尺寸另行配备模板木模，示意图如图 9.4-18、图 9.4-19 所示。

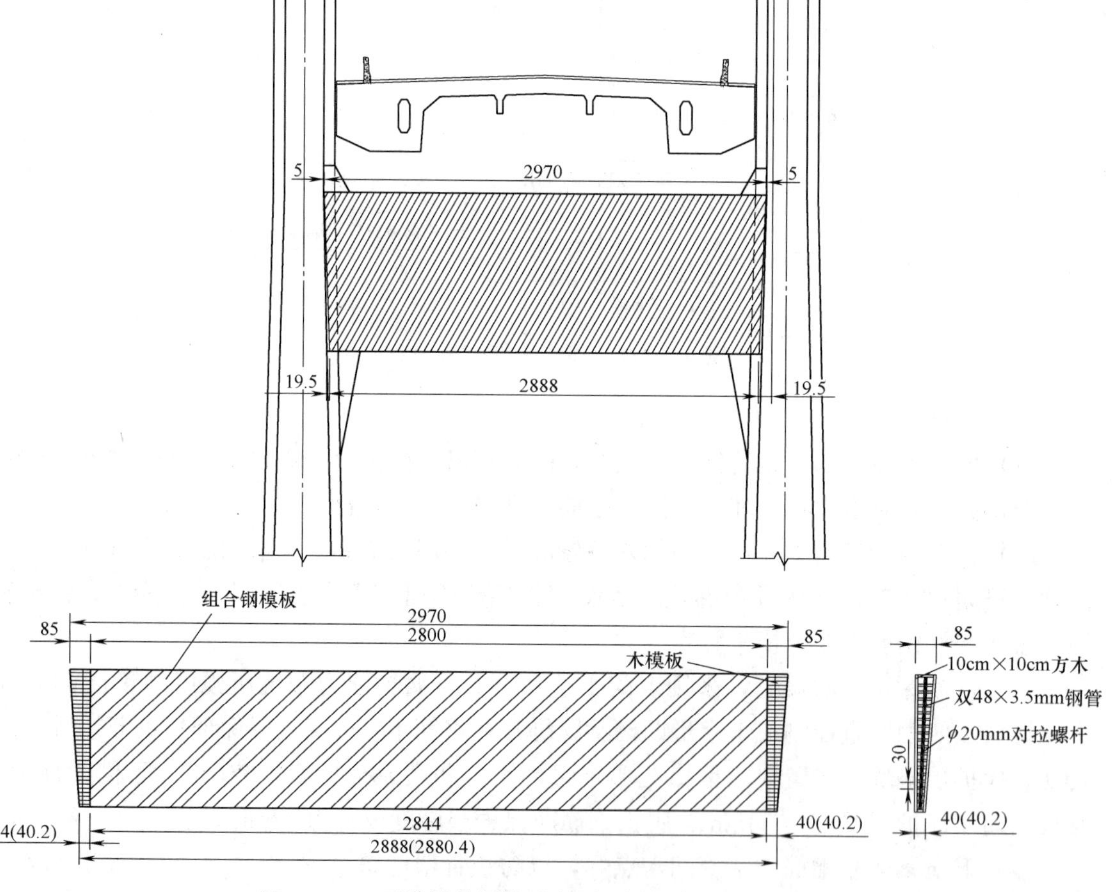

图 9.4-18　下横梁外侧模示意图（括号内为北塔数据）

3）下横梁内模及顶板底模

内模采用 18mm 厚的竹胶板，外设 10cm×10cm 方木及双 ϕ48×3.5mm 钢管作为背

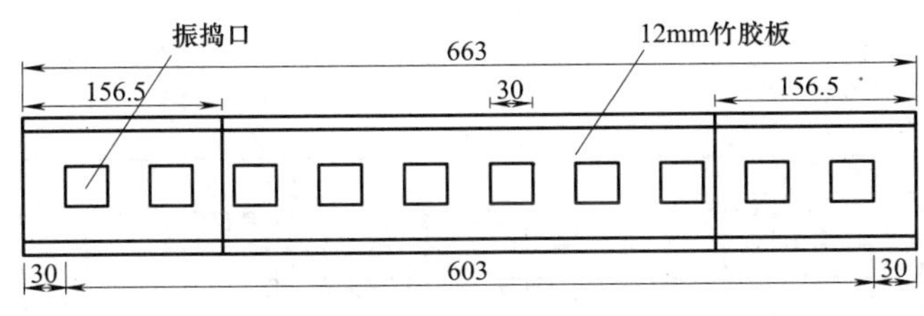

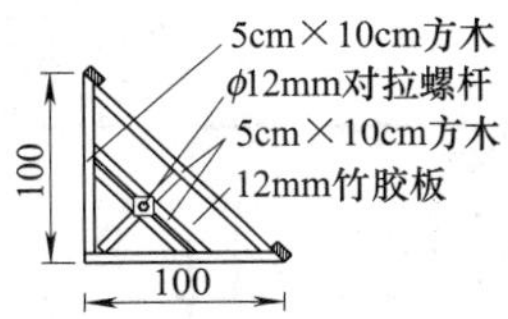

图 9.4-19 上倒角模板示意图

楞。模板立设在承台钢筋绑扎完毕后进行。采用绷线法调直，吊垂球法控制其垂直度。内模与外侧模之间以 ϕ20mm 对拉螺杆连接，对拉螺杆沿横梁竖向间距为 750mm，沿横梁纵向间距为 750mm。

下横梁顶板底模采用 18mm 厚的竹胶板，下设两道 10cm×10cm 方木作为纵、横向分配梁，以 48×3.5mm 的扣件式钢管支架作为底模体系的支撑。下横梁内模及底模示意图如图 9.4-20～图 9.4-22 所示。

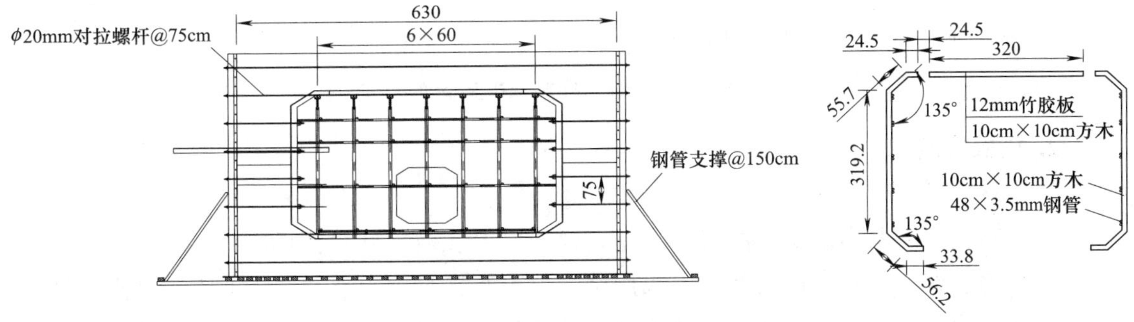

图 9.4-20 下横梁内模及底模示意图 1

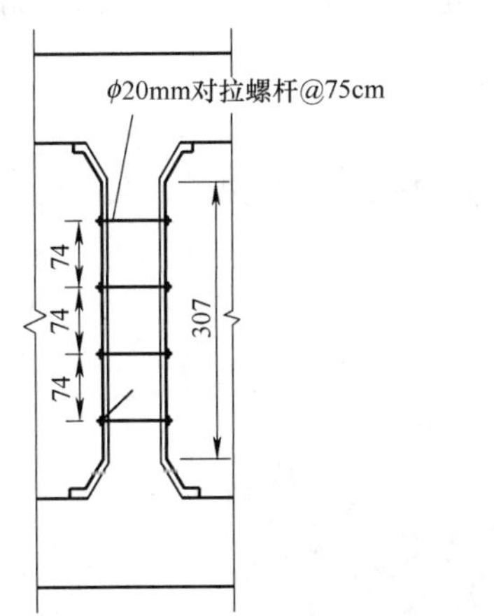

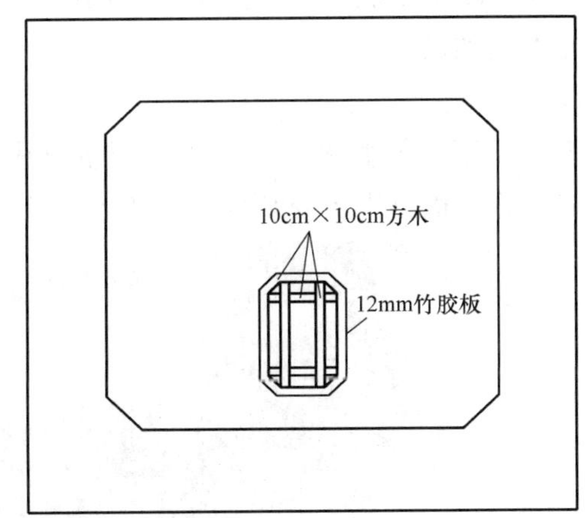

图 9.4-21 下横梁内模及底模示意图 2

4）临时固结块模板

主梁施工过程中处于悬臂浇筑状态，为保证不至于倾覆，需用精轧螺纹钢将主梁与下横梁临时固结起来。临时固结块模板示意图如图 9.4-23 所示。

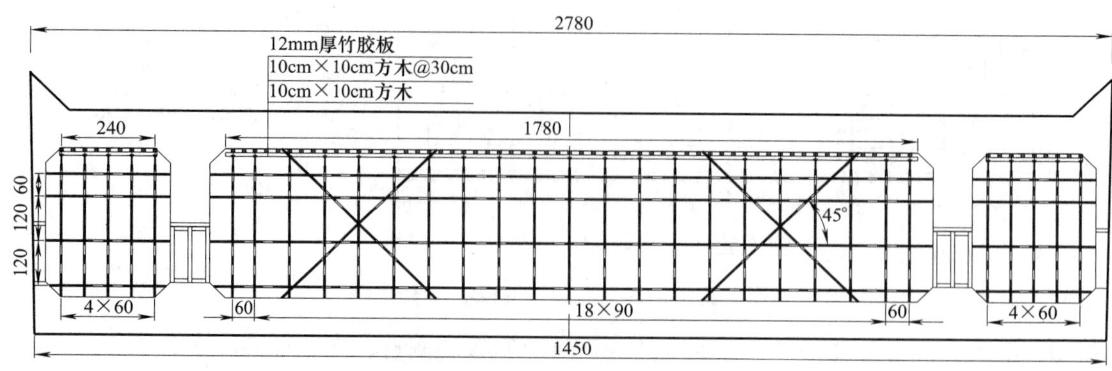

图 9. 4-22　下横梁内模及底模示意图 3

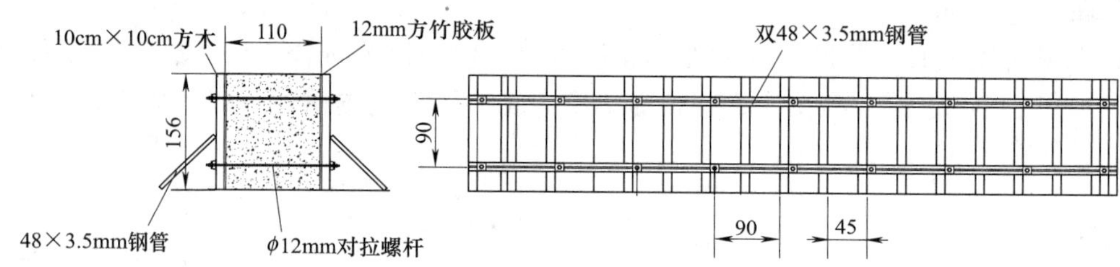

图 9. 4-23　临时固结块模板示意图

2. 模板安装

1）模板安装准备

（1）调整下横梁满堂支架的可调顶托，使下横梁底模达到立模标高。

（2）钢筋绑扎前在下横梁底模上采用全站仪引测横梁中心点，以中心点为基点，测出每条角点及边线，根据施工图用墨线弹出侧模板的内边线和中心线。

（3）采用混凝土预制块绑扎在下横梁钢筋网的外侧，以保证钢筋与模板位置的准确，使保护层厚度达到设计要求。

2）模板安装

模板安装顺序：下横梁底模安装→测量放线→钢筋绑扎→外侧模定位安装→内模安装→模板验收。下横梁模板安装如图 9. 4-24 所示。

图 9. 4-24　下横梁模板安装

9.4.5 混凝土施工

下横梁截面尺寸为6.3m×6.0m，下横梁范围内，两塔肢间净距在27.55～27.8m之间。下横梁采用C50混凝土，混凝土分两次浇筑，每次浇筑3m。

1. 混凝土施工准备

1）浇筑设备选择

混凝土浇筑施工在主墩钢平台上采用1台泵车进行浇筑，配备6台混凝土罐车，混凝土罐车停靠在主墩钢平台上，备用1台泵车以防止事故发生。

2）混凝土的制备

在混凝土出站之前必须对混凝土工作性能进行检查，各项指标必须满足混凝土工作性能的需要，不得有离析等现象；在混凝土运至现场时，需重新对混凝土的工作性能进行验收。在混凝土浇筑过程中不得压车、压料，必须及时进行混凝土的供应。混凝土工作性能指标要求如表9.4-6所示。

混凝土工作性能指标要求 **表9.4-6**

序号	项目	标准要求	序号	项目	标准要求
1	混凝土强度等级	C50	3	混凝土初凝时间	不小于10h
2	混凝土的坍落度	180～200mm	4	入模温度	5℃～30℃

2. 混凝土浇筑

混凝土施工采用1台SY5270THB-37混凝土汽车输送泵泵送混凝土，混凝土浇筑设备布置图如图9.4-25所示。

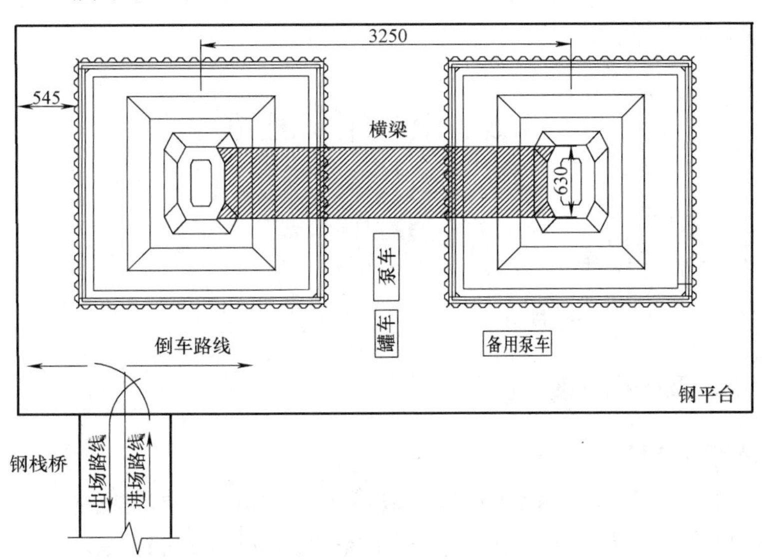

图9.4-25 现场混凝土浇筑设备布置图

下横梁混凝土分两次浇筑混凝土，每次浇筑高度为3m，混凝土浇筑时应水平分层（分层厚度为30cm），连续推进。

采用插入式振捣器振捣，总共配置4台振捣棒（不含备用）。混凝土的振捣密实以混凝土停止下沉、表面平坦、泛浆，不再出现气泡为准。在浇筑上一层混凝土时振捣棒必须插入下一层混凝土表面以下 5～10cm 左右。严禁出现漏振、过振等情况。混凝土振捣需严格按照作业指导书执行，做到责任明确。

待下横梁第一次浇筑混凝土达到强度后，处理凿毛施工缝，并清洗干净，进行下横梁第二次混凝土浇筑。

3. 混凝土养护

在混凝土浇筑完毕后，使用木杠刮除混凝土表面的浮浆并刮平混凝土面。在混凝土初凝前进行人工压实抹平，初凝后洒水养护，梁体洒水次数应以能保持混凝土表面充分潮湿为度，且自然养护不应少于 7d。

9.4.6　预应力施工

下横梁共布置 56 束 16ϕ^s15.2mm 低松弛 270 级钢绞线，两端张拉。钢绞线锚下张拉控制应力采用 $0.75f_{pk}=1395$MPa，每束张拉力为 3128kN。预应力钢束锚固于塔柱的外侧，采用深埋锚工艺，预应力管道采用塑料波纹管，管道压浆采用真空压浆工艺。

下横梁预应力钢束锚固于塔柱的外侧，预应力束管道需横穿塔柱，因此在进行塔柱施工时需预埋波纹管，以便接长波纹管以形成预应力管道。

下横梁分两次浇筑，预应力束分两批张拉。下横梁浇筑完第一次后进行底部预应力束张拉锚固，下横梁整体施工完毕后进行顶部预应力束张拉锚固。

下横梁预应力束同一批张拉的顺序为：先从腹板中部向上、下缘依次进行，腹板两侧同一高度的预应力钢束应对称张拉，再从顶、底板中部向左右对称张拉，张拉时对张拉控制力及引伸量采用双控。

9.5　上、下塔柱施工

9.5.1　施工工艺流程

塔柱施工流程如图 9.5-1 所示。

9.5.2　塔吊及电梯安装

1. 塔吊及电梯选型

根据技术设计规定，塔式起重机安装高度 130～140m，吊臂安装高度需要高低差，高位塔式起重机起重臂长度需要考虑桥面施工需要，可以增加到最大，额定起重量在 12m 范围内额定起重量达到 5t，低位塔式起重机起重臂长度必须≤45m，在 12m 范围内额定起重量为 5t。

选择安装型号为 FO/23C、SCJC6016 塔式起重机，在半径 19m 范围内能起吊 5t 的重量。按照塔式起重机基本安装要求，第一道附墙附着基本高度 33m。施工电梯选型，根据技

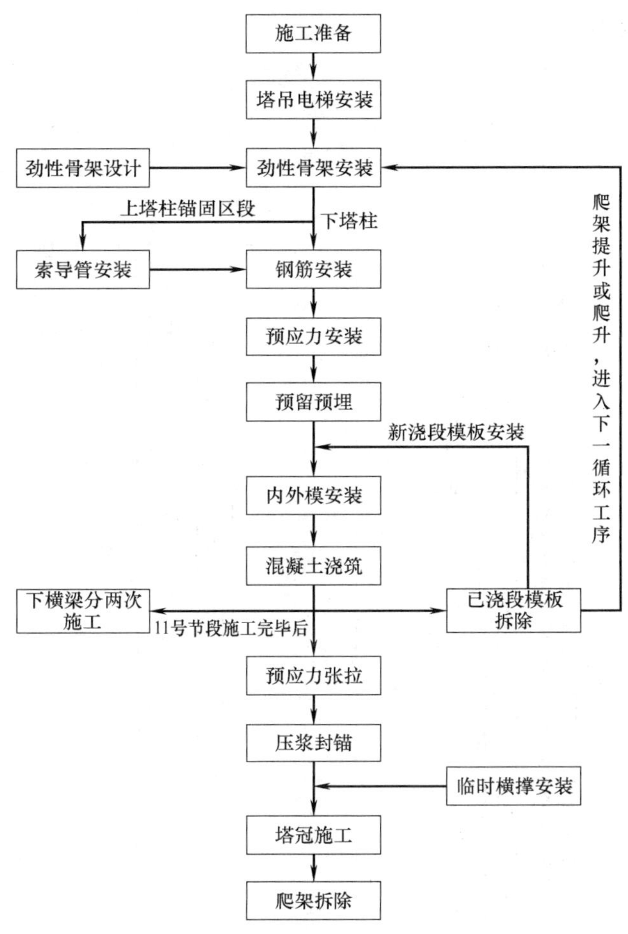

图 9.5-1　塔柱施工流程图

术设计规定，选择安装高度 120m，额定起重量达到 2t 或额定准载 10 人的单笼施工电梯。FO/23C 塔吊技术性能参数如表 9.5-1 所示，SC100 施工电梯技术性能参数如表9.5-2所示。

FO/23C 塔吊技术性能参数表　　**表 9.5-1**

序号	项　目	参　数	序号	项　目	参　数
1	工作幅度	45m	6	标准节高度	3.0m
2	最大吊重	8t	7	最小工作半径	3.0m
3	起重力矩	96t・m	8	非工作状态允许风速	45m/s
4	起升速度	0～25m/min	9	最大工作风速	12m/s
5	臂长	60m			

SC100 施工电梯技术性能参数表　　**表 9.5-2**

序号	项　目	参　数	序号	项　目	参　数
1	提升速度	0～38m/min	7	吊笼规格	3.0m×1.3m×2.7m
2	额定载重量	2000kg	8	吊笼重量	1540kg
3	附墙间距	9m	9	标准节尺寸	0.65m×0.65m×1.508m
4	电机功率	10.5kW×3	10	标准节重量	174kg
5	工作风速	7 级	11	防坠安全器型号	SAJ40-1.2A
6	标准架设高度	120m			

2. 塔吊及电梯布置

塔吊及电梯井布置如图 9.5-2、图 9.5-3 所示。

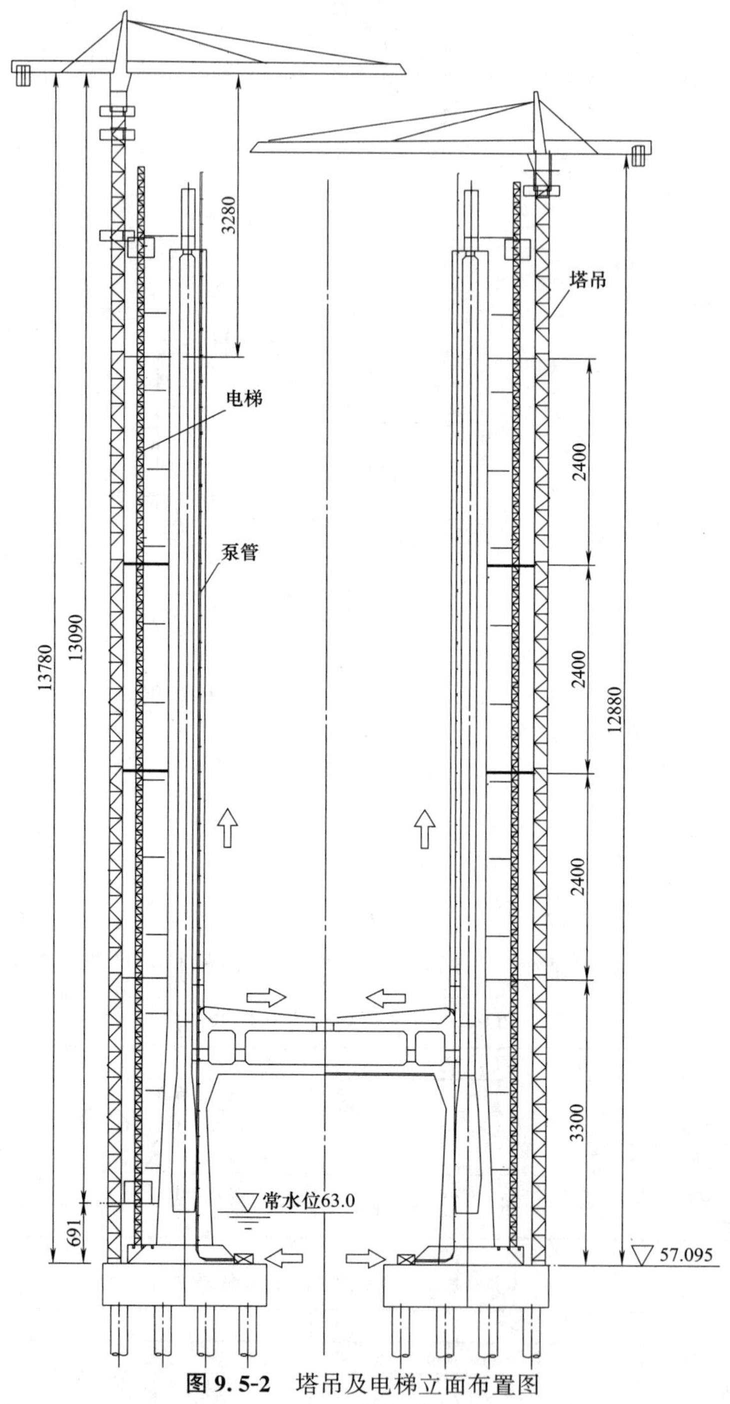

图 9.5-2　塔吊及电梯立面布置图

3. 塔吊及电梯预留预埋

在承台内设置预埋支架作为塔吊固定支脚的支撑点，水面以下部分的塔吊及电梯周边设置烧结普通砖砌体结构，厚 37cm，砌体结构顶标高为 64.0m，在标高 62.6～63.0m 的

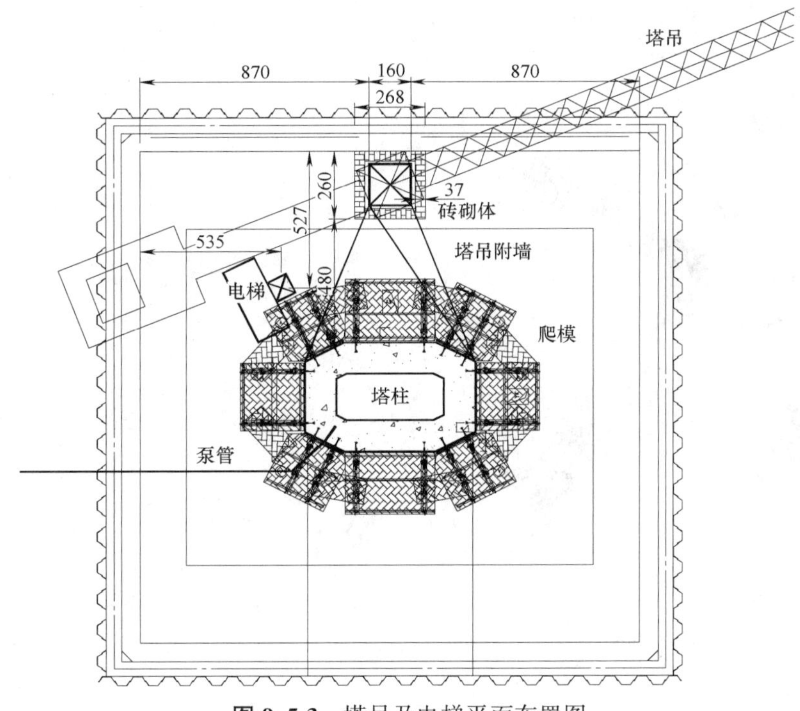

图 9.5-3 塔吊及电梯平面布置图

范围设置 C30 混凝土锁口，其配筋：6ϕ16mm（HRB335 级钢筋），三层布置，每层间距 15cm，保护层 5cm。如图 9.5-4、图 9.5-5 所示。

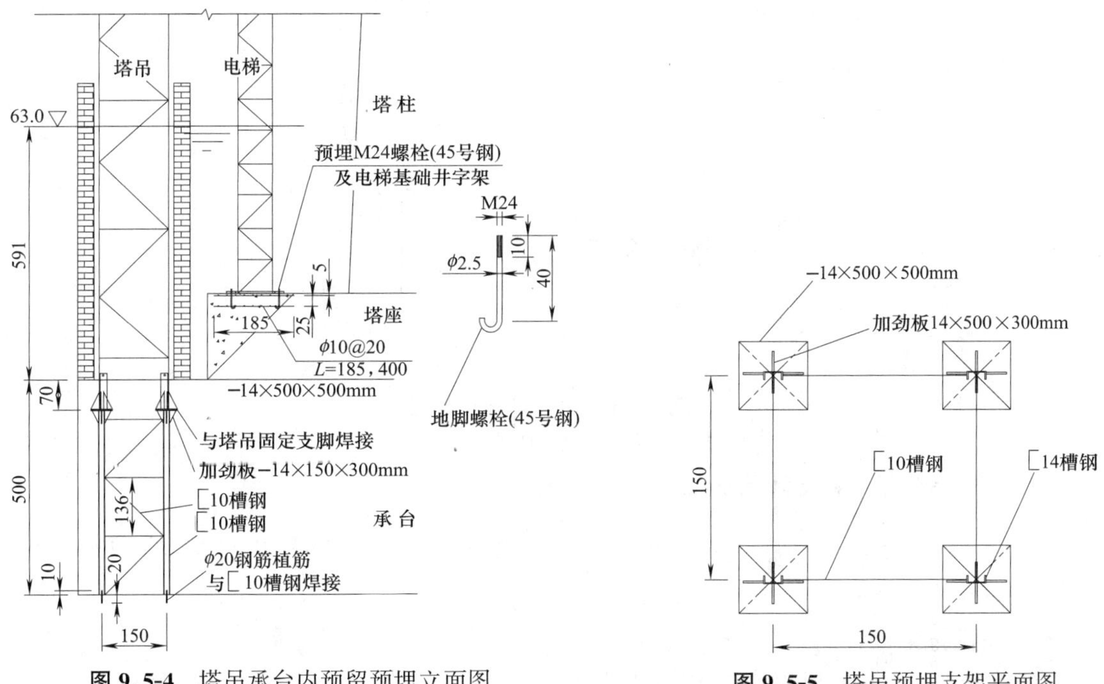

图 9.5-4 塔吊承台内预留预埋立面图

图 9.5-5 塔吊预埋支架平面图

电梯基础标高定于＋67.0m 处，电梯基础形式为 I36b 工字钢焊接而成的牛腿，牛腿间焊以［10 槽钢作为平联，电梯基础平面与立面图如图 9.5-6 所示。

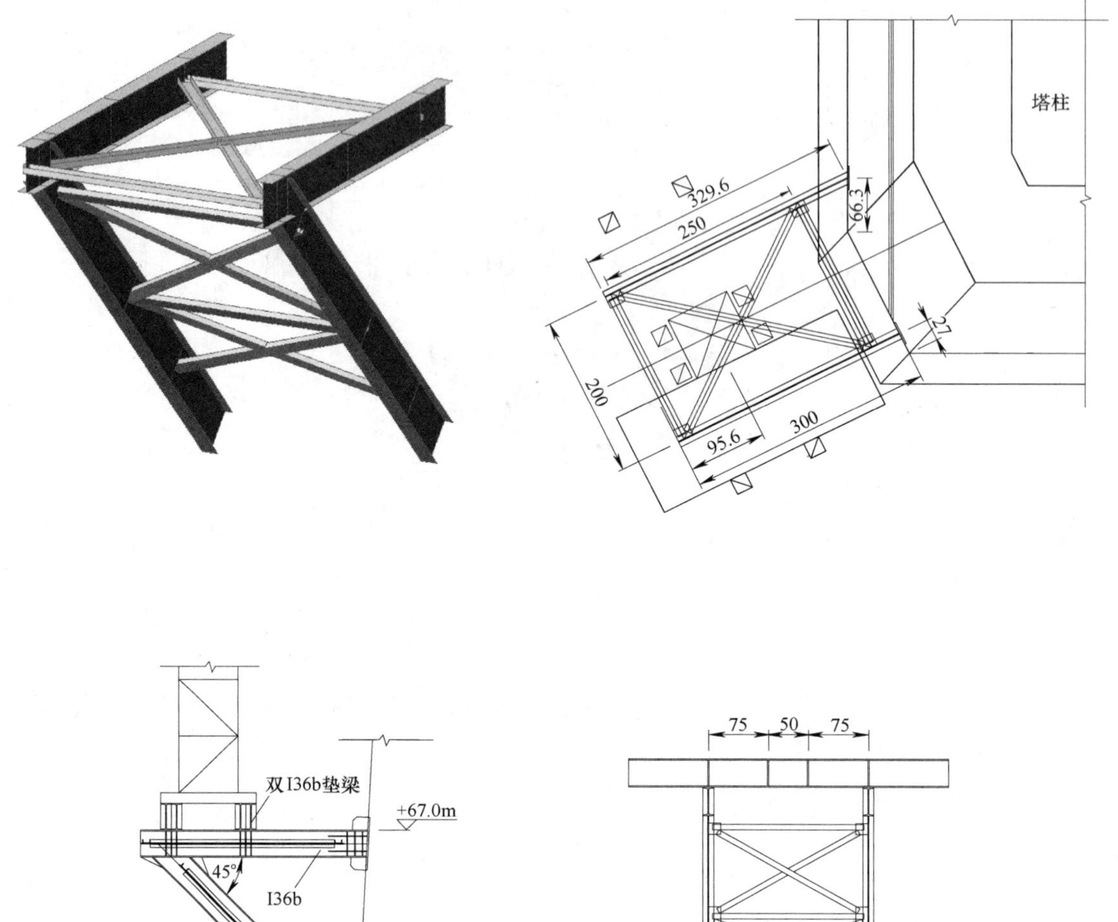

图 9.5-6　电梯基础布置图

9.5.3　劲性骨架设计与施工

为满足塔柱高空施工中钢筋、模板、索导管等定位的需要，塔柱施工时设置劲性骨架。

1. 劲性骨架设计

劲性骨架设计时，主要考虑以下因素：

1）主筋接长时稳定的需要；

2）劲性骨架自身稳定及精确定位钢筋刚度的需要；

3）不影响钢筋绑扎、预埋件埋设及波纹管和预应力张拉的施工；

4）在塔柱施工时不影响索导管安装。

全塔均设有劲性骨架，为施工测量放样、定位、绑扎钢筋、立模、索导管定位和施工中承受偏心荷载提供依托。劲性骨架在加工车间预制，在加工平台上，利用∟80×8mm角钢做竖向立柱，其他横向及斜向撑采用∟50×6mm 角钢。

制作好的劲性骨架利用平板车运到现场（塔墩下），用塔吊竖直吊装以免变形过大。劲性骨架高 117.5m（南），115.3m（北），考虑到塔吊高度、塔柱分段位置等诸多因素，把它分成 9m/段。为了保证混凝土保护层厚度，劲性骨架截面外形尺寸误差范围为 0～−1cm，对接时按角钢标准接头焊接。定位要准确，分段超前拼装，精确定位用天顶测角法测定和校核。

劲性骨架结构如图 9.5-7～图 9.5-10 所示。

2. 劲性骨架施工

为加快施工进度，方便安装，劲性骨架采用分榀分节段加工，现场吊装，并用型钢连成整体。

1）劲性骨架加工

根据塔柱浇筑的分节高度及主筋的悬臂长度，劲性骨架的标准加工长度确定为 9m。劲性骨架主要采用∟80×8、∟50×6 等类型的型钢制作、连接。为方便运输及现场定位、安装，劲性骨架由小断面桁架和现场连接件组成。

小断面桁架在后场加工组进行加工。为保证小断面桁架的加工精度，加工场地用混凝土整平，并在专用台座上定型靠模制作，编号分类堆放。

2）劲性骨架安装

劲性骨架由 8 部分组成，其中小断面桁架 4 片，位于倒角位置，同时用来定位，其组装图如图 9.5-11 所示。

3）小断面桁架初定位

劲性骨架现场接长初定位时，在已安装的小断面桁架顶部内侧焊接一根 30cm 长的∟80×8mm 角钢作为上层桁架限位码，利用吊重锤和靠尺控制骨架上口位置，即塔吊起吊小断面桁架，测量人员根据具体情况，选择合适的位置，悬吊垂球，根据测量的结果指导调整，当桁架的位置满足要求后，立即将上层桁架与限位码焊接。

4）其他骨架安装

在小断面桁架上焊接水平定位角钢，塔吊吊装其余骨架就位焊接。下塔柱单节桁架最大重量约 2t，上塔柱单节桁架最大重量约 1.5t。

9.5.4 索导管定位安装

1. 概述

汉江三桥主桥斜拉索按扇形布置，每个索面由 26 对高强度平行钢丝斜拉索组成，全

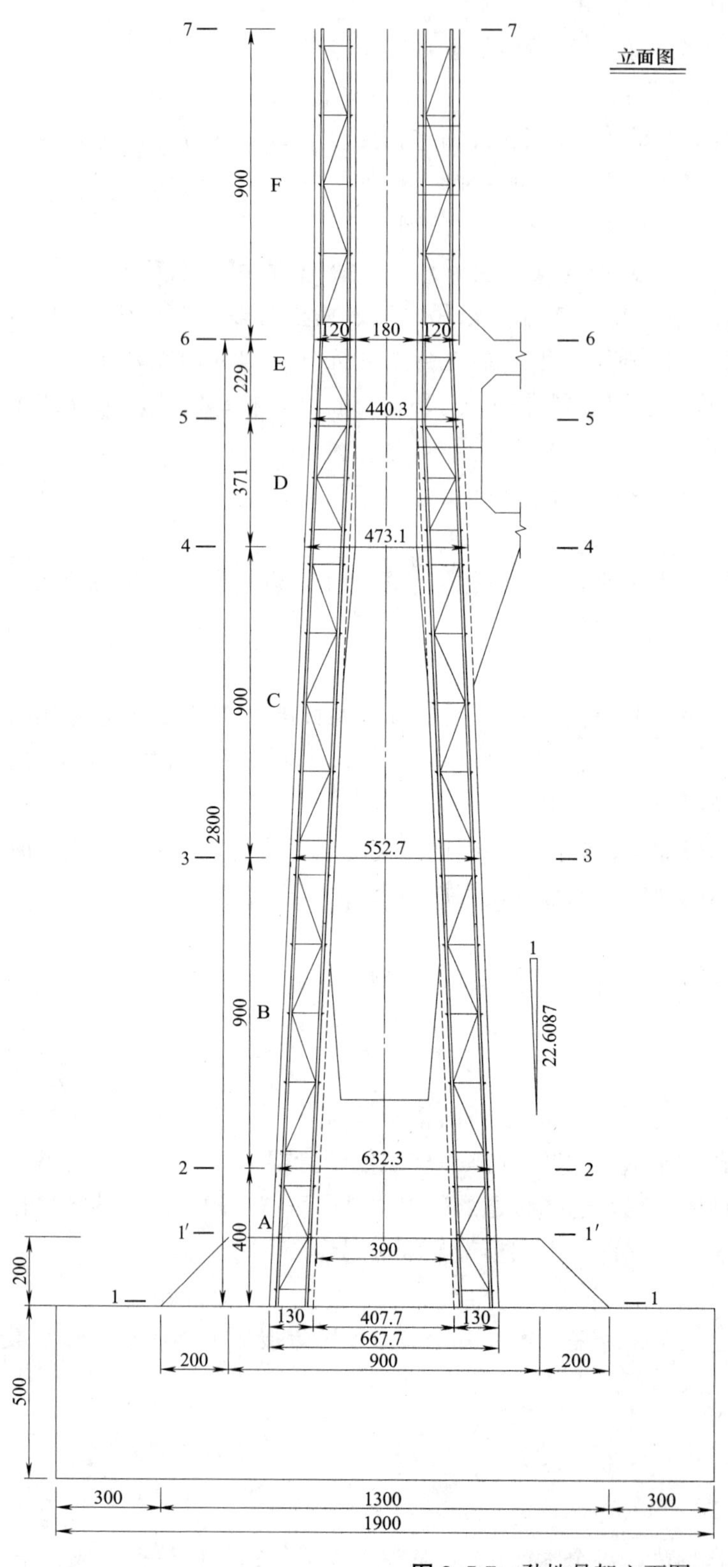

图 9.5-7　劲性骨架立面图

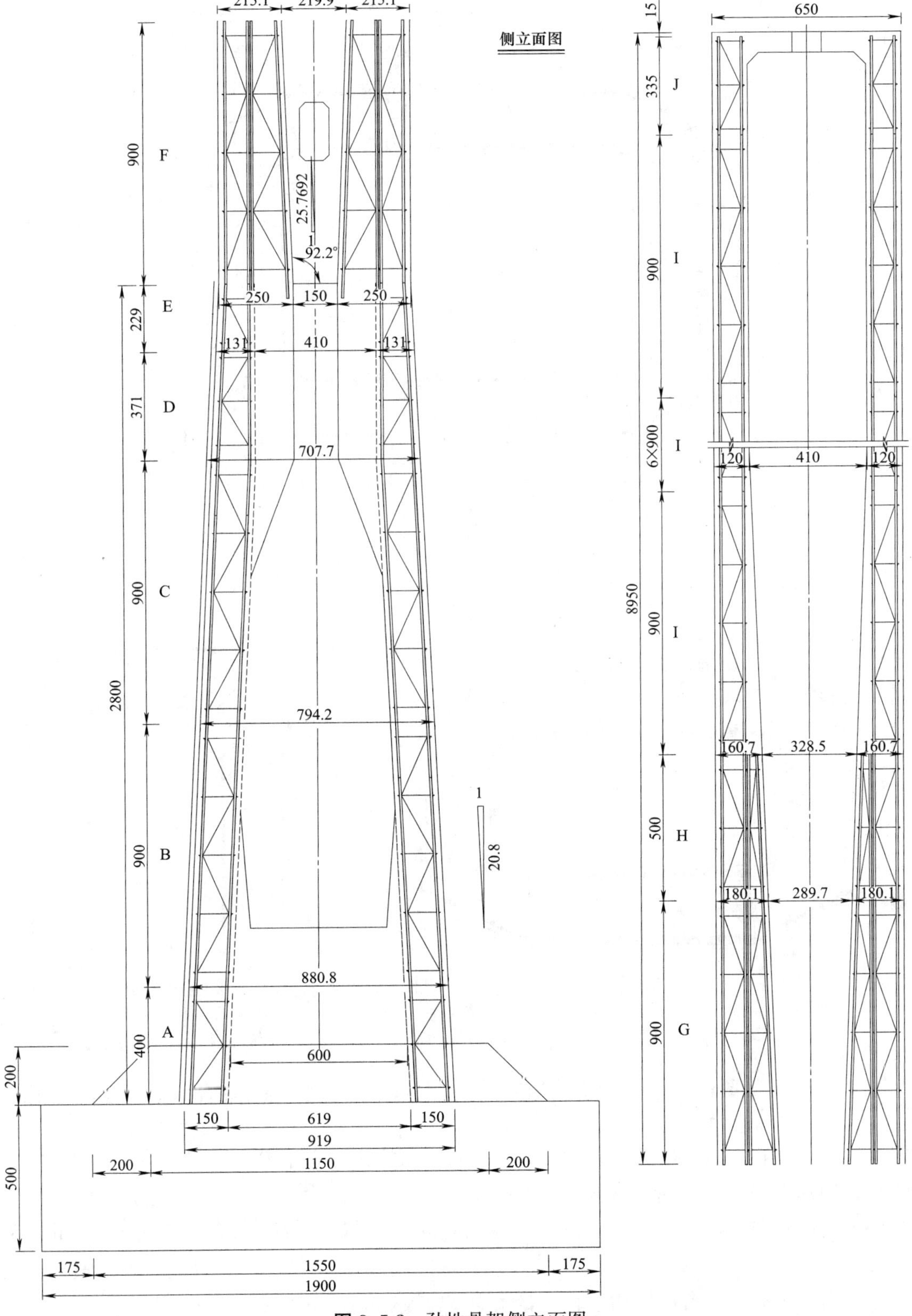

图 9.5-8 劲性骨架侧立面图

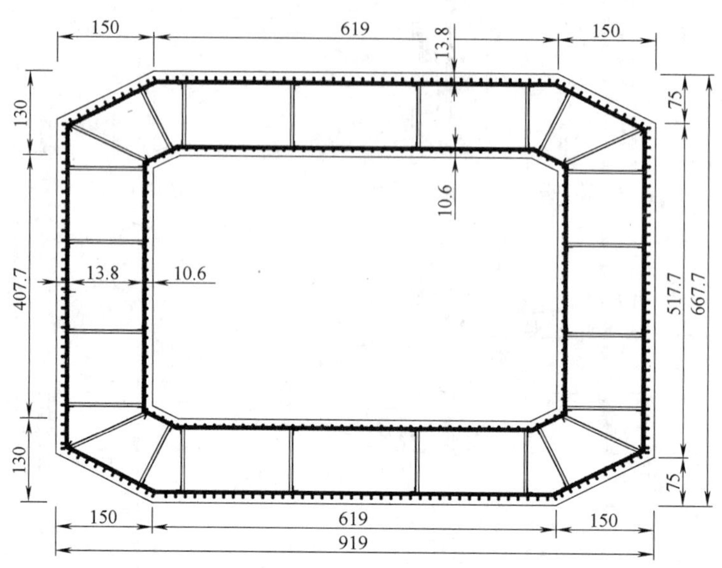

图 9.5-9　1-1 断面图

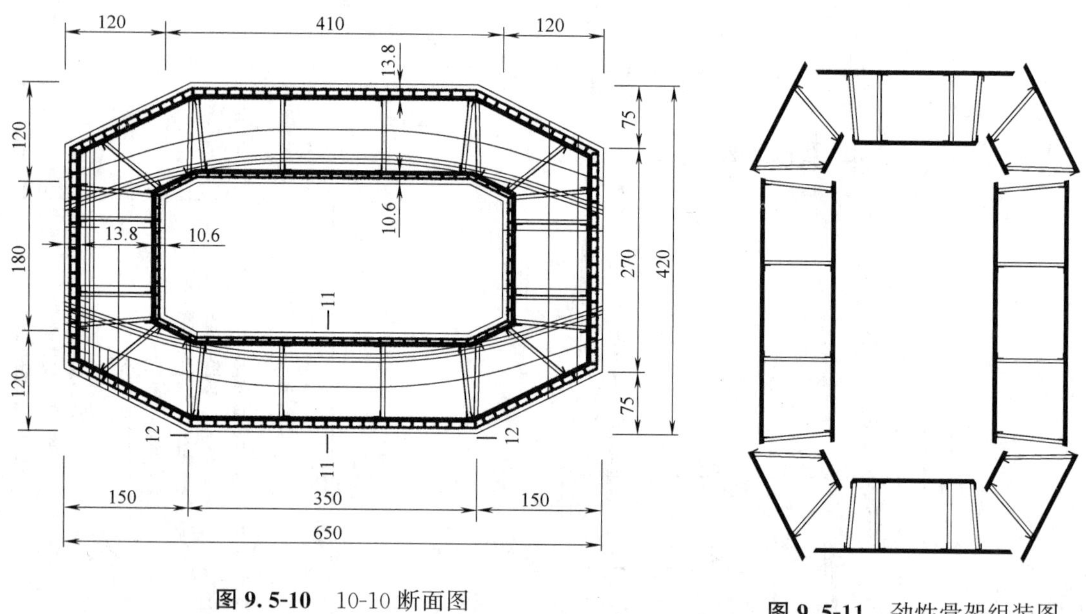

图 9.5-10　10-10 断面图

图 9.5-11　劲性骨架组装图

桥共 4×26 对斜拉索，需要安装 208 根索导管。索塔索导管主要由锚固套管、包裹板、锚垫板、加劲板四部分构成，如图 9.5-12 所示。根据锚固套筒的直径和壁厚共有 ϕ402×11mm、ϕ377×15mm、ϕ377×9mm、ϕ325×7.5mm、ϕ299×7.5mm、ϕ273×6.5mm 六种型号，长 1.652～8.785m 不等，重 752kg～1300kg 不等。与斜拉索对应，每根索导管的倾角、高程等空间要素位置均不相同，索导管高空精确定位安装难度大。

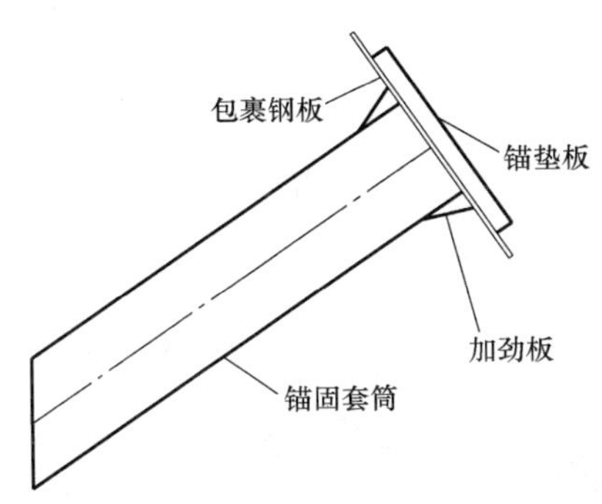

图 9.5-12 索导管构造示意图

存在的技术难点：

1）北塔离北岸约700m，首级控制网点不能直接架设全站仪进行测量，而江面上能够建立加密控制点的位置极少。如何利用江面上仅有的控制网加密点及南岸加密控制点，满足索导管定位的需要是一个难题。

2）索塔高达122.5m，由于塔柱施工主筋的遮挡，不同施工高度位置全站仪的通视条件不同，那么如何利用江面上仅有的加密控制点及南岸加密点，解决通视问题，满足索导管的定位又是一个难题。

3）索导管定位平面及高程精度要求高，随着塔柱高度增加，采用全站仪常规测量方法测量精度呈下降趋势，如何利用现有设备，制定满足要求的测量方案也是一个难题。

4）索塔在施工过程中受日照、温度及风力等环境因素的影响，在施工测量过程中如何对索塔进行有效监控，放样过程中消除此因素的影响亦是最重要的问题。

5）索导管与包裹钢板（A板）和锚垫板焊接在一起，为一头重脚轻结构，且长度较长，索导管吊装至指定的位置存在一定的难度。

6）索导管安装施工属高空作业，且索导管支撑点较少，如何保证索导管的准确定位安装存在一定的难度。

斜拉桥随着跨度的不同，塔柱高度亦不同，索导管的埋设也不同。采用三维空间坐标法借助于现代高精度测量仪器，利用斜拉桥施工独立控制网，进行全站仪空间三维极坐标测量，测定索导管锚垫板中心和塔壁外侧索导管下部端口，从而进行索导管定位。

2. 施工流程

索导管的安装应在索塔钢筋绑扎及预应力安装之前进行。主要安装流程为：劲性骨架制作→劲性骨架安装→索导管安装→质量验收→成品保护。

3. 劲性骨架安装

安装顺序为先小断面桁片后大断面桁片。①小断面桁片初次定位：劲性骨架现场接长初定位时，在已安装的下层小断面桁片顶部内侧焊接一根30cm长的∟80×8mm角钢作为上层桁架限位码，利用吊重锤和靠尺控制骨架上口位置，即塔吊起吊小断面桁架，测量人员根据具体情况，选择合适的位置，悬吊垂球，根据测量的结果指导调整，当桁架的位置满足要求后，立即将上层桁架与限位码焊接。②其他骨架安装：在小断面桁架上焊接水平定位角钢，塔吊吊装其余骨架就位焊接，最后按设计将各桁片连接成为整体。劲性骨架安装如图 9.5-13 所示。

图 9.5-13　劲性骨架安装图

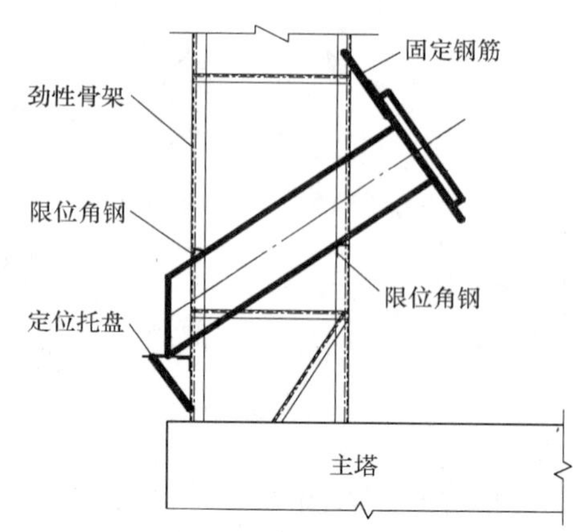

图 9.5-14　索导管安装

4. 索导管定位安装

索导管的定位安装主要借助于劲性骨架，定位和安装方法如图 9.5-14 所示。主要施工流程为：施工准备→安装定位托盘→测量定点→吊装定位索导管→固定。

1）施工准备：索导管经工厂加工并运至现场后，首先应对其编号、尺寸、焊接、涂装等项目进行验收；为保证斜拉索锚下混凝土浇筑质量，在包裹钢板上开设 ϕ1cm 气孔及 ϕ30cm 振捣口，也可待安装完成后开孔；人员、机械等准备就绪。

2）安装定位托盘：定位托盘用于支承和定位索导管的下端位置，主要采用 10mm 厚钢板托盘和 ϕ25mm 钢筋斜腿支撑，托盘顶面须平整。安装前需要根据其尺寸和所支承的索导管反算出托盘顶面的高程，安装时用全站仪多点控制保证托盘顶面的水平度，调整到位后与劲性骨架焊接成为一体。

3）测量定点：在安装好的定位托盘上用全站仪测量定位索导管下部端口位置。定位托盘在测量定位中的应用如图 9.5-15 所示，定位板在测量定位中的应用如图 9.5-16 所示。

图 9.5-15　定位托盘在测量定位中的应用图

图 9.5-16　定位板在测量定位中的应用图

4）吊装和精调索导管：用塔吊吊装索导管并人工辅助插入劲性骨架相应位置，索导管下端口放置在上一步定出的点位，上端通过固定在劲性骨架上的手拉葫芦吊住，左右各一个。此时在锚垫板索孔中部盖焊一块定位板，定位板采用 1.5mm 厚特制平整钢板精确加工成半圆状，其直径刚好与索导管内径相等，加工时标出直边中点，焊接完成后定位板刚好盖住锚垫板开孔面的一半，定位板的直边与锚垫板一边平行，定位板顶面与锚垫板顶面平齐。再以定位板直边中点为基准用全站仪精确调整索导管。

5）固定：索导管调整到位后，用角钢或钢筋将其与劲性骨架焊接固定。

5. 验收与成品保护

验收合格后再次加强索导管固定，防止在后续施工中位置变动，并用彩条布封堵索导管两个端口，防止杂物进入污染。在混凝土振捣过程中振捣棒应与索导管保持不小于 10cm 的距离。

9.5.5 液压爬模施工

1. 液压自爬模安装

1）模板安装

模板组拼流程：双拼［14 背楞组拼及摆放→木工字梁组装→铺设面板→打设对拉杆及埋件孔眼。模板组拼如图 9.5-17 所示。

图 9.5-17 模板组拼

将各模板单元次背楞用芯带及芯带销连成一个整体。应注意芯带孔与次背楞孔并不重合，上芯带销应选择合适的孔，使芯带外张，两块模板向内靠紧。

模板连接完成后，通过对拉螺杆与内模对拉，及外模通长对拉。内外模对拉杆设 PVC 管套筒，拉杆周转使用，外模通长对拉杆两端设锥螺母，拆模时先将外露段拉杆拧出再拆除模板（外露段设置原理同埋件系统的受力螺栓），锥螺母同外露段拉杆均可周转使用。模板体系安装如图 9.5-18 所示。

2）埋件安装

在模板就位前，通过模板面板上的孔，安装螺栓 M36 从模板背面将爬锥 M36 及高强螺杆、埋件板固定于模板面板上。混凝土浇筑后，卸下 M36 螺栓，模板后移，将受力螺栓 M36 安装在爬锥上。将模板吊装就位，支架卡在受力螺栓上，插上销子。周转使用时，

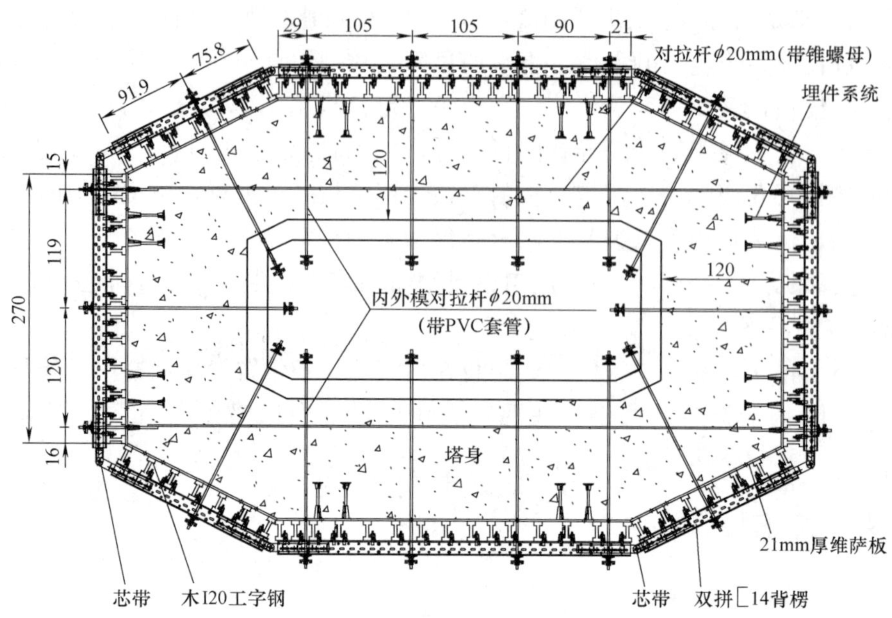

图9.5-18 模板体系构造图

用套筒扳手和爬锥卸具将受力螺栓和爬锥取出，以便重复利用。爬锥上均匀涂脱模剂，方便爬锥拆卸。

3）架体安装

架体安装流程：三角架组拼→附墙装置安装→三角架吊装就位于附墙座→安装平台板→安装吊平台→安装操作平台桁架及后移装置→吊装模板、与架体连接→安装导轨→安装液压系统→安装护栏及爬梯。

2. 液压自爬模爬升

1）液压爬模工艺原理

液压爬模施工的工作原理为：外爬架与导轨互为支撑、相互顶升；内模则用塔吊进行提升；模板随爬架就位，并依靠爬架进行操作，通过这些环节的实施，有效完成爬架及模板爬升、定位等作业，形成塔柱各节段施工工序的循环。

2）施工工艺流程及方法

塔柱液压爬模工艺流程为：节段混凝土浇筑完成→混凝土养护，接长劲性骨架及竖向主筋，下节段预应力张拉→模板拆模后移→安装附墙装置→提升导轨→爬升架体→绑扎钢筋、预应力管道定位及索道管安装→模板清理刷脱模剂→预埋件固定在模板上→合模→浇筑混凝土。

液压爬模施工方法如图9.5-19所示。

3. 爬升前准备工作

1）轨爬升

（1）混凝土强度达到10MPa以上；上部爬升悬挂件安装完成；清洁爬升导轨，导轨表面涂上润滑油；液压油缸上、下顶升弹簧装置方向一致向上。

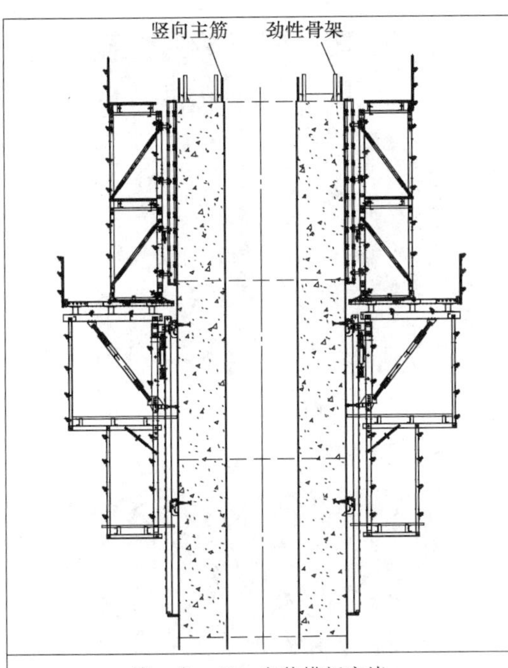 	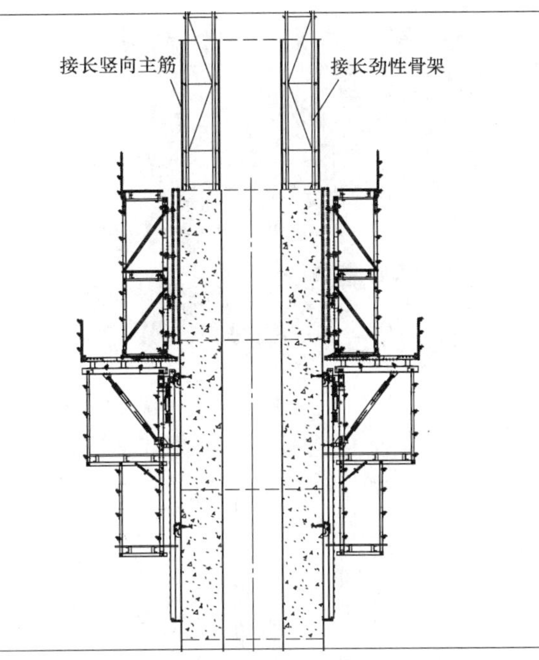
第一步：(1) 安装模板完毕； (2) 浇筑混凝土。	第二步：(1) 混凝土养护，接长劲性骨架和竖向主筋； (2) 下节段预应力张拉及压浆工作。
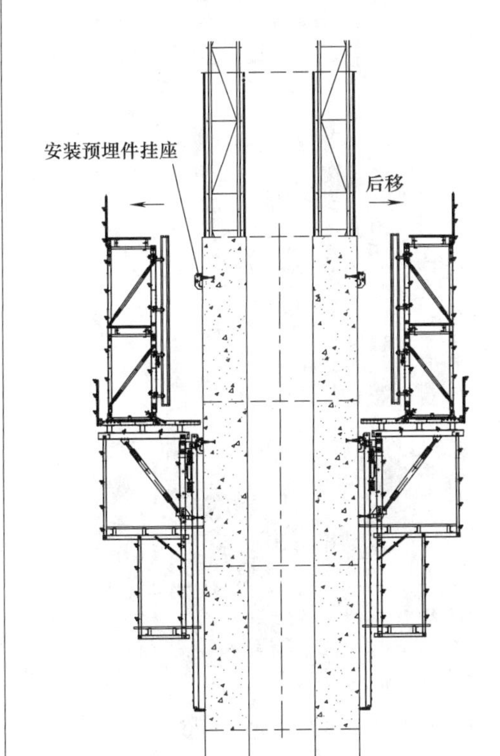 	 

图 9.5-19 液压爬模施工方法（一）

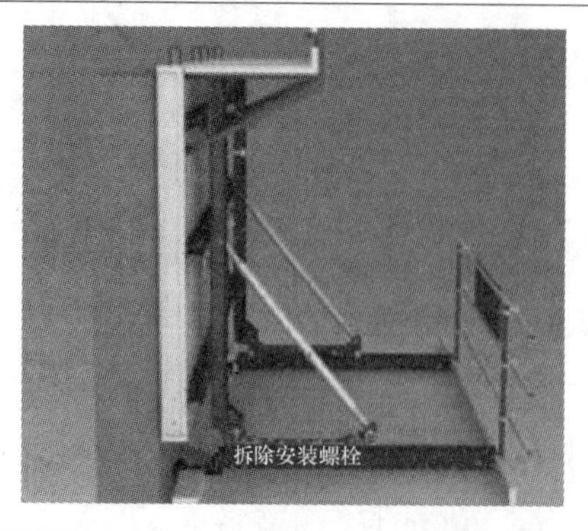

第三步：(1) 拆除模板上的安装螺栓；(2) 调整斜撑，使模板后仰；
(3) 利用后移装置使模板后移；(4) 在已浇筑节段混凝土上安装埋件挂座。

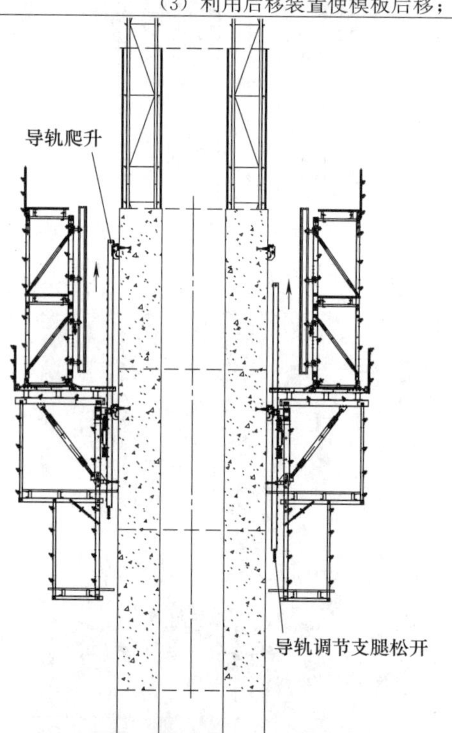

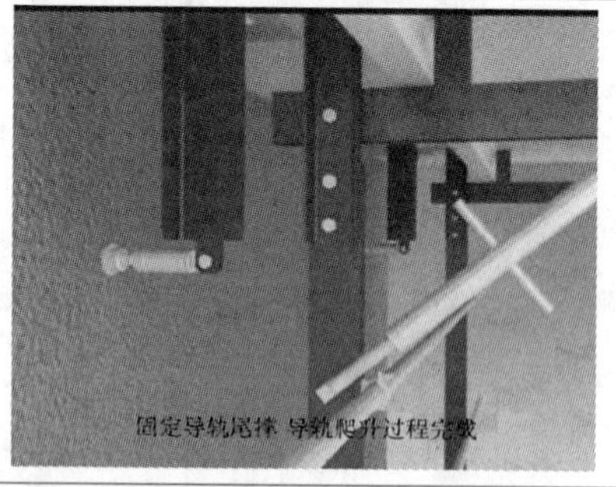

第四步：(1) 松开导轨调节支腿；(2) 爬升导轨；(3) 导轨爬升到位后，
挂在上部的埋件挂座上；(4) 固定导轨调节支腿，拆除下部的埋件挂座，周转使用。

图 9.5-19　液压爬模施工方法（二）

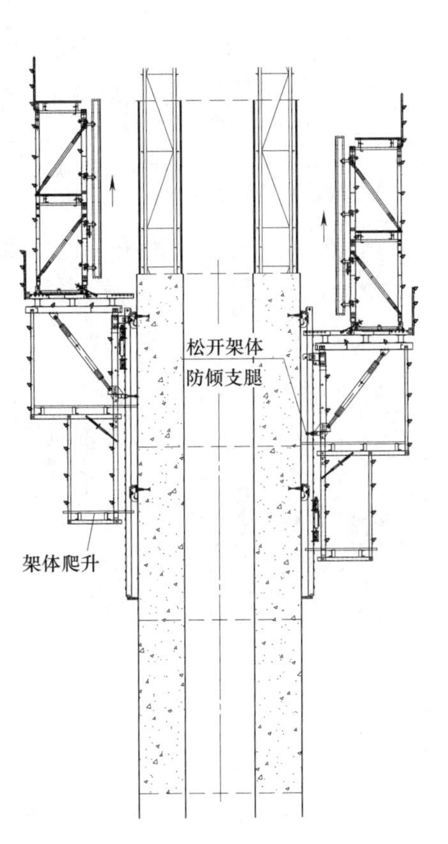

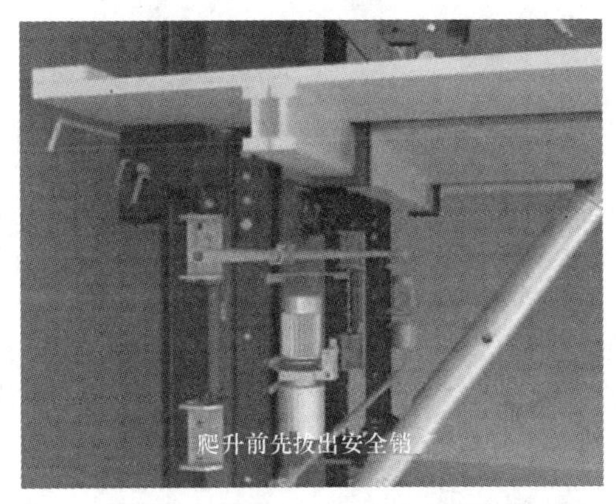

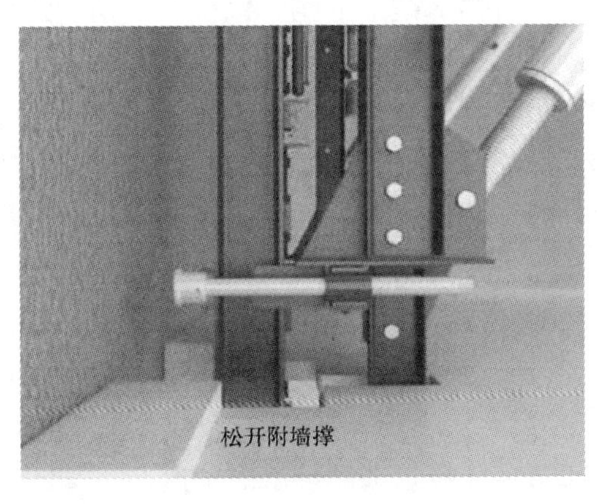

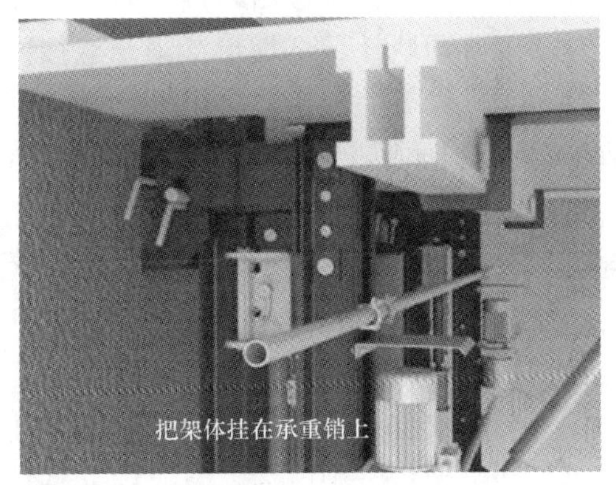

第五步：(1) 松开架体防倾调节支腿；(2) 拔出安全销和承重销；(3) 架体爬升；(4) 架体爬升到位后，挂在上部的埋件挂座上，插入承重销和安全销，固定架体防倾调节支腿。

图 9.5-19 液压爬模施工方法（三）

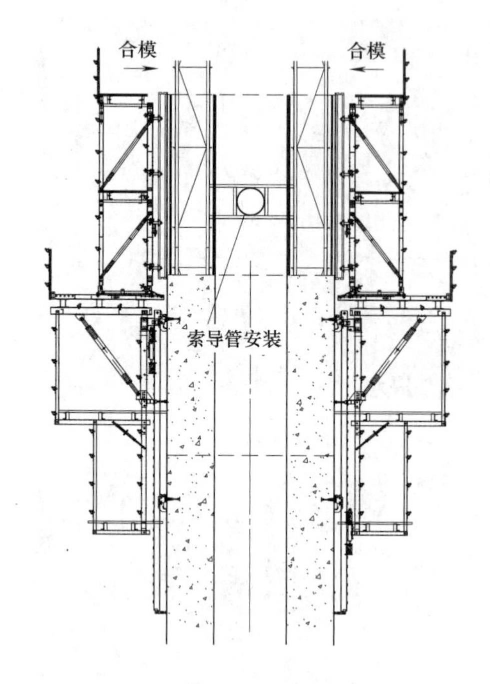

第六步：(1) 钢筋绑扎，预应力管道定位，索导管安装；(2) 在模板上安装埋件；(3) 模板清理后，合模；(4) 混凝土浇筑。进入下一循环段施工。

图 9.5-19 液压爬模施工方法（四）

(2) 经确认爬升条件具备后，打开液压油缸的进油阀门、启动液压控制柜，拆除导轨顶部楔形插销，开始导轨的爬升。当液压油缸完成一个行程的顶升后，经确认其上、下顶升装置到位后，再开始下一个行程的顶升。

(3) 当导轨顶升到位后，按从右往左插上爬升导轨顶部楔形插销，以确保插销锁定装置到位。下降导轨使顶部楔形插销与悬挂件完全接触。

(4) 导轨爬升完成后，关闭油缸进油阀门、关闭控制柜、切断电源。

2) 爬架架体及模板的爬升

(1) 清理爬架上荷载；改变液压油缸上下顶升弹簧装置状态，使其一致向下；解除塔柱与爬架的连接件；完成前节段混凝土螺栓孔修补。

(2) 经确认爬架爬升条件具备后，打开液压油缸的进油阀门、启动液压控制柜、拔去安全插销，开始爬架的爬升。

(3) 当爬架爬升两个行程后，拔除悬挂插销。

(4) 当爬架顶升到位后，及时插上悬挂插销及安全插销。关闭油缸进油阀门、关闭控制柜、切断电源。

4. 液压自爬模爬升时基本要求

1) 预埋件安装时，将爬锥用受力螺栓固定在模板上，爬锥孔内抹黄油后拧紧高强螺杆，保证混凝土不能流进爬锥螺纹内。埋件板拧在高强螺杆的另一端。锥面向模板，和爬锥成反方向。

2）埋件如和钢筋有冲突时，将钢筋适当移位处理后进行合模。

3）提升导轨前，将上下换向盒内的换向装置调整为同时向上。

4）爬升架体时上下换向盒同时调整为向下，下端顶住导轨。（爬升或提导轨液压控制台有专人操作，每榀架子设专人看管是否同步，若发现不同步，可调液压阀门控制。）

5）导轨提升就位后拆除下层的附墙装置及爬锥，周转使用。附墙装置及爬锥共3套，2套压在导轨下，1套周转。

5. 爬升安全措施

1）施工人员进行模板安装及拆除时，必须戴安全带，安全带挂在安全的骨架上。

2）模板吊升应由专人指挥。

3）模板上的脚手架必须符合安全要求，平台跳板必须与脚手架捆绑牢固，跳板尽量不要出现悬挑的现象，若需要时，必须按设计要求或规定的标准搭设跳板，发现有不符合要求时，应立即整改直至满足要求为止，否则不准进入下一道工序。

4）设置防坠落安全网。

5）墩身四周设置安全区域，做好围栏，防止坠物伤人。

6）模板拆除要等到混凝土达到15MPa后才能进行。

7）液压自爬模板吊升必须在白天进行。

8）当遇到雷雨、风力达到5级以上时，不得进行作业。

9）严禁在液压自爬模板架体平台上堆放重物，液压自爬模各平台堆放物体重量不得大于设计荷载。

6. 液压爬模安全防护

为了保证塔柱液压爬模施工的安全，尤其是塔梁同步期间的施工安全，需采取简单有效的安全防护措施。液压爬模施工的特点是在爬升过程中需要拆除平台转角处的防护栏杆并在爬升平台侧面搭设爬升防护栏杆，爬模爬升到位后，为保证高空作业施工安全，又需重新搭设安全通道及防护栏杆，严重影响施工进度及安全作业。而且塔梁同步施工是高空立体立交作业，且交叉施工时间较长，爬模与塔柱之间的间隙又不可能一直封闭，存在一定的安全隐患。尤其是塔梁同步施工时起重吊装作业量多，容易发生高处坠落、物体打击、起重伤害、触电等事故。

1）液压爬模封闭

塔梁同步施工时，主梁节段在主塔下进行施工，主塔施工过程中高空坠物（主要是废料如：钢筋头、混凝土碎块等）对主梁施工造成影响及安全隐患。为了消除高空坠物的源头，对液压爬模各层进行全封闭或半封闭处理。各层爬模与塔身空隙用活动翻板进行封闭，翻板用悬挑出的角钢支撑，翻板只在爬架爬升时才打开。第一层和第二层底部铺设一层白铁板，对爬架底部进行全封闭。第二层和第三层侧面采用钢丝网及五层板对爬架侧面进行全封闭。第一、四、五层侧面采用钢丝网进行半封闭。爬模封闭如图9.5-20、图9.5-21所示。

2）活动式多功能爬模平台防护栏杆防护

图 9.5-20　爬模底部封闭图

图 9.5-21　爬模侧面封闭图

为了避免爬模倒角平台处安全防护栏杆的反复拆除和重建，提高了施工进度，减少了劳动量，确保了施工安全，项目部设计了一种活动式多功能爬模平台防护栏杆。此活动式防护栏杆与爬模爬升平台外侧的固定式防护栏杆用合页装置铰接在一起，可自由转动；活动式防护栏杆转动角度受到两侧限位装置限制；活动式防护栏杆在中部合页装置处可折叠；两部分活动式防护栏杆可用插销连接为整体。固定式防护栏杆固定于爬模爬升平台外侧，与转角部位活动式防护栏杆铰接，为其提供转轴。合页装置用以铰接活动式防护栏杆及固定式防护栏杆，使活动式防护栏杆可自由转动。合页装置位于活动式防护栏杆中部，为其提供折叠性能。限位装置固定在固定式防护栏杆上，用以限制活动式防护栏杆的旋转角度。

爬模爬升前，先解除插销连接，然后折叠合页装置，撤掉临时搭设的安全通道，同时将活动式防护栏杆沿合页装置旋转至爬模爬升平台侧面位置，并用插销固定，为爬模爬升施工提供安全保障。

爬模爬升到位后，解除爬升平台侧面栏杆插销，用木跳板重新搭设安全通道，然后将活动式防护栏杆沿合页装置旋转至转角位置平台外侧，打开合页装置，并用插销将两部分活动式防护栏杆连接成一个整体，为爬模施工提供安全保障。防护栏杆结构布置如图 9.5-22、图 9.5-23 所示。

9.5.6　钢筋施工

塔柱钢筋为 HRB335 级钢筋，有三种规格：ϕ32mm，ϕ20mm，ϕ16mm。主筋均为 ϕ32HRB335 级钢筋，外壁为双筋布置，内壁为单筋布置，布置间距均为 15cm；箍筋均为 ϕ16mm，间距 10cm、15cm，其他钢筋为 ϕ20mm。

1. 钢筋制作与运输

钢筋配料、加工在钢筋加工场进行，加工好的半成品钢筋由塔吊直接起吊安装。

塔柱主筋按照 50%错头率和 1.2m 错头长度进行配料，施工到一定高度后在保证错头间距不小于 1.2m 的前提下调整一次。

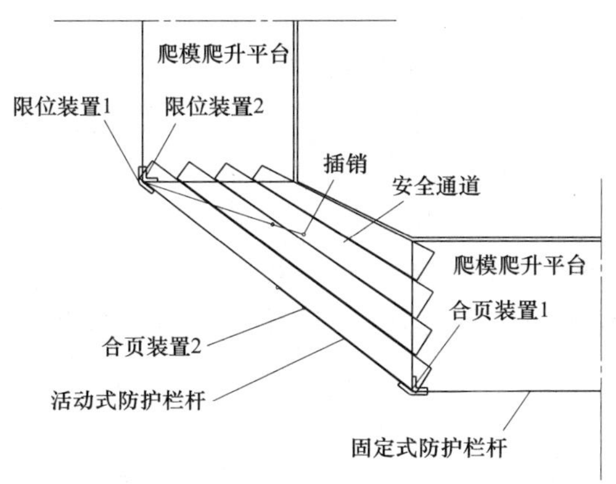

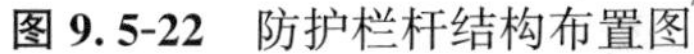

图 9.5-22　防护栏杆结构布置图

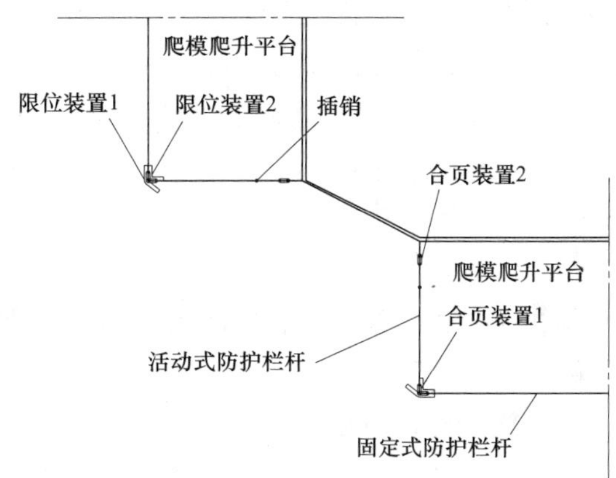

图 9.5-23　爬模爬升状态下防护栏杆布置图

ϕ32mm 的 HRB335 主筋采用等强度滚轧直螺纹接头连接，先用套丝机对钢筋两端头进行套丝，在一端套上螺纹套筒。钢筋的套丝及螺纹套筒的一端套接均在钢筋加工场完成。为保证钢筋连接的顺利进行，要对加工好的钢筋在运输及吊装过程中加强保护，尤其是钢筋的外露螺纹及套筒的内螺纹。

其他钢筋按要求加工成半成品，分类编号堆存。堆存时，其下放枕木以利排水，上面覆盖彩条布防雨。

2. 钢筋安装

1）总体施工顺序

钢筋安装的总体顺序：竖向主筋→环向水平筋→内外层主筋间的闭合型箍筋→倒角钢筋及拉钩筋→带肋钢筋网。

2）竖向主筋接长、定位

劲性骨架按设计位置安装到位，并在劲性骨架上由测量人员放出塔柱节段上口平面中心线，再根据中心线放出竖向主筋的位置。先接长内侧主筋再接长外侧主筋。

3）水平筋绑扎

主筋接长完毕后，在竖向钢筋上做出水平筋记号，然后分层绑扎水平筋，钢筋绑扎间距应满足设计要求。水平筋接头采取绑扎搭接，搭接长度$\nless 35d$（d 为钢筋直径）。

4）闭合型箍筋绑扎

水平箍筋为两个“U”形钢筋进行对接，接头采用绑扎搭接，搭接长度$\nless 35d$（d 为钢筋直径）。

5）倒角钢筋及拉钩筋绑扎

绑扎完成一层水平钢筋后，按设计位置及倾斜角度在水平筋和主筋上标记号，然后绑扎倒角钢筋。

在塔柱倒角处，内外层主筋采用拉钩筋连接，拉钩筋两端弯钩须钩于竖向主筋与水平环向筋的外侧。

6）带肋钢筋网安装

索塔外壁设有 $\phi 6@10cm\times 10cm$ 带肋钢筋网片，以增强混凝土表面抗裂性能。钢筋网片由工厂加工成成品运至现场，经试验合格后使用，网片之间接头错开32cm，绑扎搭接长度≮40d（d为钢筋直径）。

7）上塔柱索导管处钢筋绑扎

由于斜拉索的影响，在索导管处主筋N2和N4截断和水平筋N10截断。

8）钢筋保护层控制

索塔主筋保护层为9cm，因主筋为ϕ32mm的HRB335级钢筋，钢筋骨架刚度很大，传统的垫块保证不了钢筋的保护层，钢筋保护层通过控制主筋的绑扎位置来控制保护层厚度。

3. 施工注意事项

1）钢筋在原位绑扎时，尽量采用机械方式连接；如需焊接必须采取防护措施，防止模板板面损伤。保证钢筋保护层厚度满足要求，不得露筋。

2）扎丝绑完后要将扎丝尾向里按倒，以防止扎丝外露，使混凝土表面出现点点锈斑。

3）钢筋垂直运输时，对较长的钢筋应进行试吊，以找准吊点，避免钢筋产生弯曲变形。

4）混凝土垫块采用等强度的细石混凝土三点式垫块或高强塑料垫块，利用垫块尾部的铁丝将其牢牢固定在钢筋上；垫块颜色应与混凝土的颜色接近，以免影响混凝土观感效果。

5）钢筋的接头应避免在同一截面上超过50%。

6）箍筋在钢筋场地按图纸尺寸加工成箍筋套子，运到现场绑扎。下塔柱的尺寸是渐变的，相应的箍筋套子尺寸也应按线形比例来计算。下料成型后分类挂牌堆放，以便查找。在上下塔柱有预应力索导管位置的主筋及箍筋，则应把截断的钢筋两端与导管焊接牢固，不可有断筋及自由筋现象。

9.5.7 模板施工

塔柱模板工程包括塔柱外模、内模。塔身设计浇筑高度122.5m，分27次浇筑。模板设计高度为4.65m，浇筑标准高度为4.5m。其中下部0.1m高在已浇混凝土面上，以利于上下节段混凝土的衔接；上部0.05m高出新浇混凝土顶面以上，用来防止混凝土浆液溢出而污染已浇混凝土塔柱的外表面。

1. 塔柱外模架设计

本工程南塔塔身高113.3m，北塔塔身高度为115.5m，下塔柱为变截面，上塔柱为等截面。塔柱采用QPMX50液压自爬模进行施工，本模板设计方案采用木梁胶合板体系，架体采用自爬模QPMX50上下分离式架体，模板配置高度为4.8m，标准浇筑高度为4.5m。

该液压爬模系统主要由模板系统、爬架系统、埋件系统、液压系统四部分组成。爬架为组拼空间桁架结构形式，塔柱四个面的爬架相互分离，在施工时通过跳板连通，形成环形封闭操作平台。模板部分主要由面板、木工梁、钢围檩、拉杆组成。主塔各肢柱外侧模板支撑采用后移式支撑体系，把模板固定在爬架上。液压系统是爬模爬升的动力来源。爬模总装如图 9.5-24 所示。

1）主要性能及技术参数

（1）架体系统基本参数：

两个架体支承跨度：≤5m（相邻埋件之间距离）；

架体高度：12.3m（浇筑高度 4.5m，不包括导轨）；

单榀机位自重：1.7t；

平台宽度：①②=1.2m，③=2.7m，④=2.7m，⑤=1.6m；

平台荷载限定：①≤1.5kN/m²，②≤0.75kN/m²，③≤3kN/m²，④≤1.5kN/m²，⑤≤0.75kN/m²；

系统额定压力：16MPa；

油缸行程：256mm；

导轨步距：280mm；

系统流量：60L/min；

伸出速度：约 200mm/min；

额定推力：100kN；最大 133kN；

双缸同步误差：≤20mm；

爬升速度：3m/h；

倾斜度：±18°；

浇筑层高 4～6m。

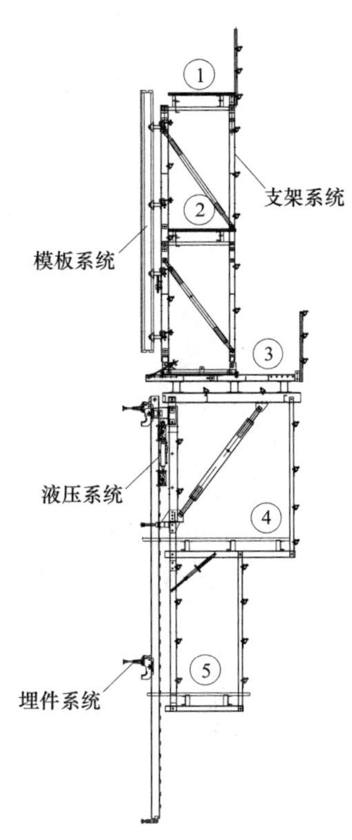

图 9.5-24 爬模总装图

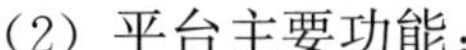

（2）平台主要功能：

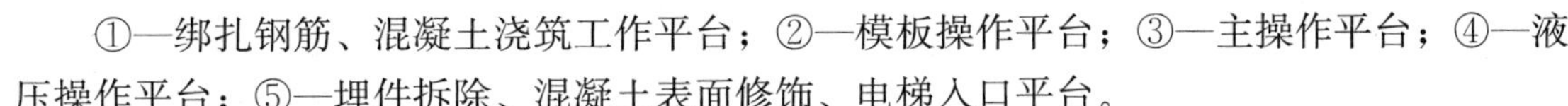

①—绑扎钢筋、混凝土浇筑工作平台；②—模板操作平台；③—主操作平台；④—液压操作平台；⑤—埋件拆除、混凝土表面修饰、电梯入口平台。

（3）平台荷载施加状态：

模板后移爬升状态：①+③+④（①平台荷载限定≤0.75kN/m²）

模板合模非爬升状态：①+②+③+⑤（①平台荷载限定≤3kN/m²）

2）模板系统

由于下塔柱截面尺寸渐变，每一节段模板收分尺寸小，故选用易于加工、收分、改制的 VISA 板与木工字梁及双槽钢背楞相结合的木梁胶合板模板体系。该模板具有结构合理，经济实用，标准化程度高等特点。模板高度 4650mm，VISA 板厚 21mm。

模板组拼流程：双拼⊏14 背楞组拼及摆放→木工字梁组装→铺设面板→打设对拉杆及埋件孔眼。

3）埋件系统

主要由埋件板、高强螺杆、受力螺栓、垫圈和爬锥组成，如图 9.5-25 所示，其中受力螺栓、垫圈和爬锥可周转使用。

4）支架系统

主要由承重三角架、后移部分、中平台、吊平台、附墙承重装置、附墙撑、导轨和主背楞标准节组成。支架系统组成部分如图 9.5-26～图 9.5-30 所示。

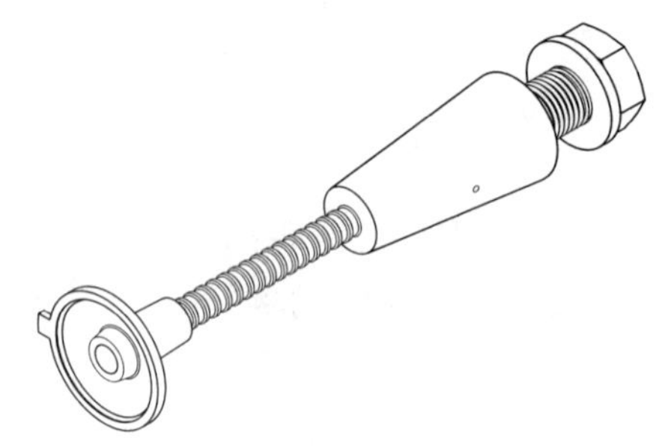

图 9.5-25 埋件

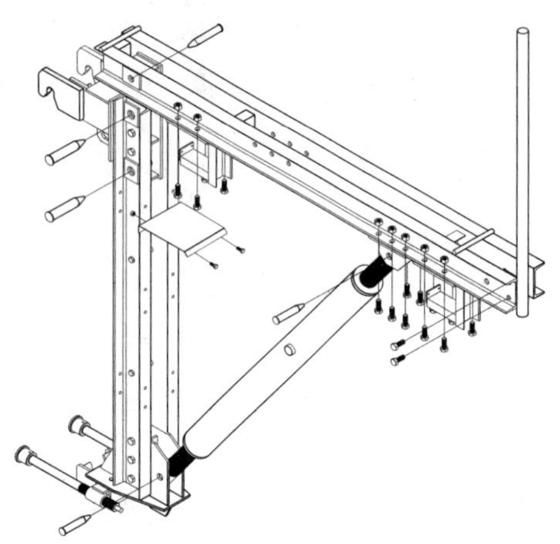

图 9.5-26 三角架总成

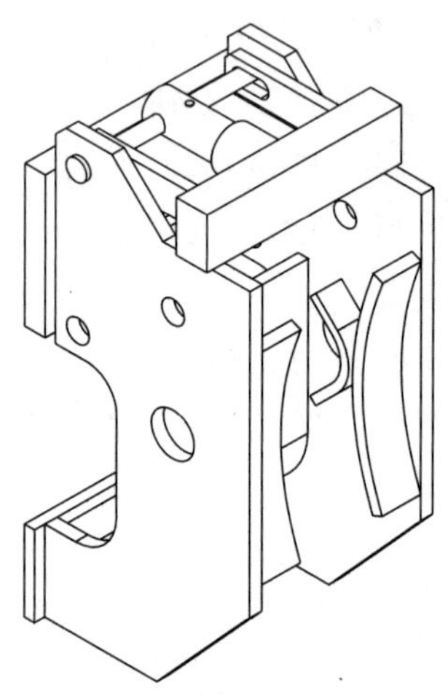

图 9.5-27 单埋件挂座

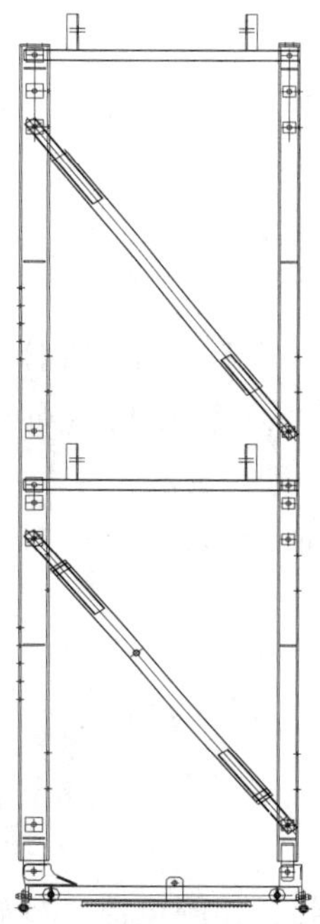

图 9.5-28 后移部分

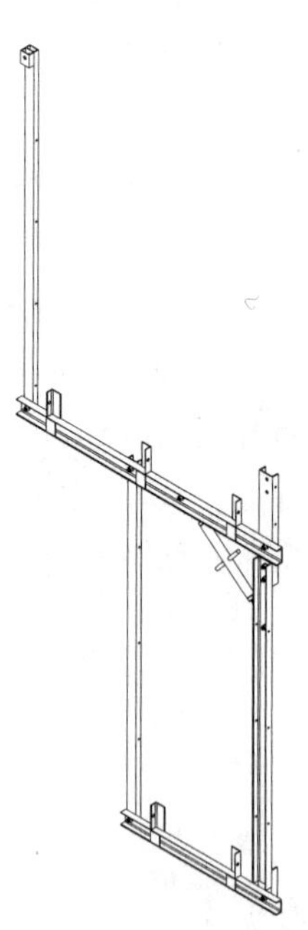

图 9.5-29 吊平台

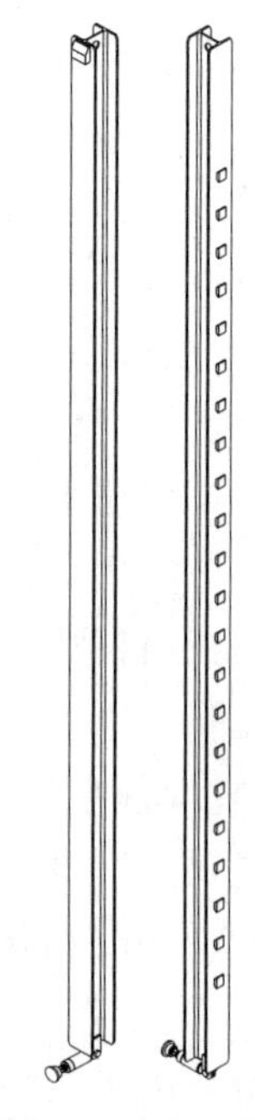

图 9.5-30 导轨

5）液压系统

主要有液压泵站控制台、液压油缸、同步阀、胶管、液压阀和配电装置。单个液压油缸的最大顶升力为100kN，最大行程为60cm，最大顶升力为25t。每套爬模配置8台千斤顶，2台油泵。操作时每侧千斤顶同步提升，千斤顶一个行程时间为1～2min，一个爬升节段为40～60min。泵站控制台和液压油缸如图9.5-31所示。

图9.5-31 泵站控制台和液压油缸

6）液压爬模计算

(1) 模板系统计算

模板系统主要由21mmWISA面板、H20型木工字梁竖肋、2［14a背枋和ϕ20mm拉杆组成。H20型木工字梁竖肋布置间距不大于280mm，底部背枋间距为1200mm，顶部背枋间距为1350mm，拉杆最大布置间距为1200mm。

① 计算参数

考虑新浇筑混凝土对模板的侧压力62.9kN/m²，倾倒混凝土产生的水平载荷标准值4kN/m²和振捣产生的水平荷载标准值2kN/m²，作用于模板的总荷载设计值则为68.9kN/m²。

② 面板、竖肋、背枋及拉杆计算

结构见表9.5-3。

计算结果表 **表9.5-3**

序号	构件名称	最大应力/拉力（MPa/kN）	最大变形（mm）	容许应力/拉力（MPa/kN）	容许变形（mm）
1	面板	21	0.3	80.0	l/400=0.7
2	竖肋	7.2	1.19	24	l/400=3.0
3	背枋	85.6	0.29	215	l/400=3.0
4	拉杆	99.4		105.5	

(2) 爬模系统验算

① 荷载工况组合

工况一：液压爬模开模爬升状态。1.2(模板体系自重+液压爬模架体自重)+1.4(平台①荷载＋平台③荷载＋平台④荷载)。

工况二：液压爬模合模非爬升状态。1.2(模板体系自重＋液压爬模架体自重)＋1.4(平台①荷载＋平台②荷载＋平台③荷载＋平台⑤荷载)。

② 架体计算

选取塔柱长边方向的液压爬模架体作为分析对象，采用 Midas/Civil 对液压爬模（除模板系统及平台跳板）进行有限元分析，各工况下计算结果如图 9.5-32～图 9.5-35 所示。

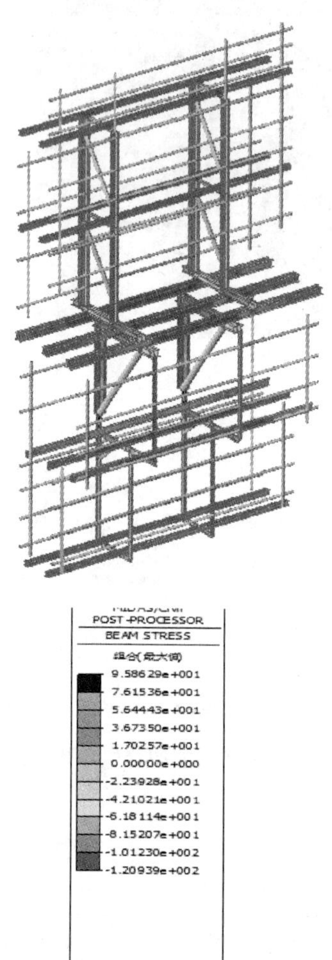

图 9.5-32 工况一架体组合应力云图（MPa）

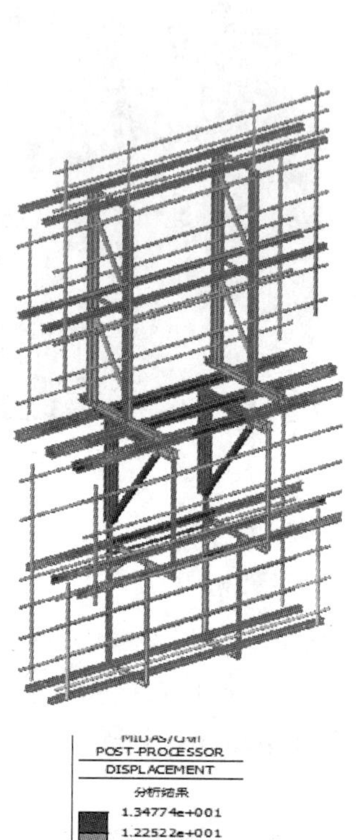

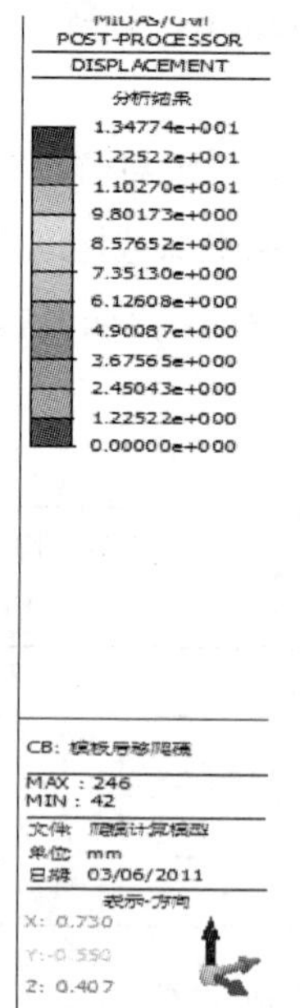

图 9.5-33 工况一架体位移云图（mm）

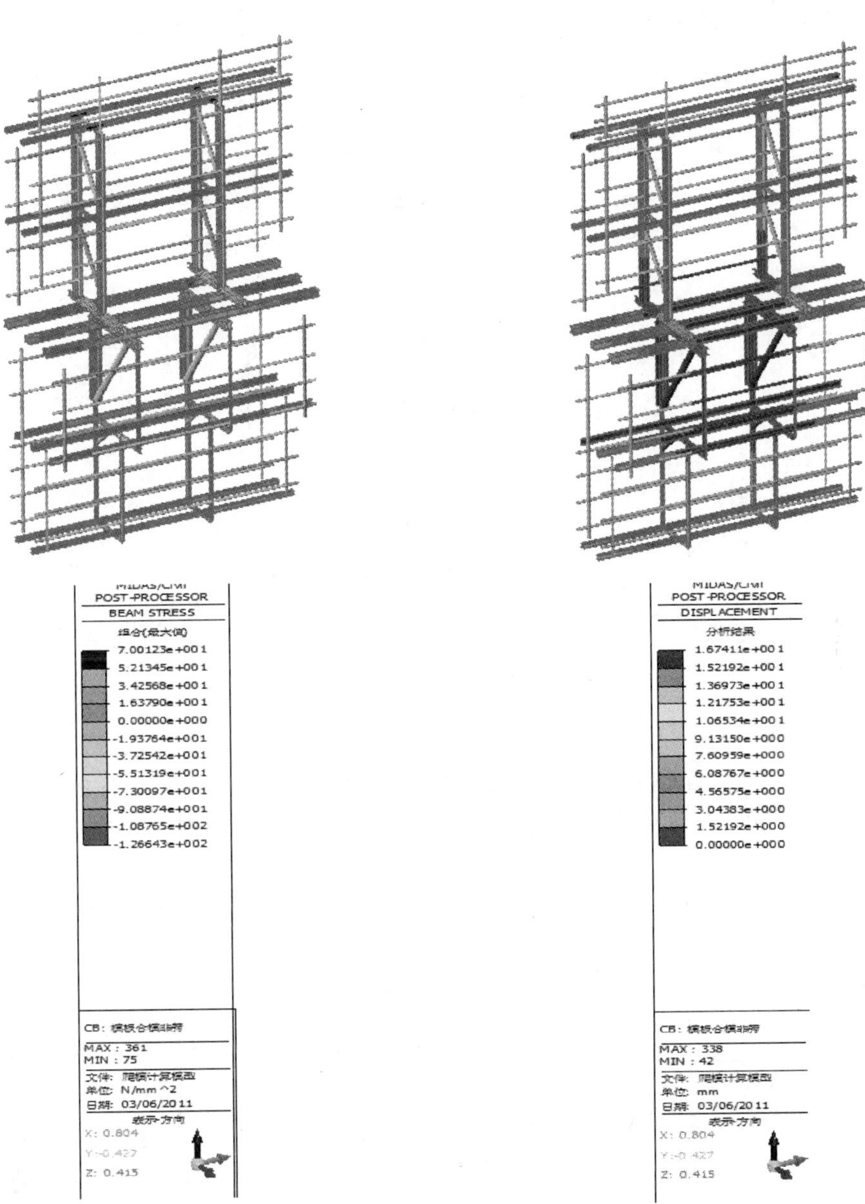

图 9.5-34 工况二架体组合应力云图（MPa）

图 9.5-35 工况二架体位移云图（mm）

2. 塔柱内模

内模板由 18mm 木模板和 10cm×10cm@25cm 方木组成，压杆为双［8 槽钢。内模板支撑体系采用 ϕ48×3.5mm 钢管。操作平台采用两种形式：下塔柱段采用满堂支架形式；上塔柱采用钢平台形式。

1）下塔柱内模

下塔柱内模支撑采用满堂支架形式，同时作为操作平台，如图 9.5-36 所示。内模由钢管支撑，以控制塔柱箱室内部尺寸，混凝土浇筑完成，达到拆模强度后，先拆除对拉螺杆及支撑的钢管，用塔吊将内模板吊起至上一节安装，钢管支架逐节接高。

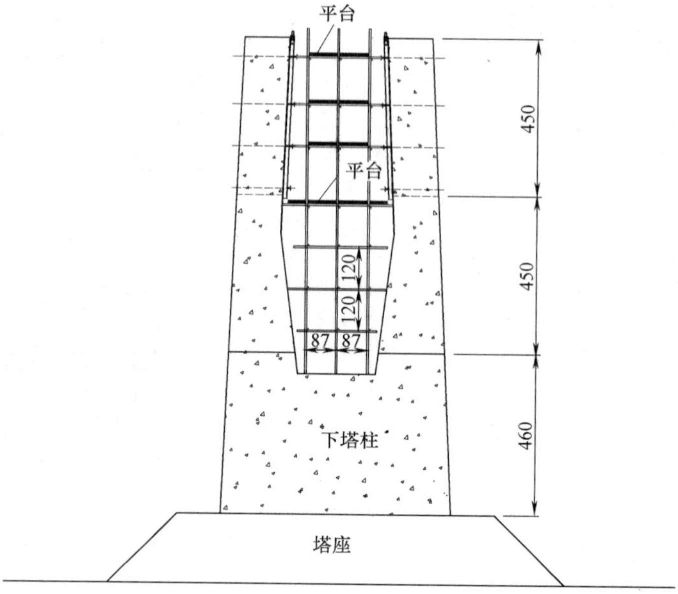

图 9.5-36 下塔柱内模支架图

2）上塔柱内模

下横梁以上塔柱内模的操作平台为钢平台。模板及支撑形式同下塔柱内模，施工下一节段时，操作平台和模板体系一起通过塔吊提升，如图 9.5-37、图 9.5-38 所示。

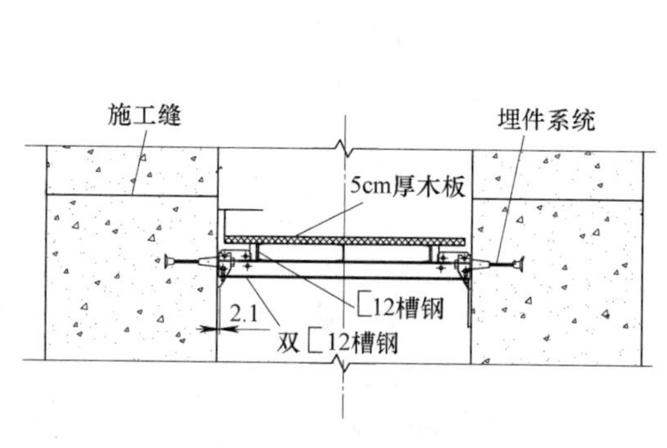

图 9.5-37 钢平台断面图

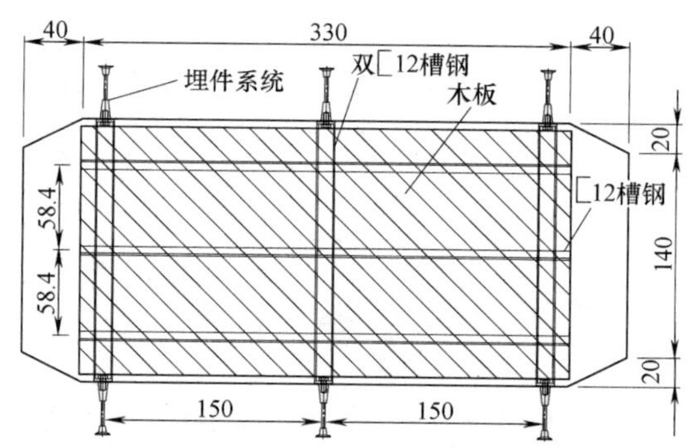

图 9.5-38 钢平台断面图

图中的埋件系统与爬模相同，立杆与钢平台焊接成一个整体，以利于起吊。钢平台每侧与混凝土壁有 21mm 的间隙，安装钢平台时加设 20mm 厚垫板。当节段混凝土浇筑完毕后，达到拆模板强度时，先拆除内外模对拉杆，然后拆除水平撑杆，将模板倾斜，最后用塔吊起吊到下一节段就位。内模板支设、拆除、起吊状态如图 9.5-39～图 9.5-41 所示。

3）模板拼装质量要求

模板的质量应满足相关规范要求，拼装成型后，还应达到以下标准：

（1）板面对角线误差值小于 3.0mm；

（2）相邻模板高低差±0.5mm，两块模板拼缝间隙±0.5mm；

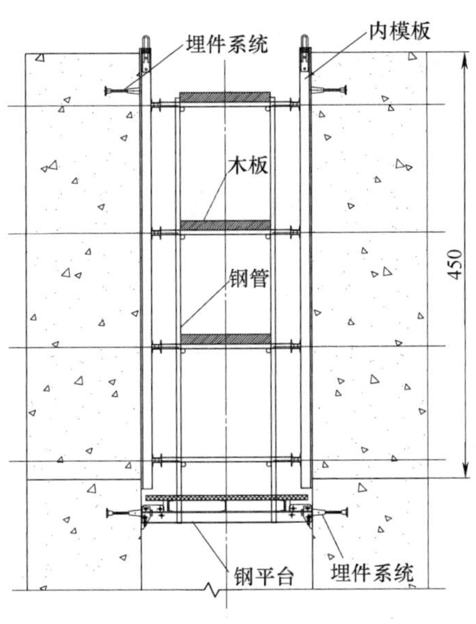

图 9.5-39 内模板支设状态

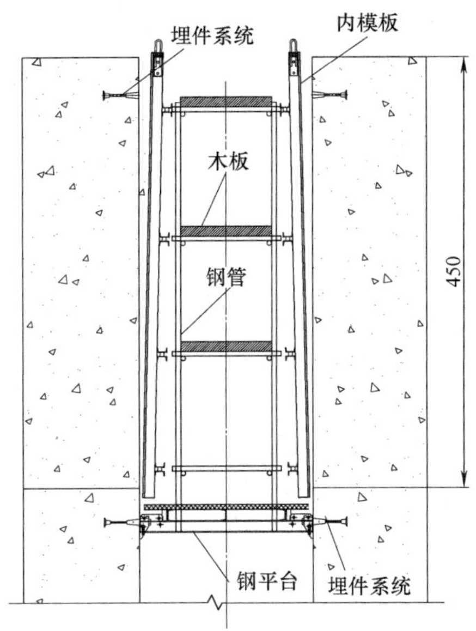

图 9.5-40 内模板拆除状态

(3) 板面平整度±0.5mm，模板局部变形不应大于1.0mm；

(4) 21mm厚的进口WISA板可周转使用30～40次。(改装除外)

9.5.8 混凝土施工

1. 混凝土工程概况

主塔混凝土强度等级为C50，属于高强度等级混凝土。下塔柱每节混凝土最大方量为223m³（实心段），上塔柱每节混凝土方量为80m³。下塔柱和上下塔柱连接段采用汽车混凝土输送泵输送混凝土，上塔柱混凝土浇筑采用一台拖泵，塔柱截面对称浇筑。

2. 混凝土原材料的选择及性能要求

1）原材料选用原则

根据索塔内在质量、外观质量及温度控制要求，混凝土原材料须选择级配良好的砂、石料、性能优良的缓凝高效减水剂，并掺加高品质的粉煤灰。

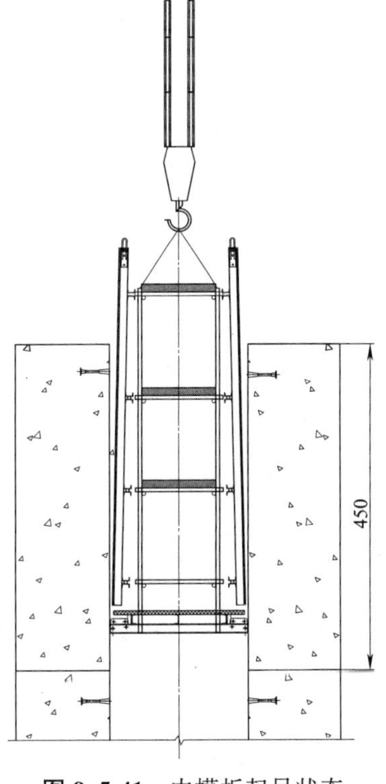

图 9.5-41 内模板起吊状态

2）性能要求

(1) 水泥：水泥进场应分批检验，质量应稳定。

(2) 粉煤灰：在保证强度的前提下尽量增加粉煤灰掺量，以推迟水化热温峰的出现，降低混凝土绝热温升。粉煤灰入场后应分批检验，各项指标应符合规范规定。

(3) 细骨料：采用中粗砂。细度模数在2.7左右，含泥量必须小于2%，并且无泥团，其他指标应符合规范规定。

（4）粗骨料：石子级配应优良，来源稳定。入场后分批检验，严格控制其含泥量不超过1%，若含泥量达不到要求，必须用水冲洗合格后才能使用，其他指标必须符合规范要求。

（5）外加剂：采用缓凝高效减水剂，降低水泥用量，推迟水化热温峰的出现。外加剂入场后应分批存放，分批检验。

根据以上原则，索塔混凝土原材料为：

葛洲坝P. O42.5水泥、襄阳电厂Ⅰ级粉煤灰、唐白河中粗砂、吴家沟5～25mm连续级配碎石、山西凯迪聚羧酸高效减水剂，江苏博特12mm聚丙烯纤维。

3. 混凝土性能要求及配合比设计

1）索塔混凝土性能要求

（1）强度：≥50MPa；

（2）3d强度：≥35MPa；

（3）坍落度：20±2cm；

（4）泌水性：常压下不泌水；

（5）具备良好的耐久性；

（6）具备良好的抗裂性能；

（7）满足泵送要求。

2）混凝土配合比试验

索塔混凝土配合比经工地试验室严格试配，在多组试验中进行优化，并报监理工程师批准后使用。为保证塔柱混凝土的耐久性，在塔柱施工前应做试验，经试验确定混凝土施工的具体参数。

普通C50混凝土配合比如表9.5-4所示。

普通C50混凝土配合比　　表9.5-4

强度等级	水胶比	水	水泥	掺合料	外加剂	砂	碎石	
							10～25mm	5～16mm
C50	0.3	150	400	100	6.0	631	503	616

聚丙烯纤维C50混凝土配合比如表9.5-5所示。

表聚丙烯纤维C50混凝土配合比　　表9.5-5

强度等级	水胶比	水	水泥	掺合料	外加剂	砂	纤维	碎石	
								10～25mm	5～16mm
C50	0.3	150	400	100	6.0	631	1.2	503	616

4. 实心段大体积混凝土温控及防裂措施

下塔柱根部4m高的节段设计为实心段，其余断面均为空心箱形断面，实心段平面尺寸为（900～862）cm×（650～615）cm。索塔采用C50混凝土。下塔柱实心段根部构造及受力复杂，容易出现裂缝，同时实心段为高标号大体积混凝土，比普通大体积混凝土更易产生有害裂缝，为此须采取一系列综合性的措施。

1）入模温度控制

索塔实心段混凝土施工时间处于1、2月份，其日平均气温分别为2℃、4℃，此气温条件对混凝土的浇筑温度控制在5～30℃以内比较有利，同时还采取了以下措施：

（1）砂石料、水泥和外加剂罐子外围采用彩板房封闭以避免夹雨雪冰块及温度过低，同时搅拌用水采用地下水，控制拌合用水的温度。

（2）严格控制粉料入罐温度，确保粉料进罐温度在60℃以内。

（3）控制出机温度不低于10℃，入模温度不低于5℃。

（4）将混凝土开盘时间安排在白天进行。

（5）加强现场协调，加快混凝土浇筑进度，减少或避免了混凝土罐车长时间等待的现象。

2）冷却水循环降温

根据混凝土内部温度分布特征及控制最高温度的要求，实心段埋设三层冷却水管，水管水平间距为1.5m，垂直间距为1m，冷却水管为外径42mm的铁管，如图9.5-42～图9.5-45所示。冷却水管采用橡胶管套接，确保不漏水，连接时两根冷却水管在橡胶套管内应对碰，避免橡胶管弯折阻水，用多重铁丝扎紧。冷却水管使用及其控制：

（1）冷却水管使用前进行压水试验，防止管道漏水、阻水，通水时间在1h左右，保证在0.5MPa下不渗漏。对于管道漏水、阻水的部位立即进行修复。

（2）混凝土浇筑到各层冷却水管标高后开始通水，各层混凝土峰值过后尽快减缓或停止通水，冷却水流量控制应委派专人管理。

（3）冷却水采用江水。

（4）冷却水温度8℃左右，升温时段通水流量应使流速达到0.6m/s以上，流量应大于45L/min，形成紊流，降温时段，可通过水阀控制减缓通水，使流速减半，水流平缓，保证混凝土内部温度整体均匀降低。

（5）供水泵采用离心式水泵，水泵功率大小根据水管套数和通水流量选取。

（6）待冷却水管通水结束并养生完成后，应采用同强度等级水泥砂浆封堵冷却水管。

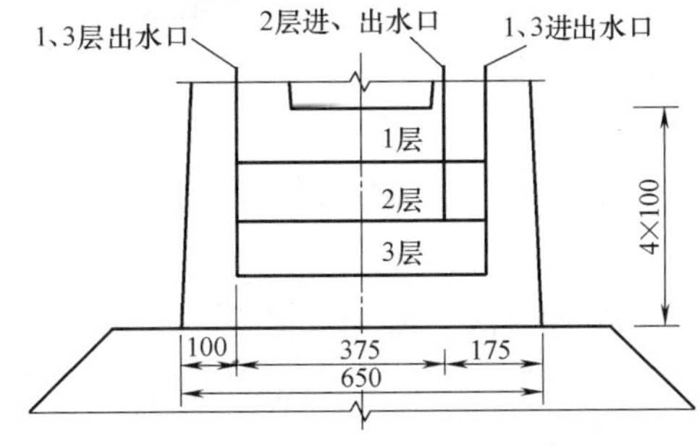

图9.5-42 冷却管立面图1

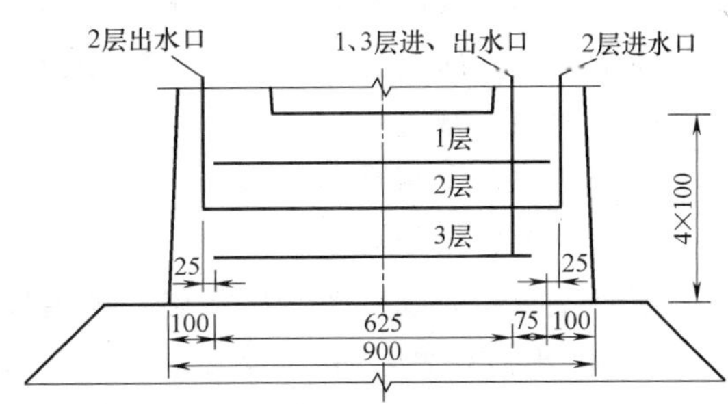

图9.5-43 冷却管立面图2

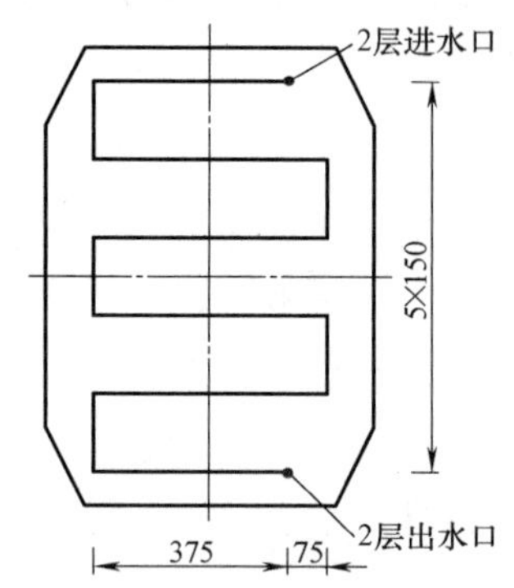

图 9.5-44 第2层冷却管平面布置图

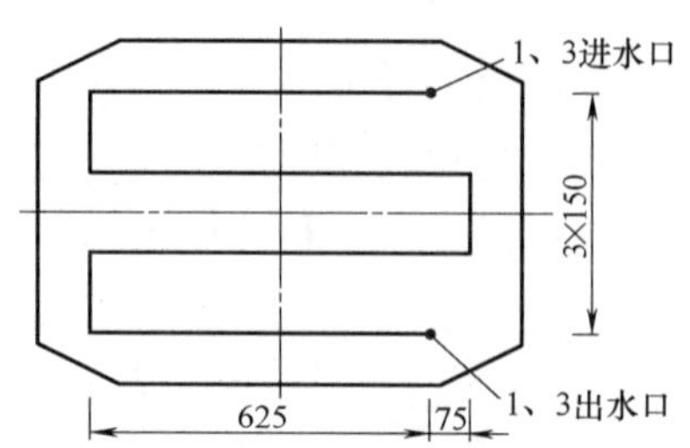

图 9.5-45 第1、3层冷却管平面布置图

3）温度监测

（1）测温仪器

本工程测温监测采用TM6902D型袖珍式数字温度表。测温系统由主机、测温探头、测温线连接构成，可根据现场需要和测温点数量灵活配置。预埋式测温线由插头、导线和温度传感器制成，适宜测量混凝土内部温度，每支测温线可测一点温度，在施工中可任意布置测温点。留在外面的导线长度大于100cm。测温时，按下主机电源开关，将各测温点插头依次插入主机插座中，主机屏幕上即可显示相应测温点的温度。

（2）测温要求

由于混凝土体积较大、强度等级高，聚集在内部的水泥水化热不易散发，导致混凝土内部迅速升温，而其表面则散热较快，形成了较大的温度差，使混凝土内部产生压应力，表面产生拉应力，而混凝土在养护期间抗拉强度较低，当温差产生的抗拉应力超出混凝土极限抗拉强度时，在混凝土内部和表面产生裂缝。其相关控制指标如下：

① 混凝土浇筑温度：5℃$\leqslant T \leqslant$30℃。

② 混凝土内部最高温度：$T_{max} \leqslant$70℃。

③ 混凝土内表温差：$\Delta T \leqslant$25.0℃。

④ 混凝土降温速率：$\Delta u \leqslant$2.0℃/d。

混凝土表面与内部温差报警值为25℃，绝对温度不超过70℃。接近报警值则及时调整循环水的速度及增大保温层的厚度。监测中混凝土降温速率过快，可以减缓或停止冷却水管通水，增厚保温层，减少降温阶段散热量。

（3）测温点布置

实心段内布设测温点15个，分3层布置，布置如图9.5-46、图9.5-47所示。

（4）测温数据分析

混凝土浇筑完成后即开始测温，峰值以前每2h监测一次，峰值出现后每4h监测一次，持续5d，然后转入每天测2次，直到温度变化基本稳定，每次观测完成后及时填写记录表。

经过对测温数据的整理，得出本工程实心段温度变化如图9.5-48所示。

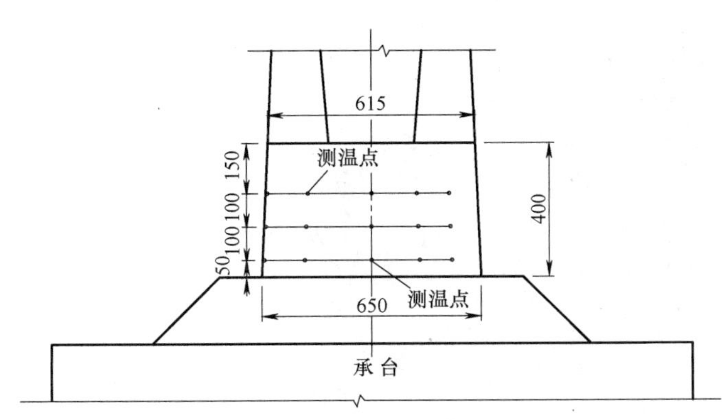

图 9.5-46 测温点立面布置图

图 9.5-47 测温点平面布置图

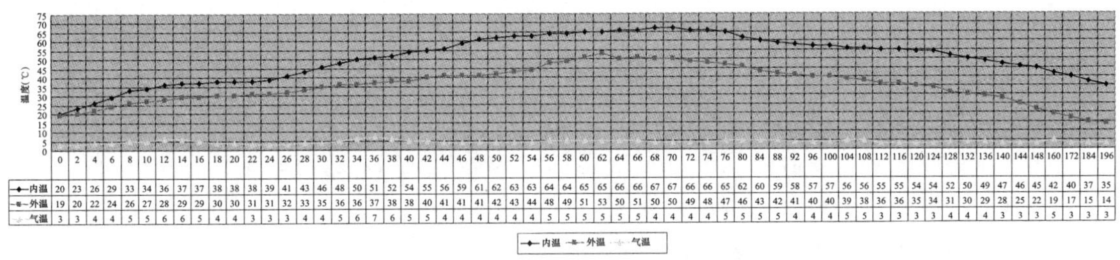

时间	0	2	4	6	8	10	12	14	16	18	20	22	24	26	28	30	32	34	36	38	40	42	44	46	48	50	52
内温	20	23	26	29	33	34	36	37	37	38	38	38	39	41	43	46	48	50	51	52	54	55	56	59	61	62	63
外温	19	20	22	24	26	27	28	29	29	30	30	31	31	32	33	35	36	36	37	38	38	40	41	41	41	42	43
气温	3	3	4	4	5	5	6	6	5	4	4	3	3	3	4	4	5	6	7	6	5	5	4	4	4	4	4

时间	54	56	58	60	62	64	66	68	70	72	74	76	80	84	88	92	96	100	104	108	112	116	120	124	128	132	136	140	144	148	160	172	184	196
内温	63	64	64	65	65	66	66	67	67	66	66	65	62	60	59	58	57	57	56	56	55	55	54	54	52	50	49	47	46	45	42	40	37	35
外温	44	48	49	51	53	50	51	50	50	49	48	47	46	43	42	41	40	40	39	38	36	36	35	34	31	30	29	28	25	22	19	17	15	14
气温	4	5	5	5	5	5	5	4	4	4	4	5	5	5	5	4	4	4	5	5	3	3	3	3	4	4	4	3	3	3	5	3	3	3

图 9.5-48 C50 大体积混凝土测温曲线图

图中横轴为时间，竖轴为温度值，总共测温持续时间 196h。混凝土入模温度在 11℃左右，混凝土全部浇筑完成后开始测温，从温度变化曲线可以看出，混凝土升温及降温均较缓慢，在混凝土浇筑完成后 68h 时达到温峰 67℃，与理论计算基本相符，随后温度开始缓慢下降，全过程中混凝土内外温差最大为 23℃（现场因施工原因冷却水循环 5d 后停止，停止循环水后内外温差有小幅上升），且处于降温后期冷却水停止循环后出现，相关指标均符合大体积混凝土温度控制要求。

同时对冷却水管进出口温度进行了监测，出水口温度增加了约 2～3℃，表明冷却水管对混凝土内部散热降温起到了较好的效果。从施工效果及测温情况可以看出，混凝土原材料选用及配合比设计合理，混凝土浇筑过程及温控措施控制到位。

4）混凝土养护

混凝土达到温峰前采用带模养护，由于在冬季施工，模板外包裹一层保温棉和一层帆布，同时还预备一层棉被，防止内外温差超标；在混凝土达到温峰后拆除模板并进行薄膜及保温棉包裹养护；混凝土浇筑完成后养护 14d 以上。

混凝土浇筑完成后，混凝土外露面立即抹压并覆盖塑料薄膜及一层干麻袋或保温棉进行保湿蓄热养护，如图 9.5-49 所示。

5. 混凝土浇筑

1）混凝土生产及运输

索塔混凝土由搅拌站集中供料，搅拌站配备 1 台 $120m^3/h$ 的混凝土搅拌机，单台实

图 9.5-49　下塔柱实心段养护图

际生产能力达 $70m^3/h$，满足索塔一次最大浇筑强度的要求。

（1）混凝土原材料均按重量计量，每盘混凝土计量允许偏差为水泥±1%，矿物掺合料±1%，粗细骨料±2%，水±1%，外加剂±1%。应保证混凝土搅拌均匀，适当延长混凝土搅拌时间，搅拌时间控制在 120s。

（2）加水计量必须精确，应充分考虑骨料含水率的变化，及时调整加水量。混凝土每次生产前，要提前对材料含水率进行检测，依据含水率调整施工配合比进行试生产。

（3）混凝土罐车在装料之前应反转，清除罐内积水、积浆，严禁中途加水；罐车在运输途中保持旋转状态，在浇筑混凝土前，高速旋转，保证混凝土在运输车内质量均匀稳定。

（4）混凝土要及时浇筑，每车混凝土从生产开始到浇筑完成在 90min 内完成，并且保持泵送的连续性。

（5）对聚丙烯纤维混凝土拌合方法按定点、定量、定时在粗骨料中投放聚丙烯纤维进行拌合。定点即按粗骨料、聚丙烯纤维、细骨料、水泥、粉煤灰进行投料，进行湿拌，边拌合边加水。聚丙烯纤维投料采取在拌合机投料口由人工将聚丙烯纤维均匀地抛洒在粗骨料（石子）上面；定量即骨料、水泥等材料严格由电子秤计量；定时即湿拌 5min。聚丙烯纤维混凝土的运输方法同其他混凝土。

2）塔柱混凝土布料

为适应索塔施工高度的要求，上塔柱混凝土泵管选用高压泵管。泵管从拖泵接出，经 20m 左右的水平管路到达索塔墩。下塔柱、下横梁施工时，混凝土直接由汽车混凝土输送泵（SY5270THB-37）输送。转入上塔柱（第三节开始）施工后，泵管从拖泵接出，由塔柱外侧接至浇筑段。

泵管布设时，水平管每隔 3m 垫枕木，垂直管 4m 附墙 1 次。

泵送至浇筑仓面的混凝土通过可旋转的泵管进行布料，布料时采取对称布料（相差不超过一层混凝土）。如图 9.5-50 所示。

布料管可根据布料范围接长或拆除变短，旋转弯管坐落于中间的内模平台上。

3）混凝土浇筑施工要点

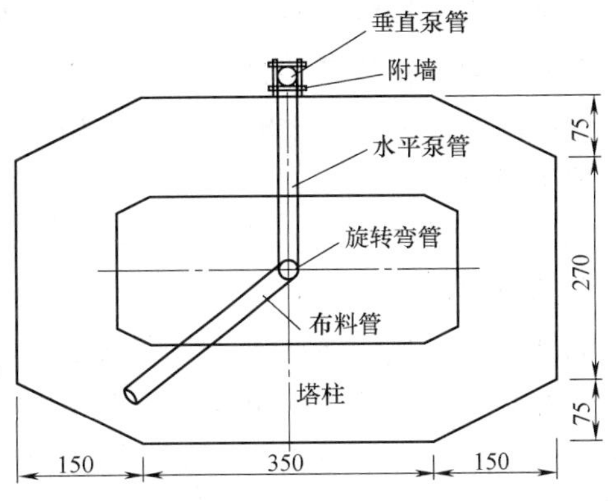

图 9.5-50 浇筑面泵管布置图

（1）在混凝土浇筑前，应将旧混凝土面加以润湿。

（2）混凝土采取分层布料、分层振捣，分层高度控制在 30～50cm 左右。为保证混凝土自由落体高度不大于 2m，浇筑时应悬挂溜筒布料。

（3）混凝土振捣时分区定块、定员作业，混凝土振捣应密实，无漏振、欠振、过振等现象。

（4）振捣采取快插慢拔方式，严格控制棒头插入混凝土的间距、深度与作用时间，并密切观察振捣情况，在混凝土泛浆、不再冒出气泡视为混凝土振捣密实，防止混凝土表面出现蜂窝、麻面，甚至空洞等缺陷。

（5）混凝土振捣间距小于 40cm，振捣上层混凝土时要插入下层混凝土 5cm 以上。每个振动点振捣时间控制在 35～45s。

（6）在劲性骨架矩形小断面桁架处，振捣人员需进入到桁架内部，保证桁架处混凝土的振捣质量。锚具及有波纹管位置要在混凝土浇筑前做出标记，振捣时注意保护锚具及波纹管，同时保证锚具及波纹管与混凝土充分结合，特别是锚固区（包括斜拉索锚座）要振捣密实，斜拉索锚座振捣过程中注意观察排气孔的出浆情况，并安排专人手拿铁锤敲击包裹钢板，从声音判断混凝土的密实性。

（7）振捣过程中，振捣棒严禁接触模板，并在混凝土浇筑期间内，派专人检查模板对拉螺杆松紧情况，防止出现爆模、漏浆等现象；专人检查预埋钢筋和其他预埋件的稳固情况，对松动、变形、移位等情况，及时进行处理。

4）混凝土养护及施工缝处理

（1）混凝土养护

为保证混凝土质量，防止或减少混凝土表面开裂，浇筑完成的混凝土必须及时进行养护。混凝土养护应由专人负责。

混凝土选用养护剂养护，当模板拆除后，立即将预先配制好的养护剂喷洒于混凝土表面上，喷洒应均匀、适量，勿漏喷，勿流淌，养护剂一般应喷洒两道，并随配随用。养护剂的品种或配方应经严格试验选取，避免养护剂对混凝土表面颜色产生不良影响。

若混凝土采用洒水养护的方式，养护用水要洁净，洒水要及时、不间断、不流淌，应避免混凝土表面出现干湿循环，每天洒水次数以能保持混凝土表面经常处于湿润状态为度。

（2）施工缝处理

为使拆模后混凝土表面接缝美观，两层混凝土间的外露接缝线一定要平整顺直，在施工中，应采取以下措施进行预控：

在第一层混凝土浇筑完毕后，以模板顶口线为基准，对靠近模板、宽约 1.5cm 的混凝土顶面内外接缝作修正、压实、抹平处理，在进行施工缝凿毛时，严禁破坏接缝，以确保上下层混凝土接缝顺直。凿毛由人工完成，当处理层混凝土强度达到2.5MPa时，由人工开始凿除混凝土表面的水泥砂浆和松软层，经凿毛处理的混凝土面用压缩空气或高压水清理干净。

由于上塔柱及连接段模板底口无接口模，为防止混凝土浇筑时漏浆以及上下两节段混凝土结合部出现过大的错台，待浇节段的模板底部应压紧已浇节段的混凝土顶部外表面，顶部外表面应先清理平整，然后粘贴双层粘胶带，确保模板底口不漏浆。

混凝土浇筑前，再次对接缝表面进行检查清理（若有杂物，应清理干净，以防夹渣）；接缝两侧的混凝土应充分振捣，以使缝线饱满密实。

5）混凝土外观修饰和成品保护

（1）外观修饰

① 施工用预埋螺栓孔修补

下横梁拆模后，应及时取出锥形螺母及套头，修补留下的螺栓孔。修补可分两次进行，即先用水泥砂浆填充，待凝固干缩后用调好色泽的白水泥浆填补、抹面（必要时，可用角磨机打磨），水泥砂浆和水泥浆里应掺一定量的粘胶。

施工用的螺栓埋件在使用期间应进行防锈处理；当使用完成后，先对其螺栓孔洞清洗，然后按照修补螺栓孔的方法处理。

螺栓孔修补完成后，及时养护，并加强保护。

② 缺陷修补

在下横梁施工过程中，应尽可能地避免或减少蜂窝、麻面、气泡、接缝不齐、裂缝以及其它缺陷的出现，若有细小缺陷出现，在分析出现原因、制订预控措施的同时，及时地进行修补修饰。

对于混凝土表面的局部细小突瘤、接缝不齐等缺陷的修补，采用角磨机打磨，使其与周边混凝土顺平。

于混凝土表面出现的少量气泡的修补，先用与下横梁混凝土同强度等级、同品种的水泥掺入定量白水泥和粘胶水配成专用腻子堵塞小气泡，并进行打磨，以上步骤可重复进行，直到修补的部位与周围混凝土的颜色一致为止（必要时可用白水泥净浆修饰）。

对于蜂窝、麻面等缺陷的修补。若存在松软层则应先行凿除，用钢丝刷清理、压力水冲洗干净及润湿后，再用较高强度的水泥砂浆填塞捣实抹平，再用白水泥浆修饰表面，为确保粘结效果，水泥砂浆里可掺入粘胶，有必要时，进行打磨，使其与结构混凝土的颜色一致；若不存在松软层（属小蜂窝、小麻面），先将缺陷部位清洗干净，然后进行修补，其修补修饰的方法同气泡处理。

缺陷修补完成后，及时养护，并加强保护。

③ 修补、修饰材料选用

为了保证修补的部位与周围混凝土表面颜色一致，所有使用的修补修饰材料统一经试验室严格试配。试配应结合实际施工条件展开，并根据同龄期混凝土试块色泽的具体情况进行。

（2）混凝土成品保护

为了确保下横梁在施工完成时其混凝土的外观完好如初，在施工期间，需特别加强对混凝土外观的保护。

不得用重物随便撞击及敲打混凝土面，尤其刚拆模的混凝土面。

不得在混凝土表面乱写乱画，不得用尖利的硬物刮刻混凝土面，严禁用污物擦摸混凝土面。

进出人孔的爬梯及混凝土泵管尽量不要靠近混凝土表面，钢材不要在混凝土表面堆存。

拆模后的混凝土表面若粘有浮灰及留有模板痕迹，应立即用细砂纸打磨，直到浮灰及模板痕迹清除干净、混凝土表面色泽一致为止。

（3）浇筑混凝土时，应采取措施防止浆液污染已浇混凝土面；预应力施工时，应采取必要的防护措施，并且不得使用破损的灌浆管、油管，管接头应密封，油泵、灌浆设备及千斤顶应完好，以防止张拉和灌浆过程中水泥浆及液压油污染混凝土面。混凝土表面一旦出现浆液及其他污物，应立即清洗干净。

（4）采取有效措施防止电梯、塔吊及其他机械设备用油污染混凝土表面，易污染处应预先用土工布围护。塔吊和电梯附着、横梁支架、临时用钢爬梯及其他易锈蚀的铁件在使用期间进行防锈处理。

（5）混凝土表面应经常检查，发现问题应及时处理。

9.5.9 预应力施工

1. 预应力工程概况

1）下塔柱内布置纵向预应力束 24 束 $4\phi^s 15.24$ 钢绞线，层间距为 50cm。预应力锚固点设在塔柱外侧，采用深埋锚工艺。单根钢绞线公称直径 15.24mm，抗拉强度标准值为 1860MPa，弹性模量为 1.95×10^5MPa。锚具采用 15-4 型，配套使用外径为 55mm 的塑料波纹管。预应力束采用一端张拉，张拉控制力为 782kN。

2）上塔柱下段预应力束为“井”字形布置，预应力束为 4 束 $9\phi^s 15.24$ 钢绞线，层间距为 100cm。预应力锚固点设在塔柱外侧，采用深埋锚工艺。单根钢绞线公称直径 15.24mm，抗拉强度标准值为 1860MPa，弹性模量为 1.95×10^5MPa。锚具采用 15-9 型，配套使用外径为 77mm 的塑料波纹管。预应力束采用一端张拉，张拉控制力为 1759kN。

3）上塔柱锚固区预应力束为纵横向布置，预应力束为 $16\phi^s 15.24$ 和 $12\phi^s 15.24$ 钢绞线，层间距为 35cm。预应力锚固点设在塔柱外侧，采用深埋锚工艺。单根钢绞线公称直径 15.24mm，抗拉强度标准值为 1860MPa，弹性模量为 1.95×10^5MPa。锚具采用 15-16 和 15-12 型，配套使用外径为 102mm、92mm 的塑料波纹管。预应力束采用一端张拉，张拉控制力为 3128kN 和 2346kN。

2. 预应力施工流程

预应力施工流程如图 9.5-51 所示。

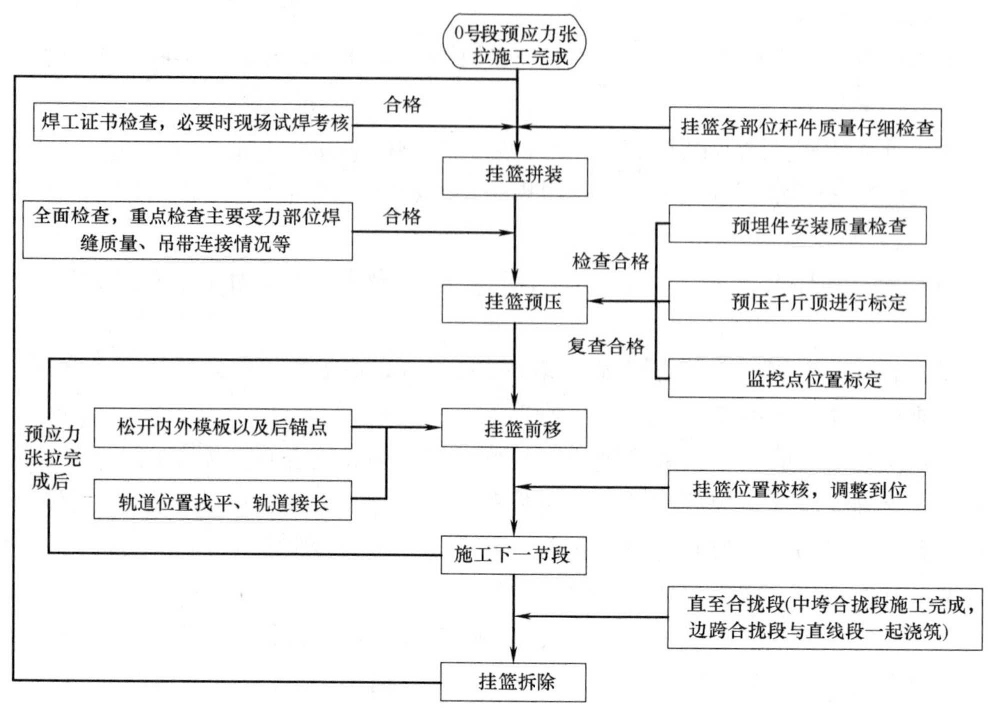

图 9.5-51　预应力施工流程图

3. 波纹管安装

预应力钢束波纹管采用塑料波纹管，由专业厂家生产，按一定的定尺长度运至施工现场。

波纹管按设计线形安设，采用“井”字形钢筋定位，定位筋按 1m 的间距设置，并与普通钢筋骨架采取绑扎或点焊固定。波纹管接长采用专用套管，两端伸入锚垫板内。

波纹管安装过程中，当受到普通钢筋的影响时，适当地调整普通钢筋的位置。

4. 锚垫板安装

锚垫板（含螺旋筋）进场后，按规范要求进行检查验收，满足要求后才能使用。

为了避免预应力槽口开得过大而切断塔柱竖向钢筋，采用深埋锚工艺即锚垫板栓接一段钢套筒，钢套筒内径选择时，必须考虑张拉的需要。套筒边缘距塔外壁 3cm，混凝土浇筑时预先用泡沫塑料封堵套筒，防止混凝土进入套筒内。

锚垫板在测量的配合下进行安装，定位后，将其通过型钢与劲性骨架或塔柱钢筋骨架固定。锚垫板安装时，将压浆口朝下、出浆口朝上，并将各口通过小钢管接出至塔柱混凝土表面。

5. 钢绞线进场检验、下料和穿束

钢绞线进场后，按规范要求进行验收，对其强度、延伸量、弹性模量及外形尺寸进行检查、测试，合格后才能使用。

钢绞线采取先穿法，即在混凝土浇筑前完成穿束。为方便穿设，钢绞线采取单根穿进。钢绞线穿设时，先在其头部缠绕多层胶带，然后边转动钢绞线盘放松钢绞线，边由人工将其送入孔道内。

6. 预应力钢束张拉

1）锚具及张拉设备准备

锚板、夹片使用前须经检查验收，并分类保存。张拉采用 500t 千斤顶，配以 0.4 级精密压力表。千斤顶和油压表在张拉前进行标定，以确定张拉力与压力表读数之间的关系曲线。

2）锚具及张拉设备安装

先清理锚垫板及钢绞线，然后分别安装锚板、夹片、限位板、千斤顶、工具锚板及工具夹片。千斤顶由 1t 的手拉葫芦悬挂及调位。锚具及张拉设备安装示意如图 9.5-52 所示。

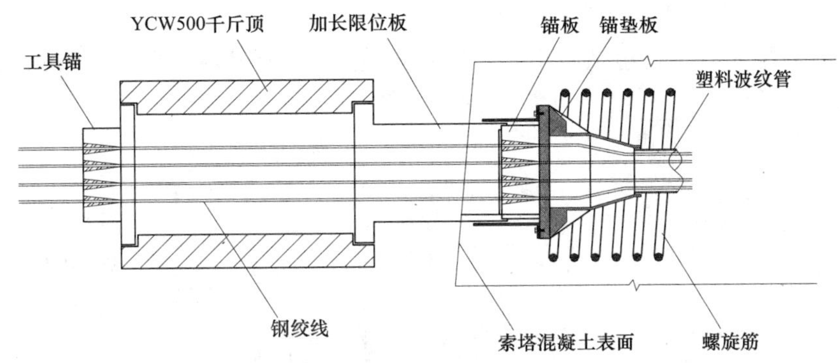

图 9.5-52 锚具及千斤顶安装示意图

预应力锚具及千斤顶安装在施工脚手架和爬架施工平台的吊平台上进行。

3）主要张拉工艺

当混凝土强度达到设计强度的 90%以上后进行预应力钢束张拉。张拉程序为：σ_0→初应力（15%σ_{con}→σ_{con}(持荷 2min 后锚固）。

预应力钢束采取两端同时张拉，每束预应力钢绞线的锚下张拉控制应力为 1395MPa，张拉控制力为 4297kN。张拉采用张拉力与引伸量双控，引伸量实际伸长值与理论伸长值控制在±6%以内。

预应力钢束的张拉顺序：按设计要求的批次和顺序进行张拉，对于同一批次张拉的预应力钢束，先从腹板中部向上、下缘依次进行（腹板两侧同一高度的预应力钢束应对称张拉），再从顶（底）板中部向左右对称张拉。

预应力钢束张拉时要尽量避免出现滑丝、断丝现象，应确保在同一截面上的断丝率不大于 1%，而且限定一根钢绞线断丝不得超过 1 根。

4）封端

张拉锚固完成后，将多余的钢绞线用砂轮机切除，钢绞线剩余长度 3～4cm。钢绞线切除后，及时用高强度等级的水泥砂浆将锚头端部钢绞线间的缝隙进行封堵。

为确保封端密实，还可以在水泥砂浆中掺入一定量的粘胶，同时加强对封端水泥砂浆的养护。

7. 预应力管道压浆及封锚

预应力束张拉完成后应及时进行孔道压浆，压浆采用真空辅助压浆工艺。

1）浆液的主要技术指标

（1）强度：水泥浆的强度应达到索塔混凝土的设计强度；

（2）水灰比：控制在 0.4～0.45 之间；

（3）稠度：控制在 30～50s 之间；

（4）泌水率：小于初始体积的 2%，四次平均值小于 1%，泌水应在 24h 内全部被浆液吸回；

（5）水泥浆里掺入适当的外加剂。

水泥浆必须通过工地试验室进行配合比试验，验收合格并报审后才能使用。

2）主要压浆机具选用及布置

真空灌浆主要施工设备包括真空机、螺杆式灌浆泵和净浆拌浆机，各设备装置连接如图 9.5-53 所示。

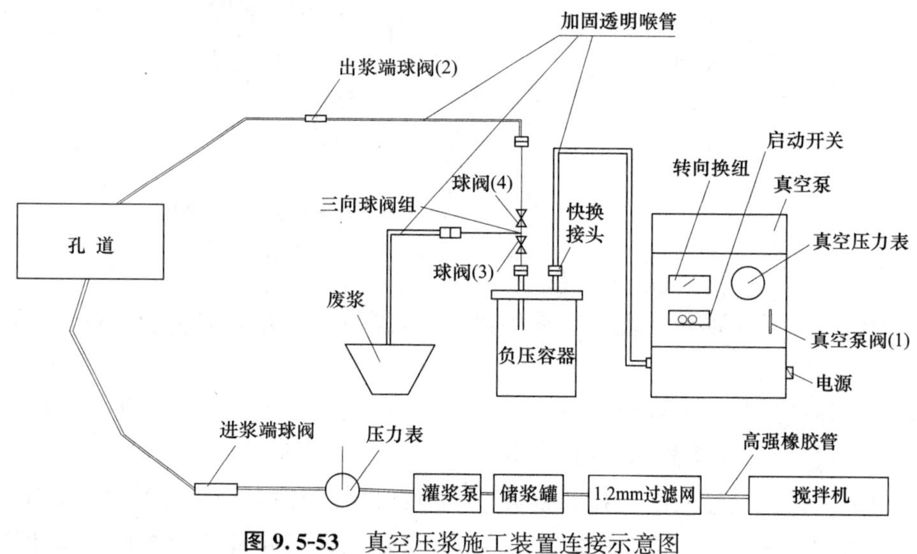

图 9.5-53　真空压浆施工装置连接示意图

3）真空辅助压浆基本操作方法

（1）试抽真空

当封端强度达到 15MPa 以上，且封端表面无裂纹时，可进行试抽真空。将灌浆阀、排气阀全部关闭，真空阀打开，启动真空阀抽真空，当真空压力表达到－0.08MPa 时，停泵约 1min 时间，如果压力表读数不变，表示孔道达到且能维持真空。如果不能达到要求的真空度，或者不能维持，则应查明原因，并及时采取措施，直至满足要求。

（2）拌制水泥浆

为了检查机械完好情况，同时，充分润湿搅拌机内壁，水泥浆搅拌前，加水空转几分钟，然后将积水倒净。

根据配合比及需要的搅浆量，将各原料准确称好，首先将水倒入搅拌机里，同时启动搅浆机，然后投入计量好的外加剂并搅均匀，最后加水泥，加水泥要慢且均匀，尽量避免浆体中有结块。浆体搅完后，按规范要求进行取样试验，合格的浆液通过过滤网倒入储浆桶。

（3）压浆

① 水泥浆搅拌均匀后，经过一层1.2mm过滤网，送入储浆罐，再由储浆罐引到灌浆泵，在灌浆泵高压橡胶管出口打出浆体，直到出来的浆体与灌浆泵的浆体浓度一样时关掉灌浆泵，然后将高压橡胶管接到孔道压浆管，绑扎牢固。

② 关闭灌浆阀，启动真空泵，当真空值达到并维持在−0.06～0.1MPa时，打开灌浆阀，启动灌浆泵，开始灌浆，灌浆过程中，真空泵应保持连续工作。压浆时要保证从低端压进，高端压出。

③ 待真空端的透明胶管有浆体经过时，关闭通向真空机的真空阀，关闭真空机，水泥浆会流向废浆池，且稠度与灌入的浆体相同时，关闭抽真空端的阀门。

④ 灌浆泵继续工作，压力达到0.6MPa左右，持压1min，完成排气泌水，使管道内浆体密实饱满，完成灌浆，关闭灌浆泵及灌浆阀门。

4）灌浆量控制

计算单根波纹管的理论体积，减去钢绞线或粗钢筋的理论体积，即为每根波纹管理论灌浆量计算量。在实际施工时，实际压浆量做好记录，与理论压浆量进行对比，其实际灌浆量应不小于理论灌浆量。

5）清洗

拆卸外接管路，清洗真空机的空气滤清器及管路阀门，清洗灌浆泵、搅拌机及所有沾有水泥浆的设备和附件。

6）封锚施工

压浆完成后，及时进行封锚混凝土施工。封锚施工时，先对钢套管壁及槽口进行清理，然后填塞混凝土，封锚混凝土的强度应符合设计要求。

9.5.10 临时横撑设计及施工

1. 临时横撑设计

由于塔柱完全直立且无上横梁，从静力的角度考虑似乎施工期索塔塔柱之间无需设置横向连接系。但考虑到主梁悬臂浇筑时间跨度大，在主梁未合龙状态下，斜拉索提供的非保向力作用相对较弱，设计在索塔塔柱间仍然设置了临时横向支撑钢结构，以加强主梁施工期间索塔塔柱间的空间协作受力能力。在斜拉桥主梁挂篮施工前，在两塔柱之间设置2道刚性临时横梁，待主桥合拢后拆除此临时横撑。

根据塔柱节段划分情况可知，临时横撑分别设置在17节段和26节段，间距40m。第一道临时横撑高程124.595m（南塔）和124.258m（北塔），第二道临时横撑高程164.595m（南塔）和164.258m（北塔）。每道临时横撑采用4个ϕ478×10mm钢管，每根ϕ478×10mm的钢管在两侧端部100mm范围内加10mm厚的十字加劲肋。上下两根钢管每隔3.5m焊接壁厚10mm、宽500mm的钢板，左右侧钢管每隔8m设置ϕ325×6mm的钢管平联。临时横撑的布置情况如图9.5-54～图9.5-59所示。临时横撑端部与端头预埋件连接，预埋件结构详细尺寸如图9.5-60、图9.5-61所示。

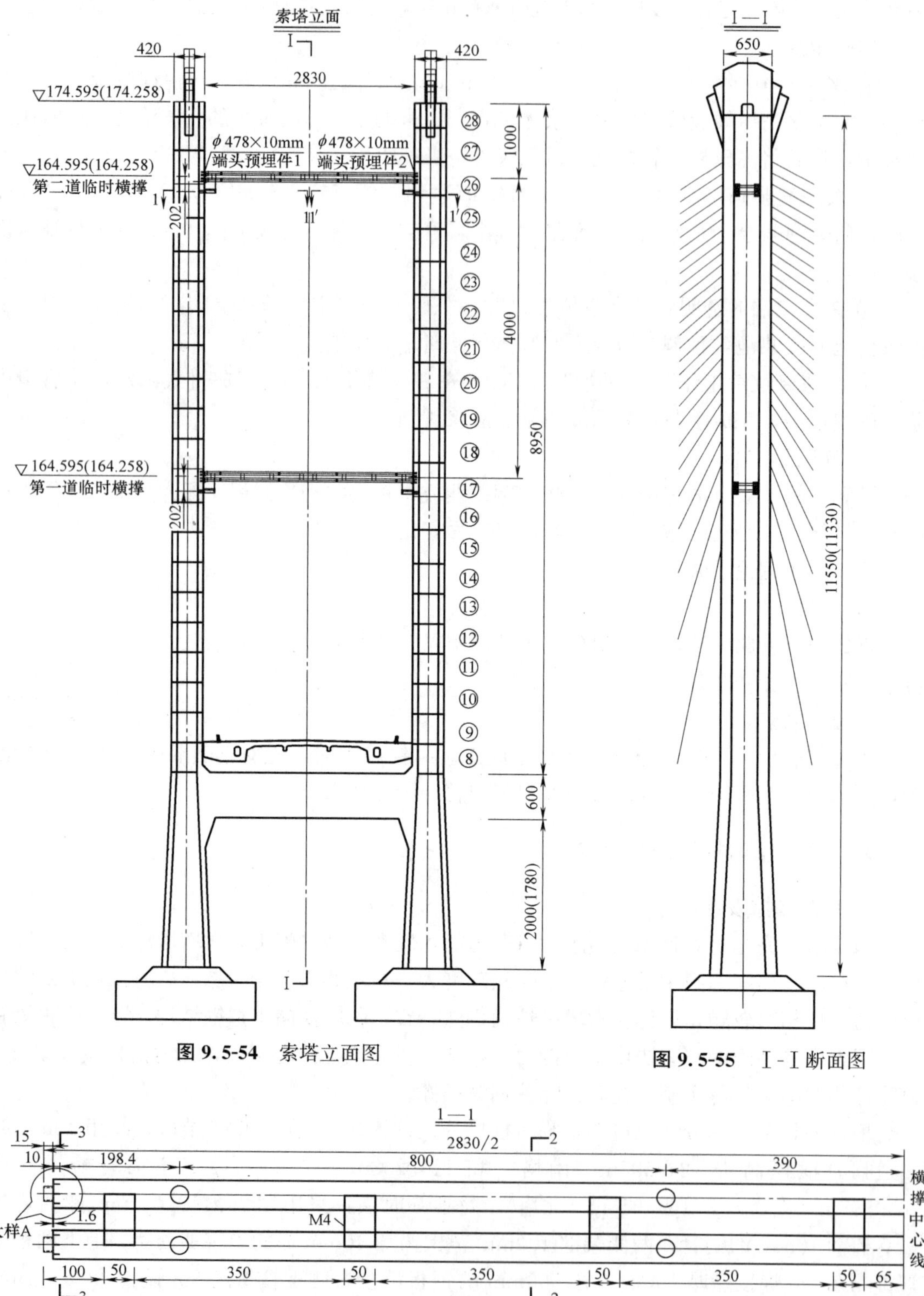

图 9.5-54 索塔立面图

图 9.5-55 Ⅰ-Ⅰ断面图

图 9.5-56 1-1 断面图

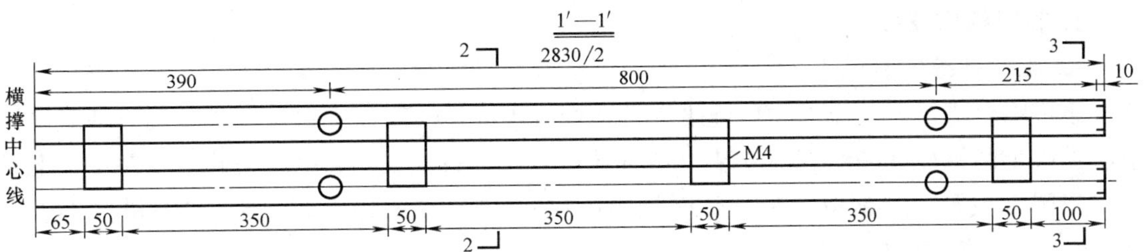

图 9.5-57 1′-1′断面图

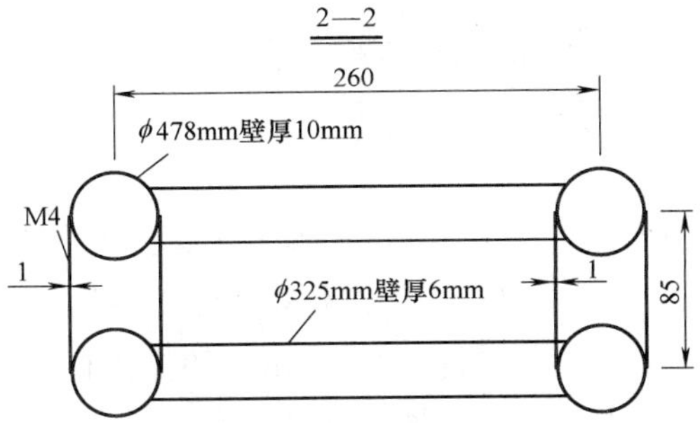

图 9.5-58 2-2 断面图

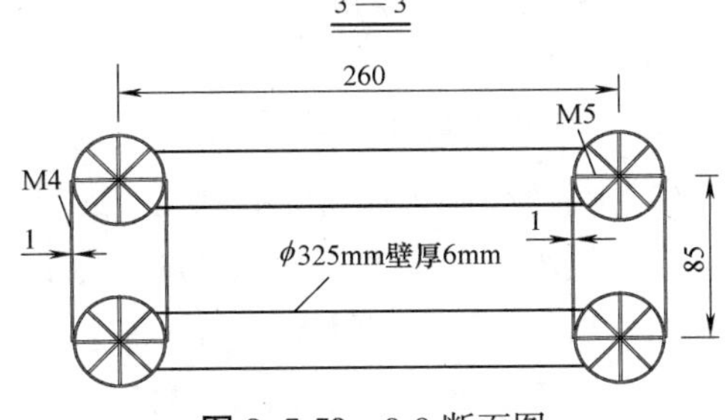

图 9.5-59 3-3 断面图

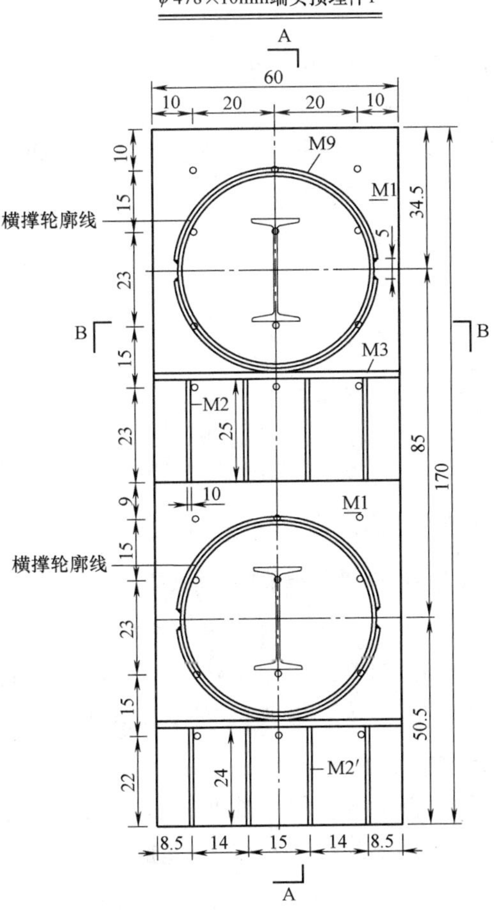

图 9.5-60 ϕ478×10 端头预埋件 1

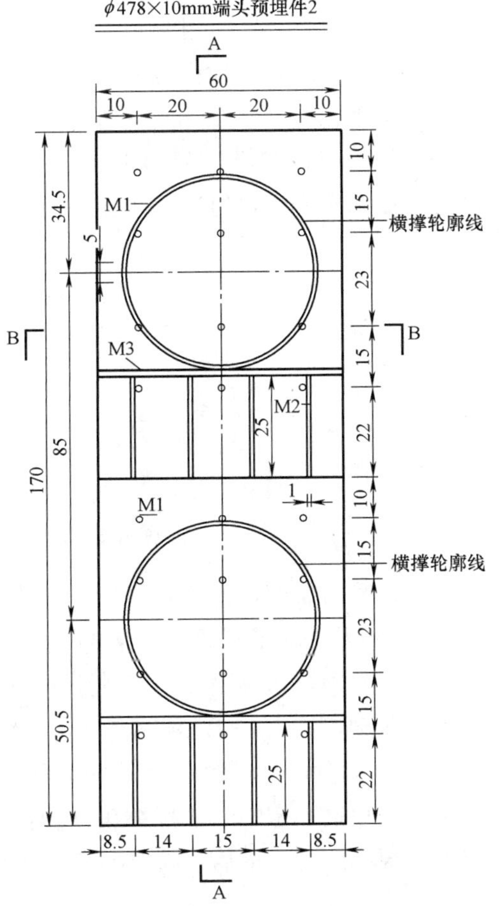

图 9.5-61 ϕ478×10 端头预埋件 2

2. 临时横撑安装

1）临时横撑安装流程

索塔临时横撑安装流程为：施工准备→埋设预埋件→工作平台吊装、铺设→临时横撑下层端头半圆钢板及加劲钢板安装→临时横撑下层 ϕ478×10mm 钢管吊装→临时横撑上层端头半圆钢板及加劲钢板安装→临时横撑上层 ϕ478×10mm 钢管吊装→临时横撑钢管平联、M4 钢板及其他构件安装。

2）预埋件安装

塔柱施工至 17 号和 26 号节段时，在设计位置埋设临时横撑工作平台的预埋件和临时横撑端头预埋件。

3）工作平台施工

（1）当塔柱施工超过工作平台所在节段（17 和 26 节段），液压爬模继续爬升 2 号至 3 号节。利用液压爬模底层焊接 I36 工字钢与预埋件。从电梯一侧依次焊接 I36 工字钢。

（2）I36 工字钢上面焊接 I12 工字钢；I12 工字钢之上铺厚度为 50mm 的标准的杉木或松木板，板宽 200～300mm，两端使用 10～14 号镀锌钢丝捆紧。

（3）工作平台外围设置高度为 150cm 的防护栏杆，护栏上安装滤网。

4）临时横撑吊装及焊接

（1）用于索塔临时横撑的 ϕ478×10mm 钢管、ϕ325×6mm 的钢管平联、端部十字加劲肋及连接钢板等部件在加工场进行初步加工后运至钢平台上。

（2）将每道临时横撑分为上、下两部分，如图 9.5-62 所示。先吊装下层两根钢管，在吊装上层两根钢管，每次起吊重量约为 3.3t。

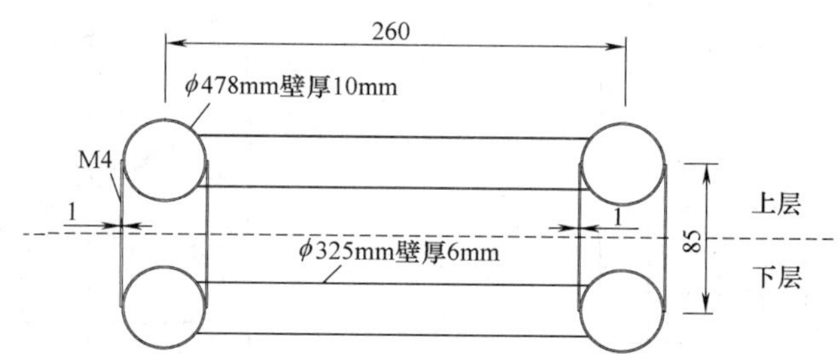

图 9.5-62　临时横撑分层吊装划分图

（3）钢管吊装前，先在临时横撑端头预埋件处焊接下层临时横撑的 M2、M2′加劲钢板，M3 钢板及 M9 半圆钢板（下部）。

（4）首先用塔吊起吊临时横撑下层的 ϕ478×10mm 钢管，吊至索塔下横梁以上位置；然后塔吊转动，同时提升 ϕ478×10mm 钢管至安装位置之上适当高度；再降低 ϕ478×10mm 钢管的高度，将其放置到端头钢板上，调整钢管至准确位置。

（5）先焊接固定临时横撑端头预埋件 2 处，后在端头预埋件 1 处塞入适当尺寸的 I25 工字钢，焊接固定。最后焊接临时横撑下层端头 M9 半圆钢板（上部），完成一根 ϕ478×10mm 钢管的吊装。

（6）下层钢管吊装及焊接完毕后，在吊装上层钢管。上、下层临时横撑安装到位后，利用塔吊将工作人员送至临时横撑的焊接施工平台上，焊接临时横撑的钢管平联和 M4 连接钢板。钢管平联采用哈佛接头焊接，如图 9.5-63 所示。

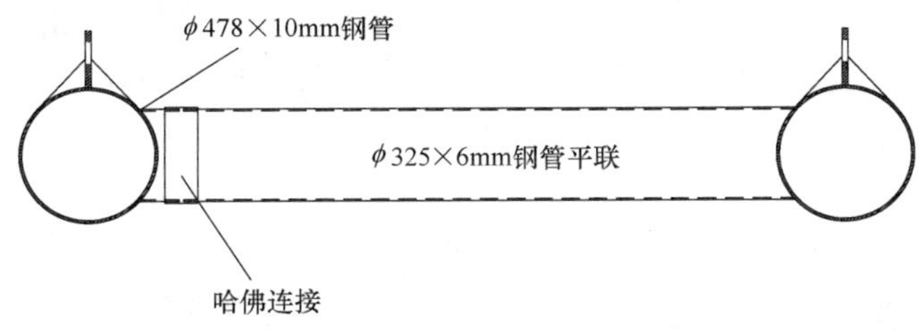

图 9.5-63 钢管平联连接图

主桥索塔临时横撑安装效果图如图 9.5-64 所示。

3. 临时横撑拆除

主梁合龙段施工完成后，进行主塔临时横撑的拆除，先拆除上道临时横撑再拆下道临时横撑。临时横撑的拆除主要采用先气割分解后用吊塔吊运至主梁梁面的方法，梁面放置位置安排在岸侧 6′号～0 号梁段，每道临时横撑的拆除流程如下：施工准备→临时横撑气割分解→分块吊运→施工平台拆除。

图 9.5-64 主桥索塔临时横撑图

9.5.11 索塔-下横梁同步施工控制

混凝土斜拉桥索塔和下横梁施工主要分为同步施工和逐步施工两种形式，同步施工可节约工期，但由于横梁预应力张拉使塔柱内倾对塔柱垂直度有影响，如何解决这个问题是塔-梁同步施工的难点。为了控制好垂直度，需在节段施工时先设置预偏值，消除因预应力对下横梁的压缩、下横梁混凝土收缩以及预应力锚具局部压缩的影响。

为了加快施工，缩短工期，项目从施工方法上多方面考虑，塔柱和下横梁采用同步施工方法，即下横梁与上塔柱的同时施工。在下塔柱施工完成后先进行塔柱连接段施工，连接段预留下横梁纵向钢筋，待 1 号节上塔柱施工时开始下横梁模板安装及钢筋绑扎。上塔柱完成 4 个节段后，下横梁全部施工完成。下横梁高为 6m，采用支架法施工，混凝土分两次浇筑混凝土完成。

1. 控制计算

1）索塔-下横梁同步施工内力分析

索塔和下横梁组成的门式结构压缩量通过有限元很方便地计算，计算考虑下横梁混凝土 60d 收缩；塔和下横梁混凝土为 C50，预应力为 56 束 $\phi^{s}15.2$，1860 低松弛钢绞线。在原设计施工方法中，先进行下塔柱 4 个节段施工到下横梁底部，随后搭设下横梁支架，进行塔柱连接段及下横梁施工，等混凝土强度达设计强度 90%以后，按先下后上的顺序张拉横梁预应力；下横梁完成以后，才开始进行上塔柱的节段逐级施工。因工期要求，采用索塔-下横梁同步施工。在下塔柱施工完成后先进行塔柱连接段施工，连接段处预留下横梁纵向钢筋，待第一节上塔柱施工时开始下横梁模板安装及钢筋绑扎；上塔柱完成 4 个节段后，下横梁混凝土浇筑、预应力张拉等全部工作。现按两种方法进行计算对比分析如图 9.5-65～图 9.5-68 所示。

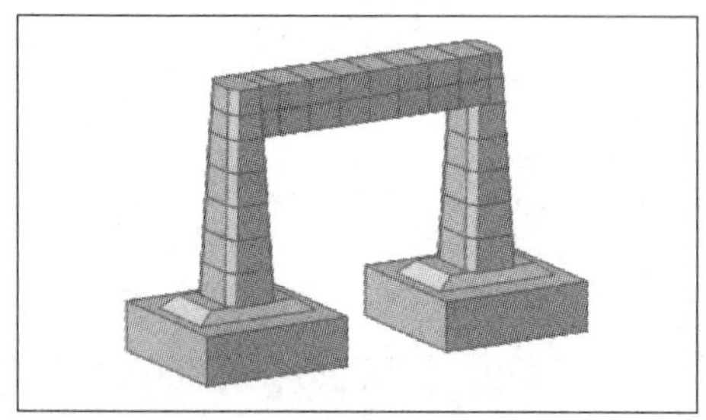
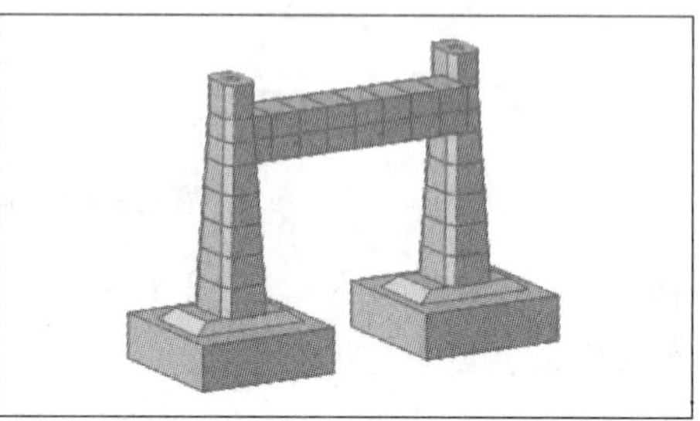

图 9.5-65　塔-梁逐步施工示意图

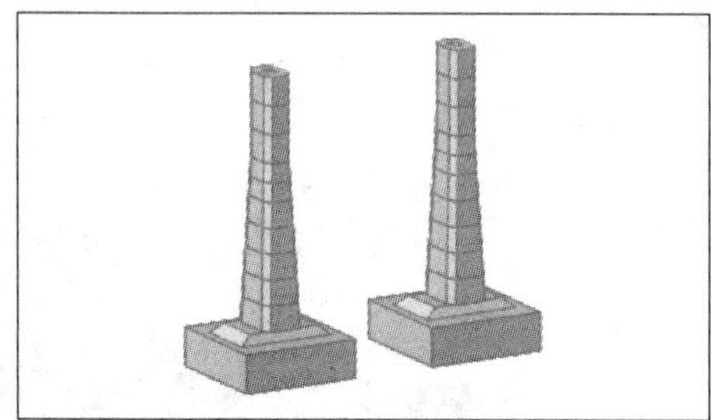

图 9.5-66　塔-梁同步施工示意图

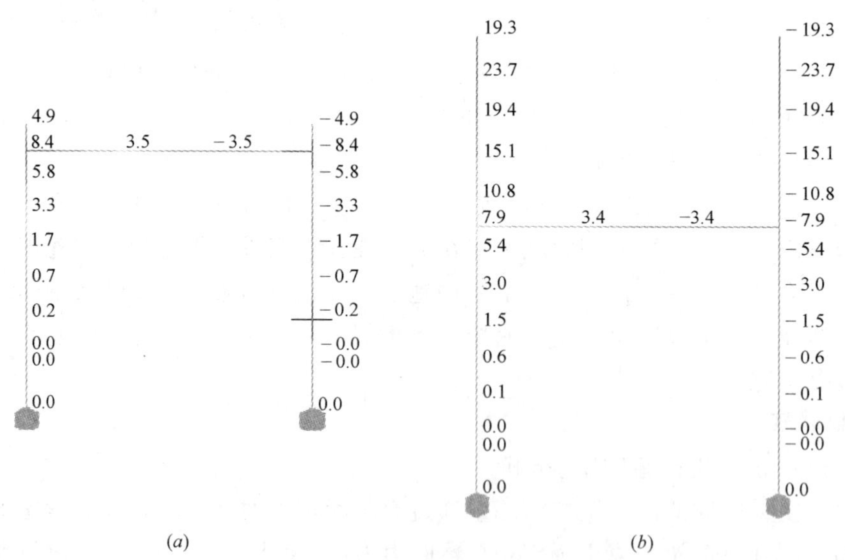

图 9.5-67　张拉横梁钢束时的位移 D_x/mm

(a) 逐步施工；(b) 同步施工

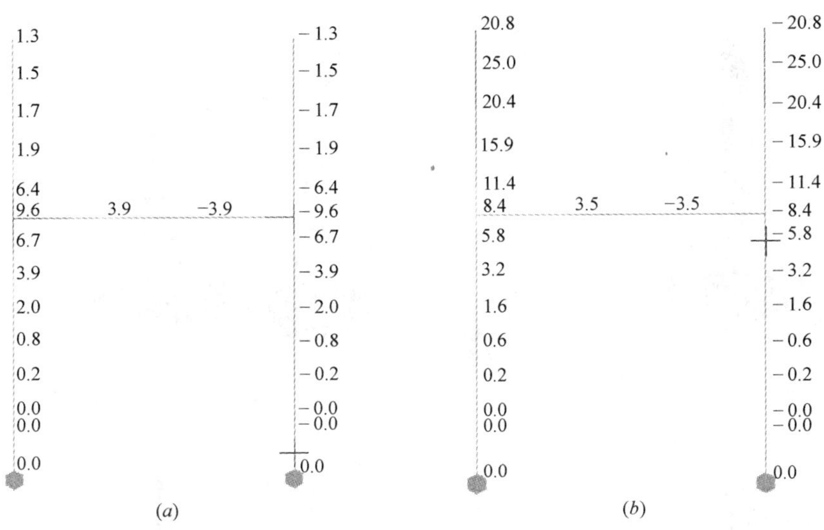

图 9.5-68 考虑 60d 的压缩徐变后的位移 D_x（mm）

（*a*）逐步施工；（*b*）同步平行施工

由以上各图可知，当采用索塔-下横梁同步施工方案时，由于横梁预应力张拉时产生的强大轴力作用，致使横梁压缩变形量比逐步施工方安要稍小，但由于索塔内倾导致索塔上部产生的内倾位移较大 19.3mm，考虑徐变后位移达 20.8mm，因此，采用索塔-下横梁同步施工过程中，有必要在横桥向进行对索塔节段进行预偏设置。

2）稳定性分析

在索塔-下横梁同步施工方案中，在进行索塔横梁施工完成之前，塔柱的施工已上升到 50m，属于高墩悬臂结构，有必要对此进行稳定性分析。其分析结果如图 9.5-69 所示。

由图 9.5-69 可知，在考虑索塔自重为可变量的情况下，其前三阶的屈曲模态系数分别为 $\lambda_1=461$，$\lambda_2=939$，$\lambda_3=1931$，$\lambda_4=3858$，远远满足裸塔稳定性的要求，因此，索塔-下横梁同步施工过程结构稳定性满足要求。

3）锚具局部压缩计算

由于在塔柱受压部位锚具局部压缩，下塔柱承受的预应力小于塔和下横梁构成的门式结构计算，在施工控制中应预应力锚具局部压缩量。锚具局部压缩量采用实体有限元模型进行计算，预应力钢束采用深埋锚，锚具在塔受力钢筋和防裂钢筋网片内侧，因此，锚具局部压缩不考虑塔受力钢筋和防裂钢筋网片的影响。锚具下设置螺旋筋，钢束预应力可认为在锚垫板范围内均匀作用。锚具间距比较小，计算应考虑锚具之间相互影响，锚具局部压缩计算如图 9.5-70 所示。计算结果表明，群锚压缩量相互影响，锚下局部压缩量取平均值，锚下局部压缩量平均值为 1.3mm。

2. 索塔施工节段预偏量设置

由前面的分析可知，悬臂塔在无横梁裸塔状态下的稳定性满足要求，然而，在索塔-下横梁同步施工方案中，张拉的预应力由下横梁和下塔柱共同承受，在预应力张拉以后，由于下横梁本身的压缩变形而致使长悬臂索塔的塔身产生了变形（内倾），施工过程中，

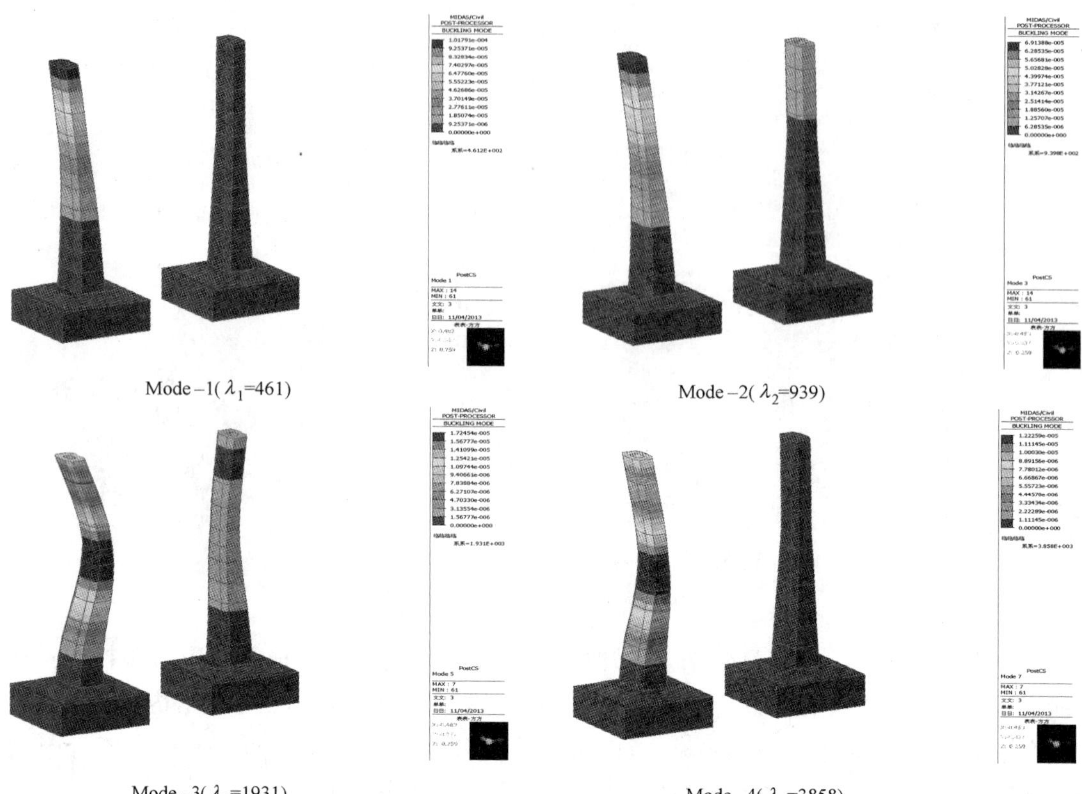

图 9.5-69 无横梁状态悬臂塔稳定模态

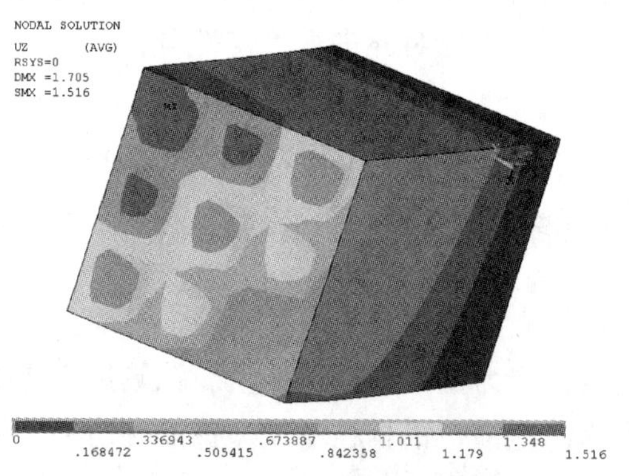

图 9.5-70 锚下混凝土局部压缩

需要进行预偏量的控制。

索塔与下横梁同步施工，塔偏由下横梁压缩引起，因此，下横梁压缩量为塔偏（内偏）的控制点，索塔施工节段预偏量以下横梁压缩量控制计算的位移量设置。通过上节的结构计算和锚下局部压缩计算可知，下横梁压缩量为 6.8mm，那么，塔在下横梁中心位置塔偏设置为 6.8mm，塔偏计算结果如图 9.5-71 所示，图中，正值表示向左预偏，负值表示向右预偏。

3. 施工后测量结果

下横梁压缩量测量用全站仪测量，为了准确测量，测点采用反光片，测点布置在塔柱中心线和下横梁中心线交点，测量上下游塔柱相对塔偏。测量工况：①下横梁施工前；②横梁下部浇筑预应力张拉后；③混凝土浇筑 60d 后。南、北塔测量记录见表 9.5-6、表 9.5-7。

经温度修正后，下半部分施工完成后下横梁压缩量：南塔 0.0023mm，北塔 0.0019mm；下横梁施工完成 60d 后下横梁压缩量：南塔 0.0041mm，北塔 0.0040mm。在下横梁预应力张拉完成后，对南、北塔 11 节段顶面中心线测量结果见表 9.5-8。从测量结果看，下横梁下半部分施工完成后和全部完成后 60d 压缩量与预设塔偏量吻合较好，测量偏差值满足设计及施工规范要求。

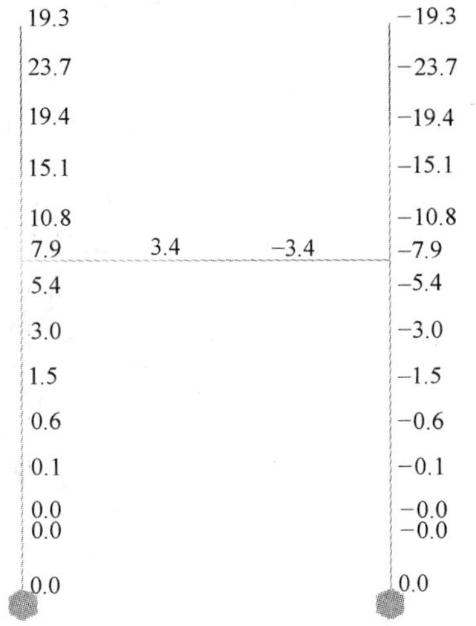

图 9.5-71 索塔施工节段预偏量

南塔下横梁处塔偏测量 **表 9.5-6**

测量温度	测量次数	上游 X (m)	上游 Y (m)	下游 X (m)	下游 Y (m)	距离 (m)	工况
28℃	1	36.3381	6.5397	36.0954	35.8625	29.3238	1
	2	36.3375	6.5398	36.0958	35.8621	29.3233	
29℃	1	48.7798	4.6533	49.1508	33.9707	29.3197	2
	2	48.7800	4.6541	49.1506	33.9697	29.3179	
28℃	1	−17.1204	−29.9942	8.2317	−44.712	29.3145	3
	2	−17.1203	−29.9949	8.2312	−44.717	29.3162	

北塔下横梁处塔偏测量 **表 9.5-7**

测量温度	测量次数	上游 X (m)	上游 Y (m)	下游 X (m)	下游 Y (m)	距离 (m)	工况
28℃	1	−9.5196	82.3154	−36.671	65.133	32.1311	1
	2	−9.5194	82.316	−36.67	65.1334	32.1312	
24℃	1	−20.4051	42.0723	7.0616	58.7407	32.1287	2
	2	−20.4054	42.0708	7.0608	58.7401	32.1288	
24℃	1	18.8187	2.3032	16.1264	−29.7082	32.1244	3
	2	18.8188	2.3039	16.1264	−29.7077	32.1246	

上塔柱顶面偏实测值（内偏为正） **表 9.5-8**

部位	南塔上游	南塔下游	北塔上游	北塔下游
塔偏(m)	−0.003	0.007	0.005	−0.002

索塔-下横梁现场同步施工如图 9.5-72 所示。

图 9.5-72 索塔-下横梁同步施工图

9.6 塔冠施工

9.6.1 施工工艺流程

塔冠施工流程如图 9.6-1 所示。

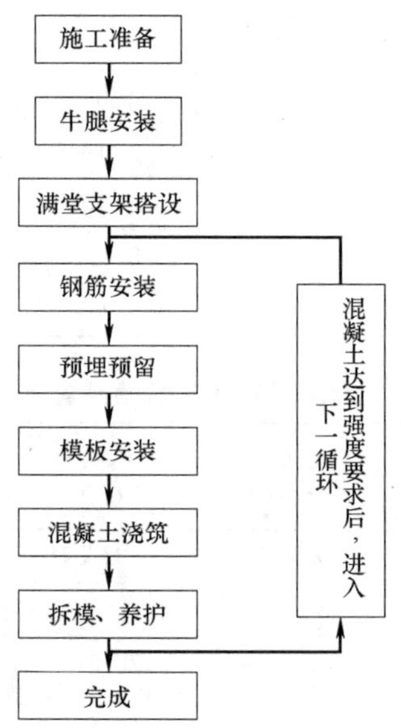

图 9.6-1 塔冠施工工艺流程图

9.6.2 满堂架基础

支架基础在塔顶每侧设置 2 根 I36b 工字钢主梁，利用塔顶防护栏杆的预埋钢板与 I36b 工字钢梁焊接固定，主梁长度为 12m。两端部设置 I12.6 工字钢，I12.6 底部翼缘与

I36 顶面采用角焊缝焊接，焊缝长度为 10cm。为了防止立杆的滑动，工字钢顶面采用焊钢筋头，长度不小于 5cm。在爬模主平台上搭设的满堂架基础设在平台型钢梁上，并加设有效的防滑措施（图 9.6-2）。

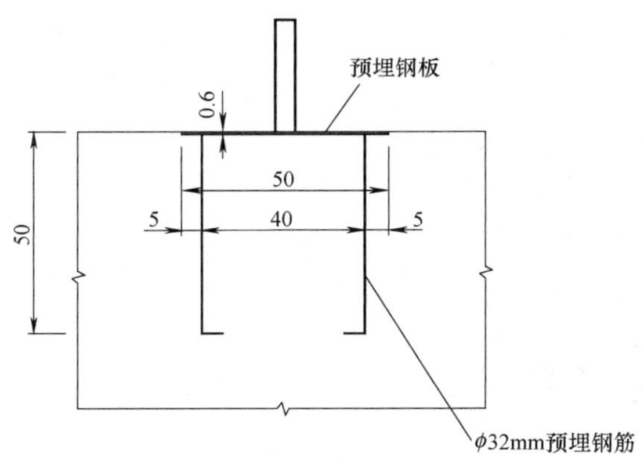

图 9.6-2 防滑预埋件

9.6.3 满堂支架搭设

满堂支架采用 ϕ48×3.5mm 钢管扣件搭设。支架分为两部分：第一部分利用爬架平台搭设 28 节段倒角操作架；第二部分为塔冠顶部施工悬挑操作架。

28 节段施工完成后，先将塔柱短边（即顺桥向）模板拆除，在爬模主操作平台，搭设双排操作脚手架，如图 9.6-3 所示，高度为 6m，双排立柱间距为 0.9m，立杆间距为 1.2m，横杆间距为 1.5m，第一道水平杆距操作平台为 0.3m。两侧边支架与没有拆除的爬架连接成整体，内外侧用钢管连接，每 1.5m 设置一道。

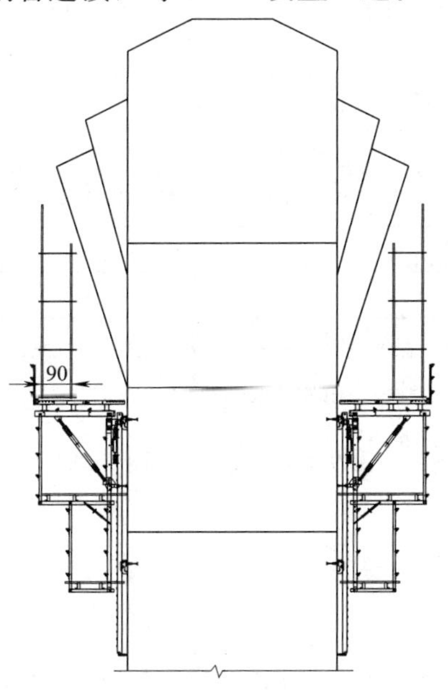

图 9.6-3 爬架平台上支架示意图

在塔顶 I36b 工字钢主梁上搭设，纵桥向立杆间距为 1.2m 和 1m 两种，横桥向为 0.75m 和 1.25m 两种，如图 9.6-4～图 9.6-6 所示。横杆步距为 1.5m，在架体外侧四周设置连续剪刀撑。架体高度为 9m。

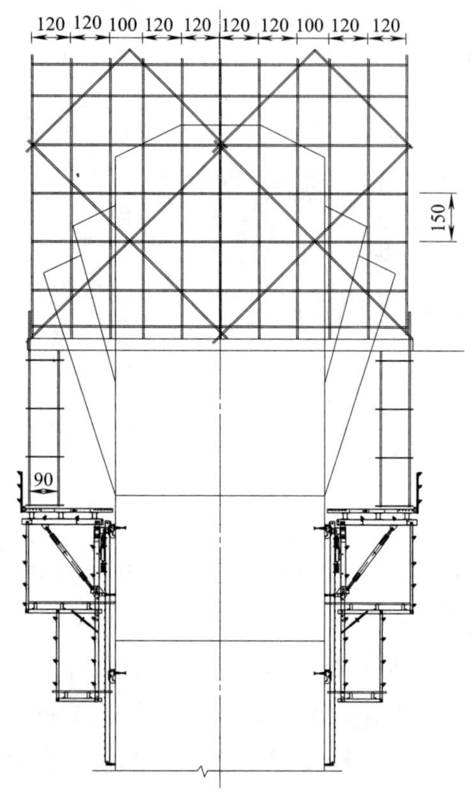

图 9.6-4　顺桥向支架示意图

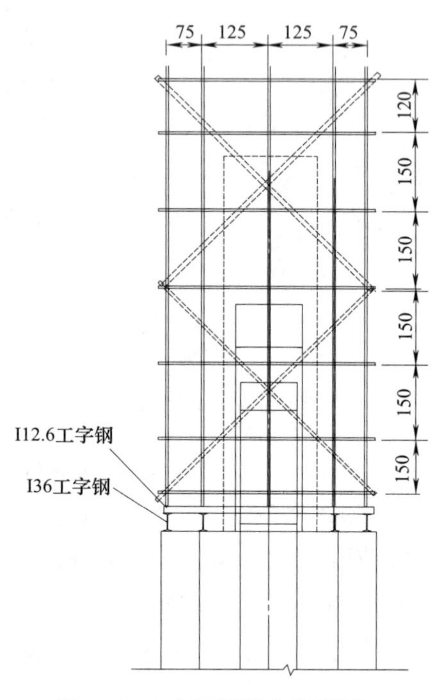

图 9.6-5　支架横桥向示意图

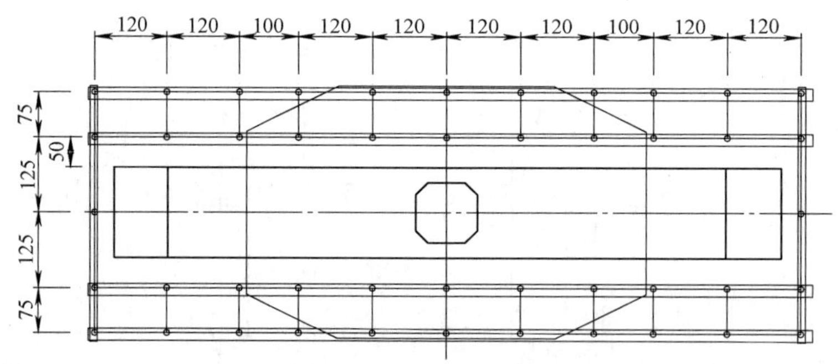

图 9.6-6　支架平面示意图

9.6.4　塔冠模板施工

1. 模板设计

塔冠的模板均采用 15mm 厚的竹胶板，背楞为 10cm×10cm 的方木间距 20cm，主北楞为两根钢管组成，中间留对拉螺杆。塔冠大面（侧面）则采用塔柱模板，塔冠仰斜面模板上设振捣口。在第28节塔柱内设置对拉螺杆孔。

塔冠宽度方向的模板采用M16的对拉螺栓，布置间距50cm×50cm；长度方向的模板采用M20的对拉螺栓，布置间距50cm×100cm、65cm×65cm等。其布置如图9.6-7所示。

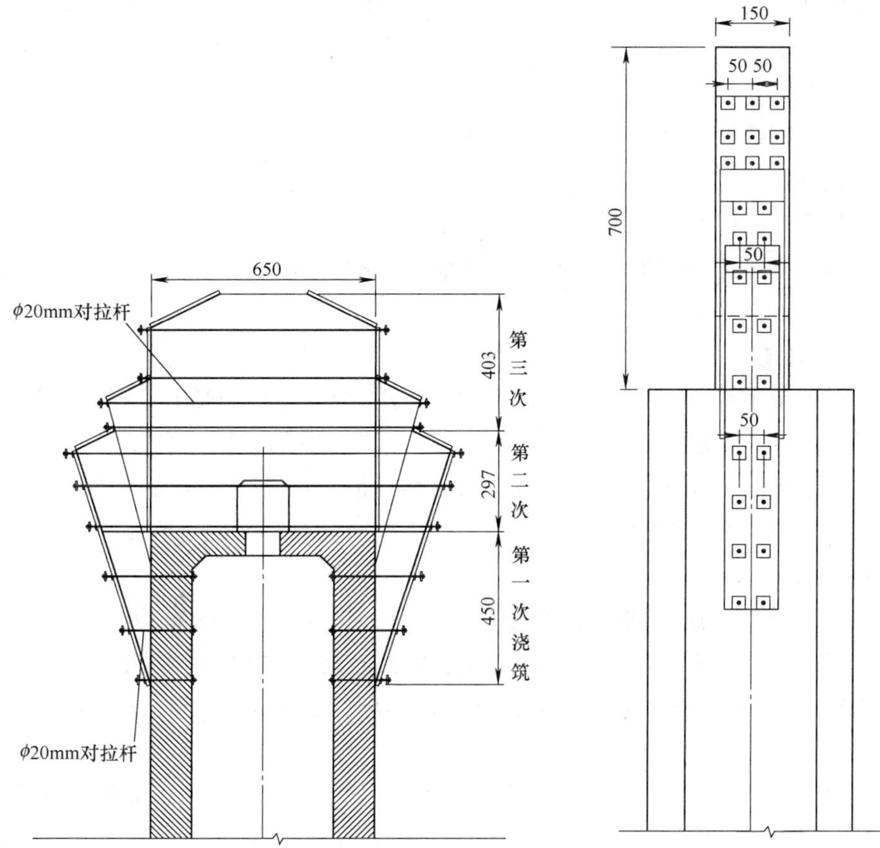

图9.6-7 塔冠模板拉杆布置图

2. 模板拼装质量要求

1）板面对角线误差值小于3.0mm；

2）相邻模板高低差±0.5mm，两块模板拼缝间隙±0.5mm；

3）板面平整度±0.5mm，模板局部变形不应大于1.0mm；

4）21mm厚的进口WISA板可周转使用30～40次。（改装除外）

9.6.5 钢筋施工

1. 钢筋加工

钢筋采用现场钢筋场集中加工，进场钢筋必须具有出厂质量证明书和试验报告单方可使用。

钢筋如有锈蚀采用钢丝刷或调直过程中除锈。带有颗粒状或片状老锈的钢筋不得使用。钢筋调直时，其调直冷拉率HPB300级钢不大于4%，钢筋拉直后应平直，且无局部曲折。在加工弯折时不得出现裂纹，钢筋不得反复弯曲。

钢筋切断时避免用短尺量长料，防止在量料中产生累计误差，为此在工作台上标出尺寸刻度，并设置控制断料尺寸用的挡板。在切断过程中，如有发现钢筋有劈裂、缩头或严重的弯头等必须切除。如发现钢筋硬度与该钢种有较大的出入，及时向工长反映，立即采取处理措施，钢筋的断口不得有马蹄形或起弯等现象。

2. 钢筋连接

纵向钢筋采用搭接焊连接，箍筋采用绑扎搭接连接。

1）搭接焊接

（1）钢筋搭接连接时，单面焊接≥10d；双面焊接≥5d。

（2）搭接焊接接头的焊缝厚度不小于主筋直径的 0.3 倍，焊缝宽度不小于主筋直径的 0.8 倍。

2）钢筋绑扎搭接

钢筋直径小于 16mm 及部分特殊部位钢筋采用绑扎搭接。HRB335 级钢筋绑扎搭接长度≥35d，若在混凝土凝固过程中易受扰动的部分受力钢筋其搭接长度须适当增加。对于直径小于等于 12mm 受压钢筋的末端可不做弯钩，但搭接长度不应小于钢筋直径的 30 倍。钢筋搭接处，应在中心和两端用铁丝扎牢。

3. 钢筋绑扎

1）将加工好的钢筋用运输车运往施工现场并分类堆放在指定的地方。在装车前应做好钢筋的编号，并做好钢筋的运输管理，防止钢筋在运输过程中发生变形，被污染。

2）钢筋的垂直运输采用塔吊吊运，直条钢筋应兜底吊运，闭合箍筋应用钢丝绳扎紧牢固。

3）预埋钢筋的绑扎：在塔柱内预埋竖向钢筋，钢筋位置要要求准确，外留长度应满足规范要求，接头错开布设，错开长度为 100cm，预埋深度满足图纸要求，且必须固定牢固。

4）钢筋绑扎时用扎丝绑扎牢固。混凝土保护层用砂浆垫块，垫块厚度等于保护层厚度，钢筋的保护层厚度应按照设计图纸进行设置，垫块按每 1m 间距梅花形布置。

9.6.6　混凝土施工

1. 混凝土浇筑

1）混凝土在拌合站集中拌合，混凝土罐车运往工地，在运输过程中同时对混凝土搅拌，防止离析。

2）混凝土浇筑利用地泵输送，浇筑采用水平分层施工，分层厚度控制在 30～45cm，振捣采用插入式振动器，振捣时严禁碰撞钢筋。振动棒振捣时要快插慢拔，不断上下移动振动棒，以便捣实均匀，减少混凝土表面气泡。振动棒插入下层混凝土中 5～10cm，移动间距不超过 40cm，与侧模保持 5～10cm 距离，对每一个振动部位，振动到该部位混凝土密实为止，即混凝土不再冒出气泡，表面出现平坦泛浆。

3）加强现场协调，加快混凝土施工速度，减少或避免混凝土罐车等待现象。使用泵送进行浇筑时，混凝土坍落度控制在 140～180mm。在混凝土浇筑完毕后 30min 之内进行多道抹面，以减少由于混凝土收缩而产生裂纹。

4）浇筑混凝土时要注意倾斜模板的变形情况，如果出现涨模及时停止浇筑，加固好后才允许施工。

2. 混凝土养护

1）混凝土浇筑完成后，在收浆后尽快采用塑料薄膜包裹养护。

2）当气温低于 5℃时，应覆盖保温，不得向混凝土面上洒水。

3）当温度较高时可洒水养护时间为 7d，每天洒水次数以能保持混凝土表面处于湿润状态为度。

9.6.7 模板拆除

1. 混凝土强度达到 2.5MPa 以上方可拆除模板。

2. 模板拆除应逐面进行，先拆倾斜部分，再拆垂直面。拆除时先松开对拉螺杆，将模板整面吊下。

9.7 实施效果

无上横梁双肢直立塔半漂浮体系 PC 梁斜拉桥实施效果：针对襄阳汉江三桥主跨 310m 双塔双索面预应力混凝土斜拉桥，课题组在进行大量工程设计调研、主梁及索塔合理结构型式研究、结构计算分析的基础上，创新性地提出了无上横梁双肢直立塔半漂浮体系斜拉桥的总体设计方案，该桥型方案构思独特，其采用的结构体系在国内双塔混凝土斜拉桥上是首次采用。由于取消了桥面行车具有一定压抑感的上横梁，该方案突出了塔柱直立挺拔的大桥整体景观效果，结构新颖；同时也实现了桥面行车的全通透性。该结构体系安全可靠，桥面行车舒适性优、景观效果好，今后同类型的桥梁设计提供了有益的借鉴。其效果图如图 9.7-1 所示。

图 9.7-1 襄阳汉江三桥效果图

第10章 箱梁施工

10.1 梁体概况

襄阳市内环线汉江三桥工程南北滩桥标准段和变宽段连续箱梁均为双向预应力混凝土结构，纵向按全预应力体系控制，分别采用双幅分离式预应力混凝土单箱双室等截面和变截面连续箱梁，中间设 2cm 的间隙。箱梁为 C50 混凝土，均为底板斜置，坡度同桥面坡度（2%），腹板斜做；标准段顶宽 15.74m，底宽 6.74m；变宽段顶宽 15.74～20.87m，底宽 6.74～11.87m；两侧翼缘宽均为 3.5m，如图 10.1-1 所示。

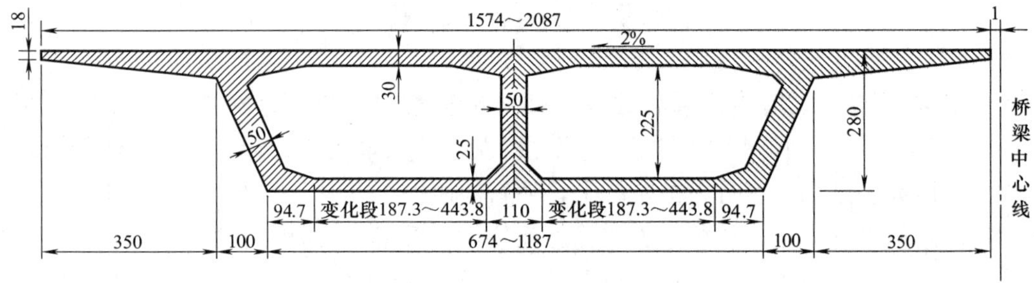

图 10.1-1 箱梁横断面图

10.2 满堂支架现浇箱梁施工

10.2.1 工程概况

檀溪路立交桥平面布置如图 10.2-1 所示，其中主线桥为分离式双幅桥，中间设置 2cm 的空隙，设计汽车荷载为城市-A 级，桥面宽度为 29.5～41.5m，桥面横坡为双向横坡，坡度为 2%，布置表如表 10.2-1 所示；匝道桥全长 1205.448m，分为 M、J 匝道，路面宽度 8.5m，设计车速 30～40km/h。匝道平面曲线最小半径 50m，最小竖曲线凸形半径 5988.46m，凹形半径 4000m，最大纵坡 2.4541%，布置表如表 10.2-2 所示。

1. 结构形式

檀溪路立交主线箱梁有预应力混凝土箱梁和钢箱梁两种。预应力混凝土箱梁为单箱双室等高度截面，梁高 1.8m，部分桥面为变宽。标准等宽断面（29.5m）箱梁采用斜腹板，

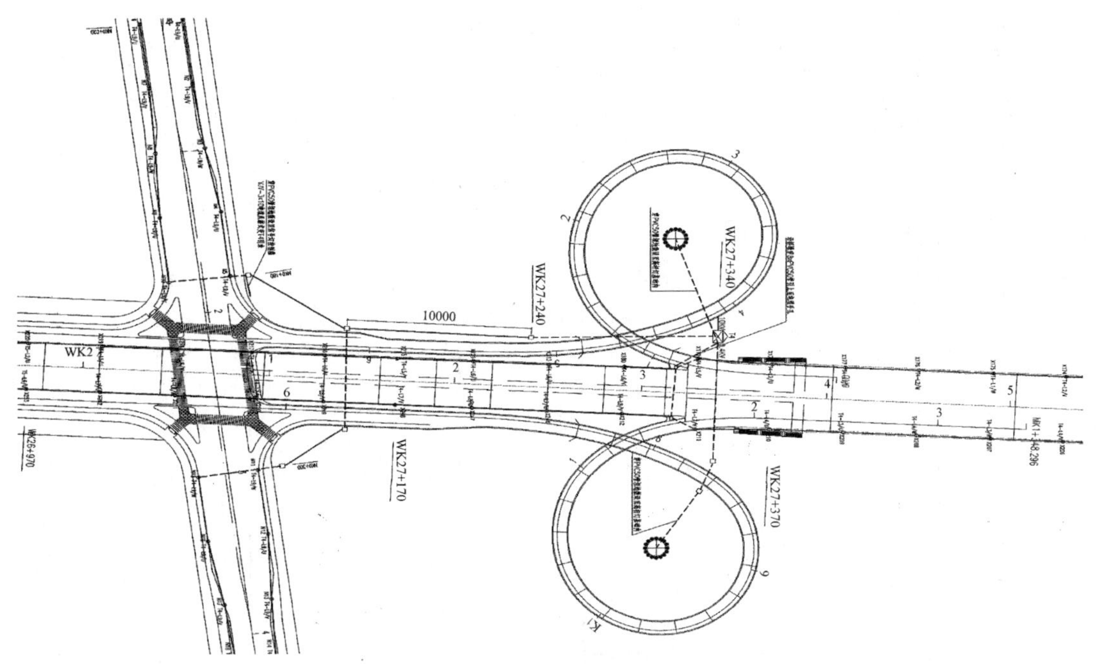

图 10.2-1　檀溪路立交桥平面图

檀溪路立交主线桥布置表　　　　表 10.2-1

立交主线	桥面宽度(m)	桥跨布置(m)	桥梁结构	桥长(m)
檀溪路主线	29.5～41.75	(5×30)+(4×30)+(5×30)+ (33+55+33) +(4×30)+(30+33+27)	预应力混凝土箱梁 钢箱梁 预应力混凝土箱梁	751.0

檀溪路立交匝道桥布置表　　　　表 10.2-2

匝道名称	桥面宽度(m)	桥跨布置	桥梁结构	桥长(m)
M 匝道	8.5	(5×20)+(5×20)+ (5×20)+(4×20+14.6)	钢筋混凝土连续箱梁	394.6
J 匝道	8.5	(14.6+4×20)+(5×20)+ (5×20)+(5×20)	钢筋混凝土连续箱梁	6

两侧翼缘宽均为 2.50m，变宽断面箱梁外侧采用直腹板，外侧悬臂长 2m，翼缘端部厚 0.2m，腹板宽 0.45～0.70m，顶板厚 0.27～0.47m，底板厚 0.23～0.38m，箱梁顶、底板横坡均与桥面横坡相同，为双向 2%。钢箱梁为单箱三室断面，单幅梁宽 14.74m，梁高 1.88m，两侧各悬臂长 2.5m，根部高 0.5m，端部高 0.2m，顶板厚 14mm，底板厚 14mm。檀溪路主线桥跨布置及箱梁具体尺寸见图 10.2-2。

檀溪路立交匝道桥为普通钢筋混凝土单箱单室直腹板等高度截面，桥梁全宽 8.5m，梁高 1.4m，两侧各悬臂长 2.0m，翼缘端部高 0.2m，腹板宽 0.4～0.6m，顶板高 0.25～0.45m，底板高 0.2～0.35m，箱梁顶、底板横坡均与桥面横坡相同，均为单向 2%，端横梁宽度 1.2m，中横梁宽度 2.0m。匝道桥在平面位于小半径曲线上，设置 0.3m 厚的跨中横梁。匝道桥立面一般构造图如图 10.2-3 所示，箱梁具体尺寸如图 10.2-4、图 10.2-5 所示。

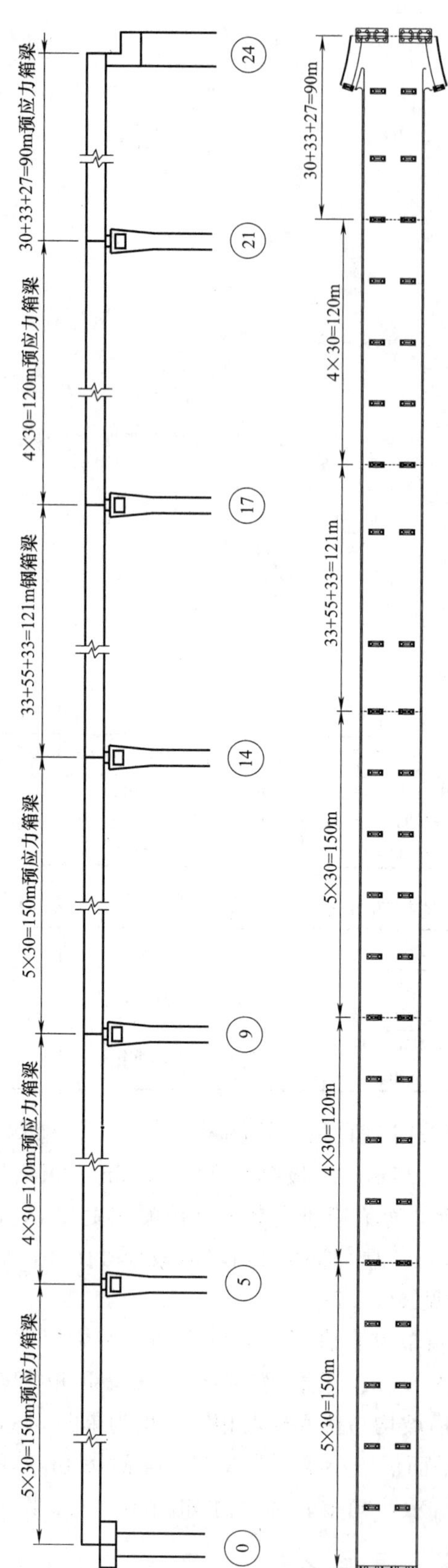

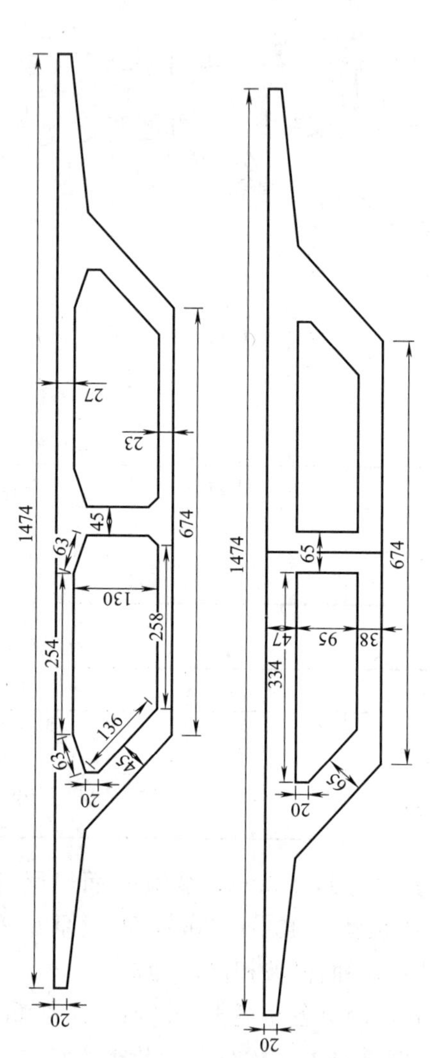

图 10.2-2　檀溪路主线桥跨布置及标准段箱梁截面图（一）

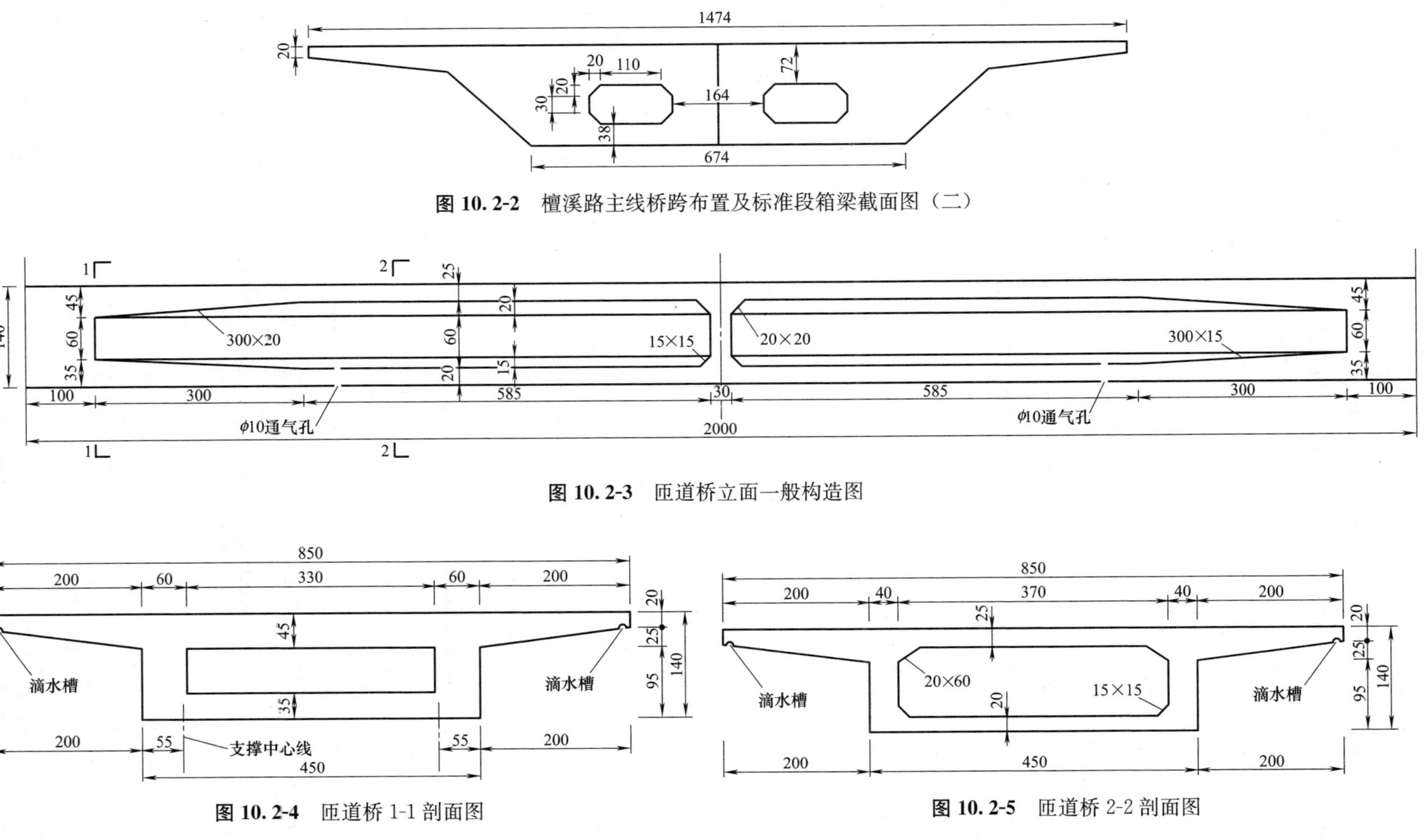

图 10.2-2 檀溪路主线桥跨布置及标准段箱梁截面图（二）

图 10.2-3 匝道桥立面一般构造图

图 10.2-4 匝道桥 1-1 剖面图

图 10.2-5 匝道桥 2-2 剖面图

2. 场区地质状况

檀溪路立交紧邻汉江南大堤，地形平坦，地势开阔，地面标高在65.0～67.0m之间。区内主要为菜地、鱼塘和居民房，植被稀少，种植有蔬菜，地下水丰富，交通便利。该区域地表无基岩出露，勘察过程中未发现深大断裂构造通过的迹象。互通区普遍为第四系冲积层覆盖，其上表面为粉质黏土层，局部夹有薄层粉细沙，根据地勘报告显示最大厚度达7m。

10.2.2 施工准备

1. 技术准备

1）及时组织图纸会审工作，并组织技术交底。

2）根据地质勘察报告、施工设计图纸、互通区域地质的实察情况，编制详细可行的施工方案，并组织详细的技术交底。

2. 现场准备

1）重点了解现场不良地质情况（如桩基施工泥浆池布设位置、渠塘等），注上鲜明的标志，并联系好回填材料供应商；

2）地基处理的人员、机械设备等必须全部到场；

3）利用全站仪将桥梁所属区域的标高进行测定，为地基处理提供可靠的依据；

4）在地基处理前，管理工长需及时与试验室沟通，对当地地基承载力进行复测，真实了解该互通区域地质情况。

5）施工管理人员安排（表10.2-3）

檀溪路立交支架施工管理人员安排 **表10.2-3**

序号	管理人员	人数	备注
1	施工员	4	协调现场与施工管理
2	技术员	4	现场技术跟踪与指导
3	安全员	2	现场安全检查
4	质检员	2	现场工序质量控制
5	测量员	3	负责现场测量工作
6	材料员	2	现场材料采购

6）劳动力组织安排（主线桥与匝道各安排一支施工队）（表10.2-4）

檀溪路立交支架施工劳动作业人员安排 **表10.2-4**

序号	工种	人数	备注
1	架子工	50	碗口脚手架搭设
2	普工	30	地基处理
3	混凝土工	20	垫层浇筑
4	电焊工	10	现场焊接作业
5	汽车吊司机	2	材料调运

续表

序号	工种	人数	备　注
6	挖机司机	2	辅助地基处理
7	装载机司机	4	辅助地基处理

7）主要机械设备投入（表 10.2-5）

檀溪路立交机械设备投入数量表　　**表 10.2-5**

序号	机械设备名称	型号	单位	数量	备注
1	挖掘机	PC220-6	台	2	回填或开挖
2	震动压路机	YZ22	台	1	压实地基地基面
3	装载机	ZL50	台	2	装卸土方
4	混凝土罐车	—	台	6	浇筑垫层
5	打夯机	—	台	4	地基夯实
6	汽车吊	—	台	2	吊运杆件

8）主要物资需求计划（表 10.2-6）

檀溪路立交施工需用物资表　　**表 10.2-6**

序号	物资名称	型号	单位	数量	备注
1	钢管	48×3.5	t	300	碗扣架
2	方木	10×10cm	m	9000	横向分配梁及基础垫木
3	竹胶板	18mm	m^2	2300	底模
4	砂袋	—	t	1500	支架预压
5	工字钢	I12.6	t	100	底模主肋
6	彩条布	—	m^2	2500	遮挡沙袋

10.2.3 满堂支架施工

1. 满堂架基本构造

1）碗扣式脚手架钢管采用 ϕ48×3.5mm，立杆纵向间距为 90cm（局部加密段按 60cm 考虑），横向间距主要根据箱梁截面的荷载分布而选用 30cm、60cm、90cm 等，支架步距为 1.2m，扫地杆距地面 20cm，立柱底部设置可调底托，直接支撑在已浇筑好的 C20 素混凝土垫层上，立柱顶部设置可调顶托，顶托上纵向设置 I12.6 工字钢，在 I12.6 工字钢上布设 10cm×10cm 横向方木，间距 30cm，在横向方木上铺设 18mm 厚竹胶板作为混凝土箱梁底模。立杆上端包括可调螺杆伸出顶层水平杆的长度必须严格控制在 50cm 之内。

2）本支架方案中剪刀撑设置主要分为水平剪刀撑、纵向剪刀撑、横向剪刀撑，具体布置及构造要求如下所示。

（1）纵向剪刀撑布设

脚手架外侧沿纵向连续布设剪刀撑，其间距不大于 4.5m，且竖向连续布置；主线桥内侧设置 3 道剪刀撑，匝道桥内侧设置 1 道，具体布置与外侧相同。

（2）横桥向剪刀撑布设

每跨支架两端沿横桥向布设一道剪刀撑，内侧沿纵向以不大于 4.5m 间距布设剪刀撑，横桥向与竖向连续布设，其间距不大于 4.5m。

（3）水平剪刀撑布设

支架高度大于 4.8m，其顶部和底部须设置水平剪刀撑，中间水平撑间距为小于等于 4.8m，水平剪刀撑纵、横向须连续布设。

（4）剪刀撑的倾角严格控制在 45°～60°之间；

（5）在满堂支架纵向处，相邻各跨支架利用平联及剪刀撑连接在一起，使支架形成一个牢固的整体，充分发挥支架的性能。

2. 檀溪路立交主线桥满堂支架布置

结合檀溪路立交箱梁尺寸、墩高等设计参数，选择檀溪路主线桥 21 号～24 号墩作为主线桥支架方案的编制依据，主要考虑到该联箱梁重量最大、墩位最高，因此该联支架构造若能满足施工要求，则其他箱梁支架按照本结构布置均能通过要求。

以 21 号～24 号墩满堂支架结构布置为例，具体布置如图 10.2-6～图 10.2-10 所示。

3. 檀溪路立交匝道桥支架布置

以 16 号～18 号墩满堂支架结构布置为例，具体布置如图 10.2-11～图 10.2-14 所示。

4. 支架搭设施工

1）满堂支架施工流程

满堂支架施工流程如图 10.2-15 所示。

2）满堂支架基础及地基处理

檀溪路立交支架基础具体构造如图 10.2-16 所示。

以满堂架作为支撑体系时，钢管反力较大，现场场地存在泥浆池、渠塘、承台基坑等回填区，若回填未达到质量要求，地基将产生较大变形，因此对满堂支架架基础处理提出了很高的要求，现场地基具体处理措施及处理要方法如下：

（1）地基处理流程图

地基处理流程如图 10.2-17 所示。

（2）地基处理方法及排水措施

① 泥浆池及渠塘等地基处理：由于钻孔施工时场地内有泥浆池或原地表的水塘（3 号墩的渠塘具体处理措施见《檀溪路水渠处理方案》），地基处理前应将泥浆池或水塘清理干净，直至硬土层，然后分层（分层厚度不大于 30cm）回填至原地面，回填材料选用砂黏土，回填过程中小型机具（如蛙式打夯机）配合分层夯实，经检查合格后铺设卵石层以及浇筑 C20 素混凝土垫层。

② 承台基坑处理：承台施工完，并经监理验收合格后，将基坑内的水抽干，用最佳含水量的土分层回填至原地面，分层厚度为 30cm，回填时用小型打夯机分层夯实。

③ 原地面平整处理：利用压路机对场地进行来回碾压，保证原地面平整密实。

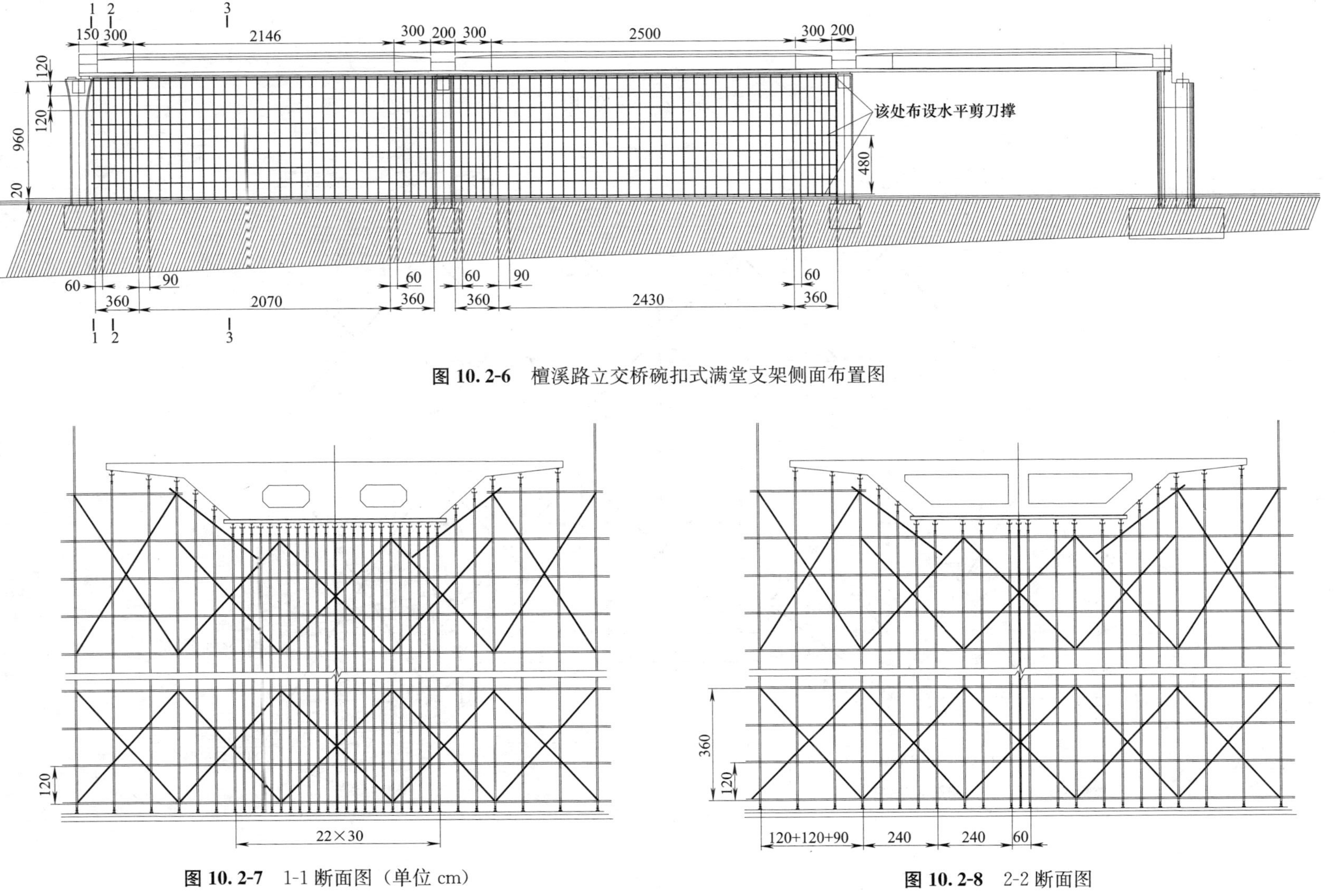

图 10.2-6 檀溪路立交桥碗扣式满堂支架侧面布置图

图 10.2-7 1-1 断面图（单位 cm）

图 10.2-8 2-2 断面图

I12.6工字钢
可调顶托
立杆
剪刀撑
横杆
扫地杆
可调底托
18mm厚竹胶板
10cm×10cm方木
安全防护栏
搭设竹胶板作
为施工平台
设置纵向剪刀撑
1680
120
120
90
360
90
60
240
90
330
240
60
90
120
120
360

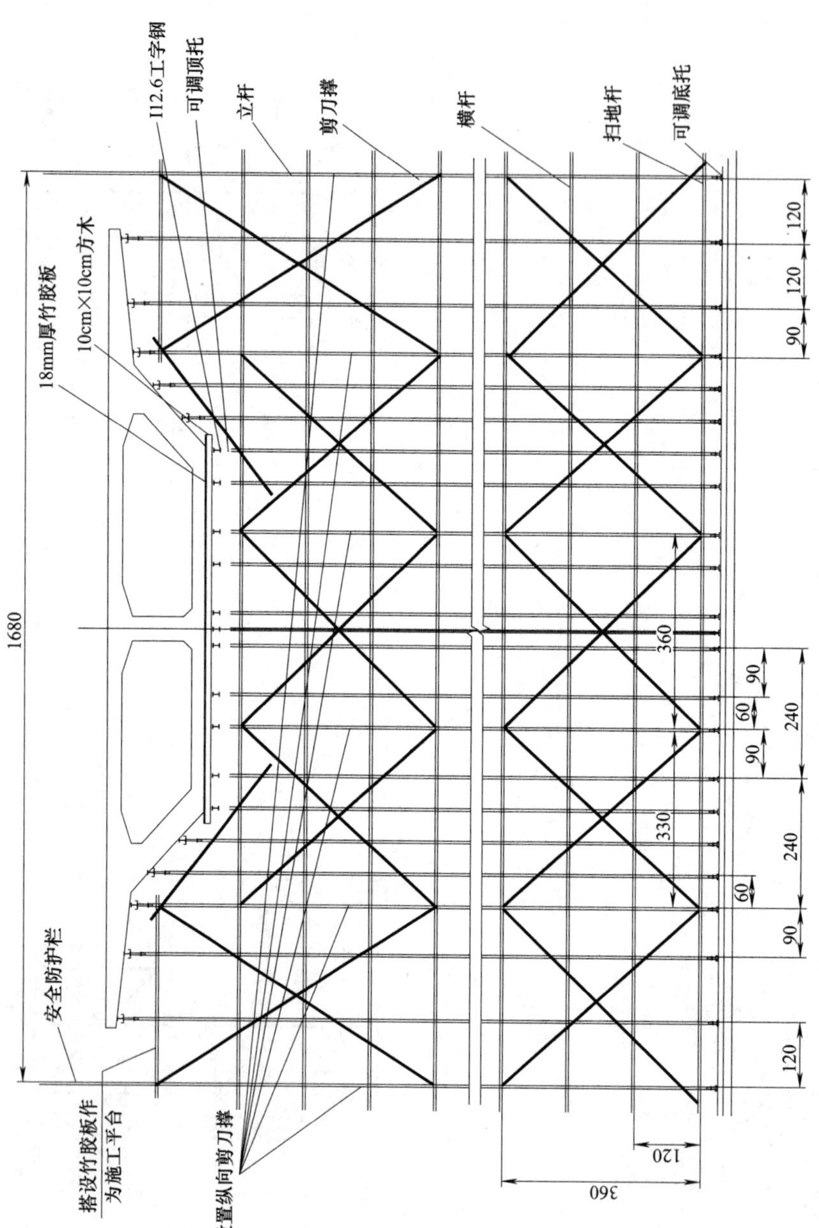

图 10.2-9　3-3 断面图

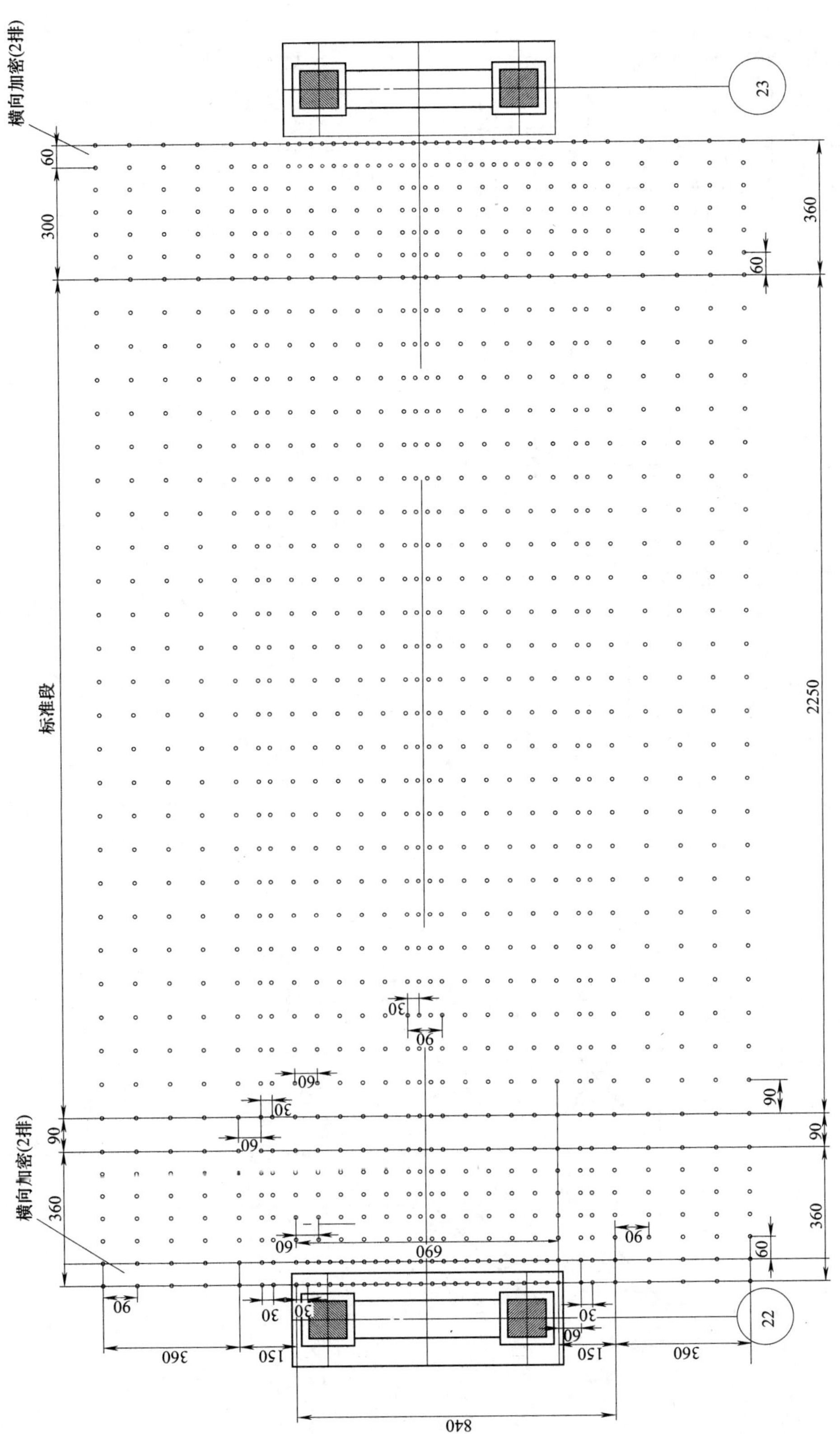

图 10.2-10 主线桥支架平面图

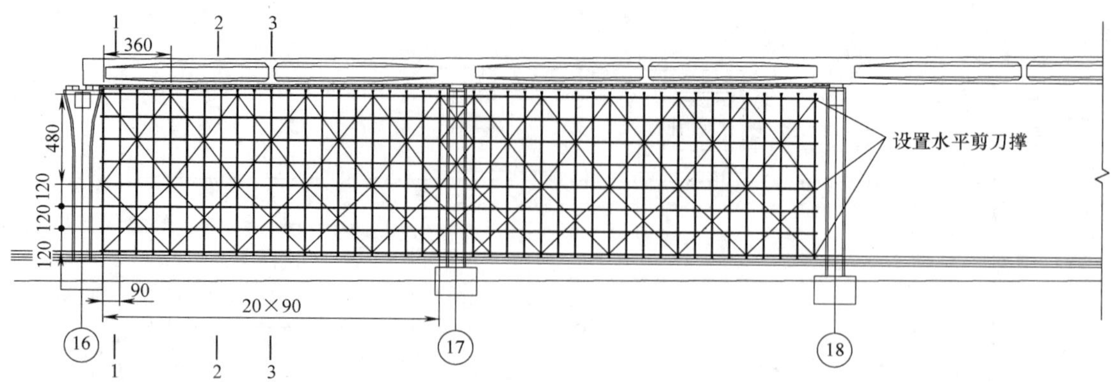

图 10. 2-11　檀溪路立交匝道满堂支架侧面图

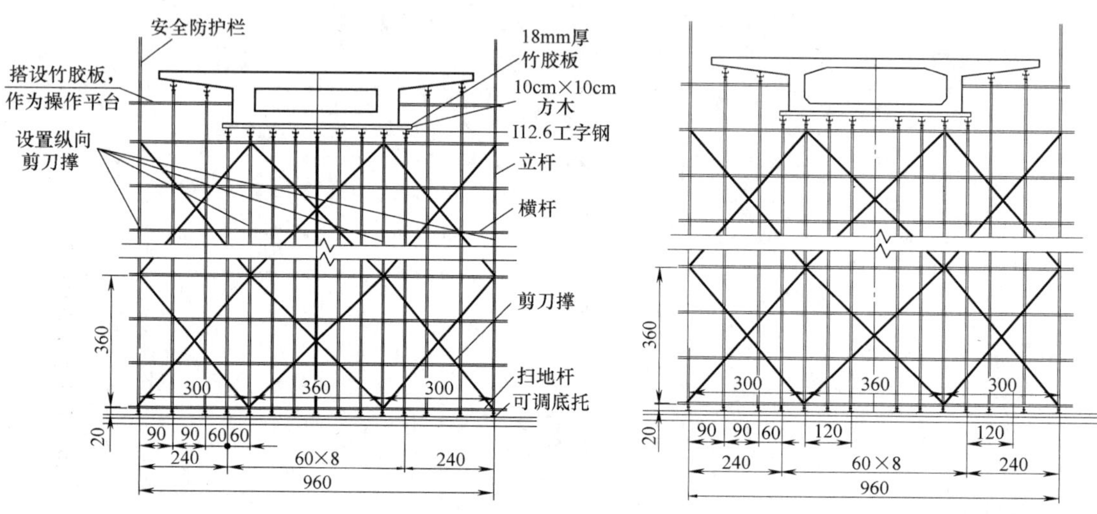

图 10. 2-12　1-1 断面图

图 10. 2-13　2-2 断面图

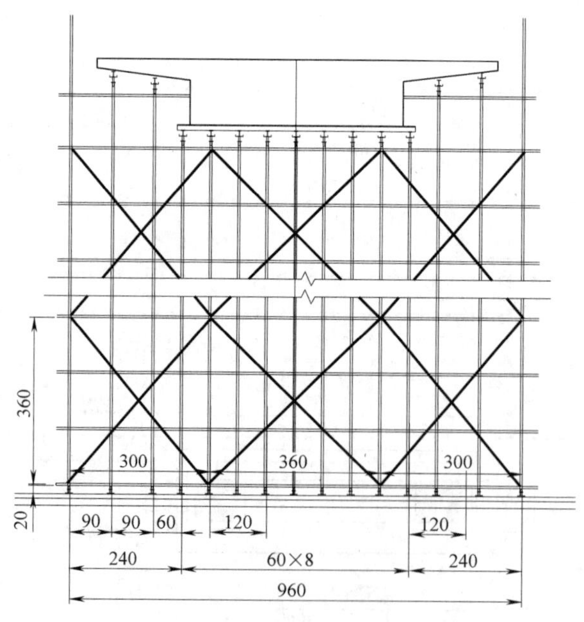

图 10. 2-14　3-3 断面图

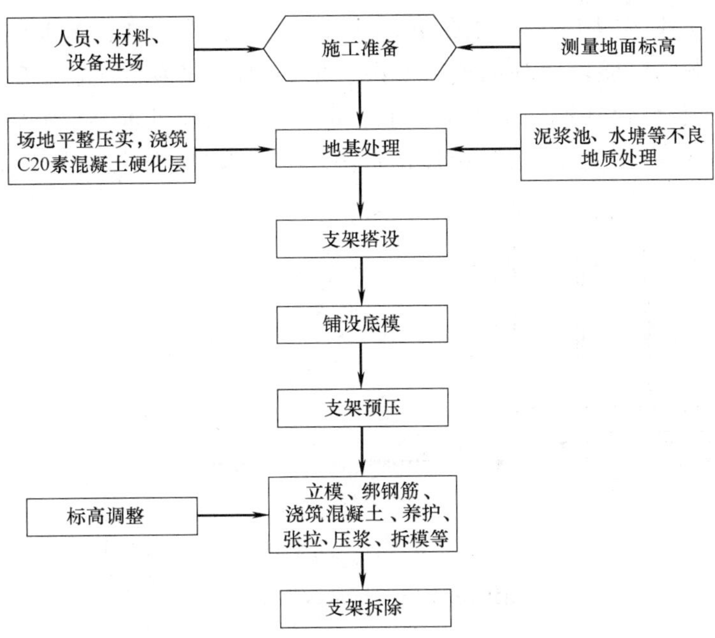

图 10.2-15　满堂支架施工流程图

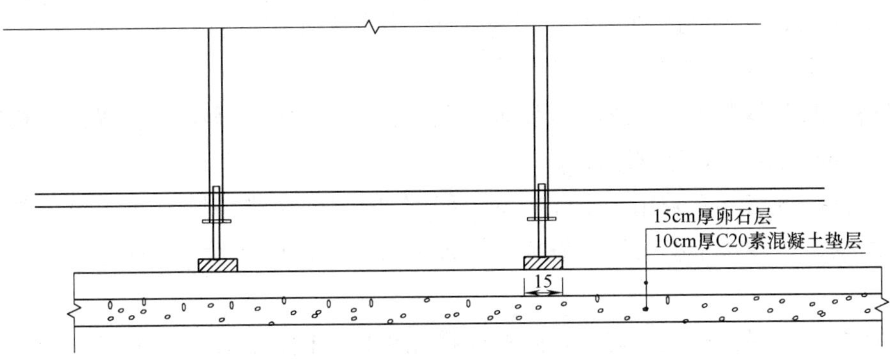

图 10.2-16　檀溪路立交满堂支架基础构造图

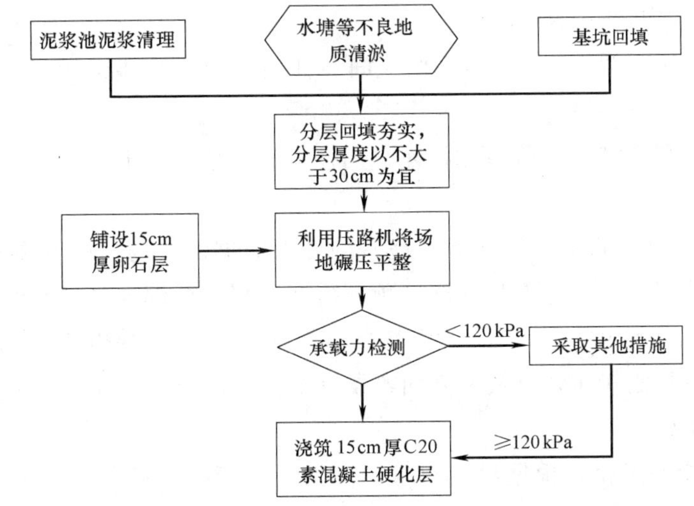

图 10.2-17　地基处理流程图

④ 整跨场地回填完成后，项目质安部组织试验员、质检员、施工员、技术员及施工班组进行地基承载力试验，地基承载力不小于120kPa，试验验证合格后可进行场地平整及垫层浇筑。垫层浇筑采用10cm厚C20素混凝土进行硬化处理。平整后的场地应比周边高出约25cm，在距离硬化层3m处挖设排水沟，具体构造如图10.2-18所示。

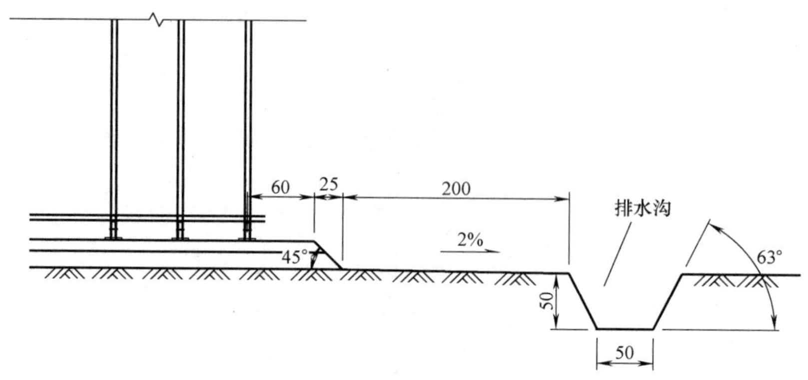

图10.2-18　排水构造示意图

（3）支架搭设

待浇筑的混凝土垫层达到要求后，利用全站仪精确定出满堂支架的中心线，然后利用50m钢卷尺与墨线放出支架平面位置。

支架搭设的总体顺序为：立杆（设置可调底托）→横杆→剪刀撑（纵向、横向、支架高度大于4.8m设置水平剪刀撑）。

支设立杆。首层立杆采用3m与1.8m两种长度钢管交错搭接，立杆间距严格按照施工设计图纸搭设，在箱梁腹板处注意立杆的加密（一般在桥墩附近，匝道处跨中箱梁处也须加强）。

支设横杆。一层立杆支设完毕，须及时搭设横杆，横杆长度根据立杆间距合理选用。

支设剪刀撑。立杆与横杆搭设完毕后，及时设置剪刀撑，扣件螺栓拧紧扭矩值不应小于40N·m，且不应大于65N·m。

主线桥桥墩纵桥向两侧3.6m范围内纵向立杆间距60cm，标准段间距为90cm，必须严格按照设计尺寸进行搭设。

桥墩两侧支架利用横杆与剪刀撑相连，加强支架的整体稳定性。

（4）支架预压

① 支架预压主要目的是收集支架、地基的变形数据，作为检验和调整预拱度设置的依据。本项目将采用砂袋进行逐跨预压，预压荷载按照图纸设计要求严格控制。

② 檀溪路立交主线桥：支架预压荷载严格按照箱梁自重乘以1.1倍系数进行布置，对于等宽度箱梁内腔变截面处以及变截面箱梁（如23号墩～24号墩处箱梁）荷载按照线性插值法计算其荷载。

③ 檀溪路立交匝道桥：根据设计要求，支架预压荷载为箱梁自重的1.2倍，采用砂袋堆放进行预压。

5. 支架预压施工流程

支架预压施工流程如图 10.2-19 所示。

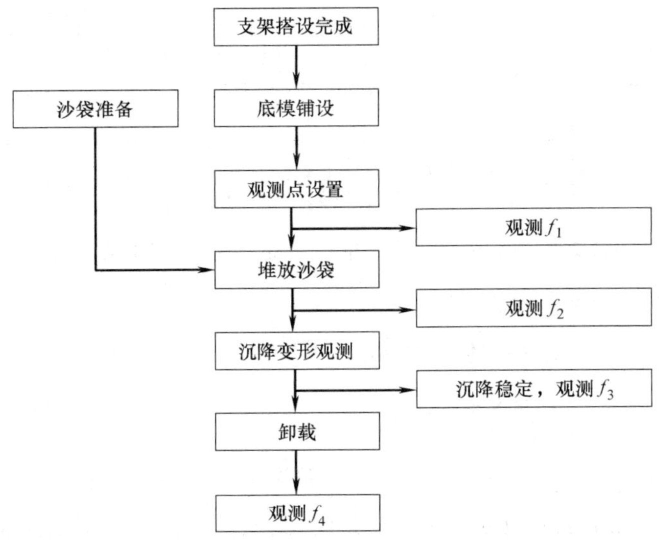

图 10.2-19 支架预压施工流程

6. 支架预压荷载

1）檀溪路立交主线桥支架预压

箱梁截面荷载计算划分及具体布置如图 10.2-20 所示。

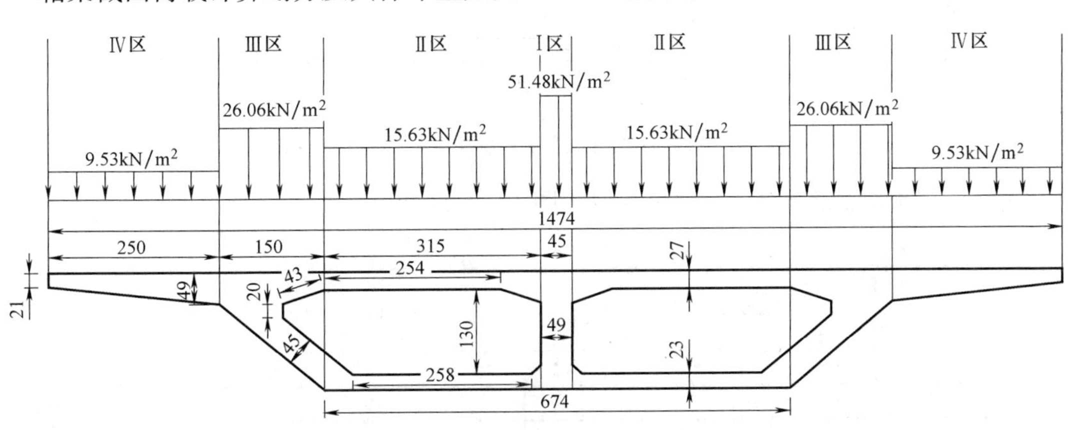

图 10.2-20 箱梁截面划分形式及荷载布置

支架上部预压荷载布置如图 10.2-21、图 10.2-22 所示。

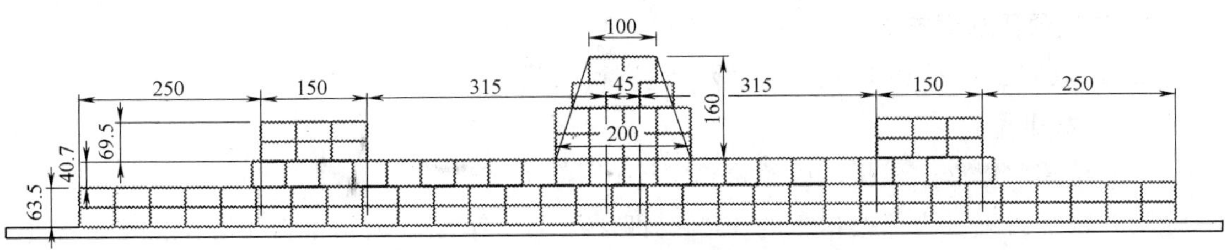

图 10.2-21 支架预压荷载立面布置图

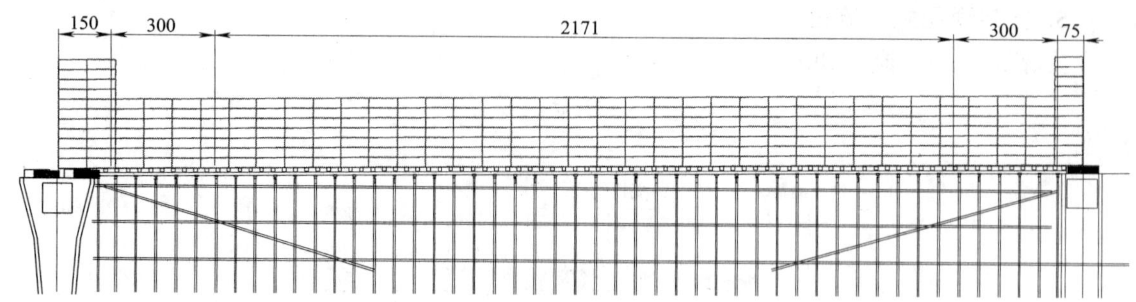

图 10.2-22 连续梁（边跨）单孔支架上部预压荷载布置侧面图

2）檀溪路立交匝道桥支架预压

箱梁截面荷载计算划分及具体布置如图 10.2-23 所示。

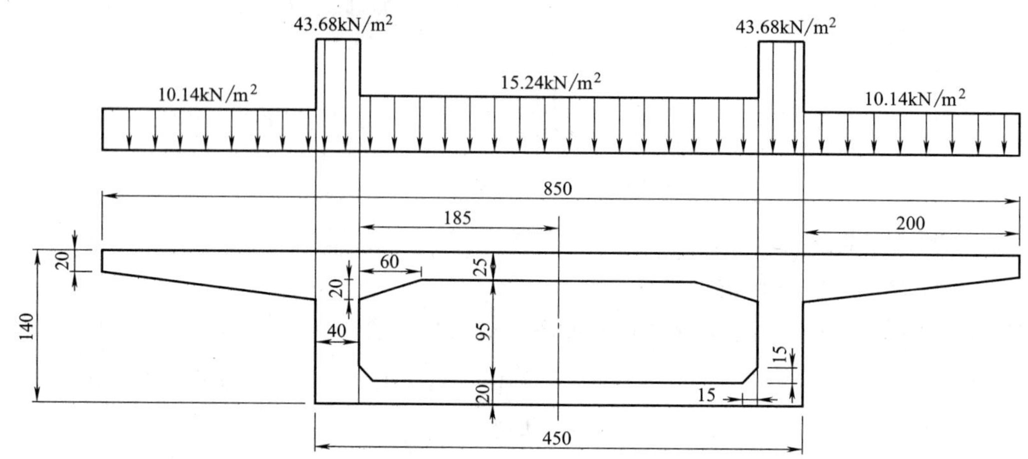

图 10.2-23 箱梁计算截面划分形式及荷载分布

支架上部预压荷载布置如图 10.2-24、图 10.2-25 所示。

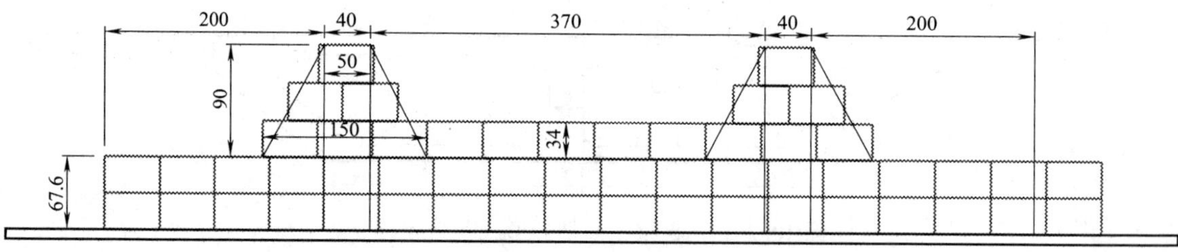

图 10.2-24 支架预压立面布置图

7. 支架预压加载方法

1）加载方法：采用麻砂袋分三级重量进行加载。

2）加载重量：

(1）檀溪路立交主线桥（以单跨箱梁计）

第一次加载重量为箱梁自重的 40%，即 294.1t；第二次为箱梁自重荷载的 80%，即 588.12t；第三次为箱梁自重的 110%，即 808.66t。加载稳定后进行一次卸载。

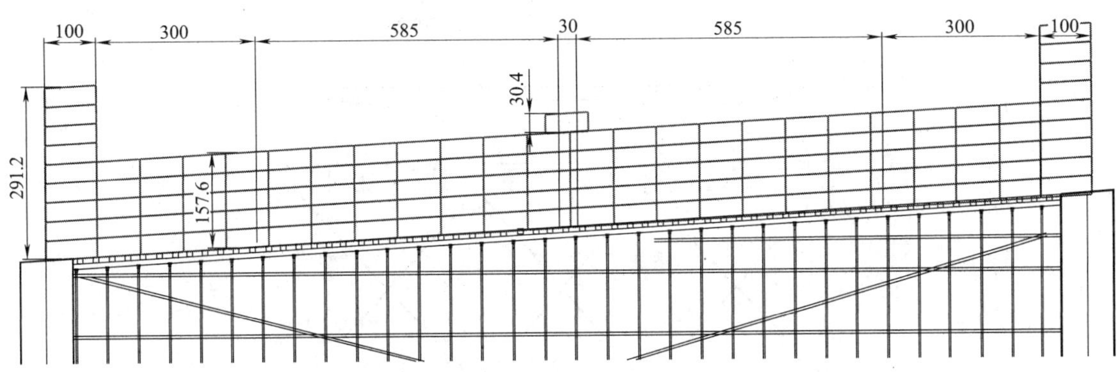

图 10.2-25 支架预压侧面布置图

（2）檀溪路立交匝道桥（以单跨箱梁计）

第一次加载重量为箱梁自重的 50%，即 89.2t；第二次为箱梁自重荷载的 90%，即 160.488t；第三次为箱梁自重的 120%，即 213.984t。加载稳定后进行一次卸载。

8. 测点布置及预压观测

1）檀溪路立交主线桥

测点布置：每跨布置 5 个观测截面（沿顺桥向），分别为 $L/5$、$2L/5$、$3L/5$、$4L/5$；每个截面布置 4 个测点，布置在箱梁两边斜腹板处，分两层布置，即支架顶部、支架基础，如图 10.2-26 所示。测点布置在顶部 10cm×10cm 横向方木与其钢管对应的底托上，并用红色油漆注上标志（如十字形标志等）。

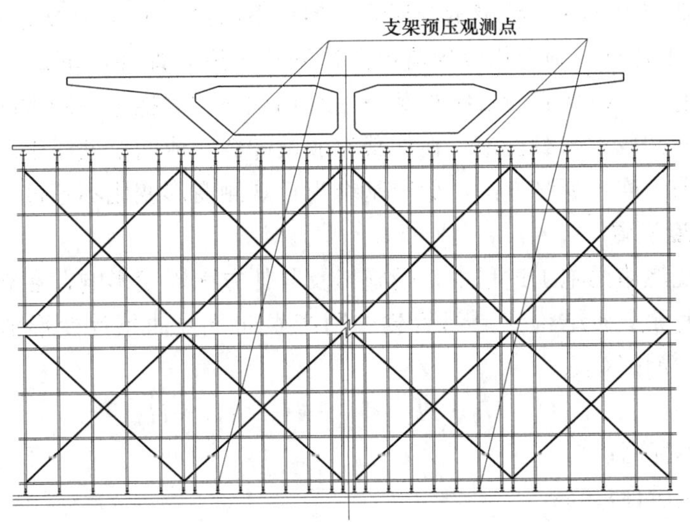

图 10.2-26 檀溪路立交主线桥支架预压观测点布置图

2）檀溪路立交匝道桥

测点布置：每跨布置 3 个观测截面（沿顺桥向），分别为 $L/4$、$L/2$、$3L/4$；每个截面布置 4 个测点，布置在箱梁两边直腹板处，分两层布置，即支架顶部、支架基础，如图 10.2-27 所示。测点布置在顶部 10cm×10cm 横向方木与其对应的钢管底托上。

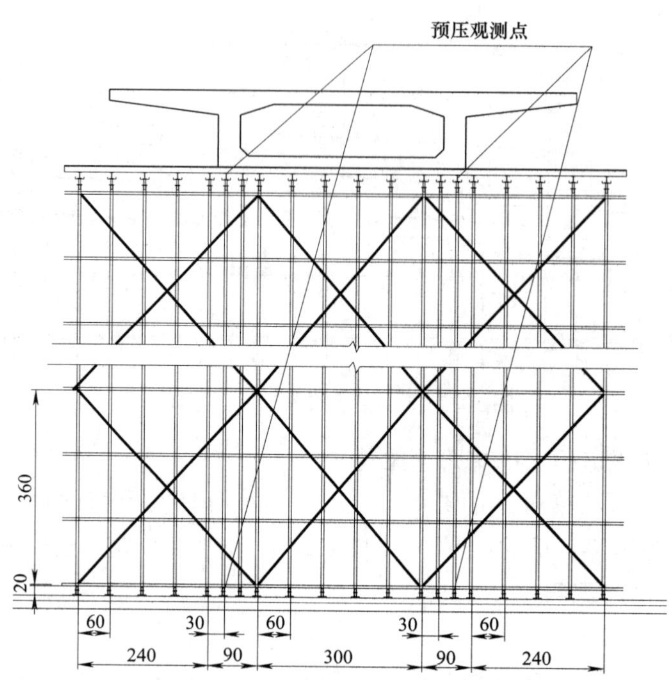

图 10.2-27　檀溪路立交匝道桥支架预压观测点布置图

3）预压观测：采用精密水准仪（精度要求每公里往返误差控制 1mm）配铟瓦尺进行变形测试。各加载程序及分级读数应在加载后立即读一次，并应在加、卸载稳定后再读取一次。加载稳定基准为 24h 连续测量变形误差累计不超过 2mm，依次进行控制。

4）对支架施工特点，制定相应的监控数据采集工序，即在以下每一工况进行数据的采集：支架预压前→一级加载→二级加载→三级加载→加载稳定→卸载前对支架结构及地基情况进行检查→卸载→卸载稳定。在加载完成及卸载完成两个预压工况下对支架结构进行稳定性观测，采用连续观测方法，稳定基准为日观测变形变化不超过 2mm。

9. 支架预拱度设置

在满堂支架现浇箱梁施工过程中，受施工及其他方面因素影响，在立模时应考虑一定的预拱值 F，以消除支架结构受上部荷载作用产生向下挠曲累计变形值 f，其量值 $F=-f$，即为主梁立模预抬值。

立模要求：

$$H=H_0+H_1+H_2+H_3+H_4+H_5$$

式中　H——立模标高；

H_0——梁底设计标高；

H_1——设计预拱度值，由设计单位提供；

H_2——支架弹性变形值，根据预压试验确定；

H_3——支架塑性变形值，根据预压试验确定；

H_4——地基弹性变形值，根据预压试验确定；

H_5——其他因素确定值，根据施工试验确定，无试验结果时根据经验确定。

计算主梁预拱度沿跨度方向变化的曲线按二次抛物线处理，取左支点（图中 0 点）为坐标原点，跨长为 L，主梁跨中矢高为 f，如图10.2-28所示，则曲线方程为：$f=\frac{4f(L-x)x}{L^2}$。

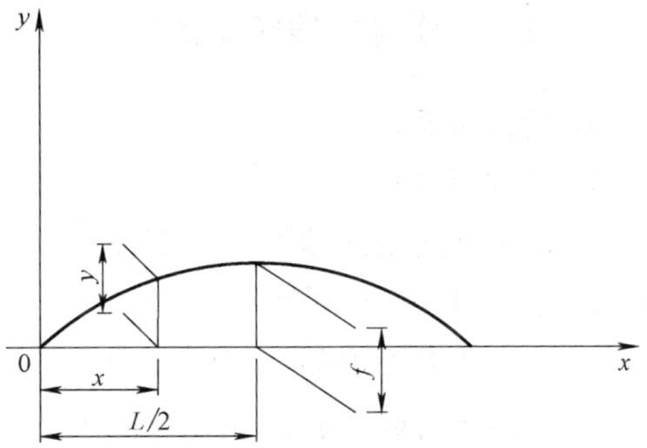

图 10.2-28 计算主梁预拱度抛物线示意图

10. 支架拆除

桥梁立模、安装钢筋、浇筑混凝土、张拉压浆后先拆除桥梁外模，然后同步下降可调顶托，依次取出箱梁底模、横向方木、I12.6 工字钢，然后拆除碗扣支架。

碗扣架依次从外往里、上而下拆除。

其余未尽事项按照《建筑施工碗扣式脚手架安全技术规范》执行。

11. 支架施工要点

1）地基（尤其承台基坑、泥浆池、粉煤灰等软弱层）应严格按照要求进行处理，按要求处理完后，应配合试验室对地基承载力进行检验，承载力不得小于 120kPa，否则需采取其他相应措施进行处理，直到承载力满足设计要求为止；对含水量较大的土层可以采用石灰桩或灰土换填处理。

2）支架搭设应严格按照方案设定间距、步距执行（支架搭设间距根据计算受力情况布置），在施工过程中若发现异常情况应及时向项目技术人员反映；另外在支架预压过程中需准备遮雨与遮阳措施（如准备彩条布），防止温度过高或雨天导致沙袋质量发生过大变化，影响预压结果。

3）地基处理、支架搭设、预压等每项工作均须由项目质量安全部门组织验收后才能进行下道工序施工。支架搭设验收按照《建筑施工碗扣式脚手架安全技术规范》执行，并根据监理单位提出的《支架搭设检查》进行检查，其内容如下：

检查要点：

（1）检查地基处理情况，查验地基检测报告（泥浆池，池塘处）。

（2）检查混凝土板厚度，以及平整度。

（3）检查纵横间距，（在混凝土板上放线）步距。

（4）检查杆件锈蚀，顺直，壁厚情况。

（5）检查扫地杆高度，盖碗是否锁实，底撑是否牢固。

（6）检查连接扣件是否牢固，扭力是否满足要求。

（7）检查是否按方案设置剪刀撑及水平剪刀撑。

（8）检查顶托自由端长度，顶托是否顶紧。

（9）检查顶托处模板纵横向方木。

（10）检查上下通道的安全性及支架的安全防护。

检查频次：

支架搭设过程中，每搭设 2～3 个步距检查一次。做好检查记录和影像资料，预压之前进行整体验收。

10.2.4　匝道主线箱梁施工

1. 施工准备

1）技术准备

（1）在收到设计图纸后，由技术管理部、质量安全部、商务合约部等认真阅读图纸，领会设计意图，并记录下图纸中存在的问题及时与设计院、监理单位进行沟通协调。

（2）由技术管理部组织图纸内审，形成统一的内部意见。

（3）参与由业主、监理、设计单位组织的正式图纸设计交底和正式图纸会审会，并形成记录。

（4）将图纸会审的内容及时向各部门进行技术交底。

（5）技术交底：由项目技术管理部向工程管理部主要责任工程师和其他相关部门交底、工程管理部主要现场工程师向现场工长交底、现场工长向施工班组交底。

（6）做好各类原材料的复检工作以及混凝土配合比的设计与检验工作。

2）劳动力准备

根据工程内容、工程数量及工期要求，将箱梁施工任务按专业进行划分，如表 10.2-7 所示。

施工任务表　　　　**表 10.2-7**

序号	班组	施 工 任 务	备注
1	钢筋班	负责连续箱梁所有钢筋的制作与安装、波纹管和钢绞线的制作与安装	按两班制配制
2	模板班	安装模板(内外模板、底模、端模)及箱梁支座的安装、模板的拆除	按两班制配制
3	混凝土工班	在钢筋模板均报检合格后,负责箱梁混凝土的浇筑、养护、封端等	按两班制配制
4	预应力工班	负责预应力钢绞线的张拉、压浆相关内容(不包括封端)	按两班制配制
5	杂工班	其他、水、电、场地等	按两班制配制

作业队人员组织安排如表 10.2-8 所示。

劳动力配置表　　　　**表 10.2-8**

序号	工种	人数	工作及要求
1	钢筋加工	20	连续箱梁钢筋制作等
2	钢筋绑扎	40	箱梁钢筋绑扎,预应力波纹管、钢绞线安装等,按照两班制配制
3	模板工	20	包括内外模板、端模的安装、拆卸等
4	混凝土工	30	混凝土浇筑、振捣等,按两班配制
5	吊车司机	6	按两班配制
6	预应力张拉	10	预应力张拉、压浆
7	普工	10	非技术工种
合计		136	

3）物资准备

主要材料使用表见表 10.2-9（表中为南北立交主线总共数量）。

主要材料需求表 **表 10.2-9**

序号	名称	规格	单位	数量	备注
1	混凝土	C50	m^3	19999.7	
2	预应力筋	ϕ^s15.2	t	914	15-15,15-12,15-9
3	普通钢筋	Ⅰ、Ⅱ级	t	5961	
4	支座	GPZ(Ⅱ)	套	187	含纵向、双向、横向、固定
5	锚具	15-15	套	1020	
		15-12	套	1040	
		15-9	套	104	
6	波纹管	ϕ100mm	m	23232.9	
		ϕ90mm	m	38406.4	
7	连接器	15-15	套	448	
8	伸缩缝	SCFB80 型	m	146.5	
		NJSF140 型	m	67.5	
9	模板（内、外、底模板）		套	2	

4）施工机械及设备准备

主要机械设备配置见表 10.2-10。

机械设备使用表 **表 10.2-10**

序号	机械设备名称	型号	单位	数量	备注
1	钢筋切断机	BGW32	台	6	
2	钢筋弯曲机	GW40	台	6	
3	钢筋调直机	FGQ50	台	2	
4	电焊机	B-500F	台	10	
5	木工圆锯机	MJ-116	台	2	
6	钢筋运输车	8m 长	台	5	自制
7	千斤顶	YCW300B	台	4	箱梁纵向预应力张拉
8	千斤顶	YCW500	台	4	
9	高压油泵	ZB-6.5	台	2	
10	压浆泵	HVP503	台	2	
11	插入式振动器	ZN50	台	26	未计备用数量
12	混凝土罐车	$8m^3$	台	16	
13	汽车输送泵	$120m^3$	台	3	
14	汽车吊	25t、50t	台	2+2	

2. 施工工艺流程

根据设计图纸的要求且考虑到预应力的张拉及钢箱梁的安装，檀溪路立交主线桥预应力混凝土箱梁总体施工顺序先从17号墩开始逐跨向24号墩进行，完成之后从0号墩开始向14号墩进行。箱梁施工先进行右幅，再施工左幅。施工顺序如图10.2-29～图10.2-33所示。

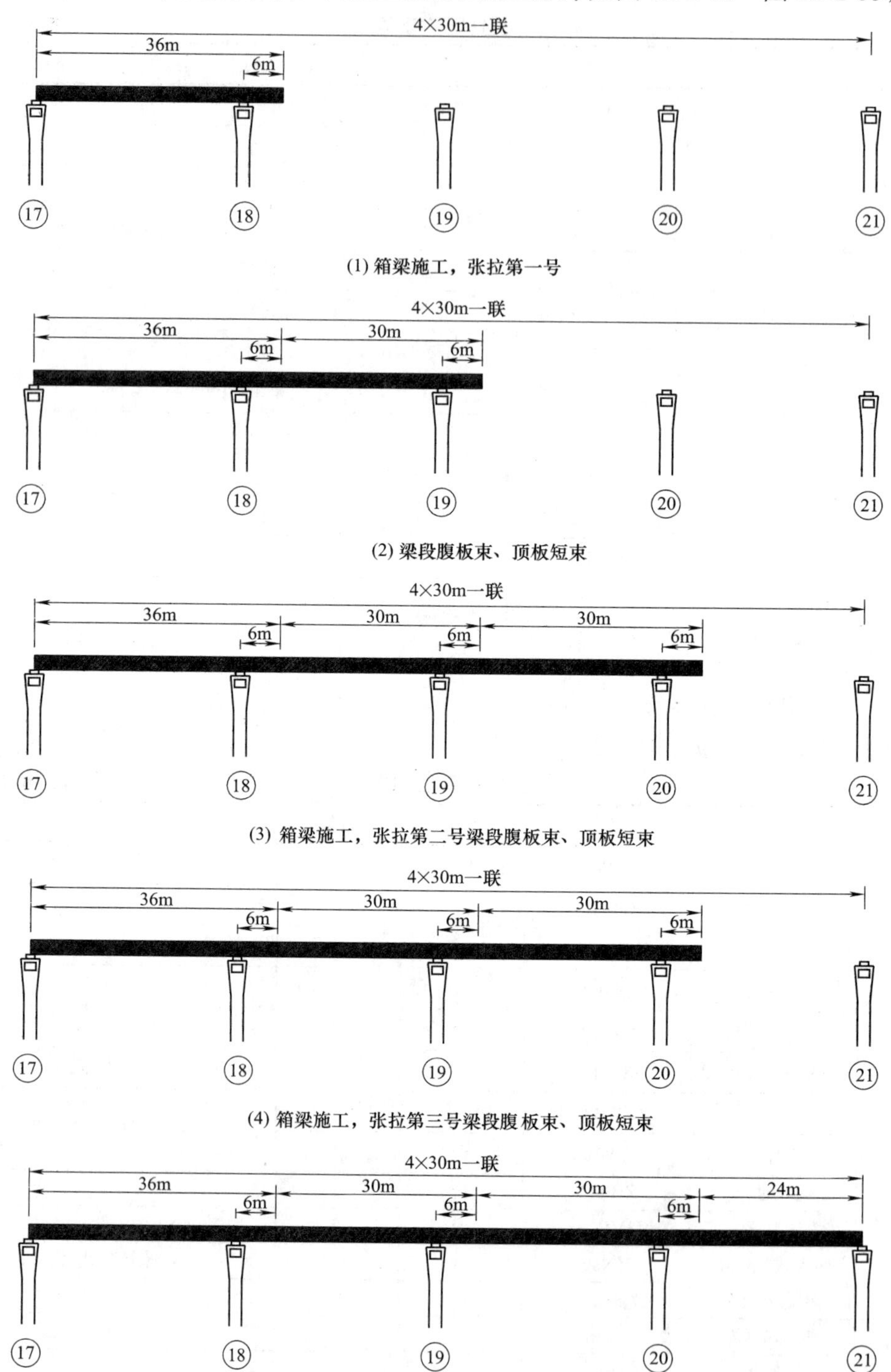

图10.2-29 17～21号墩4×30m一联箱梁逐跨施工步骤

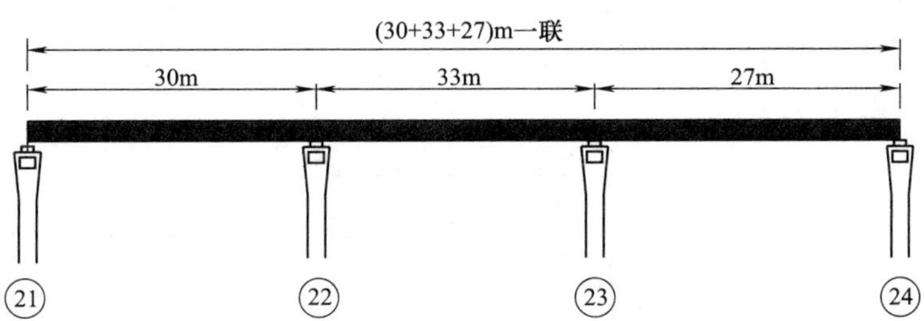

图 10.2-30 （30＋33＋27)m 一联箱梁施工，预应力张拉

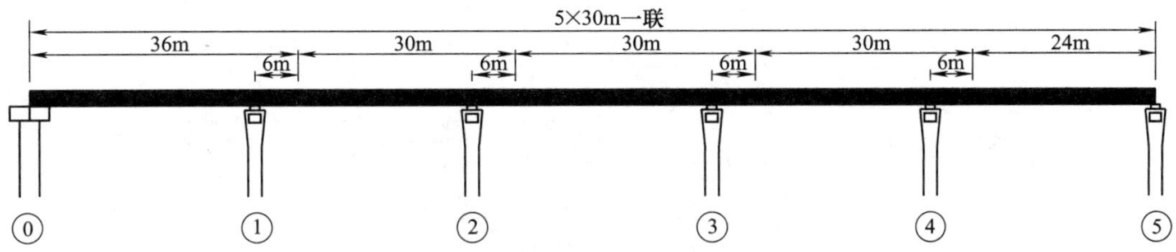

图 10.2-31 0～5 号墩 5×30m 一联箱梁逐跨施工，预应力张拉
（施工步骤同 17～21 号墩四跨一联）

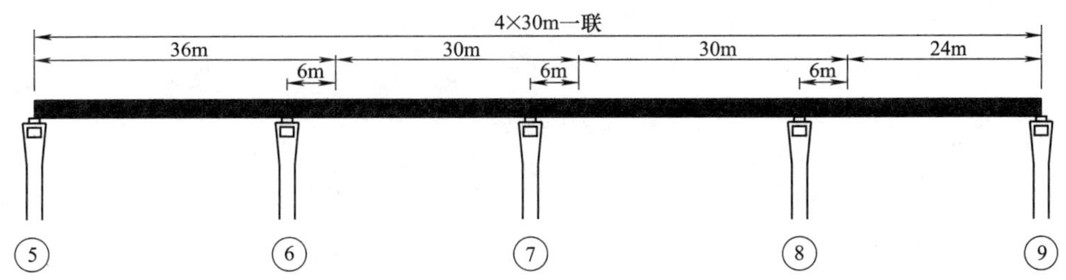

图 10.2-32 5～9 号墩 4×30m 一联箱梁逐跨施工，预应力张拉
（施工步骤同 17～21 号墩四跨一联）

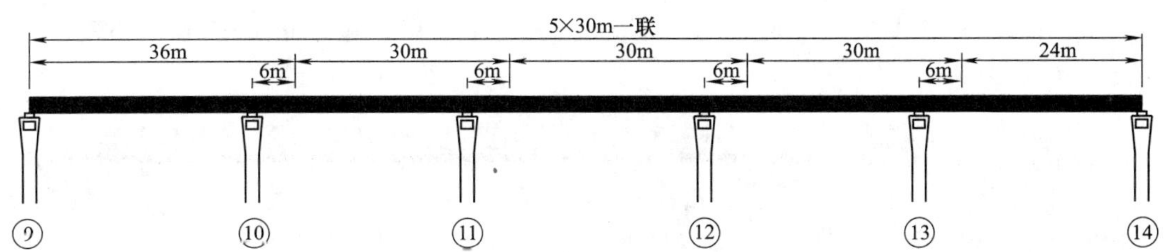

图 10.2-33 9～14 号墩 5×30m 一联箱梁逐跨施工，预应力张拉（施工步骤同 17～21 号墩四跨一联）

檀溪路立交主线预应力混凝土箱梁部分 5×30m 和 4×30m 段施工长度为（36＋n×30＋24)m，采用逐孔支架法施工，(30＋33＋37) m 段三跨一联一次浇筑。箱梁支架采用满堂支架法，混凝土强度等级为 C50，模板均采用 18mm 竹胶板。预应力混凝土箱梁施工工艺流程图如图 10.2-34 所示。

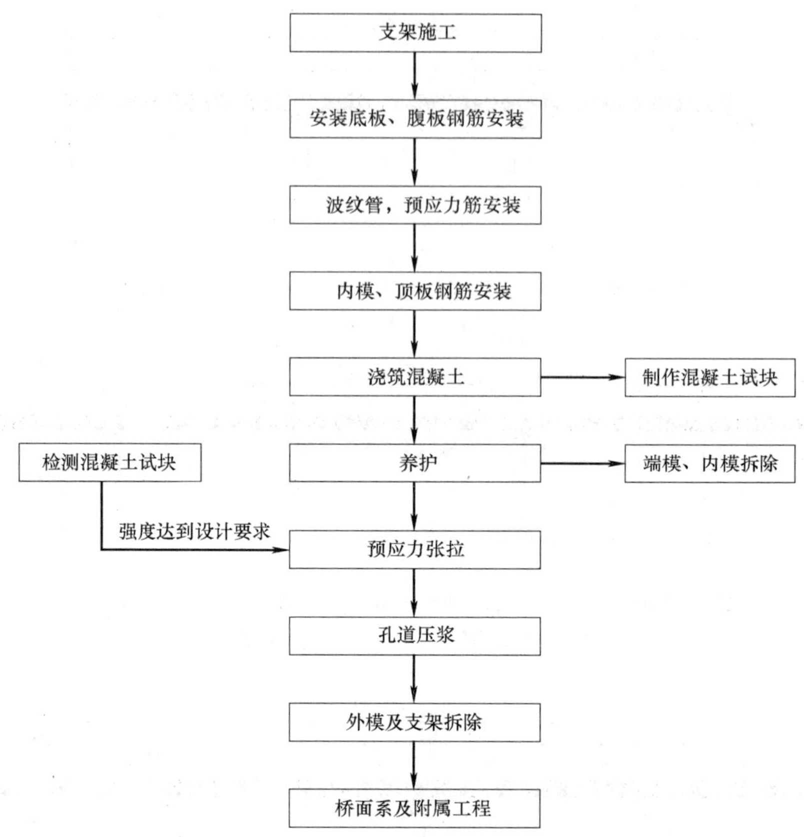

图 10.2-34　预应力混凝土箱梁施工工艺流程图

3. 施工进度安排

根据本合同段工期规定，工程特点及我单位的施工技术水平、施工能力和施工经验，以及批复的《襄阳汉江三桥总体施工组织设计》，制定本进度计划。

根据总体工期进度计划安排，檀溪路立交主线箱梁施工于 2010 年 9 月 20 日开始进行，2012 年 12 月 19 日完工，施工总工期为 600d 完工。单跨箱梁施工进度图如图10.2-35 所示。

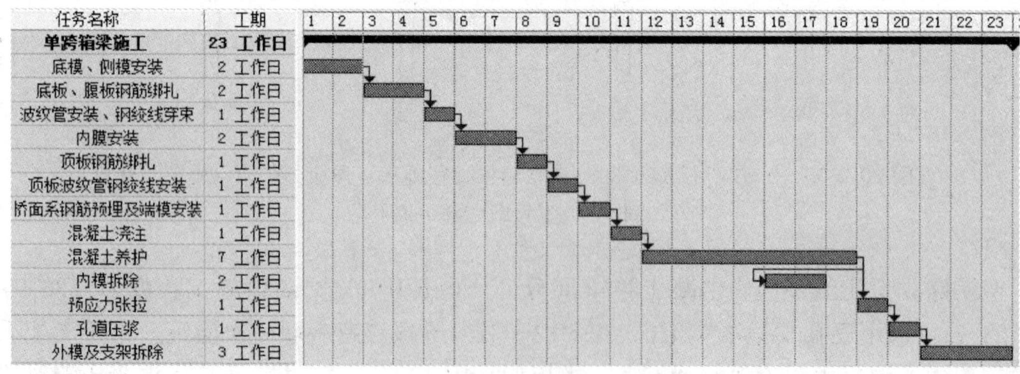

图 10.2-35　单跨箱梁施工进度图

4. 模板工程

南北立交混凝土箱梁模板包括外模板、内模板、底模和端模板，模板均采用18mm厚的竹胶板。

1）模板设计与加工

（1）底模板

底模采用木模板，立柱顶部设置可调顶托，顶托上纵向设置I12.6工字钢，在I12.6工字钢上布设10cm×10cm横向方木，间距30cm，在横向方木上铺设18mm厚竹胶板作为混凝土箱梁底模，如图10.2-36所示。立杆上端包括可调螺杆伸出顶层水平杆的长度必须严格控制在50cm之内。底模支架详细布置见支架工程。

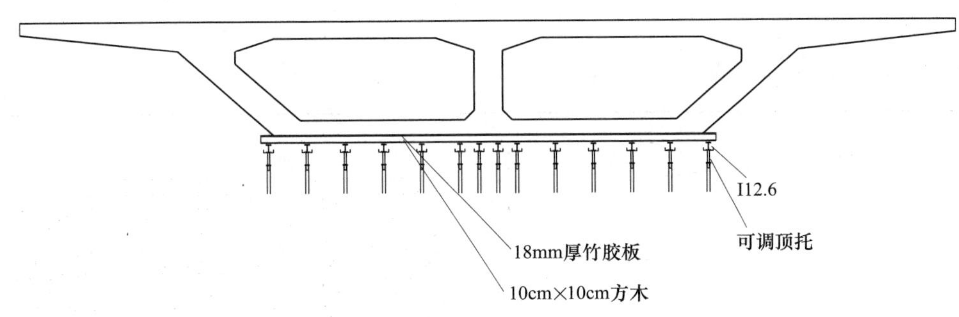

图10.2-36 箱梁底模布置图

（2）内模板

内模板采用木模板，钢管支撑，按全断面一次浇筑设计内模。

箱梁内模板的木模板部分包括有面板、木楞等，面板选取18mm厚的竹胶板，内楞为10cm×10cm的方木，方木间距为20±5cm（净距），外楞采用ϕ48×3.5mm的钢管做纵向压杆。内外模及内模之间采用ϕ20mm拉杆（外套ϕ22mmPVC管），拉杆竖向间距80～100cm，纵向间距120cm。内模板顶板采用ϕ48×3.5mm满堂支架支撑，立杆纵向间距90～100cm，内模板布置及组装详图如图10.2-37～图10.2-40所示。

支撑内模顶板的ϕ48×3.5mm的钢管的底部构造大样示意图如图10.2-41所示。

（3）端模板

端模板包括伸缩缝位置的预应力张拉前安装的模板和浇筑封端混凝土前安装的模板，另外还有连续梁施工缝位置的模板，共三种类型。

模板面板选取18mm厚的竹胶板，背楞为10cm×10cm的方木，方木间距为20±5cm（净距），竖向放置，外楞采用ϕ48×3.5mm的钢管做水平向压杆，采用ϕ16mm拉杆与主筋焊接，拉杆布置为400mm×600mm。

伸缩缝位置的预应力张拉前安装的模板应与张拉或锚固端角度相同，与锚垫板连接紧固；浇筑封端混凝土前安装的模板为平面模板，可利用主筋或相邻梁体支撑紧固；施工缝位置的模板则应加工成梳形板，以利于纵向钢筋通过，并预留预应力孔道，模板支设完成后应对拼缝位置进行堵塞，防止漏浆。

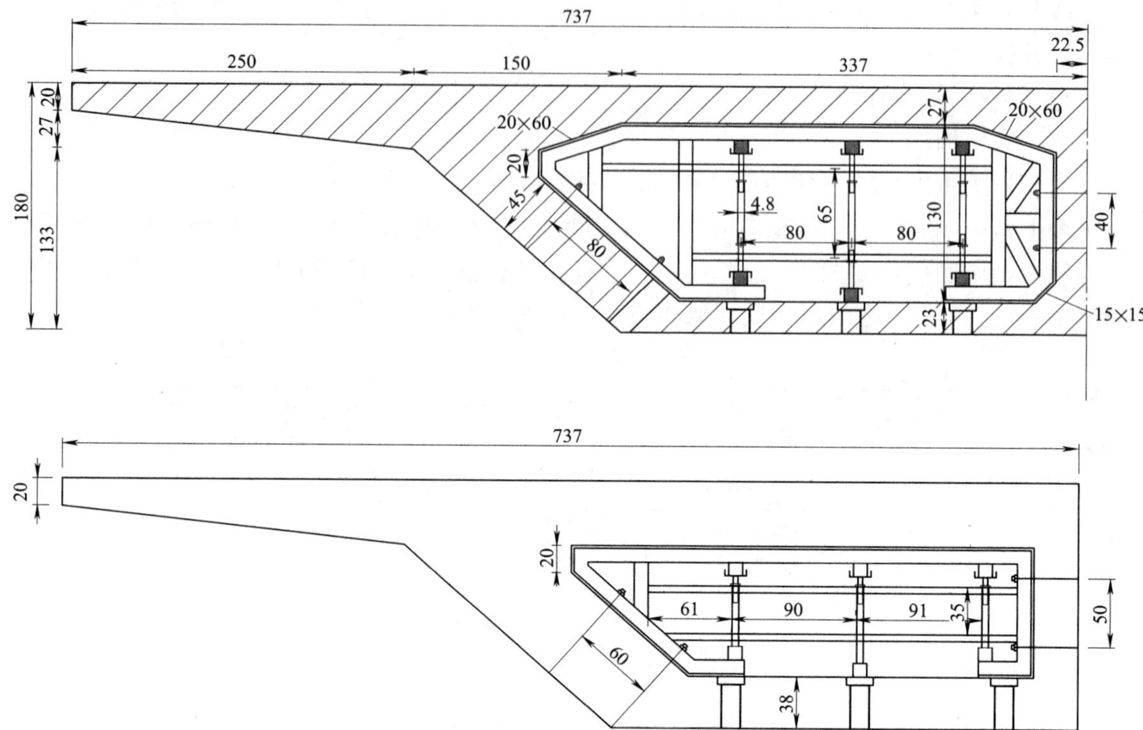

图 10. 2-37　檀溪路立交主线箱梁斜腹板内模布置图

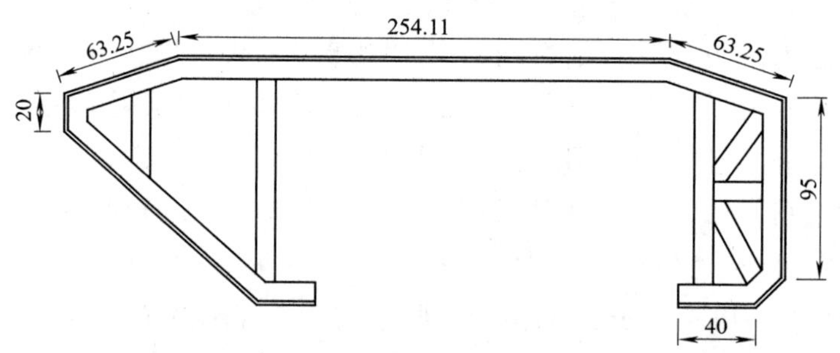

图 10. 2-38　箱梁内模组装图

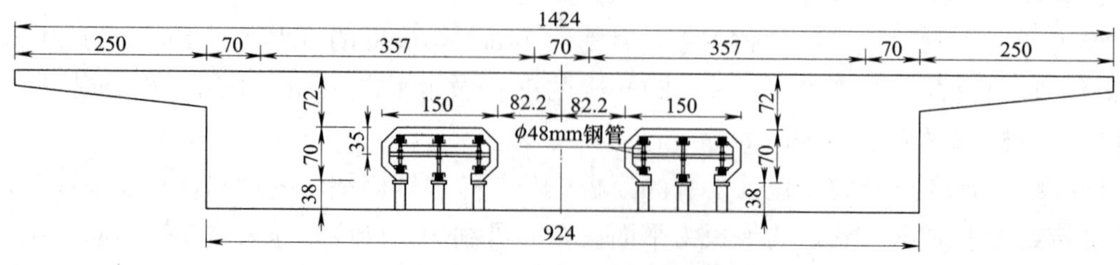

图 10. 2-39　箱梁人洞模板布置图

(4) 侧模

侧模采用木模板，面板为18mm厚的竹胶板，背楞为10cm×10cm的方木，方木间距为20±5cm，外侧模板用ϕ48×3.5mm的钢管加顶托支撑，横桥向间距80～120cm，纵桥向间距为60cm，斜腹板施工时在模板中部设置20cm×40cm的振捣口，纵向间距为60～70cm，侧模布置如图10.2-42所示，可调顶托大样图如10.2-43所示。

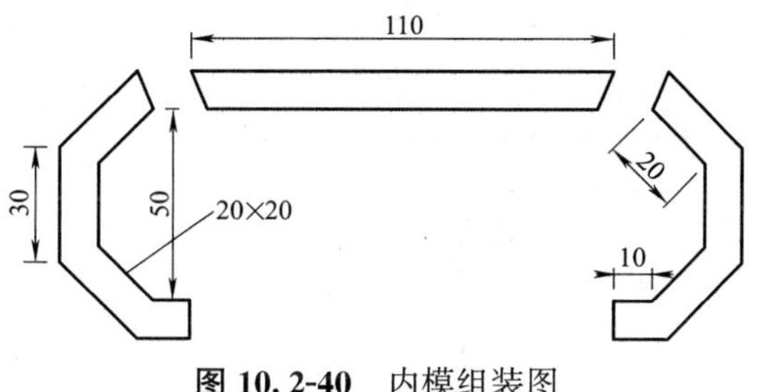

图10.2-40 内模组装图

2) 支座安装

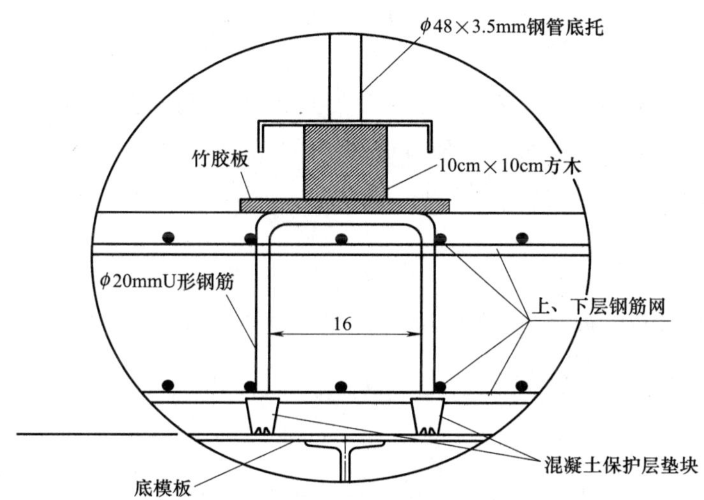

图10.2-41 满堂支架底部支撑大样图

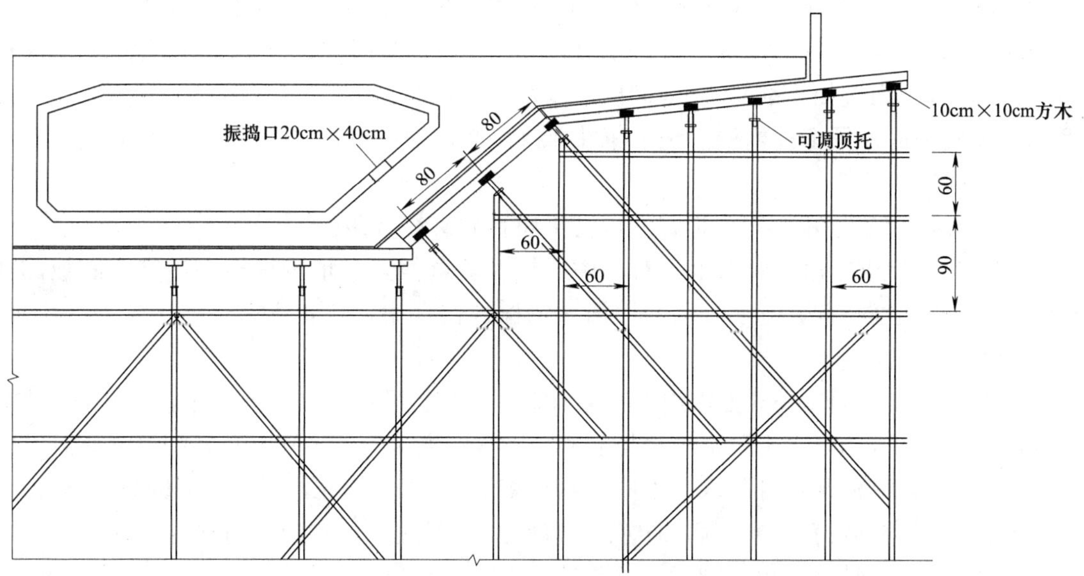

图10.2-42 檀溪路主线箱梁侧模布置图

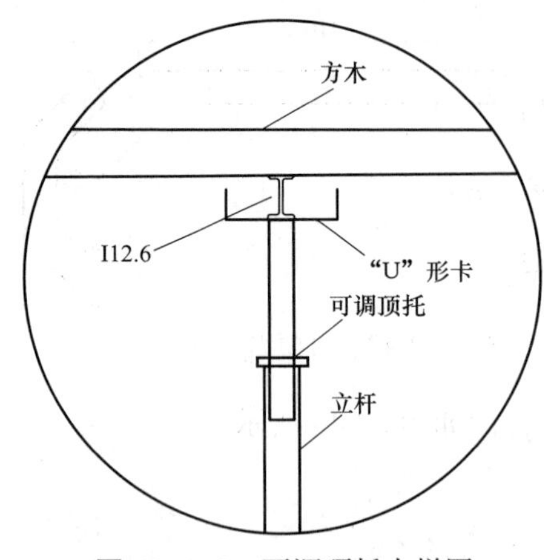

图 10.2-43 可调顶托大样图

檀溪路立交桥箱梁均采用盆式橡胶支座，其水平横向承载力应不小于支座竖向承载力的 10%。其安装、使用如下：

（1）支座进场及验收

支座安装前开箱，并检查装箱清单，包括配件清单、检验报告复印件、合格证及支座安装养护细则。并不得任意松动连接螺栓，不得随意拆卸支座。依据支座说明书及设计图纸，检查支座外观及各部尺寸，包括支座平面尺寸、螺栓孔间距、支座高度，支座外观不得有划痕及变形。

（2）锚栓孔预留

地脚螺栓孔预留采用预埋 PVC 管的方法，垫石钢筋绑扎完毕后，将封底后的 PVC 管固定在钢筋上，然后浇筑混凝土，当垫石达到一定强度后再将 PVC 管凿除。PVC 管的上端口可适当高出垫石面 5～8cm 并封口，防止浇筑时混凝土从 PVC 管上端口溢入预留孔中。

（3）测量放线

利用全站仪在垫石上放出支座中心的十字线，同时弹出支座的下座板的轮廓线（均可以弹墨线）；测量垫石顶的标高。

（4）安放支座

① 准备工作

A. 根据支座垫石及锚栓预留孔体积，计算专用支座灌浆料体积，确定用量，拌制砂浆。

B. 准备 4 个千斤顶，2 根 10cm×10cm、4 块 20cm×20cm 的方木（具体方木尺寸可根据垫石高度调整），一个木框（高 5～10cm，不超过垫石平面尺寸，宽度大于下座板 8cm 左右，以下料方便为准），一个溜槽，以及若干铁丝。

C. 垫石表面及预留孔内壁清洗干净并保持湿润，但不得积水。

② 正式安放

A. 在垫石上安置木框，木框每边应与下座板轮廓线等距。

B. 用吊车将支座吊至垫石上，对准中心线及轮廓线，将地脚螺栓穿过支座底板的锚栓孔与底柱连接在一起，把底柱另一端插入锚栓预留孔中。找正支座纵、横向中线位置，使之符合设计要求。

C. 将 2 根 10cm×10cm 方木用铁丝穿入上底柱螺栓孔固定在上座板上，千斤顶下垫 2 块 20cm×20cm 方木，以千斤顶顶托与上座板连接的方木，调节千斤顶，控制支座悬空高度，使上座板标高满足设计要求（下座板悬空高度约为 3～5cm，根据实测标高调整）。

D. 灌注锚栓预留孔及支座底面垫层。溜槽出口须置于支座四周边橼与木框之间的空隙，灌时边灌边视情形抽出，同时左右移动。灌时尽可能从一侧施做，如未能完全灌饱，则可从它侧续灌，直到完全充满为止。浇筑完成后，及时将外露面之浆料抹平。

E. 砂浆固化后，拆除支座四周千斤顶及方木，同时用彩条布遮盖保护。

F. 支座与现浇梁安装时，先用地脚螺栓将底柱固定在支座上座板上，沿支座顶面向外搭建梁体模板，搭好后浇混凝土即可。

③ 支座防护

A. 梁体混凝土浇筑完成后，预应力张拉前，拆除上、下支座连接板。检查支座外观，并及时安装支座外防尘罩，若支座已带防尘罩则不需另外安装。

B. 对支座、地脚螺栓及预埋钢板未进行涂装防护的外露钢表面（不锈钢除外）进行涂装防护，以防止支座及锚栓生锈。如支座在安装过程中表面涂装受损，也需进行涂装防护。注意防护过程中，支座不锈钢滑板表面严禁进行涂装。

C. 注意事项：支座安装前对支座垫石进行检查，安装支座的标高应符合设计要求；支座安装时其底面与顶面的钢垫板必须埋置密实；垫板与支座间平整密贴，支座四周不得有 0.3mm 以上的缝隙，严格保持清洁；支座的底板可用焊接或锚固螺栓栓接在梁底面和墩台顶面的预埋钢板上；焊接时，应防止烧坏混凝土；安装锚固螺栓时，其外露螺杆的高度不得大于螺母的厚度

3）内模板安装

当底板及腹板钢筋、波纹管、穿钢绞线施工完成后即可进行内模和横隔板模板的安装。

内模板采用分块安装，模板安装时，先安装外腹板和内腹板模板，并进行加固，然后搭设内撑，安装顶板模板。内模板也可采用整装散拆，即现场整体拼装，每一小节整体吊装就位。

4）端模板安装

张拉端和锚固端模板与波纹管同时安装，内模安装完成后再调整；其他端模板在顶板钢筋安装完成后再进行安装。

在箱梁混凝土浇筑完成后，当混凝土强度达到设计强度的 50%以上时，方可进行箱梁内模及端模的拆除。预应力张拉前除底支架支撑外，两侧内腔约束均应解除。

5. 钢筋工程

箱梁钢筋有 ϕ12mm、ϕ16mm、ϕ20mm、ϕ22mm、ϕ25mm、ϕ28mm，均为 HRB335 级。横向钢筋沿纵向间距为 10cm。钢筋净保护层 3cm，如表 10.2-11 所示，具体尺寸及位置见图纸。

普通钢筋数量表 **表 10.2-11**

	规格		总重(kg)
檀溪路立交主线	HPB300		1184.0
	HRB335	ϕ28	55343.2
		ϕ25	35824.0
		ϕ22	454070.2
		ϕ20	643460.5
		ϕ16	1565587.5
		ϕ12	214394.0

1）钢筋的质量检验

每批检验钢筋应由同一牌号、同一炉罐号、同一规格、同一交货状态组成，并不得大于 60t；钢筋表面不得有裂纹、结疤和折叠，保证钢筋表面洁净、无油渍等外观质量问题。

钢筋必须按不同钢种、等级、牌号、规格及生产厂家分批验收，分别堆放，不得混杂，且应设立识别标志。钢筋应避免锈蚀和污染，钢筋堆放在仓库内，露天堆放时，应垫离与地面保持 20cm 的距离，防止钢筋受潮锈蚀。

2）钢筋的加工

（1）钢筋加工前应进行调直，确保钢筋表面的油渍、漆污、铁锈等均应清除干净。钢筋应平直，无局部折曲。

（2）钢筋的弯制在没有设计说明时，所有受拉热扎光圆钢筋的末端应作成 180°的半圆形弯钩，弯钩的弯曲直径不得小于钢筋直径的 2.5 倍，钩端应留有不小于钢筋直径 3 倍的直线段。受拉热扎带肋钢筋的末端，应采用直角弯钩，钩端的直线段长度不应小于 10 倍的钢筋直径，直钩的弯曲直径不得小于 5 倍的钢筋直径。

（3）钢筋加工的允许偏差：如表 10.2-12 所示。

钢筋加工的允许偏差　　**表 10.2-12**

序号	名称	允许偏差(mm)	
		$L \leqslant 5000$	$L > 5000$
1	受力钢筋顺长度方向的全长	±10	±20
2	弯起钢筋的弯起位置	±20	

注：L 为钢筋的长度（mm）。

（4）钢筋接头连接

① 对于钢筋的焊接，在焊接前，必须根据施工条件进行试焊，合格后方可正式施焊。焊工必须持考试合格证上岗。

② 在钢筋加工场的钢筋连接应采用闪光对焊或电弧焊连接，并以闪光对焊为主。钢筋接头采用搭接电弧焊时，两钢筋搭接端部应预先折向一侧，使两接合钢筋的轴线一致，接头双面焊缝的长度不应小于 $5d$，单面焊缝的长度不应小于 $10d$（d 为钢筋的直径）。

钢筋接头采用帮条电弧焊时，帮条应采用与主筋同级别的钢筋，其总截面面积不应小于被焊钢筋的截面积。帮条长度，如用双面焊缝不应小于 $5d$，如用单面焊缝不应小于 $10d$（d 为钢筋直接）。

钢筋的焊接质量要求及技术参数严格按照设计图纸及《公路桥涵施工技术规范》JTJ 041—2000 和《钢筋焊接及验收规程》JGJ 18—2003 的相关要求执行。

接头长度区段内受力钢筋接头面积的最大百分率　　**表 10.2-13**

接头形式	接头面积最大百分率(%)	
	受拉区	受压区
主钢筋绑扎接头	25	50
主钢筋焊接接头	50	不限制

③ 现场钢筋的连接可根据现场施工的具体情况和设计要求采用搭接焊、绑扎搭接或机械连接。钢筋的搭接焊必须满足设计要求的焊缝厚度、长度及焊缝质量要求；绑扎搭接的钢筋弯钩及搭接长度、接头分布应符合《公路桥涵施工技术规范》JTJ 041—2000 中的相关要求，接头长度区段内受力钢筋接头面积的最大百分率可参照表10.2-13。

受拉区钢筋绑扎接头的搭接长度为 35d，其中 d 为绑扎钢筋的直径。受拉区内HPB300 级钢筋绑扎接头的末端应做弯钩，HRB335、HRB400 牌号钢筋的绑扎接头末端可不做弯钩。

直径等于和小于 12mm 的受压 HPB300 级钢筋的末端，可不做弯钩，但搭接长度不应小于钢筋直径的 30 倍。钢筋搭接处，应在中心和两端用铁丝扎牢。

④ 在具体实施过程中，连续箱梁纵向分布钢筋可采用搭接连接；顶板、底板横向钢筋在加工场加工时采用闪光对焊，在现场采用搭接连接或机械连接的方式进行连接。其余钢筋尽量在钢筋加工场进行加工成型后吊运、绑扎安装。

3）钢筋绑扎

（1）标准段箱梁钢筋安装流程

标准段箱梁钢筋安装流程如图10.2-44 所示。

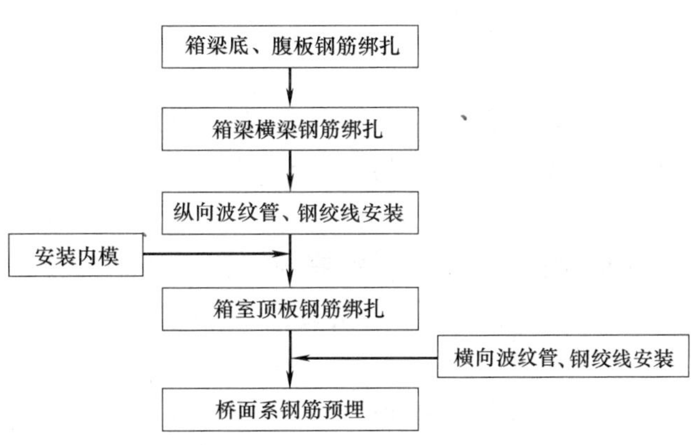

图 10.2-44 标准段钢筋安装流程图

（2）钢筋绑扎前由测量人员复测模板的平面位置及高程，其中高程为调整后的标高，均无误后方可进行钢筋绑扎。

（3）在钢筋加工场按照需要加工的钢筋形状制作钢筋加工胎架。再在钢筋制作胎架上进行钢筋的加工。使钢筋加工成工厂化、流水线作业。

（4）钢筋将采用现场原位绑扎工艺，局部在钢筋加工场加工成网片后再进行吊运、拼装搭接或焊接连接成型。例如，连续箱梁横隔板部位的钢筋可采用在钢筋加工场进行加工成型后，再进行吊运、安装。

（5）在进行底板钢筋及腹板钢筋绑扎的过程中，进行波纹管的安装、预应力筋锚固端（包括垫板及锚下螺旋筋）的安装和穿钢绞线。

（6）箱梁顶板在内模安装完成之后进行绑扎。

（7）在钢筋绑扎时应防止对模板的破坏；桥梁钢筋接长采用搭接。

（8）在桥梁底板及腹板钢筋绑扎完成后，及混凝土浇筑之前采用大功率的吸尘器或高压风清除残留在模板表面的杂物。在所有的操作作业过程中，必须保证操作人员鞋底不得带有泥土进入箱梁施工区域。

4）波纹管预埋

预应力波纹管在箱梁钢筋绑扎的同时进行预埋，波纹管位置采用定位钢筋固定，定位钢筋牢固焊接在钢筋骨架上，如管道位置与骨架钢筋相碰时，应保证管道位置不变，仅将钢筋稍加移动。钢束定位筋间距直线上按 0.5m，曲线上按 0.3m，并保证管道位置正确。锚具垫板及喇叭管尺寸正确，喇叭管的中心线与锚具垫板要严格垂直，喇叭管和波纹管的衔接要平顺，不得漏浆，并杜绝堵塞孔道。

5）预留预埋

在钢筋绑扎过程中，严格按照设计图纸进行预留预埋件的留设。技术部门必须积极与现场施工部门进行协调、配合工作，确保预留预埋件位置准确、数量齐全，预留预埋件必须固定牢固。在预留预埋过程中，如果与预应力钢绞线位置发生冲突，应调整钢筋及预埋件位置不得对预应力钢绞线位置进行调整。

6）钢筋绑扎验收

钢筋绑扎完成后，应对钢筋绑扎进行验收，验收先由现场质检工程师自检，自检合格后组织相关部门进行检查验收，验收合格后组织监理验收，第一孔箱梁应邀请设计方进行验收。验收内容主要为钢筋绑扎位置是否正确，钢筋、预留预埋件等是否遗漏。验收合格后方可进行下道工序施工。

7）注意事项

（1）钢筋垂直运输时，对较长的钢筋应进行试吊，以找准吊点，必要时可用方木或长钢管加以辅助，避免钢筋产生弯曲变形。

（2）为使保护层数据准确，保护层垫块不被压坏，箱梁施工垫块采用定型塑料垫块或预制等强度混凝土块。钢筋的焊接应特别重视，底板钢筋焊接的接头尽可能布置在各孔的 $L/4$ 处，严禁将接头设在跨中最大弯矩处，同时接头应避免在同一截面上超过 50%。

（3）在浇筑混凝土前所有波纹管内都穿好钢绞线，并将露出部分包好，防止被污染。

（4）在梁体钢筋的绑扎过程中，应特别注意预埋件数量及位置的准确性。

（5）施工缝处的钢筋要为下一梁段施工留有足够的搭接长度，使搭接头在同一断面上不超过 50%。

（6）钢筋与预应力束有干扰的，允许对有干扰的钢筋进行位置上的调整，但不允许直接割断或割除该处钢筋。

（7）预应力的定位钢筋可以与腹板或底板架立钢筋合并使用，以减少钢筋的密集程度，以利于混凝土的浇筑。

6. 混凝土工程

混凝土施工综述：混凝土强度等级 C50，初凝时间（除三跨连续梁 30＋33＋27 为 20h）约为 15h，坍落度为 160～200mm，采取全断面一次浇筑成型。混凝土浇筑时以两台汽车泵分别从一端和中间向同一方向浇筑，根据《公路桥涵施工技术规范》JTJ 041—2000 要求，浇筑方法为全断面分层浇筑，每层浇筑厚度为 30～40cm，采用插入式振捣器振捣。为保证混凝土施工质量，现场管理人员及作业人员应精心组织，细心安排，严格按照施工方案进行施工，确保混凝土浇筑工作顺利进行，南北立交主线箱梁各施工段所需混凝土方量如表 10.2-14 所示。

混凝土方量　　表 10.2-14

部位		混凝土方量(m^3)
檀溪路立交主线	5×30(单幅)	5×298.67=1493.35
	4×30(单幅)	4×299.26=1197.04
	30+33+27(单幅)	298.96+328.85+491.73=1119.54

1）浇筑设备选择

混凝土浇筑时采用两台汽车泵进行浇筑，混凝土罐车通过施工便道进行混凝土运输。用混凝土汽车输送泵浇筑时，混凝土汽车泵停在梁体左侧。

2）设备及物资需求

以单次（孔）箱梁施工考虑，设备与物资如表 10.2-15 所示。

设备和物资数量表　　表 10.2-15

序号	设备	型号	单位	数量	备注
1	插入式振动器	ϕ50mm	台	10	另增加两台备用
2	混凝土汽车输送泵	120m^3/h	辆	2	可根据施工现场情况另增加一辆车作为备用车
3	混凝土罐车	8m^3	辆	6	（含备用 1 辆）
4	塑料薄膜		m^2	1400	养护用
5	保温棉	3cm 厚	m^2	1400	养护用
6	彩条布		m^2	1400	下雨时遮雨用

注：本表仅表示单次（孔）箱梁每幅浇筑时的设备需求数量。

3）劳动力投入

以单次（孔）箱梁施工考虑，劳动力需求如表 10.2-16 所示。

劳动力使用数量表　　表 10.2-16

序号	工种	人数	备　注
1	混凝土振捣工	12 人	含混凝土振捣，及混凝土表面收光及二次抹面
2	混凝土布料工	4 人	移动软管以及下料口的调整
3	混凝土养护工	8 人	混凝土的养护工作
4	模板观察人员	4 人	内模 2 人，外模 2 人
5	钢筋工	2 人	钢筋修整及保护层看护
6	电工	2 人	现场机电安全管理
7	修理工	2 人	负责机械的抢修工作
8	木工	8 人	内模板加固；预留、预埋件的看护、修整、预留孔封堵
9	辅助工	10 人	混凝土罐车卸料及其他事项
总计		52 人	

4）混凝土浇筑

（1）混凝土配制及供应

在混凝土出站之前必须对混凝土工作性能进行检查，各项指标必须满足混凝土工作性能的需要，不得有离析等现场；在混凝土运至现场时，需重新对混凝土的工作性能进行验收。在混凝土浇筑过程中不得压车、压料，必须及时进行混凝土的供应。

（2）混凝土浇筑方法

① 浇筑前准备

混凝土浇筑前，必须对模板、钢筋、预应力管道、预埋件位置进行详细检查。为了便于将渣滓清理出模板，在支座旁边木模板上预留 10cm×10cm 的小孔，以便将渣滓清理出去；同时，在每绑扎一层钢筋和内模安装完成后采用吸尘器和高压气体对模板内的渣滓进行清理。做到每完成一道工序清理一次，时刻保持模板内清洁。

单次混凝土根据方量的大小，浇筑时间约 10～15h。

② 混凝土下料要求

标准段箱梁混凝土浇筑拟采用以下方法：

梁体混凝土浇筑采用“截面分层，薄层浇筑，连续推进，一次成型”的方法，也即箱梁混凝土浇筑按照从箱梁中间沿箱梁纵向向两端同时水平分层浇筑的方法进行浇筑。第一层浇筑完成后，再重新对称浇筑第二层混凝土，依次循环浇筑，上层混凝土浇筑必须在下层混凝土初凝前浇筑完成，每层浇筑厚度控制在 30cm 左右。混凝土浇筑顺序如图10. 2-45 所示。

混凝土浇筑时利用中腹板与斜腹板处作为入料口，如图 10. 2-46 所示，腹板浇筑至顶板倒角以下（不大于 20cm）。

在浇筑箱梁箱室底板混凝土时，混凝土坍落度控制在 180mm 左右，底板按一层浇筑施工，保证底板混凝土的密实。

箱室底板混凝土浇筑完成后，再浇筑箱室之间中腹板及两侧斜模板。此时混凝土坍落度控制在 160～180mm 之间。箱室之间的中腹板及两侧斜腹板混凝土采用插入式振捣棒振捣，每层混凝土浇筑厚度控制在 30cm 左右。浇筑箱室之间腹板混凝土时，必须确保箱梁左右对称浇筑，箱梁箱室之间腹板左右混凝土的浇筑层数相差不得超过 1 层。如此循环浇筑，直至浇筑完成最后一层混凝土。

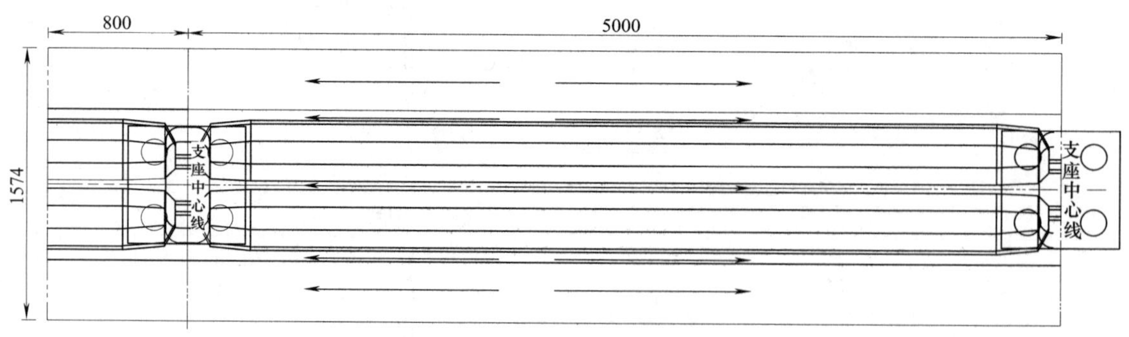

图 10. 2-45　箱梁浇筑平面顺序图

5）混凝土振捣

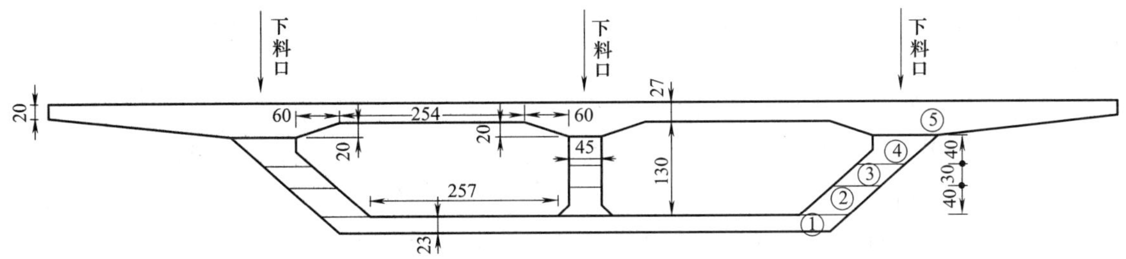

图 10.2-46 箱梁混凝土浇筑分层示意图

为了确保箱梁混凝土的振捣质量，将箱梁混凝土振捣进行分区，明确职责，分别由 2 组人员跟随汽车泵下料进行振捣；每组安排 8 人进行混凝土振捣，在浇筑上一层混凝土时振捣棒必须插入下一层混凝土表面以下 5～10cm。为保证箱梁斜腹板混凝土密实，箱梁斜腹板振捣必须通过振捣口进行振捣，在内侧模板中部开口，大小 20cm×40cm，纵向中心间距 60～70cm。当振捣口下方混凝土振捣完毕以后，应立即封闭。

混凝土振捣工必须加强支座、张拉齿块处的混凝土振捣，严格保证支座及张拉齿块处混凝土振捣密实，不得出现任何疏漏。混凝土的振捣密实以混凝土停止下沉、表面平坦、泛浆，不再出现气泡为准。

另外，应安排专门人员手持小锤随时敲击内模的腹板及倒角模板，从声音判断混凝土是否密实，是否存在空洞，从而保证腹板及倒角混凝土的密实。

在最后一层混凝土浇筑完毕后，及时使用木杠刮除混凝土表面的浮浆并刮平混凝土表面，然后人工对混凝土表面进行抹压收光并覆盖塑料薄膜进行保湿蓄热养护。

主线桥面不设找平层，桥面混凝土标高及找平控制方法：钢筋绑扎完毕后采用 $\phi16$ 钢筋作立杆点焊于顶板上下两层钢筋网上，立杆纵向间距 1m，立杆顶端焊接 $\phi16$ 纵向钢筋，纵向钢筋标高应与桥面混凝土标高一致，混凝土浇筑完毕后在纵向钢筋上放置铝合金方管，人工沿桥向推进找平。如图 10.2-47、图 10.2-48 所示。

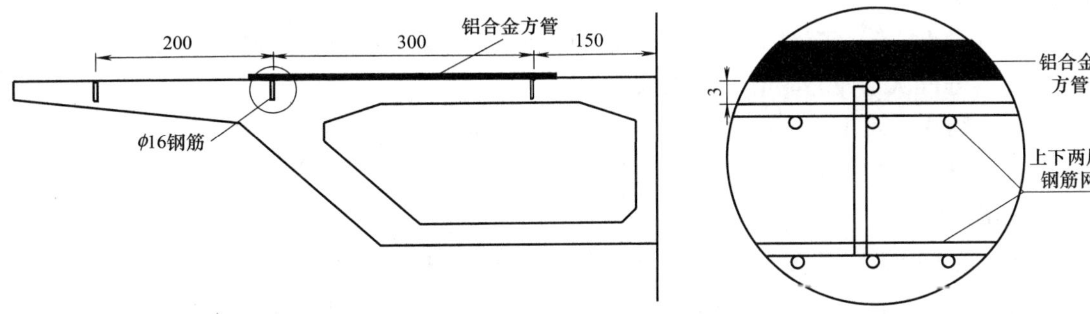

图 10.2-47 桥面找平示意图

图 10.2-48 桥面找平示意大样

6）混凝土试验检验

在混凝土浇筑前，试验室需按照《公路桥涵施工技术规范》JTJ 041—2000 要求对混凝土原材料：水泥、粉煤灰、外加剂、水、砂子、石子以及混凝土配合比等按照规范所要求的标准进行检验和试验，确保各项技术指标满足规范的要求。

7）混凝土养护

根据施工总体进度计划，箱梁的施工将跨越四季，混凝土施工及养护应按季节进行不同的防护措施。

在夏季混凝土施工时，要严格控制水泥的入机温度，水泥入机温度不大于 40℃。搅拌站材料堆场搭场、储存料仓、上料皮带以及混凝土拌合设备进行搭设遮阳或隔热设施，防止阳光直射，避免材料温度上升。对输送水管进行遮阳覆盖，并对混凝土搅拌用水的水池采用冷却系统进行降温。混凝土的浇筑尽量安排在一天之内气温较低的时间进行。加强现场结构物的养护工作。

养护采用洒水养护，梁体洒水次数应以能保持混凝土表面充分潮湿为度，自然养护不应少于 7d。

在冬季施工时，混凝土搅拌过程中，骨料不得带有冰雪和冻结团块。严格控制混凝土的配合比和坍落度，混凝土搅拌时间应较常温时延长 50%，混凝土拌合物的出机温度不低于 10℃，入模温度不得低于 5℃。混凝土的运输时间应尽可能缩短。混凝土在浇筑前应清除模板、钢筋上的冰雪和污垢。

在冬季，混凝土抹压后覆盖塑料薄膜并在其上加盖一层保温棉进行保湿蓄热养护，箱梁上、左、右均应采取覆盖保温。当环境温度低于 5℃时，禁止对混凝土洒水。

8）施工注意事项

（1）在箱梁混凝土浇筑完成后，当混凝土强度达到设计强度的 50%以上时，方可进行箱梁内模的拆除。在箱梁内模板拆除后，继续对箱梁混凝土进行养护。

（2）插入式振动棒振捣时须特别禁止碰撞波纹管管道和预埋件。浇筑混凝土作业过程，应随时检查预埋件位置，如有任何位移，应及时矫正。

（3）工地上应配有足够数量的处于良好状态的振捣器，以便可随时替补。表面已摊平，混凝土表面已泛浆，即表明混凝土捣固密实，随振随抹平。

（4）在浇筑混凝土时，为了避免混凝土发生离析现象，混凝土下落高度控制在 2m 范围内。

（5）混凝土浇筑前应对支架、模板和预埋件进行认真检查，清除模板内的杂物，并用清水对模板进行认真冲洗，但不得积水。

（6）为防止混凝土本身的收缩及施工时间较长而产生的不利影响，混凝土中应掺入适量缓凝剂。混凝土的初凝时间控制在 15h 左右。

7. 预应力工程

本工程箱梁预应力钢绞线采用抗拉强度标准 $f_{pk}=1860$MPa，弹性模量为 1.95×10^5 MPa，锚下张拉控制应力为 1395MPa，均采用一端张拉。纵向预应力钢束均采用 $\phi^s15.2$，钢绞线数量如表 10.2-17 所示。

预应力钢绞线数量表 **表 10.2-17**

工程部位	规格	总重(kg)
檀溪路立交主线	15Φ^s15.2	222112.3
	12Φ^s15.2	329037.6
	9Φ^s15.2	8860.0

1）预应力施工流程

预应力工程一般分为孔道成型、钢绞线的下料与穿束、锚具选型、预应力张拉、孔道压浆及梁端封端等几个方面。预应力箱梁采用逐孔支架法施工，每一联箱梁施工顺序为：

（1）支架现浇第一孔＋第二孔 6.0m 段箱梁混凝土，张拉腹板束（WC）、底板短束（SBC）、顶板短束（STC）。

（2）拆除第一孔支架，连接器接长腹板束（WC），支架现浇第二孔剩余段＋第三孔 6.0m 段箱梁混凝土，张拉腹板束（WC），顶底板短束（STC、SBC）。

（3）依次按②布置施工中间各跨段。

（4）拆除倒数第二孔支架，连接器接长腹板束（WC），支架现浇最后一孔剩余段箱梁混凝土，张拉腹板束（WC）、底板通长束（BC）、顶板通长束（TC），拆除最后孔支架。

其预应力施工工艺流程如图 10.2-49 所示。

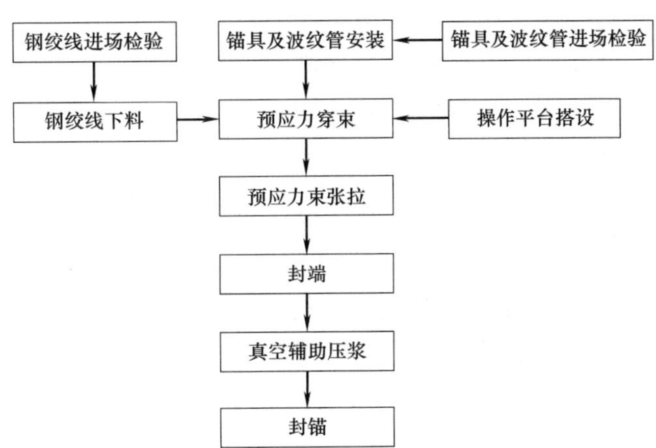

图 10.2-49 箱梁预应力施工流程图

2）孔道成型

预应力管道成型采用塑料波纹管 $D=100$mm、$D=90$mm 两种，波纹管在使用前要逐根检查，不得使用有锈包裹及沾有油污，泥土或有撞击、压痕，裂口的波纹管。塑料波纹管在安放时，根据管道坐标值，按照设计图纸要求设置定位筋，并用绑丝绑扎牢固，曲线部分采用 U 形定位环与定位筋绑扎，卡牢波纹管。在波纹管接头部位及其与锚垫板喇叭接头处，用宽胶带粘绕紧密，保证其密封，不漏浆。

锚头安装时，应使锚头入槽，不得随意放置。限位板安装过程中注意钢绞线与孔洞一一对应，防止错位，造成张拉过程中钢绞线断丝，限位板槽的深浅合适，防止过浅钢绞线刻痕厉害，过深造成夹片外露较长或错位。

预应力束均必须设置泌水管与排气管，其安装布置部位如图 10.2-50 所示。

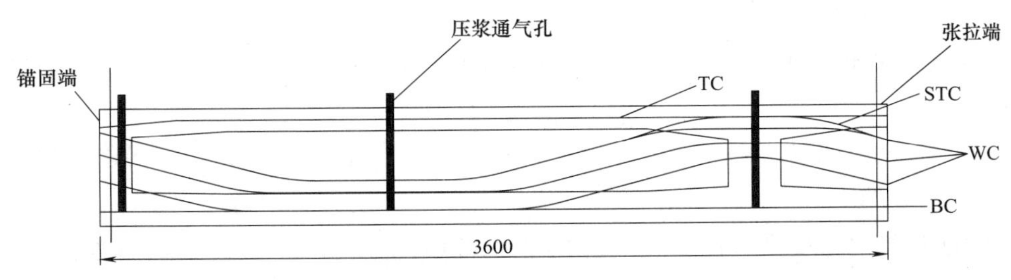

图 10.2-50 通气孔设置示意图

3）钢绞线的下料

（1）预应力钢绞线的验收

钢绞线每批应同一牌号、同一规格、同一交货状态，并不得大于 30t。钢绞线进场后，应从每批中任选 3 盘进行表面质量、直径偏差和捻距的外观检查及力学性能的试验，如每批小于 3 盘，应逐盘检查。钢绞线存放应置于干燥处，避免潮湿锈蚀，工地存放应高出地面 20cm 并及时盖好。

（2）预应力钢绞线的加工

① 钢绞线的下料长度应按设计孔道长度加张拉设备长度，并余留锚外不少于 100mm 的总长度下料，下料应采用切断机或砂轮锯平放切割，不得采用电弧切断；下料切断后，断头应齐整，其同组长度差值不应大于长度的 1/5000。

如图 10.2-51 所示，钢绞线下料长度计算式为：

$$L_{总}=L+2\times(L_1+L_4)+L_2+L_3$$

式中　L——构件的孔道长度；

L_1——夹片式工作锚厚度；

L_2——穿心式千斤顶长度；

L_3——夹片式工具锚厚度；

L_4——外留张拉工作长度（每端预留 10cm）。

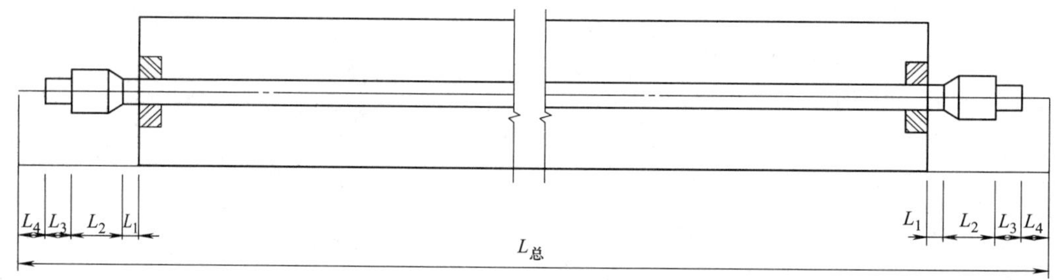

图 10.2-51　钢绞线下料长度计算简图

② 钢绞线切割完后须按各束理顺，并间隔 1～1.5m 捆扎成束，同一束钢绞线应顺畅不扭结。同一孔道穿束应整束整穿。搬运时，不得在地上拖拉。预应力钢绞线在存放、运输和安装过程中，应避免锈蚀及损伤。

③ 对已经下料的钢绞线进行编束、编号存放。

4）预应力钢绞线的穿束

（1）钢绞线穿放前应清除孔道内杂物，利用卷扬机整束穿放，穿入孔道内的钢绞线应整齐顺直。

（2）箱梁钢绞线采用钢套牵引法，穿束时钢绞线头缠胶带，防止钢绞线头被挂住。

5）钢绞线的防护

钢绞线进场之后要做好防护工作，防止钢绞线的损伤、锈蚀或影响与水泥粘结的油污。在施工过程中，波纹管连接处的缝隙应用胶带纸包缠牢，防止水泥浆渗入。钢绞线通

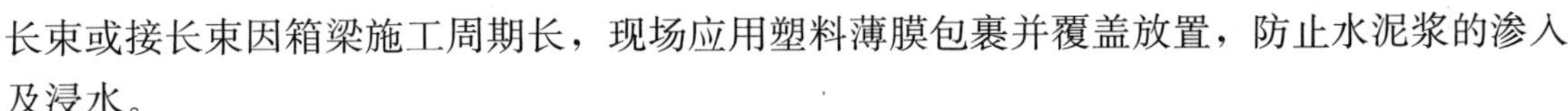

长束或接长束因箱梁施工周期长，现场应用塑料薄膜包裹并覆盖放置，防止水泥浆的渗入及浸水。

6）锚具选型

根据《两阶段施工图设计—檀溪路立交主线桥上构》和《两阶段施工图设计—月亮湾互通主线桥上构》，梁体锚具采用M15-15、M15-12、M15-9三种型号的锚具，如设计有变更时应以变更设计蓝图为准；对进场的锚具、夹具和连接器应按照国家现行《预应力筋用锚具、夹具和连接器》GB/T 14270中的规定进行验收，验收合格后方可使用。

7）预应力张拉

（1）预应力设备选用及校正

① 张拉千斤顶按照张拉及放张工艺选择千斤顶类型（张拉千斤顶在整拉整放工艺中，单束初调及张拉采用穿心式双作用千斤顶。整体张拉和整体放张采用自锁式千斤顶），额定张拉吨位为张拉力的1.5倍，且不得小于1.2倍，张拉千斤顶在张拉前必须经过校正，校正系数不得大于1.05。校正有效期为6个月且不超过200次张拉作业，拆修更换配件的张拉千斤顶必须重新校正。

② 压力表选用防振型，张拉油表精度为0.4级，表面最大读数为张拉力的1.5～2.0倍。压力表故障后必须重新校正。

③ 油泵的油箱容量为张拉千斤顶总输油量的1.5倍，额定油压数为使用油压数的1.4倍。

④ 压力表与张拉千斤顶配套使用。预应力设备必须建立台账及卡片并定期检查。

（2）预应力张拉方法

根据《两阶段施工图设计—月亮湾互通主线桥上构》《两阶段施工图设计—檀溪路立交主线桥上构》《公路桥涵施工技术规范》JTJ 041—2000及施工工期要求，预应力张拉采用一次张拉。

在预应力张拉前要在现场做预应力摩阻试验，确定内摩阻力，计算出钢绞线伸长量，确定施工张拉力的大小。

① 根据《公路桥涵施工技术规范》JTJ 041—2000，当箱梁混凝土强度达到设计强度标准值的50%时，拆除箱梁的内模板；当梁体混凝土强度及弹性模量达到设计值的90%（设计要求），且必须保证张拉时梁体混凝土龄期大于7d，即可进行张拉。预应力束张拉顺序为先张拉腹板束，后张拉顶、底板束，腹板束自上而下张拉，内外侧腹板束要对称同时张拉，顶、底板束先外后内、对称张拉。

② 张拉时分级加载，一般按照（10%～20%）σ_k→100%σ_k→0对应的张拉力分别量测伸长值。张拉控制采用张拉应力和伸长值双控，以张拉应力控制为主，以伸长值进行校核，当实际伸长值与理论伸长值差超过±6%时，应停止张拉，等查明原因并采取措施后再进行施工。

③ 张拉程序为：0→初应力((10%～20%）σ_k）持荷3min→100%σ_k（持荷3min并维持油压表读数不变、测量长度)→锚固。

σ_k为张拉时的控制应力（包括预应力损失在内），其值根据设计图纸要求取：

σ_k＝1395MPa。

（3）预应力张拉工艺

① 预应力张拉时按每束钢绞线的根数与相应的锚具配套，带好夹片，将钢绞线从千斤顶中心穿过。张拉时当钢绞线的初始应力 0.1σ_k时停止供油。检查夹片情况完好后，画线作标记。

② 向千斤顶油缸充油并对钢绞线进行张拉。张拉值的大小以油压表的读数为主，以预应力钢绞线的伸长值加以校核，预施应力过程中应保持梁体两端的钢绞线的伸长量基本一致。实际张拉伸长值与理论伸长值应控制在 6％范围内，每端锚具回缩量应控制在 6mm 以内。

③ 油压达到张拉吨位后关闭主油缸油路，并保持 5min，测量钢绞线伸长量加以校核。在保持 5min 以后，若油压稍有下降，须补油到设计吨位的油压值，千斤顶回油，夹片自动锁定则该束张拉结束并及时做好记录。全梁断丝、滑丝总数不得超过钢丝总数的 0.5％，且一束内断丝不得超过一丝，也不得在同一侧。

8）孔道压浆及梁端封端

（1）预应力孔道压浆

孔道压浆采用真空灌浆技术，在预应力张拉完成后，应在两天内进行压浆。压浆材料及施工工艺应满《公路桥涵施工技术规范》JTJ 041—2000 的各项规定。在压浆前试验室应会同技术部门一起进行压浆材料的检验，不满足要求的应重新配料。

真空灌浆是后张预应力混凝土结构施工中的一项新技术，其原理是在孔道的一端采用真空泵对孔道进行抽真空，使之产生－0.06～－0.10MPa 左右的真空度，然后用灌浆泵将优化后的水泥浆从孔道的另一端灌入，直至充满整条孔道，并加以 0.5～0.6MPa 的正压力，以提高预应力孔道灌浆的饱满度和密实度。其施工工艺如图 10.2-52 所示。

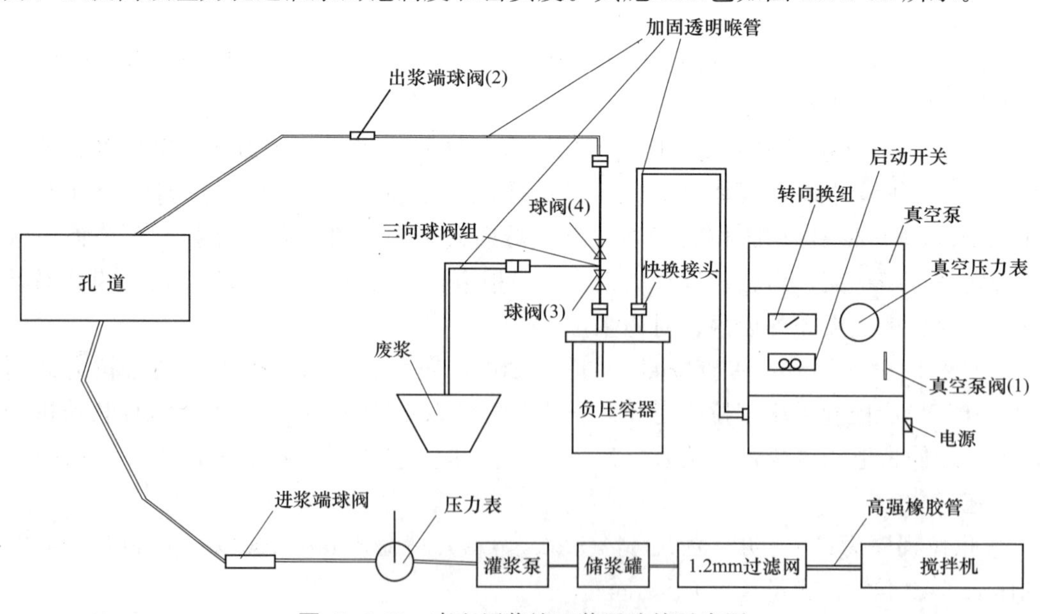

图 10.2-52 真空压浆施工装置连接示意图

① 张拉施工完成后，切除外露的钢绞线（钢绞线外露量不小于 30mm），进行封锚。封锚采用无收缩水泥砂浆封锚，封锚时必须将锚下垫板及夹片、外露钢绞线全部包裹，覆盖层厚度大于 15mm，封锚后 24～48h 之内灌浆。

② 清理锚下垫板上的灌浆孔，保证灌浆通道畅通。

③ 确定抽真空端和灌浆端，安装引出管、球阀和接头，并检查其功能。

④ 搅拌水泥浆使其水灰比、流动度、泌水性达到技术要求指标。水泥为强度等级不低于 42.5 级低碱普通硅酸盐水泥，并添加减水剂和阻锈剂，水胶比不超过 0.34，不得泌水，流动度应在 14～22s，30min 后不应大于 30s。初凝时间不小于 4h，终凝不大于 24h，压浆时浆体温度不超过 35℃且不低于 5℃，否则应采取相应的措施进行处理。浆体对钢绞线无腐蚀作用。

⑤ 启动真空泵抽真空，使真空度达到－0.06～－0.10MPa 并保持稳定。

⑥ 启动灌浆泵，当灌浆泵输出的浆体达到要求的稠度时，将泵上的输送管阀门打开，开始灌浆。

⑦ 灌浆过程中，真空泵保持连续工作。

⑧ 待真空泵端的空气滤清器中有浆体经过时，关闭空气滤清器前端的阀门，稍后打开排气阀，当水泥浆从排气阀顺畅流出，且稠度与灌入的浆体相当时关闭抽真空端所有的阀门。

⑨ 灌浆泵继续工作，压力达到 0.5～0.6MPa，持压不小于 2min。

⑩ 关闭灌浆及灌浆端所有阀门，完成灌浆。拆卸外接管路、附件，清洗空气滤清器及阀等。完成当日灌浆后，必须将所有粘有水泥浆的设备清洗干净。安装在压浆端及出浆端的球阀，应在灌浆后一小时内拆除、清洗。

（2）真空灌浆注意事项

① 孔道密封检查：将灌浆阀、排气阀全部关闭，打开真空阀，启动真空泵抽真空，观察真空压力表读数，当管内真空度维持在－0.08MPa 左右时停泵约 1min 时间，若压力保持不变即可认为孔道能达到并维持真空，否则重新检查密封。

② 水泥浆搅拌：搅拌好的水泥浆要做到基本卸尽，在全部灰浆卸出之前不得投入未拌合的材料，更不能采取边出料边进料的方法，严格控制浆体配比。

③ 严格控制用水量，否则易造成管道顶端空隙。

④ 对未及时使用而降低了流动性浆体，严禁采用加水的办法来增加灰浆的流动性，配制时间过长的浆体不应再使用。

⑤ 水泥浆出料后应尽量马上泵送，否则应不停搅拌防止离析。

⑥ 灌浆完成后，应及时拆卸、清洗管、阀、空气滤清器、灌浆泵、搅拌机等所有沾有水泥浆的设备和附件。

⑦ 压浆顺序先下后上，每条孔道一次灌注要连续完成，灌注完一条孔道换其他孔道时间内，继续启动灌浆泵，让浆体循环流动。从浆体搅拌到压入梁体的时间不应超过 40min。

⑧ 浆体压入梁体孔道之前，应首先开启压浆泵，使浆体从灌浆嘴排出少许，以排除

压浆管路中的空气、水和稀浆。当排出的浆体流动度和搅拌罐中的流动度一致时，方可开始压入梁体孔道。

⑨ 水应分两次加入，先加入实际拌合水用量的 80%～90%，开动注浆机，均匀加入全部压浆剂，便加入边搅拌，然后均匀加入全部水泥。搅拌 2min；然后加入剩余的 10%～20%的拌合水，继续搅拌 2min。

⑩ 压浆后应从锚垫板压/出浆孔检查压浆的密实清孔，如有不实，应及时补灌，以保证孔道完全密实。

（3）梁端封端

① 浇筑梁体封端混凝土之前，应先将承压板表面的黏浆和锚环外面上部的灰铲除干净，对锚圈与锚垫板之间的交接缝应进行防水处理，同时检查确认无漏压的管道后，再浇筑封端混凝土。为了保证混凝土接缝处接合良好，应将锚槽原混凝土表面凿毛，并按照设计图纸的要求焊上钢筋网片。封端混凝土应采用 C50 无收缩混凝土进行封堵。封端混凝土养护结束后，采用防水涂料对封端新老混凝土之间的接缝进行防水处理。

② 封端后的混凝土应加强养护措施，洒水养护不少于 14d。

9）注意事项

（1）在张拉钢绞线之前，对梁体进行全面检查，如有缺陷须事先征得监理工程师的同意修补完好且达到设计强度，并将承压垫板及锚下管道扩大部分的残余灰浆铲除干净，否则不得进行张拉。

（2）高压油表、千斤顶必须校验合格后方可使用，高压油表校验有效期不得超过一周，千斤顶校正期限不得超过一个月；千斤顶不准超载，不准超出规定的行程。转移油泵时必须将油压表拆卸下来另行携带转送；必须对高压油管等配件严格检查，对不合格的不能使用。

（3）每跨张拉时，必须有专人负责及时填写张拉记录。

（4）张拉时，千斤顶后面不准站人，不得踩踏高压油管；张拉时发现张拉设备运转声音异常，应立即停机检查维修。

（5）锚具、夹具均应设专人妥善保管，避免锈蚀、沾污、遭受机械损伤或散失。施工时在终张拉完后按设计文件要求对锚具进行防锈处理。

（6）锚垫板下混凝土质量保证措施：

① 锚板、锚垫板必须满足设计要求，锚垫板下应按要求布置螺旋筋。

② 混凝土浇筑时应特别注意在锚头区的混凝土质量，因该处通常钢筋较密集。加强该处的混凝土振捣，确保密实。

10.2.5　匝道箱梁施工

1. 施工准备

1）技术准备

（1）在收到设计图纸后，由技术管理部、质量安全部、商务合约部及各专业施工部认真阅读图纸，领会设计意图，并记录下图纸中存在的问题及时与设计院、监理单位进行沟通协调。

（2）由技术管理部组织图纸内审，形成统一的内部意见。

（3）参与由业主、监理、设计单位组织的正式图纸设计交底和正式图纸会审会，并形成记录。

（4）将图纸会审的内容及时向各部门进行技术交底。

（5）技术交底：由项目技术管理部向工程管理部主要责任工长和其他相关部门交底、工程管理部主要责任工长向现场工长交底、现场工长向施工班组交底。

（6）做好各类原材料的复检工作以及混凝土配合比的设计与检验工作。

2）人员配置（表 10.2-18）

人员配置表 **表 10.2-18**

序号	班组	施工任务	备注
1	满堂架班	满堂架的安装搭设、加载预压试验，调整等	按两班制配制
2	钢筋班	箱梁所有钢筋的制作与安装	按两班制配制
3	模板班	在满堂架上安装模板及箱梁支座的安装、模板的拆除	按两班制配制
4	混凝土工班	在钢筋模板均报检合格后，负责箱梁混凝土的浇筑、养护等	按两班制配制
5	杂工班	其他、水、电、场地等	按两班制配制

3）机具准备（表 10.2-19）

主要机械设备配置表（按南北两岸配置） **表 10.2-19**

序号	机械设备名称	型号	单位	数量	备注
1	钢筋切断机	BGW32	台	2	
2	钢筋弯曲机	GW40	台	2	
3	钢筋调直机	FGQ50	台	2	
4	电焊机	B-500F	台	4	
5	木工圆锯机	MJ-116	台	2	
6	钢筋运输车		台	2	自制
7	汽车吊	25t	台	2	
8	插入式振动器	ZN 型系列	台	15	未计备用数量（单孔梁）
9	混凝土罐车	$8m^3$	台	12	（单孔梁）
10	汽车输送泵	$120m^3$	台	4	（单孔梁）

4）材料准备（表 10.2-20）

檀溪路立交匝道主要材料数量表 **表 10.2-20**

序号	名称	规格	单位	数量
1	混凝土	C50	m^3	3834
2	普通钢筋	R235	kg	2981
		HRB335	kg	1228776

续表

序号	名称	规格	单位	数量
3	盆式橡胶支座	GPZ(Ⅱ)1.5DX	个	16
		GPZ(Ⅱ)1.5SX	个	16
		GPZ(Ⅱ)3.5GD	个	8
		GPZ(Ⅱ)3.5DX	个	32
		GPZ(Ⅱ)3.5SX	个	24
4	80 型伸缩缝		m	86
5	铸铁泄水管		kg	2678.2
6	紧固件		kg	769.8
7	PVC 管		m	862.6
8	外模		套	1
9	内模		套	1
10	方木、钢管		根	若干
11	塑料薄膜		m^2	3400
12	保温棉		m^2	1700
13	彩布条		m^2	1700

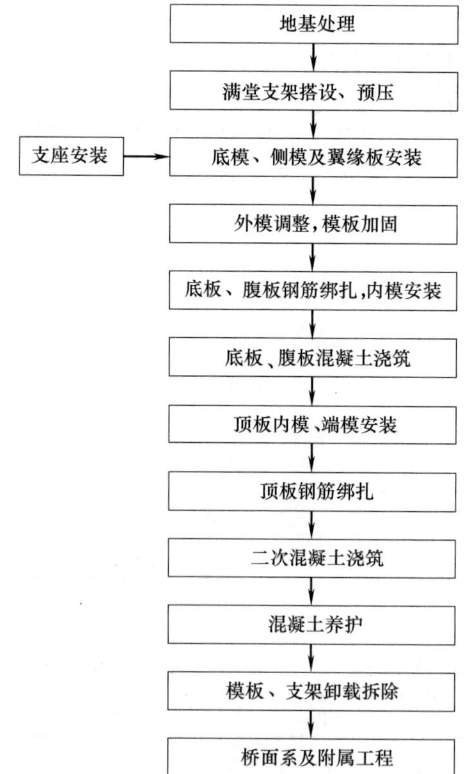

图 10.2-53　匝道桥满堂支架现浇施工工艺流程

2. 施工工艺流程

檀溪路立交匝道桥采用满堂支架现浇施工工艺，其具体的施工工艺流程参见图 10.2-53。

3. 模板工程

檀溪路互通匝道桥由于采用满堂支架现浇施工工艺，根据现场施工要求和物资进场等情况，匝道桥模板均采用厚度 20mm 木夹板拼装，匝道桥模板分为外模板、内模板与端模板。

1）外模板

外模包括底模板、翼板模板和腹板侧模。模板均采用厚度为 20mm 木夹板拼装。底模板固定在横梁上，横梁为 10cm×10cm 方木。横梁放置在 12.6 工字钢上，工字钢下面为满堂支架。由于桥面横坡为 2%，所以安装底模横梁时将横梁倾斜，倾斜角度为 2%。翼缘模板下面为横向方木，下方放置纵向方木，方木放置在 12.6 工字钢上，工字钢下面为满堂支架。腹板侧模由水平钢管做对撑加固，钢管竖向间距 60cm，纵向间距 60cm，且在内模与外模之间设置对拉螺杆，拉杆采用 20mm 螺栓，外套 22mmPVC 管，拉杆竖向间距为 30～60cm，纵向间距 120cm。同时为了确保其平整度和接缝顺滑，模板接缝间采用玻璃胶填缝。如图 10.2-54 所示。

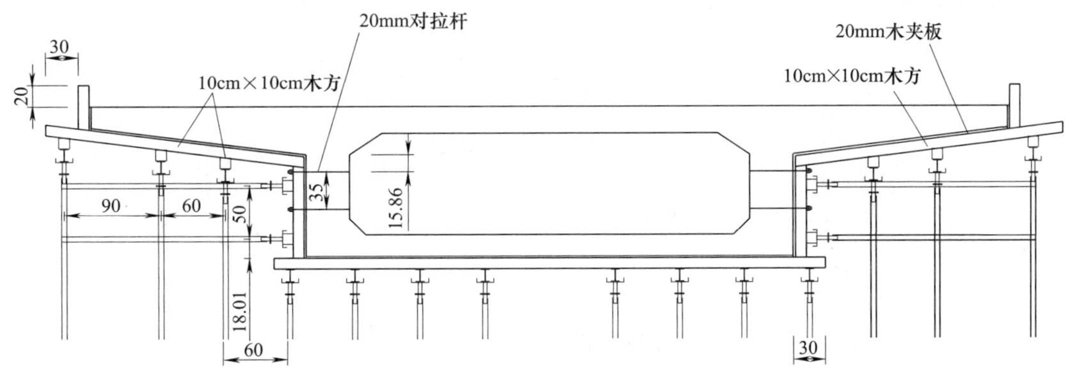

图 10.2-54 外模板设计布置图

外模进行加工时，对标准模板进行放样，确保加工模板的外形尺寸，施工前对模板进行拼装，检查外形尺寸拼缝及平整度是否满足要求，验收合格后方可使用。验收合格后的模板，底模和侧模分开水平堆放，堆放模板应受力均匀，防止模板变形或者模板表面受到损坏，装卸起吊过程中防止撞击造成模板变形。

2）内模板

内模板由顶板、底板、腹板侧板、横隔板侧模、横梁侧板、压脚模组成，面板采用 20mm 的木夹板，内楞为 10cm×10cm 的方木，支撑采用 48×3.5mm 钢管，腹板及下倒角内模也采用水平钢管对压支撑。竖向钢管横向间距 80～100cm，纵向间距 60cm，横向钢管每 60cm 布置两根。具体布置如图 10.2-55、图 10.2-56 所示。

图 10.2-55 内模板设计布置图

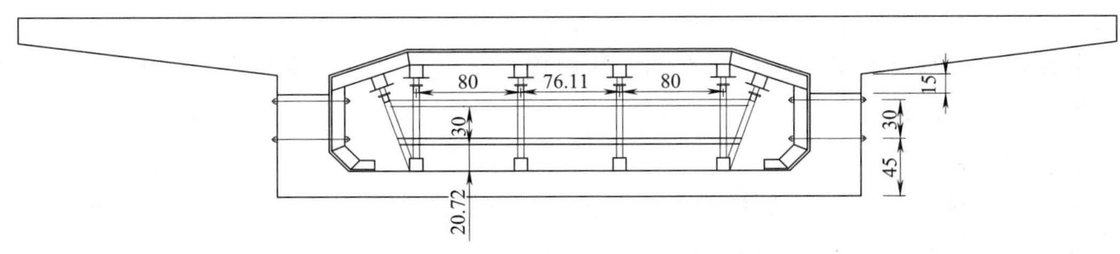

图 10.2-56 内模板设计布置图

内模的模板在木工加工场加工，按照图纸尺寸和要求，拼装成顶板模板、腹板模板、横隔板侧板、横梁侧板、压脚板模板等几大块，具体尺寸如图10.2-57所示。在第一次浇筑时安装地板及腹板内模，在第二次浇筑时安装上倒角、顶板内模及端模。

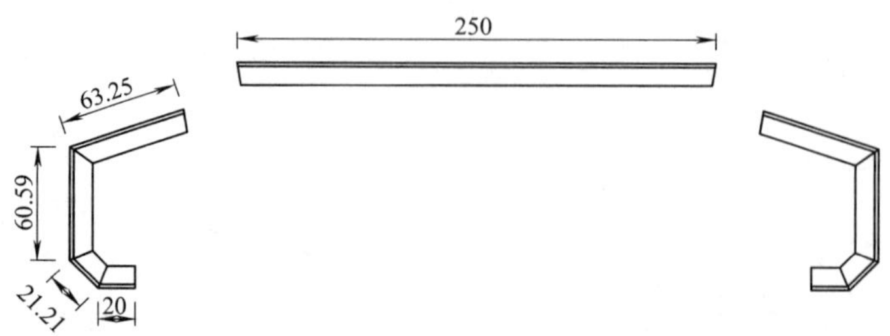

图10.2-57 内模板结构图

3）端模板

端模板包括浇筑封端混凝土前安装的模板和连续梁施工缝位置的模板，共两种类型。

模板面板选取20mm厚的木夹板，背楞为10cm×10cm的方木，方木间距为15～25cm，竖向放置，外楞采用ϕ48×3.5mm的钢管做水平向压杆。浇筑封端混凝土前安装的模板为平面模板，可利用主筋或相邻梁体支撑紧固；施工缝位置的模板则应加工成梳形板，以利于纵向钢筋通过。

按照支架预压后测定的挠度值设置立模标高预拱度，按照图纸上的尺寸和要求，先拼装底模再拼装侧模。模板拼装完成后，对标高及边线等进行复核。在腹板处根据楞木空间位置设置两道对拉螺杆。在两侧翼板下缘，距边缘100mm处用塑料线条设置R2的滴水槽，拆模后，保证美观。

箱梁顶板与底板一样，设置单向为2%的横坡，箱梁横坡按顶板，底板倾斜形成，并保持顶板底板平行，但腹板一定要保证铅垂，不能发生倾斜。在钢筋绑扎前将模板表面清理干净，钢筋绑扎期间，要保护模板成品，防止模板表面遭到破损，影响混凝土表面的美观。

内模板拆除应在混凝土强度达到设计值的50%后进行，外模拆除应在混凝土强度达到设计值的75%后进行，端模应在混凝土强度大于2.5MPa后尽快拆除。模板拆除基本顺序：先拆内模、拆侧模、拆底模、拆端模。

在每跨距横隔板4m处各设100cm×100cm洞口一个，便于内模的吊拆施工及梁体的通风。

本方案主线箱梁施工中已说明支座安装规程，匝道箱梁支座安装按设计规范及图纸进行安装，在此不再赘述。

4. 钢筋工程

概述：檀溪路立交匝道箱梁使用的钢筋有ϕ28、ϕ25、ϕ16、ϕ12、ϕ10，用量表如表10.2-21所示，其中顶板横向钢筋纵向间距为10cm，底板为20cm；竖向钢筋纵向间距为10cm。所有钢筋净保护层厚度为3cm。

钢筋用量表　　表 10.2-21

部位	钢筋用量(kg)
14.6m(一孔)	25975
20m(一孔)	31030
(4×20+14.6m)一联	150095
5×20m 一联	155151

1）钢筋的质量检验

每批检验钢筋应由同一牌号、同一炉罐号、同一规格、同一交货状态组成，并不得大于 60t；钢筋表面不得有裂纹、结疤和折叠，保证钢筋表面洁净、无油渍等外观质量问题。

钢筋必须按不同钢种、等级、牌号、规格及生产厂家分批验收，分别堆放，不得混杂，且应设立识别标志。钢筋应避免锈蚀和污染，钢筋堆放在仓库内，露天堆放时，应垫离与地面保持 20cm 的距离，防止钢筋受潮锈蚀。

2）钢筋的加工

（1）在钢筋加工场按照需要加工的钢筋形状制作钢筋加工胎架。再在钢筋制作胎架上进行钢筋的加工。使钢筋加工成工厂化、流水线作业。钢筋加工前应进行调直，确保钢筋表面的油渍、漆污、铁锈等均应清除干净。钢筋应平直，无局部折曲。

（2）钢筋的弯制在没有设计说明时，所有受拉热扎光圆钢筋的末端应做成 180°的半圆形弯钩，弯钩的弯曲直径不得小于钢筋直径的 2.5 倍，钩端应留有不小于钢筋直径 3 倍的直线段。受拉热扎带肋钢筋的末端，应采用直角弯钩，钩端的直线段长度不应小于 10 倍的钢筋直径，直钩的弯曲直径不得小于 5 倍的钢筋直径。

3）预留预埋

在钢筋绑扎过程中，严格按照设计图纸进行护栏、伸缩缝、泄水管、排气孔及泄水孔等预留预埋件的留设。技术部门必须积极与现场施工部门进行协调、配合工作，确保预留预埋件位置准确、数量齐全，预留预埋件必须固定牢固。

4）钢筋绑扎

（1）钢筋绑扎前由测量人员复测模板的平面位置及高程，其中高程为调整后的标高，均无误后方可进行钢筋绑扎。

（2）钢筋的绑扎根据混凝土的浇筑分两次绑扎，首先绑扎底板及腹板钢筋，待底板、腹板混凝土浇筑完成后进行顶板钢筋绑扎。

（3）由于梁体构件体型大、钢筋密集、复杂且受场地小的限制，钢筋工程将采用现场原位绑扎工艺，局部在钢筋加工场加工成网片后再进行吊运、拼装搭接或焊接连接成型。例如，连续箱梁横隔板部位的钢筋可采用在钢筋加工场进行加工成型后，再进行吊运、安装。

（4）箱梁顶板钢筋在内模安装完成之后进行绑扎。

（5）在钢筋绑扎时应防止对模板的破坏，尽量减少现场绑扎的工作量；为防止焊接钢筋时烧伤模板的模板漆，桥梁钢筋接长采用搭接和机械连接。

（6）在桥梁底板及腹板钢筋绑扎完成后，及混凝土浇筑之前采用大功率的吸尘器或高压风清除残留在模板表面的杂物。在所有的操作作业过程中，必须保证操作人员鞋底不得带有泥土进入箱梁施工区域。

5）钢筋绑扎验收

钢筋绑扎完成后，应对钢筋绑扎进行验收，验收先由现场质检工程师自检，自检合格后组织相关部门进行检查验收，验收合格后组织监理验收。验收内容主要为钢筋绑扎位置是否正确，钢筋、预留预埋件等是否遗漏。验收合格后方可进行下道工序施工。

6）注意事项

（1）钢筋垂直运输时，对较长的钢筋应进行试吊，以找准吊点，必要时可用方木或长钢管加以辅助，避免钢筋产生弯曲变形。

（2）为使保护层数据准确，保护层垫块不被压坏，箱梁施工垫块采用定型塑料垫块或预制等强度混凝土块。钢筋的焊接应特别重视，底板钢筋焊接的接头尽可能布置在各孔的 $L/4$ 处，严禁将接头设在跨中最大弯矩处，同时接头应避免在同一截面上超过 50％。

（3）在梁体钢筋的绑扎过程中，应特别注意预埋件数量及位置的准确性。

（4）施工缝处的钢筋要为下一梁段施工留有足够的搭接长度，使搭接头在同一断面上不超过 50％。

（5）箱梁腹板骨架上缘钢筋在墩中心线前后 5m 内不得有焊接接头；箱梁腹板骨架下缘钢筋在任一跨中心线前后 5m 内不得有焊接接头；箱梁顶板顶层主要受力钢筋在墩中心线前后 5m 内不得有焊接接头；箱梁底板底层主要受力钢筋在任一跨中心线前后 5m 内不得有焊接接头。

（6）钢筋绑扎时出现空间位置相互干扰或不便于施工等情况时，应及时与设计单位取得联系，经设计单位同意后方可变动。

5. 混凝土工程

概述：檀溪路立交匝道箱梁采用 C50 混凝土，其用量如表 10.2-22 所示。

混凝土方量表　　**表 10.2-22**

部位	混凝土方量（m^3）
（14.6＋4×20m）一联	74.1＋4×97＝462.1
5×20m 一联	5×97＝485

1）配合比的要求

（1）优先考虑低水化热水泥。

（2）粗骨料：含泥量，粉屑，有机物质和其他有害物质不得超过设计规定数值，骨料应具有良好的级配以获得水泥用量低，混凝土的强度高、和易性好的组合。

（3）细骨料：细骨料是混凝土中影响最敏感的材料之一，因此，细骨料直接影响着混凝土的强度和和易性，骨料偏粗，则和易性差，泌水性大。骨料偏细，比表面积大。所以细骨料的选用必须经过试验确定。

(4) 夏季施工时，防止混凝土过早地初凝。

(5) 拌制的混凝土，其流动性，和易性好，便于泵输送，坍落度 16～18cm。现场取样试块进行试压。而且混凝土的颜色应和墩柱颜色保持一致。

2) 箱梁混凝土的浇筑施工

(1) 浇筑方法及浇筑顺序

箱梁的混凝土由汉江三桥南北搅拌站提供，混凝土强度为 C50，其配合比必须满足设计要求，由混凝土罐车运至施工现场，采用两台混凝土泵车浇筑，每小时浇筑混凝土 $60m^3$。

梁体混凝土分两次浇筑，第一次浇筑底板及腹板，浇筑至顶板倒角下方 15cm 处，第二次浇筑腹板剩余及顶板混凝土。浇筑采用“斜面分层，薄层浇筑，连续推进，一次成型”的施工方法，每次浇筑在首方浇筑的混凝土初凝时间内完成浇筑。在进行第二次浇筑前要对施工缝进行处理，保证两次浇筑的混凝土能更好地融合，并保持梁的外观的美化。纵向浇筑顺序为：每联从一端向另一端先低后高的原则，其横向分三层浇筑，浇筑顺序为先浇筑底板，后浇筑腹板（至顶板倒角下 15cm），最后浇筑顶板，即底板→横梁、腹板→顶板（翼板）。浇筑示意图如图 10.2-58、图 10.2-59 所示。

第一步：浇筑底板、腹板及横梁混凝土。浇筑混凝土至倒角处下方 15cm，纵桥向每跨浇筑顺序由低端到高端，如图 10.2-58 所示。

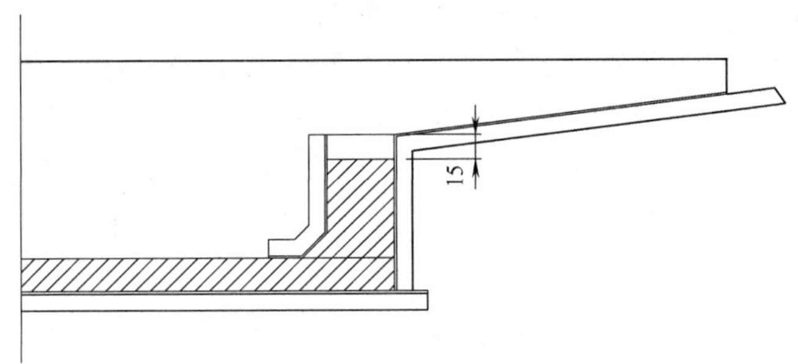

图 10.2-58 腹板混凝土浇筑示意图

第二步：一次浇筑腹板上方及顶板、翼缘板混凝土，纵桥向浇筑顺序不变，如图 10.2-59 所示。

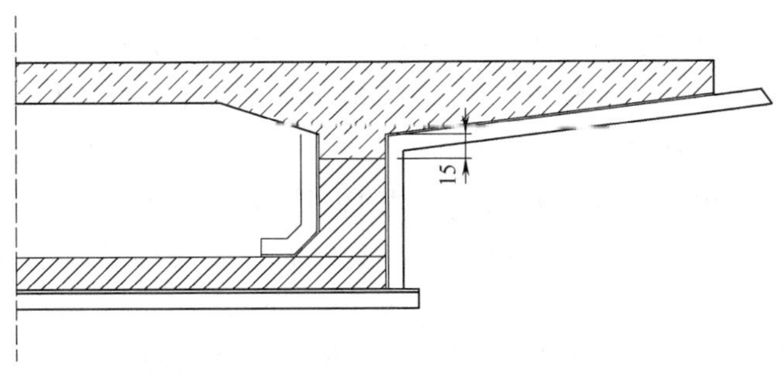

图 10.2-59 翼板混凝土浇筑示意图

(2) 纵向分层浇筑

桥纵向采取斜向分层的浇筑顺序，在底板浇筑完毕后从箱梁低端开始向高端浇筑腹板，每次浇筑 4～5m 长的斜层，待浇筑到距倒角以下 15cm 后，再浇筑下一个斜层。待腹板及横梁浇筑完毕后再按照斜层顺序浇筑顶板及翼板，如图 10.2-60 所示。

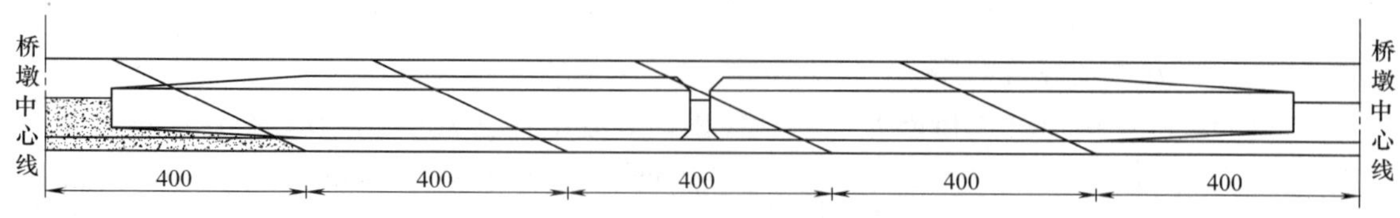

图 10.2-60　单跨箱梁斜向分层浇筑示意图

（3）浇筑要求及过程控制

浇筑底板混凝土时，应将坍落度适当加大，保持在 160～180mm 以内，以使混凝土能均匀地摊铺在底板模板上，减小空隙的产生。

腹板混凝土振捣采用插入式振捣器进行振捣，振捣时应避免振捣器碰撞模板、钢筋及其他，施工人员从预留人孔穿到箱室及顶板上进行振捣收平，若有多余混凝土，要及时进行清理。并保证底板及顶板厚度符合设计要求。箱梁锚下及支架处钢筋较密，混凝土粗骨料采用小粒径碎石，但混凝土强度不应降低。箱梁混凝土应采用较小的水灰比，并严格控制水泥的用量，以减少混凝土的收缩。同时，箱梁混凝土采用不低于 42.5 级普通硅酸盐水泥，为改善混凝土的强度，适当掺入高效减水剂。

浇筑顶板混凝土时，要严格控制箱梁顶面的标高在规范和设计范围之内，以满足桥面铺装层厚度的要求。高程控制的方法：沿桥纵向每隔 10m，横向箱梁两侧及中心线位置设置高程控制点，两侧控制点直接在翼板边模上设置，中间控制点采用短钢筋设点，竖向放置与箱梁钢筋焊接在一起，钢筋的顶部即为设计高程。箱梁顶部混凝土应及时拉毛处理，以便与上层铺装有良好的连接。

混凝土浇筑前，对支架系统、模板、钢筋及其他预埋件进行认真检查。混凝土浇筑过程中，对支架系统全程监控，发现问题及时处理。同时对支架做好观测标识，随时检测支架沉降变形动态，为后面施工提供依据。混凝土浇筑快结束时，复测桥面顶标高，使混凝土顶标高满足规范要求。

3）混凝土的养护

混凝土浇筑完初凝后及时进行养护，养护的方法要按季节的变化进行相应的养护。

在箱梁混凝土浇筑完毕后，使用木杠刮除混凝土表面的浮浆并刮平混凝土面，并在混凝土初凝前人工一次压实抹平。

一般混凝土浇筑完成后，应在收浆后尽快予以覆盖和洒水养护。

夏季采用覆盖再生棉洒水养护，梁体洒水次数应以能保持混凝土表面充分潮湿为度，养护不应少于 7d。

冬季，在表面覆盖塑料薄膜及保温棉进行养护，当环境温度低于 5℃时，禁止对混凝土洒水。

4）混凝土施工中注意事项

（1）在施工中，尽量优化方案，严格控制施工荷载，防止局部施工荷载超标造成支架不安全。

（2）箱梁混凝土浇筑过程中，严格按照混凝土浇筑顺序进行，防止造成支架局部受力过大。

（3）混凝土浇筑过程，派人员检查模板及支架安全情况，测量人员对支架及地基的沉降和变形进行监测。

（4）混凝土施工过程中监测资料及时与预压时资料相对比，以便对支架采取安全措施。

（5）雨季施工时，做好支架处的排水工作，确保支架的安全。

（6）由于本工程桥面沥青混凝土铺装直接铺装在箱梁顶板上，所以，对箱梁顶面的高程，平整度必须控制在允许范围以内，故须在顶板设置多个标高监测点，严格按标高控制混凝土的顶面高程。

6. 人孔设置及施工

在进行箱梁施工时，在顺桥向中心线距横隔板 4m 处预留 100cm×100cm 人孔，用于后期内模的拆除。在内模拆除完成之后将人孔周边进行凿毛处理，并将箱体内及凿毛所产生的残渣进行清理。清理完毕之后进行吊模安装，恢复人孔钢筋，进行焊接及混凝土浇筑，最后将表面收光养护。

10.2.6 实施效果

根据实际地质情况，通过多种方案进行对比，采用传统的满堂支架法施工襄阳汉江三桥互通立交的主线箱梁及匝道箱梁，保证了箱梁的施工质量，并满足了工期要求。现场施工照片如图 10.2-61～图 10.2-63 所示。

图 10.2-61 满堂支架预压实例

图 10.2-62 满堂支架现浇箱梁施工实例

图 10.2-63 互通立交成形图

10.3 少支点支架现浇箱梁施工

10.3.1 施工工艺流程

少支点支架现浇箱梁施工流程如图 10.3-1 所示。

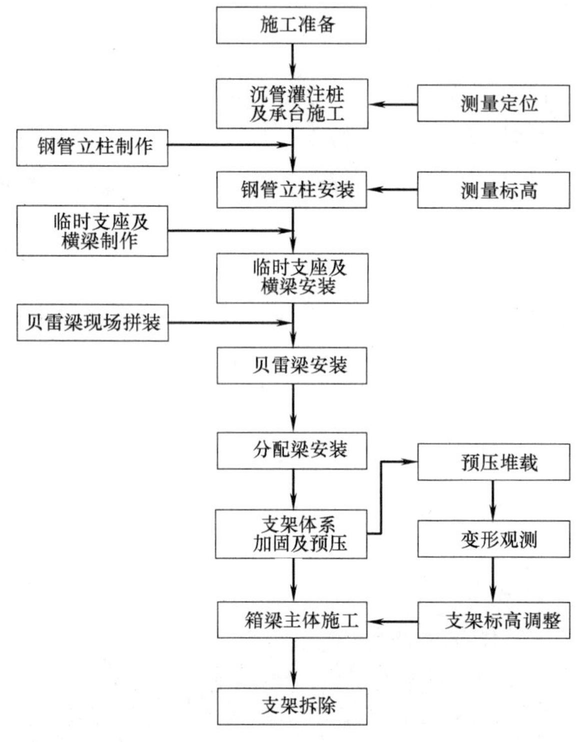

图 10.3-1 少支点支架现浇箱梁施工流程图

10.3.2 支架设计与施工

1. 支架设计

1）支架构造

支架采用 ϕ630×8mm 钢管做立柱，贝雷梁做承重主梁，夯扩灌注桩基础。2 排共 10 根钢管柱组成一道临时墩，每道临时墩宽 3m，每孔箱梁设两道临时墩，临时墩上设 18～22 排贝雷梁，贝雷梁跨径为（12＋3＋15＋3＋12）m，贝雷片规格为 170cm×300cm（带上下加强弦杆，另有部分非标准节桁架）；夯扩灌注桩桩顶设置三角独立承台或条形承台。在各排支墩钢管之间设置[10、[14 槽钢连接。支墩顶面用 2I45 工字钢做横梁，贝雷纵梁顶面设置 I18 工字钢做分配梁（@600mm），顶面设置纵向方木（10cm×10cm@30cm）。翼缘板和底板下的模板采用不同的卸载方式，翼缘板模板及支撑架采用 ϕ50mm 丝杆卸载，底模则采用楔形支座卸载。如图 10.3-2、图 10.3-3 所示。

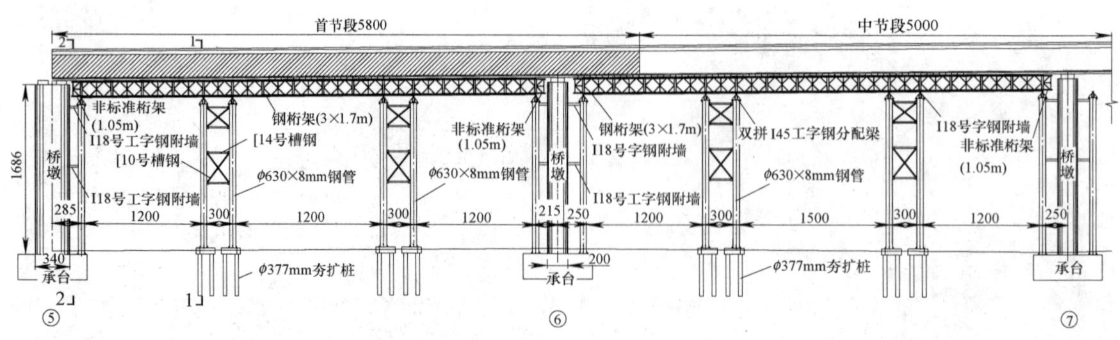

图 10.3-2 支架立面图

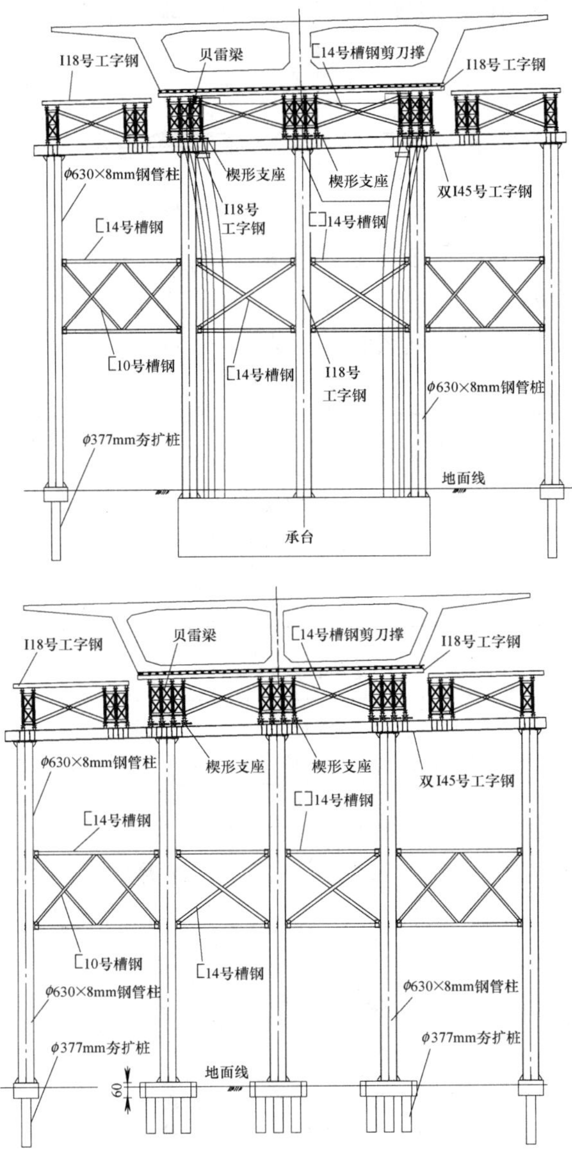

图 10.3-3 支架断面图

2）支架计算

支架设计过程中主要对支架基础、钢管临时墩、贝雷梁等进行了验算。

（1）梁计算单元划分

为保证支架安全性，取最宽的一孔梁段进行计算，即顶板宽度从 19.84m 到 20.87m，长度 50m 跨径的箱梁，其计算断面如图 10.3-4 所示。图中阴影部分表示由底板贝雷梁承受的荷载部分，空白部分为翼缘板下贝雷梁承受的部分。

（2）荷载计算

新浇筑钢筋混凝土箱梁自重密度取 26kN/m³，考虑内外模、分配梁及支架体系的自

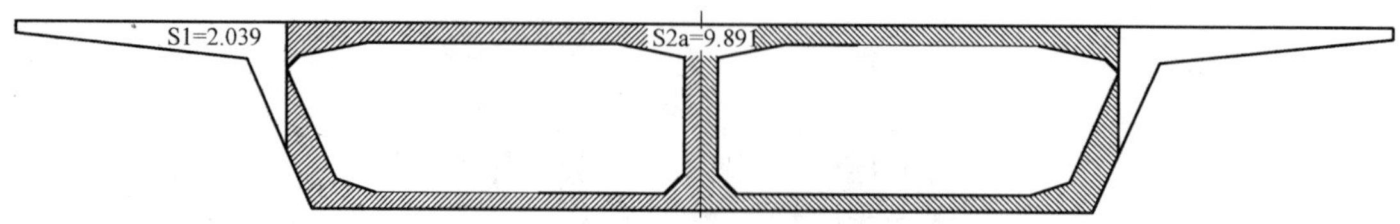

图10.3-4 计算断面划分示意

重，施工人员和施工材料机具等行走运输或堆放荷载、倾倒混凝土时产生的荷载、振捣混凝土时产生的荷载，风荷载等。

（3）底模、分配梁、贝雷梁、横梁计算（表10.3-1、表10.3-2）

计算结果表 **表10.3-1**

序号	构件名称	最大应力（MPa）	最大变形(mm)	容许应力（MPa）	容许变形（mm）
1	方木(10cm×10cm)	1.54	0.1	13	l/400=1.5
2	分配梁(I18)	82.8	2.7	215	l/400=8.25
3	横梁(I45b)	153	5.21	215	l/400=12.5

贝雷计算结果 **表10.3-2**

构件名称	最大弯矩（kN·m）	最大剪力（kN）	最大挠度（mm）	容许弯矩（kN·m）	容许剪力（kN）	容许变形（mm）
贝雷梁	365.2	228.6	8.46	1687.5	245.2	l/400=37.5

另外，非标准节钢桁架采用Q235B材质，上下弦杆为2［10号槽钢，腹杆为2［8号槽钢，计算最大应力41.3MPa，最大变形0.2mm，如图10.3-5所示。

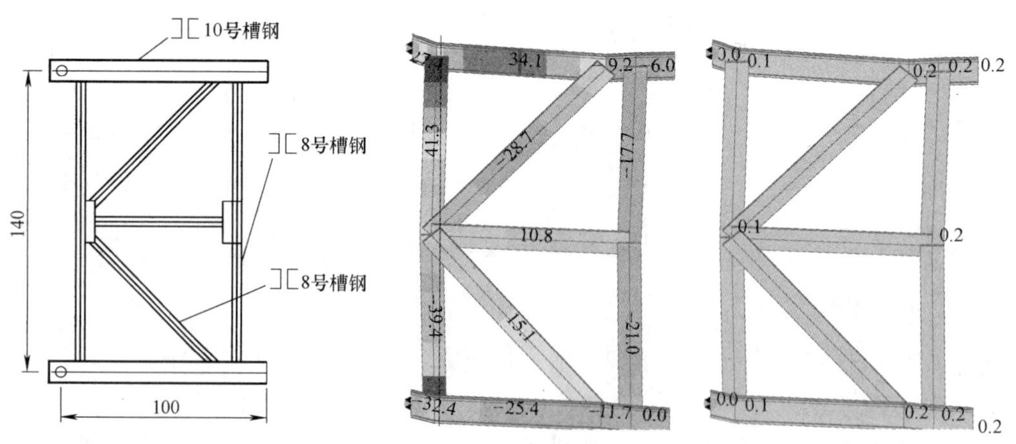

图10.3-5 非标准钢桁架示意及应力计算

（4）临时墩计算

各孔支架的临时墩高度不同，以17.5m高桥墩对应的临时墩为例进行计算，其受力简图如图 10.3-6 所示。

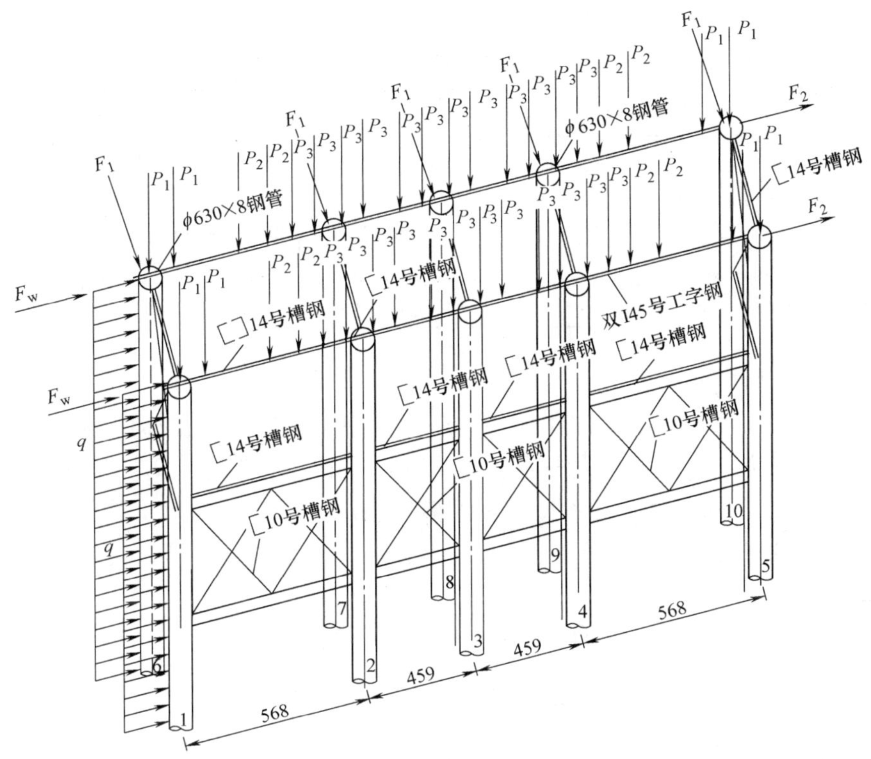

图 10.3-6 临时墩受力示意

图中 F_1、F_2 是水平力，为对应梁体自重的 5%；P 为所受竖向荷载，由贝雷梁分配梁支座反力得出；F_w为梁体所受风荷载转化的集中力；q 为作用在钢管上的风荷载。

相对于临时墩的计算，其所受荷载来自于上部的贝雷梁，对单个临时墩，可取其对应长度的梁体进行计算，如 12/2＋3＋15/2＝16.5m，即考虑此长度范围内的箱梁自重，对应的支架自重，及由此产生的相关荷载，如风荷载、水平力等。荷载组合如表 10.3-3 所示，需注意风荷载与水平荷载不同时组合。

荷载组合 **表 10.3-3**

编号	荷载名称	荷载值	荷载组合		
			Ⅰ	Ⅱ	Ⅲ
1	竖向荷载 P_1	239.5kN	1.0	1.0	1.0
	竖向荷载 P_2	238kN	1.0	1.0	1.0
	竖向荷载 P_3	269.7kN	1.0	1.0	1.0
2	自重		1.0	1.0	1.0
3	风荷载 F_w	11.7kN	1.0	—	—
	风荷载 q	0.287kN/m	1.0	—	—
4	水平荷载 F_1	59.9kN	—	1.0	—
5	水平荷载 F_2	149.8kN	—	—	1.0

对临时墩结构采用 Midas 建立有限元模型，并根据不同的荷载组合，计算结果如表 10.3-4 所示。

临时墩计算结果　　表 10.3-4

	钢管柱			平联			横梁(2I45b)		
	工况Ⅰ	工况Ⅱ	工况Ⅱ	工况Ⅰ	工况Ⅱ	工况Ⅲ	工况Ⅰ	工况Ⅱ	工况Ⅲ
应力(MPa)	165	162	196	57	124	92	170	169	181
位移(mm)	6.5	17.9	14.4	—	—	—	11.1	10.1	11.2
最大反力(kN)	1464	1678.5	1469.8	—	—	—	—	—	—

(5) 夯扩灌注桩计算

计算地质条件，地面往下覆盖层为粉砂层，厚度 l_1 根据桥位处地质报告确定，极限摩阻力 30kPa，桩端处土的承载力标准值 92kPa；卵石层作为持力层，可按厚 $l_2=20$m，极限摩阻力 120kPa，桩端处土的承载力标准值 q_{pk}取 400kPa。

根据《建筑桩基技术规范》JGJ 94—2008 第 5.3.5 条：

$$R_a=[Q_{uk}]/2=(Q_{sk}+Q_{pk})/2=(u\sum_{i=1}^{n}l_i q_{sik}+A_p q_{pk})/2$$

式中　R_a——桩基设计承载力特征值；

Q_{uk}——桩基极限承载力标准值；

u——桩身周长，$u=1.184$m；

q_{sik}——极限侧阻力标准值，根据地勘资料查得；

A_p——桩端的截面积，$A_p=0.1116\text{m}^2$；

l_i——承台底面或局部冲刷线以下各土层的厚度（m）；

q_{pk}——桩端土的极限端阻力标准值，粉砂层取 120kPa，卵石层取 400kPa。

桩基采用 C25 混凝土，灌注桩按配筋率 0.5%进行配筋，主筋为 HRB335 级 5 根 ϕ12mm，长度按 2/3 桩长配置。

2. 支架施工

1) 支架施工流程

夯扩灌注桩施工→基础承台施工→钢管立柱制作与安装→双拼 I45 工字钢分配梁安装→楔形支座安装→贝雷梁安装→I18 工字钢分配梁安装→底模安装→侧模及支撑架安装→支架体系预压→主体结构施工→支架拆除。

2) 夯扩灌注桩基础施工

支架基础采用夯压成型灌注桩，又称夯扩桩，是在普通锤击沉管灌注桩的基础上加以改进发展起来的一种新型桩，由于其扩底作用，增大了桩端支撑面积，能够充分发挥桩端持力层的承载潜力，具有较好的技术经济指标，在国内许多地区得到广泛的应用，现场施工情况如图 10.3-7 所示。

桩管由外管（套管）和内管（夯管）组成。外管直径为 377mm 无缝钢管；内管直径为271mm，壁厚10mm，长比外管短100mm，内夯管底端采用闭口平底。

桩管打入深度实行桩长及贯入度双控，其中以贯入度控制为主，桩长作为参考。根据实际地质情况，结合试桩打入情况，针对不同的承载力要求，三角承台下的桩基贯入度控制为最后10锤入土不大于7cm，条形承台下的桩基则为15cm，同时以计算桩长作为参考。机械型号D16～32筒式柴油打桩机，采用2.5t锤施工，保证每根桩的夯扩锤击数不少于50锤，当不能满足此锤击数时，再投料一次，扩大头采用干硬性混凝土，坍落度应在1～3cm左右。

图 10.3-7 夯扩灌注桩施工

夯扩桩钢筋笼现场制作，其方法与一般的混凝土灌注桩钢筋笼制作方法基本相同，先制作加强箍筋（为HRB335级ϕ16mm@2m），然后由加强箍定位ϕ12mm的主筋，最后安装ϕ6mm螺旋箍筋，桩打入完成后利用打桩机下放钢筋笼，待钢筋笼安放完后灌注混凝土。夯扩桩施工完成后开始破除桩头施工小承台。

3）小承台施工

夯扩桩顶设置钢筋混凝土承台，承台采用C30混凝土，承台厚度为60cm，保护层厚度30mm，具体布置如图10.3-8所示，承台钢筋绑扎如图10.3-9所示。

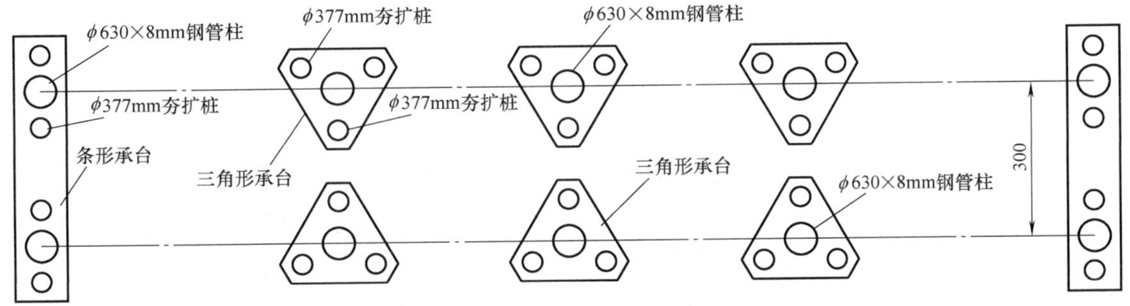

图 10.3-8 承台平面布置图

4）临时墩及钢桁架安装

临时墩采用ϕ630×8mm钢管立柱，连接系采用[10号、[14号槽钢，横梁采用双拼I45a工字钢，临时墩钢管立柱与承台通过地脚螺栓连接，如图10.3-10（*a*）所示，临时墩钢管柱顶及横梁通过螺栓连接。箱梁横坡由钢管柱高低差调整。临时墩高度超过12m（不含封头板厚度）可以分段制作，连接方式如图10.3-10（*b*）所示。

临时墩安装完成以后，在临时墩顶横向分配梁（底板下每排贝雷梁对应位置）放置楔形支座，楔形支座总行程9cm，安装时按7cm行程设置，以便调节标高。

钢桁架主要由标准节贝雷片和非标准节钢桁架组成。标准节贝雷桁架由3m长的桁

图10.3-9　承台钢筋绑扎图

架、加强弦杆、保险销、支撑架等组成。另有部分非标准节钢桁架（用于箱梁底板下的贝雷梁的两端），长度105cm，上下弦杆为2［10号槽钢，腹杆为2［8号槽钢，设有连接板，阴阳头（孔径51mm），材质均为Q235B，焊缝均为周边焊缝或双面焊，焊缝高度6mm。

钢桁架具体安装方法如下：

（1）先将桁架在地面上按组分段拼装好，然后用汽车吊吊装就位于安装好的I45a工字钢分配梁上或其支座（砂箱或楔形支座）上，再将两段拼接。

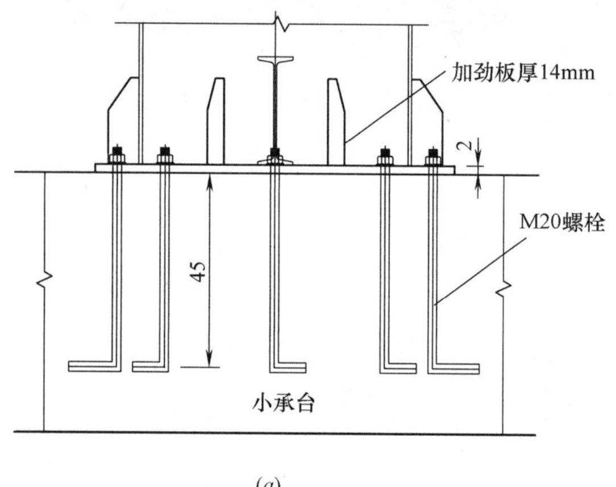

(a)

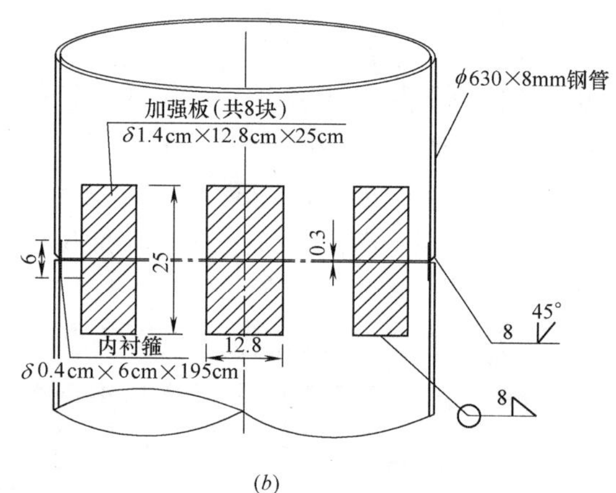

(b)

图10.3-10　预埋螺栓立面

（2）单榀桁架由7～9节桁架节组成，由箱梁内侧向外吊装就位。

（3）钢桁架每2组（一组2～4排）安装完成后，调整线形，安装剪刀撑。

（4）钢桁架纵梁拼装完成后对其进行检查，主要检查桁架、保险销、螺栓、联板是否连接稳固，确保钢桁架在架设使用过程中安全、可靠。每组钢桁架采用[14号槽钢作剪刀撑连接牢固，每道剪刀撑间距6m，形成一个整体。

（5）最后在贝雷梁上放置横向I18工字钢分配梁，分配梁与钢桁架采用ϕ20mm“U”形螺栓连接牢固，形成一个工作平台。

钢桁架平台施工完成后，安装底模及侧模板，支架成形。

5）支架预压

支架预压主要目的是收集支架、基础的变形数据，作为检验和调整预拱度设置的依据，同时检验支架的安全性。由于采用灌注桩基础，且支架基础地质条件相近、支架施工工艺相同，只对首跨预压，预压材料采用砂袋和水袋，预压荷载取梁体自重的1.1倍。模板安装完成以后进行预压，采用水袋预压施工如图10.3-11所示。

观测位置除桥墩和临时支墩外，还应有钢桁架纵梁的各跨中处，左右对称观测，以1d为一个观测单位（两次），观测3d，支架变形稳定后卸载，复测对应点标高，确定弹性变形。分级堆载30%、60%、90%、110%时分别进行观测。

经对预压结果分析，临时墩墩顶贝雷梁位置沉降6mm，贝雷梁15m跨径跨中沉降20mm，贝雷梁12m跨径跨中沉降16mm，临时墩小承台基础沉降0～3mm。贝雷梁跨中最大挠度11～14mm，考虑超载预压及贝雷片螺栓间隙等因素，实际挠度与计算值基本相符，且小于允许值。因此，跨中断面设20mm预拱度，其他断面呈抛物线分布。

6）支架周转

箱梁混凝土强度达到75%时，先将翼缘板模板脱模、通过纵向滑移至下一跨支架上，箱梁底板下贝雷梁则在箱梁预应力张拉完成后卸载，其方法是下调楔形支座，将贝雷梁落在横移小车上，拆除底模及分配梁，然后将贝雷梁横移至箱梁翼板外，用汽车吊吊至地面。钢管支架则采用汽车吊配合人工逐根拆除、转运至下一跨，如图10.3-12所示。

图10.3-11 支架预压图

图10.3-12 贝雷梁拆除周转

10.3.3 模板设计与施工

1. 模板设计

滩桥箱梁模板分外模和内模两部分，有钢模板和木模板两种体系，其中侧模、端模板、张拉槽口模板为钢模板，支座模板、底模板、内模板为木模板。现主要介绍箱梁内模及侧模设计。

1）内模板构造

箱梁内模板采用木模板，钢管型钢桁架支撑，按全断面一次浇筑设计。内模板的木模板部分包括有面板、木楞等，面板选取15mm厚的竹胶板，内楞为10cm×10cm的方木，方木间距为20±5cm（净距），外楞采用［6.3、［10和ϕ48×3.5mm的钢管型钢桁架，桁架纵向间距为 80cm。内模之间采用 ϕ20mm 拉杆（外套 ϕ22mmPVC 管），拉杆竖向间距 100cm，纵向间距 80cm。一个箱室左右桁架之间设横向 $\phi48\times3.5$mm 钢管做压杆，并设剪刀撑，剪刀撑间距为 320m。如图 10.3-13、图 10.3-14 所示。

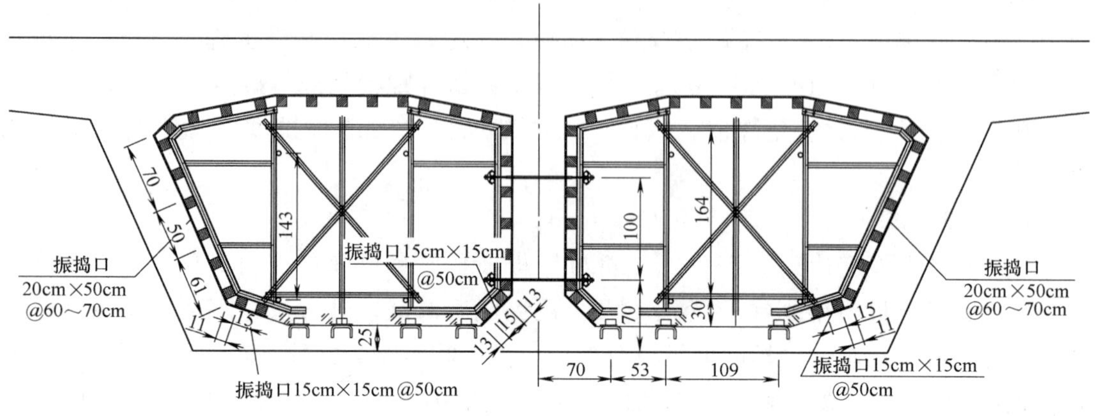

图 10.3-13 内模体系构造图

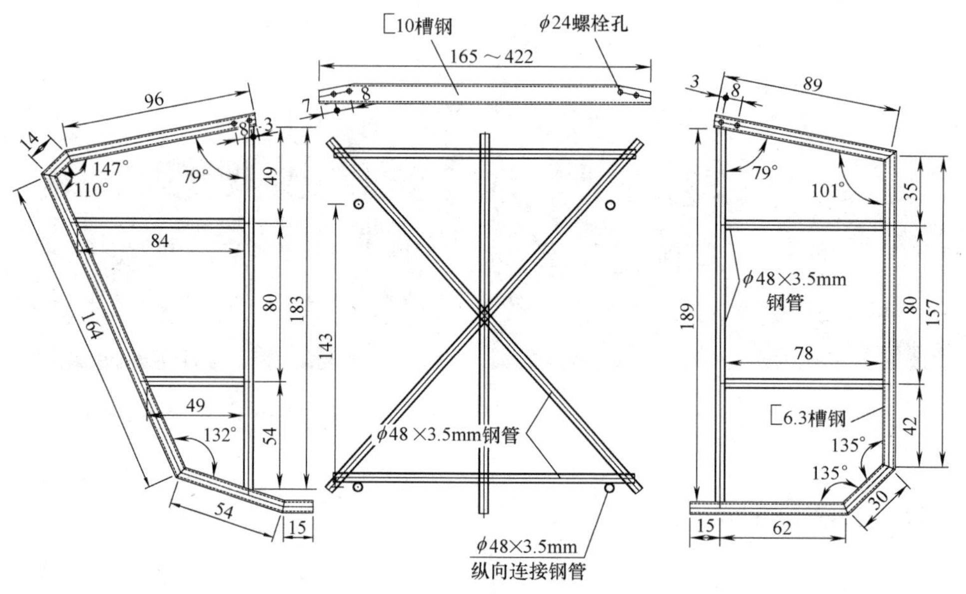

图 10.3-14 内模组装图

2）侧模构造

箱梁侧模采用钢模体系。标准节长度为 2m，面板选用 6mm 厚钢板，连接边为厚 12×100mm 带钢，附面板背肋为 [10 槽钢，背楞为 2 [14 槽钢；[14 与 [10 槽钢配合作为支撑架，支撑架间距为 1m，支撑架之间用∟63×6 连接成剪刀撑。如图 10.3-15、图 10.3-16 所示。

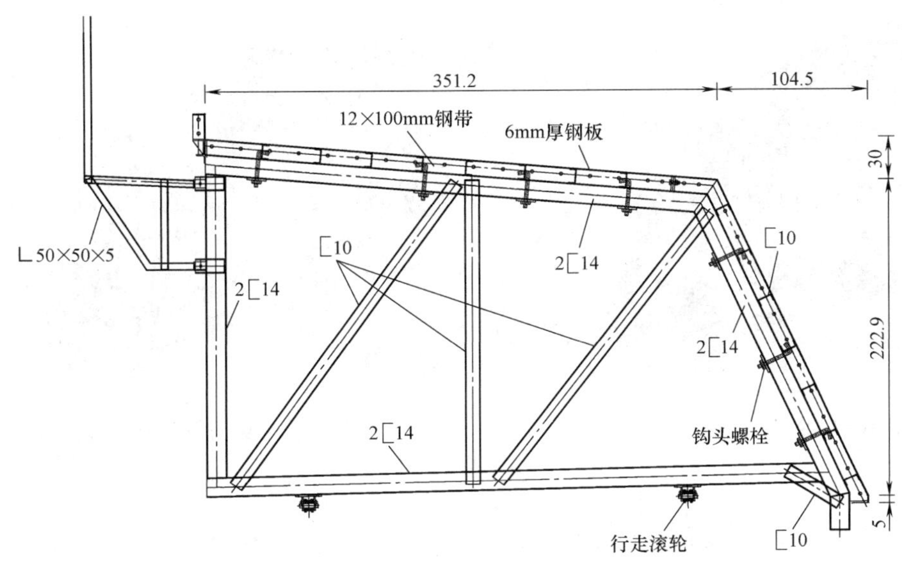

图 10.3-15 侧模横断面图

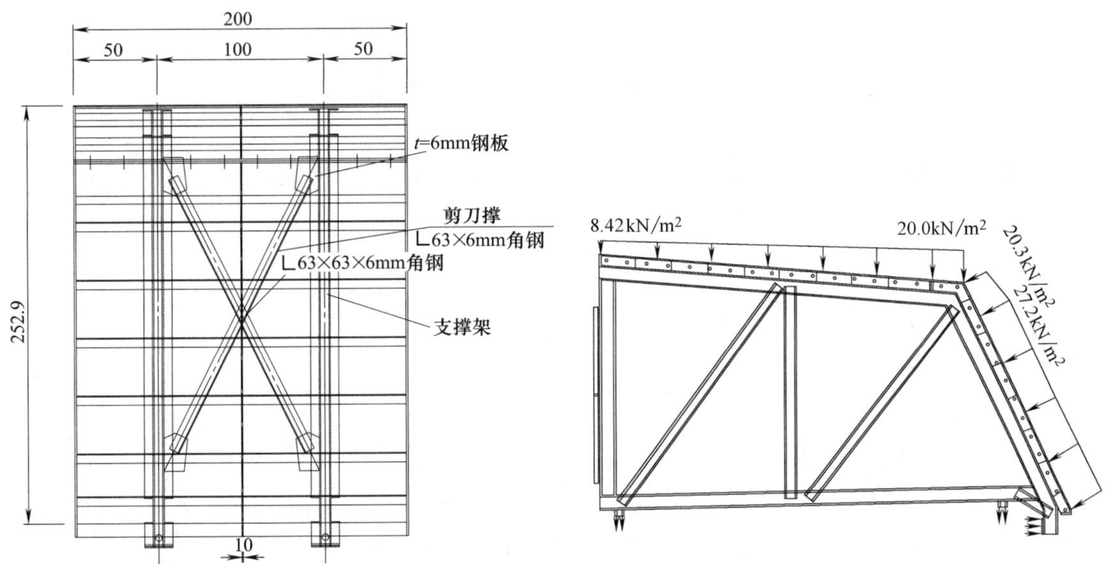

图 10.3-16 侧模纵断面图

图 10.3-17 侧模整体计算模型图

3）模板计算

为了保证少支点支架箱梁模板的设计可靠性、经济性和合理性，对侧模及内模结构分别采用 Solidworks 和 Midas/Civil 软件建立有限元模型，受力过程充分考虑了混凝土浇筑速度、浇筑高度、分层状况及内外模相互作用等影响，并进行荷载组合。通过模拟分析计算，加载模型及计算结果见图 10.3-17～图 10.3-23，计算结果均满足设计要求。

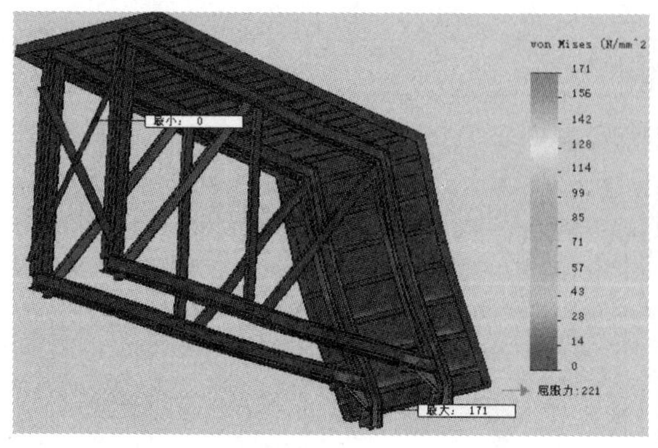

图 10.3-18　侧模整体计算应力图

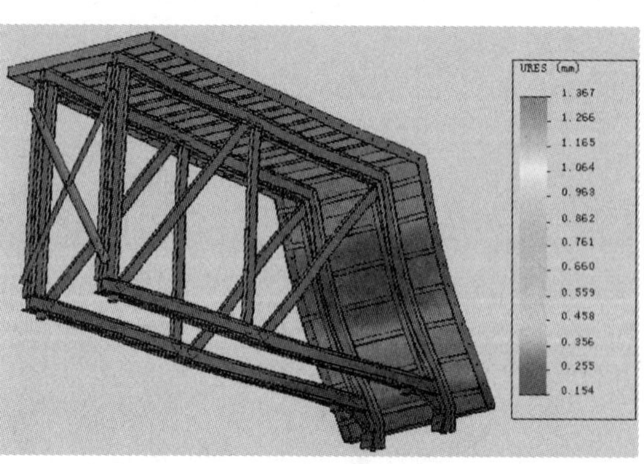

图 10.3-19　侧模整体计算变形图

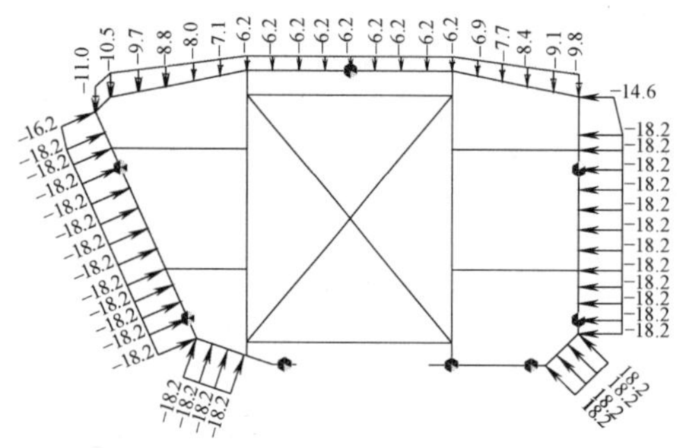

图 10.3-20　内模支撑桁架计算模型图

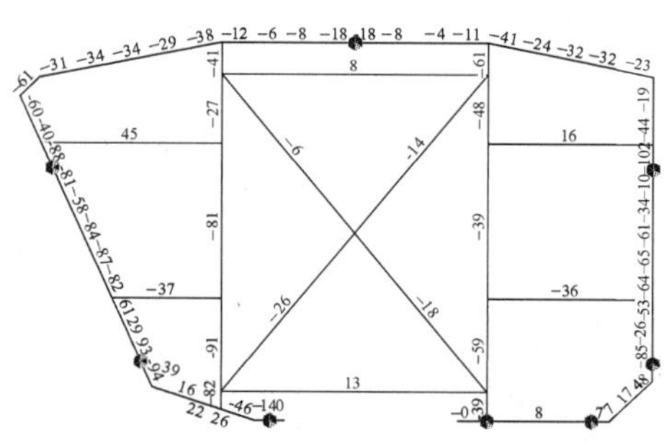

图 10.3-21　内模支撑桁架计算应力图

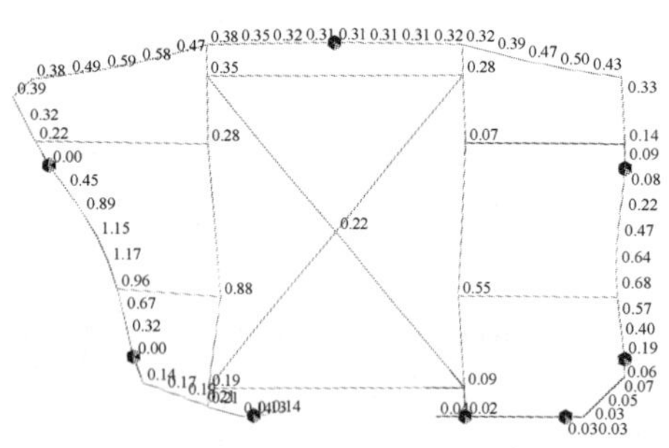

图 10.3-22　内模支撑桁架计算变形图

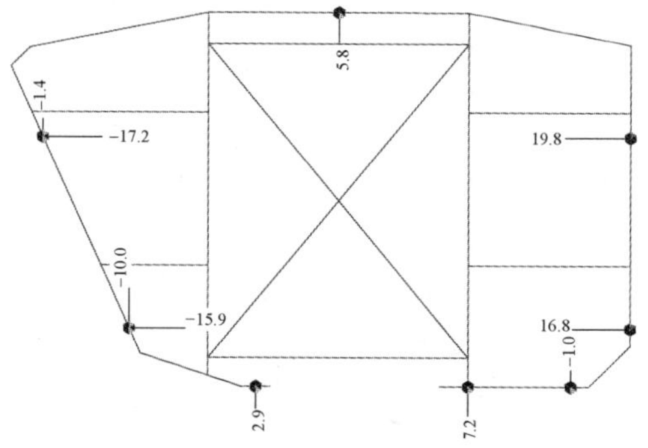

图 10.3-23　内模支撑桁架计算反力图

2. 模板制作

1）侧模制作

由于箱梁外模尺寸精确度要求高，侧模加工选用大型加工企业，采用大型钢模加工设备进行分块制作。模板分块的划分根据箱梁对外观效果的要求及加工运输的方便进行。模板分块原则按定型化、整体化、模数化、通用化。箱梁侧模加工必须严格按照设计图纸的尺寸进行加工，加工分块如图 10.3-24 所示，连续梁梁端模板单独设计加工。

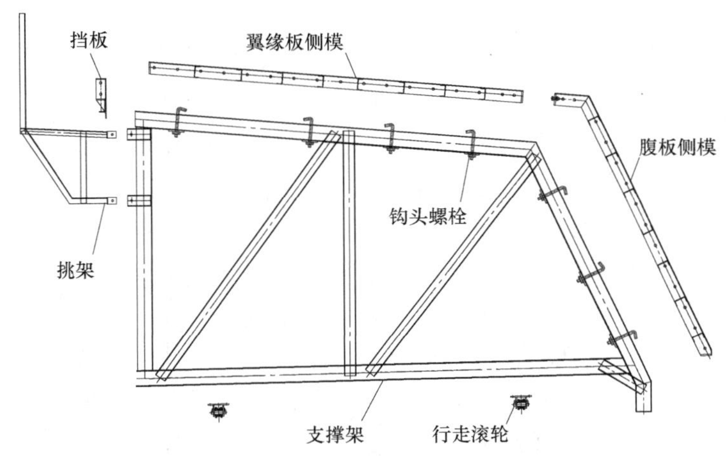

图 10.3-24 侧模加工分块示意图

为了保证钢模板组合效果，在模板出厂前必须进行预拼装，对模板表面的平整度、截面尺寸、模板拼缝、模板螺栓连接体系进行验收，以保证模板加工质量满足设计施工要求。预拼装完成后，采用油漆在模板背面对其类型进行标识，以便进场后模板拼装与设计一致。

2）内模制作

箱梁内模采用木模板，钢管型钢桁架支撑，内模的装卸采用“整装散拆”方式进行。内模板的加工根据现场的吊运能力及施工的便利性，每 8m 为一个节段，然后再在原位进行组装。内模支撑桁架根据设计图纸尺寸及角度要求现场制作。内模拼装前，先将工字钢垫梁标高调一致，再排放好支撑桁架，然后用纵向连接钢管将各排支撑桁架连接成一体，并安装剪刀撑，再在成型的支撑桁架上用铁丝绑扎方木，最后在方木上铺设竹胶板，并在接缝处用双面胶封闭。

3. 模板安装

1）侧模安装

侧模安装前，必须对钢模表面进行处理，以保证箱梁混凝土良好的外观质量。钢模板表面先用角磨机将模板表面的铁锈及残留混凝土渣清理干净，最后使用干净的湿抹布擦拭模板表面。待模板板面干燥后，均匀涂刷优质的模板漆，不能太厚也不能太薄。模板漆干前，不得淋雨和沾灰尘等杂物。

箱梁侧模在现场按 2m 一节分别拼装成型。侧模拼装在拼装胎架上进行，先将侧模支撑桁架排放在胎架固定位置，然后用剪刀撑将两支撑桁架连接成整体，再在支撑桁架上分别安装侧模腹板及翼缘板模板，钢模板与支撑桁架双拼 [14 点焊，并用钩头螺栓连接。腹板与翼缘板模板通过螺栓连接成一体。最后在支撑桁架底部安装行走滚轮及支撑丝杆。侧模吊装采用 25t 汽车吊从箱梁一端往另一端依次分块吊装至支撑垫块上，然后用支撑桁架底部的千斤顶依次调整每节侧模的标高，满足要求后，拧紧支撑丝杆上的螺母，转为支撑丝杆受力。全部侧模安装到位后，用螺栓将每节模板连接成整体。最后将桁架底部的对拉杆螺母依次拧紧牢固。

2）内模安装

当底板及腹板钢筋、波纹管、穿钢绞线施工完成后并验收合格后即可进行内模的安装。内模安装之前必须用高压风从箱梁一端将箱梁底板上的杂质吹至另一端的预留孔清理出箱梁外，对残留在箱梁底板上的扎丝、木块、铁件等杂物采用人工清理。

内模板采用整装散拆，即现场整体拼装，8m 一节整体吊装就位。模板安装前，先检查模板板面是否清理干净，以及腹板钢筋上的保护层垫块安装是否到位，模板拼缝是否用双面胶封闭处理。内模板吊装时，在内模顶板下方设置两根工字钢作为吊梁，设置四个吊点，利用 25t 汽车吊将内模吊装至底板钢筋马蹬上的垫梁上，并对其安装位置进行检查，若不满足要求，对其进行调整，直至位置安装到位，然后依次吊装其他节段内模。箱梁两个箱室内模全安装完毕后，对中腹板两侧内模进行对拉杆加固，然后加支撑桁架之间压杆。内模上混凝土的振捣口、预留人洞口的位置按照事先设计方案进行留设。

4. 侧模滑移技术

1）滑移原理

模板纵向滑移技术具体来讲是一种现浇箱梁支架模板纵向滑移施工技术。模板纵向滑移主要是通过卷扬机系统将搁置在导向轨道上模板整体移至下孔现浇箱梁位置。整个滑移系统包括翼缘板及腹板构成的整体模板系统、轨道和牵引装置。通过将牵引索与整体模板系统连接，使用牵引装置拖拽牵引索带动模板系统整体前移至下一孔箱梁位置就位，完成一次现浇箱梁支架模板整体滑移。滑移系统构造如图 10.3-25 所示，其中可调丝杆详图见图 10.3-26。

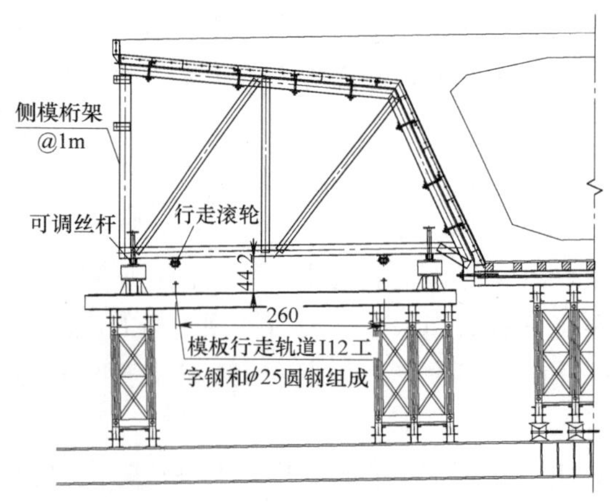

图 10.3-25　滑移系统构造图

图 10.3-26　可调丝杆

2）滑移过程

本工程箱梁翼缘模板、腹板外模采用组合钢模，标准节长度 2m，50m 箱梁一侧共 25 块模板，侧模支撑桁架间距 1m，桁架之间用∟63×6mm 连接成剪刀撑，桁架底安装滑移滚轮。导向轨道采用在 I12.6mm 工字钢焊接 ϕ20mm 圆钢。牵引装置由 8t 卷扬机、钢丝绳和滑轮组组成。

一次现浇箱梁浇筑结束后，并待混凝土强度达到设计强度的75%后，调节侧模底下支撑丝杆的高度将模板与已浇筑完成箱梁脱离，侧模降至滑移轨道上。然后将侧模按4～5块一组，分节拆除模板之间的连接螺栓，左右两侧共12节（每节长8～10m）。为了减小模板滑移时与轨道的摩擦力，在轨道上涂抹黄油。最后使用8t卷扬机按由前到后的顺序将各节模板依次整体前移至下一孔箱梁位置就位，完成一次现浇箱梁支架模板整体滑移。牵引系统如图10.3-27、图10.3-28所示。

图10.3-27 导轨及滑轮图

图10.3-28 牵引系统图

5. 模板拆除

1）内模拆除周转

内模须在混凝土强度达到设计强度的50%以上方可进行拆除。在内模拆除过程中尽量保证模板板面的完好率。拆除内模时，先拆除内模剪刀撑、竖向支撑接及纵向连接钢管，再拆除支撑桁架的连接槽钢横梁，然后解除方木与支撑桁架连接钢丝，拆除支撑桁架与方木，最后拆除竹胶板。内模拆除构件从箱梁顶板预留洞口拿出，并在已浇箱梁上拼装成型。

2）箱梁侧模须在混凝土强度达到75%以上时方可拆除。外模脱模靠调节侧模底下支撑丝杆的高度将模板与已浇筑完成箱梁脱离，降至滑移轨道上，然后根据卷扬机的牵引能力，将模板按8m一节拆除节与节模板之间的连接螺栓，最后分节滑移至下一跨。模板拆除过程中不得采取强硬措施，避免对混凝土外观的损伤。全部箱梁施工完毕后，由于侧模位于翼缘板下，吊车难以吊卸，通过接长梁端贝雷梁，使其悬挑出梁端，按照侧模滑移出一节，拆除一节的方式拆除。

10.3.4 钢筋及预应力施工

每孔箱梁钢筋约 109t，主要有 ϕ12mm 和 ϕ16mm 两种，均为 HRB335 级。钢筋基本布置：纵向为 ϕ12mm，横向为 ϕ16mm，纵向间距为 10cm、15cm，横向间距大部分为 10cm，局部小于 10cm。钢筋净保护层 2.5cm。

箱梁纵向预应力钢束采用 15-15ϕ^s15.2，横向预应力钢束采用 15ϕ^s15.2。箱梁纵向、横向预应力钢绞线采用抗拉强度标准 f_{ptk}=1860MPa，弹性模量为 1.95×10^5MPa，纵向锚下张拉控制应力为 1395MPa，横向锚下张拉控制应力为 1339MPa，均采用一端张拉。

1. 钢筋绑扎

1）箱梁钢筋安装流程

箱梁钢筋安装流程如图 10.3-29 所示。

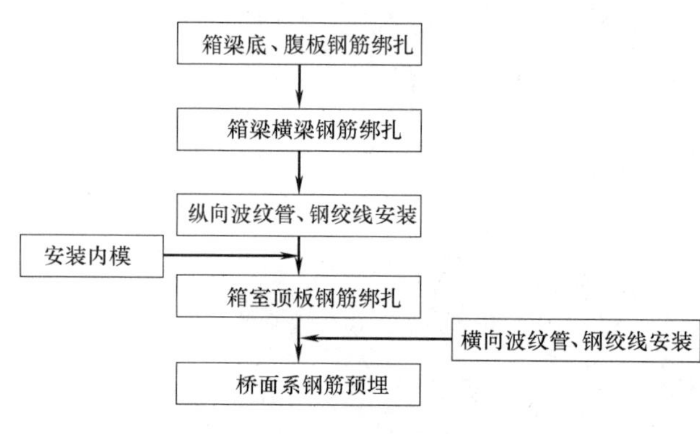

图 10.3-29 标准段钢筋安装流程图

2）钢筋绑扎前由测量人员复测模板的平面位置及高程，其中高程为调整后的标高，均无误后方可进行钢筋绑扎。

3）钢筋将采用现场原位绑扎工艺。

4）在进行底板钢筋及腹板钢筋绑扎的过程中，进行波纹管的安装、预应力筋锚固端（包括垫板及锚下螺旋筋）的安装和穿钢绞线。

5）箱梁顶板在内模安装完成之后进行绑扎。

6）在钢筋绑扎时应防止对模板的破坏。

7）在桥梁底板及腹板钢筋绑扎完成后，及混凝土浇筑之前采用大功率的吸尘器或高压风清除残留在模板表面的杂物。在所有的操作作业过程中，必须保证操作人员鞋底不得带有泥土进入箱梁施工区域。

8）在钢筋绑扎过程中，严格按照设计图纸进行泄水管、路缘石预埋钢筋等留设。

2. 波纹管预埋

预应力波纹管在箱梁钢筋绑扎的同时进行预埋，波纹管位置采用定位钢筋固定，定位钢筋牢固焊接在钢筋骨架上，如管道位置与骨架钢筋相碰时，应保证管道位置不变，仅将钢筋稍加移动。钢束定位筋间距直线上按 1m，曲线上按 0.5m，并保证管道位置正确。锚具垫板及喇叭管尺寸正确，喇叭管的中心线与锚具垫板要严格垂直，喇叭管和波纹管的衔接要平顺，不得漏浆，并杜绝堵塞孔道。

3. 钢筋绑扎验收

钢筋绑扎完成后，应对钢筋绑扎进行验收，验收先由现场质检工程师自检，自检合格后组织相关部门进行检查验收，验收合格后组织监理验收，第一孔箱梁应邀请设计方进行验收。验收内容主要为钢筋绑扎位置是否正确，钢筋、预留预埋件等是否遗漏。验收合格后方可进行下道工序施工。

4. 预应力筋穿束

箱梁纵向预应力束采用后穿束，横向预应力采用先穿束。纵向预应力穿束前应清除孔道内杂物，利用卷扬机牵引子弹形穿束套整体穿束，穿入孔道内的钢绞线应整齐顺直。

子弹形穿束套穿束即是利用一种子弹形穿束套套住钢束前端端头；再将穿束套中间的锥形钢棒锤入穿束套内，使被牵引钢束与穿束套之间顶紧，局部没顶紧处，可再向空隙中打入钢筋；然后用卡环将卷扬机钢丝绳与穿束套牵引锥形棒前端连接；最后在卷扬机的牵引下使整束钢绞线通过梳束板梳编后进入预应力管道内。钢束穿束完毕后，卸下卡环，用锤锤击牵引锥形棒前端，使锥形头脱离出穿束套，即可轻松取下穿束套，用于下一束钢绞线的周转使用。具体流程施工示意图如图 10.3-30～图 10.3-33 所示。

图 10.3-30 锥形棒锤入穿束套内图

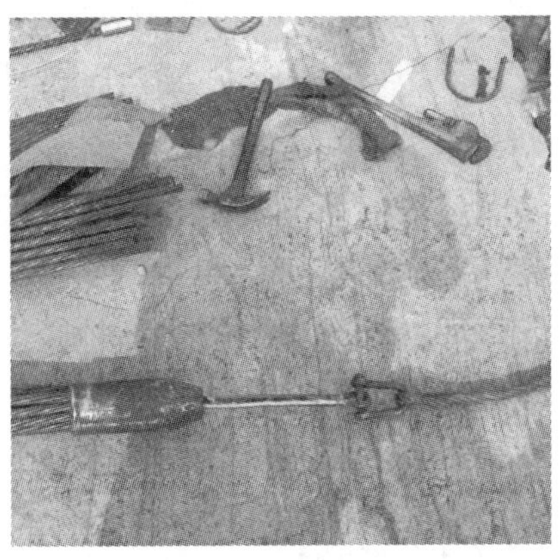

图 10.3-31 卡环与穿束套连接图

图 10.3-32 卷扬机牵引图

图 10.3-33 穿束套拆除图

5. 预应力筋张拉

当梁体混凝土强度及弹性模量达到设计值的 90%，且梁体混凝土龄期大于 7d，即可进行箱梁预应力张拉，预应力张拉均采用一端张拉，其中纵向预应力采用 YCW500 千斤顶整束张拉，横向应力采用小千斤顶单根张拉。钢束采用分级张拉，张拉顺序为先张拉纵向束，后张拉横向束。纵向束张拉顺序为先张拉腹板束，后张拉顶、底板束，并以箱梁中心线为准对称张拉，腹板束由高处向低处顺序张拉，顶、底板束先中间后两边。

预应力张拉时按每束钢绞线的根数与相应的锚具配套，带好夹片，将钢绞线从千斤顶中心穿过。张拉时当钢绞线的初始应力 $0.1\sigma_k$时停止供油。检查夹片情况完好后，画线作标记。向千斤顶油缸充油并对钢绞线进行张拉。张拉值的大小以油压表的读数为主，以预应力钢绞线的伸长值加以校核，预施应力过程中应保持梁体两端的钢绞线的伸长量基本一致。实际张拉伸长值与理论伸长值应控制在 6%范围内，每端锚具回缩量应控制在 6mm 以内。

油压达到张拉吨位后关闭主油缸油路，并保持 5min，测量钢绞线伸长量加以校核。在保持 5min 以后，若油压稍有下降，须补油到设计吨位的油压值，千斤顶回油，夹片自动锁定则该束张拉结束并及时做好记录。全梁断丝、滑丝总数不得超过钢丝总数的 0.5%，且一束内断丝不得超过一丝，也不得在同一侧。

6. 孔道压浆

1）真空压浆方法

（1）张拉施工完成后，切除外露的钢绞线（钢绞线外露量不小于 30mm），进行封锚。封锚采用无收缩水泥砂浆封锚，封锚时必须将锚下垫板及夹片、外露钢绞线全部包裹，覆盖层厚度大于 15mm，封锚后 24～48h 之内灌浆。

（2）清理锚下垫板上的灌浆孔，保证灌浆通道畅通。

（3）确定抽真空端和灌浆端，安装引出管、球阀和接头，并检查其功能。

（4）搅拌水泥浆使其水灰比、流动度、泌水性达到技术要求指标。水泥为强度等级不低于 42.5 级低碱普通硅酸盐水泥，并添加减水剂和阻锈剂，水胶比不超过 0.34，不得泌水，流动度应在 14～22s，30min 后不应大于 30s。初凝时间不小于 4h，终凝不大于 24h，压浆时浆体温度不超过 35℃且不低于 5℃，否则应采取相应的措施进行处理。浆体对钢绞线无腐蚀作用。

（5）启动真空泵抽真空，使真空度达到－0.06～－0.10MPa 并保持稳定。

（6）启动灌浆泵，当灌浆泵输出的浆体达到要求的稠度时，将泵上的输送管阀门打开，开始灌浆。

（7）灌浆过程中，真空泵保持连续工作。

（8）待真空泵端的空气滤清器中有浆体经过时，关闭空气滤清器前端的阀门，稍后打开排气阀，当水泥浆从排气阀顺畅流出，且稠度与灌入的浆体相当时关闭抽真空端所有的阀门。

（9）灌浆泵继续工作，压力达到 0.5～0.6MPa，持压不小于 2min。

2）真空灌浆注意事项

（1）孔道密封检查：将灌浆阀、排气阀全部关闭，打开真空阀，启动真空泵抽真空，观察真空压力表读数，当管内真空度维持在－0.08MPa 左右时停泵约 1min 时间，若压力保持不变即可认为孔道能达到并维持真空，否则重新检查密封。

(2) 水泥浆搅拌：搅拌好的水泥浆要做到基本卸尽，在全部灰浆卸出之前不得投入未拌合的材料，更不能采取边出料边进料的方法，严格控制浆体配比。

(3) 严格控制用水量，否则易造成管道顶端空隙。

(4) 对未及时使用而降低了流动性的浆体，严禁采用加水的办法来增加灰浆的流动性，配制时间过长的浆体不应再使用。

(5) 水泥浆出料后应尽量马上泵送，否则应不停搅拌防止离析。

(6) 灌浆完成后，应及时拆卸、清洗管、阀、空气滤清器、灌浆泵、搅拌机等所有沾有水泥浆的设备和附件。

(7) 压浆顺序先下后上，每条孔道一次灌注要连续完成，灌注完一条孔道换其他孔道时间内，继续启动灌浆泵，让浆体循环流动。从浆体搅拌到压入梁体的时间不应超过 40min。

(8) 浆体压入梁体孔道之前，应首先开启压浆泵，使浆体从灌浆嘴排出少许，以排除压浆管路中的空气、水和稀浆。当排出的浆体流动度和搅拌罐中的流动度一致时，方可开始压入梁体孔道。

(9) 水应分两次加入，先加入实际拌合水用量的 80%～90%，开动注浆机，均匀加入全部压浆剂，便加入边搅拌，然后均匀加入全部水泥。搅拌 2min；然后加入剩余的 10%～20%的拌合水，继续搅拌 2min。压浆后应从锚垫板压/出浆孔检查压浆的密实清孔，如有不实，应及时补灌，以保证孔道完全密实。

7. 梁端封端

1) 浇筑梁体封端混凝土之前，应先将承压板表面的黏浆和锚环外面上部的灰铲除干净，对锚圈与锚垫板之间的交接缝应进行防水处理，同时检查确认无漏压的管道后，再浇筑封端混凝土。为了保证混凝土接缝处接合良好，应将锚槽原混凝土表面凿毛，并按照设计图纸的要求焊上钢筋网片。封端混凝土应采用 C50 混凝土进行封堵。封端混凝土养护结束后，采用防水涂料对封端新老混凝土之间的接缝进行防水处理。

2) 封端后的混凝土应加强养护措施，洒水养护不少于 14d。

10.3.5 混凝土施工

标准段连续箱梁首段混凝土方量 704.6m^3，尾段混凝土方量 504.6m^3，其余各段混凝土方量 591.2m^3；变宽段箱梁首次浇筑混凝土方量为 725m^3，单次混凝土浇筑方量最大约为 767m^3；混凝土强度等级 C50；坍落度为 180～200mm。首段混凝土初凝时间为 16h，尾跨混凝土初凝时间为 11h，中间跨为 13h。单次混凝土根据方量的大小，首跨浇筑时间约 14h，尾跨浇筑时间约 10h，其他跨约 12h。

1. 浇筑前准备

混凝土浇筑前，必须对模板、钢筋、预应力管道、预埋件位置进行详细检查。为了便于将渣滓清理出模板，在底板上预留 20cm×20cm 的小孔，以便将渣滓清理出去；同时，在每绑扎一层钢筋和内模安装完成后采用吸尘器和高压气体对模板内的渣滓进行清理。做到每完成一道工序清理一次，时刻保持模板内清洁。

2. 人员安排

混凝土浇筑前必须保证足够的人员安排，人员分为 2 组，各负责各自 29m 范围，浇筑混凝土时人员布置及所需人员如图 10.3-34 所示。

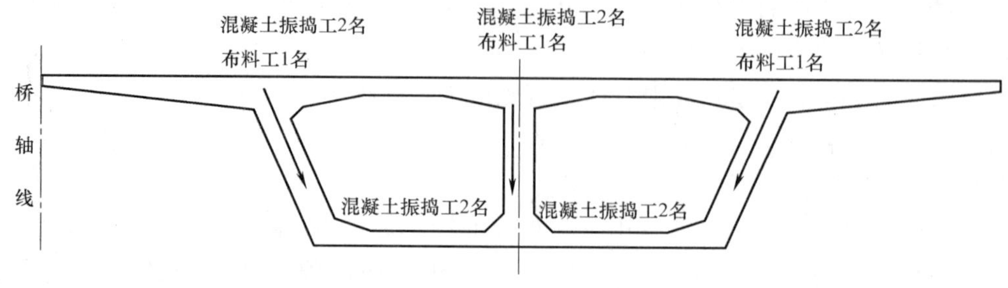

图 10.3-34 人员布置示意图

3. 混凝土下料要求

混凝土采用 2 台泵车，浇筑采用“截面分层，薄层浇筑，一次成型”的方法。第一层浇筑完成后，再重新对称浇筑第二层混凝土，依次循环浇筑，每层浇筑厚度控制在 30cm 左右。混凝土浇筑顺序是先浇底板，再浇腹板，最后浇筑顶板。

在浇筑底板时，采用 5m 加长软管，从腹板进入浇筑混凝土，让混凝土流入底板。底板混凝土浇筑按纵向从两边到中间的顺序浇筑。

底板混凝土浇筑完成后，再浇筑腹板与中隔板混凝土。最后浇筑顶板。顶板混凝土浇筑时，纵横向都按纵向从两边到中间的顺序浇筑。下料层相差不超过 1 层。

4. 混凝土振捣

为了确保箱梁混凝土的振捣质量，将箱梁混凝土振捣进行分区，明确职责，分别由两组人员跟随汽车泵下料进行振捣；每组安排 10 人进行混凝土振捣，在浇筑上一层混凝土时振捣棒必须插入下一层混凝土表面以下 5～10cm 为保证箱梁斜腹板混凝土密实，箱梁腹板振捣必须通过振捣口进行振捣，如图 10.3-35 所示。振捣点的距离为 30～40cm 一个，

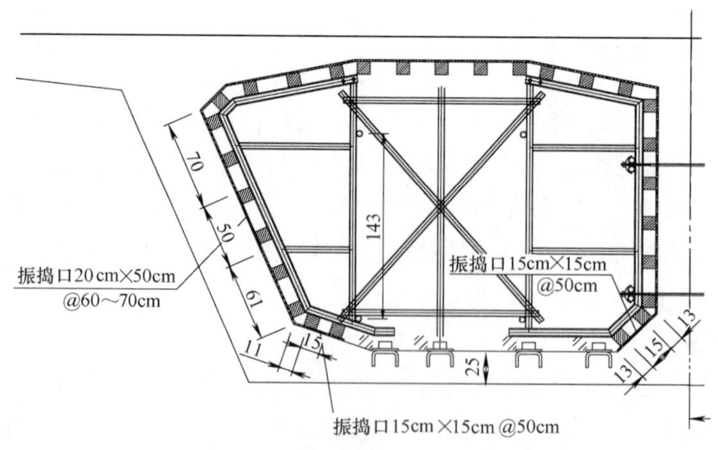

图 10.3-35 箱梁内模振捣口布置示意图

为保证箱梁斜腹板混凝土密实，振捣后必须由专门人员手持小锤随时敲击内模的腹板及倒角模板，从声音判断混凝土是否密实，是否存在空洞，从而保证腹板及倒角混凝土的密实。

混凝土振捣工必须加强支座、张拉齿块处的混凝土振捣，严格保证支座及张拉齿块处混凝土振捣密实，不得出现任何疏漏。混凝土的振捣密实以混凝土停止下沉、表面平坦、泛浆，不再出现气泡为准。混凝土振捣时应“快插慢拔、多点分布”，忌同一点长时间振捣。

在顶板混凝土浇筑完成后，用插入式振捣器对顶腹板接缝处进行充分的二次振捣，确保连接处密实、可靠。

严格控制桥面的标高，桥面整平以放样的标高点为准，混凝土浇筑完毕后用桥面整平机整平，并及时采用人工对混凝土表面进行抹压收光拉毛并覆盖塑料薄膜进行保湿养护，混凝土浇筑施工现场如图10.3-36所示。

图10.3-36　箱梁混凝土浇筑

5. 混凝土养护

在箱梁混凝土浇筑完毕收光拉毛后，覆盖塑料薄膜及潮湿再生棉，终凝后，洒水保湿养护，养护不应少于7d。但当环境温度低于+5℃时，不得对混凝土洒水，要覆盖薄膜加保温棉养护。

6. 注意事项

1）在施工中，严格控制施工荷载，防止局部施工荷载超标。

2）混凝土浇筑过程，派安全员检查模板安全情况，测量人员对移动模架沉降和变形进行监测，混凝土施工过程中监测资料及时与预压时资料相对比，以便采取安全措施。

3）由于本工程桥面沥青混凝土铺装直接铺装在箱梁顶板上，所以，对箱梁顶面的高程，平整度必须控制在允许范围以内，严格按标高控制混凝土的顶面高程。

4）浇筑混凝土时，留取六组同条件养护试块。

5）在箱梁混凝土浇筑完成后，当混凝土强度达到设计强度的50%以上时，方可进行箱梁内模的拆除。在箱梁内模板拆除后，继续对箱梁混凝土进行养护。

6）插入式振动棒振捣时须特别禁止碰撞波纹管管道和预埋件。浇筑混凝土作业过程，应随时检查预埋件位置，如有任何位移，应及时矫正。

7）工地上应配有足够数量的处于良好状态的振捣器，以便可随时替补。表面已摊平，混凝土表面已泛浆，即表明混凝土捣固密实，随振随抹平。

8）在浇筑混凝土时，为了避免混凝土发生离析现象，混凝土下落高度控制在2m范围内。

9）混凝土浇筑前应对移动模架、模板和预埋件进行认真检查，清除模板内的杂物，并用清水对模板进行认真冲洗，但不得积水。

10）混凝土浇筑完成后的养护期间及内模拆除过程中箱室内应通风、降温。

11）在箱梁混凝土浇筑完成后，当箱室跨度小于 4m 时，混凝土强度达到设计强度的 50%以上时，方可进行箱梁内模及端模的拆除；当箱室跨度大于 4m 时，混凝土强度达到设计强度的 75%以上时，方可进行箱梁内模及端模的拆除；预应力张拉前必须拆除内模板及端模。侧模拆除混凝土强度需达到设计强度的 80%后方可拆除。

10.4　移动模架现浇施工

10.4.1　50m 标准段箱梁简介

襄阳内环线汉江三桥位于内环线营盘～月亮弯段，其南北部分引桥为连续箱梁，其南滩桥标准段箱梁为 18×50m 连续箱梁，北滩桥标准段箱梁为 17×50m 连续箱梁，均为6×50m 或 5×50m 一联标准段预应力钢筋混凝土箱梁，采用 MSS50-1500 下承自行式移动模架施工。

箱梁桥面为双向六车道，桥面有效宽度为 31.5m，标准段箱梁顶宽 15.74m，梁高 2.8m，底宽 6.74m，两侧翼缘宽均为 3.50m。连续箱梁上部构造采用双幅分离式预应力混凝土等截面连续箱梁，左右幅间设 2cm 宽分隔缝。箱梁均为底板斜置，坡度同桥面横坡，桥面设置单向 2%的横坡，横坡采用绕桥面设计高程点（桥梁中心线）旋转形成。如图 10.4-1 所示。

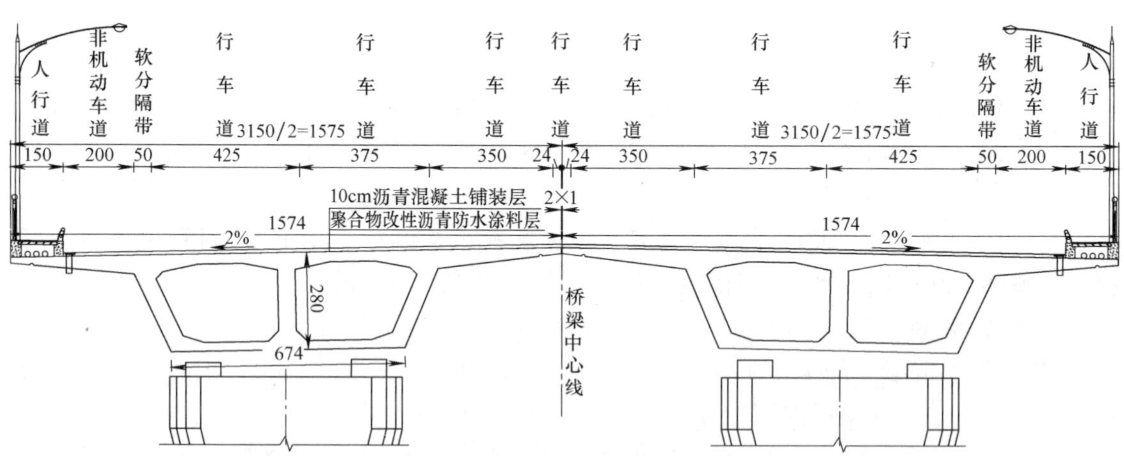

图 10.4-1　滩桥标准断面图

箱梁施工节段划分如图 10.4-2 所示。

箱梁采用 C50 混凝土，首次浇筑的 58m 梁段混凝土方量约为 704m^3，中跨 591m^3，尾段混凝土方量 505m^3，其中首跨段梁重约 1900t，每孔 50m 梁重量约 1500t。

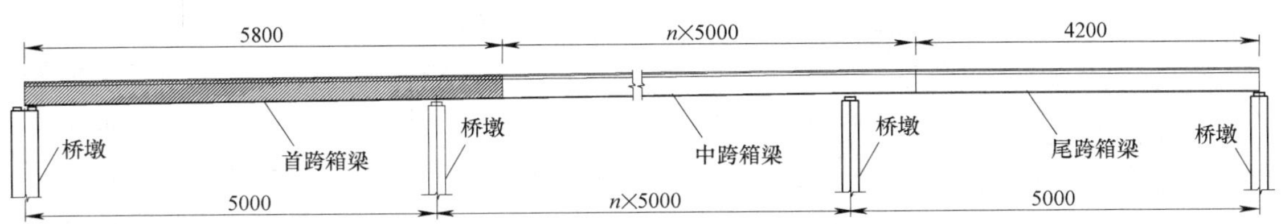

图 10.4-2　标准段连续箱梁施工节段划分（n=3～4）

10.4.2　移动模架简介

襄阳汉江三桥采用的移动模架为牛腿自行式移动模架，依靠系统自身将牛腿前移就位。移动模架系统主要由主梁、鼻梁（前后）、横梁、牛腿托架、推进小车、悬吊系统及外模组成，均配有相应的液压或机械系统，全套自重约 690t。移动模架结构立面图及断面图如图 10.4-3～图 10.4-6 所示。

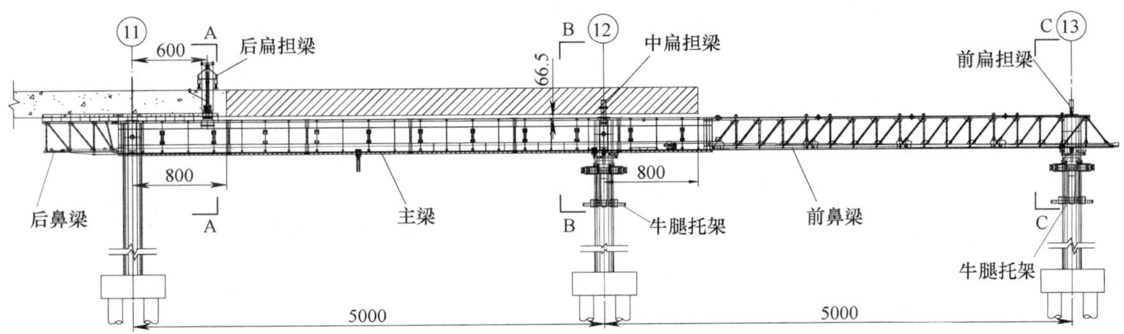

图 10.4-3　移动模架立面图

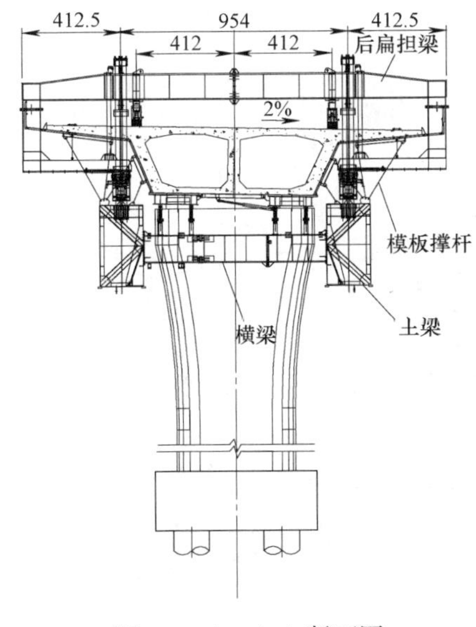

图 10.4-4　A-A 断面图

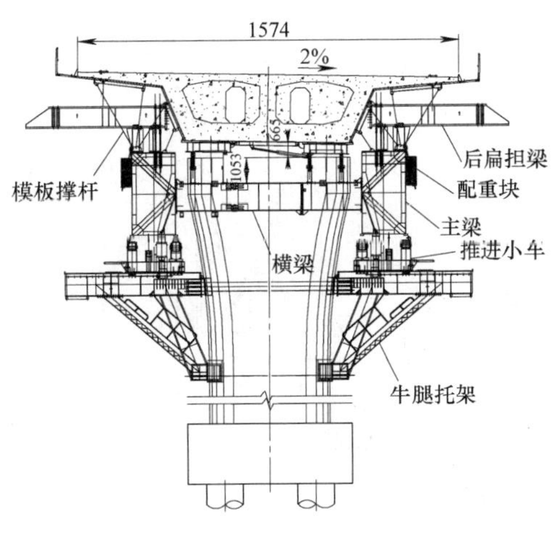

图 10.4-5　B-B 断面图

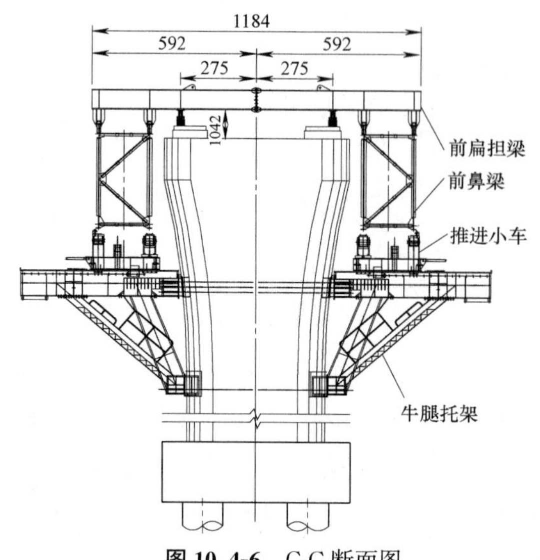

图 10.4-6 C-C断面图

1. 主梁

模架两侧各有一根主梁作为整个模架的主要承力结构，主梁为箱形梁，板拼结构，宽1.8m，高3.4m，总长63m，板厚从10mm到70mm不等。主梁侧腹板下安装有托架过孔时所需的导向轨道，用于在推进小车的滑靴作用下把主梁纵向推进。为便于运输，单根主梁分为长度8.34～11.0m不等的6个节段，在安装现场采用高强螺栓连接成整体。在主梁上的主千斤顶支撑部位，其腹板内侧结构用斜支撑加强。主梁节段间的接头设计为摩擦连接方式，在主梁外侧腹板上侧安装有2个重量约为10t的混凝土配重块，用以在纵向推进过程中平衡移动模架系统。

2. 鼻梁

鼻梁分为前鼻梁和后鼻梁，前鼻梁外轮廓尺寸与主梁相同，拼装后总长度为43.5m，为四方形空间桁架结构。在鼻梁桁架内侧，沿通长方向安装有人行走道平台。前鼻梁结构形式如图10.4-7和图10.4-8所示。

后鼻梁为一节三角形桁架，长8m，底部宽度尺寸与主梁相同。鼻梁内布满全长的人行通道平台，鼻梁上面设有轨道，为移动模架纵向推进用的过孔推进结构。后鼻梁结构如图10.4-9所示。

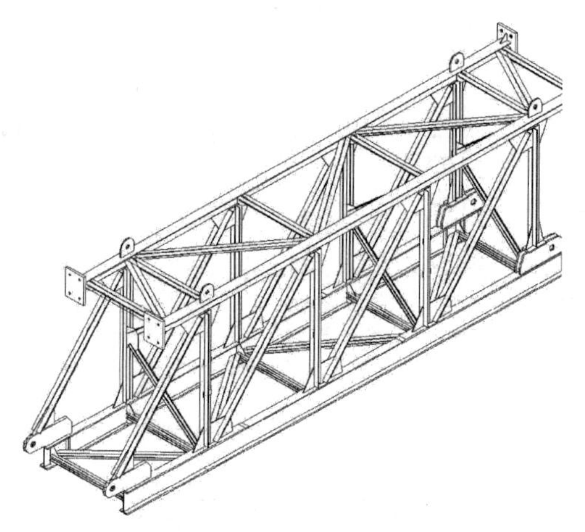
图 10.4-7 前鼻梁第1～3节段结构图

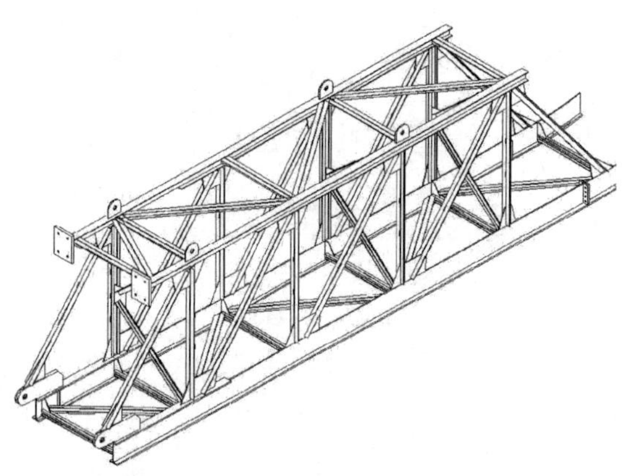
图 10.4-8 前鼻梁第4节段结构图

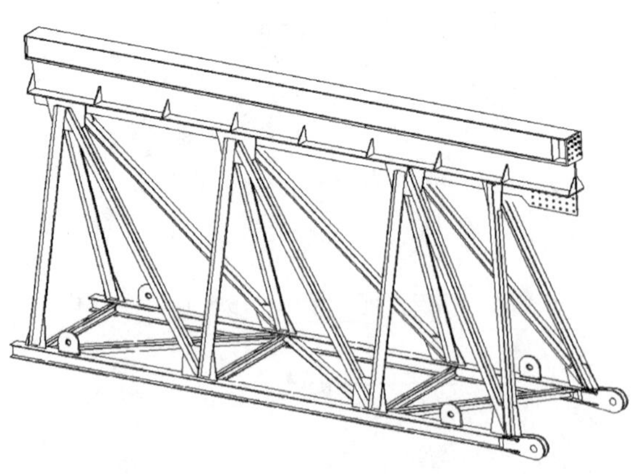
图 10.4-9 后鼻梁结构图

3. 横梁

两根主梁之间共设有 11 根横梁，间距约 5.5m，每根 3 节，可折叠。横梁用螺栓连接到各个主梁内侧腹板上。每根横梁上有 4 个螺旋千斤顶与底模连接，便于底模标高及预拱度的调整，如图 10.4-10 所示。

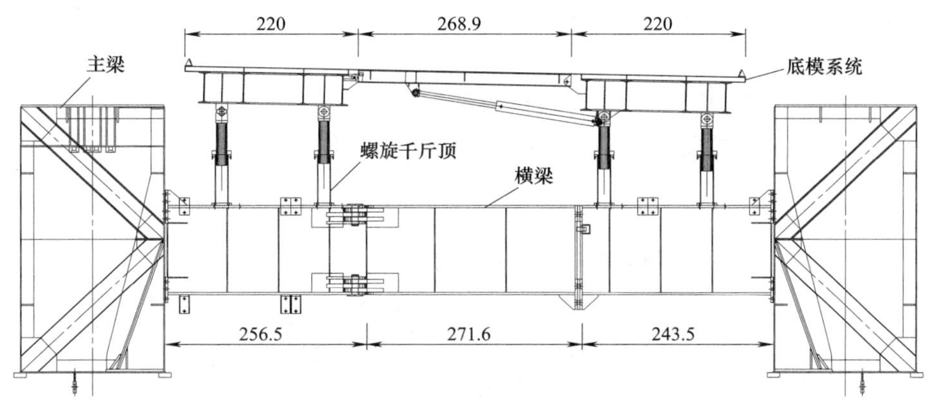

图 10.4-10 横梁结构图

4. 牛腿托架

托架为自行式牛腿，三角形结构，其形式如图 10.4-11 所示。

托架通过支腿支撑在墩身预留孔上。托架共有 2 对，对称安装在桥墩两侧，每侧各用 6 根精扎螺纹钢连接起来，它的主要作用是将主梁所受载荷转移到桥墩上。托架上表面与推进平车下表面分别镶有不锈钢板和塑料滑板。

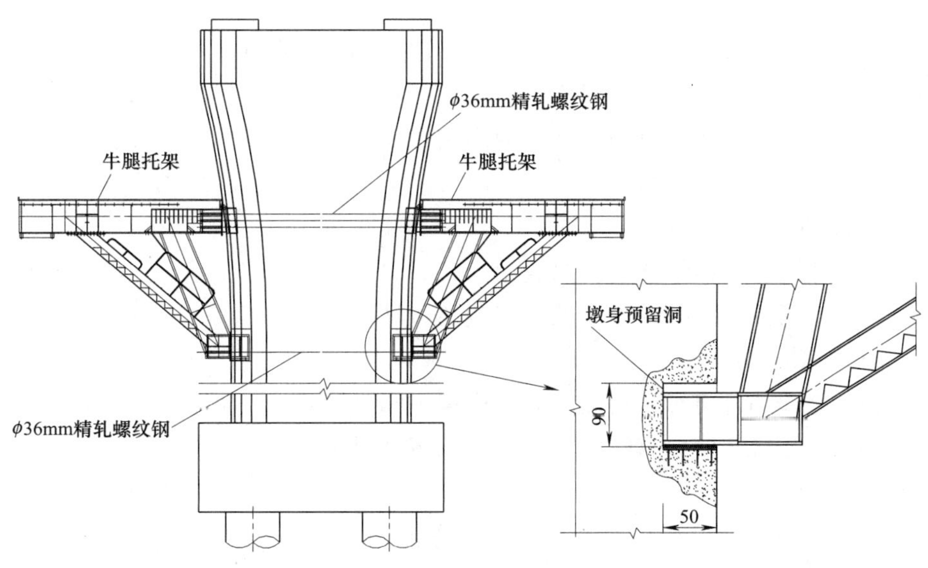

图 10.4-11 牛腿立面示意图

5. 推进小车

推进小车是移动模架主梁的滑动机构，为移动模架系统的重要组成部件。推进工作小车仅在移动模架推进阶段承受荷载。

每个托架顶部滑面上安装有一台推进小车。小车配有两个横向移动液压油缸、一个竖向顶升主液压油缸、一个纵向顶推液压油缸。顶升液压油缸采用自锁顶升液压油缸，浇筑时将液压支撑转换为机械支撑。

推进平车上表面安装有聚四氟乙烯滑板，通过三向液压系统使主梁在横桥向、顺桥向及竖向正确就位。主梁行进时，通过推进平车上的纵移液压油缸驱动，使主梁沿着反力座向前推进，中间不需要辅助设备。牛腿托架行走时将纵移挂轮钩在主梁轨道上，采用卷扬机牵引前进。推进小车横向及纵向示意图如图 10.4-12 所示。

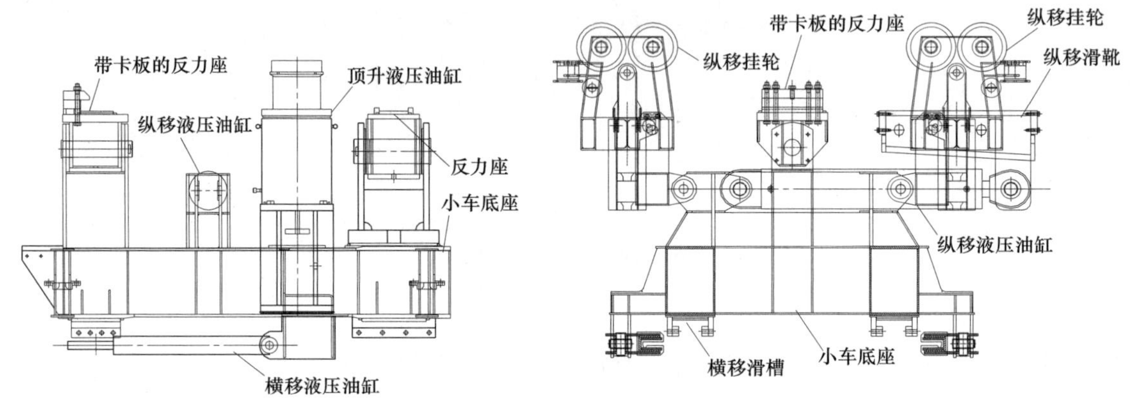

图 10.4-12 推进小车横向及纵向示意图

6. 悬吊系统

1）后扁担梁

后扁担梁为一根钢箱梁，由一个用移动模架后部主千斤顶支撑的横梁和两套 8ϕ36mm 精轧螺纹钢组成，两端还设有一对抱箍，抱箍下设滑轨，供主梁及模板横向移动。后扁担梁直接坐落于已浇筑好的桥梁腹板处。后扁担梁有混凝土浇灌时的承载作用和移动模架推进时的承载作用两个功能。

2）中扁担梁

中扁担横梁为一根钢箱梁。浇筑完第一孔后，支撑在墩身上，通过螺旋顶调整高度和传递竖向受力，解除牛腿的受力，使牛腿脱离墩柱，向前行走。

3）前扁担梁

前扁担梁通过吊杆将鼻梁前端吊起，横梁中间为销连接，下面设有机械千斤顶。主要作用为移动模架系统牛腿纵移时，通过千斤顶将鼻梁端顶起。

7. 模板系统

模板系统由底板、腹板及翼缘板组成。底板分块直接铺设在横梁上，并与横梁相对应。每对底板沿横梁销接方向由普通螺栓连接。腹板及翼缘板与主梁相对应，并通过螺旋撑杆将模板支撑在主梁上。

外模板面板采用 6mm 的普通热轧钢板，缘翼板及侧模纵筋采用不等边角钢，底板纵筋采用∟125×6mm 等边角钢，以起到减轻模板重量和增加模板刚度的效果。

10.4.3 移动模架施工

1. 移动模架施工流程

移动模架进场后即进行拼装，拼装完毕后进行堆载预压，根据堆载试验采集到的数据调整外模的预拱度。预压后验收移动模架。

移动模架正式用于施工时，依次在移动模架上进行箱梁钢筋绑扎和预应力安装，浇筑混凝土。预应力张拉完毕后通过移动模架液压系统整体脱模。之后，移动模架横移开模，然后纵向行走过孔，进行下一跨的箱梁施工。

具体施工流程为：移动模架前期准备工作→移动模架拼装→移动模架堆载预压试验→移动模架箱梁施工→移动模架拆除。

2. 移动模架拼装

1）模架拼装流程

场地平整处理→临时胎架搭设→设备机具就位→组装牛腿托架→安装推进小车及液压系统→组拼主梁→安装横梁及配重块→安装外模→组拼鼻梁→拼装扁担梁→检查所有安装件螺栓。

2）主要拼装方法

（1）拼装胎架搭设。胎架由混凝土基础、钢管柱、槽钢平联、双拼工字钢垫梁组成，其顶标高与主梁底标高一致。每个胎架下为一个混凝土扩大基础，每个混凝土基础高0.4m，平面尺寸3.3m×2.9m，为C20素混凝土基础。基础在现场采用木模进行支模预制，每个基础内按照钢管柱封头板锚栓预留孔位置预埋直径为22mm的“L”形螺纹钢，每根ϕ630×8mm钢管柱下预埋4个，用于连接钢管柱。由于该基础为浅埋置，因此使用时需注意避免施工车辆碰撞。钢管柱顶端沿横桥向放置两根3m长双拼I36b的工字钢作为主梁的垫梁，垫梁与钢管柱顶端点焊固定，同时在垫梁两侧与钢管柱焊接钢筋头限制垫梁纵向移动。

（2）牛腿托架安装。先将托架各部件在地面组装完毕，利用两台50t吊车将两个托架同时吊起，如图10.4-13所示，调整水平，将支腿插入墩柱预留孔内，然后用外径为ϕ36mm的精轧螺纹钢在托架支腿处对拉，将托架连成整体。精轧螺纹钢每侧设6根，每根螺纹钢的预紧力为500kN。因墩身侧面为圆弧形，且螺纹钢的数量较多，为确保螺纹钢平均受力，避免因两侧受力不均引起托架在圆弧墩上水平偏转，要分级、循环、对称张拉，分级张拉按3级控制（40%、80%、100%）。

为了避免预留孔混凝土因受力不均被压裂，在托架的剪力块下增垫10mm厚的钢板，并同时对两侧预留孔底进行找平。

（3）滑移小车拼装。牛腿托架安装完毕后，即安装推进小车，推进小车在地面组装完毕后，再整体吊装到托架上。整套设备共有4套推进小车。小车各部件之间为配合制作，拼装之前检查好标记，以免装配出错。小车吊装完毕后组装并调试小车液压泵站和液压油缸。安装时注意小车液压站护栏朝外侧，推动架朝向前方。

（4）主梁拼装。主梁拼装沿移动模架前进方向进行，将主梁分节吊装在牛腿和胎架上。安装前须在胎架垫梁上放线定位，确定主梁安放的大致位置。胎架上平联上横向摆放竹跳板，搭设成简易操作平台，拼装人员在竹跳板上进行拼装工作。另外，还需用钢筋制作简易爬梯爬上主梁，用于安装主梁上端螺栓。首节主梁使用吊车安放在托架推进小车及第一个临时胎架上，按照横纵向位置摆放平稳，然后依次逐节安装主梁。如图 10.4-14 所示。

图 10.4-13　牛腿托架安装图

图 10.4-14　主梁拼装

（5）横梁拼装及配重块安装。单个横梁在地面组装完毕，然后逐根使用吊车吊放就位，由工人在两边主梁上进行拼装，先拼装一侧，然后两侧对接。为方便操作，可制作临时简易爬梯挂在主梁上，让工人站在挂梯上进行拼装施工。配重块为预制混凝土条形块，采用吊车吊装、人工安装拉杆固定在主梁外侧。

（6）外模安装。外模板的安装顺序为底模→侧模支架和支撑杆→侧板和翼板模板。待横梁全部安装完成后，在墩中心放出单幅桥轴线，按桥轴线方向调整横梁。底模安装到位并将接缝处理平顺后，即安装侧模支架和支撑杆，全部到位后，对侧模角度，拐点净宽进行复核无误，再安装翼板。参照外模平面展开图，将外模的底模、侧模及翼板底模依次吊装在外模支撑架上，并边安装外模边调节其预拱度直至满足其精度要求。

（7）鼻梁安装。利用吊机从主梁外依次拼装前后鼻梁构件。拼装时注意螺栓的规格型号，必要时增加垫圈个数，其他拼装注意事项与主梁拼装相同。

（8）扁担梁安装。前、中、后扁担梁在原地面分别把扁担梁横梁和抱箍（仅后扁梁有）组装成型，然后按照先横梁后抱箍的顺序，逐件采用吊车直接吊装就位，最后由人工拼装。

在前鼻梁最前一节拼装完毕后，开始安装前扁担梁。在箱梁浇筑后，再安装后扁担梁及中扁担梁进行受力转换。

（9）液压机电系统安装与调试

液压系统安装：液压系统安装时切忌回路内进入灰尘、沙粒、水及其他杂物，管路连接处有污物的务必清洗干净后再进行安装；接头处要连接紧固，但不要过于用力拧紧，拧的过劲会缩短密封件的寿命；管路布置要合理，以确保油管不会被碰撞、挤压而损坏，油管不能腾空，不能绕圈。

液压系统的调试：液压站启动之前要检查液压油的油位，检查操作手柄是否放在中位，卸荷阀是否处于卸荷位置，严禁带载启动；点动启动按钮，观察电机正反转，严禁液压站反转运行；液压站启动后，先空载运行 3min 后，才能带载；液压系统排气：将各个回路液压缸空载运行 3 到 4 个行程，将油管、液压缸内的空气排净；压力调整：压力调整要分多次进行，先将溢流阀完全松开，然后将压力逐级调至系统额定压力；调整过程中随时检查，管路是否漏油，有无不正常噪声，压力表读数是否稳定。

3. 移动模架堆载预压

通过预压消除结构非弹性变形，并检验设计计算结果及模架安全性，调整预拱度，以求得混凝土梁施工的准确参数。提前发现机体结构及构件加工、安装所存在的问题。

移动模架拼装完毕后即可进行超载预压，试验采用堆载沙袋和钢材的方法逐级加载，直至加至首段箱梁自重的 110%，即预压荷载为 2090t。翼缘板位置采用沙袋加载，底板及腹板位置采用沙袋和钢筋混合加载。加载过程中进行观测，直至所有观测点的变形稳定后，即可卸载。卸载前测出所有观测点的高程。移动模架的卸载按加载相反的顺序进行，仍然采用分级的方式进行：110%梁体自重荷载→100%梁体自重荷载→80%梁体自重荷载→40%梁体自重荷→0。每卸下一级荷载，均对所有观测点进行一次测量，在数据分析时与加载时的挠度进行比较。

卸载后对模架所有螺栓、销轴、连接部位重新进行一次全面检查，根据实际情况对螺栓进行复拧。还要对模板及侧模支撑进行检查，观测是否有变形。

4. 移动模架箱梁施工

1）前期准备工作

前一跨现场浇筑、养护及张拉完成后，拆除支座处散模、端模及内模；检查、清理移动模架；各液压站的工作人员就位并检查液压站是否正常；各支承处人员就位并检查支承台车位置是否正确；解除所有影响竖向移动的约束；水平横移油缸处于自由状态，尾部悬挂下落。将卷扬机和托架自行小车用钢丝绳连接起来，卷扬机牵引托架前行到下一跨并合拢。

2）落模

启动推进小车竖直油缸，竖直油缸徐徐下落，将主梁及模板系统整体下放，总共下放 20cm，其同步错位不大于 20mm；在箱梁下面轨道接触到支承台车时，再次检查台车位置是否正确；这时竖直油缸使整个模架基本同步落至各台车踏面上，此时脱模完成。

3）开模

解除底模中间缝的连接螺栓；检查液压元件；横移油缸充油，使底模及模架分别向两边滑移打开，此动作应基本同步进行。如图 10.4-15 所示。

4）纵向移位

检查纵移机构是否固定可靠；检查前方导梁及支承是否安全和支承台车是否到位；解除所有影响其纵向移动的约束，利用推进小车推动模架纵移至下一跨，如图 10.4-16 所示，每次移动距离≤500mm。

5）合模

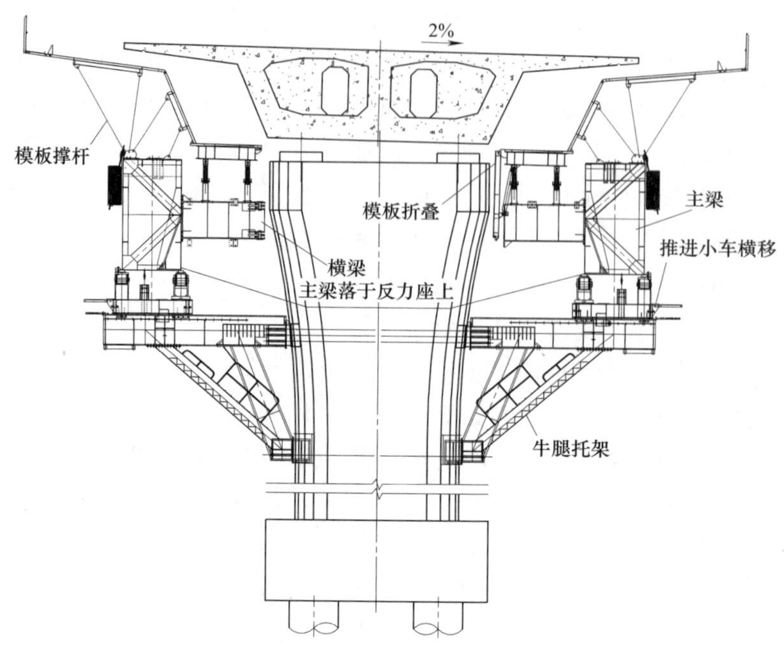

图 10.4-15 移动模架开模板后状态

纵向移动到位后，驱动横移油缸，使两组模架合模，此动作应基本同步进行，前后错位不大于 60mm。当接近合拢时，底模桁架等各联接点处应有人检查，时刻注意各处对位情况；合拢后连接各处螺栓。

6）调整与顶升

检查造桥机到位情况；各竖直油缸充油，在充油之前应先给油缸排气，同时同步顶升主框架；检查模板标高；再次顶升主框架到位。

7）顶紧模架支承于墩顶，此时模架支承系统腾空，利用推进小车上的纵移挂轮实现托架的过孔，如图 10.4-17 所示。锁紧各支承机构；关闭液压站；检查各处支承和连接情况。

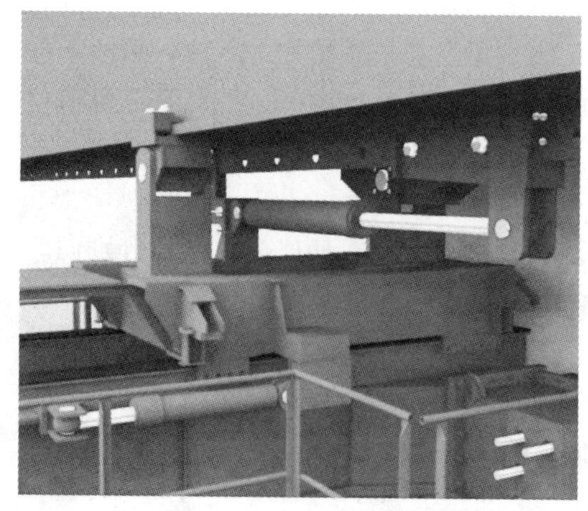

图 10.4-16 移动模架主梁纵移图

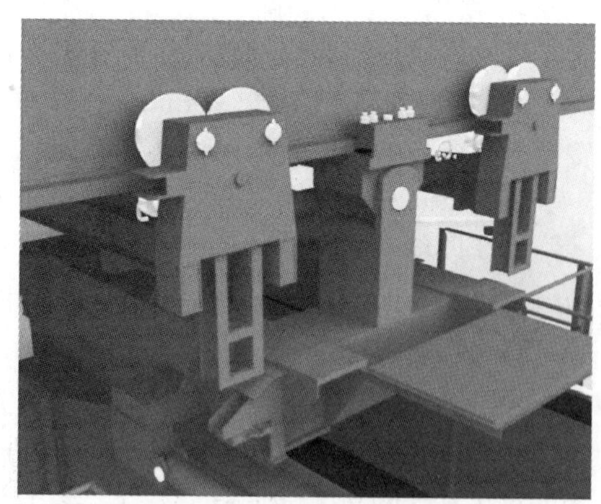

图 10.4-17 移动模架牛腿托架纵移

5. 移动模架拆除

襄阳汉江三桥移动模架拆除为水上拆除施工，不具备整体下放条件，拟利用现有水上钢栈桥及小平台进行前移散拆施工工艺。移动模架最后一孔箱梁施工前，为了确保箱梁浇筑线形，移动模架行走过程中边前移边拆除前鼻梁，待箱梁混凝土浇筑完成后，打开移动模架，在中间横梁和最后一根横梁处各安装两个自制的型钢连系梁，以保证移动模架拆除和行走过程中的整体稳定。再前移移动模架，分节段拆除模板、横梁及主梁。

1）施工工艺流程

施工准备→型钢连系梁安装→主梁 G1006 拆除、移动模架前移→后扁担梁与临时吊架荷载转换、依次拆除主梁 G1005-G1001→后鼻梁、牛腿及后扁担梁拆除。

2）型钢连系梁加工与安装

箱梁施工完成后，打开移动模架主梁，安装型钢连系梁。

混凝土配重块拆除后，移动模架重心偏向内侧，为了保证移动模架在拆除和迁移过程中的安全和稳定，在中间横梁和最后一根横梁上分别安装两根型钢连系梁，避免了移动模架前移散拆施工中繁琐的配重计算及配重施工。连系梁利用移动模架施工小平台进行安装，高空作业人员系好安全带，做好安全防护工作，连系梁安装如图 10.4-18、图 10.4-19所示。

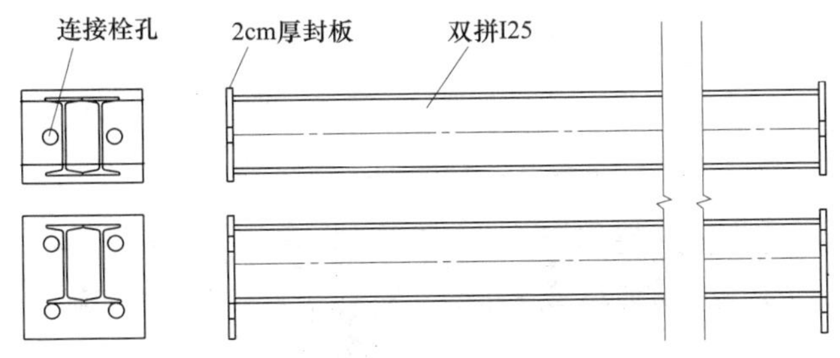

图 10.4-18 连系梁示意图

图 10.4-19 安装连系梁

3）主梁 G1006 拆除、移动模架前移

型钢连系梁安装完成后，利用汽车吊在钢平台上拆除作业半径内的腹板、翼板、底板及横梁，待移动模架前移到位后再进行后面节段模板及横梁的拆除工作。

移动模架主梁之间由卡板连接，利用 130t 汽车吊垂直悬吊待拆除主梁，然后解除螺栓，移动模架主梁不会产生滑脱，然后将吊车主臂小幅摆动，使主梁缓慢从滑板中移出后，再将其下吊至钢平台，用平板车运走。

主梁 G1006 拆除完成后，将移动模架前移，直至后扁担梁行走至后鼻梁尾端。前移行走时顶推量应严格控制，避免顶推过大，后扁担梁与后鼻梁脱开。

4）临时吊架设计及荷载转换

移动模架前移至后扁担梁承载极限位置时，后扁担梁与后鼻梁不得脱离，再安装临时吊架（临时吊架主梁采用贝雷梁），进行受力方式转换，移动模架自重由后扁担梁转到临时吊架受力。然后将后扁担梁前移到位后，解除临时吊架受力，再重新进行移动模架前移分节段拆除施工，如图 10.4-20、图 10.4-21 所示。箱梁浇筑前需做好精轧螺纹钢孔道预埋工作。

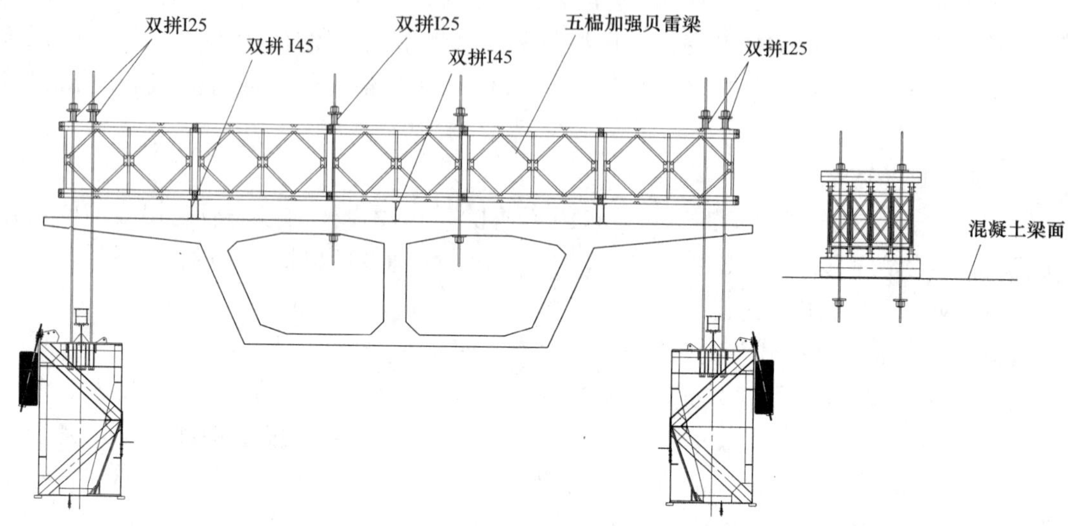

图 10.4-20　贝雷梁临时吊架示意图

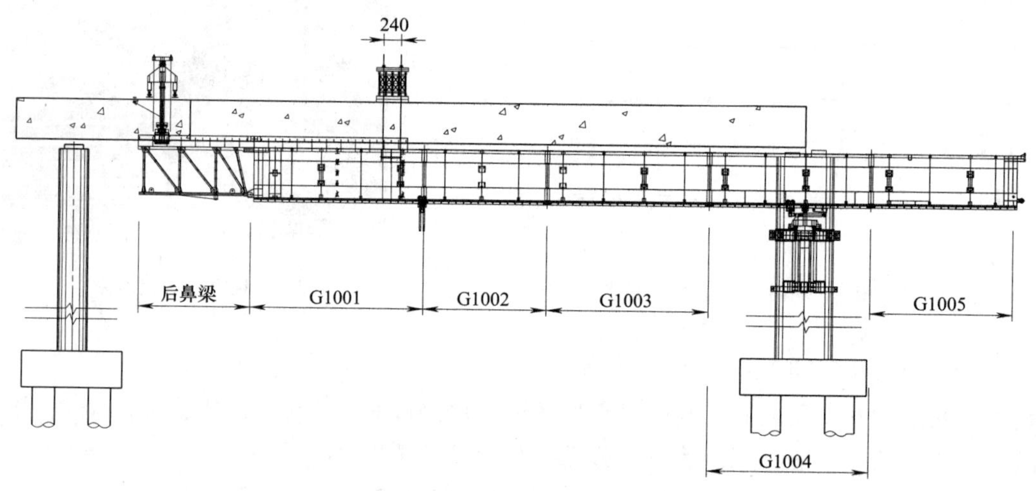

图 10.4-21　受力转换示意图

5）主梁 G1005-G1001 拆除

按照模板、横梁、主梁的顺序依次进行主梁 G1005-G1001 拆除施工，拆除方式与主梁 G1006 相同。

最后一节主梁 G1001 拆除前，为保证移动模架纵向重心的稳定，移动模架前移时采用一台 80t 汽车吊悬吊主梁前端，然后利用 130t 汽车吊将其拆除下吊至钢平台，如图 10.4-22 所示。

6）后鼻梁、后牛腿及后扁担梁拆除

移动模架主梁拆除完毕后，先用汽车吊拆除后鼻梁，在采用两台汽车吊分别悬吊墩柱两侧牛腿，解除两只牛腿间精轧螺纹钢连接，再分别将两只牛腿下放至钢平台，最后拆除移动模架后扁担梁。

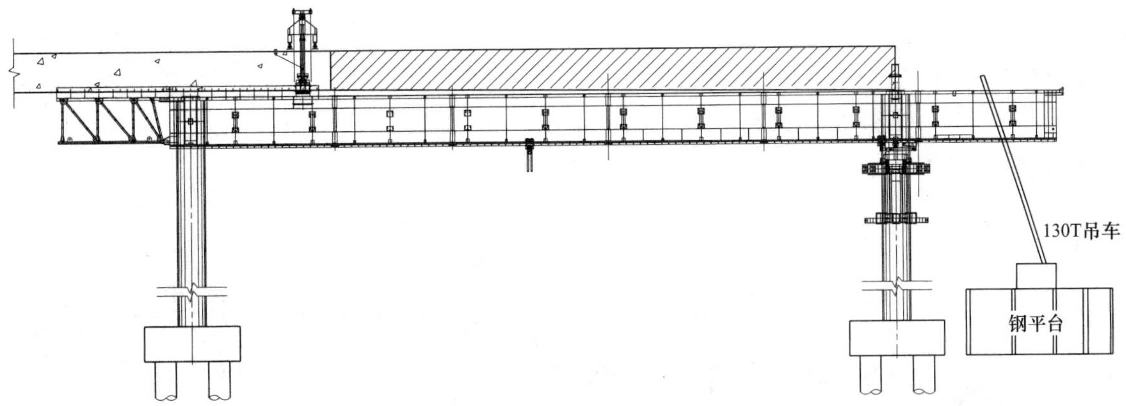

图 10.4-22 移动模架拆除示意图

10.4.4 移动模架施工注意事项

1. 高强螺栓的连接

移动模架的拼装，连接实物和摩擦面的处理，必须在厂家专业人员指导下施工，高强度螺栓连接副的扭矩系数 K 应根据试验确定，高强螺栓终拧完毕后，用标定过的扭矩扳手对抽检螺栓进行紧固力检测，对欠拧者补拧，超拧者更换后，重新补拧。

2. 模板高程控制

移动模架法现浇箱梁施工的关键是预拱度的设置，要根据预压的数据结合实际浇筑产生的挠度、张拉产生的反拱等数据，修正模板预拱度。

3. 钢筋及预应力筋安装

移动模架原位钢筋绑扎时间约 7～9d，应选用优质脱模剂；预应力管道线形要顺畅，密闭性能好，定位要准；普通钢筋若与预应力钢束相碰，适当挪动或弯折普通钢筋。

4. 预留孔设置

先施工的一幅桥在后扁担梁的位置（箱梁内侧）应设置预留孔，尺寸为 500mm（顺桥向）×1200mm（横桥向），对应的另一幅箱梁施工完成后采用吊模方法施工预留孔。

5. 混凝土浇筑

梁体浇筑采用分层（底板、腹板、顶板三层）错开全断面推进，速度要适宜，初凝时间不应小于 15h，防止梁体裂缝或冷缝的产生；夏季在夜间施工，必须避开高温时段；加强雨、雪季节的施工措施。

10.5　菱形挂篮现浇施工

10.5.1　工程概况

跨南大堤桥桥面总宽 41.76m（左右幅各 20.87m），中间设置 2cm 的空隙，设计为分离式双幅桥。桥型布置为：（63＋2×100＋63）m 连续箱梁，上部构造由四跨一联双幅预应力混凝土变截面连续箱梁组成，桥体三维图、立面图、断面图如图 10.5-1～图 10.5-3 所示，梁体设计参数见表 10.5-1、表 10.5-2。

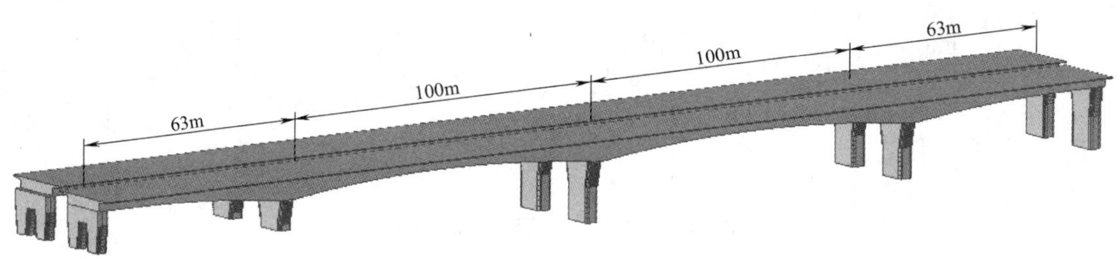

图 10.5-1　跨南大堤桥三维效果图

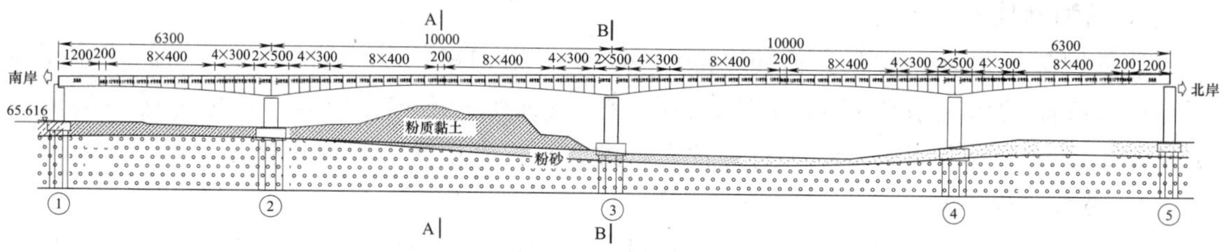

图 10.5-2　跨南大堤桥立面图

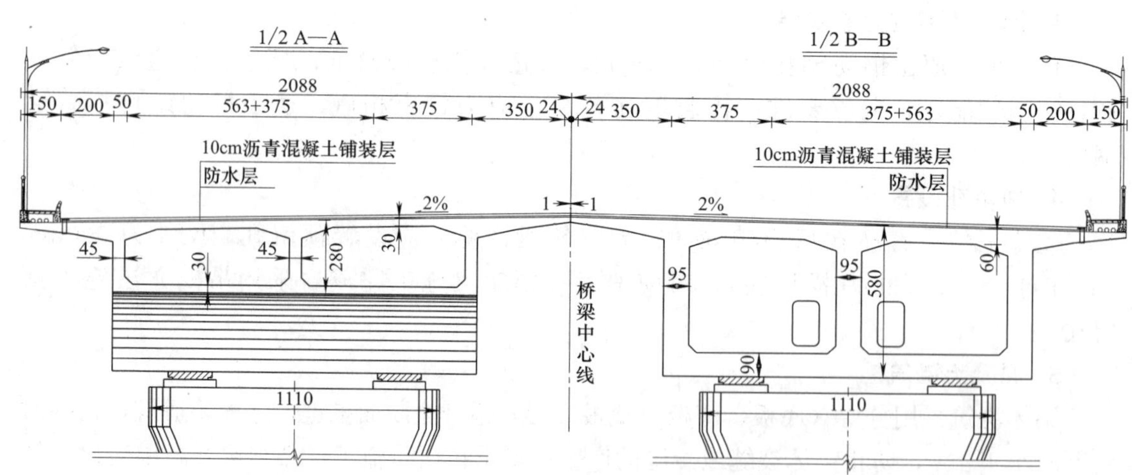

图 10.5-3　箱梁断面图

跨南大堤桥边跨各节段梁体设计参数 **表 10.5-1**

节段名称	直线段	合扰段	12′	11′	10′	9′	8′	7′	6′	5′	4′	3′	2′	1′	0/2
节段长度	1180	200	400	400	400	400	400	400	400	400	300	300	300	300	500
节段体积(m^3)	230.6	31.1	64.6	65.7	68.6	74.2	77.2	81.2	86.0	91.4	70.4	74.4	78.3	84.9	227.2
节段重量(t)	599.7	80.9	168.0	170.8	175.3	192.9	200.7	211.1	223.6	237.6	183.0	193.4	203.6	220.7	590.7

截面编号	1	2	3	4	5	6	7	8	9	10	11	12	13	14	15	16	17	18	19	20	21
顶板厚(cm)	75	75	75	30	30	30	30	30	30	30	30	30	30	30	30	30	30	43.8	60	90	90
腹板厚(cm)	60.0	60.0	60.0	45.0	45.0	45.0	45.0	45.0	57.5	70.0	70.0	70.0	70.0	70.0	70.0	70.0	70.0	70.0	95.0	125	125
底板厚(cm)	70.0	70.0	70.0	30.0	30.0	30.0	30.4	31.6	33.6	36.3	39.9	44.2	49.4	55.3	60.2	65.7	71.5	77.8	90.0	120	120
截面平均梁高(cm)	280.0	280.0	280.0	280.0	280.0	280.0	282.1	288.5	299.1	314.0	333.2	356.6	384.2	416.2	442.9	472.0	503.5	537.4	580.0	580.0	580.0

跨南大堤桥中垮各节段梁体设计参数 **表 10.5-2**

节段名称	0/2	1	2	3	4	5	6	7	8	9	10	11	12	合扰段
节段长度	500	300	300	300	300	400	400	400	400	400	400	400	400	200/2
节段体积(m^3)	227.2	84.9	78.3	74.4	70.4	91.1	85.9	81.5	77.9	73.0	67.4	65.9	64.5	1158.0
节段重量(t)	590.7	220.7	203.6	193.4	183.0	236.9	218.9	211.9	202.5	189.8	175.3	171.3	167.7	40.6

截面编号	21	22	23	24	25	26	27	28	29	30	31	32	33	34	35	36	36
顶板厚(cm)	90	90	60	43.8	30	30	30	30	30	30	30	30	30	30	30	30	30
腹板厚(cm)	125	125	95.0	70.0	70.0	70.0	70.0	70.0	70.0	70.0	70.0	70.0	57.5	45.0	45.0	45.0	45.0
底板厚(cm)	120	120	90.0	477.8	71.5	65.7	60.2	55.3	49.4	44.2	39.9	36.3	33.6	31.6	30.4	30.0	30.0
截面平均梁高(cm)	580.0	530.0	580.0	537.4	503.5	472.0	442.9	416.2	384.2	356.6	333.2	314.0	299.1	288.5	282.1	280.0	280.0

10.5.2　挂篮设计

1. 挂篮的构造

挂篮主要由主桁承重系统、底篮系统、悬吊系统、走行系统、锚固系统、模板系统六大部分组成，挂篮纵断面图、横断面图及横断面实景图如图 10.5-4～图 10.5-6 所示。

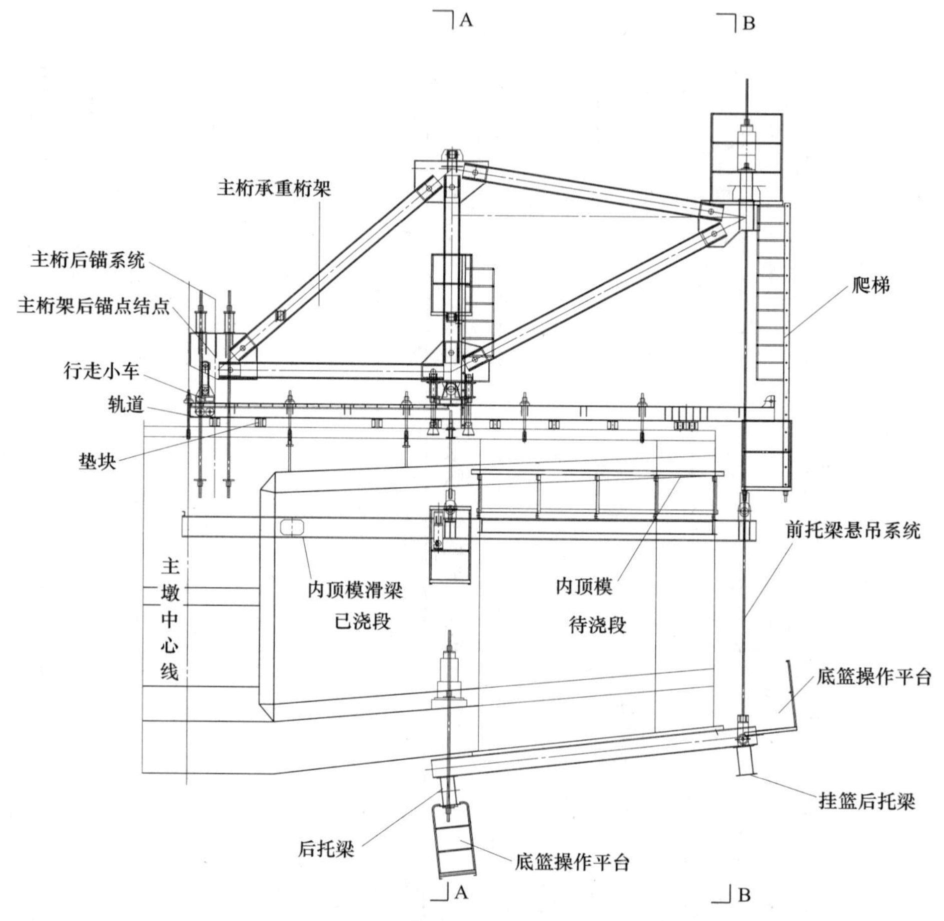

图 10.5-4　挂篮纵断面图

2. 主桁承重系统

主桁承重系统由三片承重主桁、前横梁、后片桁架及后连杆等组成，如图10.5-7 所示。承重主桁共三片，其功能是承受浇筑与空篮时的荷载并传至主桁前支点、后锚与行走小车。单片主桁为菱形结构，各主体杆件由 2[25a 槽钢与 12mm 钢板拼焊而成，截面为 220mm×274mm 的矩形。各杆件均通过节点板采用连接销铰接。前横梁用来承受前悬吊所受荷载，前横梁是采用钢板组焊而成的截面 300mm×500mm 箱形梁。后片桁架承受悬吊所传荷载，后片桁架的上下弦杆及竖杆均由型钢组焊而成的截面。

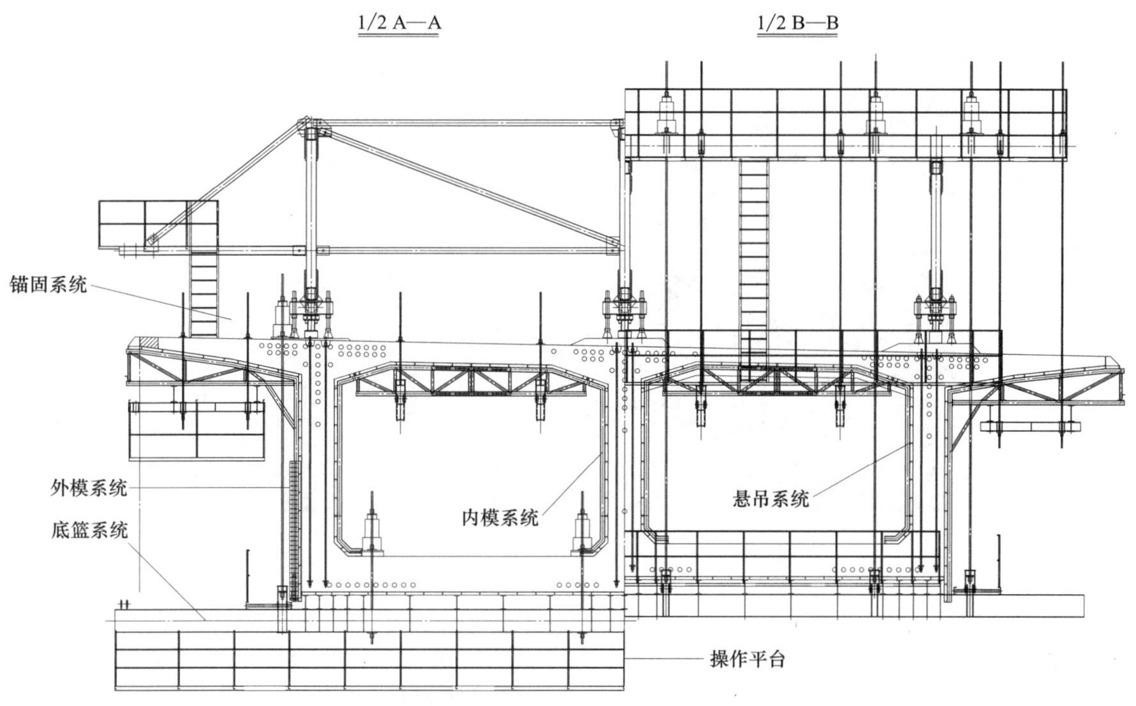

图 10.5-5　挂篮横断面图

图 10.5-6　挂篮横断面实景图

图 10.5-7　挂篮主桁承重图

3. 底篮系统

底篮系统为挂篮悬浇时的底部承载平台，由前托梁、后托梁、纵梁组成。托梁与纵梁用螺栓连接，前、后托梁均采用钢板组焊而成箱梁。底篮所承受的荷载通过悬吊系统和底篮后锚固分别传至桥面承重结构和已浇梁段。

4. 悬吊系统

悬吊系统由前悬吊及后悬吊组成，现场布置如图 10.5-8 所示。前悬吊将分配至其上的箱梁底板、腹板、顶板荷载及挂篮部件自重荷载传至前横梁；后悬吊在挂篮行走时作为外模后吊点，并将荷载传至后片桁架。

悬吊主要由精轧螺纹钢、分配梁和千斤顶等组成。精轧螺纹钢上端锚固于分配梁上，下端通过连接器与底篮托梁相连。

图 10.5-8　挂篮悬吊系统图

5. 锚固系统

锚固系统包括行走轨道锚固、主桁后锚和底篮后锚。

行走轨道锚固利用箱梁竖向预应力精轧螺纹钢筋通过接长锚固，轨道锚梁采用槽钢和钢板组焊而成。其作用是保证轨道可靠地在桥面上定位，亦作为轨道承受行走小车向上作用力时的反力支点。挂篮行走时，在主桁行走小车前后压紧轨道的锚梁间距不得大于 2m。

主桁后锚由分配梁，精轧螺纹钢锚具等组成，其作用是保证系统悬浇时的整体稳定性。

挂篮后锚均采用标准强度为 830MPa 的 $\phi40$ 精轧螺纹钢作为锚杆，锚杆穿已浇梁段混凝土，上端锚固在箱梁顶板面或底板面，下端与后托梁连接，如图 10.5-9 所示。后锚点的横向布置兼顾考虑了锚点受力均衡及于箱梁纵横向预应力管道的干涉问题。

图 10.5-9　挂篮后锚锚固系统图

6. 行走系统

行走系统包括主桁行走小车、行走轨道、前支点行走滑船等。承重主桁架通过前支点行走滑船和后锚行走小车在箱梁顶面铺设的轨道上由手拉葫芦前移（后经改进为千斤顶液压自动前移），主桁行走小车车轮卡在轨道上翼缘，行走时安全可靠。

主桁行走小车由小车架、钢带等组成，其间用销轴连接。构造设计上考虑将其受力均匀地分配到小车车轮上，亦能够适应挂篮行走过程中的整体位置与角度的偏差。主桁行走小车仅在挂篮前移时使用，浇筑箱梁混凝土时不能让其承受荷载。

主桁行走轨道：本挂篮在承重主桁下方设置焊接箱形行走轨道。主桁滑梁设计成一段，这样既便于装拆又移动迅速。每根轨道通过 ϕ32 精轧螺纹钢由轨道锚梁压紧在箱梁顶面。轨道支撑面用高强砂浆找平。

前支点滑船：挂篮承重主桁前支点下方设置滑船，将手拉葫芦放置于前移滑轨前端，通过手拉葫芦拖动挂篮前支点，牵引滑船沿行走轨道滑移。滑船与承重主桁节点采用销轴连接。

7. 平台系统

平台系统由悬吊操作平台、底篮两侧操作平台、底篮前后端操作平台等组成。整个平台系统形成一个完整的可方便通达的空间操作行走道与工作场所，满足内外模板及对拉螺栓拆装、锚固系统拆装和挂篮调整等工作的需要。

8. 模板系统

模板系统包括外侧模及内模等。模板设计均按全断面一次性浇筑箱梁混凝土考虑，整个模板系统均随主桁行走一次到位。

外侧模由面板及骨架组成，如图 10.5-10 所示，外模面板选用 $\delta=6$mm 厚 Q235 钢板。外侧模的设计充分考虑到拆装方便制作，使整个系统操作简便，有效地缩短了模板移动和安装周期，同时保证混凝土的外观质量。

图 10.5-10　挂篮外侧模板图

内模滑梁布置与箱梁顶板下方，浇筑状态下后端锚固于已浇混凝土节段，前端采用精轧螺纹钢设置吊点与前横梁上，行走状态下后端由精轧螺纹钢锚固在已浇混凝土梁段上，内模行走吊杆垂直于箱梁顶板，前端吊于前横梁上。

9. 挂篮设计参数

1）菱形挂篮总长 9.5m，总宽 21.76m，总高 3.745m；

2）设计最大悬臂浇筑重量：240t（最大悬臂梁段为 5 号梁段，其设计重量为 237.6t）；

3）挂篮自重：88.617t，与最重节段箱梁之比为 0.374；

4）悬浇箱梁最大分段长度：4m；

5）悬浇箱梁高度变化范围：5.374～2.8m；

6）挂篮工作适应纵坡：≤5%；

7）抗倾覆稳定系数：空篮行走时为5.5，浇筑状态时为2.16；

8）挂篮主桁架最大合成变形23.864mm，底篮在浇筑时的最大变形为15.957mm；

9）悬吊系统吊杆的安全系数为5；

10）主桁后锚锚杆安全系数为2.98。

10.5.3　施工工艺流程

挂篮施工工艺流程如图10.5-11所示。

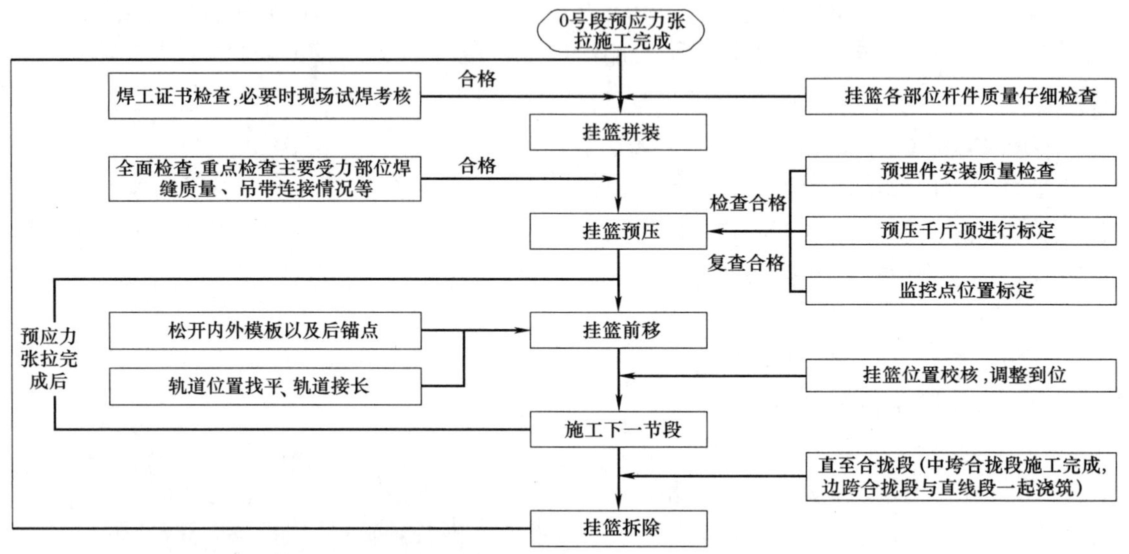

图10.5-11　挂篮施工工艺流程

10.5.4　菱形挂篮拼装

挂篮各部件在工厂加工制作，经检查合格后利用汽车运输至施工现场，经项目相关部门对挂篮设备检查合格后，准备安装工作。

挂篮拼装在2号墩0号块箱梁施工完毕并张拉完预应力后，利用2台50t履带吊配合提吊拼装。

1. 挂篮拼装施工流程

挂篮拼装流程图如图10.5-12所示。

2. 挂篮主桁结构拼装

在支架上完成主墩0号块施工后，将主桁结构构件运输到施工墩位，利用履带吊吊至0号段桥面上，在已浇筑好的桥面上进行组拼成型。

1）安排测量组对滑道锚固位置进行测量校核，然后将滑道位置处利用1∶2的高强水泥砂浆（M30）进行找平，并用墨线弹出箱梁中线、轨道中线和轨道端头线。以全站仪和垂线相互校核主桁拼装方位并控制挂篮走行时的轴线位置。

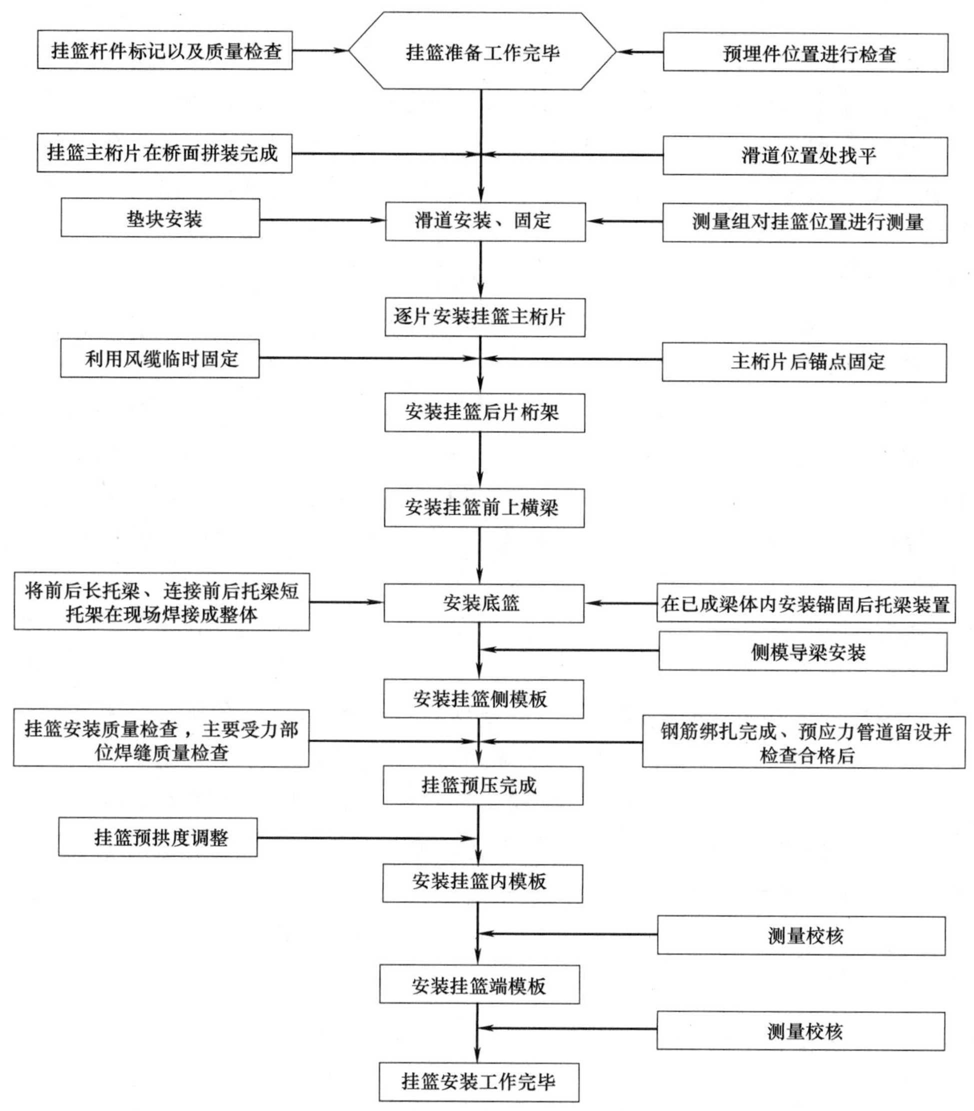

图 10.5-12　菱形挂篮安装流程图

2）接长箱梁竖向精扎螺纹钢或预埋在箱梁内的精扎螺纹钢筋（后锚点处暂不接长，待行走小车装入滑道内时再接长）以及安装主桁架前支点支撑架丝杆和第一道螺母。

3）精确铺放轨道下方垫块，对垫块质量检查合格后铺放滑道，滑道箱形梁穿过精扎螺纹钢后拧紧螺母（轨道末端处暂不锚固，待行走小车装入滑道内时接长精扎螺纹钢拧紧螺母），另外要保证轨道上表面光滑平整，不做油漆。

4）利用 2 台 50t 汽车吊或履带吊以及人工配合将在现场制作好的挂篮主桁片对称地由内侧向外侧逐片吊装，安装到位后利用风缆临时横向拉设增强其稳定性。

5）主桁片前支点穿入支撑架丝杆后拧紧上下螺母，安装行走滑船，确保行走滑船在安装过程中尽量不受力。滑船底部要保证平整光滑，必要时可在滑船底部涂抹黄油或者机油。

6）待主桁片全部安装到位后，安装主桁之间的连接桁架、后千斤顶、后锚杆等，操作千斤顶，使挂篮主桁承重架向下压，后锚点锚杆利用千斤顶对锚杆预加 10t 的力，以消除锚杆的非弹性变形，且保证四个锚点能够均匀受力，另外确保主桁行走小车卸载，操作千斤顶调整挂篮竖向标高后，拧紧主桁后锚杆的螺母；千斤顶卸载，承重主桁后锚处于锚固工作状态。在施工现场临时焊接限位槽钢[8，以防行走小车向后转动。

7）将前上横梁上的六个千斤顶、吊带以及前上横梁一起组装好后整体吊装就位。

8）安装其他吊带、分配梁、吊杆以及液压提升装置等。

3. 底篮和模板结构拼装

1）底篮的拼装。主桁结构拼装完成后，将拼装好的底篮前后托梁以及纵向分配梁（I36a），安装底平台两侧及前后端工作平台。利用 50t 履带吊吊装到位，后托梁锚固于 0 号梁段底板，前托梁用吊带锚固在前横梁上，待吊带连接到位后，利用前横梁上的液压千斤顶对每根吊带预加 10t 的力，以消除吊带的非弹性变形，调整竖向标高后对千斤顶进行卸载，将螺母拧紧。

2）底篮模板的拼装。在预压前底篮模板先安装靠近 0 号块的一半（主要考虑挂篮预压），另外一半在挂篮预压完成后再拼装。

3）外侧模拼装。在桥下将侧模骨架及面板连接成一个整体，将骨架整体吊装，悬挂在外侧模滑梁上，检查并调整侧模位置，安装侧向工作平台。

4）内模拼装。在底篮上将内模滑梁和横梁连接成一个整体，用履带吊或汽车吊并通过内模前吊点和内模锚杆悬吊。在挂篮底篮上将内模和内模支撑架拼装成一个整体，用汽车吊或履带吊将其悬挂于内模滑梁上，调整模板。

5）张拉工作平台拼装。将工作平台组成一个整体，用倒链悬挂于主桁系统上，以便施工需要进行升降。

10.5.5　菱形挂篮预压方法

1. 预压试验目的

检验挂篮在等效荷载作用下菱形挂篮的整体稳定性和主要承重构件（如承重桁架、前上下横梁、前吊挂系统）的受力情况，以及消除挂篮的非弹性变形和测量挂篮的弹性变形，得出压重与挂篮本身的变形关系，为箱梁悬臂浇筑施工线形控制提供相应的挠度参数依据，通过预压使挂篮的主要技术参数的使用性能初步得到验证。

2. 预压试验方法

本菱形挂篮预压试验采用千斤顶反向加载的方法，具体步骤：将三只牛腿固结于 0 号段两端的腹板上，然后利用千斤顶对牛腿同时施力，荷载按照前横梁浇筑最重节段箱梁时吊带承受相同荷载进行换算求出千斤顶预压最大荷载，然后分级预压，消除挂篮主桁架的非弹性变形，得出挂篮本身与浇筑混凝土重量的线性关系。

3. 预压反力架设计

牛腿反力架水平梁和托梁均采用 I36b，在水平梁与托梁间设置双拼[14b 工字钢，在节点处利用厚度 20mm 钢板进行加强，牛腿大样图如图 10.5-13 所示。三个牛腿的水平杆之间设[14b 剪刀撑，牛腿下部通过设置 4 根 3m 长的 ϕ32 精轧螺纹钢锚固于腹板上，上部通过预埋 9 根长 50cm HRB335 级 ϕ25 直锚筋锚固于腹板上，另外在反力架上部预埋件顶部设置 2 根长 1.5m 的 I12.6 工字钢承力键，用以抵消牛腿的部分竖向力。

具体布置图如图 10.5-14、图 10.5-15 所示。

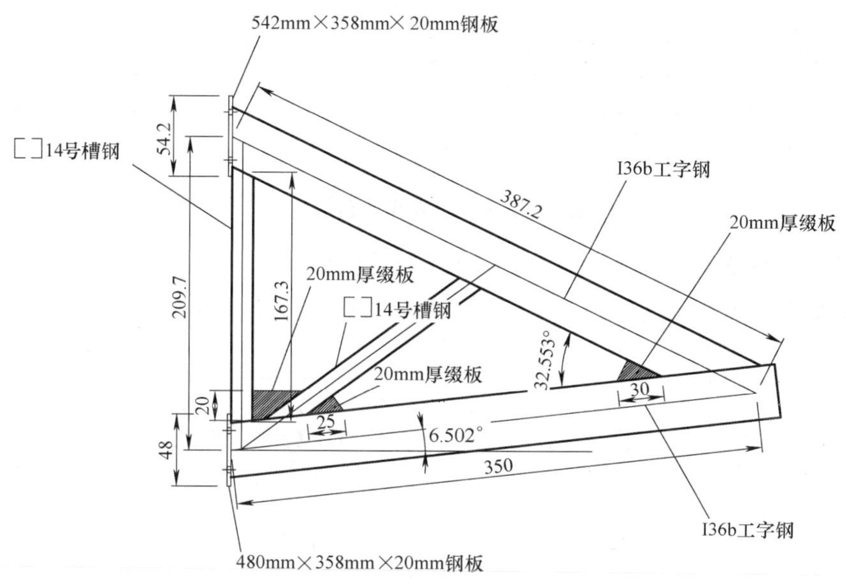

图 10.5-13 牛腿大样图

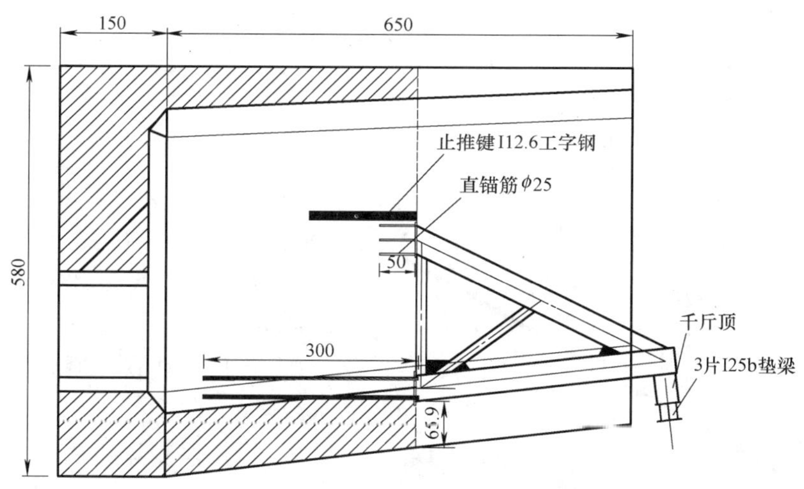

图 10.5-14 预压牛腿立面图

4. 挂篮预压加载

挂篮加载选取混凝土重量最大的节段（5 号节段，长 4m，重量为 237.6t）作为模拟荷载，通过千斤顶传递到挂篮底模，最后传至主桁。预压过程中不断测量挂篮监测点的变形情况。加载过程中应注意观察挂篮结构变化情况。

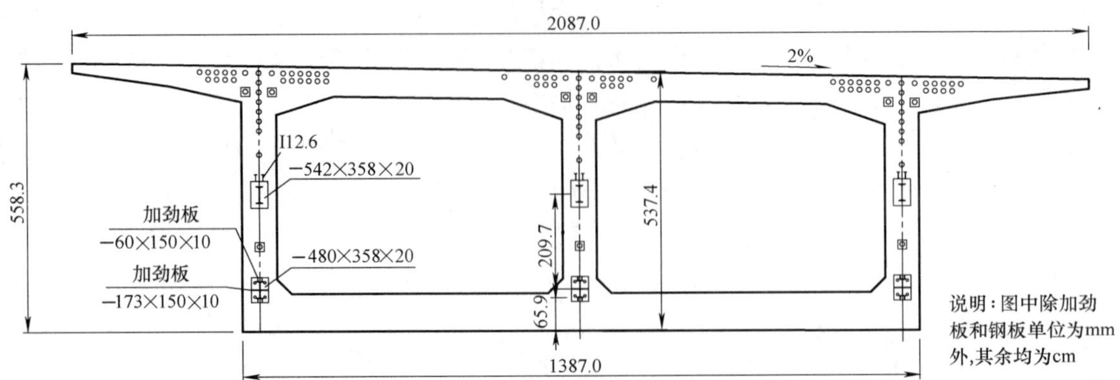

图 10.5-15 牛腿预埋件立面图

5. 挂篮预荷载计算

千斤顶加载值换算如图 10.5-16、图 10.5-17 所示。

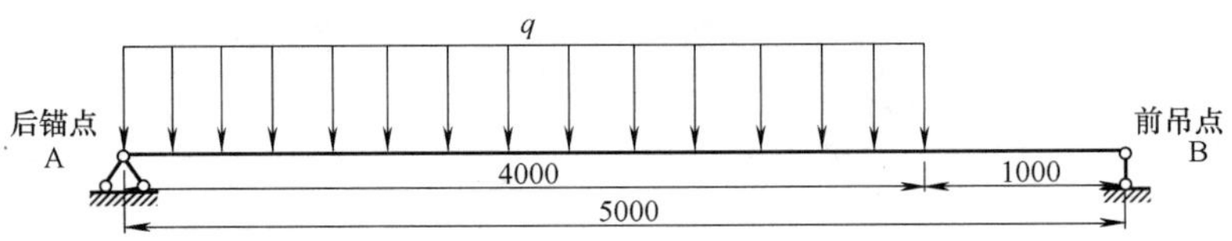

图 10.5-16 混凝土浇筑状态计算图示

图中 q 为最大节段梁体的荷载。

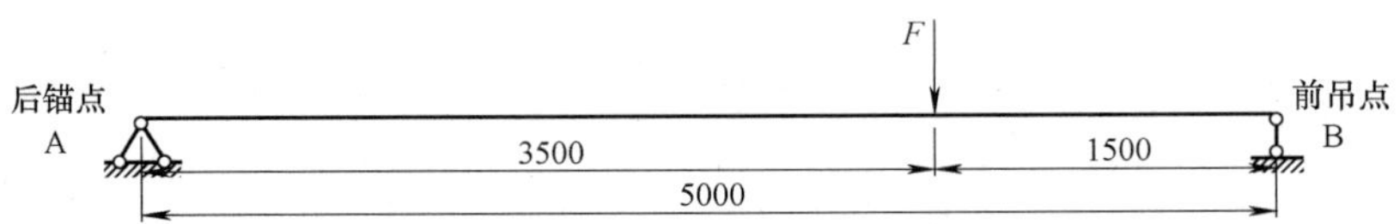

图 10.5-17 千斤顶加载状态计算图示

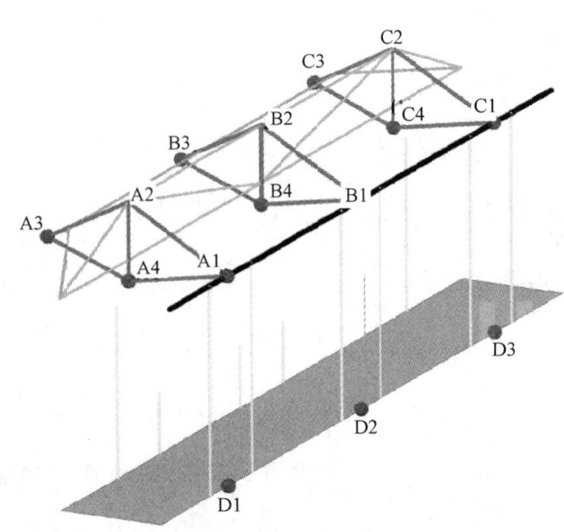

图 10.5-18 观测点位布置示意图

千斤顶立于离 0 号梁端 3.5m 的位置。

前吊点受力 R_B=237.6×2/5×1.1/3=34.8t

单个千斤顶最大顶升力 F=34.8×5/3.5=49.8t

6. 挂篮监测点的布置

主桁观测点布置在横梁的对应位置，同时为了观测挂篮的整体变形情况，分别在挂篮的支点以及挂篮主桁架与前横梁相交位置对应的前托梁位置处设置了观测点（总共 15 个）。具体布置如图 10.5-18 所示。

7. 预压加载

在预压准备工作完成后，对同一墩对称的两副挂篮同时开始进行预压，分四级进行加载，分别为30%、60%、90%、110%；卸载分两级进行，分别为50%、0。每级加载、卸载后30min读一次水准测点的数据，每隔一小时的变形不超过1mm时认为变形稳定，进行下一级加/卸载，加载过程中应同时观察结构变化情况。

8. 挂篮预压控制措施

1）挂篮预压前应对挂篮全系统进行检查，确认符合设计要求且安装无误后方可进行，同时设置后锚保险及横向保险措施。

2）挂篮拼装要严格对称拼装，并设置施工安全平台和安全网。挂篮的悬挂系统必须相互固结，防止千斤顶坠落，同时所有临时锚固点必须紧固且受力均匀。

3）加载过程要统一组织，统一指挥，每级加载后须持荷按加载方案进行，观察测量完成后才能进行下一级加载。加载时不能过快，要平稳加载。

10.5.6 菱形挂篮施工

1. 在挂篮施工前要仔细检查主桁承重架各连接节点板处销轴连接情况、后锚梁连接情况、悬吊系统连接情况、操作平台连接情况、安全网防护情况、前支点划船与轨道连接情况以及行走小车与轨道翼缘顶板位置处（确保行走小车在浇筑前尽量与轨道翼缘板不受力，且滚轴处已经用卡板卡住）。

2. 1～12号块在挂篮上对称悬臂浇筑，各悬臂施工段按照设计图纸需一次浇筑完成，各梁段悬臂浇筑过程中，必须严格控制浇筑箱梁梁段混凝土的超方，任何梁段混凝土的重量不得超过该梁段理论重量的103%，箱梁顶板顶面浇筑混凝土的不平整度不得大于5mm；箱梁底板厚度亦予以严格控制。

3. 在菱形挂篮施工过程中应时刻关注挂篮的变形情况，重视箱梁施工的施工观测和控制，确保箱梁受力状态和线形控制在允许范围内，保证箱梁在合拢时各合拢段相对高程误差不得大于2cm，轴线偏差不得大于1cm。

4. 挂篮预压完毕后，根据预压测得的混凝土重量与挂篮支架的弹性变形关系将挂篮底篮标高一次调整到位，之后按照设计图纸要求进行绑扎钢筋与预应力管道的安装，以及挂篮后锚点预埋件、底篮后锚预留孔、内外滑梁精扎螺纹钢预留孔等精确预埋，然后安装内侧模。侧模与内模在箱梁腹板段设置对拉螺杆，对拉杆选用ϕ20圆钢，两端车牙，由螺栓固定，且相互两组对拉杆之间间距不得大于1m。当箱梁高度或角度变化时引起挂篮内侧模与倒角模板干涉时，必须进行切割，内侧模来配合倒角模板。

5. 挂篮在下一节段施工时，必须仔细研究挂篮设计图纸，严格控制好预埋件埋设、预留孔的位置留设。

这里特别注意一点，挂篮的轨道压紧锚筋在桥墩横向轴线位置处并没有竖向预应力筋，因此在施工时注意预埋精轧螺纹钢，以便压紧轨道。

在0号段箱梁施工时注意主桁架、底篮以及前支点处预埋件的埋设，埋件采用波纹管$\phi83\times1.5$mm。0号块后锚点预埋件具体布置如图10.5-19～图10.5-23所示。

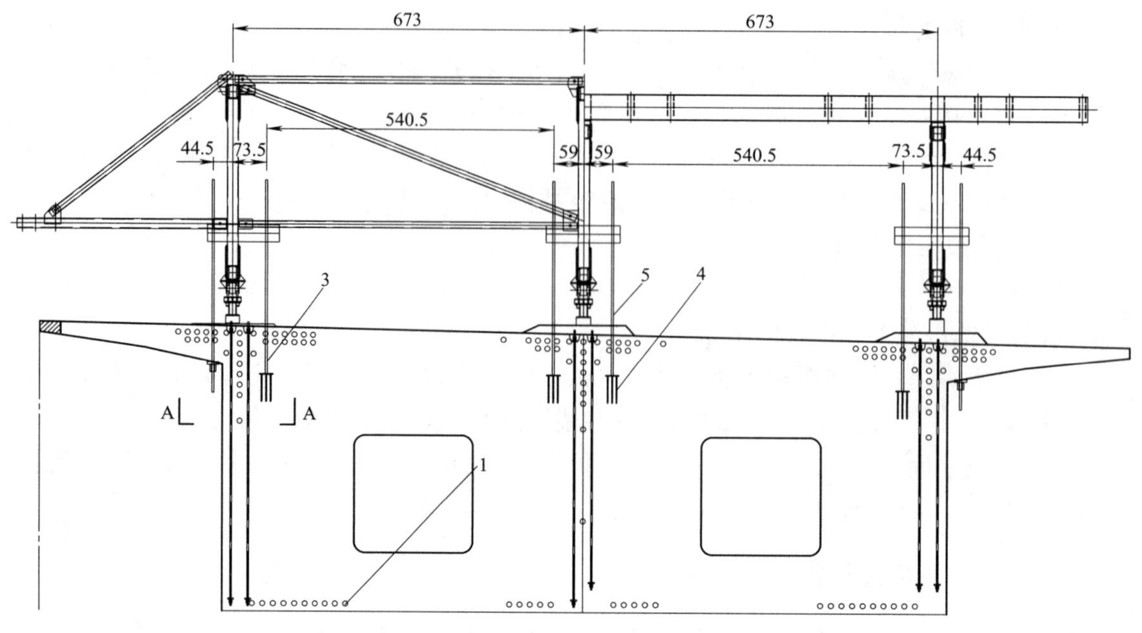

图 10.5-19　挂篮后锚点横向立面布置图

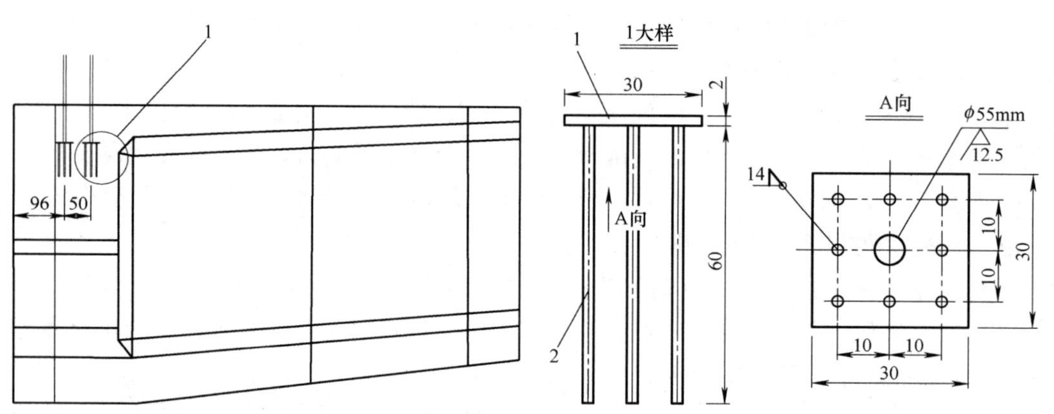

图 10.5-20　挂篮后锚点纵向立面布置图

图 10.5-21　大样详图

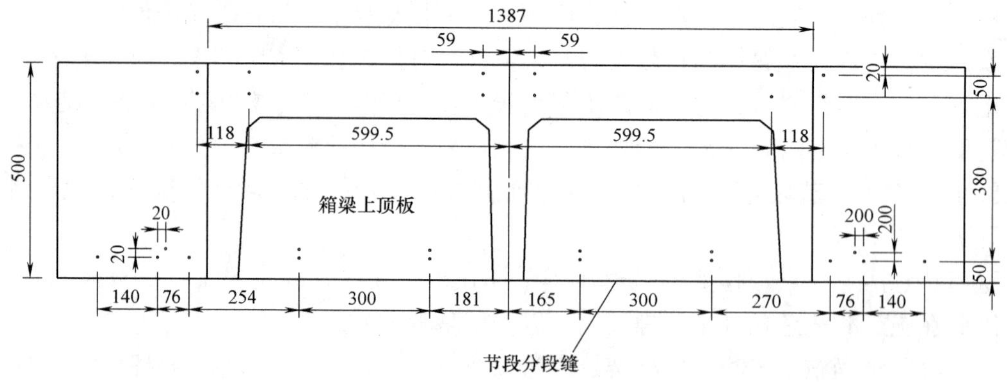

图 10.5-22　挂篮锚固精扎螺纹钢预留孔箱梁上顶板平面布置图

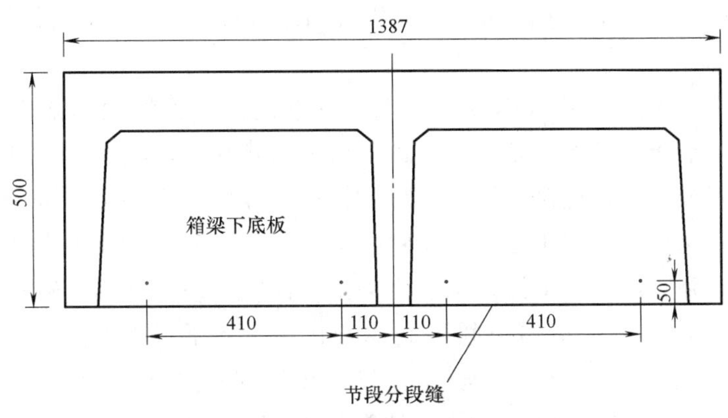

图 10.5-23 挂篮底篮预埋精扎螺纹钢平面布置图

6. 待钢筋、预应力管道、预埋件、预留孔等施工完毕后，经相关质检人员验收合格后进行混凝土的浇筑，在浇筑过程中详细记录混凝土试块的材料特性以及所用混凝土方量，待混凝土强度达到设计强度的90%，且养护不少于7d，进行施加预应力。在混凝土张拉过程中采用张拉吨位与引伸量双控，实际伸长量不得大于理论伸长量的6%，也不得小于理论伸长量的6%。三向预应力张拉顺序为先纵向、再横向、最后竖向。预应力张拉完毕后进行挂篮的移动准备工作。

7. 挂篮施工过程中挠度控制

为了能正确合理地控制梁体挠度，应采取如下措施：

1）实际施工中及时观测：①挂篮走行前；②挂篮走行后；③灌注前；④灌注后；⑤张拉前；⑥张拉后，六个状态的挠度变化。

2）在灌注混凝土过程中，要及时测量底板的挠度变化情况，发现实际沉落与预留量不符时，应及时调整吊带顶端的千斤顶。

3）合拢前，相接的两个T构最后2～3段，在立模时必须进行联测，以便互相协调，保证合拢精度。

4）T构两边要注意均衡作业。混凝土灌注对称进行，挂篮移动时，两边距墩中心的距离差不要大于40cm，灌注前后吊带一定要用千斤顶张紧，且3处要均匀，以防承重后和已成梁段产生错台。

8. 施工中应加强观测标高、轴线及挠度等，并分项做好详细记录，每段箱梁施工后，要整理出挠度曲线。

10.5.7 菱形挂篮移动

在每一梁段混凝土浇筑及预应力张拉完毕后，挂篮将移至下一位置进行施工，直至悬臂浇筑梁段施工完毕。挂篮前移时工作步骤如下：

1. 当梁段预应力张拉、压浆后，进行脱模（脱开底模、侧模和内模）后，将挂篮前支点支撑架丝杆解除，前支点受力转换到行走滑船上。

2. 将承重的吊杆慢慢松开，同一断面的吊杆必须同步放松，当内导梁、底纵梁、下托梁离开混凝土面 15cm 时停住。前后托梁梁端两侧各加挂一个 10t 的倒链连接上下横梁，防止吊带脆断。

3. 此时底模板、外侧模板及内模系均与梁体脱离，将菱形梁后锚松开，挂篮后支点进行锚固转换，将上拔力转给行走小车，此时解开行走小车滚轴卡板，利用吊带将后托梁挂在挂篮后片桁架上，拆除底模后锚杆。外侧模、内模滑梁受力体系进行转换，外侧模滑梁在浇筑状态时利用精扎螺纹钢锚固在轨道内侧，在行走时内侧受力点转换到后轨道辊轴上，另外一点转换到后片桁架上，内顶模滑梁上由浇筑状态时锚固于轨道上转换到轨道的辊轴上。另外由于 0 号块箱室内空间限制需在内侧模滑行一段时间后在现场临时接长 1.9m 轨道。解除挂篮前支点支撑架丝杆，将挂篮前支点受力转换给行走滑船承受。

人工采用 20t 倒链将挂篮拖拉到位，挂篮的前移带动侧模、底模、内模整体滑移到位，随着挂篮的前移，压紧器应交替前移（不得少于 2 根），以保持主梁的稳定，滑到位以后将主梁后锚杆锚紧，不得少于 3 根，并用千斤顶张拉 10t 进行预紧，以消除非弹性变形，待标高调整后进行卸载或用测力扳手张拉。

在挂篮前移时，行走轨道两锚固点之间的距离不得大于 2m。

滑行时对接缝进行处理，尤其是对拉杆头进行处理，防止锈水污染混凝土表面。进行修补和处理时挂篮不能移动。倒链钩在前端轨道及挂篮前支点，两端同时进行走行，走行速度均匀一致，两挂篮走行距离相差不大于 30cm。

进行走行前的安全检查，重点检查部位为挂篮两轨道是否相对水平和与桥轴线平行，轨道锚固和支垫情况，挂篮前后支座，挂篮上是否有人员在作业。

4. 挂篮滑移到位后，把侧模重新固定在各吊杆上，将内导梁也和上一梁段预留吊杆及前吊杆固定好，初步调整好中线及标高。

5. 根据测量组放样中线及抄平测量精确调整好轴线及标高。水平调整采用倒链及人工调整，到位后用将各螺母拧紧；标高调整采用千斤顶调节吊杆可以精确达到施工要求。

6. 挂篮调整好后，安装模板、钢筋、预应力管道等，灌注前重复检查中线、高程，灌注混凝土，并等混凝土养护至少 7d 后且混凝土强度达到 90%以上张拉、压浆。

7. 挂篮的下一节段移动。

10.5.8　菱形挂篮拆除

箱梁悬臂浇筑节段施工完成后，拆除挂篮时在最后梁段的位置按拼装时相反顺序拆除挂篮的底篮、模板系统以及主桁承重系统，注意在拆除过程中两边要对称地进行，具体步骤如下：

1. 在梁顶面安装卷扬机，吊着外侧模前后吊杆（底模架吊在走行梁上）徐徐下放，落至船上，或先放底模架，后放外侧模。

2. 合扰段不用的内模、走行梁，在合扰段施工前拆除，余者可从两端梁的出口拆除。

3. 拆除前上横梁。

4. 主构架利用驳船配合履带吊分片拆卸。

5. 拆除轨道及钢（木）枕。

10.5.9 实施效果

在该桥施工中，充分总结连续梁、连续刚构悬臂浇筑施工经验的，针对该桥单箱双室宽幅（桥面宽 21.87m）箱梁悬臂浇筑施工技术难点，进一步优化挂篮结构设计及其施工工艺，成功选用了适用于宽幅箱梁悬臂施工且用三片主桁架的菱形挂篮。该挂篮既能保证挂篮承载能力，又能满足桥梁设计要求的挂篮自重限值，且挂篮结构简单，操作方便，有效加快了宽幅箱梁的施工进度，同时也保证了宽幅箱梁施工质量。

该桥于 2011 年 7 月开工上钩施工，2012 年 7 月左幅主体合拢，质量优良，结构内实外美，桥梁实测线形与理论线形吻合较好。

采用菱形后支点挂篮进行现浇混凝土变截面箱梁施工，混凝土质量满足设计和规范要求，外观表面平整，线性良好，施工速度快，不受施工条件限制，施工安全保障好，具有显著的社会经济效益，为整体工程质量和进度目标的如期实现创造了有利条件。

在菱形挂篮设计中对内模进行了创新，实现了内模与外模整体滑移及内模板折叠，提高了工效；使用过程中对桥梁中线侧的后吊带进行了改进，将 ϕ32mm 精轧螺纹钢吊带改为了 14mm 厚的扁钢吊带，使其不受桥梁中间 2cm 间隙的影响，从而使挂篮顺利行走；挂篮预压采用了反力架的形式，最多只需 1d 即可完成（含反力架安装时间），比传统的预压方法，一般需 5～7d，如砂袋、水压等相比大大地节约了施工成本，且大幅地缩短了施工工期。

襄阳市内环线汉江三桥跨南大堤桥跨越河流、大堤，以保证质量、安全、经济、高效为原则，采用菱形挂篮顺利完成了悬臂箱梁挂篮法施工任务，事实证明，这种施工方法适用于此类跨越大河流或交通干道的桥梁工程。

10.6 牵索挂篮现浇施工

10.6.1 工程概况

襄阳汉江三桥位于湖北省襄阳市内，是襄阳市内环线的重要组成部分，全长 4581m，其中主桥为 128.5m+310m+128.5m 双塔双索面半漂浮体系预应力混凝土斜拉桥，主桥桥跨布置如图 10.6-1 所示。

主梁为 C55 预应力混凝土连续箱梁，采用前支点挂篮悬臂现浇施工。主梁宽度 35m、中心高度 2.8m，横桥向箱梁底板水平，桥面设置 2%双向横坡，如图 10.6-2 所示。主梁共有 111 个现浇梁段（0 号块 2 个、1 号～26 号块各 4 个、边跨直线段及合拢段各 2 个、中跨合拢段 1 个），中跨主梁为分离式双箱结构，边跨主梁在 8′号～11′号梁段由双边箱变为单箱四室断面。

索塔为 H 形塔，斜拉索锚固区设置在塔身约 65～109m 处。两侧锚索区各 1.25m 宽，横桥向斜拉索索距为 32.5m，顺桥向标准索距为 6.0m，边跨尾索区标准索距为 4.2m，拉索按扇形布置，每个索面由 26 对高强度平行钢丝斜拉索组成，全桥共 4×26 对斜拉索。

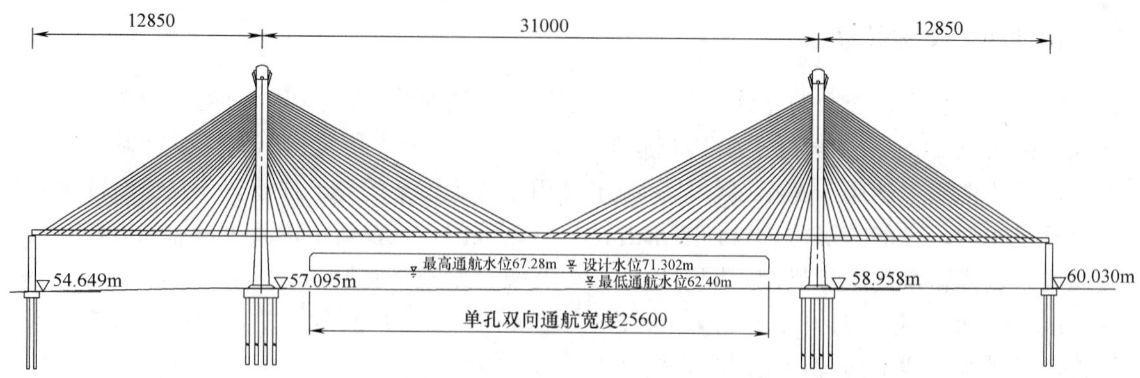

图 10.6-1 襄阳汉江三桥主桥桥型布置图

斜拉索采用 PES7 热挤聚乙烯拉索，斜拉索有 PES7-139、PES7-163、PES7-199、PES7-241、PES7-283、PES7-313 六种规格，斜拉索两端锚具均采用张拉端冷铸锚锚具 PESM7 体系。

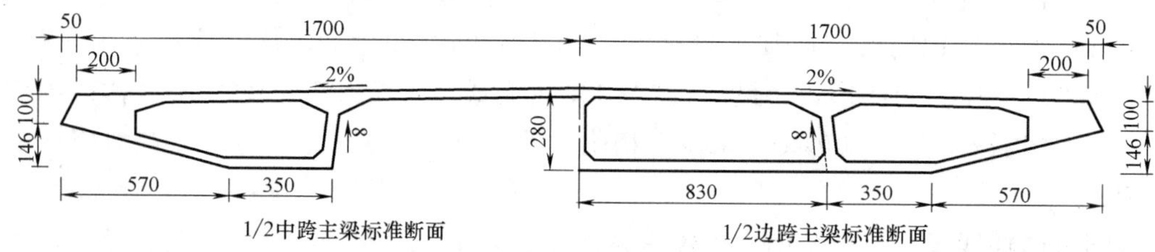

图 10.6-2 襄阳汉江三桥主桥箱梁断面图

主梁 0 号～2 号梁段全长 30m，采用现浇落地支架法施工：在施工承台时预埋钢管支架预埋件，施工下横梁时搭设钢管支架，在搭设好的钢管支架上拼装焊接挂篮底篮平台，在挂篮平台上搭设碗扣式支架做 0 号～2 号箱梁模板支架，进行 0 号～2 号箱梁施工，0 号～2 号箱梁采用一次浇筑成型的工艺。

主梁 3 号～26 号标准梁段长 5.0m、6.0m、4.2m 不等，采用牵索式挂篮施工：挂篮在施工 0 号～2 号时拼装完成，前移至 3 号梁段进行预压，预压合格后投入循环施工，边跨 1.5m 墩顶直线段在施工 24 号梁段时同时进行施工。全桥合拢后挂篮整体下放拆除。

合拢段施工顺序为先进行两边跨合拢，再进行中跨合拢，完成全桥体系转换。合拢段施工支架采用吊篮施工。

10.6.2 0 号、1 号、2 号梁段施工

0 号块梁段施工采用在支架上现浇的施工工艺，支架为钢管支架与碗口脚手架相结合的形式，0 号块采用在下横梁上搭设碗口支架进行现浇混凝土。0 号块施工前必须对支架进行预压，预压按混凝土结构恒载和模板重量之和的 1.1 倍。

1. 施工工艺流程

0 号块施工工艺流程如图 10.6-3 所示。

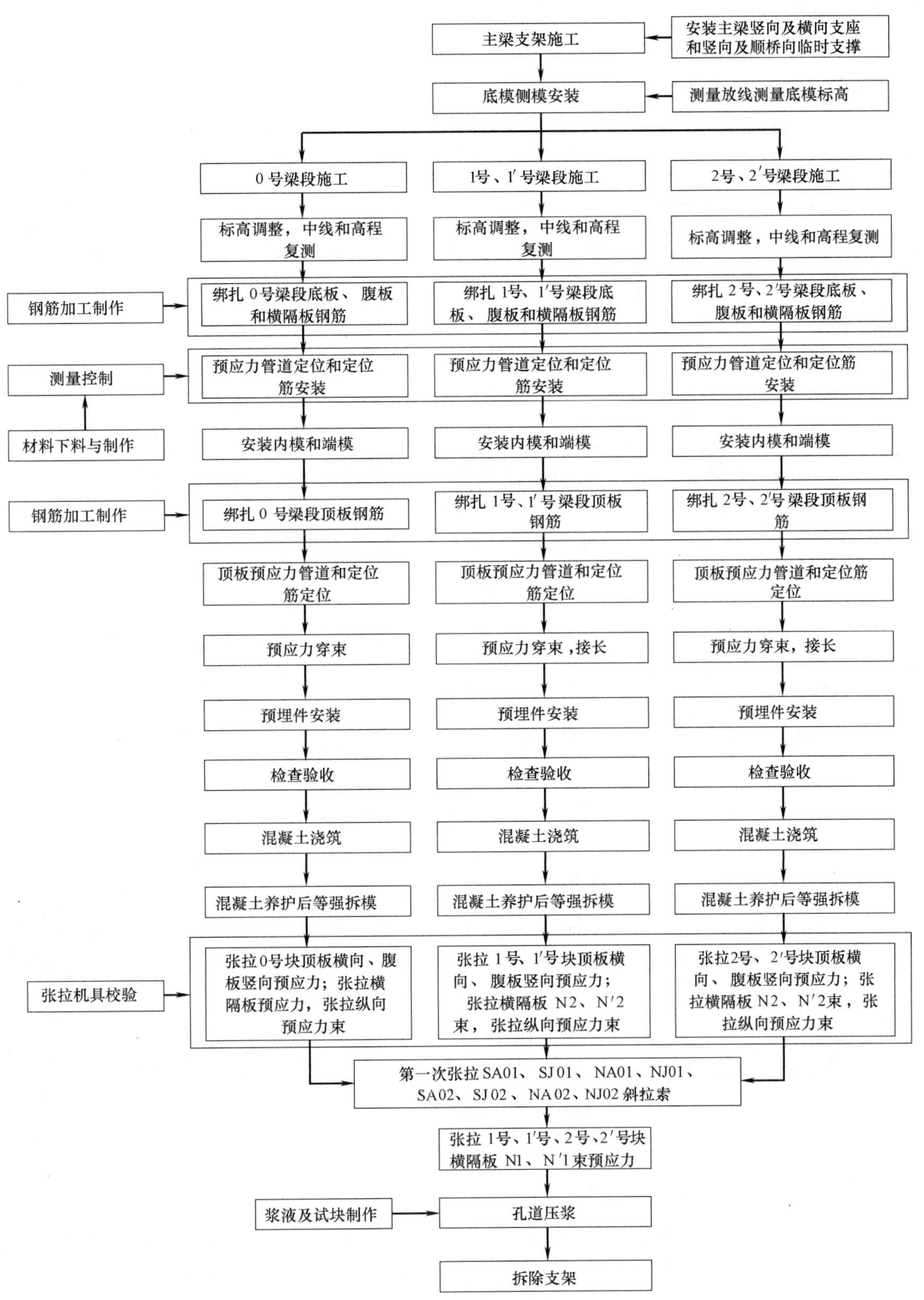

图10.6-3　主梁0号块施工工艺流程图

2. 支架工程

1）支架体系

0 号～2 号块支架设计保证和下横梁支架形成一个整体，同样为钢管整体式支架，支架立柱和斜柱均采用 ϕ1020×10mm 钢管，平联连接系选用 ϕ630×8mm 的钢管。立柱顶部放置挂篮底篮，利用挂篮底篮作为主要受力构件，在底篮上焊小牛腿，布置 I36b 横向垫梁，边箱底部铺 I25b 的纵向分配梁，间距 30cm，在中间箱梁下面铺设双拼 I25b 纵向分配梁，间距 120cm。分配梁上搭设碗扣支架，箱梁模板体系采用挂篮底篮和配置相应的竹胶合模板，以满足箱梁施工质量要求。支架示意图如图 10.6-4～图 10.6-6 所示。

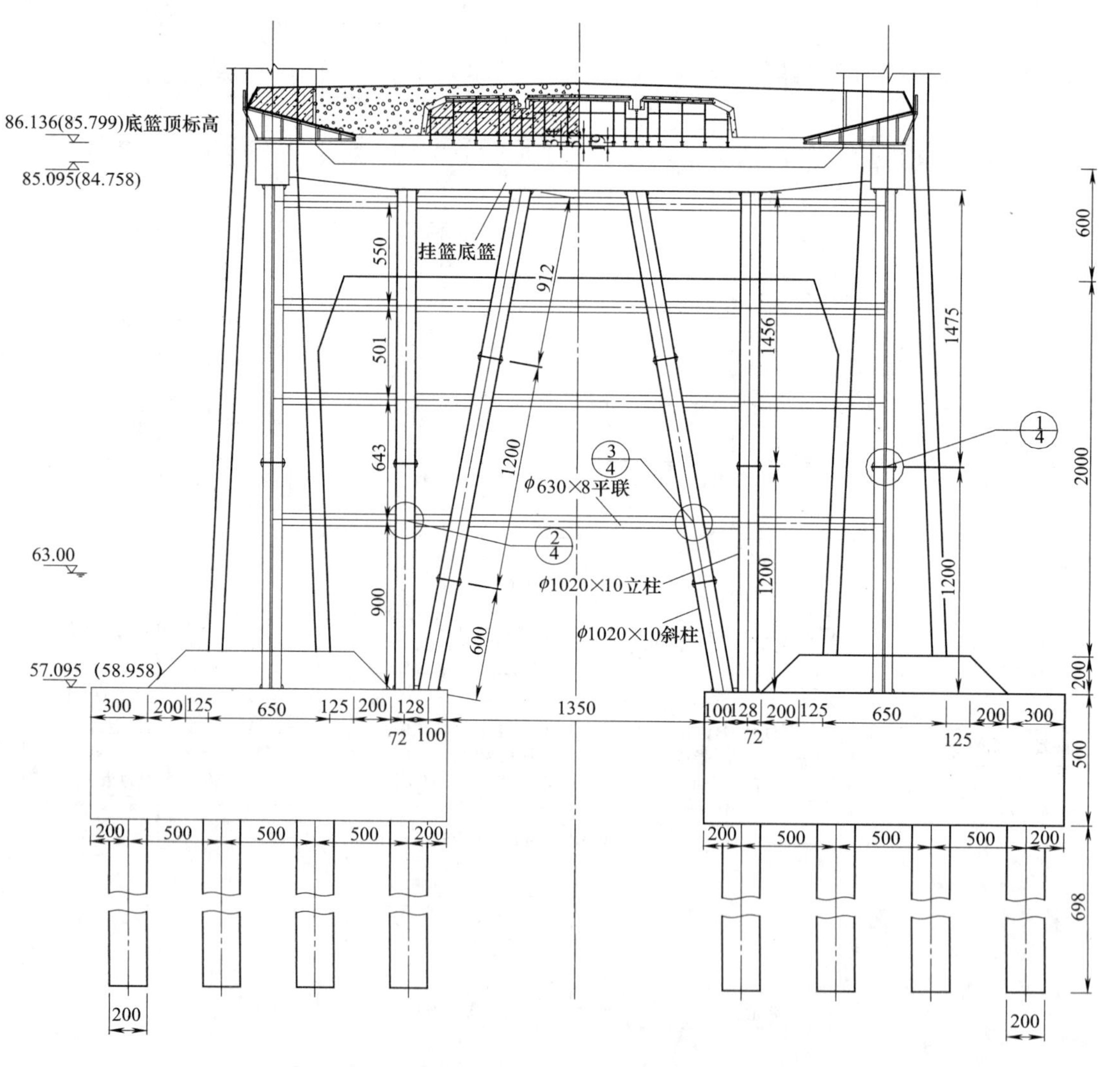

图 10.6-4　支架立面图

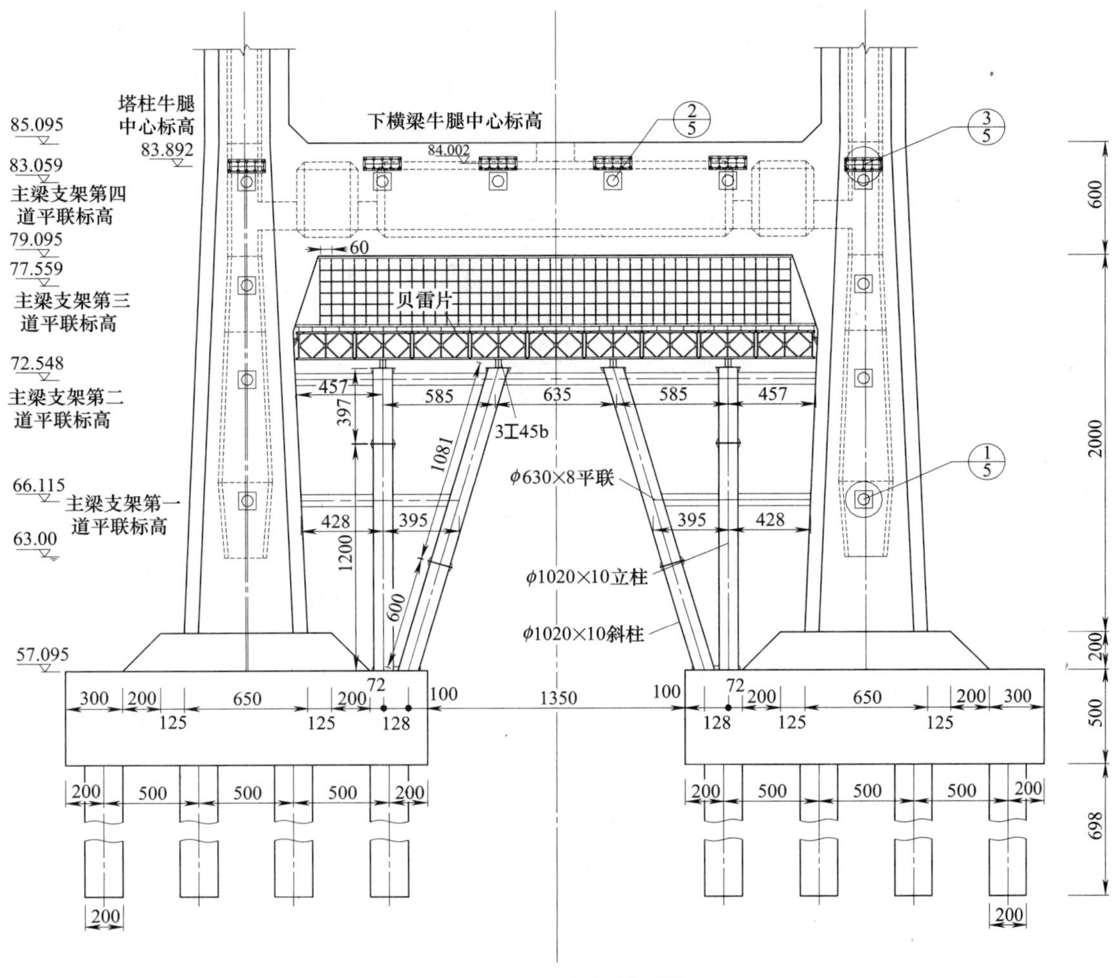

图 10.6-5 支架剖面图

2）主梁 0 号～2 号块支架计算

（1）计算荷载：

主梁自重；挂篮底篮、模板、碗扣支架和纵梁分配梁重量；水平荷载（水流冲击荷载和风荷载）；主梁施工过程中产生的施工荷载（考虑侧模重量）。

（2）工况分析

主梁 0 号，1 号～2 号，1′号～2′号梁段对称段施工，首先施工 0 号块。0 号块采用在下横梁上搭设支架现浇施工，施工完成后进行预应力张拉。再进行 1 号～1′号块施工，最后进行 2 号～2′号块施工，1 号～2 号，1′号～2′号块在支架上施工，等全部施工完成后再对称进行预应力钢筋和斜拉索的张拉。

（3）模板、木方、碗扣架、纵向分配梁、拖梁和垫梁等的计算结果见表 10.6-1、表10.6-2。

（4）钢管支架计算

支架体系的计算包括立柱、平联的内力及变形验算，支架与承台、塔柱连接处的强度验算，下横梁上预留钢板验算以及钢管连接处焊缝计算。

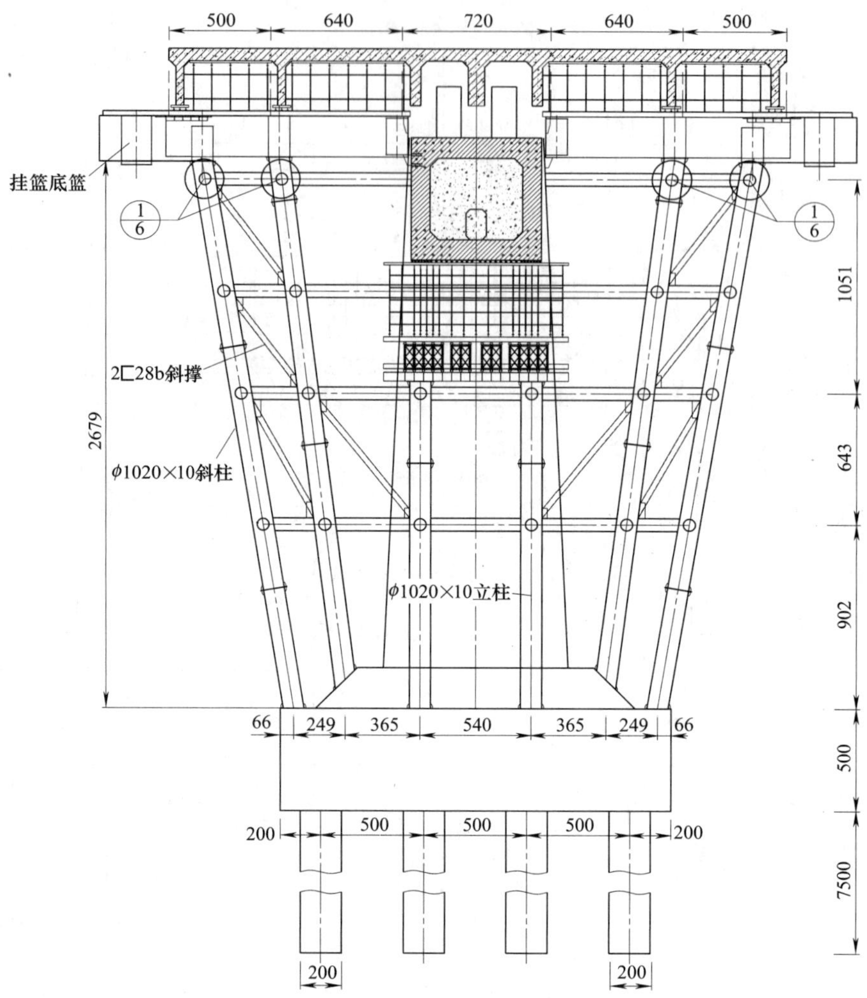

图 10.6-6　支架侧面 1/2 图

计算结果表　　**表 10.6-1**

序号	构件名称	最大应力(MPa)	最大变形(mm)	容许应力(MPa)	容许变形(mm)
1	竹胶合板模板(12mm 厚)	36.67	0.5	80.0	l/250=0.8
2	仿木(10cm×10cm)	10.42	0.73	13	l/400=2.3
3	托梁(I12.6)	43.99	0.19	215	l/400=3
4	纵向分配梁(2I25b)	105.33	6.41	215	l/400=12
5	垫梁(I36b)	113.87	0.83	215	l/400=4.4

碗扣架计算结果表　　**表 10.6-2**

计算项目	整体稳定性			立杆长细比		立杆稳定性	
	工况一计算值	工况二计算值	容许值	计算值	容许值	计算值	容许值
计算结果	1.54	9.93	1.3	132.91	230	185.66	215

注：工况一为当钢筋未绑扎，安全网等维护结构搭设完成；工况二为钢筋绑扎完成，模板支设完成。

根据施工时的进度情况支架计算分为三个阶段，第一阶段：支架搭设完成；第二阶段：1 号和 1′号块的施工完成；第三阶段：2 号和 2′号块施工完成施工。利用 Midas/Civil 软件建立模型，分阶段计算结果如图 10.6-7～图 10.6-12 所示，汇总结果见表 10.6-3。

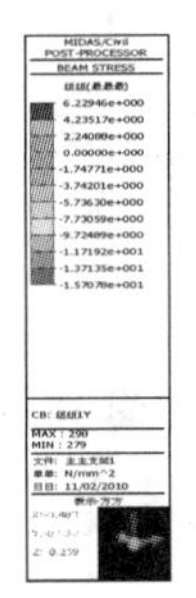

图 10.6-7 立柱组合应力图（MPa）

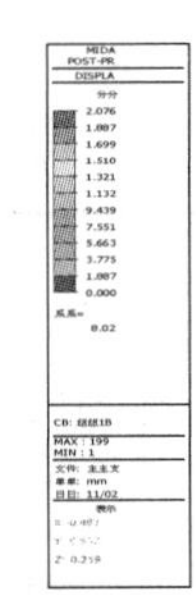

图 10.6-8 立柱组合位移 D_{xyz}（mm）

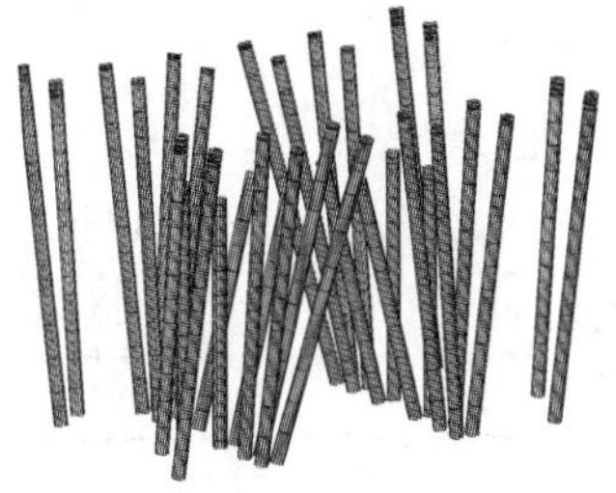
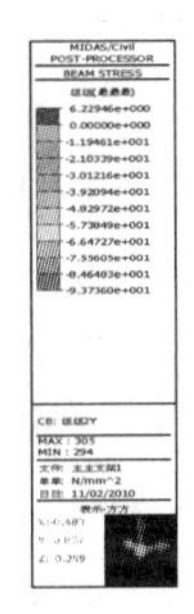

图 10.6-9 立柱组合应力图（MPa）

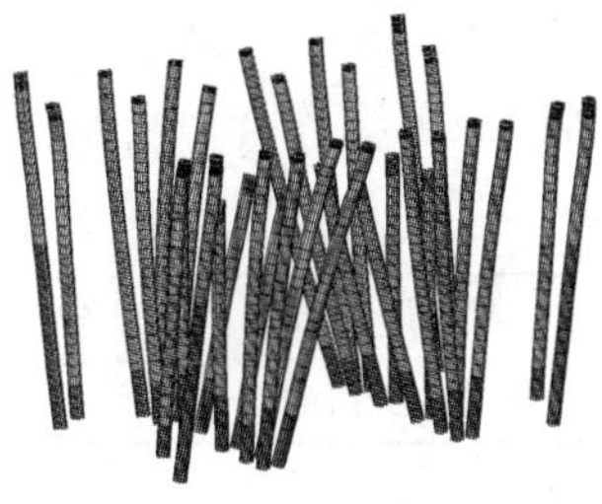
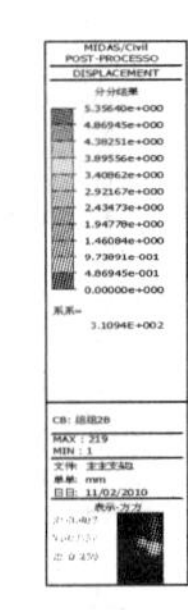

图 10.6-10 立柱组合位移 D_{xyz}（mm）

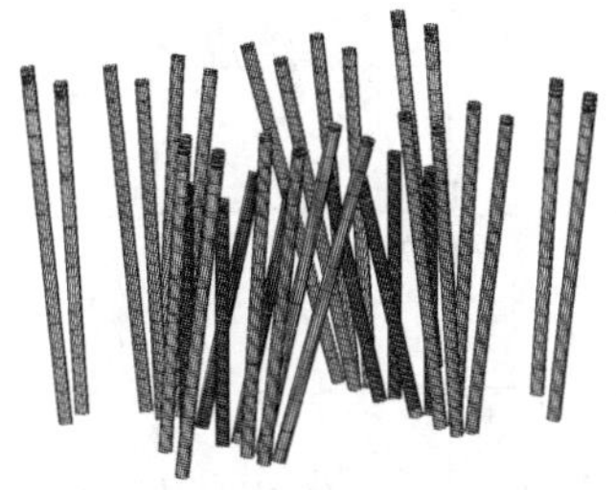
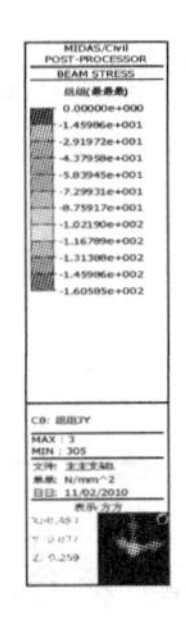

图 10.6-11 立柱组合应力图（MPa）

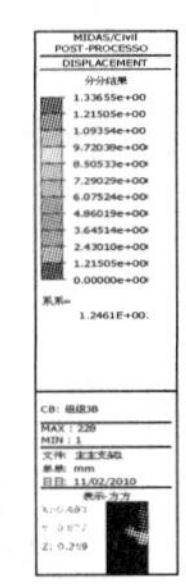

图 10.6-12 立柱组合位移 D_{xyz}（mm）

钢管支架计算结果表 **表 10.6-3**

阶段	最大组合应力（MPa）	容许应力（MPa）	最大变形（mm）	容许变形（mm）
1	28.90	215	2.08	$h/1000=27.1$
2	93.74	215	5.36	$h/1000=27.1$
3	160.59	215	13.37	$h/1000=27.1$

（5）挂篮底篮验算

根据上部结构荷载以及自重，计算底篮抗倾覆系数及底篮平台的反力如图 10.6-13、图 10.6-14、表 10.6-4 所示。

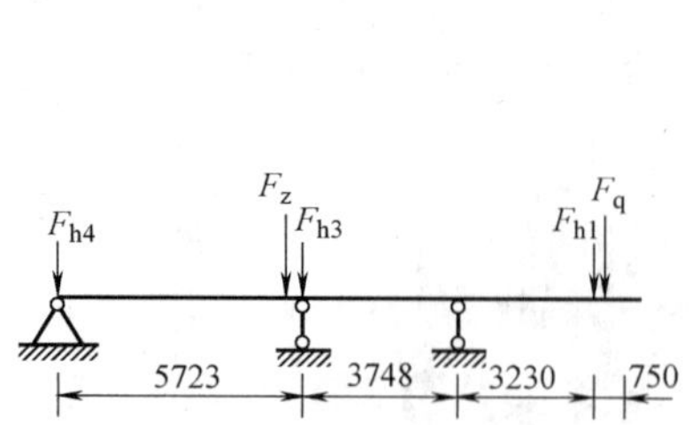

图 10.6-13　抗倾覆验算模型

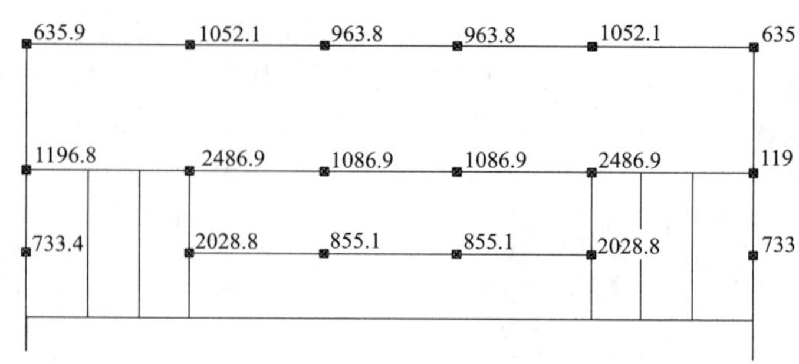

图 10.6-14　挂篮底篮反力计算图

挂篮底篮验算表　　表 10.6-4

F_q(kN)	F_z(kN)	F_{h1}(kN)	F_{h3}(kN)	F_{h4}(kN)	M_q(kN·m)	M_{kq}(kN·m)	抗倾覆系数
167.2	240.3	364.1	352.7	175.2	1753	2881	1.64

（6）节点计算

节点验算是验算主管和支管连接处的承载力以及焊缝是否满足要求。

钢管节点验算结果　　表 10.6-5

节点验算	最大拉力(kN)	焊缝最大应力(MPa)	容许拉力(kN)	容许应力(MPa)
	660.7	99.9	464.8	160

从表 10.6-5 所示可知，钢管节点受力承载力不满足要求，为了能保证支管和主管连接节点处的连接，在节点处加焊钢板进行节点加强，加强节点详图如图 10.6-15 所示。

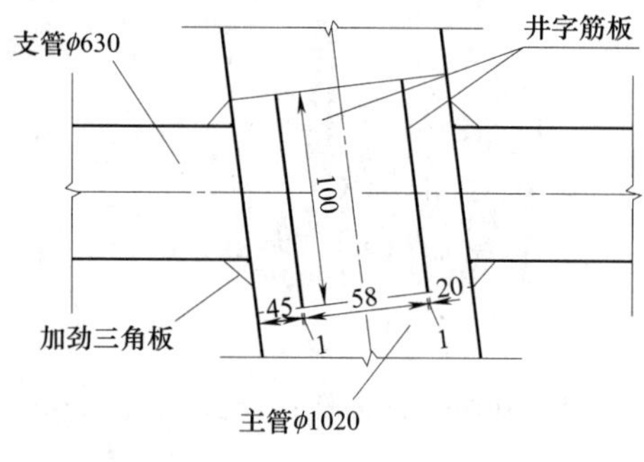

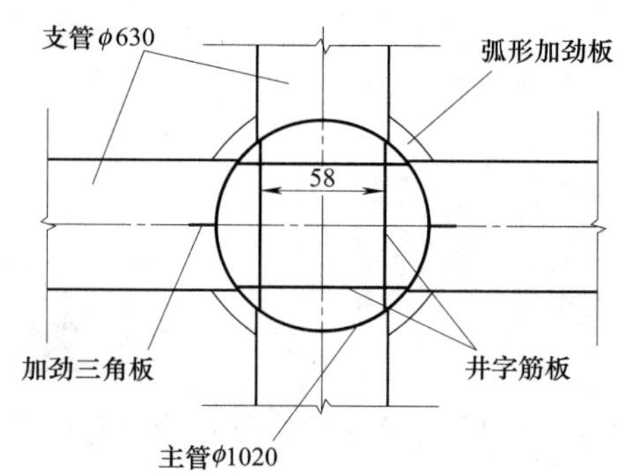

图 10.6-15　连接节点加强图

3）钢管节点连接技术研究

由下横梁及主梁 0～2 号块支架的结构形式及计算结果分析可知，支架节点受力较复杂，节点局部应力较大，而且钢管焊接量较大。为保障钢管支架节点焊接质量，方便支架快速安装、拆除，减少焊接工程量。对立柱和斜柱的接长采用法兰螺栓连接，对立柱、斜柱与平联采用单端“哈佛接头”焊接连接的方式。

（1）立柱及斜柱安装

钢管立柱安装分两次，在钢管桩未拔出前用 25t 汽车吊安装水下部位的立柱，并安装部分平联和斜撑。第二次分节吊装立柱及斜柱，并用法兰螺栓对接，如图 10.6-16、图 10.6-17 所示，安装完所有立柱、平联和斜撑。

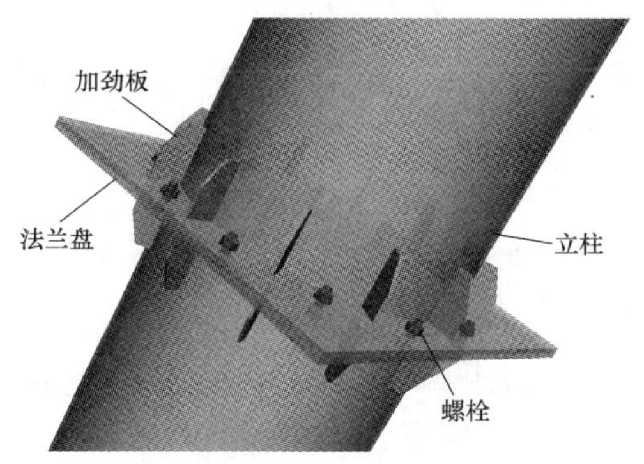

图 10.6-16 法兰连接接头图

图 10.6-17 立柱及斜柱法兰盘接长图

（2）平联安装

“哈佛接头”采用两个半圆形结构形式，每根平联在其中一端设置一个“哈佛接头”。所有平联按照比实际长度缩短 20cm 左右的尺寸下料，一端加工成垂直断面，另一端加工成相贯线断面；“哈佛接头”的内径比钢管平联外径大 10mm，长度按照 45cm（最短处）进行下料，如图 10.6-18、图 10.6-19 所示。平联的吊装具体施工方法如下：在待安装平联的一端套上“哈佛接头”，使用汽车吊起吊进行安装。为了方便调整平联位置，用两个 5t 的手拉葫芦吊挂在柱顶及平联的两端以便调整平联的位置，如图 10.6-18、图 10.6-19 所示。平联安装到位后，将平联一端的“哈佛接头”推到指定位置进行焊接。焊接时先焊接“哈佛接头”与钢管柱连接处，后焊接与平联连接处。所有的环向焊缝均要求满焊，严格控制焊缝质量。

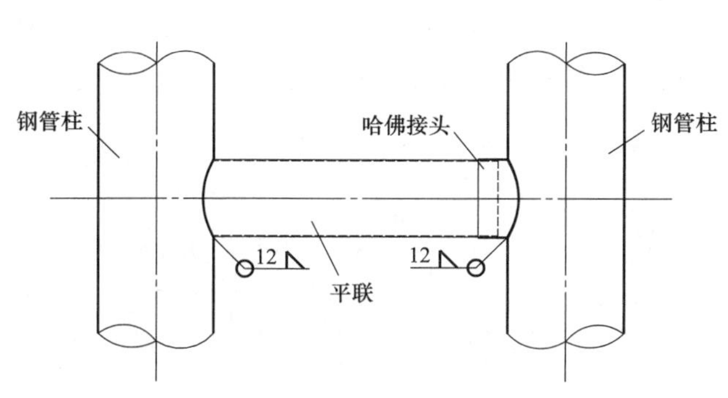

图 10.6-18 哈佛接头图

图 10.6-19 平联“哈佛接头”连接图

3. 模板工程

1）模板概况

主梁 0 号块箱梁施工涉及的模板有：临时固结模板，纵横向限位块模板，支座垫石模板，箱梁底模、外侧模、内模、端模，斜拉索锚块及齿块模板。临时固结、箱梁底模、外侧模、内模和斜拉索锚块及齿块的模板均采用 12mm 厚竹胶合板，箱梁端模采用 12mm

竹胶合模板。纵横向限位块、支座垫石采用组合小钢模。

2）模板支座与安装

（1）临时固结模板

临时固结模板采用 12mm 竹胶合板，竖肋采用 10cm×10cm 方木间距 45cm，横肋采用 2 根 ϕ48×3.5mm 钢管，并设置 ϕ12mm 的对拉螺杆，为防止倾倒，设置了侧向支撑，如图 10.6-20 所示。模板采用塔吊吊至下横梁上，在下横梁上拼装。

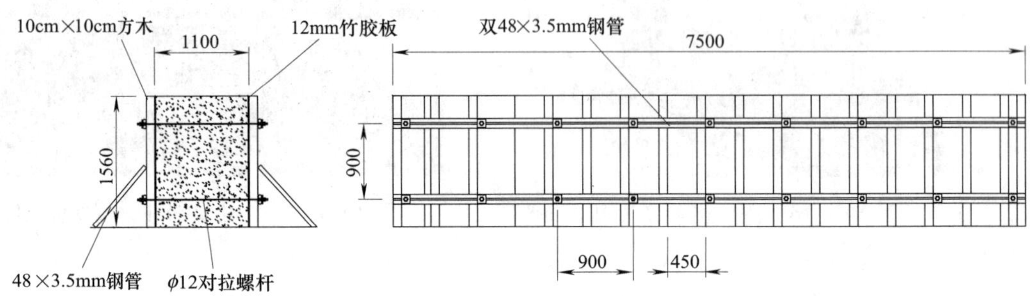

图 10.6-20　临时固结块模板图

（2）纵横向限位块模板

主桥纵横向限位块位于主塔下横梁上，每个下横梁上 4 个限位块，南北主塔共 8 个。纵横向限位块上端为 160cm×120cm，下端段为 260cm×120cm，高 250cm，过渡段高 50cm。纵横向限位块模板采用组合小钢模，竖肋采用［6.3 型钢，横肋采用 2［10 型钢，并设置 ϕ20mm 的对拉螺杆，具体布置如图 10.6-21 所示。模板采用塔吊吊至下横梁上，在下横梁上拼装。

（3）支座垫石模板

主桥索塔处支座垫石位于主塔下横梁上，每个下横梁上 2 个支座垫石，南北主塔共 4 个。支座垫石尺寸为 180cm×180cm×125.5cm。模板体系采用组合小钢模，［6.3 型钢作竖肋，2［10 型钢作横肋，并设置 ϕ20mm 的对拉螺杆，具体布置如图 10.6-22 所示。模板采用塔吊吊至下横梁上，在下横梁上拼装。

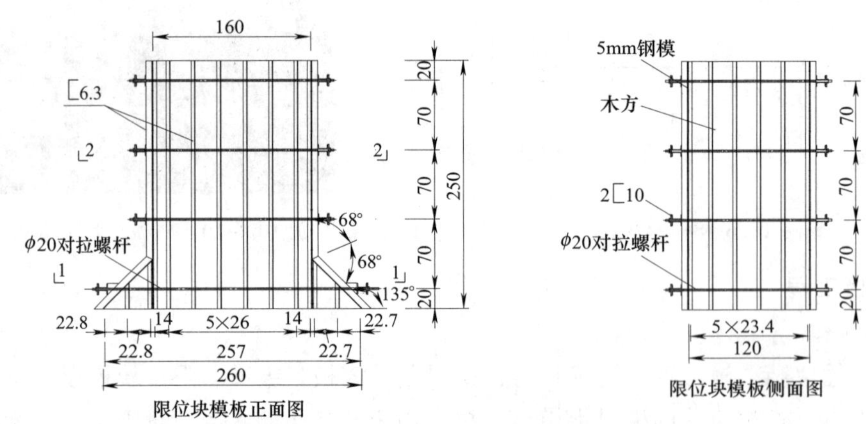

图 10.6-21　纵横向限位块模板图（一）

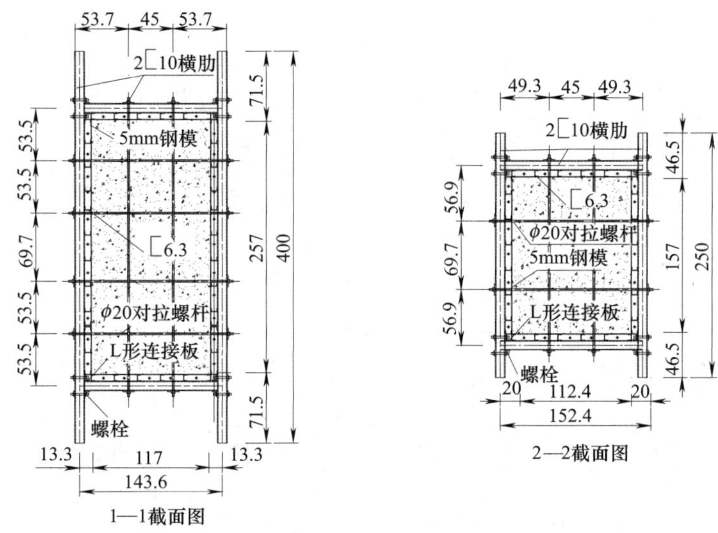

图 10.6-21 纵横向限位块模板图（二）

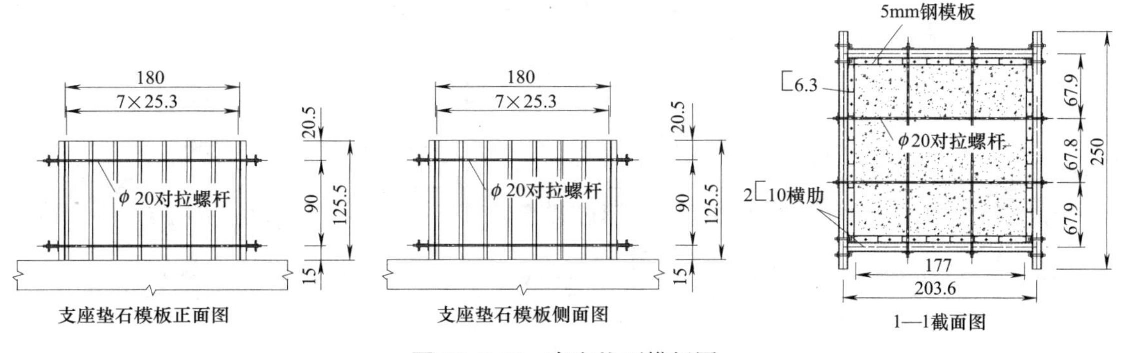

图 10.6-22 支座垫石模板图

（4）箱梁底模和外侧模

主梁 0～2 号块箱梁的底模和外侧模板体系均采用 12mm 厚竹胶合板作模板，10cm×10cm 木方作次肋，I12.6 作主肋，利用扣件式支架支撑在底篮平台和下横梁上，底篮平台上布设 I25b 的分配梁。底模和外侧模板体系安装时采用塔吊将各构件吊至挂篮底篮平台上，拼装顺序为：I36b 垫梁铺设（见主梁支架图）→I25b 分配梁安装→木楔固定→扣件架体搭设→I12.6 主肋铺设→木方铺设→模板铺设。0 号块上下游侧模板采用竹胶合板和泡沫板结合，泡沫板厚 8.8cm，将模板和塔柱顶密实。横隔板处利用 4 号主筋作对拉螺杆。边箱处斜腹板利用钢管平联和 25 号钢筋共同承担混凝土侧压力，模板体系断面图如图 10.6-23～图 10.6-25 所示。

（5）箱梁内模

主梁 1～2 号块箱梁内模体系均采用 12mm 厚竹胶合板作模板，10cm×10cm 木方作背肋和支撑架，木方和支撑架间距 30cm，具体如图 10.6-26 所示。

（6）箱梁端模

主梁 0 号、1 号、1′号、2 号、2′号端头模板采用 12mm 厚竹胶合板，横肋采用 10cm×

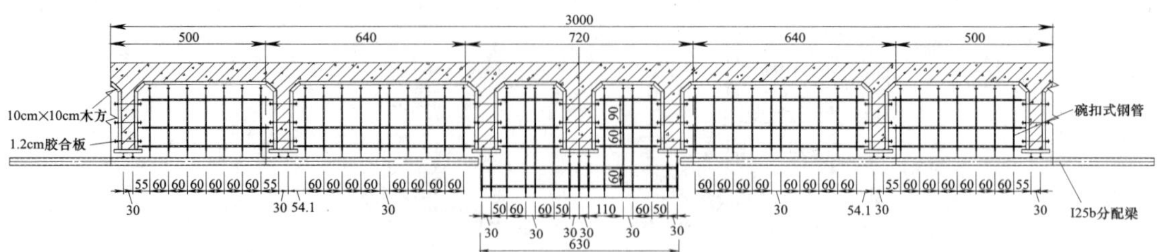

图 10.6-23　0～2 号块底模纵向断面图

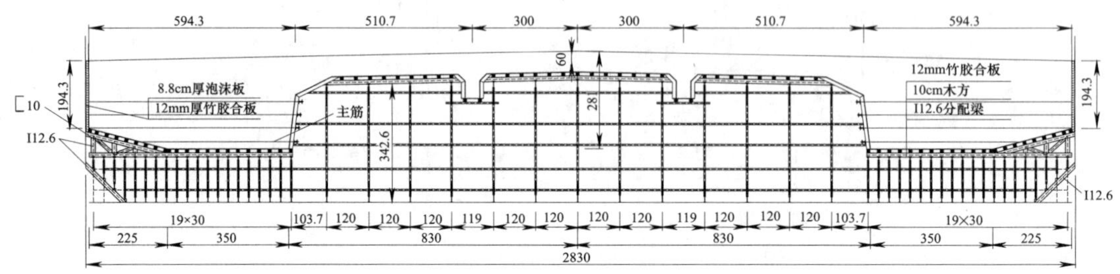

图 10.6-24　0 号块模板体系断面图

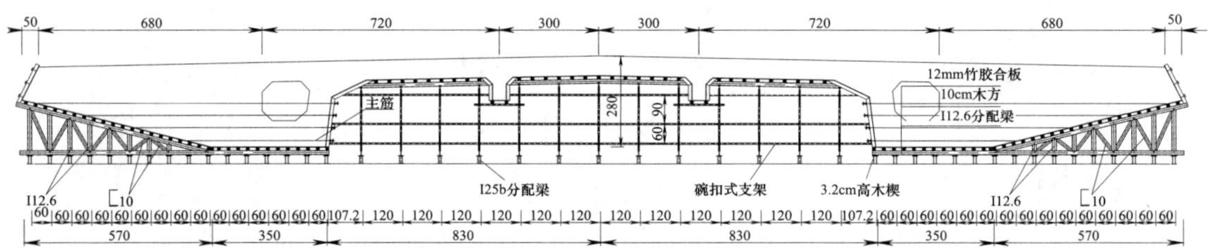

图 10.6-25　1～2 号块模板体系断面图

10cm 方木间距 30cm，竖肋采用 2［20b 型钢，间距 80cm，具体如图 10.6-27 所示。竖肋与 2 根纵向主筋焊接牢固。方木间距根据主筋间距和现场施工方便调整，但是间距不能大于设计间距。竖肋端头采用与纵桥向主筋焊接固定，其中边箱处采用角钢∟80 将竖肋与主筋连接起来，每根竖肋应由两根主筋共同承担受力。

（7）斜拉索锚块和齿块模板

由于斜拉索锚块和齿块尺寸都不相同，锚块和齿块模板均采用竹胶合板，根据每个锚块和齿块的具体尺寸进行加工。

3）模板体系的加工制造

（1）模板的加工

主梁 0 号块模板均采用 12mm 厚的竹胶合板，在施工现场制作。为加快施工进度，模板应提前加工制作，下料前应熟悉设计施工图纸，对倒角，渐变段处尺寸加以落实。

模板与混凝土接触面应平整、光滑，多次重复使用的木模应在内侧加钉薄铁皮。木模接缝处可做成平缝、搭接缝或企口缝。当采用平缝时，模板接缝处设置双面胶，防止漏浆；木模与横隔板钢模板接缝处应做成企口缝，在企口缝后应有木方背楞。

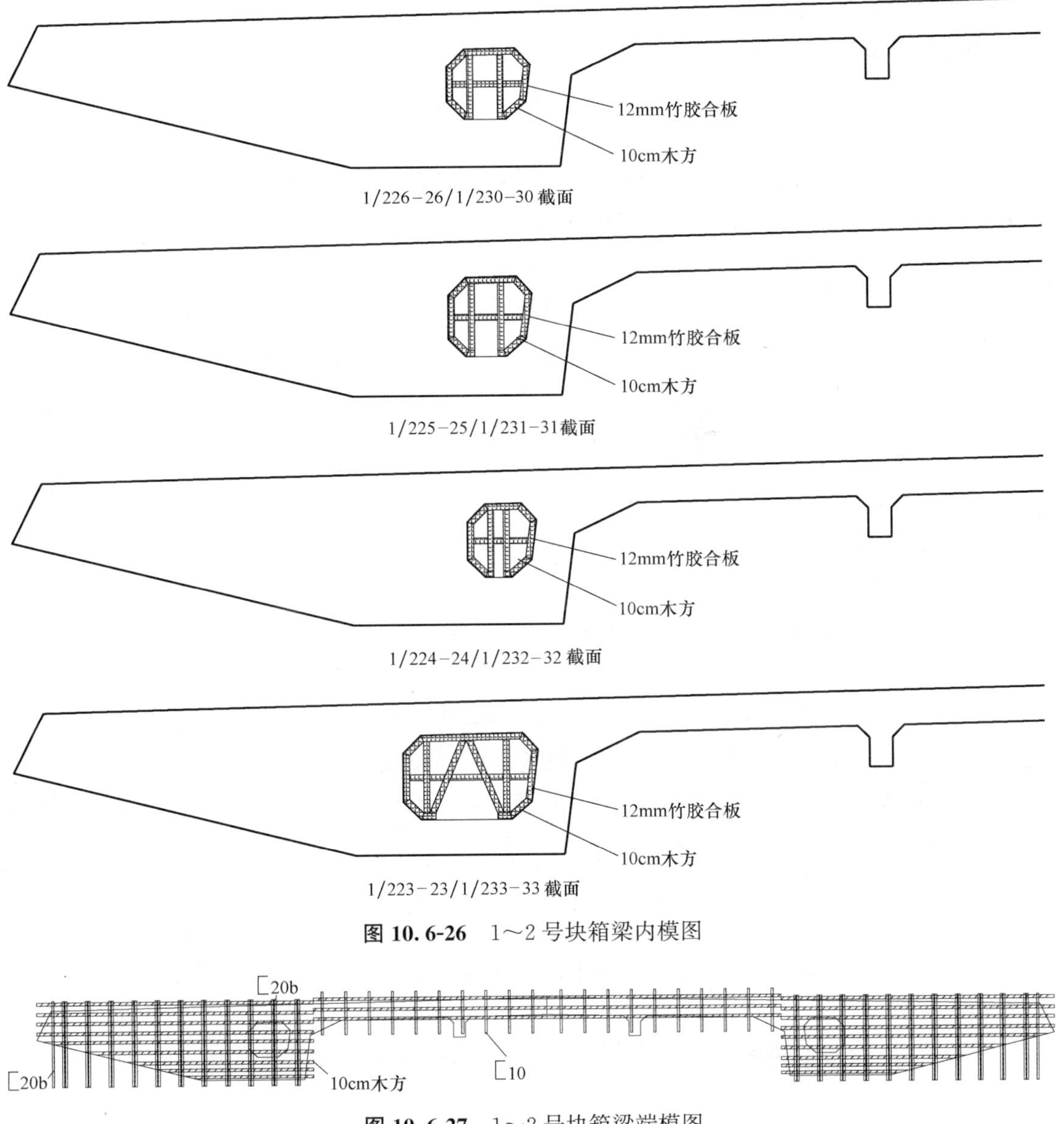

图 10.6-26 1～2 号块箱梁内模图

图 10.6-27 1～2 号块箱梁端模图

重复使用的模板应始终保持其表面平整、形状准确、不漏浆、有足够的强度与刚度。

（2）内模木框架加工

木框架所用杆件应采用材质较强、无损伤及湿度不大的木材，支架在制作时，木方长短应搭配好，纵向接头要求错开，其间距及每个断面接头应满足使用要求。

为方便现场施工，两边箱内模板及人洞模板在施工现场制作加工成整体，然后利用汽车吊整体吊装到位。

（3）模板体系的安装

模板体系的安装与钢筋安装工作配合进行。在箱梁底模支撑架和底模安装完后，进行底板钢筋及腹板钢筋安装绑扎，然后进行内模支架和内模的整体安装。钢管扣件式满堂架直接在平台上搭设。

模板安装完毕后，应对其平面位置、顶部标高、节点联系及纵横向稳定性进行检查，签认后方可浇筑混凝土。浇筑时，发现模板有超过容许偏差变形值的可能时，应及时纠正。

为防止内模在混凝土浇筑时可能产生上浮，内模在安装时应按照内模设计要求在相应的位置设置对拉螺杆，螺杆采用 ϕ20mm 的螺纹钢。

（4）模板体系的拆除

主梁 0 号块模板体系均为承重模板，且主梁横向跨度均大于 4m。因此，在混凝土强度达到设计强度标准值的 75%时，方可进行拆除。拆除模板不得与预应力张拉同步进行。模板拆除可通过调节扣件式脚手架顶部的顶托，然后再进行模板的拆除。

箱梁内模在混凝土达到强度后先拆除内支撑，然后拆除模板。

模板拆除必须由上到下逐层进行，严禁上下同时作业。对重复利用的竹胶板及木方，拆除时应做好保护。

4. 钢筋工程

1）钢筋工程概况

主梁 0～2 号块钢筋工程根据部位划分主要有以下几类：

（1）0 号块钢筋

主梁 0 号块纵向主筋及顶板与边腹板倒角处钢筋为 B16；顶底板及腹板横向筋、水平筋、架立筋、主梁与横隔板之间的倒角筋为 B20；拉钩筋及箍筋为 B12。纵向筋间距 12.5cm，横向筋间距 10cm，水平筋及架立筋间距 30cm、37.5cm 和 40cm 不等。0 号梁段所用钢筋约 32.6993t。钢筋护层厚度 4～6cm 不等。

（2）1 号、1′号块钢筋

主梁 1 号、1′号块纵向主筋及顶板与边腹板倒角钢筋、腹板箱室钢筋及人洞加强钢筋均为 B16；顶底板及腹板横向筋、水平筋、架立筋、主梁与横隔板之间的倒角筋为 B20；拉钩筋及箍筋为 B12。纵向筋间距 12.5cm，横向筋间距 10cm，水平筋及架立筋间距 30、37.5、和 40cm 不等。单个 1 号、1′号梁段各需钢筋约 37.3939t。钢筋护层厚度 4～8.7cm 不等。

（3）2 号、2′号块钢筋

主梁 2 号、2′号块纵向主筋及顶板与边腹板倒角钢筋、腹板箱室钢筋及人洞加强钢筋均为 B16；顶底板及腹板横向筋、水平筋、架立筋、主梁与横隔板之间的倒角筋为 B20；拉钩筋及箍筋为 B12。纵向筋间距 12.5cm，横向筋间距 10cm，水平筋及架立筋间距 49cm 和 37.5cm。单个 2 号、2′号梁段各需钢筋约 31.7588t。钢筋护层厚度 4～8.7cm 不等。

（4）横隔板钢筋

横隔板钢筋共三种型号，厚度为 80cm、50cm 和 40cm。隔板处横向和竖向主筋、倒角筋、顶板横向筋均为 B16；隔板底部横向钢筋为 B20；拉钩筋为 B12。隔板处横向和竖向主筋间距为 10cm、隔板底部横向钢筋间距为 9.7cm。单个横隔板 10 所用钢筋约 4.77t；

单个横隔板 11 所用钢筋约 4.56t，单个横隔板 12 所用钢筋约 4.85t；单个横隔板 13 所用钢筋约 5.54t。

（5）斜拉索锚固块钢筋

锚下钢筋共两种型号，N1、N2 钢筋为 B16；N3 钢筋为 B12。N1、N2 钢筋形成钢筋网，与钢套筒垂直，沿垂直方向间距 10cm。每个锚固块的钢筋数量详见图纸。

（6）斜拉索锚固套筒齿块钢筋

斜拉索锚固套筒齿块钢筋仅有一种型号，N1、N2 钢筋均为 A10，各个齿块所需钢筋详见图纸。

（7）其他钢筋

预应力钢束局部加强钢筋为 B16、预应力锚头下钢筋网为 B16、预应力定位筋为 ϕ8，加强螺旋筋均采用 HPB300 的普通钢筋，直径 10cm 或 12cm 不等。

2）钢筋连接

（1）在钢筋加工场的钢筋连接应采用闪光对焊或电弧焊连接，并以闪光对焊为主。钢筋的焊接质量要求及技术参数严格按照设计图纸及《公路桥涵施工技术规范》JTJ 041—2000 和《钢筋焊接及验收规程》JGJ 18—2003 的相关要求执行。

（2）现场钢筋的连接可根据现场施工的具体情况和设计要求采用搭接焊、绑扎搭接或机械连接。钢筋的搭接焊必须满足焊缝厚度、长度及焊缝质量的要求；绑扎搭接的钢筋弯钩及搭接长度、接头分布应符合《公路桥涵施工技术规范》JTJ 041—2000 中的相关要求。

（3）钢筋接头采用搭接电弧焊时，两钢筋搭接端部应预先折向一侧，使两接合钢筋轴线一致。接头双面焊缝的长度不应小于 $5d$，单面焊缝的长度不应小于 $10d$（d 为钢筋直径）。采用绑扎连接时，对于 $d<25$mm，绑扎搭接长度为 $30d$ 且不小于 200mm。

（4）设置在同一构件内的接头相互错开，对于绑扎接头，两接头间的距离不下于 1.3 倍的搭接长度；对于焊接接头，在接头长度区段内，同一根钢筋不得有两个接头。配置在接头长度区段内的受力钢筋，其接头的截面面积占总截面面积的百分率应符合规范要求：受拉区接头面积最大百分率为 50%，受压区不受限制。

（5）在具体节段箱梁施工过程中，箱梁横向主筋、水平筋可采用闪光对焊连接，纵向主筋及其他钢筋采用绑扎连接。钢筋尽量在钢筋加工场进行加工成型后吊运、绑扎安装。

3）钢筋安装

主梁 0～2 号块钢筋的安装流程如图 10.6-28 所示。

（1）钢筋绑扎前由测量人员复测挂篮模板的平面位置及高程，其中高程为调整后的标高，均无误后方可进行钢筋绑扎。

（2）在钢筋加工场按照需要加工的钢筋形状制作钢筋加工胎架。再在钢筋制作胎架上进行钢筋的加工。使钢筋加工成工厂化、流水线作业。

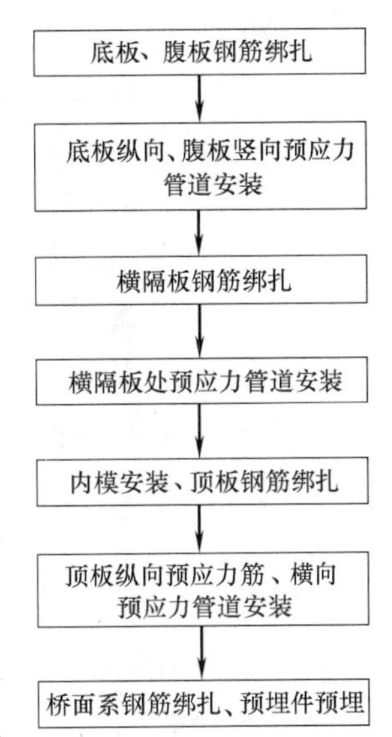

图 10.6-28 钢筋安装流程图

(3) 钢筋将采用现场原位绑扎工艺，局部在钢筋加工场加工成网片后再进行吊运、拼装机械连接或焊接连接成型。

(4) 在进行底板钢筋及腹板钢筋绑扎的过程中，进行波纹管的安装、预应力筋锚固端(包括垫板及锚下螺旋筋)的安装和穿节段底板预应力筋。

(5) 箱梁顶板钢筋在内模安装完成之后进行绑扎。顶板预应力筋、横向预应力管道在顶板钢筋绑扎过程中进行安装。

(6) 在钢筋绑扎时应防止对模板的破坏；桥梁钢筋接长采用直螺纹套筒连接。

(7) 在桥梁底板及腹板钢筋绑扎完成后，及混凝土浇筑之前采用大功率的吸尘器或高压风清除残留在模板表面的杂物。在所有的操作作业过程中，必须保证操作人员鞋底不得带有泥土进入箱梁施工区域。

4) 注意事项

(1) 钢筋垂直运输时，对较长的钢筋应进行试吊，以找准吊点，必要时可用方木或长钢管加以辅助，避免钢筋产生弯曲变形。

(2) 由于箱梁钢筋保护层厚度较小，为使保护层数据准确，保护层垫块不被压坏，箱梁施工垫块采用定型塑料垫块或预制等强度混凝土块。钢筋的焊接应特别重视，严禁将接头设在跨中最大弯矩处，同时接头应避免在同一截面上超过 50%。

(3) 在浇筑混凝土前除纵向预应力外其他波纹管内都穿好钢绞线，并将露出部分包好，防止被污染。

(4) 在梁体钢筋的绑扎过程中，应特别注意预埋件数量及位置的准确性，尤其是在 2 号梁段注意挂篮行走预埋件、止推键槽的预埋等。

(5) 施工缝处的钢筋要为下一梁段施工留有足够的搭接长度，使搭接头在同一断面上不超过 50%。

(6) 钢筋与预应力束有干扰的，允许对有干扰的钢筋进行位置上的调整，但不允许直接割断或割除该处钢筋。

(7) 预应力的定位钢筋可以与腹板或底板架立钢筋合并使用，以减少钢筋的密集程度，以利于混凝土的浇筑。

(8) 顶板、腹板、底板内含有大量的预应力管道，为了不使预应力管道损坏，一切焊接应放在预应力管道埋置前进行，管道安置后尽量不焊接，若需要焊接则对预应力管道采取严格的保护措施确保预应力管道不被损伤。

5. 混凝土工程

根据本方案的内容，混凝土施工包括临时固结、纵横向限位块、支座垫石和 0 号～2 号梁段混凝土施工。混凝土施工分两步施工：钢筋绑扎和混凝土施工，主梁 0 号～2 号梁段混凝土施工穿插预应力筋安装。主梁 0 号～2 号梁段要求同步对称施工，并对支架进行实时监测。

1) 施工前准备

混凝土浇筑前，应做好充足的施工准备：

(1) 对支架的焊缝、连接，各梁系结构连接牢固程度进行全面检查。

(2) 对模板标高、拉杆的紧固度进行复核。

(3) 检查各预埋件是否有漏埋或预埋位置是否正确，特别要检查 2 号梁段前支点挂篮止推键、后吊带等挂篮预埋件是否安装，检查并由现场工区长签字确认通过。

(4) 浇筑前需将模板表面的灰尘、渣滓等清理出模板；同时，在每绑扎一层钢筋和内模安装完成后采用吸尘器和高压气体对模板内的渣滓进行清理。做到每完成一道工序清理一次，时刻保持模板内清洁。

(5) 混凝土开盘前，必须高度重视模板支架检查工作，检查合格后填写《模板工序施工质量检验评定表》，并经监理工程师签认后方可开盘，重点检查以下几项：要检查模板支撑，模板堵漏质量，钢筋绑扎及保护层的设置，预埋件，预留孔洞位置的准确性，模内有无杂物；检查灌注混凝土用的漏斗；检查无误后，需用水冲洗后，始准灌注。

根据主梁节段混凝土方量及现场浇筑经验，挂篮每节段混凝土施工用时 10h 左右。

2) 混凝土下料要求

混凝土灌注顺序为：横隔板→腹板→底板→横隔板→腹板→顶板。

最初浇筑横隔板和腹板混凝土时，坍落度控制在 180～200mm，以便混凝土流淌进入底板。横隔板、腹板浇筑一定厚度后，再浇筑底板混凝土，按一层浇筑施工。

箱室底板混凝土浇筑完成后，再次浇筑横隔板及腹板混凝土。此处混凝土在一层浇筑完成后，再重新对称浇筑下层混凝土，依次循环浇筑，上层混凝土浇筑必须在下层混凝土初凝前浇筑完成。此时混凝土坍落度控制在 160～180mm 之间，并采用插入式振捣棒振捣，每层混凝土浇筑厚度控制在 30cm 左右。在浇筑箱室之间腹板混凝土时，必须确保箱梁左右对称浇筑，箱梁箱室之间腹板左右混凝土的浇筑层数相差不得超过 1 层。

3) 混凝土振捣

为了确保箱梁混凝土的振捣质量，将箱梁混凝土振捣进行分区，明确职责，分别由两组人员跟随汽车泵下料进行振捣；每组安排 8 人进行混凝土振捣，在浇筑上一层混凝土时振捣棒必须插入下一层混凝土表面以下 5～10cm 左右。

混凝土振捣工必须加强支座、张拉齿块处的混凝土振捣，严格保证支座及张拉齿块处混凝土振捣密实，不得出现任何疏漏。混凝土的振捣密实以混凝土停止下沉、表面平坦、泛浆，不再出现气泡为准。

另外，应安排专门人员手持小锤随时敲击内模的腹板及倒角模板，从声音判断混凝土是否密实，是否存在空洞，从而保证腹板及倒角混凝土的密实。

在顶板混凝土浇筑完成后，用插入式振捣器对顶腹板接缝处进行充分的二次振捣，确保连接处密实、可靠。

在最后一层混凝土浇筑完毕后，及时采用人工对混凝土表面进行抹压收光并覆盖塑料薄膜进行保湿蓄热养护。

4) 混凝土试验检验

在混凝土浇筑前，试验室需按照《公路桥涵施工技术规范》JTJ 041—2000 要求对混凝土原材料：水泥、粉煤灰、外加剂、水、砂子、石子以及混凝土配合比等按照规范所要求的标准进行检验和试验，确保各项技术指标满足规范的要求。

具体的一些参数指标请参见（《公路桥涵施工技术规范》JTJ 041—2000 第十一章混凝土及钢筋混凝土工程）。

5）混凝土养护

在箱梁混凝土浇筑完毕后，使用木杠刮除混凝土表面的浮浆并刮平混凝土面以后覆盖塑料薄膜，在混凝土初凝前人工一次压实抹平，抹压后立即恢复覆盖并在其上加盖一层保温棉洒水养护。

拆模后应对混凝土表面洒水养护，当采用洒水养护时，梁体洒水次数应以能保持混凝土表面充分潮湿为度。当环境相对湿度小于60%时，自然养护不应少于14d；相对湿度在60%以上时，自然养护不应少于7d。洒水养护时间如表10.6-6所示。

混凝土洒水养护时间表 **表10.6-6**

环境相对湿度	<60%	60%～90%	>90%
洒水天数	14	7	可不洒水

当环境温度低于+5℃时，不得对混凝土洒水。

梁体张拉的检查试件，要存放在梁顶上与梁体同环境养护。

混凝土全部浇筑完成后，在底板和顶板混凝土表面暴露处，覆盖薄膜、保温棉等物以防止混凝土中的水分蒸发过快。

6）注意事项

（1）在箱梁混凝土浇筑完成后，当混凝土强度达到设计强度的75%以上时，方可进行箱梁内模的拆除。在箱梁内模板拆除后，继续对箱梁混凝土进行养护。

（2）插入式振动棒振捣时须特别禁止碰撞波纹管管道和预埋件。浇筑混凝土作业过程，应随时检查预埋件位置，如有任何位移，应及时矫正。

（3）工地上应配有足够数量的处于良好状态的振捣器，以便可随时替补。

（4）在浇筑混凝土时，为了避免混凝土发生离析现象，混凝土下落高度控制在2m范围内。

（5）混凝土浇筑前应对支架、模板和预埋件进行认真检查，清除模板内的杂物，并用清水对模板进行认真冲洗，但不得积水。

（6）试验人员应随时测定坍落度和和易性变化情况，及时通知搅拌站进行调整。

（7）当室外日平均气温连续5d低于5℃，应按冬季施工处理，采取保温措施。

（8）捣固人员须经培训后上岗，要定人、定位、定责，分工明确，尤其是钢筋密布部位、端模、拐（死）角及新旧混凝土连接部位指定专人进行捣固，每次浇筑前应根据责任表填写人员名单，并做好交底工作。

（9）以插入式振捣为主，对钢筋密集处辅以捣固铲进行振捣。插入振捣厚度为30cm厚，要垂直等距离插入到下一层5～10cm左右，其间距不得超过60cm。

（10）浇筑腹板时，从顶下料，往往有一些松散混凝土留在顶板上，待浇筑顶板时，这些混凝土已经初凝，很容易使顶板出现蜂窝，所以在浇筑腹板时，应用卸料板将进料口两端盖住。腹板与底板处相连的倒角部分混凝土，由于振捣时容易引起翻浆，要特别注意加强振捣。

（11）混凝土不得直接倾倒在钢筋网上，防止直接冲击钢筋和波纹管。

（12）振捣混凝土时应避免振捣棒与波纹管接触，振捣完成后要立即对管道进行检查，及时清除管道内的水泥浆。混凝土入模过程中，应随时保护管道不被碰瘪，未振完前，禁止操作人员在混凝土面上行走，否则会引起管道下垂，促使混凝土发生“假实”、“搁空”现象。

（13）浇筑混凝土终凝 12h 或强度达到 1.2MPa 后，应抓紧拆除端模堵头板，并将接头面全部凿毛，并用彩条布覆盖洒水加强养护。

6. 预应力工程

1）预应力工程概况

主梁箱梁采用三向预应力混凝土结构。梁体除布置纵向预应力外，还设有横向预应力和竖向预应力。主桥 0 号、1 号、1′号、2 号和 2′号梁段纵向预应力束采用 $5\phi^s15.2$、$22\phi^s15.2$ 钢绞线，顶板横向预应力束采用 $4\phi^s15.2$ 的钢绞线，斜腹板横向预应力束采 $3\phi^s15.2$ 的钢绞线，内腹板竖向预应力束采用 $\phi32$ 精轧螺纹钢筋，横梁预应力束采用 $16\phi^s15.2$、$19\phi^s15.2$、$22\phi^s15.2$ 的钢绞线。

2）预应力施工流程

预应力工程一般分为孔道成型、钢绞线的下料与穿束、锚具选型、预应力张拉、孔道压浆及梁端封端等几个方面。其预应力施工工艺流程如图 10.6-29 所示。

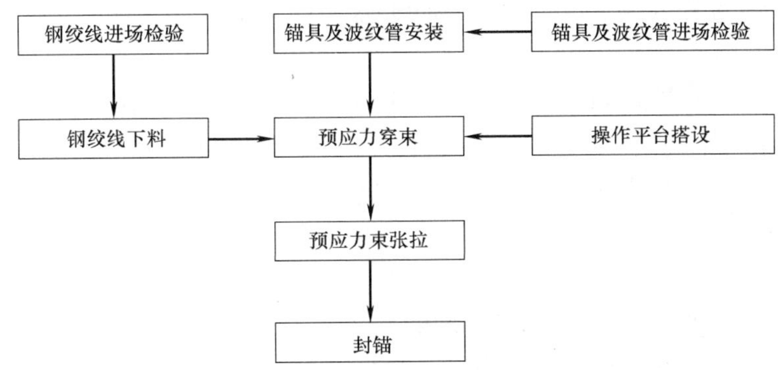

图 10.6-29 预应力施工流程图

主梁 0 号～2 号梁段预应力施工顺序为：顶板横向、腹板竖向预应力→横隔板预应力→纵向预应力。

3）预应力施工

（1）总体施工顺序

根据《公路桥涵施工技术规范》JTJ 041—2000，结合汉江三桥主梁横向宽度，当箱梁混凝土强度达到设计强度标准值的 75%时，可拆除箱梁的内模板；当梁体混凝土强度达到设计值的 90%且必须养生 7d 以上后（设计要求），方可进行预应力筋张拉施工。

主梁 0 号～2 号梁段钢束张拉顺序为先张拉顶板横向、腹板竖向预应力筋，再张拉横隔梁预应力束（0 号梁段全部、1 号、1′号、2 号、2′号梁段 N2 和 N2′）及纵向预应力束，在斜拉索 SA01、SJ01、NA01、NJ01 和 SA02、SJ02、NA02、NJ02 张拉完后，张拉 1 号、1′号、2 号、2′号梁段横隔梁 N1、N1′预应力束。张拉纵向束时先张拉腹板束，后张拉顶、底板束，并以箱梁中心线为准对称张拉，腹板束由高处向低处顺序张拉，顶、底板束先中间后两边。

(2) 预应力钢绞线张拉流程

预应力钢绞线的张拉程序为：0→初应力→100%σ_k（持荷 2min 并维持油压表读数不变、测量长度）→锚固。σ_k 为张拉时的控制应力（包括预应力损失在内），其值根据设计图纸要求取：σ_k=1395MPa，其张拉施工步骤如下：

预应力张拉时按每束钢绞线的根数与相应的锚具配套，带好夹片，将钢绞线从千斤顶顶中心穿过。张拉时当钢绞线的初始应力 10%σ_k 时停止供油。检查夹片情况完好后，画线作标记。

向千斤顶油缸充油并对钢绞线进行张拉。张拉值的大小以油压表的读数为主，以预应力钢绞线的伸长值加以校核，预施应力过程中应保持梁体两端的钢绞线的伸长量基本一致。实际张拉伸长值与理论伸长值应控制在 6%范围内，每端锚具回缩量应控制在 6mm 以内。

油压达到张拉吨位后关闭主油缸油路，并持荷 2min 以上，测量钢绞线伸长量加以校核。在持荷 2min 以后，若油压稍有下降，须补油到设计吨位的油压值，千斤顶回油，夹片自动锁定则该束张拉结束并及时做好记录。两端张拉时先锚固一端，另一端补张拉到设计张拉力后再锚固。全梁断丝、滑丝总数不得超过钢丝总数的 0.5%，且一束内断丝不得超过一丝，也不得在同一侧。两端张拉时两端必须保持同步。

(3) 精轧螺纹钢的张拉流程

主梁竖向预应力筋采用直径 ϕ32mm、屈服强度为 930MPa 的精轧螺纹钢，单根张拉力 673kN。采用一端张拉，锚固端设置在箱梁底板，张拉端设置在箱梁顶板。竖向精轧螺纹钢全为直线短筋，采用定尺加工，不允许接长，其张拉程序为：0→初应力→σ_{con}（持荷 2min 锚固）。竖向精轧螺纹钢张拉施工的步骤为：

① 清理锚垫板，在锚垫板工作测量伸长量的标记点，并量取从钢筋头到垫板上标记点之间的竖向距离作为计算伸长量的初始值。

② 安装千斤顶，工具螺帽（双螺帽）。

③ 初步张拉到张拉控制力 P 的 10%，再张拉至控制张拉力 P 的 100%，持荷 2min；也可以一次张拉到控制应力，然后于持荷 5min 后测量伸长量并进行锚固。张拉中用特制扳手及时旋紧螺帽。

④ 旋紧螺帽，卸去千斤顶及其他附件，1～2d 后根据应力监控情况，进行补张拉：再次张拉至控制张拉力 P 并旋紧螺帽，量取从钢筋头至锚垫板上标记点的竖向距离作为实际伸长量值，计算实际伸长量 ΔL，并将该值与理论计算值进行比较。若在±6%内，则在 24h 内完成压浆；若误差超过±6%，则分析原因并处理后再进行压浆。

4) 封锚与孔道压浆

(1) 封锚与孔道压浆施工工艺

真空灌浆是后张法预应力混凝土结构施工中的一项新技术，其原理是在孔道的一端采用真空泵对孔道进行抽真空，使之产生－0.06～－0.1MPa 左右的真空度，然后用灌浆泵将优化后的水泥浆从孔道的另一端灌入，直至充满整条孔道，并加以 0.5～0.6MPa 的正压力，以提高预应力孔道灌浆的饱满度和密实度。其施工工艺如图 10.6-30 所示。

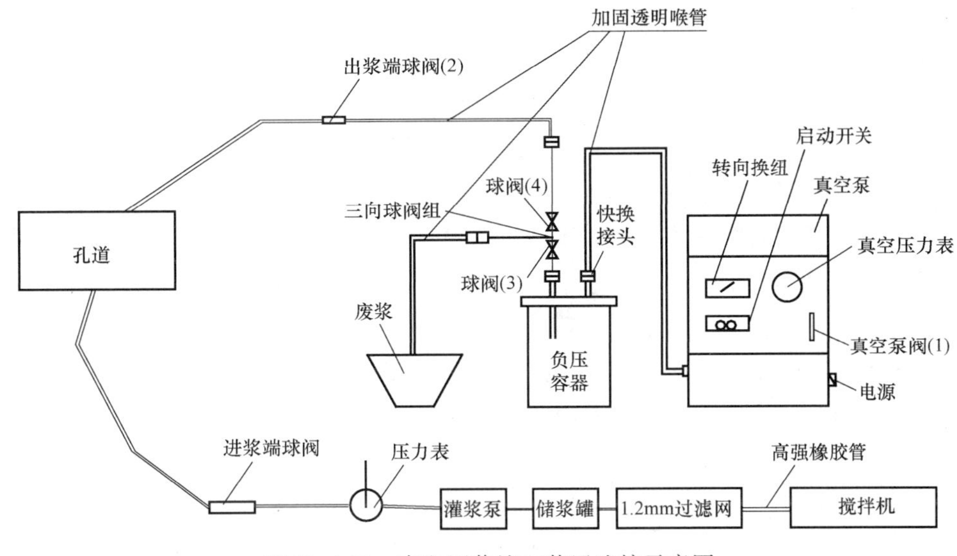

图 10.6-30 真空压浆施工装置连接示意图

施工步骤如下：

① 张拉施工完成后，检查确认钢绞线无滑丝断丝现象后切除外露的钢绞线（钢绞线外露量不小于 30mm），精轧螺纹钢的外露量应大于或等于直径，进行封锚。封锚采用无收缩水泥砂浆封锚，封锚时必须将锚下垫板及夹片、外露钢绞线全部包裹，覆盖层厚度大于 15mm，封锚后 24～48h 之内灌浆。

② 清理锚下垫板上的灌浆孔，保证灌浆通道畅通。

③ 确定抽真空端和灌浆端，安装引出管、球阀和接头，并检查其功能。

④ 搅拌水泥浆使其水灰比、流动度、泌水性达到技术要求指标。水泥为强度等级不低于 42.5 级低碱普通硅酸盐水泥，并添加减水剂和阻锈剂；水胶比为 0.40～0.45；泌水率最大不得超过 3%，拌合后 3h 泌水率控制在 2%，泌水应在 24h 内重新全部被浆吸回；水泥浆稠度控制在 14～18s；浆体必须对钢绞线无腐蚀作用。压浆时及压浆后浆体温度不得低于 5℃，否则应采取保温措施，当气温高于 35℃时，压浆在夜间进行。

⑤ 启动真空泵抽真空，使真空度达到－0.06～－0.1MPa 并保持稳定。

⑥ 启动灌浆泵，当灌浆泵输出的浆体达到要求的稠度时，将泵上的输送管阀门打开，开始灌浆。

⑦ 灌浆过程中，真空泵保持连续工作。

⑧ 待真空泵端的空气滤清器中有浆体经过时，关闭空气滤清器前端的阀门，稍后打开排气阀，当水泥浆从排气阀顺畅流出，且稠度与灌入的浆体相当时关闭抽真空端所有的阀门。

⑨ 灌浆泵继续工作，压力达到 0.5～0.6MPa，持压 2min。

⑩ 关闭灌浆及灌浆端所有阀门，完成灌浆。

⑪ 拆卸外接管路、附件，清洗空气滤清器及阀等。

⑫ 完成当日灌浆后，必须将所有粘有水泥浆的设备清洗干净，安装在压浆端及出浆端的球阀，应在灌浆后1h内拆除、清洗。

（2）注意事项

① 孔道密封检查：将灌浆阀、排气阀全部关闭，打开真空阀，启动真空泵抽真空，观察真空压力表读数，当管内真空度维持在−0.08MPa左右时停泵约1min时间，若压力保持不变即可认为孔道能达到并维持真空，否则重新检查密封。

② 水泥浆搅拌：搅拌好的水泥浆要做到基本卸尽，在全部灰浆卸出之前不得投入未拌合的材料，更不能采取边出料边进料的方法，严格控制浆体配比。

③ 严格控制用水量，否则易造成管道顶端空隙。

④ 对未及时使用而降低了流动性浆体，严禁采用加水的办法来增加灰浆的流动性，配制时间过长的浆体不应再使用。水泥浆自拌制至压入孔道的延续时间，视气温情况而定，一般在30～45min。

⑤ 水泥浆出料后应尽量马上泵送，否则应不停搅拌防止离析。

⑥ 灌浆完成后，应及时拆卸、清洗管、阀、空气滤清器、灌浆泵、搅拌机等所有沾有水泥浆的设备和附件。

⑦ 每条孔道一次灌注要连续完成，灌注完一条孔道换其他孔道时间内，继续启动灌浆泵，让浆体循环流动。

7. 结语

襄阳汉江三桥主塔下横梁及主梁0～2号块采用小支撑脚大支撑面钢管与碗扣、挂篮底篮相结合的组合支架和法兰螺栓及“哈佛接头”的连接方式，主要优点有：

1）在承台上搭设钢管支架与在江中打设钢管支架相比，避免了钢管支架的不均匀沉降和钢管支架插打及拆除时的额外工程量，降低了材料消耗和施工成本。

2）采用在钢管支架上搭设碗扣架，方便了下横梁下倒角的施工和支架拆除时的卸荷，拆除方便、安全。

3）提前将挂篮底篮吊装至支架顶部作为主梁0～2号块施工的平台，降低了后续挂篮拼装的难题，减少了钢材的投入，降低了成本。

4）避免制作砂箱，减少了一次投入量，加强了碗口架的周转使用，取得了更好的经济效益。

5）对支架复杂受力节点处加焊环向钢板，并在主管内加焊十字筋板和在钢管顶部灌注混凝土，保证了节点处的连接，增加了节点强度的安全系数。

6）立柱及斜柱接长采用法兰螺栓连接接长减小了钢管支架的安装难度，加快了支架的安装进度，也便于后期钢管支架的拆除。

7）平联与立柱或斜柱连接采用一端“哈佛接头”焊接连接，减小了平联的安装难度，保证了钢管支架节点处的连接，确保了焊接质量。

10.6.3　主梁悬臂浇筑施工技术

1. 前支点挂篮设计与计算

1）挂篮设计

由于斜拉索初张力很大，一般占混凝土浇筑完毕后索力的 1/3。短平台前支点挂篮具有与已筑梁体连接弱的缺陷，不能平衡斜拉索初张力和挂篮行走所产生的强大的挂篮后倾力，且功效低。桁架式前支点挂篮节点处理复杂，加工制作质量难以保证。针对主梁工期紧的特点，选择功效高、制造简单、质量易保证、操作方便的长平台钢箱式前支点挂篮。

（1）设计参数

前支点挂篮设计参数详见表 10.6-7。

前支点挂篮设计参数表　　　　**表 10.6-7**

序号	设计项目	设计参数
1	承重能力	570t
2	冲击系数	1.2
3	超载系数	1.05
4	施工荷载	1.5kN/m^2
5	抗倾覆系数	2
6	水平限位全系数	2
7	圆弧支点承载力	500t
8	自重	235t

（2）挂篮构造

本挂篮主要有以下六部分组成：承载平台、牵索系统、定位系统、行走系统、止推系统、模板系统，如表 10.6-8 所示。

前支点挂篮组成结构构成表　　　　**表 10.6-8**

序号	主要构件	结构形式	组成、功能及设计特点
1	底篮		底篮由 2 根主纵梁、6 根小纵梁、4 根横梁组成。主纵梁长 11.85m、横梁一、三、四分别长 30.7m
			承担混凝土自重及施工荷载
			长重构件工厂分段制作、各分段间通过现场高强螺栓和焊接相结合的方式拼装
2	C 钩		C 钩为变截面钢箱梁（Q345B），主要由 24mm 盖板、12mm 厚腹板、8mm 厚封板组焊而成。挂钩高 7.094m
			挂篮行走时，承受挂篮自重
			在满足挂篮平台施工操作空间的前提下，减小 C 钩高度，尽可能减小挂篮下降高度

续表

<table>
<tr><th>序号</th><th>主要构件</th><th>结构形式</th><th>组成、功能及设计特点</th></tr>
<tr><td rowspan="3">3</td><td rowspan="3">牵索系统</td><td rowspan="3"></td><td>牵索系统主要由前端梁、张拉机构等组成。前端梁长 2.8m，由钢板组焊而成。张拉机构包括千斤顶、撑脚、垫块</td></tr>
<tr><td>悬臂施工时将斜拉索与挂篮连接起来形成前支点；在悬臂施工完成后，将斜拉索与挂篮分离，完成索力转换</td></tr>
<tr><td>前端梁前段设置成圆弧面，以适应斜拉索角度变化。张拉机构中张拉垫块可沿前端梁弧形面导槽内滑动</td></tr>
<tr><td rowspan="3">4</td><td rowspan="3">定位系统</td><td rowspan="2"></td><td>定位系统主要由顶升机构、顶升千斤顶、前后锚杆组等组成。顶升机构由球头杆、斜撑、撑杆、撑垫等组成。前后锚杆组由锚杆总成、中垫板、千斤顶、上垫梁等组成</td></tr>
<tr><td>在挂篮行走完成后提升挂篮，调整挂篮标高，实现挂篮浇筑前的定位</td></tr>
<tr><td></td><td>通过上下垫梁的轮流承重实现挂篮的整体下降或提升</td></tr>
<tr><td rowspan="3">5</td><td rowspan="3">止推系统</td><td rowspan="3"></td><td>止推系统主要由止推机构与止推座组成。止推机构由钢板(Q345B)组焊而成，并设置有千斤顶、丝杆与螺母</td></tr>
<tr><td>抵抗斜拉索的水平分力，防止挂篮纵向非弹性变形过大</td></tr>
<tr><td>挂篮通过止推座和挂篮尾端支撑钢管与梁底顶紧，减小梁端错台</td></tr>
</table>

续表

序号	主要构件	结构形式	组成、功能及设计特点
6	模板系统		模板系统由内模、外模、端模以及内模支架组成 混凝土浇筑平台 内模支架采用可升降式组合型钢支架体系。内模的升降采用千斤顶张拉精轧螺纹钢提升到位，然后利用手拉葫芦微调，销轴定位
7	行走系统		行走系统主要由牵引机构与行走反滚轮等组成 实现挂篮空载前移 挂篮行走时由行走反滚轮平衡前倾力，行走反滚轮在已浇主梁底板滚动

2）挂篮计算

挂篮主体结构及模板等主要采用 Q235 组合型钢，部分构件采用 Q345 材料；升降杆后部采用直径为 ϕ95 的吊杆，中部采用 40Cr 直径为 ϕ95 的吊杆；后支撑滚组轴采用 45 号钢。

（1）工况分析

挂篮浇筑过程中，初张、二张时索力的分配与挂篮各个构件的受力密切相关，挂篮在设计计算过程中所需要的各节段索力（以下称作理论工况）与实际施工中所给定的初张、二张时索力（以下称为实际工况）存在差异，以下浇筑工况将从这两个方面对比分析。

工况Ⅰ：理论工况，初张拉设定索力值 960kN，计算 3 号节段挂篮初张拉状态的受力与变形（未浇混凝土，风垂直向上吹，风速 24.2m/s）。

工况Ⅱ：理论工况，计算挂篮二次张拉前的受力与变形（3 号节段，混凝土浇筑至一半，风垂直向下，风速 13.6m/s）。

工况Ⅲ：理论工况，二张拉设定索力值 2900kN，计算挂篮二次张拉后的受力与变形（3 号节段，混凝土浇筑至一半，风垂直向下，风速 13.6m/s）。

工况Ⅳ：理论工况，计算 3 号节段挂篮工作状态的受力与变形，混凝土质量 581.1t（风垂直向下，水平角度 68.7°）。

工况Ⅴ：实际工况，初张拉索力值 1100kN，计算 3 号节段挂篮初张拉状态的受力与变形（未浇混凝土，风垂直向上吹，风速 24.2m/s）。

工况Ⅵ：实际工况，计算挂篮二次张拉前的受力与变形（3 号节段，混凝土浇筑至一半，风垂直向下，风速 13.6m/s）。

工况Ⅶ：实际工况，二张拉设定索力值 2200kN，计算挂篮二次张拉后的受力与变形（3 号节段，混凝土浇筑至一半，风垂直向下，风速 13.6m/s）。

工况Ⅷ：实际工况，计算 3 号节段挂篮工作状态的受力与变形，混凝土质量 581.1t（风垂直向下，水平角度 68.7°）。

工况Ⅸ：计算挂篮行走状态的受力与变形。

工况Ⅹ：计算挂篮提升状态的受力与变形。

（2）承载平台计算

承载平台采用 ANSYS 有限元软件建立空间杆系模型进行整体分析计算，整体建模如图 10.6-31 所示。在模型上按照实际施工载荷加载，结构的自重通过定义 Y 方向的重力加速度施加在挂篮结构上。按照实际施工中的支撑条件在计算模型上施加边界条件。在考虑斜拉索对挂篮的支撑作用时，建模处理中将斜拉索建成梁单元，模拟实际拉索与挂篮所成的角度，在斜拉索的截断位置施加固定约束边界，以模拟斜拉索对挂篮的悬挂支撑边界条件。挂篮浇筑工作状态载荷分布及边界条件约束如图 10.6-32 所示。

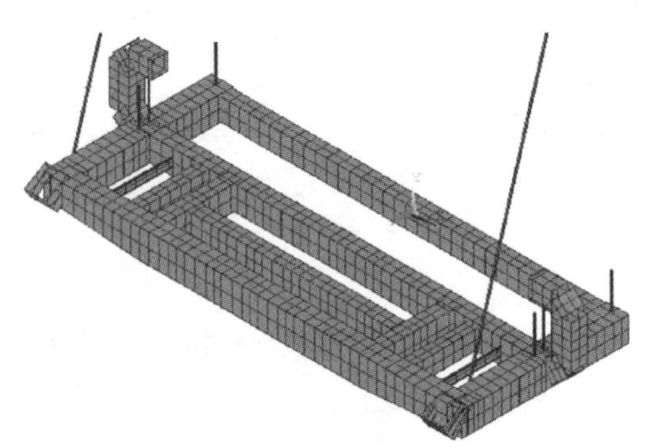

图 10.6-31　挂篮带索模型图

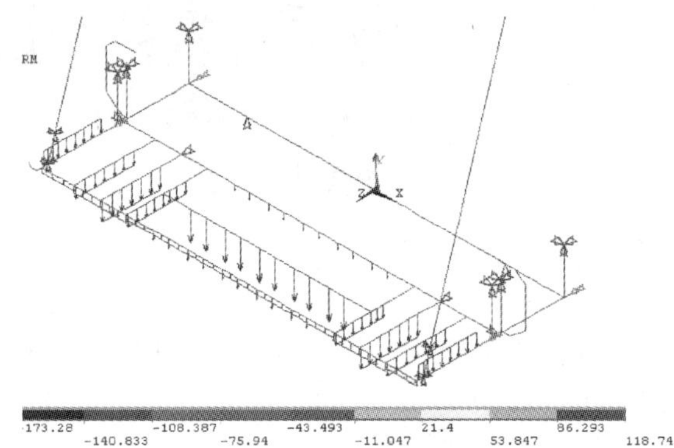

图 10.6-32　挂篮载荷布置及边界约束示意图

各工况计算结果汇总见表 10.6-9，工况Ⅳ下应力、应变云图如图 10.6-33、图 10.6-34 所示。

挂篮整体建模计算结果　　　　**表 10.6-9**

序号	构件名称	应力值(MPa)		变形(mm)	控制工况
		最大值	允许值	竖向	
1	纵梁	1225	188.5	11.3	工况Ⅳ
2	短纵梁 1	114	188.5	7	工况Ⅵ
3	短纵梁 2	53	188.5	12	工况Ⅳ
4	短纵梁 3	49	188.5	14	工况Ⅳ
5	横梁 1	113.7	188.5	43	工况Ⅳ
6	横梁 2	72	188.5	19	工况Ⅷ
7	横梁 3	135.8	188.5	25	工况Ⅳ
8	横梁 4	4	188.5	59	工况Ⅸ
9	C 形挂钩	129	188.5	14	工况Ⅸ
10	C 形挂钩支点力(kN)	2177			工况Ⅸ
11	止推系统受力(kN)	959			工况Ⅳ
12	行走支撑轮受力(kN)	791			工况Ⅸ
13	前锚杆组受力(单个,kN)	1630			工况Ⅹ
14	后锚杆组受力(单边,kN)	1058			工况Ⅲ

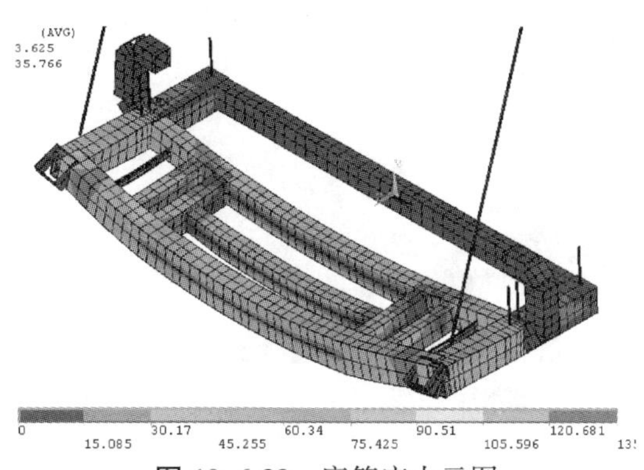

图 10.6-33 底篮应力云图

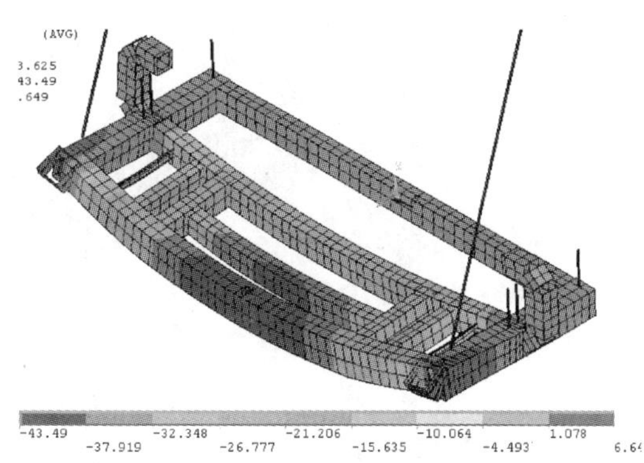

图 10.6-34 底篮应变云图

(3) 其他构件验算

挂篮行走系统、止推键、提升杆、分配梁等构件采用有限元软件 solidworkssimulation 实体建模分析计算，计算结果汇总见表 10.6-10，计算云图如图 10.6-35～图 10.6-43 所示。

计算结果汇总表 **表 10.6-10**

序号	构件名称	最大应力（MPa）	最大变形（mm）	容许应力（MPa）
1	行走轮	231	0.08	334
2	止推键	249.5	0.9	334
3	提升杆	143	—	585
4	提升杆座	147.2	0.3	227.5
5	分配梁	154	1	227.5

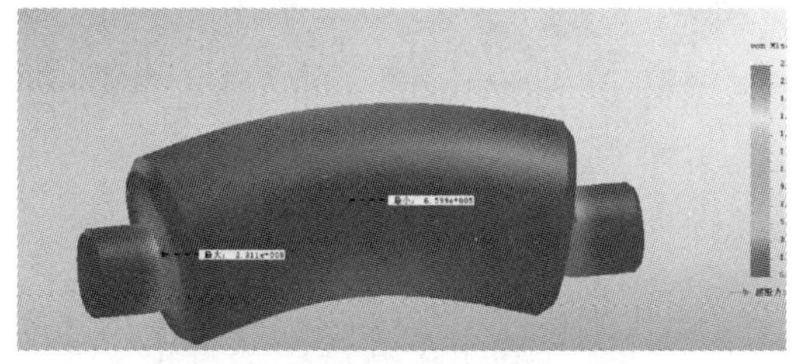

图 10.6-35 行走轮应力云图

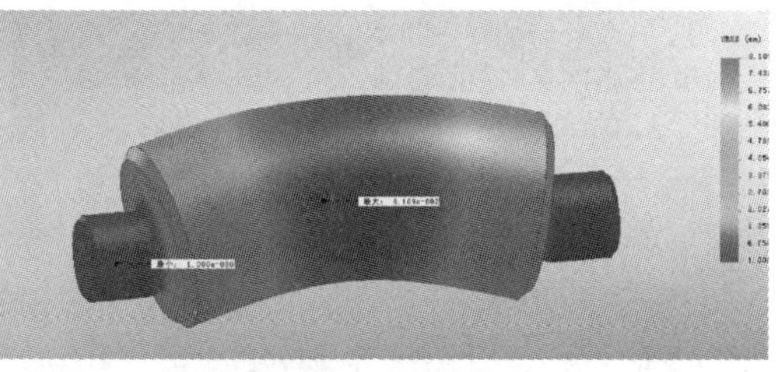

图 10.6-36 行走轮应变云图

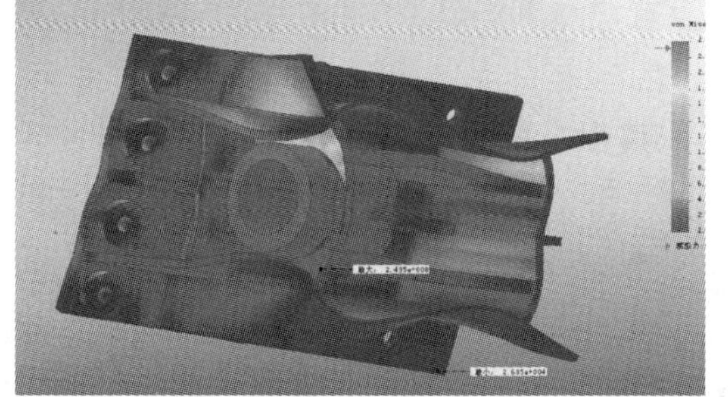

图 10.6-37 止推键应力云图

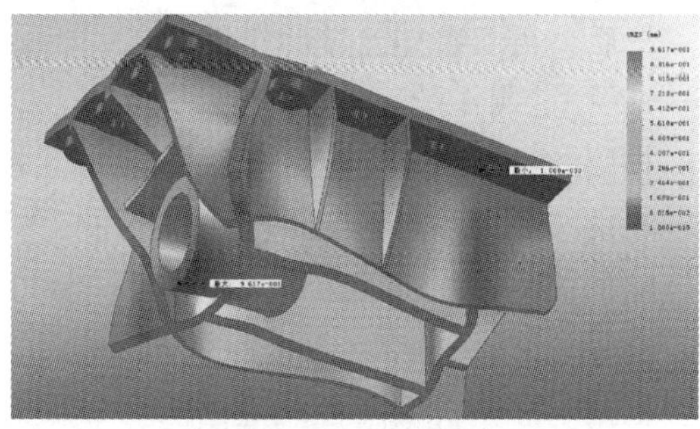

图 10.6-38 止推键应变云图

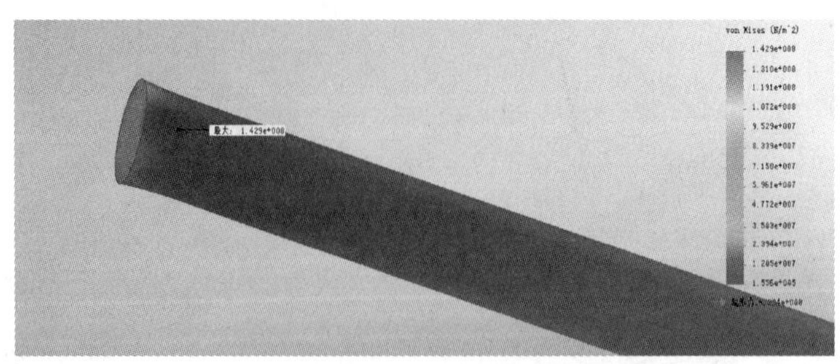

图 10.6-39　提升杆应力云图

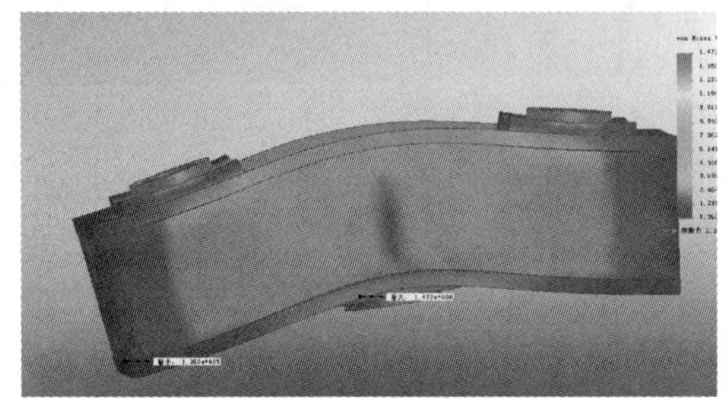

图 10.6-40　提升杆座应力云图

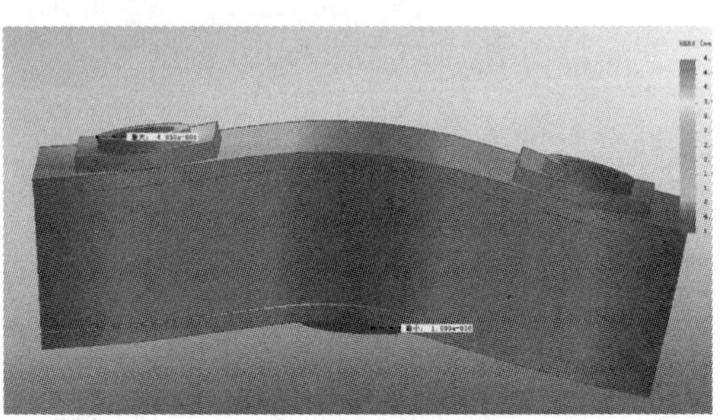

图 10.6-41　提升杆座应变云图

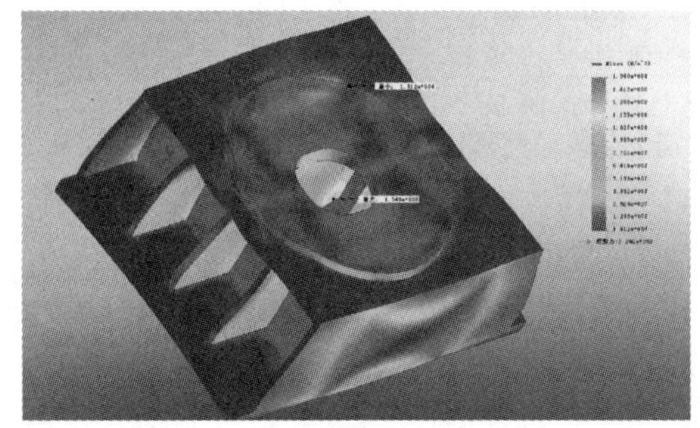

图 10.6-42　分配梁应力云图

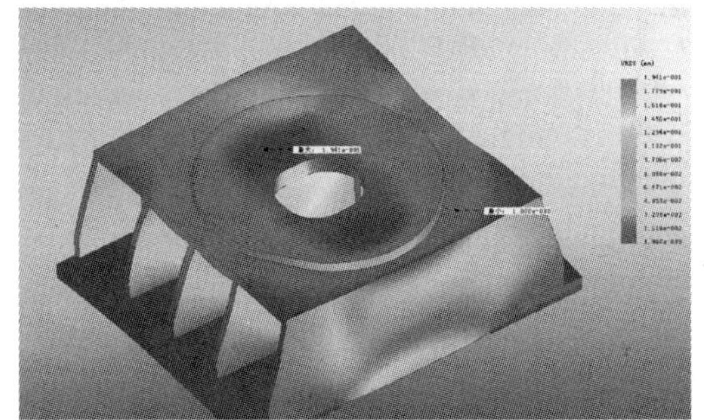

图 10.6-43　分配梁应变云图

2. 大型前支点挂篮拼装技术

由于主梁 0 号～2 号块支架高度相对较小，主墩钢平台尺寸不大，为了减少 0 号～2 号节段箱梁施工后挂篮吊装的难度，节约主梁工期，挂篮安装采用散拼法。南北主塔下横梁施工完毕后，搭设 0 号～2 号箱梁施工支架，在支架上拼装挂篮，待 0 号～2 号节段施工完毕后，再安装挂篮其他构件。

1）挂篮制作及运输

挂篮的各组件集中在工厂内分段加工制作，其中纵梁一分两段，横梁三、四各分三段，横梁二分两段，横梁一分四段。制作完成后，需进行各组件的检测验收，验收通过后，除相关组件在工厂拼装外，大部分构件运至现场拼装。挂篮采用船运运至施工现场。

2）吊装机械选型

根据南北主桥钢平台设置，塔吊布置及起吊极限，箱梁纵横向长度等，现场吊装机械选用塔吊、履带吊与浮船配合吊装，其中：①塔吊选用 FO/23C、SCJC6016 型号，在

12m 范围内最大起重量为 8t；②履带吊选用 70t 履带吊，采用 200t 浮船配合使用，工作幅度 8～20m，起重臂长 21～30m，起重量 7.3～26.2t。

3）吊装准备

（1）0 号～2 号箱梁钢管支架搭设完成以后，在钢管架平联上等间距铺设分配梁，在分配梁上满铺脚手板，做挂篮拼装平台，并在四周设置安全栏杆，布挂安全网。施工人员通过电梯通道进入拼装平台。

（2）测量人员应根据设计图纸中挂篮平台的位置，精确放样出纵、横梁的位置，并在支架上用油漆做上标记。便于吊装时主纵梁吊装就位。

（3）挂篮起吊前应清理现场，将影响吊装作业的材料，机械转移，并对拼装支架再次进行检查，就挂篮拼装要求、安全质量等对现场工人进行详细交底，履带吊、塔吊以及其他所需设备到场后即可进行吊装作业。

4）挂篮拼装

（1）承载平台拼装

利用塔吊与履带吊配合作业，首先进行主纵梁后节段的吊装，然后再进行横梁四 3 个节段的吊装（横梁四先吊装两侧节段，后吊装中间节段），吊装完成以后进行横梁四与主纵梁及横梁四的 4 个节段的焊接拼装作业，再以同样步骤完成横梁三的吊装焊接工作，挂篮拼装现场施工图如图 10.6-44 所示。横梁三、四焊接拼装完成后。再依次吊装焊接短纵梁三、横梁二、主纵梁前节段（含前端梁）、横梁一、短纵梁一、短纵梁二。最后进行 C 钩的吊装焊接，从而完成第一阶段的挂篮拼装。底篮全部构件拼装焊接完成后，需对其进行超声波探伤，挂篮节段划分与钢管支架布置如图 10.6-45 所示。

图 10.6-44 挂篮底篮拼装图

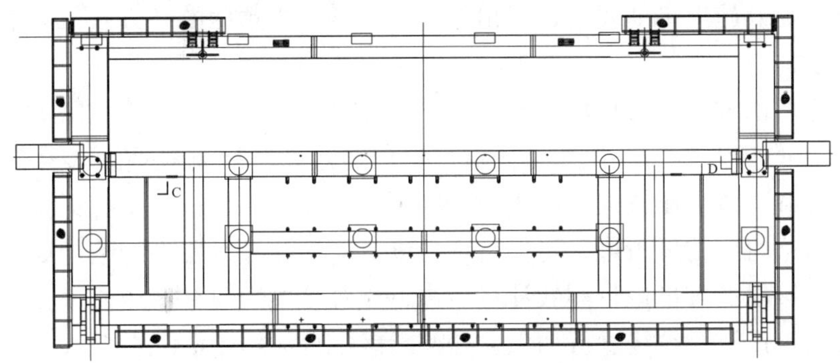

图 10.6-45 挂篮节段划分与钢管支架布置图

图 10.6-46　挂篮承载平台图

(2) 前后锚杆组、止推系统、顶升机构及行走系统安装

在 0 号～2 号节段箱梁养护完成后，安装前后锚杆组并预紧、拆除承载平台上的碗扣架，焊接止推座、安装后支点顶升千斤顶及顶升机构。利用前后锚杆组将挂篮提升 10cm，拆除承载平台下方的钢管支架。前后锚杆组、后支点顶升千斤顶与顶升机构配合，使挂篮下放至设计位置，C 构受力，静置 3h 后，安装行走反滚轮、行走轨道及千斤顶。完成第二阶段的挂篮拼装，检查通过后，挂篮前移就位。

(3) 挂篮前移、安装分配梁及模板

挂篮前移至 3 号节段后，在挂篮底篮平台上铺设工字钢双拼 I25b，间距 60cm，在工字钢上铺设间距为 30cm 的木方与木模板。

3. 牵索挂篮悬臂预压关键技术

1) 预压目的

挂篮预压的主要目的是检验挂篮的性能、焊缝质量、挂篮的整体强度、刚度情况以及前端梁张拉机构、止推机构和锚固系统的安全性能，消除挂篮结构的非弹性变形。通过模拟节段悬臂箱梁施工各工况，测定在相应工况下挂篮的变形数据，为主梁悬臂施工提供重要的计算参数。

2) 预压方法

汉江三桥斜拉桥主桥主墩位于汉江江中，考虑到施工现场物资材料的储备、转运、施工环境、挂篮特点及施工工期要求，提出了一种牵索挂篮预压的新方法——千斤顶贝雷反力梁预压新方法。

该方法所采用的材料均为现场已有材料（贝雷片、型钢、千斤顶和精轧螺纹钢），结合挂篮承载平台的结构形式进行计算分析，模拟挂篮悬臂浇筑最重的 3 号节段梁体的自重，进行等效加载。该预压方式两侧边箱分别利用精轧螺纹钢锚固于主梁 2 号、2′号梁段的 2 组 8 片贝雷梁组成的反力梁，与贝雷反力梁对应的位置设置型钢千斤顶基座，千斤顶的位置根据预压梁段的重量进行等效计算后进行布置，中间顶板荷载通过在挂篮底篮相应位置堆放砂袋或钢筋及钢绞线进行加载。挂篮承载平台如图 10.4-46 所示，千斤顶贝雷反力梁预压布置图如图 10.6-47 所示。

预压荷载采用箱梁最大节段重量的 1.1 倍，箱梁最大节段重量为边、中跨 3 号节段自重，即：570×1.1＝627t。预压荷载分为四级，即按边、中跨 3 号梁段自重的 50%、75%、100%、110%，对应的预压荷载自重分别为：285t、427.5t、570t、627t。预压实施流程如图 10.6-48 所示。

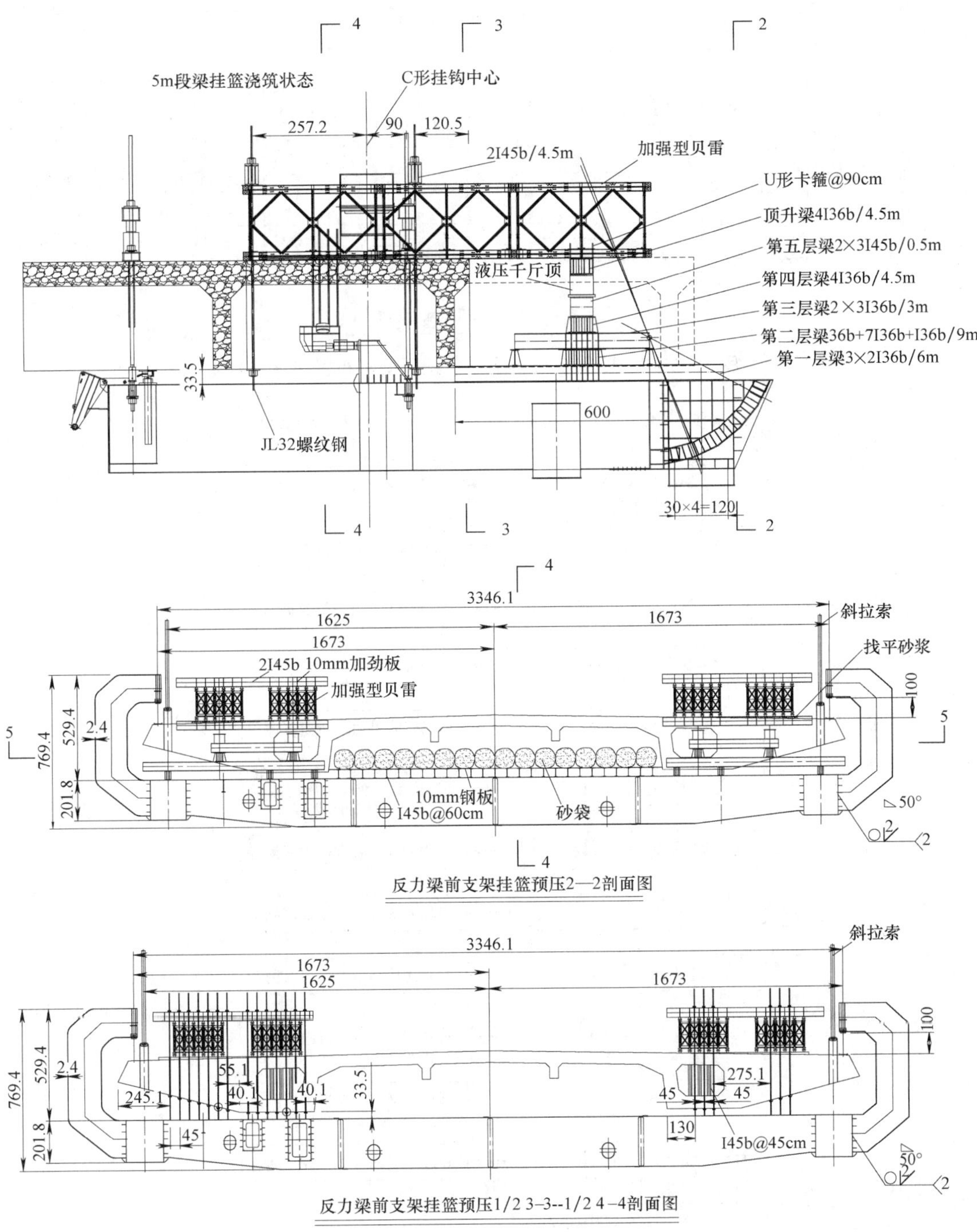

图 10.6-47　贝雷反力梁千斤顶预压结构布置图（一）

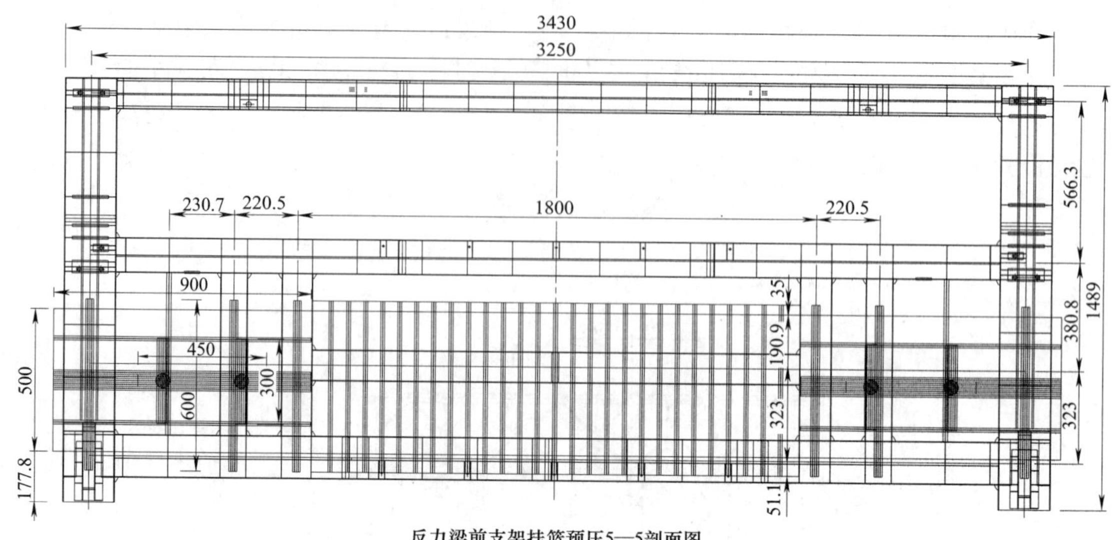

图 10.6-47　贝雷反力梁千斤顶预压结构布置图（二）

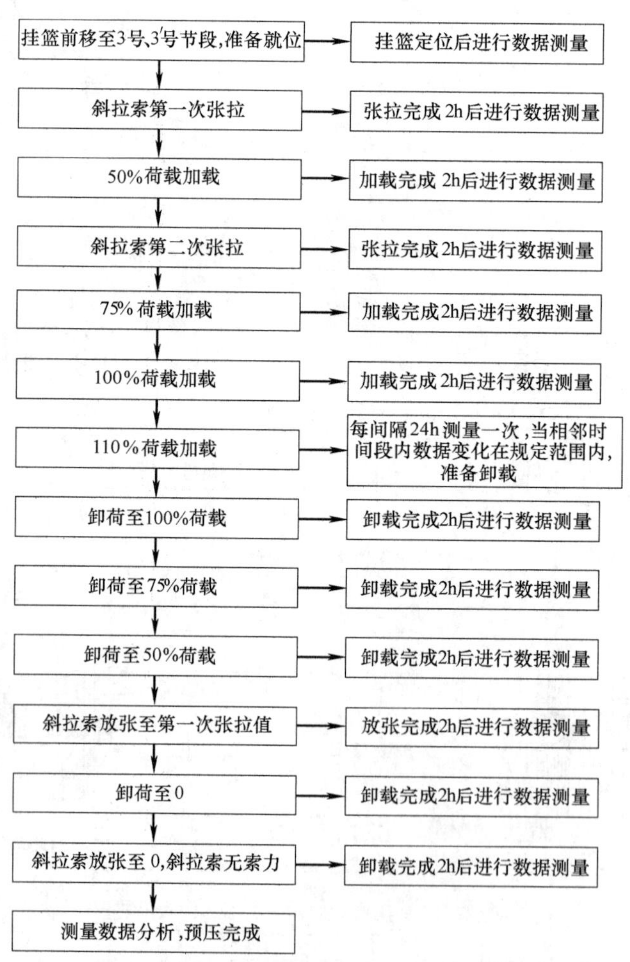

图 10.6-48　预压施工工艺流程

3）预压计算

为保证此方法的切实可行，预压实施前利用 Midas/Civil 软件进行模拟分析计算，预压加载模型及计算结果如图 10.6-49 及表 10.6-11 所示，计算结果均满足要求，保证了挂篮预压的安全。

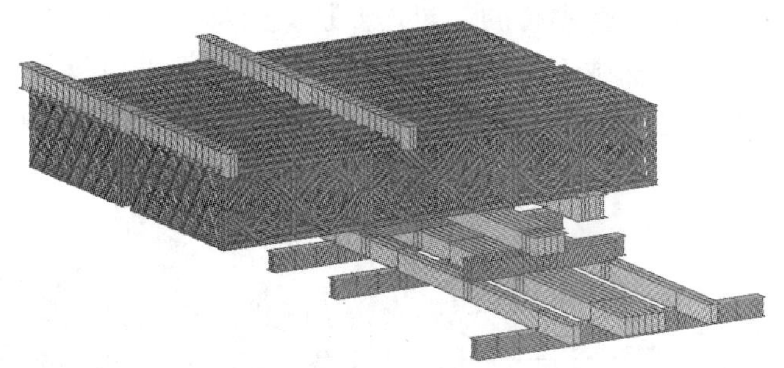

图 10.6-49 预压计算模型

预压装置计算结果表 **表 10.6-11**

构件	规格	计算内容		容许值	
反力梁	贝雷片	弯矩(kN·m)	剪力(kN)	弯矩(kN·m)	剪力(kN)
		793.75	211.67	1687.5	245.2
千斤顶基座	I 36b	应力(MPa)	变形(mm)	应力(MPa)	变形(L/400mm)
		124.07	3.93	215	12.6
中顶板主梁	I 25b	43.15	3.22	215	9.04
主梁混凝土	C55	拉应力(MPa)	压应力(MPa)	拉应力(MPa)	压应力(MPa)
		0.81	23.07	1.96	25.3
精轧螺纹钢	JL32	拉力(kN)		拉力(kN)	
		362.86		522.5	

4）预压观测及结果分析

挂篮预压前在挂篮底篮平台关键位置处设置观测点（测点布置见图 10.6-50），测点用以观测挂篮的在预压各个阶段的变形。主桥 29 号、30 号主墩牵索挂篮分别于 2012 年 4 月 16 日和 5 月 16 日完成预压。挂篮预压加载按照 25%、50%、75%、100%和 110%的重量分五级进行，直至每支加载至 627t。加载过程仅 13h 便顺利结束，整个预压历时 30h，牵索挂篮预压现场施工情况如图 10.6-51 所示。

29 号主墩江侧挂篮预压加载卸载各阶段各构件的曲线图比较均匀，主纵梁前端梁处的最大绝对位移量为 36mm，横梁 1 跨中最大相对变形梁为 45mm，与理论分析计算结果吻合较好，并与后续梁段施工的结果十分接近，充分证实了预压方法的可靠可信，达到了预压目的。

5）预压注意事项

（1）挂篮预压前，0 号块上临时水准点必须布设完成，且要保证水准点不会发生移动，可在临时水准点设处预留钢筋头。

（2）预压准备工作完成、挂篮定位后，开始测量工作前，项目部管理人员需协调落实好观测方案，由监理及监控单位进行确认。对观测网中所用水准点和临时水准点进行高程观测及复核，对预压观测点进行检查，确保在分级预压过程中，所设置的预压观测点不被触动。

（3）在预压加载过程中，现场技术员、工长必须在现场指挥负责，并由专人负责观察对拉螺杆的受力状况，如有异常，停止预压，进行对拉螺杆的加固。

（4）分级加载时要确保边跨中跨的每对挂篮加载对称，每个挂篮横向左右两侧加载也必须保证加载对称，不对称加载不得超过设计值，以免受力不均匀；

（5）边中跨斜拉索张拉要保证同步同时张拉，张拉力由监控单位提供。

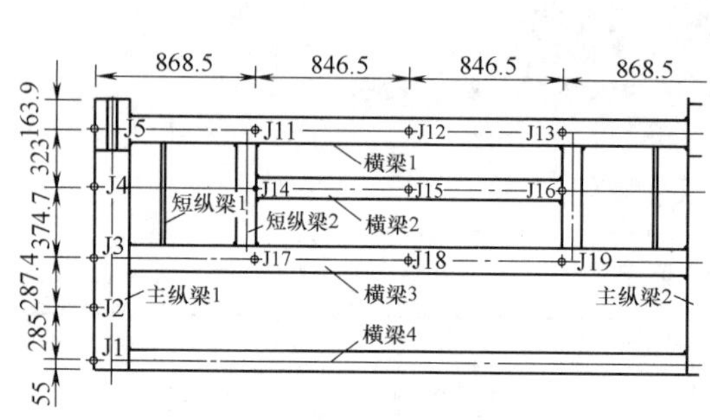

图 10.6-50　牵索挂篮预压测点布置图

图 10.6-51　牵索挂篮预压图

4. 主梁节段前支点悬臂施工技术

1）主梁工具式内模设计、制作及安装技术

主梁边跨 8′号～26′号节段箱梁由两边箱标准断面渐变成为单箱四室断面，中跨从 8 号节段起变为标准的双边箱断面。为了节省内模拼装及拆除时间，现将边跨 8′号～26′号节段箱梁四个箱室和中跨 8 号～26 号节段箱梁两边箱内模采用小块钢模板，钢管型钢桁架支撑。

（1）内模构造

主梁内模成品小块钢模板尺寸为 30cm×150cm；面板为 3mm 厚的钢板；筋板为 3mm 厚钢板，高 5cm。钢模板外楞采用∟80×8mm 角钢和 ϕ48×3.5mm 的钢管型钢桁架，横向桁架纵向间距为 95cm，横梁支撑桁架横向间距 1.02～1.35m。主梁内模详细构造如图 10.6-52～图 10.6-55 所示。

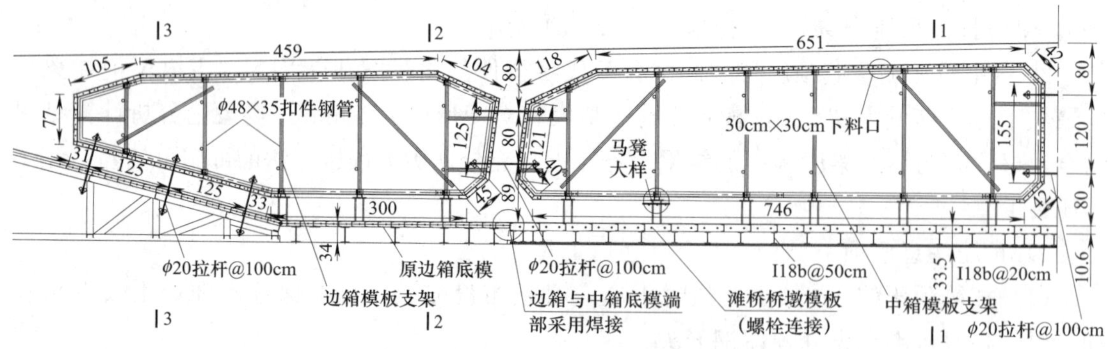

图 10.6-52　4.2m/6m 节段内模支架横断面图

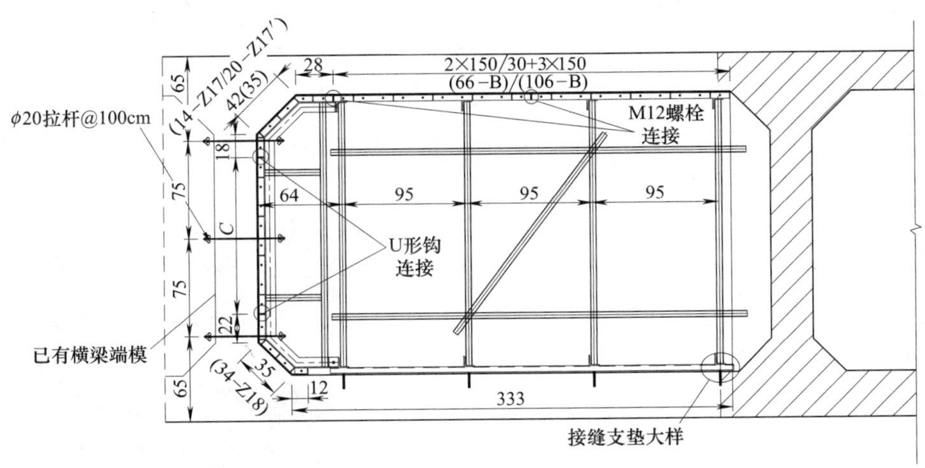

图 10.6-53 内模支架 1-1/2-2 断面图

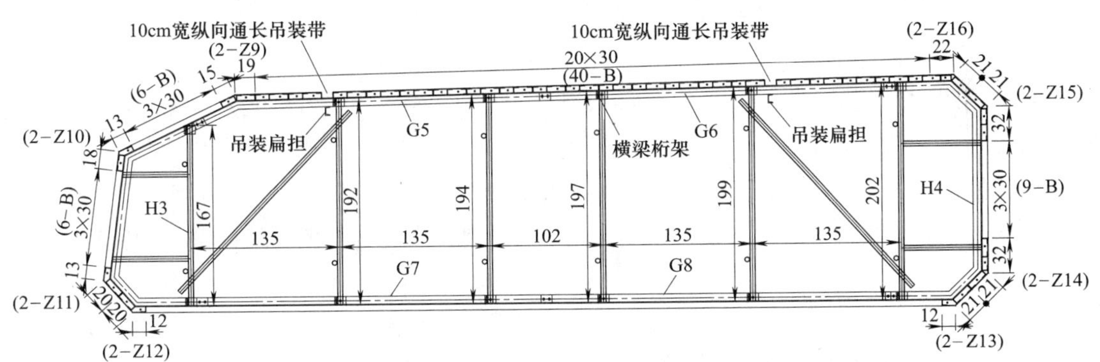

图 10.6-54 中箱内模支架横断面图

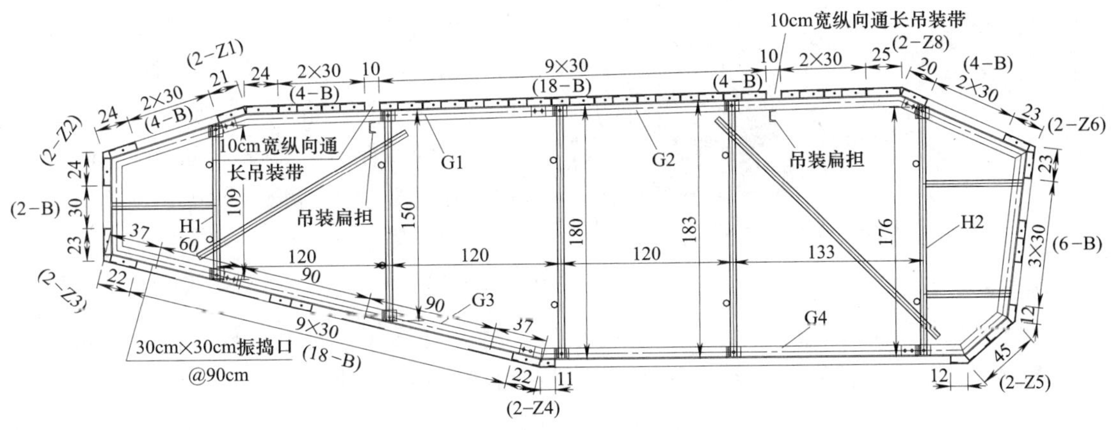

图 10.6-55 边箱内模支架横断面图

(2) 模板制作及拼装

内模的装卸采用“整装散拆”方式进行。内模桁架加工时，需先在地面放出大样，然后再进行焊接。内模桁架在拼装时，先将桁架位置拉线，拼装底部垫平，然后用 M16 螺栓进行连接。桁架定位好后再设置竖向、纵向、斜向钢管，将桁架连成整体，竖向钢管与∟80 角钢之间通过 M16 螺栓连接，钢管之间采用扣件连接，如图 10.6-56 所示。最后在桁架上铺装钢模板，顶板钢模板纵向对接用 M12 螺栓连接；腹板钢模及顶板横向对接钢模用 U 形钩连接，如图 10.6-57 所示。每个箱室内模纵向各留两条 10cm 宽的吊装带，浇筑顶板混凝土时，用钢板盖住吊装带即可。

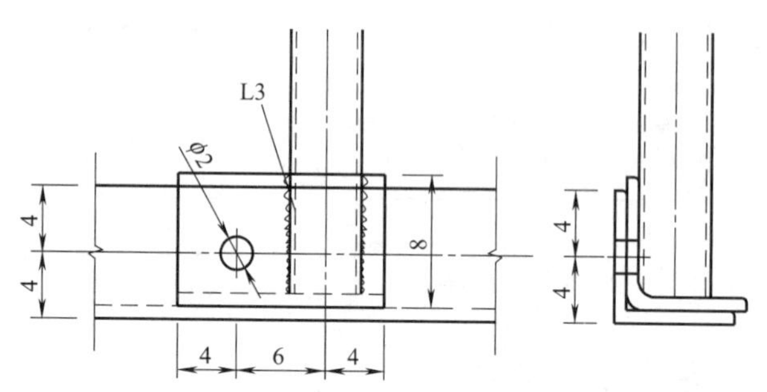

图 10.6-56　竖向钢管与角钢连接大样图

图 10.6-57　U 形螺栓

（3）模板整体吊装

箱室内模拼装完毕后，用 25t 汽车吊整体一次性吊装（图 10.6-58）。吊装前，在底板两层面层钢筋上焊接支撑马凳，再在马凳上放置［8 槽钢，用于内模的支撑。模板安装前，先检查模板板面是否清理干净，以及腹板钢筋上的保护层垫块安装是否到位，模板拼缝是否用双面胶封闭处理。内模板吊装时，在内模顶板下方设置两根工字钢作为吊梁，设置四个吊点，利用 25t 汽车吊将内模吊装至底板钢筋马蹬上的垫梁上，并对其安装位置进行检查，若不满足要求，对其进行调整，直至位置安装到位。主梁各箱室内模全安装完毕后，对腹板两侧内模进行对拉杆加固，然后加支撑桁架之间压杆。内模在吊装前应试吊，若变形过大，在吊装时设置临时钢管斜撑，增强其整体刚度，内模吊装到位后，再将其拆除。

图 10.6-58　内模整体吊装图

（4）模板拆除

箱室模板待混凝土强度达到设计强度的 50%时方可拆除。箱室内模拆除时，可先松开各腹板拉杆；然后拆除一侧钢管斜撑、竖撑；再拆除该侧顶板钢模角钢背肋；再逐块拆除钢模板；然后同理拆除另一侧顶板钢模；最后拆除腹板模板及横隔梁侧模。拆除的桁架及杆件从横梁人洞处拿出。

2）牵索挂篮节段箱梁钢筋安装技术

为了压缩钢筋绑扎时间，提高钢筋绑扎质量，解决窝工等问题，节段箱梁横隔板钢筋安装采用预制后整体吊装的方式。

(1) 钢筋安装流程

横隔板钢筋制作及吊装→底板及腹板钢筋绑扎→锚固块及风嘴实心体钢筋安装→顶板钢筋绑扎→路缘石钢筋安装。

(2) 横隔板钢筋骨架制作及安装

① 胎架制作

根据横隔板钢筋骨架的形状特点设计并制作相应的胎架。胎架采用型钢、钢筋、木方、竹胶板等材料制作而成，能够辅助横隔板各个块段的钢筋按照要求绑扎成型，并具有一定的通用性，能够适应型号不同但形式类似的横隔板。

② 横隔板钢筋分块预制

横隔板钢筋分两段预制。选择合适的场地架设胎架，并在胎架上将各个块段绑扎成形。各块段之间的搭接主筋应错开布置，该部位箍筋套入主筋内同骨架整体吊装，但暂时不定位，待两段骨架都安装固定后再绑扎定位。

③ 钢筋分块段吊运、安装

将绑扎成形的钢筋骨架块段按照一定的顺序进行吊运和安装，过程中应与模板工程和预应力工程配合进行。为避免钢筋骨架吊装时变形过大，使用型钢起吊胎架进行多吊点吊装，如图 10.6-59 所示。

图 10.6-59 横隔板钢筋吊装图

3) 牵索挂篮操作技术

(1) 施工工艺流程

牵索挂篮悬臂现浇施工工艺流程如图 10.6-60 所示。

(2) 挂篮下降

① 挂篮下降前下放内模支架。

② 操作挂篮尾部顶升机构。先用顶升千斤顶顶升主梁底面，使挂篮尾部下降 0.15～0.2m，然后把顶升机构向上旋紧 0.15～0.2m，使顶升机构受力，再将千斤顶回油退出作用。

③ 操作挂篮前端前锚杆。

先将主螺母旋紧，副螺母向上旋松 0.15～0.2m，利用千斤顶顶升扁担梁与副螺母紧固，然后将主螺母向上旋松 0.15～0.2m，再将千斤顶回油带动扁担梁下降 0.15～0.2m，从而使挂篮前端下降 0.15～0.2m。

④ 每次下降后测量挂篮纵向、横向、竖向位置，以便及时调整。

⑤ 重复上述操作，直至挂篮 C 钩落至轨道上完成挂篮下降。

(3) 挂篮行走

① 先用挂篮尾部顶升千斤顶顶升主梁底面，使挂篮尾部下降 2～3cm，向上旋紧顶升机构，使其与主梁底面接触受力。然后用手拉葫芦将行走反滚轮牵引至挂篮梁面，插上销轴固定反滚轮。向下旋松顶升机构 3～4cm，千斤顶缓慢回油脱离主梁底面，使行走反滚轮与主梁底面接触受力。

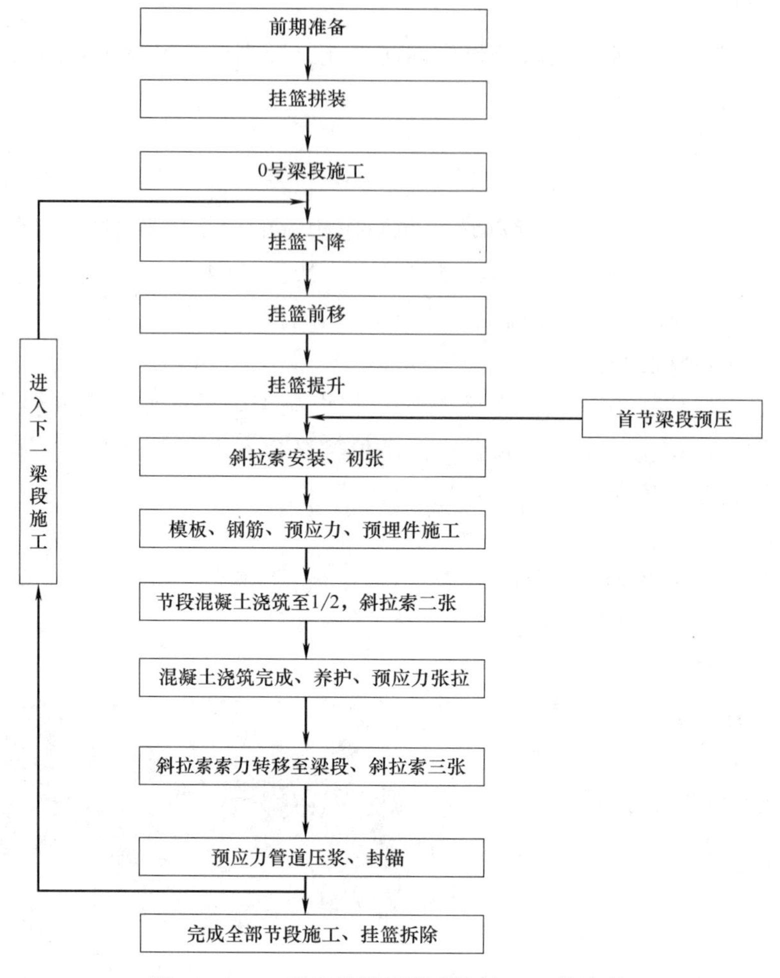

图 10.6-60 牵索挂篮悬臂现浇施工工艺流程

② 安装牵引系统，旋紧千斤顶尾部螺母和梁端反力梁上的螺母。然后操作行走千斤顶，牵引挂篮前移 0.15～0.2m，完成挂篮一个行程的前移。

③ 每次前移一个行程后测量挂篮纵向、横向、竖向位置，以便及时调整。

④ 重复上述操作，直至挂篮行走到设计位置。

（4）挂篮提升

① 先用挂篮尾部顶升千斤顶顶升主梁底面使挂篮尾部下降 2～3cm，向上旋紧顶升机构，使其与主梁底面接触受力。然后用手拉葫芦将行走反滚轮放倒，脱离主梁底面。

② 操作挂篮前端前锚杆。旋紧副螺母，与扁担梁紧固，利用千斤顶顶升扁担梁使挂篮前段提升 0.15～0.2m，旋紧主螺母与主梁梁面紧固。千斤顶回油退出作用。

③ 操作挂篮尾部顶升机构。先用顶升千斤顶顶升主梁底面使挂篮尾部下降 1～2cm，然后将顶升机构向下旋松 0.15～0.2m，再将千斤顶回油退出作用，使顶升机构与主梁底面接触受力。

④ 每次提升后测量挂篮纵向、横向、竖向位置，以便及时调整。

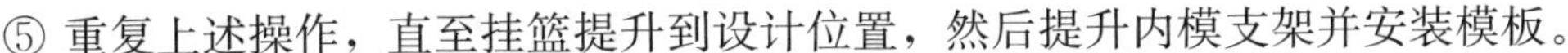

⑤ 重复上述操作，直至挂篮提升到设计位置，然后提升内模支架并安装模板。

（5）斜拉索安装及初张

斜拉索安装施工时，先挂设塔端，并在梁端锚杯安装牵引张拉杆，使用桥面卷扬机将梁端锚头向挂篮前端梁处牵引，直至张拉杆前端外露千斤顶一个张拉螺母厚度，锚固张拉杆，用硬牵引系统将梁端锚杯牵引到设计位置，在塔端安装张拉系统，做好张拉准备工作。斜拉索第一次张拉在挂篮前移就位、挂索完成后进行。斜拉索采用梁端固定塔端张拉的方式。

（6）模板、钢筋及预应力安装

模板安装在斜拉索初张完成以后进行，为保证斜拉桥线形美观，模板安装完成后应根据监控单位出具的监控指令对其标高进行调整。模板调整到位后，按照底板、腹板、顶板的顺序进行钢筋绑扎、预应力定位和预埋件安装施工。

（7）斜拉索二张

在完成主梁钢筋的绑扎和预应力管道的布置安装工作后，即可浇筑箱梁混凝土，在该梁段混凝土浇筑 1/2 时，进行斜拉索第二次张拉，用以平衡混凝土自重在挂篮前端产生的力。

（8）混凝土养护及预应力张拉

箱梁混凝土浇筑完毕后立即按要求进行保温保湿养护。梁段混凝土养护 7d 以上且混凝土强度达到设计强度的 90%后，再进行梁段的预应力施工。

（9）体系转换及斜拉索三张

预应力张拉完成后进行体系转换，将斜拉索索力转移至梁段。该过程为：顶升梁端千斤顶 2cm，将锚杯上的锚环用特制扳手拧紧，然后千斤顶回油、退掉张拉杆螺母，拆除张拉杆系统。体系转换完成后进行斜拉索第三次张拉，然后再次前移挂篮，进入节段循环施工。

5. 梁端索导管相对定位技术

1）主梁索导管定位测点的转换

斜拉桥梁端索导管定位的主要目标是保证锚固中心三维坐标（X，Y，Z）及斜拉索下倾角 β（索导管与水平面夹角）定位准确。如图 10.6-61 所示，由于受到现场场地条件以及索导管自身结构的制约，直接测量锚固中心点 C 和出口中心点 A 过程复杂且浪费时间，因此通过坐标换算可以将索导管出口 A 点和锚垫板最高边中点 B 为定位测量点，索导管现场测量示意图如图 10.6-62 所示。

2）主梁索导管锚固点和顶口中心点预抬值的确定

在混凝土主梁挂篮悬臂施工中，监控指令给出了当前节段前端面底板的立模标高，它与相应设计标高之差，即为当前节段前端面底板高程的预拱度设置值，它包括预抛值和挂篮变形值。由于挂篮锚固点在主纵梁上，主纵梁刚度较大，弹性支点变形很小，所以其对索道管锚固点变形可以忽略不计，即只考虑预抛值。由于挂篮一张、二张均会引起索导管锚固点的变化，为了保证梁端索导管倾角 β，应选择立模后的模板纵桥向作为参考线，保证锚固点和顶口中心点与模板的相对位置不变。

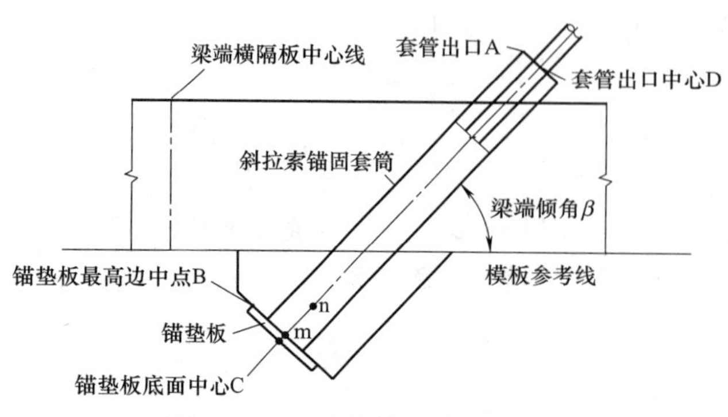

图 10.6-61　索导管测量定位点图

图 10.6-62　索导管定位测量示意图

由于立模预抛值和一张起拱度的存在，势必引起主梁索导管锚固点和顶口中心点三维坐标的变化。主梁索导管锚固点和顶口中心点的 X 坐标和 Y 坐标受预抛量和一张起拱值影响出现的修正值极小，测量可忽略不计。但是 H 值，即高程方向，由于挂篮模板在混凝土浇筑后会下挠，必然引起索导管倾角及上下管口高程的变化，其值不可忽略。因此，主梁索导管锚固中心和顶口中心点的预抬值需考虑监控指令的预抛值加一张起拱度值。即

$$f_{预抬}=f_{预抛}\times\frac{S}{L}+f_{起拱}$$

式中　$f_{预抬}$——待浇节段前端面底板高程预抛值；

S——锚固点至待浇节段后端的距离；

L——节段长度。

3）索导管支撑定位

斜拉桥施工中对斜拉索的定位质量要求较高，在悬臂浇筑混凝土梁施工中必须严格控制梁锚固点高程、锚具轴线与孔位轴线偏位。索导管定位采用楔形支架配合手拉葫芦调整定位、支撑骨架固定的方法，楔形支架结构示意图如图 10.6-63 所示。由于索导管与锚垫板焊接在一起，只需在梁端锚块下方设置一个与该处锚垫板倾角相同的楔形支架，然后再确定索导管上口中心位置即可完成对索导管的定位（图 10.6-64）。在索导管位置调整完毕后，将锚垫板与楔形支架电焊，索导管上口焊接型钢支撑于模板上，并在索导管与索体间用楔形橡胶垫塞紧。

6. 主梁长预应力束施工技术

1）超长预应力束梳编及穿束一体化关键技术

（1）穿束梳编一体化装置设计

① 技术原理

穿束及梳编一体化新装置的穿束原理是在钢束前端设置一个梳束板，然后利用一种子弹形穿束套套住钢束前端端头，再将穿束套中间的锥形钢棒锤入穿束套内，使被牵引钢束与穿束套之间顶紧，最后在卷扬机牵引下使整束钢束通过梳束板后顺利进入预应力管道内。

② 装置构造组成

这种超长预应力束穿束及梳编一体化新装置主要由卷扬机、牵引钢丝绳、卡环、牵引顶紧棒、子弹形穿束套、梳束板、半圆固定箍、环形封板和底座组成，装置结构如图 10.6-65、图 10.6-66 所示。穿束套后端钢管长度为 100～140mm，内径为 90～140mm，

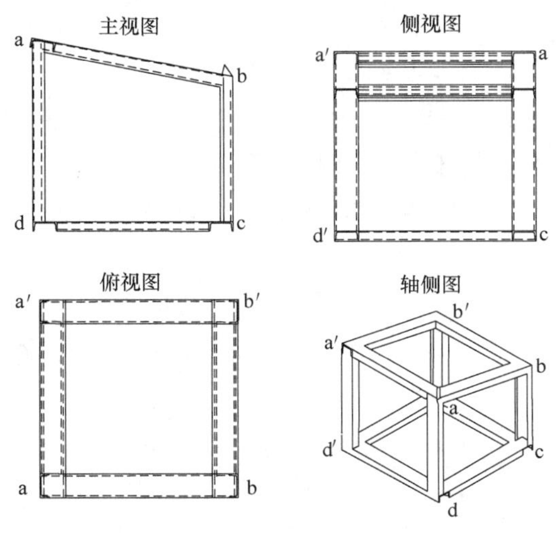

图 10.6-63 楔形支架结构示意图

图 10.6-64 索导管定位支撑图

壁厚 4～6mm；前端子弹头长度为 40～60mm，壁厚 4～6mm，前端孔口直径为 20～40mm。牵引顶紧棒总长 300～400mm，其后端锥形头长 120～180mm，锥形头直径由 35～45mm 渐变为 15～20mm。梳束板由上下两个半圆梳束板组成，其直径为 350～400mm，厚度 15～20mm，中间开孔直径为 20～25mm，开孔数应满足本工程通用需求，梳束板上设有环形封板限位用的限位卡。底座由底板、筋板、竖向板组成，其中竖向板中间为半圆形凹槽，以便下梳束板插入固定，其尺寸大小应与梳束板相匹配，其底部通过预埋螺栓与梁体固定。半圆固定箍中间为半圆形凹槽，以便卡住上梳束板使其固定，其尺寸大小应与梳束板相匹配，其一端与底座通过旋转铰铰接，另一端可与底座通过螺栓固定。环形封板外径比梳束板内腔直径小 2～4mm，壁厚 3～5mm，高度与梳束板厚度一致，在穿束时起到封住梳束板内腔开孔的作用。限位卡在穿束时起到限位环形封板的作用。

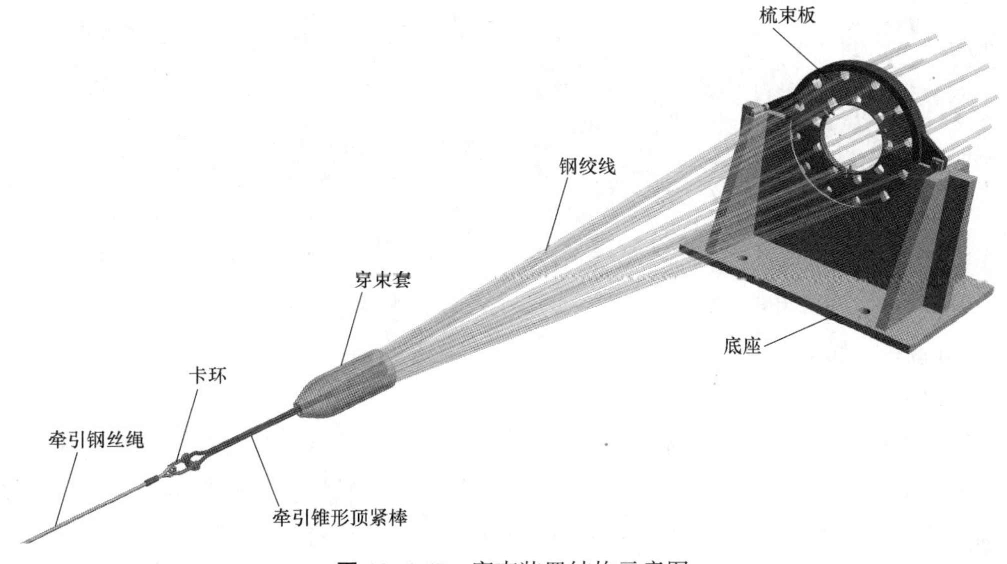

图 10.6-65 穿束装置结构示意图

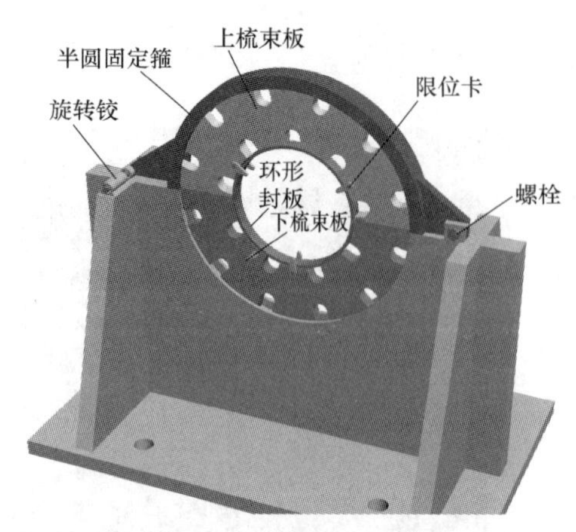

图 10.6-66　穿束装置结构局部大样图 2

(2) 新装置穿束方法

在悬浇节段箱梁混凝土浇筑完毕后，将制作好的钢绞线穿入到固定在底座上的梳束板内，然后将钢束前端整束套入穿束套内，并整理好，使牵引锥形棒处于钢绞线中间。然后将锥形棒锤入穿束套内，使钢绞线与穿束套顶紧，局部钢绞线没顶紧处，可再向空隙中打入钢筋，如图 10.6-67 所示。同时在悬浇箱梁卷扬机一端将单根牵引钢绞线人工穿入预应力管道内，牵引钢绞线与卷扬机牵引钢丝绳连接，再从悬浇箱梁另一端拉出卷扬机牵引钢丝绳，然后用卡环将卷扬机钢丝绳与牵引锥形棒前端连接，如图 10.6-68 所示，至此即可用卷扬机将整束钢束从悬浇箱梁一端牵引至另一端。到钢束快穿束完毕时，将半圆固定箍与底座连接的螺栓解除，将半圆固定箍翻向另一侧，并将梳束板上的限位卡旋转使其指向梳束板外侧，然后依次拆除上梳束板外侧钢绞线、上梳束板、上梳束板内侧钢绞线、环形封板、下梳束板内侧钢绞线、下梳束板、下梳束板外侧钢绞线，如图 10.6-70 所示。钢束穿束完毕后，卸下卡环，如图 10.6-69 所示用锤锤击牵引锥形棒前端，使锥形头脱离出穿束套，即可轻松取下穿束套，用于下一束钢绞线的周转使用。

图 10.6-67　锥形棒锤入穿束套内图

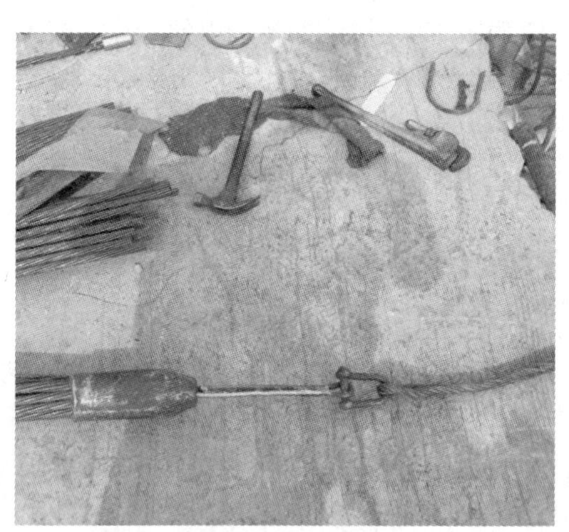

图 10.6-68　卡环与穿束套连接

2) 长预应力束张拉控制研究

(1) 锚圈口摩阻损失测试

锚圈口摩阻损失即张拉时锚具与预应力钢束之间发生摩擦及锚具本身的变形引起的预应力损失。由于本桥锚固区操作空间较小，试验时在预应力钢束上穿 M15-15 型锚具，锚具两端各安装一个压力传感器，传感器外安装千斤顶，千斤顶一端张拉，另一端固定，如图 10.6-71 所示。张拉时张拉端锚具两端传感器测得的荷载差值即为锚圈口摩阻损失。

图 10.6-69 穿束套拆除图

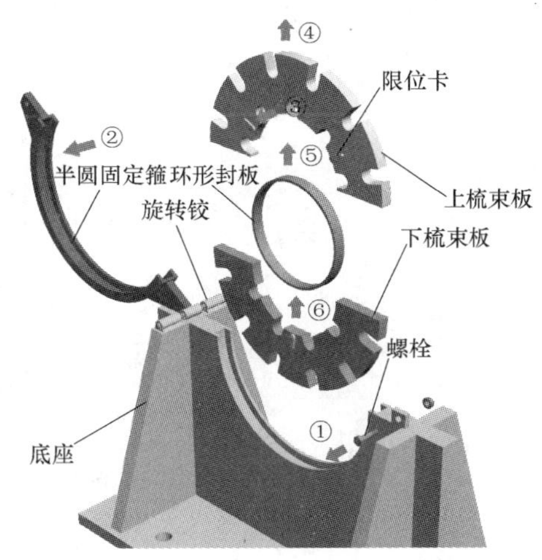

图 10.6-70 梳束板拆除顺利示意图

试验开始时预应力钢束两端同时张拉至 $1.0P_k$，然后将其中一端封闭作为被动端，另一端主动张拉，并按照 $0\rightarrow0.1P_k\rightarrow0.2P_k\rightarrow0.4P_k\rightarrow0.6P_k\rightarrow0.8P_k\rightarrow1.0P_k$ 的次序分级张拉至 $1.0P_k$，在 $1.0P_k$ 之前每级荷载张拉到位后持荷 3～5min，$1.0P_k$ 张拉到位后持荷至传感器读数稳定为止，即完成了该孔预应力钢束的锚圈口摩阻损失测试。

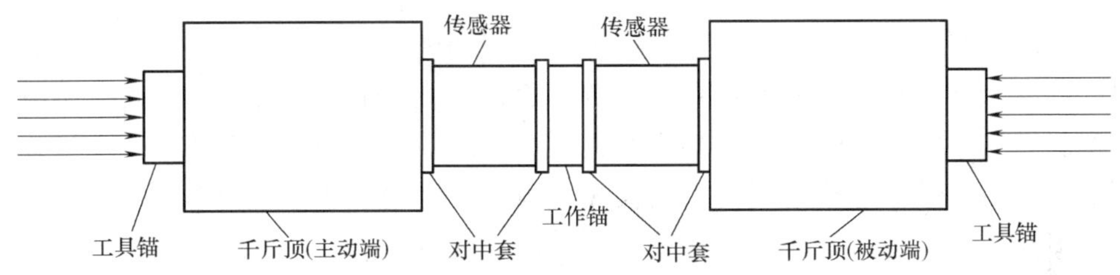

图 10.6-71 锚圈口摩阻损失试验加载

本测试内容共进行 3 次试验，3 次测量结果接近，数据见表 10.6-12，表明该桥使用的 M15-15 型锚具的锚圈口损失可取为 2.14%。

锚圈口摩阻损失测试结果　　表 10.6-12

锚具型号	张拉次数	锚外拉力 (kN)	锚内拉力 (kN)	锚圈口预应力损失	预应力损失均值
M15-15	1	2976	2914	2.08%	2.14
	2	2975	2912	2.12%	
	3	2977	2911	2.22%	

(2) 锚固回缩损失测试

如图 10.6-72 所示，在张拉端工作锚与锚垫板之间安装压力传感器。试验时张拉端分级张拉至设计吨位 P_k 后锚固，用传感器测量锚固前后的荷载差值即为预应力锚固回缩损失，如表 10.6-13 所示。

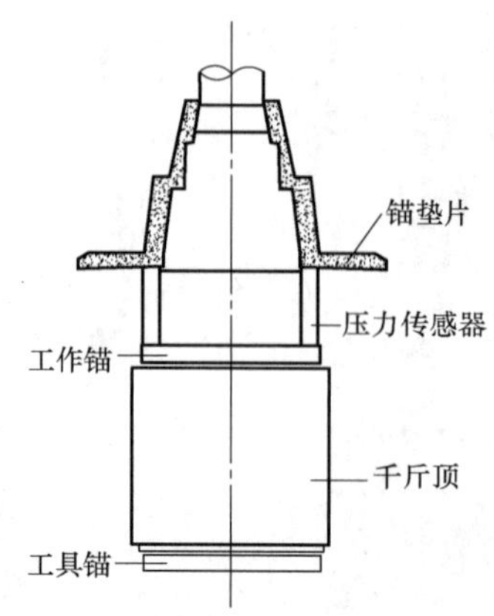

图 10.6-72　锚固回缩损失测试方法示意

锚圈口摩阻损失测试结果　　表 10.6-13

钢束号	锚具型号	荷载等级	锚固前传感器值(kN)	锚固后传感器值(kN)	锚固回缩损失	均值
WC1-0 中腹板	MC15-15	$1.0P_k$	2805	2430	13.4%	13.8%
WC1-0 边腹板	MC15-15	$1.0P_k$	2751	2360	14.2%	

(3) 持荷时间测试

由于预应力管道长、弯起角度大等因素，造成主动端张拉力传递到被动端需消耗较长时间，本次试验对 WC1-0 长预应力束持荷时间进行测试。试验方案如图 10.6-73 所示，主动端按照压力传感器，被动端由于钢绞线已锚固于梁端，考虑到操作空间的局限性，采用在离锚固端较近位置的钢绞线上布设应变测点的试验方案。每级荷载张拉到位后进行持荷，持荷时间以被动端应变片的应变值读数稳定为准。

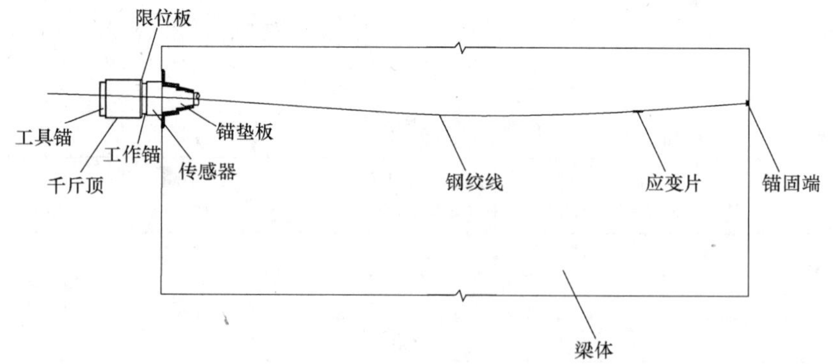

图 10.6-73　应力传递时间测试方案

试验选取了两束 WC1-0 腹板束（边腹板和中腹板各一束）进行了测试，每束钢束主要选取了两个加载等级持荷较长时间（以 10min 计），以测定被动端读数稳定所需的时间，测试结果如表 10.6-14 所示。

WC1-0 中、边腹板束被动端持荷时间测试结果（kN）　　表 10.6-14

持续时间(s)	钢束	荷载等级		钢束	荷载等级	
		$0.4P_k$	$1.0P_k$		$0.3P_k$	$1.0P_k$
0	C1-0 中腹板束	586.8	1753.6	WC1-0 边腹板束	468.8	1727.6
20		598.2	1764.2		472.6	1735.2
40		615	1792		480.3	1748.2
60		645.5	1828.2		491.2	1765.6
70		660.3	1847.1		498.4	1777.3
80		676.2	1865.3		506.3	1789.1
90		692.1	1884.6		513.5	1802.6
100		709.8	1904		521.7	1815.6
110		762.2	1923.5		528.6	1828.5
120		742.9	1938.5		536.7	1841.4
130		759.1	1942.3		544.5	1853
140		774.5	1946.2		552.2	1862.3
150		789.2	1946.2		559.3	1874.4
160		791.3	1946.2		566.1	1886.3
170		791.3	1946.2		573.4	1897.2
180		791.3	1946.2		575.5	1903
190		791.3	1946.2		576	1907.4
200		791.3	1946.2		576	1907.4
210		791.3	1946.2		576.2	1907.4
220		791.3	1946.2		576.2	1907.4
230		791.3	1946.2		576.2	1907.4
240		791.3	1946.2		576.2	1907.4
250		791.3	1946.2		576.2	1907.4
260		791.3	1946.2		576.2	1907.4
270		791.3	1946.2		576.2	1907.4
280		791.3	1946.2		576.2	1907.4
290		791.3	1946.2		576.2	1907.4
300		791.3	1946.2		576.2	1907.4
360		791.3	1946.2		576.2	1907.4
420		791.3	1946.2		576.2	1907.4
480		791.3	1946.2		576.2	1907.4
540		791.3	1946.2		576.2	1907.4
600		791.3	1946.2		576.2	1907.4

由图 10.6-74 所示的持荷时间-拉力曲线图可见，随着持荷时间的增加，被动的拉力逐渐增大，变化趋势为开始很缓慢，然后逐渐变快，再逐渐变缓，最后趋于稳定。其中，

中腹板束在荷载等级分别为 0.4P_k 与 1.0P_k 时，拉力达到稳定的时间分别为 170s 与 160s；边腹板束在荷载等级分别为 0.3P_k 与 1.0P_k 时，拉力达到稳定的时间分别为 220s 与 200s。因此，在实桥预应力钢束张拉施工时，与 WC1-0 钢束长度、弯起角度相近的预应力钢束张拉到设计张拉力后，持荷时间不低于 220s，建议取为 240s。

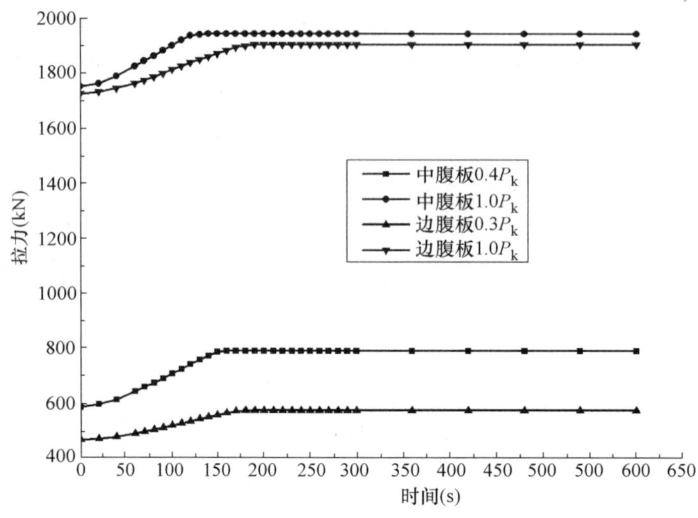

图 10.6-74 WC1-0 中、边腹板被动端时间—荷载曲线图

（4）初应力测试

为了确定本项目初应力大小，本次试验也在 WC1-0 两组钢束（中腹板、边腹板各一束）上进行了测试。测试方法为加载载荷从 0 开始，按照 5%的等级逐级加载，加至 30%后，按 10%等级继续加至 1.0P_k（P_k 为设计张拉力）。待每一级主、被动端拉力稳定后，记下千斤顶油缸的伸长量，计算每级荷载下油缸的相对伸长量。当每级荷载下油缸的伸长值趋于稳定，且主、被动端拉力比趋于恒定时，可将该荷载等级定为初张力的荷载等级。实测结果如表 10.6-15 所示。

WC1-0 中腹板束初张力测试结果 **表 10.6-15**

荷载等级	油压表读书（MPa）	WC1-0 中腹板束		WC1-0 边腹板束	
		油缸各级伸长量（mm）	被动端与主动端拉力比	油缸各级伸长量（mm）	被动端与主动端拉力比
5%P	2	30	11.8%	31	12.5%
10%P	4	29	45.2%	29	46.2%
15%P	6	30	63.1%	30	64.2%
20%P	8	27	69.4%	26	69.3%
25%P	10	27	69.3%	27	69.5%
30%P	12	26	69.4%	27	69.4%
40%P	16	27	69.3%	27	69.4%
50%P	20	27	69.4%	26	69.3%
60%P	24	26	69.3%	27	69.3%

续表

<table>
<tr><th rowspan="2">荷载等级</th><th rowspan="2">油压表读书（MPa）</th><th colspan="2">WC1-0 中腹板束</th><th colspan="2">WC1-0 边腹板束</th></tr>
<tr><th>油缸各级伸长量（mm）</th><th>被动端与主动端拉力比</th><th>油缸各级伸长量（mm）</th><th>被动端与主动端拉力比</th></tr>
<tr><td>70%P</td><td>28</td><td>27</td><td>69.4%</td><td>27</td><td>69.5%</td></tr>
<tr><td>80%P</td><td>32</td><td>27</td><td>69.4%</td><td>26</td><td>69.4%</td></tr>
<tr><td>90%P</td><td>36</td><td>26</td><td>69.4%</td><td>27</td><td>69.5%</td></tr>
<tr><td>100%P</td><td>39.3</td><td>26</td><td>69.3%</td><td>26</td><td>69.4%</td></tr>
</table>

由表 10.6-15 可见，当荷载等级较小时，由于钢束较长，钢束全程受力尚未均匀，油缸伸长值会相对较大，且无规律；随着荷载等级的逐级加大，预应力束张拉时全长范围内的非线性因素逐渐消除，钢束全程受力趋于均匀；当荷载达到设计荷载的 20%时，预应力钢束的伸长量与张拉力呈现线性规律分布，且被动端与主动端的拉力比趋于稳定。因此建议本桥张拉过程中，初应力 σ_0 取张拉控制应力 σ_{con}的 20%。

（5）有效预应力测试

① 主、被动端实测有效预应力

根据试验实测的锚圈口摩阻损失（2.14%）和锚固回缩损失（13.8%），测出两组预应力钢束分别在设计张拉控制力 1.0P_k 下锚固后，实测主、被动端的有效预应力，试验结果如表 10.6-16 所示。

主、被动端实测有效预应力 **表 10.6-16**

<table>
<tr><th>钢束型号</th><th>千斤顶实际张拉力（kN）</th><th>主动端拉力设计值（kN）</th><th>主动端锚下有效拉力（kN）</th><th>被动端有效拉力（kN）</th><th>被动端有效拉力均值（kN）</th><th>被动端锚下有效拉力（kN）</th><th>张拉时被主动端拉力比</th></tr>
<tr><td rowspan="4">WC1-0
中腹板束</td><td rowspan="4">2898</td><td rowspan="8">2536</td><td rowspan="4">2430</td><td>2048</td><td rowspan="4">1946</td><td rowspan="8">1963</td><td rowspan="8">69.35%</td></tr>
<tr><td>1986</td></tr>
<tr><td>1905</td></tr>
<tr><td>1845</td></tr>
<tr><td rowspan="4">WC1-0
边腹板束</td><td rowspan="4">2886</td><td rowspan="4">2360</td><td>1734</td><td rowspan="4">1907</td></tr>
<tr><td>1889</td></tr>
<tr><td>2021</td></tr>
<tr><td>1984</td></tr>
</table>

② 有效预应力测试结果分析

有效预应力实测结果与理论计算结果见表 10.6-17。从表中可看出，按照设计控制张拉完成后，张拉端和锚固端实测拉力均比理论拉力小，平均小 3.7%。因此为保证有效预应力大小，应该适当超张拉，建议超张拉 3%。

主、被动端实测有拉力与理论值对比分析比 **表 10.6-17**

位置	实测拉力(kN)	理论拉力(kN)	(实测拉力－理论拉力)/理论拉力(%)
张拉端	2395	2536	－5.6
锚固端	1927	1963	－1.8

7. 大型挂篮千斤顶整体下放技术

1）整体下放原理

挂篮整体下放是利用 4 台 110t 普通液压千斤顶作为动力，采用精轧螺纹钢作为吊装承重元件，通过设在箱梁顶面的下放吊架，使精轧螺纹与挂篮横梁连接，控制千斤顶的伸缩和上下两组分配梁的轮流承重，实现挂篮的整体下放。挂篮每次下放高度为千斤顶一个行程，每个吊点需 2 组精轧螺纹钢通过交替承重实现其接长。

2）整体下放系统设计与计算

（1）整体下放系统设计

挂篮整体下放系统由梁面上千斤顶底垫梁、千斤顶上扁担梁和挂篮横梁内吊点梁组成。每个吊点布置 8 根 $\phi36$（$\phi40$、$\phi32$）精轧螺纹钢，下放时其中 4 根承重，精轧螺纹钢接长时再利用另外 4 根作为承重构件。横向垫梁及扁担梁采用 4 拼 I36b；纵向垫梁采用 2 拼和 4 拼 I25b；吊点梁采用 2 组 2 拼 I25b。型钢受力部位均须焊接 1cm 厚加劲板；扁担梁和垫梁开孔孔径为 5cm，横梁内吊点梁开孔孔径为 8cm，横梁上开孔直径为 15cm，眼孔上设置 2cm 厚垫板，下放系统具体构造如图 10.6-75、图 10.6-76 所示。

（2）整体下放吊点力计算

挂篮整体下放重量为 191.5t（去掉内芯模及 C 钩重量），采用 $\phi36$（$\phi40$、$\phi32$）精轧螺纹钢配备 4 台 110t 千斤顶 4 吊点整体下放。挂篮 4 吊点在自重下的支点反力计算如图 10.6-77 所示。由图可知单个吊点最大力为 60.4t，4 根 $\phi32$ 的精轧螺纹钢抗拉强度 $F=4\times\frac{3.14}{4}\times32^2\times673=216\text{t}>60.4\text{t}$。

3）挂篮拆除工艺流程及方法

在主梁节段施工时，在梁面上预留挂篮整体下放孔洞和挂篮后退用预埋件。总体上待北边跨合拢后，先拆除 30 号墩两侧挂篮；待中跨合拢后，再拆除 29 号墩两侧挂篮。30 号墩边跨合拢后，岸侧挂篮后退 1.1m 进行下放；江侧由于与 29 号墩挂篮冲突，需后退 9m 再拆除。29 号墩中跨合拢时江侧挂篮需前移 6m，合拢完后挂篮需后退 2m 拆除，岸侧挂篮在中跨合拢时（边跨合拢已完成）后退 1.2m 拆除。

（1）工艺流程

挂篮拆除主要步骤为：吊装孔洞设置→挂篮后退至吊装孔洞位置→下放吊架搭设→挂篮提升→C 钩拆除→挂篮整体下放→挂篮分解。

（2）吊装孔洞设置

根据挂篮整体下放的要求，提前在箱梁上设置 4 个吊装孔洞，孔洞大小为 1.3m×0.4m，铅垂预埋。挂篮整体下放吊装孔洞平面布置如图 10.6-78 所示。

（3）挂篮后退

为了将挂篮吊装孔洞与横隔梁位置避开，边跨合拢后，北岸岸侧挂篮后移 1.1m，南岸岸侧挂篮后移 1.2m 至下放位置。中跨合拢后，北岸江侧挂篮后移 9m，南岸江侧挂篮在合拢位置后移 2m 至下放位置。为了满足挂篮整体后退的要求，需提前在箱梁节段上预埋钢板。挂篮悬臂浇筑完毕后，在预埋钢板上焊接后退用牛腿，挂篮整体后退图如图 10.6-79 所示。

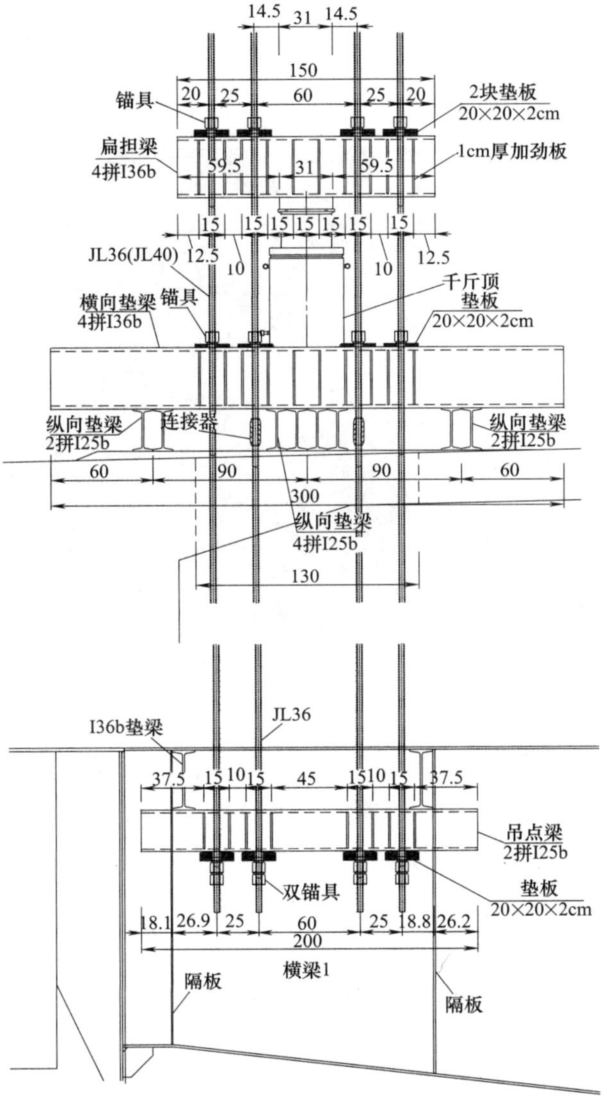

图 10.6-75 整体下放系统正立面图

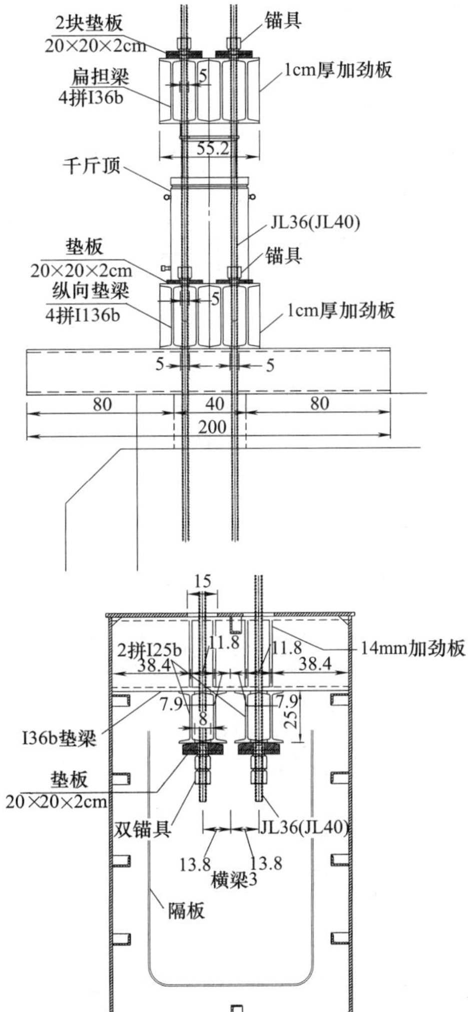

图 10.6-76 整体下放系统侧立面

(4) 下放体系搭设

在下放体系搭设前，对吊点梁面位置进行找平；然后按照由下到上的顺序依次安装纵向垫梁、横梁垫梁、千斤顶及扁担梁；最后安装精轧螺纹钢，并在扁担梁四周搭设扁担梁钢管支撑架，梁面下放系统搭设及挂篮横梁内吊点布置如图 10.6-80 所示。

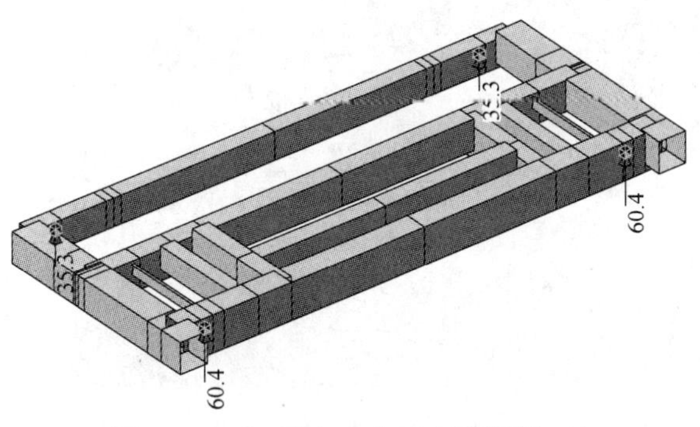

图 10.6-77 吊点支点反力计算图（t）

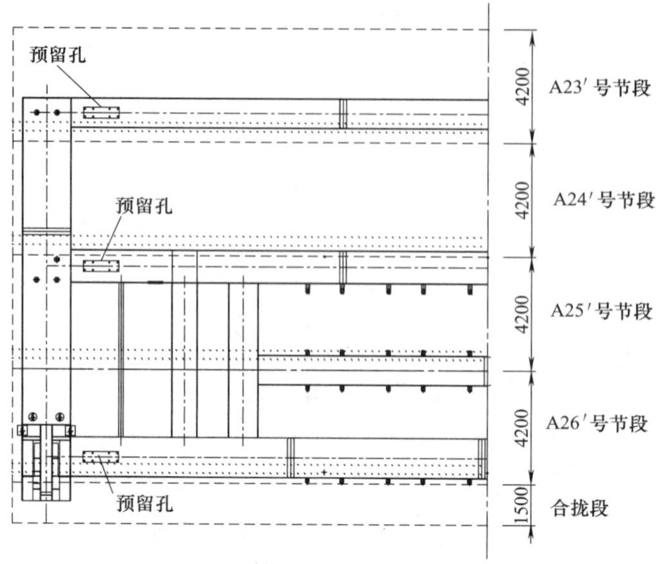

图 10.6-78　挂篮整体下放吊装孔洞平面布置图

图 10.6-79　挂篮整体后退图

（5）C 钩拆除

单个 C 钩重 8.83t，位于主梁侧面，上端部位结构深入主梁上方。C 钩拆除前，先利用精轧螺纹钢提升挂篮，使 C 钩稍微脱离梁面，以便使 C 钩完全解除受力；然后采用梁面 25t 汽车吊吊住 C 钩（2 个吊点）；最后用气割将 C 钩深入主梁的部分割除，最后并下放至驳船。C 钩拆除吊点布置如图 10.6-81 所示。

图 10.6-80　下放吊架搭设图

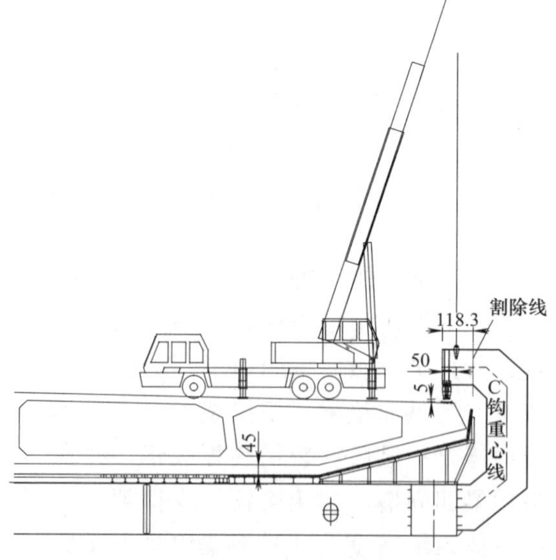

图 10.6-81　C 钩拆除吊点布置图

(6) 挂篮整体下放

挂篮整体下放即是利用扁担梁吊挂 ϕ36 (ϕ40) 精轧螺纹钢、110t 千斤顶反复顶升收缩下放挂篮，其下放时千斤顶具体操作步骤如图 10.6-82、图 10.6-83 所示。在挂篮整体下放时，要有良好的统一指挥，对每台千斤顶进行编号，确保下放过程中的同步控制。每台千斤顶配置 3 名施工人员，其中一人专职对其行程实时监控，即用钢尺测量千斤顶活塞伸长量，并做好记录。当 4 点累计积累误差大于 50mm 时，进行 1 次行程调整，方法是定位螺帽的高度位置，每 3～5 行程检查一次提升扁担的水平状态。为实现精轧螺纹钢接长，每个吊点各设置 8 根精轧螺纹钢，下放时其中 4 根承重，其接长时换做另外 4 根承重。

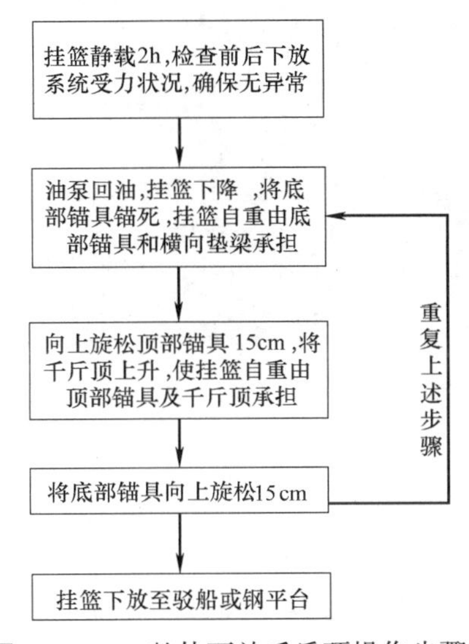

图 10.6-82 整体下放千斤顶操作步骤图

图 10.6-83 整体下放千斤顶操作图

(7) 挂篮分解

江侧挂篮采用 2 艘 500t 驳船作为下放平台。在挂篮下放过程中，若遇恶劣天气，将两艘驳船在挂篮下放两侧抛锚固定，并将挂篮用缆风绳固定到驳船上，避免挂篮摆动严重，产生安全隐患。挂篮下放至离江面 3m 高后停止下放，两艘驳船开至挂篮正下方，抛锚固定，将两艘驳船通过钢丝绳连接锚柱成为一个整体平台，如图 10.6-85 所示，由于两艘驳船甲板高程相差较大，在甲板上布置钢管支墩找平作为支墩。挂篮完全下放至钢管支墩上后，用钢丝绳将挂篮与驳船上锚柱固定，避免船开行过程中挂篮移位。挂篮固定到位后，驳船开至钢栈桥边，顺栈桥方向布置，然后通过汽车吊配合，先分段拆除工作平台，然后拆除模板、工字钢分配梁、止推件、顶升机构及行走放滚轮，如图 10.6-84 所示，最后依次分解挂篮平台，用平板车运走。

4) 拆除控制要点

(1) 在正式下放前，通过千斤顶将挂篮整体提升 10cm，持荷 2h，检查吊点受力情况，确定安全后汇报组长，才能申请正式下落。

(2) 挂篮整体下放时，应由专人统一指挥 4 个吊点的下放行程，确保 4 个吊点下放同步，挂篮下放速度应缓慢均匀。若发现挂篮有抖动、晃动现象，应立即停止下放，查明原因，待挂篮稳定后才能继续作业。

(3) 下放之前均需通过气象部门了解下放当天当地的气象信息，控制好施工时机，尽量选择无风或微风情况下下放；在大风、雷雨天气时应及时对挂篮采用缆风绳进行锚固。

(4) 挂篮下放前，应检查提升液压系统，逐根检查精轧螺纹质量情况，并用螺帽逐一旋拧过一遍。

(5) 拆除过程中，要注意观测4个吊点的相对高差，确保相对高差控制在5cm内。

图 10.6-84 挂篮解体图

图 10.6-85 挂篮整体下放图

10.6.4 实施效果

1. 主梁前支点挂篮构造设计合理，结构计算考虑全面，经施工检验其安全性和可靠度高，能满足施工质量的要求，操作方便、快捷，能满足悬臂现浇施工的各项功能要求。

2. 在满足挂篮平台施工操作空间的前提下，对挂篮C钩的设计进行改进，尽可能减小挂篮下降高度，节约挂篮下降及提升时间，加快了施工进度。

3. 承载平台长、重构件工厂分段制作、各分段间通过现场高强螺栓和焊接相结合的方式拼装，运输和安装简单方便。

4. 可升降式内模支架使挂篮卸荷方便，操作容易，也便于调节由于横梁变形而设置的预拱度值。

5. 大型前支点挂篮采用散拼法，利用0号～2号块支架作为安装平台，并作为0号～2号块节段承重平台，减小了后续挂篮安装的难度，节约了主梁工期。挂篮拼装也不需要大型的起吊设备，不需要另外单独搭设安装支架，节约了施工成本。

6. 千斤顶贝雷反力梁预压法操作工序少，施工简单，操作方便、加载卸载速度快，节约时间，预压采集数据准确合理，反映了预压的实际情况，达到了预压目的。它与传统砂袋堆载法相比，直接经济创效达15.25万元，经济效益显著。

7. 内模采用“整装散拆”的工具式模板，其设计、制造较方便，人工拆除及拼装容易，设备利用少，成本较低。

8. 主梁节段横隔板钢筋采用整体吊装的方式，其钢筋下料、加工制作和分块段绑扎成形均属于现场标准化施工，能够充分保障质量；且先成形后安装的方法可以节省节段施工用时，缩短施工工期并创造效益。

9. 超长束穿束及梳编新装置集穿束与梳编一体化，操作简单方便，施工省时省力，能重复利用，节约成本，能大大提高穿束效率和穿束质量。

10. 主梁索导管以挂篮底模为相对定位参考对象，通过对索导管锚固点和顶口中心的预抬，并采用楔形支架配合手拉葫芦调整定位、支撑骨架固定的方法，实现了梁端索导管的快速精确定位，提高了索导管的施工质量，降低了施工成本。

11. 长预应力张拉控制研究，提出了提高有效预应力的合理措施，保证了预应力的施工质量良好，很好的指导了实桥施工。

12. 大型前支点挂篮合理利用普通千斤顶及精轧螺纹钢实现整体下放，避免了大型下放设备的投入，节省了人力、物力、财力，缩短了拆除工期，确保了拆除安全。对各种大型钢结构的拆除都具有很广泛的推广应用价值。

10.7 钢箱梁吊装及滑移施工

10.7.1 工程概况

1. 工程概述

襄阳市内环线汉江三桥北滩桥变宽段钢箱梁桥设计为三跨一联 150m(50+50+50) 连续梁结构，梁高 1.88m，桥面设 2%双向横坡，分为左右两幅，左幅桥面宽由 20.87m 渐变至 27.05m，右幅桥面宽由 20.87m 渐变至 26.64m，钢材总用量约 3100t。采用工厂分节段制造、现场拼装连接成桥的方式，桥型布置及地面条件如图 10.7-1 所示。

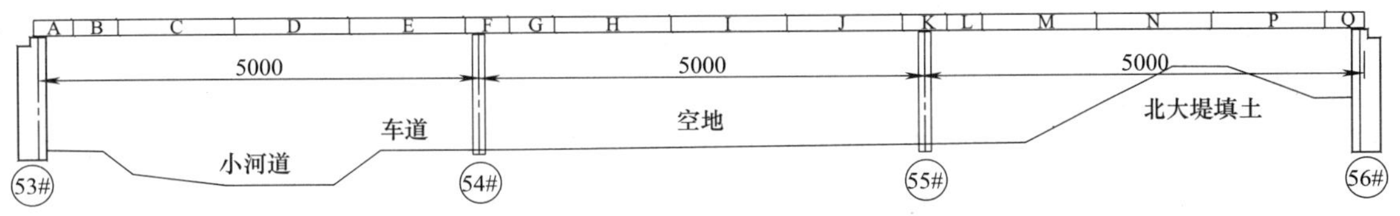

图 10.7-1 桥型布置及地面条件示意图

2. 施工方案比选

本工程所在位置地理环境条件复杂，第一跨中间有 30m 宽小河道，低洼河床常年严重积淤，小河旁设有单行车道供某幼儿园校车等通行，第二跨为较为平坦的空地，表层为杂填土，下卧细砂和卵石层，第三跨为汉江防汛大堤，堤坝为人工夯实填土，两侧分别放坡，如图 10.7-1 所示，另外靠近右幅箱梁位置有低压电线杆数根，拆迁麻烦且耗时长，会影响一定范围内的吊车作业。

钢箱梁施工一般有整体吊装、支架法散拼、先拼装后滑移或顶推等方法。整体吊装法需要较为宽阔的拼装场地且对起重设备要求高，而现场第一跨和第三跨吊车站位十分困难，同时钢箱梁桥面宽、跨度大，运梁的平车很难就位；若采用支架法散拼，则需要搭设较为密集的钢管支架，第一跨基础处理工程量大，需要打设钢管桩，成本较高，第三跨需要扩宽堤坝，施工难度大，同时吊车的站位要求再次增大了基础处理的工程量，非常不经济；先拼装后滑移或顶推的方法相对可取，但是钢箱梁桥前后两端的混凝土箱梁已经施工完毕，滑移落梁难度大、风险高，同时也会面临边跨吊车站位和基础处理的问题。

综合对比研究，采用滑移与散拼综合施工法是很好的解决方案，即两侧边跨采用吊装滑移的方法，吊装场地选择在第二跨，滑移施工完成后再进行中间跨的支架安装和钢箱梁散拼，总体按先右幅后左幅的顺序。

10.7.2 主要施工工艺流程

主要施工工艺如图10.7-2所示。

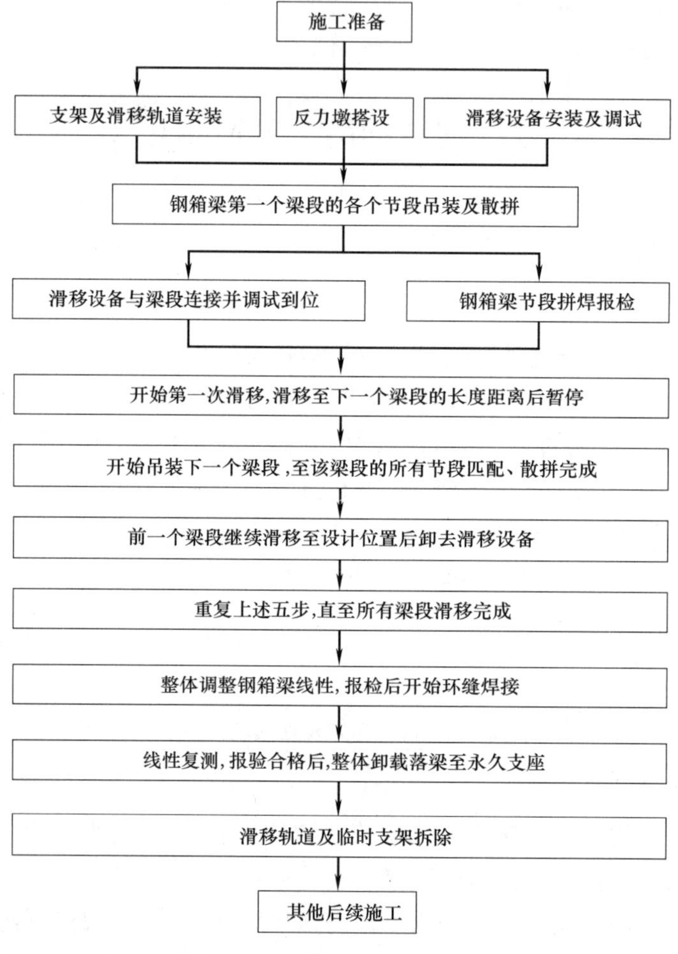

图10.7-2 主要施工工艺流程

10.7.3 施工技术要点

1. 节段划分

综合运输和吊装条件，钢箱梁节段划分采用横向和纵向两种形式，如图10.7-3所示，即在支座位置采用横向划分，其余采用纵向划分，总共划分为A～Q这16个梁段共154个节段，最大节段重约42t。整体分为滑移区和散拼区施工。

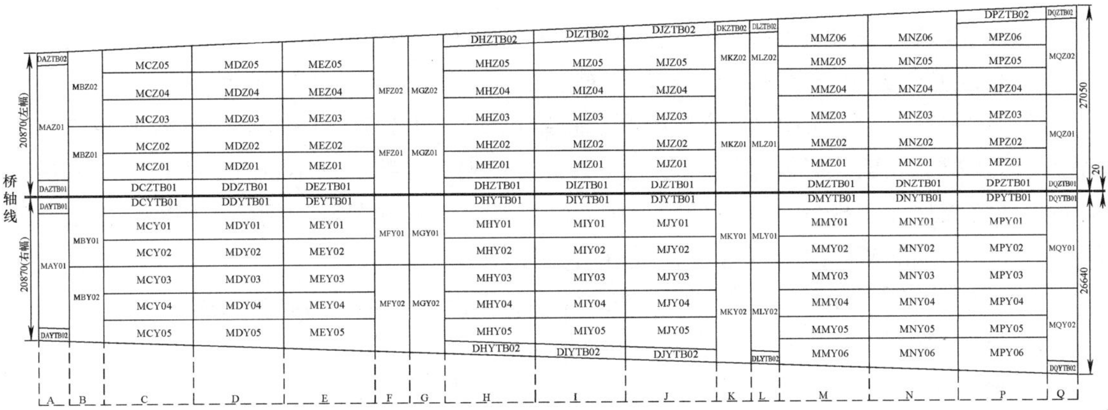

图 10.7-3 钢箱梁节段划分示意图

2. 滑移支架和轨道

支架和轨道设计主要考虑如下因素：

1）靠近 54 号或 55 号墩的拼焊区较密集支架能够满足相应跨不同尺寸和重量的所有梁段的组拼施工。

2）轨道的平面位置能够保证滑移过程安全稳定，与钢箱梁自身强度、横向刚度和稳定性要求相适应。

3）轨道的高程应与起重、牵引等机械设备匹配，能够方便牵引滑移、线形调整和卸载落梁施工。

4）支架和轨道自身能够满足强度、刚度和稳定性要求。

5）尽可能减少第一跨的钢管桩打设和第三跨扩大基础的工程量，降低施工成本。

6）支架不能影响校车的通行，且必须保障安全。

滑移支架和轨道设计如图 10.7-4 所示，第一跨和第三跨基础分别采用 $\phi426\times8$mm 钢管桩基础和 50cm 厚混凝土扩大基础，支架立柱采用 $\phi426\times8$mm 钢管，横连和斜撑分别采用 I20 槽钢和∟70×5 角钢，立柱上设H 500×300×12 型钢分配梁，轨道结构架立其上。轨道结构从下往上依次由贝雷梁、分配梁、纵向轨枕和钢轨四部分组成一体，第一跨和第三跨分别采用 5 榀和 8 榀加强型贝雷梁，分配梁采用 I18 工钢，纵向轨枕采用三拼 I25 型钢分散受力，钢轨采用 P43 号轨道钢，两轨间距 11.7m，轨道位置与钢箱梁腹板重合，保证滑移过程受力可靠，轨道与纵向轨枕间采用自制扣件防爬限位，同时方便轨道结构拆除。

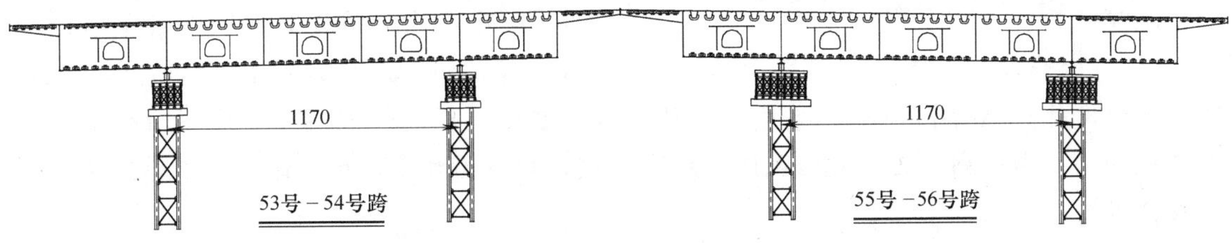

图 10.7-4 滑移支架和轨道断面示意图

支架和轨道主要施工流程如下：

1）测量放样：根据图纸尺寸，在地面画出临时支架摆放位置线。

2）场地硬化：根据地基的承载能力的情况，做基础承台或钢管桩处理。

3）临时少支点支架吊装定位：根据定位线吊装临时支架，并与基础承台或钢管桩固结。临时支撑安装前，对实地进行考察和测量，首先对安装基础不符合要求的，事先进行平整、硬化或加铺钢板。然后根据桥梁中心线、支墩轴线和节段的划分，用经纬仪或全站仪确定临时支撑的横纵坐标及标高搭设临时支撑。

4）纵横梁吊装：测量临时支架上平面标高，纵横梁吊装后与临时支架固结。

5）贝雷架吊装：贝雷架中心线与滑轨中心线重合。

6）分配梁吊装：分配梁间距 300～500mm，与贝雷架固结。

7）轨道座吊装：在分配梁上用全站仪划出滑轨中心线，按线吊装轨道座并与分配梁固结。

8）轨道安装：在轨道座上用全站仪标出滑轨中心线，吊装轨道并与轨道座固结。滑移轨道的安装精度与钢箱梁各个节段是否顺利滑移及线形调整关系密切，因此轨道安装精度作如下要求：轴线及平行度偏差≤10mm，直线度偏差≤5mm，两轨道同一截面高程偏差≤5mm。

3. 吊装与滑移施工

1）滑移施工

两边跨为滑移施工区，第一跨需要滑移的梁段依次为 A～F 段，第三跨需要滑移的梁段依次为 Q～K 段，而每个梁段又由不同数量的节段组焊而成，滑移之前必须在靠近 54 号或 55 号墩位置搭设的较为密集的支架上完成每个梁段的拼装，此时吊车就位于中跨区域，同时进行两边跨的吊装作业，可以提高机械使用工效。各梁段先拼焊完成后再滑移就位，最后调整边跨线形，完成各梁段之间的环缝焊接等工作。

图 10.7-5　牵引滑移施工现场

支架和轨道安装完成后开始吊装滑移施工，过程如下：A 梁段的 3 个节段在支架上拼焊报验后，千斤顶顶起梁段并放置 4 个滑移块，然后下降千斤顶落梁至滑移块上，连接牵引设备，启动固定于 53 号墩侧混凝土桥面上的卷扬机开始钢箱梁滑移，速度控制在 15～20cm/min，如图 10.7-5 所示。当 A 梁段向前滑移一个 B 梁段的长度后停止，开始吊装 B 梁段的各个节段并与 A 梁段进行匹配，测量合格后开始 B 梁段的组焊，此时 A 梁段再次滑移直至设计位置，这样反复逐段进行直至边跨所有梁段全部滑移到位。为提高工效，充分利用场地和机械，第一跨和第三跨的吊装和滑移施工可同时穿插进行。

施工用滑移块由［10 槽钢和四氟滑板组成，四氟板光面朝下、糙面朝上，槽钢反扣在滑轨上可以起到横向限位作用，如图 10.7-6 所示，卷扬机牵引速度较快时，可利用多门滑轮组进行降速。

边跨所有梁段滑移到位后调整标高至设计线形，报验后进行环缝等焊接。最后利用三向千斤顶落梁至永久支座上，拆除边跨支架和滑移轨道。

2）吊装施工

中跨为散拼施工区，当边跨完成后开始搭设中跨临时支架，吊装并拼装剩余 H～J 梁段的各个节段，完成后调整标高值至设计线形，报验后进行环缝等焊接。最后拆除所有支架，至此完成了右幅的钢箱梁安装，安装后效果如图 10.7-7 所示，采用同样的方法开始左幅施工。

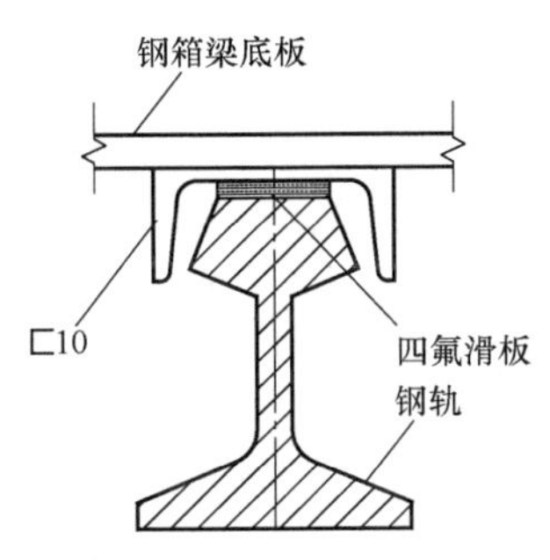

图 10.7-6 滑移块构造示意图

图 10.7-7 右幅箱梁滑移吊装完成

4. 钢箱梁卸载落梁施工

落梁分为两种情况：梁段滑移到位后的落梁，钢箱梁成形后的整体落梁。

1）梁段滑移到位后的落梁

每个梁段滑移到位后用事先布置好的 4 台千斤顶顶起梁段，取出滑移块，然后根据梁段的样冲点标高调节高程，待调节完成后用槽钢支撑块将梁段撑起，卸载千斤顶。（注意：千斤顶和槽钢支撑块都要放置在分配梁上的钢板上以保证受力均衡。）

2）钢箱梁成形后的整体落梁

所有梁段间的环缝焊接结束并报验后开始钢箱梁的落梁，各跨分别采用 4 台竖向落梁千斤顶，千斤顶坐落在靠近永久支墩附件的落梁支撑上。落梁前须对边跨线形进行报验并确定永久支座安装验收完成，落梁过程中须不断用水准仪监测落梁支撑体系的沉降情况，做好记录，如遇异常应立即停止并处理。落梁结束后，边跨箱梁完全坐落在永久支座上，应继续观测永久支墩的沉降和箱梁的线形变化直至稳定。

3）落梁的注意事项：充分做好准备工作，尽量使顶起、落梁的时间越短越好。确定千斤顶的布置位置，要求纵、横对称，即考虑桥墩盖梁受力，又考虑箱梁梁体受力都处于有利部位。竖直千斤顶要求有足够的富余的顶力和工作行程，顶起时，桥墩的垫石与箱梁底必须有保险装置。尽量控制梁的顶起高度，注意顶起和降落的顺序，一个墩上千斤顶起落要同步均匀，纵向桥墩顶起高度要合理分配。在搭设临时支架时，要确保搭设好的支架钢箱梁在滑移轨道上方时钢箱梁底板连接的支座垫板与桥墩支座之间的间隙为100mm，顶梁时上行程为50mm，落梁下行程为150mm。

10.7.4 实施效果

1. 本项目钢箱梁吊装及滑移施工精度，在安装后复测箱梁竖曲率、起拱、斜度均符合设计及规范要求。

2. 箱梁焊接质量得到监理及业主一致认可。

3. 钢箱梁施工完成至今未出现质量问题。

4. 钢箱梁牵引滑移施工降低了地基处理的施工费用，并保证了施工工期。

第11章　桥面铺装及附属工程

11.1　路基施工

11.1.1　工程概述

本工程檀溪路立交及月亮湾互通匝道路基总长为4.216km，匝道路基宽8.5m、10m，主线路基宽60m，采用砂砾土填筑；路基挡土墙总长3.529km，高2～6m，混凝土采用C30。市政排水管线总长2.162km，采用D1350、D1200、D1000、D800、D600、D500、D400钢筋混凝土圆管和混凝土箱涵，管道基础采用砂石基础和混凝土基础。

11.1.2　路基填筑施工

1. 施工准备

1）土工试验

项目试验室按照设计文件及监理工程师要求对试验段路基基底承载力和取土场砂砾进行土工试验，试验内容主要是最大干密度实验。

2）施工测量

在开工之前进行施工测量工作，内容包括导线、中线、水准点的复测，水准点的增设。保证在道路施工全过程中，相邻导线点能相互通视。计算每一桩号对应路基宽度，放出路基边线，如图11.1-1中的白线所示。为保证边坡的压实度，在每侧路基设计边线外加宽30cm作为填筑边线。

图11.1-1　路基测量放样

3）试验路段

2012年6月，项目部在J匝道J0＋780～J0＋890进行了路基填筑碾压试验。通过试验段施工确定，压路机碾压的行驶速度控制在2～3km/h，碾压遍数为8遍，碾压组合为静振1遍、弱振3遍及强振4遍，并确定采用沉降法作为检验路基压实度的方法。

2. 路基填筑工艺流程

路基填筑施工的具体施工工艺为：施工放样→原地面清表（若为软基则换填）及承载力检测→砂砾摊铺（35cm）→推土机整平→控制点布置→检测松铺厚度（松铺系数为1.18）→压路机碾压（静压 1 遍、弱振 2 遍、强振 5 遍）→沉降量检测（≤3mm）→下一层砂砾摊铺→…→填筑至路床顶→路床顶弯沉检测（≤180）→路基边部处理→路基修整。

3. 土方开挖

填方路基施工前先清表 30cm；浅挖路基开挖至路床底标高，并压实。开挖到位后，进行触探试验基底承载力检测，若承载力小于 100kPa，至继续开挖至黄土层，直至承载力满足要求。为了确保路基不被水浸泡，在路基两边设置排水沟及集水井。

4. 砂砾摊铺、整平及碾压

路基开挖到位后，用挖掘机进行砂砾的摊铺，按照试验段总结后的要求，砂砾摊铺厚度为 35cm，摊铺后用推土机沿路线纵向方向进行填料整平，个别不平处，人工配合找平。

5. 分层碾压

各层填土均采用 20t 振动压路机进行碾压，如图 11.1-2 所示。碾压砂砾料时，压路机行驶速度控制在 2～3km/h，由两边向中间，纵向进退式进行。每层填土采用压路机先静压 1 遍，然后弱振 2 遍，最后再强振 5 遍，直至压实度满足要求。靠近台身或涵管外重型压路机压不到或不能压的部位，采用小型振动夯或手扶振动夯实机压实至 96%，每层松铺厚度不超过 20cm。

6. 压实度检测

填土采用沉降法检测砂砾层的压实度，检验合格后方可进行下一层填筑。沉降量差测量采用短钢筋头设置在填筑路基顶面，在整平后、碾压前放置，并测量初始高程。在压路机第 2 次强震后，开始用观测法检测压实度。以后每一遍强震后测量一次高程，计算前后高程差。每 10m 检测一个断面，每个断面检测 3 个点。最后一遍碾压完毕后其最终沉降量不大于 3mm。

7. 路床顶弯沉检测

路基填筑到路床顶标高后，按照设计及规范要求对路床顶土路基进行弯沉检测，如图 11.1-3 所示，检测弯沉值不大于 180（0.01mm）。

图 11.1-2　路基分层碾压

图 11.1-3　路基弯沉测量

8. 路基边部处理

为了充分保证路堤边部的压实及路基绿化植草防护的要求，设计路堤边部 100cm 厚采用耕植土包边，在此基础上再宽填 30cm 厚耕植土，待完工后再整修边坡，削去多余土。耕植土取用路基清除的表土，开挖前采用重型击实法测出标准击实，并按试验段检测出松铺厚度。填筑前应比设计时高出 3～5cm，以便于压实。

9. 路基整修

路基按设计完成后，恢复中线、水平桩，检查中线位置、宽度、纵坡、横坡、边坡及相应标高。

11.1.3 挡土墙施工

1. 工艺流程

挡土墙施工工艺流程为：测量放样→基坑开挖→地基承载力检查（若不合格，基底处理)→垫层浇筑→基础钢板及模板安装→基础浇筑→墙身钢筋及模板安装→墙身浇筑→养护→拆模→验收。

2. 测量放样

测量要根据路基设计高程计算挡墙顶标高，再根据墙高，推算基础底标高。挡墙断面尺寸 B1、B2、B3 参数根据设计图纸上挡墙标准尺寸表内插计算。

3. 基坑开挖

挡土墙基坑采用机械开挖，配合人工开挖。机械开挖至设计标高以上 20～30cm 时，采用人工开挖、凿平，开挖尺寸如图 11.1-4 所示，挡土墙地基容许承载力不小于设计允许承载力。基坑承载力满足要求后，立即浇筑 3cm 厚砂浆垫层，然后进行基础施工，严禁基坑长期浸泡于水中，为保证基坑内干燥，在基坑底每 10m 设置一个 50cm×50cm 的集水井，坑内积水应随时排干。

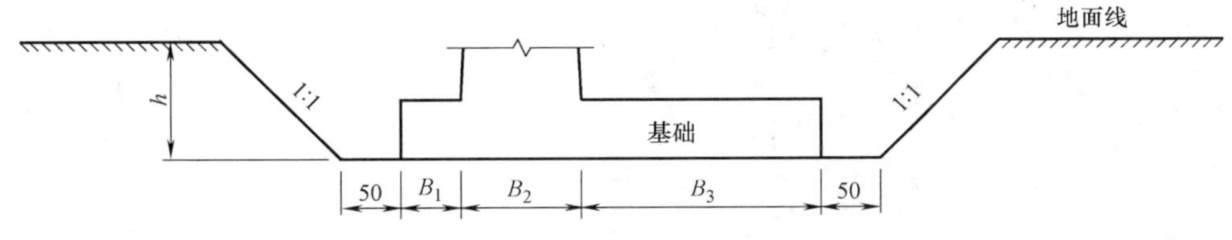

图 11.1-4 挡土墙基础开挖断面

4. 钢筋制作及绑扎

挡土墙分两次施工，先施工挡墙基础，再施工挡墙墙身。钢筋保护层厚度为 40mm。在施工挡墙基础时，预留墙身钢筋，钢筋锚固深度为 25d。墙身施工时，在挡土墙顶设置护栏预埋钢筋。

5. 模板安装

挡土墙模板采用 18mm 厚竹胶板；10cm×10cm 方木做内背肋，间距 30cm；ϕ48×3.5mm 钢管做外背肋，层间距 80cm；采用 ϕ20mm 对拉螺杆，布置间距为竖向 80cm，纵向 60cm；模板内部利用拉钩筋设置定位钢筋，定位钢筋与竖向钢筋焊接，如图 11.1-5、

图 11.1-6 所示。模板安装前做到光洁、平整，板面之间应平整，接缝严密，以确保混凝土墙及实体工程外露面美观，线条流畅。

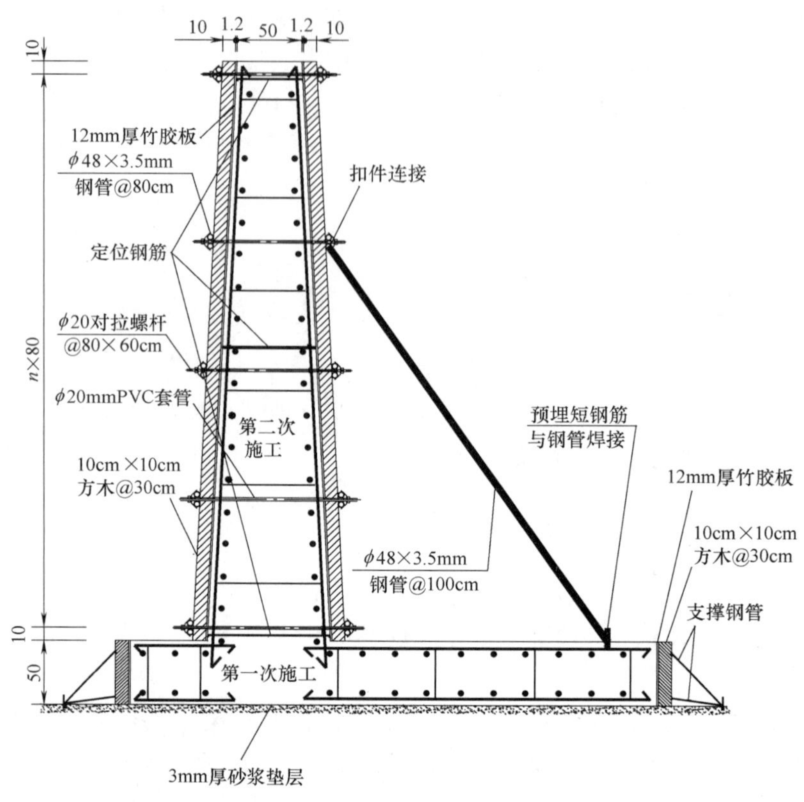

图 11.1-5　挡墙模板布置图

图 11.1-6　挡墙模板安装图

6. 浇筑混凝土

混凝土采用搅拌站集中拌合，汽车泵泵送，浇筑混凝土要连续进行，中间因故间断时间不能超过前层混凝土的初凝时间。混凝土浇筑到顶面，要收浆、修整、抹平。混凝土分两次浇筑，基础与墙身的接缝处要进行凿毛处理。

7. 养护

混凝土浇筑后及时覆盖洒水，并经常保持混凝土表面湿润，混凝土的洒水养护时间 14d。

8. 拆模

混凝土强度达到 2.5MPa 且表面及棱角不损坏的情况下，方能拆除模板，模板拆除时要小心按顺序拆卸，不允许用猛烈地敲打和强扭等方法进行，防止撬坏模板和碰坏结构。

9. 回填

墙体达到设计强度的75%以后方可进行墙背填土，填土采用天然砂砾分层填筑、压实。回填流程：工作准备→回填部位排水→测量放线→回填部位清理→开挖纵向搭接台阶→确认回填尺寸→基底夯实→检测合格→机械配合人工铺料→小型夯实机配合压路机碾压→检验合格→上层铺料。

11.1.4 管涵施工

1. 工艺流程

雨污水管道施工工艺流程为：测量放线→钢板桩打设→沟槽开挖及排水（若为软土地质，采用抛石挤淤，然后回填砂砾石找平）→管道基础施工→管道铺设→管道接口处理→检查井砌筑→闭水试验（污水管）→沟槽回填。

2. 测量放线

沟槽开挖前，对M、J匝道原地貌进行复测。管道以检查井连接，测量放出各检查井中心位置，连接检查井中心即为管道中心线。测量原地面标高，结合设计管底标高，确定开挖深度。

3. 钢板桩打设

本工程污水管道及开挖深度大于等于2m雨水管段基坑采用拉森Ⅳ钢板桩支护后进行垂直开挖，钢板桩长9m。钢板桩打设前，先测量放线出钢板桩位置，然后将钢板桩插打到位，最后进行沟槽开挖。沟槽开挖时以100m为一个作业流程。

钢板桩打设采用打桩机完成，打桩机可由挖掘机改造，如图11.1-7所示。开挖土方由自卸汽车将土运离至指定弃土位置。基底两侧设排水边沟，边沟宽度设0.3m，深0.5m。每隔30m设置1座0.5m×0.5m×0.8m的集水坑，并用水泵及时排除。

图11.1-7 钢板桩插打

4. 沟槽开挖

管道开挖深度在2m左右时，采用1∶1放坡开挖，其余均采用钢管桩支护。同时可根据施工现场实际情况，适当调整放坡坡度或者采用临时支撑支护后开挖即可。

开挖中，保留基底设计标高以上0.1～0.2m的原状土，采用人工开挖，开挖土方及时清理出场，严禁在现场堆放，影响环境及施工安全。

支管的施工在下层管道施工完成后进行。由于埋深较浅，采用大开挖即可。对于局部地质较差、其他管道需要保护的地段，采用钢板桩支护开挖施工。

5. 管道基础施工

沟槽开挖后人工整平基底。采用静力触探检验基底承载力。在基底承载力不小于100kPa时，马上进行管道混凝土基础与检查井垫层及基础施工。混凝土基础施工采用木

图 11.1-8　管道铺设

模支立，模板支撑牢固，线形顺直。砂石基础施工时，管道有效支承角范围必须用中、粗砂填充插捣密实，与管底紧密接触。

6. 管道铺设

管片运至现场放置在开挖段的一侧，采用汽车吊吊装。管节合拢时，采用手拉葫芦或电动卷扬机进行管节就位。管节合拢前，在橡胶圈表面均匀涂刷中性润滑剂；合拢时，管节两侧的手拉葫芦同时起步拉动，使橡胶密封圈正确就位，不扭曲，不脱落。每节管道应垫实稳固，排好后不得摇动。排管顺序从下游向上游，插口向下，承口向上。管道铺设效果如图 11.1-8 所示。

7. 管道接口

管道柔性接口采用橡胶密封圈止水，采用混凝土封口。管节的承口和插口的几何尺寸与光洁度，以及橡胶密封圈的几何尺寸、物理力学性能和操作环境要求均应符合有关质量标准。

8. 检查井砌筑

检查井采用砖砌雨水检查井。检查井砌筑钱，先清扫冲洗基础表面，无积水无污泥，砖材浇水湿润。在砌筑的基础面上先铺底浆；砌砖必须做到墙面平直，边角整齐，宽度一致，井体不得走样；砌砖时应夹角对齐上下错缝内外搭接；砖缝中砂浆饱满，不得通缝，缝宽 10mm，误差≤±2mm；砌砖时应将挤出的砂浆刮平，并将砖墙表面残余砂浆及时清理干净。最后用 1∶2 水泥砂浆抹面。

9. 闭水试验

污水管道闭水试验利用管节两端检查井作为闭水水头，要求水头在上游管道内顶 2.0m 以上，闭水试验前应先灌水 24h，使管道充分浸透。加水至标准高度，观察水位下降值，观测时间大于 30min，若在 30min 内水位下降在规范规定值以内，则闭水试验合格。闭水试验合格后，及时抽干管内水，拆除管内封堵。

10. 沟槽回填

在闭水试验合格后立即进行回填，回填材料采用天然级配砂砾等透水性材料。回填高度至路床低面。待回填高度达到 3m 后，方可拔除钢板桩。沟槽回填顺序，应按沟槽排水方向由高到低分层进行；沟槽两侧同时对称回填夯实，以防管道位移。

11.2　桥面调平层及铺装

11.2.1　工程概况

本工程箱梁桥面铺装采用 4cm 厚 AC-13C＋6cmAC-20C 沥青混凝土，全桥共需沥青混凝土 1750m^3。其中檀溪路立交及月亮湾互通箱梁沥青面层下还有 6cm 厚 C40 钢纤维混凝土，檀溪路立交主线总长 630m（钢箱梁部分除外），桥面宽度 29.5～41.75m；M 匝道长 394.6m，J 匝道长 394.6m，桥面宽 8.5m。共需调平层钢纤维混凝土约 1458.24m^3。月亮湾互通主线总长 299.5m，桥面宽度 28.5～53.715m；A 匝道长 255m，B 匝道长 235m，C 匝道长 140m，D 匝道长 120m，桥面宽 8.5m，共需调平层钢纤维混凝土约 940.4m^3。

11.2.2 调平层施工

1. 施工工艺流程

全桥普测→清凿表面浮浆及桥面凿毛→冲洗桥面→调平层标高定位→钢纤维混凝土施工。

2. 全桥普测

施工前，先对箱梁表面高程及平整度进行测量，做好标记。

3. 桥面处理

在桥面处理施工前，对桥面进行清理，将桥面上杂物及堆放材料清理干净，移出场地。然后使用铣刨机对桥面浮浆进行清凿，如图 11.2-1 所示，确保箱梁混凝土密实度及强度。并对平整度较差及标高较高的位置也进行洗刨，使桥面尽量保持平整。洗刨施工完毕后，对桥面进行清扫，并用高压水枪冲洗桥面。桥面清理完毕后，再进行桥面高程及平整度检测，控制指标如表 11.2-1 所示，并请监理验收。

桥面清理验收控制指标　　表 11.2-1

名称	项目	控制指标	检测仪器
1	桥面横坡	不大于 0.15%	水准仪
2	桥面高程	±1cm	水准仪
3	平整度	不大于 8mm	2m 水平尺

4. 标高定位

通过测量放样，精确定位调平层标高位置并在混凝土防撞护栏上标出，然后用 ϕ16 和 ϕ20 的钢筋制作振动梁轨道，振动梁轨道用于振捣整平及控制调平层标高。

图 11.2-1　桥面洗刨

5. 钢纤维混凝土施工

1）原材料的要求

钢纤维混凝土采用的粗骨料粒径不大于 20mm 和钢纤维长度的 2/3。钢纤维混凝土拌合用水应采用合格水源，且选用优质减水剂。钢纤维掺量为 45kg/m^3，钢纤维选用长度 3～4cm，厚度 2mm。

2）配合比设计

经适配，汉江三桥钢纤维混凝土所用材料及配比如下（表 11.2-2）：水泥采用华新产 P.O42.5 普通硅酸盐水泥；粉煤灰：襄阳电厂天健公司Ⅰ级粉煤灰；碎石：宜城泉水石料场产 5～16mm 碎石（符合 5～20mm 连续级配要求）；黄砂：唐白河产中砂；外加剂：武汉格瑞林建材科技股份有限公司 SP010—R 聚羧酸盐高性能减水剂；水：饮用水；钢纤维：武汉新途工程纤维制造有限公司产的 CS04-08/32-600 型号钢纤维。

钢纤维混凝土配合比　　**表 11.2-2**

水泥	粉煤灰	黄砂	碎石	水	外加剂	钢纤维	水灰比
288	96	742	1114	165	3.46	45	0.43

3）搅拌

钢纤维混凝土施工采用机械搅拌。拌合前钢纤维要投放在骨料中，并拨洒均匀，不能让钢纤维抱团或堆积在一起，人工辅助投料如图 11.2-2 所示，对投放钢纤维的工人进行针对性的投料交底，并要求用特制的工具使钢纤维散开。搅拌站每盘投料为 0.888m^3，并延长搅拌时间至 3min，保证混凝土的拌合质量。

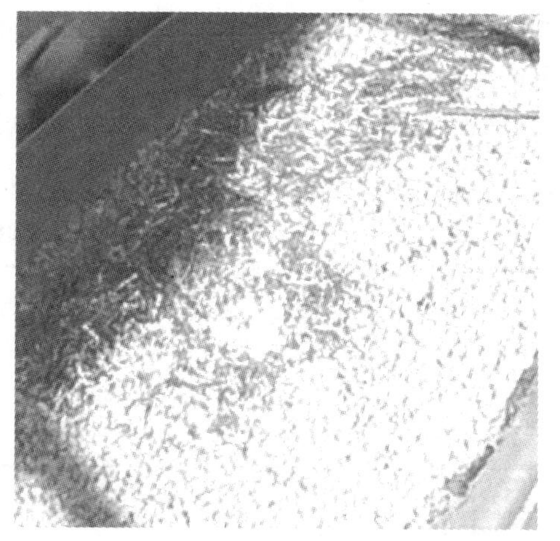

图 11.2-2　人工辅助投料

4）运输

钢纤维混凝土的运输应尽量缩短运输时间，运输过程应避免拌合物离析。如产生离析应作二次搅拌。混凝土罐车到梁面经过轮胎冲洗处理后到施工现场，现场实验员做坍落度检测，现场坍落度要求为 14～16cm，合格后准备自卸放料。

5）浇筑

钢纤维混凝土的浇筑方法应保证钢纤维分布的均匀性和结构的连续性，在一个规定连续浇筑的区域内，浇筑施工过程不得中断。拌合料从搅拌机卸出到浇筑完毕所需时间不宜超过 30min，在浇筑过程中严禁因拌合料干涩而加水。

放料时提前用水将梁面湿润，然后开始由人工摊铺放料（图 11.2-3），混凝土应摊铺均匀、平整、松铺厚度须高于设计值 1cm 左右，每次铺料尺寸：桥宽方向铺满，桥纵向

3～5m。

钢纤维混凝土采用自制振动梁振捣整平，边角处采用平板振动器振捣，如图 11.2-4 所示。行走轨道为钢筋网架，竖向为 ϕ16mm 钢筋，竖向间距 1m，横向为 ϕ20mm 钢筋。调平层标高由轨道进行控制。振动梁缓慢前行的同时，安排专人在振动梁的前面检查混凝土的摊铺厚度情况。若厚度不足应及时增添混凝土；若厚度过厚、阻碍振动梁前行，应及时清除多余混凝土。施工时应注意混凝土要摊铺均匀、振动梁前进速度要缓慢，以确保振动梁刮平、振捣后的桥面平整、密实。

图 11.2-3 钢纤维混凝土放料图

待钢纤维混凝土表面无泌水时用金属抹刀抹平，经修整的表面不得裸露钢纤维，也不应留有浮浆。抹平的表面应在初凝前做拉毛处理。拉毛时不得带出钢纤维，拉毛工具可使用刷子和压滚，不得使用木刮板、粗布路刷和竹扫帚。桥面调平层在桥面的墩顶及跨中位置设置横缝，采取硬切缝。切缝宽度 0.5cm，深度约为 1.5cm。

图 11.2-4 振动梁及平板振动器

6）养护

混凝土浇筑及二次抹面压实后应立即保温保湿养护。钢纤维混凝土表面采用塑料膜覆盖，使表面保持水分；当混凝土初凝后撤去塑料膜，再用再生棉毯覆盖洒水，养护不小于 7d。

11.2.3 沥青铺装

1. 施工工艺流程

施工准备→测量放线→沥青混合料制备→摊铺试验路段→摊铺→碾压。

2. 施工方法

1）测量放线

设置面层测量控制网，将面层分成若干区，对每区进行标高控制并做好标识。

2）梁面清理

根据测量网点所测的实际梁顶标高与桥面设计标高相结合进行比较，然后再做桥面的清理工作，对局部超高，存在浮浆的部分进行凿除，再用空压机吹渣清理干净；对有油污染部位进行清洗。同时，摊铺沥青混凝土前要求对梁面进行彻底清扫。

3）沥青混凝土制备

沥青混凝土面层采用厂拌设备进行集中拌合，每台拌合设备每小时额定工作能力为 300t。

4）原材料准备

在料场加工合格的碎石、机制砂等，运至拌合场的骨料堆场堆存。

5）沥青混凝土混合料配合比设计

（1）目标配合比设计

原材料确认合格后，按照设计要求进行马歇尔试验，完成各沥青面层结构的目标配合比，确定各种矿料的用量及最佳沥青用量。

（2）生产配合比设计

依据目标配合比，从拌合楼二次筛分后进入各热料仓的材料取样进行筛分，反复调整冷料仓的材料比例已达到供料平衡。进行马歇尔试验，确定符合生产配合比的最佳沥青用量。

（3）铺筑试验路段

采用生产配合比进行试拌，铺筑试验路段。在试验路段上钻取芯样进行马歇尔试验，确定用于生产的标准配合比，标准配合比作为生产时控制的依据及检验的标准。

6）沥青混合料拌制

沥青混凝土采用沥青拌合楼进行集中拌合，并配置温度计，成品储料仓和二次除尘装置，用装载机上料。

沥青材料采用导热油加热，加热温度控制在 150～160℃之间。骨料在送进拌合设备目标含水量控制在 1%以内，加热温度比沥青加热温度高 10～20℃。

将规定数量的沥青和骨料，填料送进拌合机后，充分搅拌至骨料颗粒完全均匀地被裹覆，沥青材料也均匀地分布到整个混合料中为止。随时检查混合料拌合的均匀性，如果出现了花白石子应及时停机，分析原因并予以改进。

沥青混合料的出厂温度控制在 140～165℃，贮料过程中的温度降低不应超过 10℃。

7）沥青混凝土运输

沥青混凝土混合料的运输采用 20t 自卸汽车。车辆数量视运距远近情况确定，与拌合量相匹配并留有富余，开始摊铺时现场等待卸料的车不少于 5 辆。

运输车辆车厢必须紧密、清洁、光滑，开工前须涂防粘剂，收工后清理车厢。从拌合机向运料车卸料时，应每卸一斗料挪动一下汽车位置，减少粗、细料的离析现象。

运料车用篷布覆盖，用以保温、防雨、防污染。运料车安排专人指挥，按指定路线行驶。

8）沥青混凝土混合料摊铺

采用沥青混合料摊铺机进行机械化摊铺作业。

(1) 摊铺

摊铺厚度为设计厚度乘以松铺系数，摊铺过程中随时检查摊铺层厚度、横坡、路拱，并按摊铺的混合料总量与面积之比校验平均厚度，不符合要求随时调整。

沥青混合料必须缓慢、均匀、连续不断地摊铺。摊铺过程中不随便变换速度和中途停顿，摊铺速度应根据设备配套情况综合确定，并符合 2～6m/min 的要求。

摊铺温度根据试铺确定，正常施工控制在 110～130℃之间，低气温时提高到 120～140℃之间。

(2) 沥青混凝土混合料压实及成型

碾压分初压、复压、终压，由胶轮压路机、双钢轮振动压路机联合完成。初压由双钢轮振动压路机稳压 2 遍，应在较高温度下进行，不得产生推移、发裂；复压采用胶轮压路机与双钢振动压路机交替复压 4～5 遍；终压用双钢轮压路机（不振动）碾压，直到达到压实要求，表面没有明显轮迹为止。压路机不能在面层上调头和转弯，每完成一个作业段要严格控制车辆通行，保证路面清洁并即时完成其上面层铺筑。

碾压前做好各项准备工作，冲洗压路机，检查喷水装置及运转是否正常。

碾压前由试验员测量温度，确定碾压区位置，并用彩色小旗对初压区、复压区、终压区加以区分（红色旗为初压区、红旗与黄旗间为复压区、黄旗与绿旗间为终压区）。

碾压时压路机由低处向高处呈梯形碾压。梯形斜线与行车方向成 45°夹角。

初压速度控制在 1.5～2.0km/h，复压速度控制在 3.5km/h，终压速度控制在 4.0km/h。减速停车应有足够长的缓和段。杜绝急刹车和大油门起步，避免出现横轮迹，保证路面平整度，无论是终压还是复压，压路机禁止出现“先振动后行走”，整个碾压过程中压路机必须保持匀速。

碾压过程中，不允许在未成型的路面上停放施工机械，碾压过程中压路机不得随意停顿，碾压完毕，压路机停放于当天碾压区以外且温度低于 50℃的路面外侧。有特殊情况出现，需横向碾压时，则横向碾压应在终压前完成，碾压过程中要有专人检查。

最终碾压（赶面）必须要由试验员按温度控制，避免终压温度过高而出现纵向轮迹，尤其是在接头处更要严格控制，一般终压段落在温度允许的范围内宜长不宜短，避免造成过多的横向轮迹。

在碾压过程中，试验员及时按规范所规定的频率进行压实厚度取样，并及时与施工员配合，以达到规范要求。尤其是在中午，施工员和试验员必须盯在现场。

碾压温度正常施工控制在 110～130℃之间（低温施工 120～150℃之间），对于钢轮压路机碾压温度不低于 80℃。

9) 接缝处理

(1) 横向接缝

相邻两幅及上、下层的横向接缝均错位 1m 以上。在上面层采用垂直的平接缝。铺筑接缝时，在已压实部分上面铺设一些热混合料使之预热软化，以加强新旧混合料的粘结。在开始碾压前将预热用的混合料铲除。

斜接缝的搭接长度为 0.4～0.8m，搭接处清扫干净并洒粘层油。搭接处混合料中的粗骨料颗粒超过压实层厚度时予以剔除，并补上细料，斜接缝充分压实并搭接平整。

已完的摊铺层的外露边缘应准确切到要求的线位，修边切下的材料及任何其他废弃沥青混合料按监理工程师同意的方式从路上清除。

（2）纵向接缝

半幅采用两台摊铺机成梯队作业，纵缝采用热接缝，施工时将已铺混合料留下 10～20cm 暂不碾压，作为摊部分的高程基准面，最后作跨缝碾压，以消除痕迹。

11.3　栏杆及防撞护栏施工

11.3.1　栏杆及防撞护栏施工概述

汉江三桥全桥均设置过江人行通道，宽 1.5m，主要由钢筋混凝土基础缘石和金属栏杆组成，在基础中间之上搭设预制钢筋混凝土盖板或铸铁盖板，作为人行走道，一部分混凝土基础钢筋前期已经预埋在桥面两侧，金属栏杆通过与预埋焊接安装至基础上，防撞护栏采用预埋螺栓固定。

根据施工总体进度计划和现场水、电以及所需机械设备要求进行总体部署，主要为：人行道板采用在现场集中预制，堆码，然后运至桥上安装，南岸预制场设置在檀溪路立交主线桥 21～24 号墩之间；北岸预制场设置在月亮湾搅拌站内，混凝土采用搅拌站商品混凝土，人行道板生产场地按 200m^2。基础缘石在箱梁施工过半后在箱梁上支模现浇，混凝土采用搅拌站商品混凝土；铸铁盖板采用购买成品，开始铺设前运至桥面堆放，护栏及栏杆在工厂加工成段后运至现场安装。

11.3.2　混凝土基础缘石及人行道施工

1. 钢筋混凝土基础缘石的主要施工流程为：施工准备→钢筋制作及安装→安装预埋件→模板安装及调整→浇筑混凝土→养护及拆模。

施工人员在施工前应认真阅读设计图纸，了解设计意图和详细构造，制定专项施工方案并进行技术交底，现场应按照施工部署做好各项准备工作。钢筋班组根据工长提供的配筋单加工，特殊部位钢筋由现场技术人员依据设计图纸将钢筋按部位放大样，抄写钢筋料牌，并经检查无误后由作业班组进行下料加工，钢筋按要求加工成半成品，分类编号堆存，其下放枕木以利排水，上面覆盖彩条布防雨。钢筋安装前必须进行桥面凿毛和清理，并对前期预埋钢筋检查、恢复及除锈，然后开始钢筋的安装，钢筋安装应顺直，无扭曲现象，钢筋的级别、直径、根数和间距均应符合设计要求。钢筋网和钢筋骨架不得有变形、松脱和开焊。

钢筋工程验收后开始预埋件及模板安装，所包括的预埋件有锚栓、栏杆预埋件、防撞护栏预埋件、防撞栏杆预埋件、钢立柱预埋钢筋等，预埋件施工前，应首先了解其形式、位置和数量，然后按标准要求制作并固定预埋件。模板采用定型钢模版，前期已在工厂加工制作并完成验收，运至现场后配模和除锈，并在内侧均匀涂刷脱模剂，最后安装、调整和固定。

混凝土浇筑前，对模板、钢筋等再次进行检查，并做好记录，符合设计要求及得到监理工程师的签认后方可浇筑混凝土。模板内的杂物、积水和钢筋上的污垢应清理干净。验收完成后开始浇筑混凝土，混凝土由搅拌车运至现场，采用溜槽进行浇筑，每次浇筑长度为10m，并设置断缝，断缝采用薄木片隔开。采用插入式振捣器振捣，总共配置2台振捣棒（不含备用）。混凝土的振捣密实以混凝土停止下沉、表面平坦、泛浆，不再出现气泡为准。在浇筑上一层混凝土时振捣棒必须插入下一层混凝土表面以下5～10cm左右。严禁出现漏振、过振等情况，做到责任明确。浇筑完毕后，缘石顶面应抹平收光，待混凝土终凝后覆盖洒水养护，养护时间不少于7d，每天洒水次数以能保持混凝土表面经常处于湿润状态为宜。

2. 人行道板主要施工流程为：施工准备→底模施工→钢筋和侧模安装→混凝土浇筑及养护→起吊并运至存放场地→现场安装。

人行道预制板主要为108cm×49.5cm×8cm钢筋混凝土板，采用在现场集中预制，堆码，然后运至桥上安装，南岸预制场设置在檀溪路立交主线桥21～24号墩之间；北岸预制场设置在月亮湾搅拌站内，混凝土采用搅拌站商品混凝土，人行道板生产场地按$200m^2$设置。人行道板预制钢筋绑扎前可在模板上弹钢筋轮廓线，严格控制保护层厚度，钢筋安装应顺直，无扭曲现象，钢筋的级别、直径、根数和间距均应符合设计要求。混凝土浇筑前采用喷雾湿润模板，不得留有积水，混凝土由搅拌车运至预制场地浇筑，混凝土由人工入模并及时振捣，振捣采用平板式振捣器振捣振捣应达到混凝土停止下沉，不冒气泡，最后整平收光，保湿养护不少于7d。拆模后转移堆放待用。

11.3.3 栏杆及防撞护栏安装

栏杆及防撞护栏主要由普通碳素型钢材料加工而成，采用先工厂分段制作、后现场安装的方式，其主要施工流程为：预埋件安装→构件工厂制作→运至现场→构件安装→现场焊接或栓接→涂装。

预埋件施工时应注意以下三方面：施工前熟悉图纸，统计栏杆预埋件工程，并做好交底工作；施工过程中做好检查工作，确保预埋件埋设位置及数量的准确；路缘石踢脚施工前，需确保栏杆预埋件的平面位置及标高准确，方可浇筑混凝土。

构件分段加工制作及安装是保障施工质量和外观效果的重点工序，钢材钢铸件的品种规格性能等应符合现行国家产品标准和设计要求，钢材产品的质量应符合设计和合同规定标准的要求。为保证施工精度，本次施工采用砂轮切割法进行机械剪切，完成后，应对成品进行全数检查，钢材切割面或剪切面应无裂纹夹渣分层和大于1mm的缺棱。构件采用E43系列焊条进行焊接，使用前应严格检查焊接材料的质量合格证明文件、中文标志及检验报告等。焊工必须经考试合格并取得合格证书持证焊工必须在其考试合格项目及其认可范围内施焊。焊缝感观应达到外形均匀，成型较好，焊道与焊道、焊道与基本金属间过渡较平滑，焊渣和飞溅物基本清除干净。每批同类构件抽查10%且不应少于3件；被抽查构件中每种焊缝按数量各抽查 5%，总抽查处不应少于 5 处。最后进行底漆和中间漆的涂装。

构件运输到安装现场后，根据相应规格进行定位安装，定位误差符合规范要求，报检后开始与基础缘石预埋件的焊接或栓接，最后进行面漆的涂刷。

11.4　桥梁涂装施工

11.4.1　桥梁涂装设计

襄阳汉江三桥位于中低纬度，属北亚热带季风气候，冬寒夏热、雨热同期，四季分明。全市年平均气温除高山以外，一般均在 15～16℃之间，无霜期在 228～249d 之间。全市年降水量 820～1100mm，其中夏季占 400～450mm，全年降水量为 107～135d。日照时间长，年平均总日照时效为 1800～2100h。汉江流域年平均风速在 1.5～3.3m/s，大风日数各地在 2～13d 不等。平均最大风速，各站 17～24m/s 之间。桥址处水位约在 63～66m 内变化，部分桥墩将处于干湿交替的状态，江面时有波涛。襄阳火电厂排放出的大量二氧化硫能污染气体在水蒸气等作用下会对三桥混凝土存在较大的腐蚀隐患。

为提高桥梁结构的耐久性并增强观赏效果，襄阳汉江三桥进行了涂装设计和施工，涂装工程主要包括箱梁、桥墩、塔柱及横梁、承台的涂装，由于汉江水位变化，水中桥墩和塔柱的涂装又分为表干区和表湿区的涂装，如表 11.4-1～表 11.4-3 所示。

表干区涂装（索塔）　　表 11.4-1

涂层名称	配套涂料名称	干膜厚度(μm)
底层	环氧树脂封闭漆	30
中间层	环氧云铁中间漆	150
氟碳面涂	氟碳面漆	60

表表干区涂装（混凝土箱梁）　　表 11.4-2

涂层名称	配套涂料名称	干膜厚度(μm)
底层	环氧树脂封闭漆	30
中间层	环氧云铁中间漆	150
面涂层	丙烯酸聚氨酯面漆	80

表湿区涂装（承台、桥墩和索塔下部）　　表 11.4-3

涂层名称	配套涂料名称	干膜厚度(μm)
底层	湿固化环氧封闭漆	30
中间层	湿固化环氧云铁中间漆	240
面层	丙烯酸聚氨酯面漆	90

11.4.2 桥梁涂装施工

当采用涂层保护时，混凝土结构应满足下列要求：混凝土的龄期不应少于 28d，并应通过验收合格。如混凝土的龄期少于 28d 需要涂装时，需通过试验确定。混凝土表面存在的因设计要求和施工需要设置的各种预埋件，由土建承包单位按有关规定在涂装前 28d 处理完毕。混凝土表面存在的裂缝、缺陷等，规定在涂装施工前 28d 完成修补工作。因施工原因存在于混凝土表面层的金属焊渣、绑扎铁丝头、铁钉头等应清除干净，涂装施工单位应使用环氧腻子修补平整。

无论是表干区还是表湿区，正式涂装前应在表湿区选不少于 $20m^2$ 面积试验区进行涂装小区试验。小区试验整个过程应记录存档，并可使用照相或录像方式辅助记录。小区试验经评定合格后，作为表干区或表湿区混凝土构件确认涂装材料、制定材料定额、确定损耗系数及制定涂装工艺的依据，报请监理工程师批准后执行。

涂装施工前应进行必要的表面处理，对于表湿区采用高压水（压力不小于 20MPa）清洁，或者使用各种动力打磨工具等方法，彻底除去混凝土表面上的不牢灰浆、尖角、碎屑、生物、油污等污染物及其他松散附着物，清理后再用饮用水冲洗干净，混凝土表面应无油污等影响涂层质量的物质，并用湿固化改性环氧腻子修补平整。饮用水冲洗后残留在混凝土表面上的水珠、水迹，可用棉布、海绵等吸湿工具抹去，或用压缩空气吹干，涂装前的混凝土表面应无明显的流水、渗水现象，尽量使混凝土表面处于表干状态。对于表干区应采取和表湿区同样的表面处理，并且要求涂装前的混凝土表面干燥，混凝土表面的含水量不大于 6%。另在混凝土涂层上涂装下一道涂层前，也应对上一道涂层进行表面清洁。

涂装施工时应按生产厂规定的比例混合涂料，使用机械式搅拌器搅拌涂料，并保证有足够的搅拌时间，确保涂料完全搅拌均匀。一套涂料混合好后，必须在规定的混合使用期内用完。因各种原因超过了混合使用期的涂料不得继续使用于本工程。喷涂使用大流量高比率的高压无气喷涂设备，喷出压力和喷嘴孔径应与涂料的黏度相适应，确保涂层均匀、平整、光滑。第一道封闭漆施工后，如有可见的混凝土表面气孔、缺陷等，应使用湿固化改性环氧腻子修补平整，确保涂层的光滑连续。腻子应与涂层层面结合良好，既能与结构物基面牢固地粘合，又能和涂层很好地相容。涂层之间的重涂间隔应参照使用说明书及现场气温确定，重涂间隔应符合规定的要求。涂装应在无雨的天气进行，涂装过程应做好施工记录。

参 考 文 献

[1] 李乔. 大跨度斜拉桥施工全过程几何控制概论与应用 [M]. 成都：西南交通大学出版社，2009.

[2] 交通部第一公路工程总公司. 公路施工手册—桥涵（上册）[M]. 北京：人民交通出版社，2000：153-163.

[3] 于海燕，赵可锋，张莉莉. 钢板桩支护设计浅析 [J]. 城市道桥与防洪，2007. 11：51-55.

[4] 罗万录. 深水基础用钢板桩围堰计算分析 [J]. 铁道标准设计，2009，4：74-77.

[5] 江正荣. 建筑施工计算手册（第二版）[M]. 北京：中国建筑工业出版社，2007：359-361.

[6] 章正涛. 京杭运河特大桥主墩基础承台钢板桩围堰设计与施工 [J]. 江苏交通科技. 2004（1）：29-32.

[7] 李政. 主墩承台大体积混凝土施工温度控制 [J]. 中南公路工程，2004（2）：125-127.

[8] 陶建飞，宋伟明，张国志. 苏通大桥主墩承台超大体积混凝土施工 [J]. 施工技术，2005（12）：54-57.

[9] 中交武汉港湾工程设计研究院有限公司. 水运工程大体积混凝土温度裂缝控制技术规程 JTS 202—1—2010 [S]. 北京：人民交通出版社，2010.

[10] 朱佰芳. 大体积混凝土温度应力与温度控制 [M]. 北京：中国电力出版社，1999.

[11] 王铁梦. 工程结构裂缝控制 [M]. 北京：中国建筑工业出版社，2004.

[12] 陈水兴. 桥梁施工临时结构设计 [M]. 北京：中国铁道出版社，2001.

[13] 徐鹤. 大跨度桥梁施工控制 [J]. 云南交通科技，2002.